U0710880

卡尔·马克思

他的人生故事

〔德〕弗兰茨·梅林 著　王印宝 译

KARL MARX

GESCHICHTE SEINES LEBENS

人民日报出版社
北 京

图书在版编目（CIP）数据

卡尔·马克思：他的人生故事 /（德）弗兰茨·梅林著；王印宝译 .— 北京：人民日报出版社，2022.10

ISBN 978-7-5115-7457-2

Ⅰ.①卡… Ⅱ.①弗… ②王… Ⅲ.①马克思（Marx，Karl 1818-1883）—传记 Ⅳ.① A711

中国版本图书馆 CIP 数据核字（2022）第 165071 号

书　　名：卡尔·马克思：他的人生故事
KAER·MAKESI：TA DE RENSHENG GUSHI
著　　者：〔德〕弗兰茨·梅林
译　　者：王印宝

出 版 人：刘华新
责任编辑：曹　腾　高　亮
版式设计：九章文化

出版发行：人民日报出版社
社　　址：北京金台西路 2 号
邮政编码：100733
发行热线：（010）65369509　65369527　65369846　65369512
邮购热线：（010）65369530　65363527
编辑热线：（010）65369523
网　　址：www.peopledailypress.com
经　　销：新华书店
印　　刷：大厂回族自治县彩虹印刷有限公司
法律顾问：北京科宇律师事务所（010）83622312

开　　本：710mm×1000mm　1/16
字　　数：647 千字
印　　张：42.75
版次印次：2024 年 1 月第 1 版　2024 年 1 月第 1 次印刷

书　　号：ISBN 978-7-5115-7457-2
定　　价：118.00 元

献给克拉拉·蔡特金

序　言

关于这本书的来历，有一段小小的往事。当时有人提出要出版马克思和恩格斯的通信集，马克思的女儿劳拉·拉法格夫人欣然表示同意，而征得她的同意则是出版此书必不可少的前提，但是这件事还要取决于一个条件，就是她一定要我作为她的代理人参加通信集的编辑工作。她在一份从德拉韦伊[①]寄出的、定于1910年11月10日的全权授权委托书中，委托我对该通信集进行一些我认为必要的注释、说明和删节。

然而她授予我的这项全权我实际上并没有使用过。在出版者之间，或者更确切地说是在出版者伯恩施坦——因为倍倍尔只是挂个名而已——和我之间，并没有出现过任何重大的意见分歧，在没有绝对必要的理由，或者至少是急迫的理由的情况下，我既没有理由，也没有权利，当然我也没有兴趣去干预他的工作，而这也正合乎我的委托人的心意。

在编辑这部通信集的长时期的工作中，我经过几十年之久的研究而获得的卡尔·马克思的形象，在我的心目中变得更加完善和更为鲜明突出了。于是，我不由自主地产生了这样一个愿望，即用一部传记来刻画这个形象，尤其是因为我知道，拉法格夫人将会由此而获得巨大的喜悦。我之所以能够赢得她的友情和信任，绝不是因为她认为，在她的父亲的学生当中，我是最博学或者是最睿智的学生，而只是因为她认为，我是最能够深入探究他的为人的真髓，并且知道怎样才能够

① 德拉韦伊（Draveil）位于法国巴黎南郊，是马克思的次女劳拉·拉法格彼时的居住地。

最贴切地描述这一切的那个人。她曾经多次写信或者口头告诉我，在她看到我在《德国社会民主党史》[①]一书中，特别是在马克思的遗著中的描述以后，一些多半已经逐渐消失的有关她的父母亲在世时的家庭往事记忆，在她的头脑中又重新变得鲜活起来；她还说她当年经常从父母那里听到过的一些人的名字，也是因为通过我的描述而使这些人从一种只是影影绰绰的身形而变得清晰可见了。

遗憾的是，在她的父亲和恩格斯的通信集能够出版的时候，这位品格高尚的妇女在这之前已经去世很久了。就在她自主选择自尽之前的几小时[②]，她还曾经给我写过一封信，向我致以衷心的问候。她继承了她的父亲的伟大胸怀，而我至死都感谢她能够放心地把马克思遗著中的许多珍贵的材料托付给我保管出版，而且，她甚至丝毫没有打算做任何尝试来影响我对这些材料做出自己的批评性的判断。就这样我从她那里得到了拉萨尔写给她的父亲的信件，尽管她从我写的《德国社会民主党史》一书中已经知道，在拉萨尔同她的父亲所争论的问题上，我曾经怎样坚决地多次为拉萨尔进行辩护，认为他有权利批评她的父亲。

然而这位妇女所具有的宽宏气度，在那两位正统的马克思主义卫道士的身上却丝毫也没有显示出来。当我着手将撰写马克思传的计划付诸实施的时候，他们二位却义愤填膺地吹响了攻击我的号角，因为我在《新时代》[③]杂志上就拉萨尔和巴枯宁两个人同马克思的关系问题发表了一些自己的意见，而没有像理应该做的那样，对当时党内流行的权威说法顶礼膜拜、随声附和。首先，卡尔·考茨基指责我“敌视马克思”，这是一般而论，就细节方面而言就是指责我“辜负”了拉法格夫人的信任。当我仍然固执地坚持我的个人意愿、要把马克思的传记继续写下去的时候，他竟然从《新时代》杂志众所周知的非常珍贵的版面中不惜割舍出

---

①《德国社会民主党史》是梅林的主要著作之一，在1897年至1898年间分为两卷出版，1903年至1904年间再版时全书被作者进行了许多较小的改动并重新编排为四卷本，这也是这部著作的最后版本。

② 拉法格夫妇于1911年双双选择自杀身亡。

③《新时代》为1883年至1923年间德国社会民主党最重要的理论刊物，卡尔·考茨基是该刊物的创办者之一，并于1917年以前一直担任出版者和主编。

不少于六十几页的篇幅来刊载达维德·梁赞诺夫的一篇抨击性的文章[①]。在这篇文章中，作者对我的种种指控如同潮水般劈头盖脸地向我袭来，企图以此来证明我犯下了最可耻的背叛马克思的罪行，这些丧尽天良的指控之用词的肆无忌惮，以及其论点的荒诞无稽，都同样达到了登峰造极的地步。出于某种感情的驱使——为了礼貌起见，我不愿说出这是一种什么感情——我听任这些先生肆意地去谩骂，不过我有责任要强调说明，我对于他们这种在思想上实施的恐怖行径从来都没有做出过丝毫让步，并且在接下来的书中，我始终都是严格以历史的真相为依据来叙述拉萨尔和巴枯宁这两个人同马克思的关系的，而完全不理会党内的流行说法。当然，在这个过程中我再一次避免了做任何形式的争论，只是在关于参考文献的说明中，我对于卡尔·考茨基和达维德·梁赞诺夫向我提出的一些主要责难表达了少许鄙视之意，这对于这个领域的比较年轻的工作者是有所助益的，因为这些年轻人现在正应该被灌输一种信念，即对马克思主义教区的教士们的气势汹汹的发作采取完全置之不理的态度。

如果真像马克思主义教区的那些教士所赞赏的那样，马克思的确是一个循规蹈矩的乏味模范生，那么也就永远不会激起我来为他撰写传记的兴趣了。我的赞美正如我的批评一样——这二者所占的比例相等，才能够算作一部好的传记——是针对这样一位伟大的人物而言的，这个人在谈到自己时一向坦率地承认，人所固有的他无不具有[②]，这是他说得最为频繁，也是他最喜欢说的一句内心独白。而

① 梅林同考茨基和梁赞诺夫二人的论争发生在1913年。关于梅林和考茨基之间的论战有如下文章在《新时代》杂志上发表过：1. 弗兰茨·梅林：《党的周年纪念》。2. 卡尔·考茨基：《党的论战》。3. 弗兰茨·梅林：《关于拉萨尔和马克思之间的矛盾》。4. 卡尔·考茨基：《拉萨尔和马克思》。5. 弗兰茨·梅林：《我的背信弃义》。6. 卡尔·考茨基：《一个值得信任的人》。

关于梁赞诺夫和梅林之间的论战，《新时代》杂志曾经刊登过的文章如下：1. 弗兰茨·梅林：《论述马克思的新作》。2. 达维德·梁赞诺夫：《社会民主主义的旗帜和无政府主义的货品》。3. 弗兰茨·梅林：《文人之间的一场新的争吵》。4. 达维德·梁赞诺夫：《不加引号的历史编纂学》。——德文原书出版者注

② 卡尔·马克思在1865年填写过长女燕妮的一份"自白"问卷，在"您喜爱的格言"一栏里，马克思的回答是："人所具有的我都具有"。参阅《马克思恩格斯全集》第31卷，人民出版社1972年版，第588—589页。

重新塑造一个不经过加工的马克思的伟大形象，这就是我给自己提出的任务。

目的本身就已经决定了达到这个目的的途径。一切历史的书写都既是艺术，同时也是科学，特别是书写传记，更应当如此。我现在还不知道，是哪一位古板的学者曾经产生过这样一种“高明的”想法，认为在历史科学的殿堂里，美学是没有用武之地的。我也许必须得惭愧地坦白承认，我对资产阶级社会的仇恨还不能够像对这些道貌岸然的思想家那样深恶痛绝，为了打击善良的伏尔泰①，他们便宣称，平铺直叙的枯燥的叙述方式才是书写传记的唯一方法。在这一点上，马克思本人也遭到过质疑，因为他同意他所喜欢的古希腊人的观点，把克莉奥也算作九个缪斯②女神之一了。实际上，只有受到缪斯女神鄙弃的人才会咒骂缪斯女神。

如果我可以假定，读者对于我这本书所选择的体裁会表示赞同，那么我还必须请求读者在内容方面也多给予一些宽容。我从一开始就面对着一件我必须坚决做到的事情，即一定不可以让这本书的篇幅过于庞大，至少应该使那些文化程度稍微高一些的工人觉得通俗易懂。可是现在的篇幅却已经达到了原先计划的一倍半。曾经有多少次，当我更想写一行的时候，却不得不缩减为一个字，当我本想写一页纸的时候，却不得不缩减为一行，而在本该写一个印张的地方，我却不得不只能满足于写一页！尤其是在这种外部条件的约束之下，我在对马克思的科学著作的分析方面受到了很大的影响。为了不至于使读者从一开始就对此产生疑惑，我把一个伟大作家的传记惯用的书名副标题“他的人生和他的著作的故事”③中的第二部分即“他的著作”几个字给删掉了。

无疑，马克思的无与伦比的伟大之处，尤其是表现为在他的身上把思想的人

---

① 伏尔泰（1694—1778），本名弗朗索瓦－马利·阿鲁埃，法国思想家、哲学家和作家，是法国和欧洲启蒙运动中影响最大的作家之一。伏尔泰有一句名言：“除了乏味的体裁之外，其余的一切体裁都是好的。”见伏尔泰的喜剧《流浪子》序言。

② 缪斯是希腊神话中主司艺术与科学的九位古老文艺女神的总称。克莉奥（Klio 或 Clio，古希腊语：Κλειώ）是九个缪斯女神之一，司掌历史和英雄诗。

③ 此处指本书作者梅林最初拟的书名为《卡尔·马克思——他的人生和他的著作的故事》，后来作者将书名改为《卡尔·马克思——他的人生故事》。

和行动的人密不可分地结合到了一起，而且它们相互补充和相互支持；而同样可以肯定的是，在他的身上，战士的身份永远居于思想家的身份之上。在这方面，我们所有的伟大的先驱者的想法都是相同的，正如拉萨尔有一次所表达的那样：他多么希望能够停下笔来不再写他所知道的事了，他期盼着采取实际行动的时刻有朝一日能够终于到来。他们的看法有多么正确，这一点在我们的时代里我们有着触目惊心的体会：那些一本正经的研究者可以用三十年或者甚至用四十年的时间来苦思冥想地考察研究马克思著作中的每一个逗号，然而一旦到了他们可以像马克思那样，而且应该像马克思那样采取行动的历史时刻，他们却像吱吱呀呀地转着圈的风信标一样，只知道围绕着自己转动。

我丝毫也不想隐瞒，我并不觉得自己比别人更有能力全面地了解马克思所掌握的广阔的知识领域。为了使读者能够在我所叙述的狭小的范围内对《资本论》的第二卷和第三卷有一个清晰透彻的了解，我甚至曾经请求过我的朋友罗莎·卢森堡，希望她能够帮助我完成这个任务。读者一定也会像我本人一样感谢她，因为她欣然满足了我的愿望；第十二章的第三节就是由她撰写的。

让我感到庆幸的是，由于她的点睛之笔，而使我这本书陡然增色；让我同样感到庆幸的是，我们共同的朋友克拉拉·蔡特金允许我的小船打着她的信号旗驶出公海①。这两位妇女的友谊对于我来说是一种异常珍贵的慰藉，尤其是在那样一个时代，有那么多的社会主义“英勇而坚定的先锋战士”就像秋风中的枯叶一样被时代的风暴给卷走了。

弗兰茨·梅林

柏林，施特格利茨

1918年3月

① 指将此书献给克拉拉·蔡特金一事。见本书献词页。

目录

Contents

第三章　流亡巴黎

第四章　弗里德里希·恩格斯

第五章　流亡布鲁塞尔

第六章　革命和反革命

第七章　流亡伦敦

第八章　马克思和恩格斯

第九章　克里木战争和危机

第十章　王朝的更迭

第十一章　国际工人协会的创始阶段

第十二章　《资本论》

第十三章　国际工人协会的巅峰时期

第十四章　国际工人协会的衰亡

第十五章　最后的十年

著者关于参考文献的说明

第一章　青年时代

1. 家庭和学校

卡尔·亨利希·马克思于1818年5月5日出生在特里尔。关于他的家族世系很少为人所知，在18世纪末至19世纪初的转折时期，战争不断、局势混乱造成了莱茵河流域地区户籍登记簿的混乱不堪，甚至毁坏和丢失。所以，就连亨利希·海涅[①]的出生年代，至今仍然争执不休，众说纷纭！

当然，对于卡尔·马克思来说，情况还没有糟糕到这个地步，他出生在较为安定的年代。五十年前，他的一个姑姑去世时留下一份被认为是无效的遗嘱，法院为确定合法继承人进行了诸多的调查，但所有的调查也都无助于确定她的父母即卡尔·马克思的祖父母出生和死亡的日期。卡尔·马克思的祖父原名马克思·莱维，不过后来他只自称马克思，他是特里尔的一名犹太教经师；据说他是在1798年去世的，至少在1810年的时候他已经不在人世了。他的妻子名为埃娃，娘家姓莫泽斯，她在1810年时还活在世上，据说她死于1825年。

在这对夫妇生育的多个子女当中，有两个致力于有学问的职业，他们是萨穆埃尔和希尔舍。萨穆埃尔作为父亲死后的继任人，也成了特里尔的犹太教经师，而他的儿子莫泽斯则作为犹太教经师的候选人，被派往西里西亚地区的格莱

① 亨利希·海涅（1797—1856），德国伟大的革命民主主义诗人、杰出的散文家和政论家。

维茨[①]。萨穆埃尔生于1781年，死于1829年。希尔舍即卡尔·马克思的父亲，生于1782年。希尔舍转向了法学研究，他成了特里尔的一名律师，后来又当上了司法顾问。1824年他接受了洗礼，改信基督教，并取教名为亨利希·马克思，他于1838年去世。亨利希·马克思娶了一位荷兰犹太女子，名字叫罕丽达·普雷斯堡。据她的孙女爱琳娜·马克思说，长达一个世纪之久，在其祖母的先辈中，一连好几代出现了不少犹太教经师。罕丽达·普雷斯堡于1863年去世。她同丈夫两个人身后同样留下了许多子女。但是在核实遗产继承人时，在她的这些子女当中只有四个还活在世上，即儿子卡尔·马克思和她的三个女儿：索菲娅是律师施马尔豪森的遗孀，住在马斯特里赫特[②]；埃米莉住在特里尔，是工程师康拉迪的妻子；路易丝生活在南非的开普敦，是商人尤塔的妻子。有关马克思家族的家谱记载，还要归功于这些遗产调查的文件。

卡尔·马克思父母的婚姻极其幸福美满。除了姐姐索菲娅，作为他们的长子，卡尔·马克思十分感恩他的父母，因为他们给予了他一个轻松快乐、无忧无虑的童年。他的“辉煌的天赋”在他的父亲心中唤起了希望，认为有朝一日，他的这些秉性将可以造福于人类；而他的母亲则称他是一个可以把一切都囊括于手中的幸运儿。但是卡尔·马克思既不像歌德那样，只受其母亲的影响；也不像莱辛和席勒那样，只受到父亲的影响。卡尔·马克思的母亲对她的丈夫和孩子们关怀备至、体贴入微，她尽其所能，维护家人之间的和睦与安详。她一辈子都没有学会说正确的德语，她也没有参与过儿子在思想领域的斗争，她几乎对此没有任何兴趣，除非她以一个母亲的心境操心自己的儿子卡尔，如果他走上正确的道路将会怎么样。在以后的年代里，卡尔·马克思似乎与母亲的荷兰亲属的关系更加密切一些，尤其是跟他的一个姨夫菲利普斯。卡尔·马克思多次怀着极大的好感谈到这位“了不起的老男孩”，在自己的生活屡遭困境时，都是他伸出了援助之手，这足以证明，他是一个乐于助人的人。

---

① 格莱维茨：波兰语为 Gliwice（格利维采），位于波兰南部。

② 马斯特里赫特：荷兰东南部城市，位于马斯河畔，靠近比利时边境。

然而有时候，卡尔·马克思的父亲也会看到儿子心中的“魔”，他暗暗地为他最喜爱的儿子担心，不过卡尔过完二十岁的生日之后没几天，他就去世了。折磨他的不是对儿子的辉煌前程的那种家庭妇女式的浅见和无微不至的担忧，而是一种模糊的预感，他觉得儿子的那种像花岗岩一般坚硬的个性，与他自己温和的气质格格不入。作为犹太人、莱茵省人和法学家，这三种身份犹如给他披上了三重盔甲，他本该能够抵御住易北河东岸容克地主阶级的诱惑，对他们所谓的优雅无动于衷；然而亨利希·马克思是一位普鲁士的爱国者，这不是今天意义上的那种平庸的爱国者，而是老式的普鲁士爱国者，正如我们当中的年长者所熟悉的瓦尔德克和齐格勒那样的爱国者一样，饱受资产阶级教育，真诚实意地信仰老弗里茨[①]的宣传教育，是拿破仑没有理由不仇视的“思想家”。正是被拿破仑称为“思想意识的疯狂表达”的东西，激发起卡尔·马克思的父亲对这个占领者的仇恨，尽管拿破仑给予了莱茵省的犹太人公民平等权，并且把《拿破仑法典》[②]推广到莱茵省的各个地区，该法典成为被莱茵地区民众细心维护却遭到旧普鲁士反动派不断攻击的一件珍宝。

普鲁士政府曾经强迫亨利希·马克思改变宗教信仰，以保住他的职位，然而他并没有由此动摇过对普鲁士君主政体是“守护神”的信念。这一点一再被强调，就连那些一向了解内情的人也如此炮制，也许是为了申辩，或者仅仅是为了道歉，为那些本不需要申辩和道歉的事情进行申辩和道歉。即便是从纯宗教的立场来看，一个同洛克、同莱布尼茨以及莱辛一样，公开宣布自己“绝对信奉上帝”的人，实在没有必要再到犹太教堂去寻找什么，倒不如直接到普鲁士国家教会去寻求庇护，并为自己在那里找到一席栖身之地，因为当时在普鲁士国家教会中，盛行一种更为宽容的理性主义，即所谓的理性宗教，甚至在1819年颁布的普鲁士书报检查令中，也留下了这种理性宗教的痕迹。

但是在当时的局势下，放弃犹太教不仅仅是一种宗教解放行为，更是一种

---

① 普鲁士国王弗里德里希二世的别号。

② 1804年公布施行的《法国民法典》，1807年重新命名为《拿破仑法典》。这部法典明确肯定了资本主义私有制度，维护了法国革命的成果，比德国的封建法典具有很大的进步性。

社会解放行为。犹太教并不参与我们那些伟大的思想家和诗人无上光荣的脑力劳动。莫泽斯·门德尔松曾经试图以自己的微弱之光为他的“民族”照亮通向德意志精神生活的道路，但是徒劳无功。就在亨利希·马克思皈依基督教的那几年，柏林的一群犹太青年重新开始致力于实现莫泽斯·门德尔松的思想，但同样以失败告终，尽管他们中间出现了诸如爱德华·甘斯以及亨利希·海涅之类的人物。[①] 甘斯，这只小舟的舵手，甚至第一个收起旗帜，皈依了基督教。尽管海涅曾经严厉地咒骂过他，说他“昨日还是个英雄，今天就已经成了一个叛徒”[②]；但是没过多久，他本人也不得不放弃原来的宗教信仰，取得了这张“通向欧洲文化的入场券”[③]。由此，在 19 世纪德国精神发展史上，这两个人都留下了重重的一笔；而那些比他们更为忠实于犹太教信仰的伙伴，要么名字早已被遗忘，要么下落不明。

因此，具有自由思想的犹太教徒改信基督教，已经成为一种文明进步的象征。而且，这种现象延续了几十年之久。1824 年，亨利希·马克思带领全家完成了宗教信仰的转变。这种改变，只能理解为对文明进步的一种追求，除此之外，没有其他的解释。把变换宗教信仰付诸行动，这种行为本身，也许并没有受到外部环境的具有决定性的影响，但是外部环境决定了行为发生的时间。在 19 世纪 20 年代，农业危机迅猛蔓延，而犹太人趁机疯狂敛财，这激起了莱茵地区的民众对犹太人的强烈仇恨。像老马克思这样一位无可指摘的正直人，根本没有义务去分担这种仇恨，况且从孩子的角度着想，他也没有权利这样做。他的母亲想必就是在此之间亡故的。母亲的去世，把他从孝道的束缚中解脱出来，而尽孝完全符合

---

① 梅林在这里所谈到的是“犹太人文化与科学协会”，该协会成立于 1819 年 1 月 7 日，其成员除了甘斯和海涅之外，还有利奥波德·聪茨、莫泽斯·莫泽、拉察鲁斯·本达维德、路德维希·马库斯等人。海涅曾经在 1844 年撰写并发表的一篇文章《路德维希·马库斯. 悼词》中赞誉过协会所致力的目标和它的领导成员。——德文原书出版者注

② 此处梅林是摘自 1869 年出版的海涅（1797—1856）遗作中的一首诗《写给一个背叛者》的最后两句诗文。——德文原书出版者注

③“洗礼证书是通向欧洲文化的入场券”，这句格言是在海涅的遗著中发现的，此处是指亨利希·海涅改奉新教一事。1825 年 6 月海涅在海利根施塔特秘密接受洗礼，从此改基督教名克里斯蒂安·约翰·海因里希·海涅。

他的性格。这或许也是促成他变换宗教信仰的一个原因。需要同时提及的可能还有一点，即在改信基督教这一年，他的长子卡尔到了入学的年龄。

不管是出于这样还是那样的原因，有一点毋庸置疑，即亨利希·马克思掌握了自由的人文文化思想，这使得他能够摆脱犹太人的一切偏见。而且，他把这种自由作为一笔珍贵的遗产，留给了他的儿子卡尔。卡尔上大学以后，亨利希·马克思给这位年轻的大学生写过许多封信，至少在这些信件中，没有流露出一丝一毫的犹太人的习气，不管是好的，还是不好的。所有的信件，都是以一种旧式的、感情充沛的语气写成的，这是 18 世纪盛行的书信风格。那时候，典型的德国人具有一个共同的特点，即爱，则如醉如痴；怒，则暴跳如雷。这些信件没有任何小市民的狭隘性，信中热心探讨的，多是儿子对文学艺术的兴趣。他的儿子开始想当一名“平凡的小诗人”，对于儿子的心血来潮，他表示坚决反对，而且理由非常充分。关于儿子卡尔的未来，他经常陶醉在自己的设想之中。不过，儿子的心智是否与他的头脑相称？他的心中是否留有感情的空间，而且这种世俗的、比较温柔的情感，又是否足以慰藉那些在痛苦的深渊中挣扎的人？这位“白发苍苍、性情有些抑郁”的老先生，无法彻底摆脱这些思虑。

按照亨利希·马克思的想法，自己的疑虑是有依据的。蕴藏在他“心灵深处”的对儿子的真爱，没有使他变得盲目，反而使他看得更加清楚。不过，没有人可以预见到自己的行为可能产生的最终后果，亨利希·马克思也不例外。他绝对没有想到，况且他也不可能预料到，他把资产阶级教养当作一生的珍贵礼物赠送给儿子，却助长了危险的“恶魔”生出，他不知道这个恶魔是“天上的”，还是“浮士德式的”。小时候还是在父母家生活时，卡尔·马克思在玩耍之中就能办到的事情，却让海涅或者是拉萨尔为之付出了人生中最初的几场艰巨的斗争，而且斗争中留下的创伤从来没有完全愈合过。

没有人能够清晰地看出，学校生活给这个正在成长的男孩究竟带来了什么。卡尔·马克思从来没有提到过他的任何一位同学。同样，也没有见到任何一个同学提供过有关他的信息。他在他的家乡上的中学，很早就毕了业。他的毕业证书上注明的日期是 1835 年 9 月 24 日（梅林注：8 月 25 日），上面通常还写着对这个充满希望的年轻人的祝福语，以及对他的各科成绩所做的千篇一律的鉴定。不过，毕业证书上特别强调，卡尔·马克思擅长翻译和解释古典作家的作品中比较难懂的地方，尤其是有些地方，难点常常不是在语言特点，而是在内容和思想的逻辑关系方面；他的拉丁语作文也表现出丰富的想象力和对题材的深刻理解，不过语言过于啰唆，议论不得体的地方也往往过多。

在毕业考试中，他的神学课考得不怎么好，历史课考得也不行。不过在德语作文中他表达的一种想法，在主考的老师看来“很有意思”，而在我们看来肯定更有意思。那篇作文的题目是《青年人在选择职业时的考虑》。评语是这样写的：文章构思丰富，结构严谨，不足之处是过于追求罕见的、形象生动的表达方式，这也是作者常犯的毛病。接下来非常突出地且一字不差地摘引了其中一句话：“我们并不总是能够选择我们自认为适合的职业；我们在社会上的关系，还在我们有能力决定它们以前就已经在某种程度上开始确立了。”[①] 不难看出，在少年马克思的头脑中，已经第一次闪现出思想的火花；它预示着，全面发展这种思想将成就这个伟人不朽的功绩。

2. 燕妮·冯·威斯特华伦

1835年秋天，卡尔·亨利希·马克思进入波恩大学，在长达一年之久的时间里，与其说他是在学习法学，或许倒不如说他只是“以学习为理由”住在学校里。

有关这段时间的情况，我们目前还没有掌握第一手资料。不过，从马克思的父亲所写的许多信件中反映的情况来看，这个热血青年像是在尽情享受青春的欢乐。后来，老父亲在怒不可遏的情况下，写信骂儿子“放浪形骸”，那时候他一个劲儿地抱怨说，“卡尔式的账单既没有上下关联，也没有最后的结算”。即便是在后来，卡尔·马克思已经成为研究货币的经典理论家，这些账单也一直没有弄清楚过。

① 参阅《马克思恩格斯全集》第1卷，人民出版社1995年版，第457页。

在波恩度过了一年的快活日子之后，卡尔·亨利希·马克思订婚了，那时候他 18 岁，正好是一个值得祝福的年龄。未婚妻是卡尔·马克思童年时代的一个玩伴，也是他的姐姐索菲娅的闺密，正是姐姐索菲娅为两个年轻人的结合铺平了道路。在大学就学期间订婚，这看上去完全是越轨的行为，实际上却是令人佩服的惊人之举，是这位人类天生的领袖在其一生中所获得的第一个最为可观的胜利。一开始，卡尔·马克思的父亲觉得儿子的胜利完全“不可思议”，后来他终于理解了，因为他发现，儿子的未婚妻身上也具有“一些天才的迹象”，而且她乐于牺牲，这可不是一般的姑娘所能够做到的。

燕妮·冯·威斯特华伦确实是一位不同寻常的姑娘，她不但容貌异常美丽，而且具有非凡的才智和非凡的品格。虽然她比卡尔·马克思年长四岁，但也只才二十出头。这样一位含苞待放的美女必然会备受瞩目。她的身边不乏赞美声，也不乏追求者，而且作为一名身居高位的官员的女儿，她无疑会拥有一个光辉灿烂的未来。但是所有这些美好的前程她都可以牺牲，为了卡尔，或者如同老马克思所说的那样，为了一个“危机四伏、没有保障的未来”。有时候马克思的父亲会感到很不安，因为他发现，那些困扰着他的恐惧和不祥的预感，偶尔在她的身上也能够观察到。尽管如此，老父亲仍然十分信赖这个“天使般的女孩”，相信这样一位“迷人的姑娘”。他在儿子面前笃定地说，不管是哪个王公贵族，都不可能再把她从他身边抢走。

现实是残酷的，未来比亨利希·马克思在多次噩梦中预见到的还要险恶、还要不安全。然而燕妮·冯·威斯特华伦不为所惧，尽管从她少女时代的肖像中尚可以看出，她是那么天真，那么柔弱。但她就像一位不屈不挠的女英雄，以一往无前的勇气，在艰难困苦中坚定不移地支持她自己选择的丈夫。也许，从世俗的意义来说，她并没有能力帮助他减轻生活的重担，因为她是一个幸运儿，从小就被娇生惯养，根本就应付不了日常生活中点点滴滴的苦难和困境，在这方面她的确不如一个风餐露宿、饱经风霜的无产阶级妇女。但是从高层的意义来看，她能够理解她的丈夫毕生的事业，而且在困境中对他不离不弃，就这一点而言，燕妮·冯·威斯特华伦称得上是一位与他志同道合，而且当之无愧的生活伴侣。她保存下来的所有的信件都散发着那种典型的女性的气息。她就是歌德所推崇的那样一种女人，不管她处于哪一种心境，她都表现出同样的真诚：在欢乐的日子里，她心驰神往、谈笑风生；当贫困夺走她的孩子，而她却无力给她的爱子提供一个简单的坟墓安葬时，她则会像尼俄柏[①]一样，哭得声泪俱下、悲恸欲绝。她的美丽是她的丈夫的骄傲。1863年，当他们的命运将他们互相拴在一起已经将近二十个年头的时候，卡尔・马克思回到特里尔去参加他母亲的葬礼，他在特里尔逗留期间给她写信说："每天我都去瞻仰威斯特华伦家的旧居（在罗马人大街），它比所有的罗马古迹都更吸引我，因为它使我回忆起最幸福的青年时代，它曾收藏过我最珍贵的珍宝。此外，每天到处总有人向我问起从前'特里尔最美丽的姑娘'和'舞会上的皇后'。做丈夫的知道他的妻子在全城人的心目中仍然是个'迷人的公主'，真有说不出的惬意。"[②]在卡尔・马克思弥留之际，这位从来都不知道多愁善感为何物的男人，也禁不住用伤感的语调谈起了他一生中最美好的日子，而这一切都离不开他的妻子燕妮・冯・威斯特华伦。

这一对年轻人没有争得女方父母的同意就订了婚，这让卡尔・马克思的那个一向办事认真严谨的父亲忧虑重重。好在没过多久，燕妮・冯・威斯特华伦的父母也同意了这门亲事。特里尔枢密顾问路德维希・冯・威斯特华伦拥有高贵的姓氏和显赫的头衔，尽管如此，他既不属于易北河东岸的容克地主阶级，也不属于旧普鲁士的官僚阶层。他的父亲就是那位大名鼎鼎的菲利普・威斯特华伦，这可是德国军事史上最显赫的人物之一。菲利普・威斯特华伦在费迪南德・冯・不伦瑞克大公的手下担任过民法机要秘书，后者在七年战争中，曾经率领一支由英国人出钱组建的杂牌雇佣军，成功地打击了一心想占领德国的法国国王路易十五和

① 尼俄柏（古希腊语 Νιόβη），古希腊神话女性人物之一，是坦塔罗斯和底比斯国王安菲翁的妻子所生的女儿。尼俄柏为自己七个英俊的儿子和七个美丽的女儿而自豪，并在勒托女神面前自夸自擂，因为勒托仅有阿波罗和阿尔忒弥斯两个孩子。有一次尼俄柏打断对勒托的祭拜，要求人们应该崇拜自己而不是勒托，于是激怒了勒托。她派阿波罗和阿尔忒弥斯杀死了尼俄柏的孩子们。尼俄柏十分悲伤，宙斯可怜她，将她变为一座喷泉，喷泉中涌出的全是她的泪水。人们将它移到她的故乡佛里吉亚的西皮洛斯山上，泪水仍然继续涌出。

② 参阅《马克思恩格斯全集》第30卷，人民出版社1974年版，第640页。

他的情妇蓬帕杜[1]侯爵夫人，保卫了德国西部地区。在这场战争中，菲利普·威斯特华伦实际上成了冯·不伦瑞克大公的总参谋长，尽管这支军队中有不少德国将军和英国将军。他的功绩得到了极大的肯定和赞赏，英国国王甚至有意任命他为军队的总副官长。料想不到的是，菲利普·威斯特华伦谢绝了这项任命，仅仅“接受”了“被批准的”贵族称号。他这样做，还是出于迫不得已，和赫尔德或席勒一样放下市民的自尊，为了迎娶一位苏格兰男爵的女儿；该女子到费迪南德大公的军营中来，是为了探望她的姐姐，一位英国后备军将军的妻子。

路德维希·冯·威斯特华伦就是菲利普·威斯特华伦和那位苏格兰女子的儿子。他从他的父亲那里继承了一个具有历史意义的姓氏；而在他的母亲的祖先系列里，只要一代一代地往上数，则代代都有能够唤起人们回忆的重大历史事件。在他的母亲的直系祖先当中，有一位祖先在争取苏格兰宗教改革的斗争中，被送上柴堆执行火刑，当众活活烧死；另一位祖先是阿奇博尔德·阿盖尔伯爵，他在反抗詹姆士二世、争取自由解放的斗争中，被扣以叛乱者的罪名，在爱丁堡的市场广场上遭斩首。这样的家族传统，使路德维希·冯·威斯特华伦的成长从小就脱离了愚蠢的以穷为傲的容克地主的氛围以及狂妄傲慢的官僚的氛围。最初他在不伦瑞克大公手下任职，当这个小小的公国被拿破仑击败，并被合并到威斯特伐利亚王国以后，他并没有考虑继续为不伦瑞克大公效劳。显然，他不大看重世袭的韦尔夫家族，他更为重视的是法国占领者实施的改革，是否能够治愈他那千疮百孔的可怜的祖国。但是对于外国统治者本身，他则一向深恶痛绝，这导致了法国元帅路易·尼古拉·达武在1813年对他采取了强硬手段。后来路德维希·冯·威斯特华伦在萨尔茨韦德尔当县长，1814年2月12日，他的女儿燕妮在这里出生。两年之后，他又被调到特里尔担任枢密顾问，因为普鲁士国家首相哈登贝格在任职初期励精图治，他认识到，必须把那些没有容克地主偏见的精干人物派到新收复的，但人心依然向往法国的莱茵省去。

---

① 蓬帕杜夫人（1721—1764），原名让娜－安托瓦内特·普瓦松，蓬帕杜侯爵夫人，出生于巴黎的一个金融投机商家庭，后成为路易十五的情妇，接着成为国王的私人秘书。路易十五封她为蓬帕杜侯爵夫人。

卡尔·马克思毕生都以一种极为亲密的语气和感恩戴德的心情谈到路德维希·冯·威斯特华伦。他把路德维希·冯·威斯特华伦称为“慈父般的挚友”，且保证要以“子女之爱”孝敬他，这样做不仅仅是因为自己是他的女婿，更是因为威斯特华伦能够从头到尾背诵全部《荷马史诗》，能够用英语和德语背出莎士比亚的大部分剧作，因为从“威斯特华伦家的老宅子”里，卡尔·马克思获得了许多他自己的家里所不能给予的、学校就更不可能给予的激励和启发。还是从很早开始，他本人就受到了老威斯特华伦的喜爱，威斯特华伦同意他们的订婚或许是想到了自己父母的幸福美满的婚姻；因为在世人的意识中，一个具有古老贵族血统的公爵家族的女儿和一个贫穷的平民出身的机要秘书的结合，也并不是一桩门当户对的婚姻。

在路德维希·冯·威斯特华伦的长子费迪南德的心里，父亲的崇高思想境界却没有存活的余地。费迪南德·冯·威斯特华伦是一个追逐名利、到处钻营的官僚，在19世纪50年代的反动时期，为了维护顽固不化的地方容克的封建要求，身为普鲁士国家内务大臣的费迪南德，居然敢反对首相曼陀菲尔，而这位首相毕竟也是一个老谋深算的官僚。这个费迪南德·冯·威斯特华伦跟他的妹妹燕妮之间不存在任何较亲密的关系，这不仅是因为他比燕妮年长十五岁，而且因为他是他的父亲在第一次婚姻期间所生的儿子，对于燕妮来说只能算作她的半个兄长。

她的真正的兄弟是埃德加·冯·威斯特华伦。他在思想观念方面要比他的父亲“左”一些，而费迪南德则比父亲更右一些。埃德加曾经偶尔也在他的姐夫马克思的一些共产主义声明上签过名，但是他始终没有成为卡尔·马克思的恒久的同路人。他漂洋过海去了国外，在海外漂泊期间他的命运时好时坏。即便是回来以后他也行踪不定，时而出现在这里，时而又出现在那里，成了一个名副其实的野孩子，这就是人们所听到的关于他的情况。不过埃德加对燕妮和卡尔·马克思一直忠心耿耿，而燕妮和卡尔·马克思在给他们的第一个儿子取名字时则使用了他的名字。

第二章　黑格尔的弟子

1. 在柏林求学的第一年

还在卡尔·马克思与燕妮·冯·威斯特华伦订婚之前，他的父亲就已经做出决定，要让他到柏林去继续完成他的学业。一份保存完好、注明的日期为1836年7月1日的正式文件表明，亨利希·马克思不仅许可，而且希望他的儿子卡尔在下一个学期转到柏林大学，以继续攻读在波恩业已开始的法学和财政学课程。

就卡尔订婚这件事本身而言，它不仅没有削弱，反而增强了父亲要让卡尔到柏林上大学的决心。亨利希·马克思是一个小心谨慎的人，他经过反复权衡之后认为，既然结婚遥遥无期，倒不如让两个相爱的年轻人暂时分开一段时间，依照他的考虑，这才是最可取的做法。另外，他所以决定选择柏林这座城市，也许是出于普鲁士的爱国主义情怀；而选择柏林大学，则是老父亲不得不采取的预先防备措施，因为卡尔·马克思在波恩已经沾染上了寻欢作乐的习气，而在柏林大学的校园里，看不到旧式大学生的这种习气；关于柏林大学，路德维希·费尔巴哈曾经如是说："比起这里的习艺所来，其他的大学都是名副其实的酒馆。"

要是依照卡尔·马克思本人的愿望，这个年轻的大学生无论如何也不会选择柏林作为求学的地方。卡尔·马克思喜欢阳光灿烂的家乡，而普鲁士的首都柏林则是他一生都厌恶的地方。他对黑格尔的兴趣不大，黑格尔的哲学对他也没有任何吸引力，尽管这门学说在其创始人去世以后比他在世时更具有无限的权威，而且更加风行于柏林大学，然而它却不能把卡尔吸引到柏林去，因为对于他来说，黑格尔的哲学完全是一门陌生的学科。另外，柏林太遥远，他舍不得跟他心爱的人分开。诚然，他曾经信誓旦旦地说过，只要她答应将来同他结婚，他就知足了，尤其是在当下，他要毅然决然地斩断一切示爱的念头。但是，誓言常常就犹如是在水面上写字，往往都会落空，更何况像他们这样正处于热恋之中的一对年轻人。马克思后来告诉他的孩子们说，那时候由于他对他们的母亲爱得如痴如狂，他简直成了一个真正的“疯狂的罗兰”①，爱情的火焰时时刻刻都在他那颗年轻的心中燃烧着，使他始终无法平静下来，直到准许他和他的未婚妻通信。

然而，当卡尔·马克思收到未婚妻的第一封来信的时候，他在柏林已经整整苦等了一年。关于马克思在这一年之中的生活情况，我们通过一封家信掌握了比较翔实的资料，可以确切地说，这一年的资料在某些方面要比以前或者甚至比以后的任何一年都要更为准确。卡尔·马克思在 1837 年 11 月 10 日给他的父母亲写过一封内容广泛的长信，以便让他的父母“在过去的一年即将结束之际，纵观一下自己在这里的情况”。这是一份值得注意的文献资料，它向我们表明，这个小青年已经成为一个了不起的人，为了寻求真理，他可以不惜耗尽自己的全部精力，它也向我们展示了他的永不满足的求知欲、他的无穷无尽的精力、他的毫不留情的自我批评意识和他为了征服似乎已经误入迷途的心灵的那种战斗精神。

1836 年 10 月 22 日，卡尔·马克思在柏林大学注册入学。但是他对学校里的各种学术讲座没有太多的兴趣，在柏林大学就读的九个学期中，他所选择的课程总共没有超过十二门，而且他主要选择的是法学方面的必修课，甚至就连这十二门课程他可能也很少去听讲。在柏林大学众多的正式教师当中，大概只有爱德华·甘斯一位教师对卡尔·马克思的思想发展有过一些影响。卡尔·马克思听

①《疯狂的罗兰》，又名《疯狂的奥兰多》，是意大利诗人卢多维科·阿里奥斯托（1474—1533）的一部叙事诗，写的是查理大帝的骑士罗兰对卡泰伊公主安杰丽嘉的爱情和鲁杰罗与勃拉达曼蒂的恋爱。

过的由爱德华·甘斯讲授的课程有刑法和普鲁士邦法[①]，而甘斯本人也曾经出具过鉴定，证明马克思在听这两门课程时“以勤奋而出众”。不过这类鉴定通常会掺杂着某种人情成分在里面，比这样的鉴定更具有说服力的，是卡尔·马克思在他的最初的几篇论文中针对历史法学派所进行的无情的论战。哲学修养深厚的法学家爱德华·甘斯也曾经以雄辩有力的声音、义正词严地抨击了该学派的狭隘性和麻木不仁，以及该学派对于立法和法律的发展所产生的不良影响。

然而根据卡尔·马克思的自述，他把法学这门专业课只是当作次要的学科来学习的，历史学和哲学课才是他心目中的主要学科。即便是如此，他也根本不关心这两门课程，很少去听讲，他仅仅选修了一门普通的必修课程，即加布勒开设的逻辑学。格奥尔格·安德烈亚斯·加布勒是黑格尔的学生和正统的继承者，不过，他是黑格尔门下的那些只会附庸风雅、照本宣科的平庸弟子当中最为平庸的一个。作为一名具有前瞻性思维能力的思想家，卡尔·马克思在大学时代就已经开始了他的独立工作。他在两个学期之内掌握了大量的知识，如果按部就班地去听那些学院式的、以一种有条不紊的缓慢圈养方式为宗旨的学术讲座，那么获取这么大的知识量即便是学习二十个学期也不够用。

马克思抵达柏林以后，一开始他完全沉溺在“爱情的新世界”里。他渴望爱的权利，但“渴求爱情，却没有任何指望”，于是，他把他的爱意通通地倾泻到三本诗集里，他要把这三本诗集全部献给“我珍爱的、永远深爱着的燕妮·冯·威斯特华伦”。然而直到1836年12月，这些诗集才到达燕妮的手中。后来，马克思的姐姐索菲在一封发往柏林的信中告诉他，燕妮“饱含着悲喜交加的泪水”读完了这些诗集。一年以后，诗人给他的父母亲写了一份长信，他在信中对他的缪斯产下的这些孩子进行了毫不留情的评判。“漫无边际、异常奔放的感情，毫无自然的东西，纯粹的凭空想象，现有之物和应有之物的截然对立，以修辞学上的刻意追求代替充满诗意的构思”[②]——这样的评判看上去简直成了忏悔

① 普鲁士邦法是德意志境内最大的邦国普鲁士所制定的法典，全称为《普鲁士国家通用邦法》，包括私法、国家法、教会法和刑法，自1794年6月1日起开始实施生效。

② 参阅《马克思恩格斯全集》第47卷，人民出版社2004年版，第7页。

者的罪行录，而展开这份罪状列表的，则正是这位青年诗人自己。虽然他也顺便提到，在这些诗中“或许也有某种热烈的感情和奋发向上的追求”[①]，但是如果他想把这一点当成或许可以减轻处罚的情节的话，那么这些值得称赞的特征也只能是在一定意义和一定程度上适用，就如同席勒的那些“劳拉之歌”一样。

总的看来，这位年轻人的诗作散发着一种平庸的浪漫主义气息，语调听起来缺少真实感，同时，诗句的写作技巧笨拙，言语不流畅，这种情况在海涅和普拉滕之后是根本不应该再出现的。卡尔·马克思在他的科学著作中所表现出的广泛的艺术才能，就是沿着这样一种奇特的道路开始和发展的。他的语言形象生动，个性鲜明，甚至可以和德国文学史上第一流的大师相媲美。他也高度重视自己作品的审美性，讲究和谐和对称，不像那些浅薄的学者，把枯燥无味的无聊叙述当成学术著作的基本保证。但是，卡尔·马克思在韵语方面却显得拙劣不堪，也许缪斯诸神在他的摇篮里放置各种不同的礼物时，没有给予他这种天赋。

不过，卡尔·马克思在1837年11月10日写给父母的那封长信中说，写诗只能是而且也只应该是一种附带做的事情，他必须集中精力研究法学；另外，他感到内心有一种强烈的愿望，就是想对哲学问题进行深入的探讨。他仔细地阅读了海内克丘斯和蒂鲍特的著作以及许多原始文献，并且把罗马法全书的头两卷翻译成了德文，他还试图在法的领域内创建一种法学哲学体系。据他自己的说法，“这部倒霉的作品”已经差不多写了三百多张纸，不过这个数字可能是基于一种笔误。最后马克思看到了“整体的虚假”，于是他便投入哲学的怀抱，打算创立一种新的形而上学体系。随后他不得不认识到，他再一次做出的这些努力依然是一个错误。这期间他养成了给所有读过的书籍做摘录的习惯，例如，他摘录了莱辛的《拉孔奥》、左尔格的《埃尔温》、温克尔曼的《艺术史》、路登的《德意志民族史》，除此以外，他还习惯随手在纸上记下自己的感悟。同时，他翻译了塔西陀的《日耳曼尼亚志》和奥维德的《哀歌》，并且开始自学也就是依靠语法书来学习英语和意大利语，尽管一时还没有达到任何效果。他还阅读了克莱因的

---

① 参阅《马克思恩格斯全集》第47卷，人民出版社2004年版，第7页。

《刑法》和他的《编年纪》以及全部最新的文献，不过这些文献资料他只是顺带着浏览一下而已。到了学期结束的时候，他又转向了“缪斯的舞蹈和萨蒂尔的音乐”，这时他感到，一个真正的诗歌王国就像一座遥远的仙宫一样，突然闪现在他的面前，而他自己所创作的全部作品则顷刻间分崩离析，化为灰烬。

之后，他在信中写到了第一个学期的结果，他“熬过了许多不眠之夜，经历了许多斗争，体验了许多内心的和外在的冲动”①，然而收获不多。不仅如此，他还忽略了大自然、艺术和整个世界，跟朋友们也疏远了。他的年轻的身体也忍受着过度劳累的折磨，在医生的建议下，他迁移到了施特拉劳，这个地方当时还是一个宁静的小渔村。在那里，他很快就恢复了健康，并且重新开始紧张的精神奋斗。在第二个学期里，卡尔·马克思博览群书，获取了各方面的大量的知识，而在这一系列的现象当中，越来越明确地显示出黑格尔的哲学已经成为他在学习方面的一个稳固的中心点。卡尔·马克思最初只读过黑格尔哲学的个别片段，他并不喜欢它们的那种“离奇古怪的调子”。后来，卡尔·马克思再一次患病，在生病期间，他把黑格尔的著作从头到尾进行了研究，而且加入了青年黑格尔派的“博士俱乐部”。在那里，通过各种不同观点之间的争论，他越来越被“现代世界哲学”牢牢地吸引住。当然，他心中的一切丰富的声音不免要沉寂下来，他“在遭到多次否定之后，陷入了一种真正的讽刺狂”。

卡尔·马克思在信中向自己的父母吐露了这一切，在结束这封信时，他请求他们同意他立即回家，而不是像父亲先前所准许的那样，只能等到第二年复活节的时候才可以回家。他想跟父亲说说心里话，倾诉他精神上的“极度的焦虑不安”。他说，只有在父母的“慈颜”跟前，他才能让那些“躁动不安的幽灵”平息下来。

这封家书今天对于我们来说是如此的珍贵，它就像一面镜子，使我们从中真实地看到一个年轻的马克思。而他的父母家在收到这封信时情况却很糟糕。已经病魔缠身的父亲又看到了儿子心中那个让他一直惴惴不安的“恶魔”。自从他把

---

① 参阅《马克思恩格斯全集》第47卷，人民出版社2004年版，第12页。

“某一个人”当成自己的孩子那样疼爱以来，自从一个令人尊敬的家族接受了这段按世道常情来说对其爱女充满危险而且前途黯淡的姻缘以来，他更是加倍惧怕这个恶魔了。他从来都不是一个固执己见的家长，他并不想给儿子设定生活的道路，但条件是，儿子必须选择一条能够引导自己去履行“神圣的职责”的道路。可他现在看到的是什么，是波涛汹涌一片汪洋的大海，而且没有任何一处可以安全地停泊的地方。

于是亨利希·马克思做出决定，尽管他很“软弱”，这一点他本人最清楚不过了，但他还是决心要“强硬一次”。12 月 1 日（梅林认为是 9 日）他以他所谓的“强硬”的方式给儿子写了一封回信，在这封信中他使用了极度夸张的、其中夹杂着悲哀的叹息这类词语来表达他的“强硬”态度。父亲问儿子是怎样履行自己的职责的，接着父亲自己回答道：“圣明的上帝！！！杂乱无章，漫无头绪地踯躅于知识的各个领域，在昏暗的油灯下胡思乱想，虽不在啤酒杯中消磨放纵，却蓬头乱发穿着学者的睡衣放荡不羁；离群索居、不拘礼节甚至对父亲也不尊重。与外界交往的艺术仅限于一间肮脏的房间，在那里，也许在异常混乱的情况下，燕妮的情书和父亲的可能是噙着眼泪写的、善意的告诫，被用来点燃烟斗，顺便说一句，比起由于更不负责任的混乱而让这些信落入旁人之手，这还算是不错的。”[①]写到这里，父亲完全被悲伤所压倒，他不得不服用医生给他开的药丸使自己振作起来，以继续保持严酷无情的精神状态。在信中，卡尔糟糕的经济状况也遭到父亲的严厉叱责。“我们的儿子先生违反一切协议、违背一切惯例一年花了 700 塔勒，好像我们是阔佬，可是，就连最富有的人花的钱也不超过 500。”[②]当然，父亲认为，卡尔并不是一个挥霍无度的浪荡子或者败家子，但是，一个要求自己每八天或者每十四天就必须创立一种新的体系并摧毁旧体系的人，怎么可能会去注意这些生活琐事呢？想必是随时随地都有人把手伸进他的钱袋子里，每个人都在想方设法欺骗他。

① 参阅《马克思恩格斯全集》第 47 卷，人民出版社 2004 年版，第 565 页。

② 参阅《马克思恩格斯全集》第 47 卷，人民出版社 2004 年版，第 567 页。

父亲以这种方式继续写了很长一段，最后他在信中明确表态，坚决拒绝卡尔回家。“在现在这个时候来这里是不明智的！我知道你不喜欢听课，虽然你大概还是付了听课费用，不过，我至少要保持外表的体面。我决不是舆论的奴隶，但也不喜欢别人说我的坏话。”①父亲再次表明，卡尔只可以在复活节时回家，或者提前十天也是允许的，因为他的父亲还不想当一个过于拘泥于细节的迂腐之人。

通过信中连篇累牍的抱怨可以听出，父亲在指责儿子缺少爱心。父亲一而再、再而三地对卡尔·马克思提出过这种指责，但是由于在这里是第一次听到，而且理由似乎也最为充分，因此在这里不妨说几句需要说的话。现在有一种陈词滥调很流行，叫作“尽情享受生活的权利”，它是由一种养尊处优的文化所发明的，目的就是掩饰卑怯的利己主义。这个口号当然不是一个令人满意的回答。而旧时也有一种相似的提法，叫作“天才的权利”，认为天才有权比常人享受更多的权利。相反，卡尔·马克思为了获得最高认知力，进行了持之以恒的奋斗，这更多是源于他内心的最深厚的情感。有一次他曾经以一种粗俗的方式说过，他还不至于是一个“十足的笨蛋”，所以他不会对“人类的痛苦”熟视无睹、置之不理；正如胡滕也曾经表达过相同的思想，他说上帝赋予了他这种性情，对于人间共同的痛苦，他会感到比别人更痛苦，也会更深深地铭刻在心。为了彻底铲除“人类痛苦”的根源，卡尔·马克思做了许多的工作，在这一点上从来没有任何一个人可以超越他。卡尔·马克思的生命之舟在看不到岸边的大海上穿行，顶着狂风暴雨，冒着敌人永不停休的枪林弹雨，但是他的旗帜永远高高地在桅杆顶上飘扬，虽然无论是对于船长来说，还是对于全体船员来说，船上的生活并不舒适。

因此绝对不是卡尔·马克思对自己的家人没有感情，他的战斗精神或许能够遮盖过他内心的情感，但永远不可能扼杀这种亲情。卡尔·马克思人到中年后常常痛苦地诉说到，他命途多舛，可是他最亲近的人所遭受的苦难比他本人所承受

---

① 参阅《马克思恩格斯全集》第47卷，人民出版社2004年版，第568页。

的还要多得多。这个年轻的大学生对于父亲的禁令没有充耳不闻，他不但放弃了立即回到特里尔的念头，而且到了复活节的时候他也没有回去，这一点颇使他的母亲感到伤心，然而却让他的父亲大为满意，父亲的满腔怒火很快便开始平息下来。虽然父亲在以后的信件中依然牢骚不断，但是已经不再夸大其词了。父亲自己承认，在抽象议论的本领上，他的确不是卡尔的对手，而要在进入圣殿之前学习那些术语，他已经太老，无法学会了。他写到，只有在一个问题上，任何超验的东西都无补于事，这就是不起眼的钱的问题，而正是在这个问题上，儿子机智地保持着矜持的沉默。看来，卡尔一直还没有认识到，金钱对于一个一家之主的父亲的价值。但是父亲表示，他已经疲倦了，他准备“放下武器”。这句话所包含的意义，比这封书信字里行间重新闪现出的一点点轻松的幽默要严重得多。

这封信所注明的日期是1838年2月10日，那时候亨利希·马克思在病榻上躺了五个星期之后刚刚能够起来。但是病情的好转并没有持续多久，他的病——好像是肝病——就又复发了，并且越来越严重。在三个月之后，即在1838年5月10日，死神降临，亨利希·马克思离开了人世。父亲的死亡来得正是时候，它使这位父亲的心免除了因为过多的痛苦和失望而被一块一块地撕得粉碎。

卡尔·马克思一生都对父亲心存真挚的感激之情，他终于意识到父亲在他心目中的地位。正如父亲曾经把对儿子的爱珍藏在内心深处一样，儿子也把父亲的形象一直铭记在心中，直到他把它一起带进自己的坟墓里。

2. 青年黑格尔派①

自从1838年春天卡尔·马克思失去父亲以后，他又在柏林度过了三年。在这一段时间里，卡尔·马克思主要是耗在“博士俱乐部”里，而这个俱乐部的精

① 青年黑格尔派是19世纪30年代黑格尔哲学解体过程中产生的激进派。亦称黑格尔左派。其活动中心在柏林。主要成员有达·施特劳斯、布·鲍尔、埃·鲍尔、阿·卢格等。马克思和恩格斯也曾经参加过青年黑格尔派的活动。

神生活则为他开启了黑格尔哲学体系的奥秘之门。

黑格尔哲学在当时尚被视为普鲁士王国的国家哲学。普鲁士王国的文化教育大臣阿尔滕施泰因以及他的枢密顾问官约翰内斯·舒尔策把这门学说置于他们的特别保护之下。黑格尔为国家歌功颂德，他把国家尊崇为道德思想的真实化身，认为国家的存在绝对合理，也绝对符合其存在的目的本身。因此，他认为国家对于个人而言拥有至高无上的权限，而个人的最高义务则是成为国家的一员。这种关于国家的学说格外讨得普鲁士官僚的欢心，因为它为普鲁士王国的官僚机构，甚至为他们追捕迫害煽动者①的罪恶行径披上了一层光彩的外衣！

黑格尔所致力的国家学说绝对不是伪善的，这一点可以从他本人的政治发展得到解释，因为黑格尔把君主政体视为最理想的政治实体，在他看来，在这种体制下，国家公仆都必须尽责尽职、全力以赴。除此之外他认为，在必要的情况下，各个统治阶级都可以以某种间接的方式参与共同统治，这也是必不可少的，不过要有严格的等级限制。而关于建立一个具有现代立宪意义的总的国民代议机构，黑格尔跟普鲁士国王以及其贤哲梅特涅一样，对此根本不感兴趣。

但是黑格尔所构想的哲学思想体系，就他个人而言，与他作为一名哲学家所宣扬的辩证方法存在着不可调和的矛盾。与“存在”这个概念同时并举的还有“不存在”这个概念。通过这两个概念之间的相互斗争，又产生了“发展”这个更高一层的概念。一切事物既是存在的，但同时又是不存在的，因为一切都是在流动着的，也就是说：一切都是在不断地变化的，都是在不断地发展和消亡的。所以，历史也处于一种持续不断的变革之中，它是一个由低级上升到高级的无止境的发展过程。黑格尔试图运用他在历史学各个学科的广博知识来论证这一过程，尽管他采用的只是与他的唯心主义世界观相符合的形式。黑格尔认为，在所有的历史

---

① 煽动者一词最初曾经是褒义，古代的煽动者是政治决策中受人尊敬的演说家和领导人，比如，对于古希腊奴隶主民主政治杰出代表者、古代世界著名的政治家之一的伯里克利（约前495—前429）来说，这就是一个荣誉称号。即使在19世纪初，天才的演讲者也被尊为“煽动者”。然而在1819年德国大学生卡尔·路德维希·桑德（1795—1820）把彼时任职俄国总领事的德国戏剧家和作家奥古斯特·冯·科策比（1761—1819）杀死后，反动派便以此事为借口，大肆镇压大学生运动，并从此把自由民主运动的参加者都称为“煽动者”。

事件中，起主导作用是绝对观念，他宣称，绝对观念才是振兴整个世界的灵魂；除此以外，他没有做过其他的什么说明。

由此看来，黑格尔的哲学与弗里德里希·威廉王朝的国家之间的联盟，只可能是一种合乎理性的婚姻关系，只要双方能够互相证明它们的联姻是合情合理的，那么这种关系就可以一直延续下去。这种情况大概是在制定卡尔斯巴德决议①和查究迫害煽动者的那些日子里开始的。但是，1830年的七月革命给了欧洲的向前发展一个如此强大的推动，以至于事实证明，黑格尔的方法显然要比他的体系更加可靠得多。七月革命对德国产生的影响毕竟十分微弱，而且这种影响很快便被窒息，教堂墓地的寂静又重新笼罩着成群的诗人和思想家，这时候普鲁士容克地主迫不及待地跳了出来，他们再一次抛出中世纪浪漫主义这个老朽的破烂货，跟现代哲学进行抗争。对于普鲁士的容克地主来说，反对现代哲学的理由很简单，因为黑格尔很少赞扬他们的所作所为，他把更多的赞扬给予了比较开明的官僚机构。尽管黑格尔对官僚国家大加推崇，但是在维护人民的宗教信仰这方面，他却没有做过任何事情，而维护人民的宗教信仰，过去曾经是封建传统的核心，现在也是所有剥削阶级传统的根本所在。

随后，在宗教领域内也发生了第一次冲突。黑格尔认为，应该把《圣经》中那些先圣的故事当成世俗文学来看待，而且普通的真实的历史知识跟宗教没有任何关系。年轻的士瓦本派大卫·施特劳斯是黑格尔的学生，他对待老师的话非常认真，而且把老师的话付诸行动。他要求对福音书中的故事进行历史性的批判，并且通过他写的《耶稣传》来证明他的要求是合理的，这本书在1835年出版时引起了极大的轰动。通过这本书，施特劳斯开始与资产阶级启蒙运动连接在一起，而黑格尔对启蒙运动则表现出极为蔑视的态度，他称启蒙运动是“假文明”。大卫·施特劳斯具有辩证思维的才能，这使得他对于这个问题的理

---

① 卡尔斯巴德决议是指1819年8月在卡罗维发利召开的德意志邦联各邦大臣会议通过的反对和镇压民族统一运动与自由主义运动的四项法案，它包括大学法、新闻法、关于临时执行权的规定和调查法，旨在查究镇压“革命的颠覆活动”。随着1848—1849年德国革命的爆发，联邦议会才在1848年4月2日废除了卡尔斯巴德决议。

解要比老赖马鲁斯即莱辛的《无名者》[①] 要深刻得多。施特劳斯已经不再把基督教简单地看成是骗局的产物，或者是把耶稣使徒看成是一伙骗子，而是把福音书中的神话元素解释成为是最早一批基督教教徒的无意识的创作。但是他仍然承认，福音书中的许多地方都是关于耶稣生平的历史记录，而耶稣本人则是一个历史人物，在确定耶稣生平最重要的这两点上，施特劳斯尚能够做到以历史事实为核心。

大卫·施特劳斯在政治方面是完全无害的，不过问政治这一点贯穿了他的整个一生。而《哈雷年鉴》的政治音符听上去却有些刺耳。《哈雷年鉴》是青年黑格尔派的机关刊物，是由阿尔诺德·卢格和泰奥多尔·埃希特迈尔两个人在1838年共同创办的。虽然《哈雷年鉴》是以文学和哲学为出发点的，但它最初只不过是用来跟老年黑格尔派 [②] 主办的思想僵化的机关刊物即柏林的《科学评论年鉴》相对抗的。阿尔诺德·卢格——英年早逝的泰奥多尔·埃希特迈尔不久便退居其后——早年参加过德国大学生协会 [③] 的运动，在普鲁士政府查究追捕"煽动者"的疯狂行动中，他曾经被判处过六年监禁，并先后在克佩尼克和科尔贝格坐过牢。当然，卢格并没有悲观失望地对这种命运听之任之，出狱后他来到哈雷大学担任大学讲师，而且通过幸福的婚姻创造了一种舒适的生活，这促使他不顾一切地宣称，普鲁士的国家制度是自由的和公正的。那些老普鲁士的官僚曾经不无恶意地说：在普鲁士，还没有哪一个人能够像变节的蛊惑民心的"煽动者"那样，如此迅速地飞黄腾达；对此卢格则表示，假如他们所说的这番

---

① 汉堡神学家赫尔曼·萨穆埃尔·赖马鲁斯（1694—1768），写过一部启蒙主义的和宗教批判作品：《为上帝的理性崇拜者辩护》，这是一部厚重博学的自然神论宣言，但是他生前不敢发表。作者死后莱辛通过其子女得到这部著作，并将部分内容以《一个无名氏的著作片段》为题发表，为保护作者的家人，他没有列出作者的姓名，而以"无名氏"代替。——德文原书出版者注

② 老年黑格尔派也称"黑格尔右派"。19 世纪 30 年代黑格尔学派解体过程中产生的右翼思想家集团、德国保守派的思想代表。在哲学上，他们顽固地坚持黑格尔的唯心主义体系，继续用黑格尔的"绝对精神"解释一切，认为"绝对精神"是一切事物存在的根据；而对黑格尔的辩证法思想则加以贬低、抹杀。

③ 德国大学生协会是1815 年创立的德国大学生争取民族统一和政治自由运动的组织，1819 年在卡尔斯巴德会议后遭封禁。

话能够在他身上成为现实的话，他丝毫也不反对。然而恰恰是这一点却没能够实现。

阿尔诺德·卢格并不是一个独立的思想家，至少他不是一个革命者，但是他受过足够的教育，有抱负，勤奋，而且具有斗争的欲望，这足以使他领导好一个学术刊物。有一次他本人曾经不无恰当地称自己是一个精神批发商。他把他主编的《哈雷年鉴》打造成了一个供所有不安分的思想者聚集的场所，这些人都拥有一种才能，他们能够使报刊最大限度地活跃起来，而这种能力对于国家制度而言却是很不利的。大卫·施特劳斯虽然只是一个撰稿人，但是他所吸引的读者之多却远远地超过了全部神学家所能够吸引的读者，尽管他们为捍卫上帝赐予的不容争议的四福音书[①]不惜动用长矛和铁棒。虽然阿尔诺德·卢格信誓旦旦地说，他的《哈雷年鉴》永远都是“黑格尔学派的基督徒和黑格尔学派的普鲁士人”，但是原本已经遭到浪漫主义反动派恶意排挤的文教大臣阿尔滕施泰因却不相信他的这种表面上的和解诚意；对于卢格恳请国家任用他、以作为对他的功绩的认可，阿尔滕施泰因也置之不理。至此，《哈雷年鉴》才终于认识到，必须挣脱一切束缚着普鲁士自由和公正的枷锁了。

在《哈雷年鉴》的撰稿人当中，也有柏林青年黑格尔派的一些成员，卡尔·马克思就曾经在这些人中间度过了三年青春年华。“博士俱乐部”[②]则是由一些风华正茂、精力充沛的大学讲师、中学教员以及作家组成的。鲁滕堡曾经在柏林士官学校教授过地理课，卡尔·马克思在最初写给父亲的一封信中，称他是自己在柏林的朋友当中“最知心”的一个朋友。但是鲁滕堡被学校开除了，据说是因为有一天早上，有人看见他醉醺醺地躺在排水沟里；而实际上却是因为他遭到了嫌疑，有人怀疑他在汉堡或者是在莱比锡的报刊上曾经发表过一些“怀有恶意”的文章。爱德华·梅因参加过一个短命的杂志社的出版工作，卡尔·马克思曾经由这个出

---

① 四福音书指《马太福音》《马可福音》《路加福音》和《约翰福音》。

② “博士俱乐部”是青年黑格尔运动早期的重要团体，存在于1837—1841年；马克思自1837年秋天开始参加该俱乐部的活动，俱乐部成员运用黑格尔的辩证法开展宗教和政治批判，这里所进行的抽象思维高水平的哲学争论和自由、民主的政治倾向对青年马克思的思想发展产生了重要影响。

版社发表过两首诗歌[①]，它们是马克思唯一有幸问世的诗作。至于马克斯·施蒂纳是否也参加了这个俱乐部，这一点还无法确定，卡尔·马克思在柏林上大学期间，他正在一所女子学校教书，尚没有任何材料能够证明他们两个人之间互相认识。对于这个问题的进一步深究实际上是多余的，因为马克思和施蒂纳之间根本不存在任何思想上的联系。对于卡尔·马克思影响最大的，是"博士俱乐部"中的两位思想上最杰出的成员：布鲁诺·鲍威尔和卡尔·弗里德里希·科本，前者是柏林大学的一名讲师，后者在柏林多罗特恩施塔特实科中学当老师。

卡尔·马克思加入"博士俱乐部"的时候还不到二十岁，但是他不久就成了思想活跃的中心人物，这种情况在他后来的生活中也经常发生，每当他加入一个新的团体的时候，他都会成为这个团体的精神中心。鲍威尔和科本在年龄上都比卡尔·马克思大十岁左右，他们很早便察觉到了，在马克思的身上蕴藏着一种超群的精神力量。他们认为，没有比这个年轻人更为亲密的战友了，当然，这个年轻人能够从他们身上学习很多东西，他也确实已经学到了不少东西。科本曾经以普鲁士国王弗里德里希[②]诞辰一百周年为由，在1840年出版了一部言辞犀利的檄文作品[③]，并且把此作品献给了他的"朋友、来自特里尔的卡尔·海因里希·马克思"。

卡尔·弗里德里希·科本具有极高的历史天赋，他在《哈雷年鉴》发表的多篇文章至今仍然足以证明这一点，我们应该感谢他，因为他是第一个真正以历史的角度去评价法国大革命红色恐怖时期的学者。他善于对同时代的历史学代表人物进行有益而中肯的批判，例如莱奥、兰克、劳默尔和施洛瑟。他本人尝试过的历史研究领域可以说是多种多样、五花八门，从一部《北欧神话文学导论》[④]

① 指马克思在1841年1月23日以《狂歌》为总标题在柏林的《雅典神殿》杂志上发表的两首诗作《小提琴手》和《夜恋》，这是马克思唯一在生前发表过的两首诗，也是他以自己的名义发表的最早的诗作。载《马克思恩格斯全集》，人民出版社1995年版，第1卷，第925—928页。

② 指普鲁士国王弗里德里希二世（1712—1786）或称弗里德里希大帝，在位时间是1740—1786年，此处的"诞辰"应为"即位"。

③ 指科本（1808—1863）于1840在莱比锡出版的《弗里德里希大帝和他的反对者》。

④《北欧神话文学导论》，柏林，1837年出版。

到一部关于《佛陀》[1]的巨著,《北欧神话文学导论》可以跟雅各布·格林以及路德维希·乌兰的研究相媲美，而巨著《佛陀》甚至得到了叔本华的赞赏，尽管叔本华以往并不喜欢这位老资格的黑格尔主义信徒。如果像科本这样有头脑的人物都渴望普鲁士历史上最凶恶的暴君“转世显灵”，并期待他能够“拿起烈火之剑，去灭绝一切阻止我们进入梦寐以求的理想之国的敌人”，那么由此便可以得知，柏林的青年黑格尔派是生活在一个怎样奇特的环境中。

当然，有两种状况是不应该忽视的。浪漫主义反动派及其所有的追随者竭尽全力给纪念“老弗里茨”抹黑。正如科本所形容的，这是一场“令人毛骨悚然的刺耳难听的音乐大杂烩：有新约和旧约的喇叭，有道德的口弦琴，有训诫的哨笛，有历史的风笛，还有其他一些稀奇古怪的乐器，中间还夹杂着古条顿人那种低沉混浊的嗓音吼出的自由赞歌”。此外，对于这位普鲁士国王的生平和事迹，还从来没有进行过关键性的、科学的以及对于他来说比较公正的研究。其实，这一点恐怕也很难做到，因为跟这位国王的历史密切相关的一些极为重要的原始资料还都没有被开放。弗里德里希二世享有“开明”君主的美誉，因为这个缘故有些人憎恨他，而另外一些人却赞赏他。

实际上，科本主要是想借助于他撰写的这部著作重新唤醒18世纪启蒙运动的精神。卢格在谈到鲍威尔、科本和马克思的时候曾经说过，他们的特征就是他们都同资产阶级启蒙运动有着千丝万缕的联系，他们是哲学上的山岳党[2]，他们在德国暴风雨骤起的天空上写下了这样一行字：“弥尼，弥尼，提客勒，乌法珥新。”科本驳斥了那些与18世纪哲学针锋相对的“陈词滥调”；他说，我们应该多多地感谢德国的启蒙运动者，尽管他们的学说有些枯燥无味；但他们所缺乏的仅仅是他们还不够开明。科本尤其想通过这本书促使那些没有头脑的、盲目重复黑格尔理论的人去思考，他想开导“那些寂寞的概念知足论者”、那些“逻辑学的老婆

①《佛陀》一书全名为《佛陀的宗教》，两卷本，柏林，1857—1859年出版。科本的《佛陀的宗教》是德国出版的第一部佛学专著。马克思对它评价颇高，说它是“一部很重要的著作”。

② 山岳党是18世纪末法国资产阶级革命期间国民议会中的革命民主集团。

罗门[①]教徒”，他们永远盘着双腿一动不动地静坐在那里，用单调且含糊不清的嗓音一遍又一遍地背诵着神圣的三部《吠陀经》[②]，只是时不时地用淫荡的目光向印度舞姬们的舞蹈世界瞥上一眼。瓦恩哈根在老黑格尔派的机关刊物上对科本的这部书进行了批驳，说它“令人恶心”“可憎”。让他尤为感到内心被深深刺痛的可能还是科本的关于“泥潭里的癞蛤蟆”的粗暴言语，说这种害虫没有宗教，没有祖国，没有信念，没有良心，没有感情，不冷不热，无喜无忧，无爱无憎，既不信上帝，也不信魔鬼，是一群徘徊在地狱门口四处找路，却坏得连进地狱也不够资格的渺小的可怜虫。

科本只是把这位“伟大的国王”颂扬成一位“伟大的哲学家”。然而恰恰就是在这一点上科本深深地陷入了错误的泥潭，即便是按照当时的认识水平而论，这也是不应该犯的错误。科本认为：“弗里德里希不像康德那样具有双重理性，一种是理论理性，它的突出表现是非常坦率和大胆地提出自己的一切异议、怀疑和否定；另一种是实践理性，它起着监护作用，是官方用来弥补前者所犯下的过失和掩饰其大学生式的胡闹的。只有像小学生那样极其幼稚不成熟的人才会声称，跟国王的实践理性相比，他的哲学理论理性才是极端超验的，声称老弗里茨平常很少会想起无忧宫[③]中的隐士。其实，在他的心目中，国王从来都不曾落在哲学家的后面。”今天，即使从普鲁士历史学的角度来看，任何人只要敢于重复科本的这种说法，都会给自己招来指责，而且必定会被人们视为像小学生一样极其幼稚和不成熟。即便是对于1840年来说，这样做也是太过分了，居然把一个像康德这样的人物所毕生从事的启蒙运动事业，贬低得甚至还不如普鲁士专制君主跟那些甘愿委身做他的宫廷小丑的法国文人墨客寻开心时玩的启蒙游戏。

这其中也表明了，柏林的生活异乎寻常的贫乏和空虚，这种贫乏和空虚已经

① 婆罗门是印度教主神之一，也是封建种姓制度的第一种姓，僧侣贵族。

② “吠陀”是印度最古老的宗教文献和文学作品的总称。《吠陀经》是古印度婆罗门教的根本圣典，产生于公元前6世纪以前。

③ 无忧宫是位于德国波茨坦的一座宫殿，为普鲁士国王弗里德里希二世仿照法国凡尔赛宫所建的行宫。

对当地的青年黑格尔派产生了灾难性的影响。这一点在科本身上表现得最为突出，尤其是表现在他全心全意写出的战斗性政论小册子中，而科本本应该是最有可能摆脱这种贫乏和空虚的人。当时在柏林还缺少像莱茵省已经高度发达的工业为资产阶级的自我意识提供的那种强有力的支持，一旦时代的斗争开始变成现实的时候，普鲁士的首都不仅落到了科隆的后边，而且落到莱比锡甚至柯尼斯堡的后边。“他们自以为享有极大的自由”，东普鲁士人瓦勒斯罗德这样描写当时的柏林人，“他们坐在咖啡馆里，学着街头上游手好闲的二流子的样子，操着熟悉的口吻，恣意调侃着有名的达官显贵、国王和当天发生的重要事情……”柏林主要是一座军事城市和首都所在地，生活在那里的小资产阶级民众通过一张尖酸刻薄专门小题大做的嘴巴来补偿自己在每一辆华丽的宫廷马车前所表现出的懦弱的奴性屈辱。这类反对派发泄这种对立情绪有一个合适的场所，那就是这个瓦恩哈根本人主持的闲聊沙龙，而瓦恩哈根一想到科本所理解的弗里德里希式的启蒙，就情不自禁地在自己胸前画十字。

我们没有理由怀疑，年轻的马克思对于这部著述的见解与它的作者是一致的，毕竟是这部著作以一种荣耀的形式把马克思的名字第一次公布于众。马克思跟科本的交往极为密切，他吸取了很多这位老伙伴的写作风格。此外，他们也一直保持着很好的朋友关系，尽管不久以后他们分别走上了不同的人生道路。二十年以后，当卡尔·马克思重访柏林的时候，他发现科本“完全还是那个老科本”，他们一起庆祝了一次纯真的重逢所带来的喜悦的时刻。

就在这之后不久，即在1863年，科本便去世了。

3. 自我意识的哲学

柏林的青年黑格尔派的真正的领军人物并不是科本，而是布鲁诺·鲍威尔。布鲁诺·鲍威尔也是公认的黑格尔的最有才干的弟子，尤其是当他以思辨哲学家的一身傲气抨击了施特劳斯在士瓦本地区出版的《耶稣传》，并遭到施特劳斯的粗暴还击的时候，更显示出他的实至名归。普鲁士文教大臣阿尔滕施泰因特地将这位前途无限的人才置于自己的羽翼之下保护起来。

尽管如此，布鲁诺·鲍威尔绝对不是一个怀有野心的追逐个人名利之徒。当施特劳斯看到他陷进正统派首领亨斯滕贝格的“僵化的经院派哲学”之中时，曾经做出过对他很不利的预言。其实，鲍威尔在1839年夏天陷入了一场与亨斯滕贝格之间进行的文学论战，因为亨斯滕贝格想把《旧约》中的那个愤怒的和复仇的上帝升格为基督教的上帝，虽然这场争论尚停留在学术问题争论的范围内，却促使年老力衰又谨小慎微的阿尔滕施泰因设法将自己的被保护人调离，以避开那些具有强烈报复欲的虔诚的正统派的多疑的目光。1839年秋天，阿尔滕施泰因将布鲁诺·鲍威尔调到波恩大学，首先安排他担任讲师，并且准备在一年之内聘请他担任教授。

在这段时间前后，布鲁诺·鲍威尔正处于思想上的发展阶段，这一点尤其可以从他写给马克思的一些信件中清楚地看出来，而这种发展将注定使他能够远远地超越施特劳斯。鲍威尔开始着手对福音书进行批判，这使他把注意力转向了对施特劳斯仍然在极力维护的思想上的最后一些残垣断壁进行彻底的清除。布鲁诺·鲍威尔断言，在四部福音书里丝毫没有历史可言，书中所记载的一切全都是福音书的作者凭空臆造的。他还指出，基督教并不是作为世界宗教强加给古希腊罗马世界的，它原本就是这个世界自身的产物。由此，鲍威尔走上了一条可以科学地研究基督教起源的唯一可行的道路。那个集宫廷神学家、时尚神学家以及沙龙神学家为一身的哈纳克，如今为了统治阶级的利益不但粉饰四部福音书，近来还试图辱骂布鲁诺·鲍威尔在其所开启的研究道路上取得的进展“糟糕透顶”，而这对于鲍威尔来说反倒是具有了一种褒义。

当这些思想开始在布鲁诺·鲍威尔的头脑中酝酿成熟的时候，卡尔·马克思成了他这期间不可分离的伙伴，而鲍威尔本人则把这位比自己年轻九岁的朋友视为最有才智的战友。布鲁诺·鲍威尔抵达波恩之后，他自己对这座城市几乎还没有熟悉起来，便迫不及待地多次给马克思写信，力图把马克思也吸引到波恩来。他写道，跟柏林的博士俱乐部相比，波恩的教授俱乐部简直是“俗不可耐”，因为在柏林的博士俱乐部里，始终充满了精神生活的情趣。他说他在波恩也会时常咧着嘴笑，倘若这也称得上是笑的话，但是他再也没有像在柏林期间跟马克思一起在街上漫步时那样欢畅地笑过。布鲁诺·鲍威尔还写道，但愿马克思能够尽快地结束他那“微不足道的考试”，应付这种考试只需要读一读亚里士多德、斯宾诺莎和莱布尼茨就足够了，其他的一概都不需要；他希望马克思不要再瞎折腾了，不要再磨磨蹭蹭小题大做。鲍威尔认为，对于马克思来说，对付波恩的那些哲学家简直是易如反掌，完全可以视同儿戏；而当前重中之重是必须刻不容缓地把他们共同出版的激进杂志办起来。他还写道，《哈雷年鉴》上刊登的那些柏林人的空话、废话以及那些毫无光彩的文章已经让人再也无法忍受了，他真为卢格感到遗憾，他不明白，卢格为什么不把那些蛀虫从他的刊物中赶出去呢？

鲍威尔的这些信件有时候听上去带有十足的革命的味道，不过这里所指的始终只是哲学领域的革命，这也是鲍威尔一向所关心的，由此他期望得到国家政权的支持，而不希望受到国家政权的阻遏。他在1839年12月写给马克思的信中说，普鲁士似乎注定只有通过耶拿战役①才能够前进，当然，这场战役不一定非得在尸体横陈的战场上进行。几个月之后，恰恰时逢他的保护人阿尔滕施泰因和老国王几乎同时去世②，鲍威尔便宣誓效忠于德意志国家生活的最高理念，效忠于霍亨索伦王朝四个世纪以来一直全力以赴地致力于整顿教会和国家之间的关系的家族传统。与此同时，鲍威尔还承诺，要孜孜不倦地用科学捍卫国家观念，抵御教会僭越职权。他认为，国家也有可能会出错，有可能对科学持怀疑态度，甚至有时对科学采取强制手段；但是理性永远属于国家的本能，所以国家的失误不会持久。对于鲍威尔的宣誓效忠，新国王给出的回应是任命正统派反动分子艾希霍恩担任阿尔泰施泰因的继任者，而艾希霍恩则竭力满足教会的无理要求，并为此不惜牺牲与国家理念休戚相关的学术自由，即学院的教学自由。

---

① 耶拿战役又被称为“耶拿—奥尔施泰特战役”，发生在1806年10月，是法国与普鲁士之间的一场大规模的军事较量，以普鲁士军队的惨败告终。这次失败促使在军事上仍处于封建时期的普鲁士开展了一场从上而下的军事与社会制度改革，使普鲁士开始转变为现代国家。

② 阿尔滕施泰因1840年5月14日去世，老国王即弗里德里希·威廉三世于1840年6月7日去世。

鲍威尔在政治上的不坚定性比科本要严重得多，如果说要让科本分辨霍亨索伦王室的人有哪一个超越了家族的水平，这他也许会搞错；但是对于王室的“家族传统”他绝对不会弄错。科本远不像鲍威尔那样深深地陷进了黑格尔的思想体系里。但人们不应该忽视的是，鲍威尔在政治上的鼠目寸光刚好是他在哲学上的目光敏锐的反面。他在四部福音书中发现了福音书产生的那个时代的精神沉淀。从纯粹的意识形态的角度来看，他的看法并非不合理，他认为，既然带有古希腊—罗马哲学思想渊源的基督教能够战胜古代文化，那么现代辩证法自由而明确的批判则更容易成功地摆脱基督教—日耳曼文化的重负。

给予他这种气度不凡的自信的，是自我意识的哲学。在哲学这个概念之下，曾经汇集了古代希腊哲学的几大学派，它们都产生于希腊国家衰落的时期，其中对促进基督教的形成贡献最大的几个学派有怀疑派、伊壁鸠鲁派和斯多葛派，这些学派在思辨的深度方面不能同柏拉图相比，在知识的广博方面亦不能同亚里士多德相比，所以极度受到黑格尔的蔑视。这些哲学学派的共同目标是，帮助由于灾难性的崩溃而失去这之前他们赖以生存的一切的那些人，使他们每一个个人都能够摆脱一切外部世界的影响，回归自己的内心生活，寻求自己的幸福，并力图保持精神和心灵的宁静，即便是整个世界崩溃了，这种宁静也不可动摇。

但是，鲍威尔解释说，在一个毁灭了的世界的废墟上，已经形容枯槁的“自我”作为唯一的力量，却对自己本身感到恐惧；这个“自我”把自己的自我意识给异化了、出卖了，因为它把自己全部的力量当成是一种异己的力量同自己对立起来；由此这个“自我”给罗马那个独揽一切大权的世界统治者、执掌生杀予夺的主宰者创造了一个兄弟，虽然是一个敌对的兄弟，但毕竟是兄弟，这就是福音教派史书中的“主”，只要他用嘴吹一口气，就能够战胜自然界的阻力，或者是打到自己的敌人，他向人世间宣布，自己是这个世界的主宰者和裁判者。不过鲍威尔认为，在基督教的奴役下，人类经受了磨炼，这样可以更加彻底地为争取自由的斗争做好准备，并且在最终获得自由的时候，能够更加牢牢地把握住。

回归自我、理解自我，充分领会自己的本质的无限的自我意识，完全有力量控制其自我异化的创造物。

如果人们放弃当时哲学语言中那些晦涩的表达，就可以更加简单明了地说明，究竟是什么东西让鲍威尔、科本以及马克思深深地迷恋上了希腊的自我意识哲学。实际上，他们也是想通过这种哲学同资产阶级启蒙运动结合起来。在古希腊时期的自我意识学派里，根本没有出现过像古希腊的自然派哲学家德谟克利特和赫拉克利特，或者像较晚时期的思辨哲学家柏拉图和亚里士多德那样的天才的代表人物，但是这些学派的存在都具有伟大的历史意义。它们为人类思想开辟了新的视野，打破了古希腊文化的民族界限和奴隶制度的社会界限，而这种界限是亚里士多德和柏拉图都不曾突破过的；它们对于促进早期基督教的发展也起了至关重要的作用，而这个受苦受难的人的宗教和受压迫的人的宗教，是在沦为剥削人和压迫人的统治者的宗教以后才转向柏拉图和亚里士多德的。尽管黑格尔曾经武断地否定过自我意识哲学，但是他也曾经强调地指出过，在罗马帝国暗无天日的统治下，主体的内心的自由意味着什么，在那里，一切高尚的美好的精神个性都被一只粗暴的手抹杀了。因此，尚在18世纪，资产阶级启蒙运动就已经促使希腊自我意识学派的哲学家行动起来，包括怀疑派的怀疑、伊壁鸠鲁学派的宗教仇恨以及斯多葛派的共和主义思想。

科本也发出过同样的论调，他在他的著作中谈到他心目中的启蒙英雄普鲁士国王弗里德里希二世时说：“伊壁鸠鲁主义、斯多葛主义和怀疑论，是古代有机体的神经、肌肉和内脏系统，它们的直接的自然的统一，决定了古代的美与善；一旦这个有机体坏死，它们便也随着分崩离析了。弗里德里希二世以惊人的力量把这三者全部收为己有，并且贯彻到行动中。它们成了构成他的世界观、他的性格以及他的生活的主要因素。”在这几句话语中，科本就这三个哲学体系同希腊生活的联系表达了自己的看法，并且至少得到了马克思的肯定，马克思称赞科本的说法具有“更深刻的意义”。

无疑，他对这个问题的思考并不亚于那些年长的朋友，但是他本人对这个问题的看法与他们截然不同。他把“人类的自我意识当作至高无上的神”去寻求，这个神是独一无二的，他不指望能够在宗教这面歪曲形象的凹面镜里找到它，也无意在专制君主的哲学空谈里去寻觅，他宁可去追溯这种哲学的诸多历史根源，对于他而言，这种哲学的各种的体系，就是一把把打开通向希腊精神真实历史的钥匙。

4. 博士论文

1839 年秋天，布鲁诺·鲍威尔曾经不断地劝说马克思，让他尽快地了结那些“微不足道的考试”。他这样焦急地催促马克思是有一定缘由的，因为当时马克思已经在大学里度过了八个学期。他这样做是有前提的，即他知道马克思不惧怕考试，否则他也就不会坚信，只要马克思一开始起跑，就立刻能够把波恩的那些哲学教授撞得人仰马翻。

这就是马克思的个性，这种个性一直延续到他生命的终点也都不曾改变过。马克思具有永远也满足不了的求知欲，这种求知欲迫使他能够迅速地抓住最困难的问题；同时他又兼有无情的自我批判精神，而这又阻碍了他迅速地解决这些问题。他大概就是以这种特有的工作方式陷入了深不可测的希腊哲学的研究；因此，即便只是把自我意识哲学的那三个体系阐述清楚，也不是几个学期就能够完成的事情。布鲁诺·鲍威尔却不大理解这一点，因为他自己的写作速度不是一般的快，正是由于他写东西太快了，致使他的那些作品禁不住时间的考验。跟布鲁诺·鲍威尔相比，弗里德里希·恩格斯倒多少能够理解一些，但是后来就连恩格斯也屡屡变得不耐烦了，因为有时候马克思的自我批判已经到了不加控制的地步，甚至走向了极端。

即使是“微不足道的考试”，也有遇到麻烦的时候，如果对于鲍威尔来说不是这样，那么至少对于马克思来说确实是如此。还在马克思的父亲活着的时候，他就已经确定了自己的学术生涯，然而对于当时的他来说，选择一门实用的职业的想法也并没有因此而完全退居到次要的地位。随着阿尔滕施泰因的去世，“教授生涯”中最有助于弥补它的各种不利因素的极其诱人的一面——拥有在大学讲坛上讲授哲学问题的相对自由——也就不复存在了。另外，关于大学的老学究们别无其他好处这一点，鲍威尔在写自波恩的信中也有过绘影绘声的描述。

不久以后，鲍威尔便第一次亲身体验到了，普鲁士教授在学术研究方面是有其特殊的限定的。自从阿尔滕施泰因在 1840 年 5 月去世以后，文教部曾经由该部的一位司长拉登贝格管理了几个月。他非常崇敬和怀念自己的老上司，所以打算履行阿尔滕施泰因曾经做出的承诺，设法将鲍威尔提升为波恩大学的教授。但是后来艾希霍恩被任命为文教大臣，自打他一上任，波恩大学的神学系便断然拒绝任命鲍威尔为教授，据说是因为这样做会破坏神学系的团结。而在这个时刻，德国的教授确实表现得很有英雄气概，只要他们确信更高的上司暗中赞同他们的做法时，他们一贯是这种表现。

鲍威尔当时正在柏林度秋假，就在他想要返回波恩的时候，他获悉了神学系的这项决定。于是在他的朋友圈里就此展开了讨论，他们考虑的问题是：在宗教和科学这两种学术方向之间，是否存在着无法补救的破裂？一个致力于科学领域研究的人却属于神学系，是否能够做到心安理得？但是鲍威尔本人坚定不移地对普鲁士国家制度持乐观主义态度，他拒绝了要他以著书立说为事，并享受国家资金支持的半官方的建议。他斗志昂扬地回到波恩，希望能够同不久就会尾随他而来的马克思在他们最重要的时刻共同引发一场骤变。

鲍威尔和马克思两个人一直坚持要共同出版一种激进杂志的计划，但是马克思到这所莱茵省的大学任教之事进展得很不顺利。作为鲍威尔的朋友和支持者他应该估计得到，波恩的教授帮派将会对他采取极其敌对的态度。如果实在没有别的办法，就只能像鲍威尔向他建议的那样，去巴结艾希霍恩或者拉登贝格，向他们求求情，当然也要充分地预想到，在波恩极有可能这“一切都无效”。但是马克思绝对不会这样做，他在这类事情上一向要求自己极为严格。即便是他自己有意走这条不正当之路，其结果也完全可以事先预料到，那就是他肯定会在这条路上摔倒，因为没有过多久，艾希霍恩就暴露出他究竟是怎样一个人了。为了彻底打垮那些老朽僵化的黑格尔主义分子，他把笃信上帝启示的老迈的谢林[①]聘请到柏林大学，并且下令惩处哈雷大学的学生们，因为他们向兼任他们校长的国王呈

---

① 谢林（1775—1854），于 1841 年被普鲁士国王召回柏林，接替黑格尔去世后留下的哲学教席，他试图遏制流行的黑格尔哲学浪潮，但没有成功，于 1854 年前往瑞士的途中去世。

递请愿书，以请求任命施特劳斯为哈雷大学的教授。

在这样的前景下，持有青年黑格尔派观点的马克思断然决定放弃在一所普鲁士的大学里参加考试的念头。如果他不想让那些甘愿为那么一个艾希霍恩效劳的帮手折磨自己，他就不能逃避斗争。恰恰相反！他决定，争取在一所比较小的大学里获得他的博士帽，同时发表自己的博士论文，而且要附上一篇大胆的具有挑战性的序言，以此证明自己的才华和勤奋，然后就在波恩定居下来，以便能够同鲍威尔一起出版计划好的杂志。到那时，波恩大学就不能完全向他关闭学校的大门了，至少根据大学的章程，作为一个“异邦”大学的博士学位获得者，他只需要再填写几张表格，就可以赢得在大学里当讲师的资格了。

这项计划马克思完成了；1841 年 4 月 15 日，在他缺席的情况下，耶拿大学根据他的一篇论文[①]授予他博士学位。在这篇论文中，马克思重点研究了德谟克利特的自然哲学和伊壁鸠鲁的自然哲学之间的差异。[②]这只是他计划完成的更大一部著作中最先完成的一部分，在这部著作中，马克思打算全面地论述伊壁鸠鲁派、斯多葛派和怀疑派哲学同整个希腊思辨哲学的关系。他的博士论文只是先通过一个例子来阐明这种关系，而且仅仅涉及古希腊思辨哲学。

在古希腊的自然哲学家中，德谟克利特是最为严谨的一位唯物主义者。他认为，没有任何东西是从虚无中产生的，也没有任何存在着的东西会化为乌有。一切物质的变化都仅仅是各个部分的集合或者分离。没有任何事物是偶然发生的，而是万物都有其产生的原因和必然性。一切事物都是以原子和虚空的形式存在，其他一切说法都是臆想。原子在数量方面是无限的，它在形式上的差别更是无穷无尽。原子在永恒的垂直下落运动中穿过无限的虚空，较大的原子向下坠落得更快一些，并撞击到较小的原子，由此产生偏斜运动和旋涡，这就是地球形成的开端。不可胜数的星球在不断地生成和毁灭，一个挨着一个，此起彼落。

伊壁鸠鲁继承了德谟克利特的自然观，不过他也做了一些修正。在他所做的

---

① 这篇博士论文的题目为《德谟克利特的自然哲学和伊壁鸠鲁的自然哲学的差别》，马克思于 1841 年 3 月底完稿，4 月 6 日寄给耶拿大学哲学系。

② 参阅《马克思恩格斯全集》第 1 卷，人民出版社 1992 年版，第 1—102 页。

这些修改当中，最著名的就是所谓的“原子倾斜论”。伊壁鸠鲁声称，原子在向下坠落的运动中“产生偏斜”，也就是说，原子不是垂直地下落，而是稍微偏离了直线做斜线运动。就物理学的角度来看，这种说法是完全不可能的，因此受到批评者的无情的嘲笑，从西塞罗和普鲁塔克，到莱布尼茨和康德，他们认为，伊壁鸠鲁只是德谟克利特的一个盲目的模仿者，他只会肆意歪曲德谟克利特的观点、败坏他的榜样的学说。除此之外，当时还有另外一种思潮，即把伊壁鸠鲁的哲学视为最完善的古代唯物主义体系，这要归功于这样一个事实，即伊壁鸠鲁的哲学在卢克莱修的教育诗[①]中被保存流传下来，而德谟克利特的哲学则在历经了许多世纪的风暴之后，仅有残篇断简流传于世。同一个康德，先是斥责原子倾斜论是“厚颜无耻的”臆造，继而又把伊壁鸠鲁看成是最杰出的感性论哲学家，与柏拉图正相反，后者被视为最杰出的理念论哲学家。

马克思绝对不否认伊壁鸠鲁的学说在物理学上是不合理的。他承认，伊壁鸠鲁“在解释某些物理现象时，表现得极其疏忽大意”；他解释说，在伊壁鸠鲁看来，感性知觉才是检验真理的唯一的试金石。例如伊壁鸠鲁认为，太阳只有两英尺大，因为根据他的观察，太阳看上去就是两英尺大。但是马克思并没有满足于使用某一种荣誉尊号来消除这些明显的愚蠢认识，他更注重的是，从伊壁鸠鲁的物理学说的不合理性中探求其哲学上的合理性。他遵守了自己在博士论文的一个附注中为向他的先师黑格尔表示敬意而说的一段美言，他在这个附注里说，当一个哲学家出现了某种适应方面的错误时，他的学生们不应该质疑自己的老师，而是应该从他的原理本身不够完善即必然产生这类问题的根源做出解释，从而达到一种知识上的进步，亦可以看成是一种良知上的进步。

对于德谟克利特而言是目的的东西，在伊壁鸠鲁看来却只是达到目的的手段。伊壁鸠鲁对认识自然界没有兴趣，他所关心的是对自然界所持的一种观点，而这种观点是他的哲学体系的支柱。如果说古希腊罗马时代所谓的自我意识哲学

① 卢克莱修（约公元前99年—约公元前55年）的教育诗是指他的代表作《物性论》，1473年整理出版，是现存的唯一一部最完整、最系统地叙述古希腊原子论学说的哲学长诗。《物性论》的发现和出版，扩大了伊壁鸠鲁学说对早期启蒙思想家的影响。

分为三个学派，那么按照黑格尔的说法就是，伊壁鸠鲁派代表的是抽象的个别的自我意识，斯多葛派所代表的则是抽象的普遍的自我意识，这两个学派都是片面的独断论者，而怀疑派之所以反对这两个学派，正是为了这种片面性。或者就像一位研究希腊哲学的现代历史学家对于这种关系所表述的那样：

在斯多葛主义和伊壁鸠鲁主义中，主观精神的个别的一面和普遍的一面，即原子学说的个体的孤立和泛神论的个体融入整体，以同等的资格不可调和地针锋相对，而这种对立在怀疑论中则互相抵消，融合成中立。

尽管伊壁鸠鲁派和斯多葛派有着共同的目的，但是由于它们的出发点各不相同，因此互相越离越远。个体融入整体的学说，使斯多葛派在哲学上成为决定论者。在他们看来，一切事物的发生都有其必然性，这是不言而喻的。他们在政治上成了坚定的共和主义者，然而在宗教领域，斯多葛派尚不能够摆脱迷信的和受到约束的神秘主义。他们倾向于赫拉克利特，在赫拉克利特的学说中，个体融入整体论体现了最鲜明的自我意识的形式。需要提及的是，他们对待赫拉克利特颇显不恭，这一点与伊壁鸠鲁派的信徒对待德谟克利特的态度如出一辙。与斯多葛派相反，伊壁鸠鲁派的孤立的个体原则，使他们成了哲学上的非决断论者。他们承认每一个个体的意志自由，而在政治方面，伊壁鸠鲁派成了极有忍耐性的忍受者。《圣经》中有一句格言如是说："在上有权柄的，人人当顺服他。"这句格言成了伊壁鸠鲁的遗训。然而在宗教方面，伊壁鸠鲁派则摆脱了宗教的一切束缚。

马克思通过一系列的细致的研究，阐明了如何解释"德谟克利特的自然哲学与伊壁鸠鲁的自然哲学之间的差别"。他指出，德谟克利特只涉及原子的物质存在，而伊壁鸠鲁则提出了原子的概念：除了它的物质，还有它的形式；除了它的存在，还有它的本质。他把原子不仅看成是现象世界的物质基础，而且把它视为孤立的个体的象征，视为抽象的个体自我意识的形式原则。如果说，德谟克利特从原子的垂直坠落中得出了一切事物的发生都有其必然性的结论，那么伊壁鸠鲁则认为，原子在坠落时可能会稍稍偏离直线，因为否则就会像卢克莱修——伊壁鸠鲁哲学最有资格的诠释者——在他的教育长诗中所说的那样：哪里还会有自由意志，不受命运摆布的一切生物的意志？作为现象的原子和作为本质的原子之间产生的这种矛盾，贯穿着伊壁鸠鲁的整个哲学体系，并衍生了在古希腊罗马时代就已经备受嘲笑的对物理现象极端武断的解释。伊壁鸠鲁的自然哲学的全部矛盾只有在天体中才得以解决，然而天体的普遍的和永恒的存在，又破坏了抽象的个体自我意识的原则。所以，伊壁鸠鲁摈弃了物质的一切伪装，并作为一位如同马克思所说的“最伟大的希腊启蒙者”，同从天空的高处、用威胁的目光恐吓尘世间人类的宗教进行斗争。

马克思在他的第一部论文中就已经显示出了他的创造性思想，这种创造性甚至表现在他对伊壁鸠鲁学说所做的解释中后来引起人们争议的一些细节上。因为这种异议所针对之处，可能恰恰表明了马克思比伊壁鸠鲁本人更加深刻地思考了伊壁鸠鲁学说的基本原理，而且从中得出了更加明确的结论。黑格尔曾经把伊壁鸠鲁的哲学称为基本上无思想可言，这种哲学的发起人就犹如是一个自学者，一向只会把很大的比重放到日常的生活语言上，因而自然不会运用马克思在诠释伊壁鸠鲁的哲学时所使用的黑格尔的哲学那些抽象推导的纯理论的语汇，而马克思在自己的博士论文中做到了这一点。这部博士论文就是马克思的毕业证书，而这个毕业证书却是这位黑格尔的弟子自己颁发给自己的；他熟练地掌握了辩证法，他的语言表现出的那种强劲的力量是哲学大师黑格尔所特有的，而这种力量在黑格尔的那群学生中早已不复存在了。

但是在这部论文里，马克思仍然完全站在黑格尔哲学的唯心主义立场上。①而且让当今的读者在阅读的第一眼就会感到无比惊讶的是马克思的论文对德谟克利特所做出的那种不利的评判。在谈到德谟克利特的时候，马克思是这样说的：他只是提出了一个假设，这种假设仅仅是经验的结果，而不是经验的能动性原则，所以，这种假设永远都无法实现，同样，它对自然界的实际研究也将不

① 梅林的这一观点遭到了近代马克思主义研究者卓有成效的驳斥。他们认为，尽管马克思在他的博士论文中仍然表现为是一个唯心主义者，但是他在思想上已经相当独立于黑格尔，甚至已经站到了黑格尔的对立面。参看奥古斯特·科尔钮（1888—1981）的《卡尔·马克思和弗里德里希·恩格斯——生平与著作》，三卷本，第1卷，1818—1844年，柏林，1954，第159—183页。——德文原书出版者注

会再产生决定性的影响。跟他对待德谟克利特的态度截然相反的是，马克思在论文中对伊壁鸠鲁则大加推崇，说是伊壁鸠鲁创造了原子论的科学，尽管他对自然现象的解释有些随心所欲，尽管他宣扬抽象的个体自我意识。而如果将抽象的、个别的自我意识设定为绝对的原则，那么正如马克思自己也承认的那样，由于在事物本身的本质中占据统治地位并不是个别性，一切真正的和现实的科学自然就会被抵消了。

今天已经不需要再进行证明了，无论是就原子论这门科学的产生而言，还是就原子为一种不可再分割的基本物质微粒学说，以及一切现象都是通过原子运动而产生的学说而言——该学说已经成为现代自然科学研究的基础，并被用来解释声、光、热的传导规律以及物体产生的化学变化和物理变化——德谟克利特才是这门学说的第一个开拓者，而不是伊壁鸠鲁。但是对于那个时代的马克思来说，哲学，或者更确切地说，思辨哲学，仍然是一门科学，所以他才会产生这样一种观点，倘若不是从这种观点中揭示出他的性格中的最重要的特质的话，就很难为今天的我们所理解。

在马克思看来，生活永远意味着工作，而工作则永远意味着战斗。促使马克思排斥德谟克利特的，是因为德谟克利特缺乏一种“能动的原则”；就像马克思后来所表达的那样，这是“从前的一切唯物主义……的主要缺点”[①]，即对物体、现实、感性，只是从客体的形式或者直观的形式去理解，而不是从主体方面、不是把它们当作实践、当作人的感性活动去理解。而在伊壁鸠鲁那里，吸引马克思的正是他的“能动的原则”，这位哲学家以此为武器，奋起反抗宗教强加给世人的沉重压力，并且敢于蔑视它：

无论是神的传说，还是天上的闪电和滚滚雷鸣，
什么都不能使他畏惧……[②]

① 参阅《马克思恩格斯文集》第3卷，人民出版社2009年版，第503页。
② 参阅《马克思恩格斯全集》第1卷，人民出版社1995年版，第63页。

马克思打算发表他的博士论文，并且打算把这篇论文献给他的岳父，他为论文写的序言中所充满的那种不可抑制的战斗欲望，就像烈火一样在熊熊燃烧。他写道：只要哲学还有一滴血在自己那颗要征服世界的、绝对自由的心脏里跳动着，它就将永远用伊壁鸠鲁的话向它的反对者宣称："渎神的并不是那抛弃众人所崇拜的众神的人，而是把众人的意见强加于众神的人。"① 哲学也并不隐讳普罗米修斯② 的这段自白：

总而言之，我痛恨所有的神。③

不过，对于那些抱怨哲学在社会中的地位似乎已经恶化的人，哲学则以普罗米修斯回答众神的侍者赫耳墨斯的一段话来作为对他们的回应：

我绝不愿像你那样甘受役使，来改变自己悲惨的命运，
你好好听着，我永不愿意！④

"普罗米修斯是哲学历书上最高尚的圣者和殉道者。"⑤——马克思用这样一句话结束了他那斗志昂扬的序言。这篇序言甚至让他的朋友布鲁诺·鲍威尔都感到大为吃惊。但是，凡是鲍威尔认为是"过于冒失"的地方，实际上只是马克思直截了当的自白而已，他立志要在战斗中和苦难中历练，以成为第二个普罗米修斯。

① 参阅《马克思恩格斯全集》第1卷，人民出版社1995年版，第12页。

② 普罗米修斯（古希腊语：Προμηθεὺς），原意为"先知者"；在希腊神话中，普罗米修斯是最具智慧的神明之一，是最早的泰坦巨神的后代，他盗取火种带给人类，激怒了众神之王宙斯，因此被用脚镣和手铐锁在高加索荒僻的悬崖峭壁上受罚。

③ 参阅《马克思恩格斯全集》第1卷，人民出版社1995年版，第12页。卡尔·马克思：《德谟克利特的自然哲学和伊壁鸠鲁的自然哲学的差别》序言。鲍威尔曾建议马克思，不要把这句话放进博士论文，因为这将不利于马克思谋求波恩大学的教职。

④ 参阅《马克思恩格斯全集》第1卷，人民出版社1995年版，第12页。

⑤ 参阅《马克思恩格斯全集》第1卷，人民出版社1995年版，第12页。卡尔·马克思：《德谟克利特的自然哲学和伊壁鸠鲁的自然哲学的差别》序言。

5.《轶文集》和《莱茵报》

马克思刚一把那个可以带给他新的显赫身份的文凭放到口袋里，他寄托在文凭上的全部生活计划就被浪漫主义反动派实施的新的暴力行动给打破了。

首先是在1841年夏天，普鲁士文教大臣艾希霍恩发动各个大学的神学系，对布鲁诺·鲍威尔展开了可耻的围攻，因为布鲁诺·鲍威尔批判了福音书；除了哈雷大学和柯尼斯堡大学以外，其他所有的大学都背叛了基督教新教的教学自由的原则。而鲍威尔最终也不得不屈服。这样一来，马克思想在波恩大学站稳脚跟的全部希望便随之破灭了。

同时，出版一种激进刊物的计划也打了水漂。新就位的国王①高调支持出版自由，他指示制定一个比较宽松的书报检查令，1841年年底，这样一道书报检查令还真的颁布了。但是，这位国王却又同时提出了一个条件，即出版自由仅仅局限于浪漫主义情调的范畴。同样是在1841年夏天，这位国王终于让人看清了他是如何理解出版自由了。遵照他的一项敕令，卢格在莱比锡维干德出版社出版印刷的《年鉴》必须接受普鲁士书报检查机关的审查，不然的话，他不得不对此做好准备，即他的刊物将会被禁止在普鲁士国家境内发行。通过这件事，卢格充分认清了“自由和公正的普鲁士”，于是他移居到了德累斯顿②，并从1841年7月1日开始，在德累斯顿出版发行他的杂志《德国年鉴》③。从此以后，卢格的杂志便开始自动地发出了更加犀利的声音，而按照鲍威尔和马克思过去的看法，这正是卢格以前所缺乏的，因此他们两个人做出决定，不再创办自己的杂志，而是要跟卢格合作，成为他的撰稿人。

---

① 指普鲁士国王弗里德里希·威廉四世（1795—1861），在位时间为1840年至1861年。

② 1806年到1918年期间，德累斯顿属于萨克森王国，是该王国首都，1871年并入德意志帝国。

③ 全称为《德国科学和艺术年鉴》，其前身为《哈雷德意志艺术和科学年鉴》，简称《哈雷年鉴》，自1839年1月起创办，很快便成为青年黑格尔派最重要的评论性机关刊物。1841年春遭到普鲁士政府查禁后，卢格将编辑部从哈雷迁到德累斯顿，并将杂志名称改为《德国科学和艺术年鉴》，简称《德国年鉴》，1841年6月至1843年1月出版。

马克思没有发表他的博士论文，因为这篇论文的直接目的已经失去了它的意义。而且，根据论文作者后来的一个暗示，该论文要等到他写完一部综述伊壁鸠鲁派、斯多葛派以及怀疑派这三个派系的哲学巨作之后再发表，因为他的博士论文原本就是他计划完成的这部著作中的一部分，但是“一些完全不同的政治方面和哲学方面的工作”阻碍了马克思实施他的计划。

在这些工作当中，排在第一位的就是要证明，不仅老伊壁鸠鲁是典型的无神论者，就连老黑格尔也是典型的无神论者。1841 年 11 月，维干德出版社出版了一本“最后通牒”的小册子，题名为《对无神论者和反基督教者黑格尔的末日审判的号声。最后通牒》。作者打着正统教教徒的幌子，在这本匿名出版的小册子里，操着《圣经》里的先知的腔调，哀叹黑格尔的无神论，并且通过摘引黑格尔的著作的方式，确凿不移地证实了黑格尔是无神论者。这件事引起了很大的轰动，特别是因为，一开始没有人能够看穿隐藏在正统派假面具下面的作者是谁，甚至连卢格也不曾看透。实际上这个“对黑格尔的末日审判的宣告”是布鲁诺·鲍威尔撰写的，他打算同马克思一起继续对黑格尔进行批判性的研究，其中包括黑格尔的美学、法哲学等，并且以这些著作为依据，来证明不是老黑格尔派而是青年黑格尔派继承了大师的哲学思想真髓。

在这期间，布鲁诺·鲍威尔撰写的“对黑格尔的末日审判的号声”成为禁书，维干德也给这本书的续篇的出版制造了一些困难；加之马克思自己生病，他的岳父也在病榻上躺了三个月之久，直到 1842 年 3 月 3 日去世。所以对于马克思来说，当时“不可能真正地做一些有意义的事情”。不过，他仍然在 1842 年 2 月 10 日给卢格寄去了一篇“小文章”，并且表示，他要尽其所能，随时为《德国年鉴》效力。马克思的这篇文章主要是评述了最新颁布的书报检查令，其中也包括国王要求放宽出版物审查的命令。以这篇文章为起点，马克思开始了他的政治生涯；他在文章中逐项逐条地揭露了隐藏在浪漫主义外衣下的新的书报检查令在逻辑上的荒谬性，并对此进行了击中要害的批判。这同“假自由主义”的庸人，甚至同有些青年黑格尔派分子的欢呼雀跃形成了鲜明的对比，这些人以为已经“看到太阳在天空中高照”，因为在新的书报检查令里表现出了“国王的旨意”。

马克思在寄出稿件的同时还附带了一封信，他在信中请求卢格赶快把这篇文章刊印出来，“趁着书报检查机关还没有查禁我的评判文章”。这个令人不安的预感没有欺骗他。2 月 25 日，卢格给他写信回答他说，《德国年鉴》受到了最严格的检查，“您的文章已经不可能发表了”。卢格还写道，他想从由于书报检查而未能发表的稿件中选出“精彩而辛辣的精华”，把它们收集起来编辑成册，并且以《哲学轶文集》[①] 为刊名拿到瑞士去出版。对于卢格的这项计划，马克思在 3 月 5 日的回信中表现出了极大的热情。他写道，萨克森的书报检查制度的“突然恢复”，致使他的一篇《论基督教的艺术》的文章显然是从一开始就完全不可能付印出版了，这篇论文本应该是作为《对黑格尔的末日审判的号声》的第二部分出版的。他想把这篇文章做进一步的修改，然后将它提供给《哲学轶文集》，这同样是一篇批判黑格尔的自然法则的文章，它涉及的是国家内部的宪法问题，他要用这篇文章同君主立宪制这样一个彻头彻尾自相矛盾和自我毁灭的混合物做斗争。卢格欣然接受了马克思的所有的建议，可是，除了马克思的那篇评论书报检查令的文章以外，卢格什么也没有收到。

马克思在 3 月 20 日的信中写道，他希望他那篇《论基督教的艺术》能够摆脱掉《对黑格尔的末日审判的号声》一文中那种咄咄逼人的腔调，并且摆脱掉那种黑格尔式的令人厌烦的拘谨的阐述问题的方式，他要改换一种更加自由的，因此也更加透彻的叙述方式，他承诺这篇文章将到 4 月中旬完稿。4 月 27 日马克思写道，文章“差不多已经完成”，他请求卢格“原谅他还要延迟几日，但只是很少的几天”；他说他将要对这篇论述宗教艺术的文章进行较大的压缩，只保留其精华，因为这篇东西几乎已经被他信手写成一本书了。后来马克思在 7 月 9 日又写道，他真想放弃找借口为自己辩解的尝试了，如果这些事情——“一些不愉快的繁烦小事”——不能作为他请求原谅的理由的话；同时他保证，他不会再沾手任何事情，直到他把提供给《轶文集》的几篇稿件全部完成。10 月 21 日，卢

① 《哲学轶文集》的全称为《德国现代哲学和政论界轶文集》，文集共分为两卷，1843 年年初由卢格编辑出版，作为他在普鲁士和萨克森遭查禁的《年鉴》的延续。

格终于跟马克思联系了。卢格写道，《轶文集》现在已经完成，并且即将交付苏黎世的“文学工作室”出版；不过，他仍然为马克思的文章保留着版面，尽管迄今为止，马克思带给他的多半只是空欢喜，因为马克思总是让他满怀希望，而又往往不能使他的希望成为事实；不过他看得很清楚，只要马克思有朝一日肯下定决心去完成一件事，就一定会取得累累硕果。

阿尔诺德·卢格比马克思年长十六岁，但是他同布鲁诺·鲍威尔和科本一样，对马克思怀有极大的敬意，虽然这个年轻人让身为编辑的卢格的忍耐性经受了如此严峻的考验。马克思从来都不是一个与人方便的作者，不管是对于他的合作者，还是对于出版者，他都不是一个让人省心的人。但是，他们当中的任何人都不曾想到过，要将他的拖延归咎于他的疏忽怠慢，或者归咎于他不守信用，这只能归因于马克思才华横溢、常常思如泉涌不可抑制，归因于他那永远也没有止境的自我批判精神。

除了马克思自身所处的这种特殊的窘况以外，还可以加上另外一种情况来为马克思辩解，而且卢格也是这样看的，那就是马克思当时已经开始被一种远比哲学更加强烈的兴趣吸引住了。自从马克思写了那篇《评书报检查令》的文章以后，他便开始转向《莱茵报》继续进行他的政治斗争，而不是把自己永远拴在《轶文集》上按照老样子去纺他的那根哲学的线了。

《莱茵报》自 1842 年 1 月 1 日起开始在科隆出版发行，它最初并不是反对派的报纸，而宁可说是政府的机关报。自从19世纪30年代发生科隆主教风潮①以后，拥有八千订户的《科隆日报》表示支持教皇极权主义②派的要求，这一个派别在莱茵地区占据着绝对的优势地位，并且给政府的宪兵政策制造了很多麻烦。《科隆日报》的这种所作所为并不是出自对天主教事业充满虔诚与热情，而是完全出

① 指普鲁士政府同天主教会之间就天主教徒和基督教徒结婚所生子女的宗教信仰问题发生的冲突。这场冲突是 1837 年由于科隆主教拒绝服从普鲁士国王弗里德里希·威廉三世的要求而被控以叛国罪并被捕开始的，直到弗里德里希·威廉四世时普鲁士政府的投降而告终。

② 教皇极权主义，又称教皇至上主义，是天主教中最好战的一派，它反对各国教会的独立性，并维护罗马教皇干涉一切国家内政的权力。

于对业务上的考虑，是为了讨好那些对于柏林圣上的旨意根本不愿意理睬的读者。《科隆日报》的垄断地位是如此强大，以至于该报的业主在市场竞争中总能够达到预定的目标，所有出现在市面上的具有竞争能力的报纸，都被它成功地逐家进行收购，直到把它们全都清除掉，尽管这些报纸得到了来自柏林的资助。同样的命运也在威胁着《莱茵总汇报》，这家报纸在1839年12月获得了由审查部大臣签发的、在当时必不可少的报刊经营许可证，就是为了打破《科隆日报》一家独霸的地位。但是在最后的关头，一些科隆的资产者联合起来成立了一家公司，并筹措资金购买了《莱茵总汇报》的股份，之后对该报进行了彻底的整改，并将《莱茵总汇报》易名为《莱茵报》。这个项目受到了政府的青睐，政府准许《莱茵报》暂时使用颁发给该报前身的经营许可证。

实际上，科隆的资产阶级根本无意给普鲁士政权制造任何麻烦，虽然那时候普鲁士统治依然被莱茵省的广大民众视为外来统治。由于生意进展得很顺利，资产阶级也就渐渐地放弃了他们对法国的好感。在关税同盟[①]成立以后，他们甚至直截了当地要求普鲁士，对整个德国行使统治权。他们在政治上的要求极其有节制，他们优先考虑的是经济要求，这些要求旨在于简化莱茵河地区当时已经高度发展的资本主义生产方式：节约管理国家财政开支，加速铁路网的扩建工程，降低诉讼费用和邮费，参加关税联盟的各邦采用共同的旗帜和派遣共同的领事，以及资产阶级往常开列的这类愿望清单上所希望得到的其他东西。

但是事实表明，在这些受托负责组建编辑部的年轻人当中，有两名是热忱的青年黑格尔派信徒，即高级文官格奥尔格·荣克和陪审官达戈贝特·奥本海姆，尤其是他们两个人都深受莫泽斯·赫斯的影响，赫斯同样也是莱茵省一个商人的儿子，他除了通晓黑格尔哲学以外，还熟悉法国的社会主义。他们在自己志同道合的同志当中，尤其是在柏林的青年黑格尔派当中，招募了几位《莱茵报》的撰稿人，这其中也有阿道夫·鲁滕堡，他接管了德国国内文章版面的编辑工作，甚

① 全称为德意志关税同盟，是德意志邦联在海关和贸易政策领域的一体化组织，最初由以普鲁士为首的38个德意志邦联的邦国组成，该同盟于1834年1月1日正式生效，它作为经济统一的基础对德国的政治统一起了不可忽视的推动作用。

至担任了主编。鲁滕堡是马克思推荐的人选，而马克思这样做并没有给他自己带来任何特殊的荣耀。

马克思本人一定是从很早就开始接近《莱茵报》了。他原本打算在3月底从特里尔迁居到科隆，但是又觉得科隆的生活太嘈杂，于是他就暂时在波恩安顿下来。而在这期间，布鲁诺·鲍威尔已经离开了波恩。“假如没有一个人留在这里来惹那帮圣人生气，那岂不是太遗憾啦”，马克思如是说。马克思开始从波恩为《莱茵报》写文章，通过《莱茵报》，他很快便超越了其他所有的撰稿人。

尽管很可能是格奥尔格·荣克和达戈贝特·奥本海姆通过私人关系首先倡议的，把《莱茵报》变为青年黑格尔派成员喜爱的聚集之地，但是很难设想，这种变化是在没有得到该报的原始股东们的同意，或者甚至是在他们完全不知情的情况下进行的。他们这些股东个个都是精明透顶的人，他们看得很清楚，在当时的德国，他们根本不可能再找到比他们更有才干的撰稿人。青年黑格尔派是亲普鲁士的，甚至到了无以复加的地步；而科隆的资产阶级对于他们的所作所为凡是不能够理解的，或者是认为值得质疑的，都看成是这些黑格尔派分子的毫无危险可言的怪念头。尚在《莱茵报》创办后的头几个星期，从柏林方面就已经不断地传来怨言，指责《莱茵报》有“颠覆的倾向”，并且以在第一个季度结束时要对该报进行查禁进行威胁。但是不管怎么说，科隆的资产阶级都不曾对《莱茵报》采取过措施进行干预。特别是鲁滕堡被报社聘任一事，让柏林的圣上感到十分惊恐不安，因为鲁滕堡被公认是一名令人心惊胆战的革命者，一直受到严格的政治监视。在1848年三月革命的日子里，弗里德里希·威廉四世曾经被他吓得浑身发抖，认为他就是这场革命的真正的策划者。如果说《莱茵报》暂时还没有受到致命性的打击，那么这首先要归功于文教大臣。文教大臣艾希霍恩虽然思想反动，然而他深知《莱茵报》暂时存在的必要性，并且主张必须跟《科隆日报》的教皇极权主义倾向进行斗争。他认为，即便是《莱茵报》的倾向“更加靠不住”，但它只不过是在玩弄思想，而思想对于任何一个在生活上站稳脚跟的人来说，都不可能具有诱惑力。

当然，马克思为《莱茵报》撰写的那些文章是无可指摘的。他能够抓住事情的要害，又注重实际。这种务实的文章风格比布鲁诺·鲍威尔或者是马克斯·施蒂纳的文章更加彻底地缓解了该报的股东们对于黑格尔主义的戒心。否则也就无法理解，为什么在马克思寄给报社的第一篇文章被发表之后，仅仅过了几个月，股东们在 1842 年 10 月便已经把他安排到《莱茵报》编辑部的领导岗位上了。

在这里，马克思第一次证明了他那无与伦比的才能，他能够做到以事物的本来面貌为出发点，并且使它们从僵化的状态按照它们自己的旋律舞动起来。

6. 莱茵省议会

马克思曾经一连串写过五篇系列长文，对一年前在杜塞尔多夫召开了九个星期之久的莱茵省议会[①]的辩论进行探讨。当时各省的省议会其实都是软弱无能的，而且是毫无权势可言的虚设的代议机构，普鲁士国王企图通过建立各省议会来掩盖他违背了 1815 年的宪法承诺。这些议会总是关起门来开会，最多也只能在一些微小的地方性事务上有一些发言权。自从 1837 年在科隆和波森[②]两地爆发了天主教风潮以来，议会再也没有召开过会议。在莱茵和波森的议会中，还最早出现了反对派，虽然只是教皇极权主义意义上的反对派。

这些可敬的机构为了防止出现一切自由主义的倾向，规定了当选议员必不可少的一个条件就是要拥有地产，并且对议会全体议员的名额进行了分配，其中有封地的贵族地主占一半席位，城市居民拥有地产者占三分之一的席位，占有土地的农民占六分之一。然而这项指导性的原则尽管很美好，却并未能够在所有的省份都充分地得到贯彻，尤其是在新收复的莱茵河两岸地区，则不得不对现代精神作出一些妥协。即便是在这些地区，有些情况也一直没有得到改变，即贵族地主在议会中依旧占有超过三分之一的席位；由于议会做出的决议都必须得到三分之二的多数议员通过才能生效，其结果就是，只要违反贵族地主的意志，就什么事

---

① 即第六届莱茵省议会，于 1841 年 5 月 23 日至 7 月 25 日在杜塞尔多夫举行。

② 波森，在 1846 年至 1918 年是普鲁士王国波森省的省名，也是该省首府的名称，现今为波兰中部的波兹南。

情都不能办成。对于城市地产主的议员资格也做出了限制，即地产必须在同一个人手中掌控十年之后，此人才可以参加议员竞选。另外，政府有权拒绝任何一名城市公务人员当选。

这样的议会只能获得公众的普遍鄙视，然而在弗里德里希·威廉四世即位并接管政府以后，他在 1841 年重新召开了议会。而且，弗里德里希·威廉四世甚至扩大了议会的一些权限。当然，他这样做的目的只有一个，那就是欺骗国债的债权人，因为王室在 1820 年曾经向国债持有者做过允诺，只有未来召开普鲁士各省的等级会议①，并且必须得到等级会议的同意和担保，才可以重新向国民借款。约翰·雅各比曾经在一个著名的宣传小册子②里敦促各省议会，劝导它们要把要求兑现国王的宪法承诺当成要求自己的权利。但是约翰·雅各比这样做就如同是对着聋人讲道理，空费口舌。

甚至连莱茵省议会也对他置之不理，什么都没做，而且刚好是在政府最担心的教会政治问题上，莱茵省议会无所作为。它以三分之二的多数否决了无论是从自由主义的立场来看，还是从教皇极权主义的立场来看，都是无法逃避的一项提案，即把违法逮捕的科隆大主教要么提交给法院审判，要么把他送回他的教区，恢复他原来的职务。莱茵省议会根本就没有触及宪法问题，科隆市民向议会送交了一份布满一千多人签名的请愿书。在这份请愿书中，他们要求准许公众自由进入议会会场旁听会议，对于议会审理的事项要每天发表未经过删减的会议记录，要求在报刊上自由讨论省议会辩论的内容和所有的省内事务，最后，还要求制定出版法，以代替书报检查制度。但是这份请愿书被议会用寥寥数语就给打发了，与市民的期望相差甚远。议会只向国王请求，准许在省议会会议记录中公布发言人的姓名，并没有要求制定出版法和废除书报检查制度，而是仅仅要求制定一部

① 普鲁士各省等级会议即省议会，建立于 1823 年。会议由下列四个等级的代表组成：诸侯等级的代表即过去受封的德皇家族的代表、骑士等级即贵族的代表、城市的代表、乡镇代表。由于拥有地产是参加省等级会议选举的主要条件，所以大部分居民实际上被剥夺了选举权。

② 约翰·雅各比（1805—1877）撰写的小册子的标题是《四个问题，以及一个东普鲁士人对这些问题的回答》，于1841年出版。作者在书中批评了普鲁士的国家制度，并要求让国民真正地参与政治；因害怕遭到迫害，这本小册子最初是匿名出版的。——德文原书出版者注

可以防止书报检查官专横行为的书报检查法。尽管莱茵省议会诚惶诚恐、谨小慎微，它提出的那点儿要求还是在国王那里碰了钉子，这就是它应得的命运。

只有在需要维护地产利益的时候，莱茵省议会才可能变得活跃起来。当然，议会并不想要重新建立起封建贵族的显赫地位，倘若议会有这样的企图，会让莱茵省的居民恨死议会。所以，从东部各省份派到莱茵省的官员也向柏林报告说，他们在这个问题上的态度绝对不是开玩笑的事情。特别是在地产的自由划分方面，莱茵省的居民坚定不移地维护自己的权利，他们既不想为“贵族阶层”的利益，也不想为“农民阶层”的利益而放弃这种权利，尽管政府不无理由地警告说，把地产无止境地划分成小块土地，很有可能导致田地的形状混乱不堪、土地变得支离破碎。政府提出，要对任意把地产划分成小块土地加以一定的限制，“以保持一个强大的农民阶层”，但是这项提议被以四十九票对八票的多数否决了。不过，让省议会感到为之一振的是，政府向议会呈送的几项法律提案都通过了，包括林木盗窃法、违章行猎法、违反森林条例法以及农作物盗窃法。就这样，地产所有者从自己的私人利益出发，把立法权变成了卖身的娼妓，没有忧怨，也没有廉耻。

根据事先拟订的一个庞大的计划，马克思开始跟莱茵省议会打起了笔墨官司。他的第一部论文①包括六篇长文，共分六次连续在《莱茵报》上刊登，在这部论文里马克思主要是论述了有关出版自由和有关公布省议会议员讨论记录的辩论。国王曾准许把省议会议员辩论的有关内容公布出来，但不准许提及发言者的姓名，这已经算是一个小小的改革了。国王原本试图通过这个改革给各省议会鼓劲，不承想这项改革却遭到了议会本身的强烈抵抗。勃兰登堡和波美拉尼亚的省议会干脆拒绝公布它们的讨论记录，莱茵省议会虽然没有像它们那样对着干，却硬装出那么一副愚蠢的傲慢样子，把被选举者当成是一种高人一等的人，认为必

① 这篇论文的题目是《第六届莱茵省议会的辩论。关于新闻出版自由和公布省等级会议辩论情况的辩论》，它是马克思为《莱茵报》撰写的有关第六届莱茵省议会的系列文章中的第一篇，刊登在《莱茵报》1842 年 5 月的第 125、128、130、132、135 和 139 号附刊上，署名为莱茵省一居民。见《马克思恩格斯全集》第 1 卷，人民出版社 1995 年版，第 136—222 页。

须保护被选举人不要受到自己选民的批评。“省议会见不得天日。在私人生活的黑夜中，我们感到更舒服一些。既然全省满怀信任地把自己的权利委托给个别人物，这些个别人物自然也就屈尊俯就地接受省的信任。但是，既然省刚刚通过这种信任表明了自己对他们的判断，如果要求他们也以同样的态度报答省，以充分的信任把他们自己、他们的成绩、他们的人格交给省去判断，那就太过分了。”[①] 马克思第一次公开露面就以其风趣、幽默的语言嘲讽了后来被他称为“议会痴迷症”[②] 的这样一种让他终生都无法忍受的东西。

马克思打造出了一把捍卫出版自由的利剑，并且勇敢地投入了战斗，这把剑光芒四射、锋利无比，以前从不曾有过，以后也不会有。卢格毫不嫉妒地承认马克思的成就，他说：“在关于出版自由以及捍卫出版自由方面，还从未有过甚至也不可能有什么文章比这分析得更加深刻、更加透彻。我们应该为这样的文章感到庆幸，它是这么全面和完善，这么有才气和有气魄，而且能够牢牢地掌控住平常在我们的政论文章里很容易出现的思维混乱。”马克思在这些文章里也曾经谈到过他的家乡的气候，清爽、晴朗，阳光照耀着莱茵河两岸布满葡萄园的山丘；而马克思的文章就像他的家乡的阳光一样，至今依然闪耀着熠熠光辉。如果说黑格尔曾经谈到过“坏的报章杂志具有卑鄙的、想瓦解一切的主观性”，那么马克思则追溯到了资产阶级的启蒙运动，比如他在《莱茵报》上把康德哲学赞许为法国革命的德国理论[③]。但是，他在追溯这个问题的时候，他的政治远见和社会远见已经大大地开阔了，是黑格尔的历史辩证法开拓了他的视野。人们只需要把他在《莱茵报》上发表的文章同雅各比的《四个问题》比较一下，就可以看出，马克

① 参阅《马克思恩格斯全集》第 1 卷，人民出版社 1995 年版，第 160—161 页。

② 德文为“parlamentarischen Kretinismus”。Kretinismus 一词为医学用语，意为克汀病、呆小症，马克思在该词前面加上形容词“议会的”，构成一个词组，用来称呼那些把资产阶级议会制度看成是万能的痴人、蠢人，直译为“议会呆小病”、“议会克汀病”，意译为“议会痴迷症”，或者“议会迷”。参阅《新编世界社会主义词典》，上海辞书出版社 1996 年版，第 296 页。

③ 马克思于 1842 年 8 月 9 日在《莱茵报》上发表的文章《历史法学派的哲学宣言》（中文见《马克思恩格斯全集》第 1 卷，人民出版社 1995 年版，第 229—239 页。）中有这样一句话：［“因此，如果说有理由把康德的哲学看成是法国革命的德国理论，那么，就应当把胡果（1764—1844）的自然法看成是法国旧制度的德国理论。”］——德文原书出版者注

思已经前进得有多么远。雅各比一再强调国王在1815年所做的实施宪法的诺言，把它看成是整个宪法问题的关键，而马克思则认为它根本就不值得一提。

马克思把自由的报刊比作国民精神洞察一切的慧眼而大加褒扬，并且把它拿来同受到检查的报刊对比，指出后者的根本恶习就是伪善，而从这一恶习当中，又衍生出其他一切没有丝毫德行可言的缺陷，其中包括消极性，甚至从美学的角度来看，这也是令人厌恶的一种恶行。尽管如此，马克思并非没有认识到，危险也正在威胁着自由报刊。城市代表等级的一个发言人要求把新闻出版自由当作行业自由的一部分来争取。对此，马克思反驳道："难道被贬低到行业水平的新闻出版……是自由的吗？作者当然必须挣钱才能生活，写作，但是他决不应该为了挣钱而生活，写作。……新闻出版的最主要的自由就在于不要成为一种行业。把新闻出版贬低为单纯物质手段的作者应当遭受外部不自由——书报检查——对他这种内部不自由的惩罚；其实他的存在本身就已经是对他的惩罚了。"[①] 马克思通过他自己的整个一生确证了他向作家所要求的东西，即作家的写作永远是目的本身，对于他自己或者对于其他人来说，写作不是一种手段；必要的时候，作家可以为其作品的生存而牺牲他个人的生存。

马克思的第二部评述莱茵省议会的论文——正如他给格奥尔格·荣克的信件中所说的——是论述"大主教事件"的。马克思的这篇文章当时被检查机关给全部删除了，就是在后来也一直没能够发表，虽然卢格曾经主动地提出过，要把它收入《轶文集》中去。1842年7月9日，马克思写信给卢格说："不过，您不要以为，我们在莱茵省是生活在一个政治的埃尔多拉多里。要把《莱茵报》这样的报纸办下去，需要极其坚强的毅力。我的关于省议会的第二篇论文，即关于教会纠纷问题的论文被抽掉了。我在这篇论文中指出了国家的拥护者怎样站在教会的立场上，而教会的拥护者又怎样站在国家的立场上。由于愚蠢的科隆天主教徒中了圈套，而维护大主教又能招揽订户，因此发生这件事对《莱茵报》来说就更为不利。再者您也难以想象，这些暴虐之徒是何等的卑鄙无耻，而他

---

① 参阅《马克思恩格斯全集》第1卷，人民出版社1995年版，第192—193页。

们在对付正统的固执己见的人时又是何等的愚蠢。可是事情却获得成功：普鲁士当众亲吻教皇的鞋子，而我们的政府机器走在大街上，脸都不红一下。”[①] 这封信的最后一段话是有所指的，即具有浪漫主义倾向的弗里德里希·威廉四世同罗马教廷进行了和平谈判，而罗马教廷为了对此表示所谓的感谢，则按照梵蒂冈的策略轻而易举地把他愚弄了一番。

对于马克思致卢格的这封信中所写的有关他的文章的内容，我们不应该产生误解，认为他这么认真地为大主教进行辩护，就是为了诱使科隆的天主教徒落入圈套。他无可辩驳地解释说，大主教完全是因为宗教行为而遭到非法逮捕的，天主教徒要求走司法程序，把通过非法途径逮捕的大主教交付给法庭审判，是因为国家的捍卫者站在教会的立场上，而教会的捍卫者则站在国家的立场上。他的这种解释是合乎逻辑的。在这个颠倒的世界里，对《莱茵报》来说，采取正确的立场是一个十分重要的问题，其原因在马克思写给卢格的这封信中的后面也有所说明，是因为遭到《莱茵报》强烈反对的教皇极权主义派系，是莱茵省最危险的势力，而反对派又太习惯于在教会范围内进行反对政府的活动。

马克思的第三部论文分为五大部分连载，文章探讨了省议会围绕林木盗窃法所进行的辩论。在写这部论文的过程中，马克思又回到了“尘世中”，或者如同他后来再一次表达同样的思想时所说的，他陷入了不得不去谈论物质利益问题的窘境，而物质利益问题恰恰是黑格尔的思想体系中预先没有考虑到的。实际上，他当时对于这项法案中所提出的问题的理解，远不如过了好些年以后那么深刻。它关系到资本主义在兴起时期对土地产业公有制的最后残余所进行的斗争，关系到一场旨在剥夺人民大众财产的残酷战争；仅在1836年的一年之中，在普鲁士国家内部由刑事法庭进行审理的二十万七千四百七十八起刑事案件中，大约有十五万起案件——将近四分之三——都与私自砍伐树木、违反森林条例法、违章行猎以及违法侵占牧场有关系。

当莱茵省议会在讨论林木盗窃法的时候，私有地产占有者采用了极端厚颜无

---

① 参阅《马克思恩格斯全集》，人民出版社2004年版，第47卷，第31—32页。

耻的手法，使自己的剥削利益获得了议会的承认，甚至还超越了政府所提出的法案规定。这时候，马克思挺身而出，他对此进行了尖锐的批评，并竭力为那些“无论是在政治上，还是社会上都一无所有的穷苦平民百姓”进行辩护，他不是以经济方面的理由为依据而是从法律的角度提出正当的要求。他要求为那些受到贫困威胁的芸芸众生保留不成文的习惯权利，并且认为习惯权利来源于某一种所有制的形式的不确定性，这种所有制的不确定性，既没有把财产断然打上私人财产的烙印，也没有断然打上共有财产的烙印，而是处于私法和公法的一种交织的状态，我们在中世纪的所有的法典惯例中都可以看到这种情况。马克思指出，在理性主义思潮的支配下，两种所有制同处一体的这些不确定的所有制形式一概遭到废除，同时，从罗马法中援引的抽象的私法范畴，则被应用到这些形式中；但是，在主要形成于贫困阶层的种类繁多的习惯权利中，永远存在着一种合乎本能的法的意识；习惯权利根基于早期的成文的立法规则，因此是肯定的和合法的。

如果说，马克思的这部论文对历史的认识还带有某种“摇摆不定的特征”，那么尽管如此，或者更确切地说，这部论文恰恰由此表明了，究竟是什么东西从心底唤醒了这位“贫苦阶级”的伟大先锋战士。马克思在论文中用大量的事实描述了林木所有者的种种卑劣行径，他们为了私人的利益，无耻地践踏逻辑和理性，践踏法律和权利，甚至践踏国家的利益；他们竭尽所能，从处于贫穷和苦难境地的民众身上榨取财富，以满足自己的私利。在这些描述中，处处都流露着马克思内心的愤怒。“为了确保自己对违反森林管理条例者的控制，省议会不仅打断了法的手和脚，而且还刺穿了它的心脏。”[①] 马克思想通过这个例子来说明，如果当真委任这种具有特殊利益关系的等级代表会议去立法，那么完全可以预料到会是什么样的结果。

在这里，马克思仍然坚守着黑格尔的法哲学和国家哲学学说，但是他并不像一些照本宣科的正统的黑格尔派信徒那样，盲目地为普鲁士国家歌功颂德，把它赞美成一个理想的国度。马克思所做的，是拿普鲁士国家同从黑格尔的哲学前提

① 参阅《马克思恩格斯全集》第 1 卷，人民出版社 1995 年版，第 287—288 页。

得出的理想国家进行比较。马克思把国家看成是一个巨大的机构，在这个机构中，必须实现法律上的自由、风俗习惯的自由和政治的自由，而每一个公民在遵守国家法律的同时，只需要服从他自己的理性的自然规律，即服从人的理性的自然规律。从这种观点出发，马克思完成了省议会关于林木盗窃法的辩论。他的第四篇文章大概也是根据同样的理念来完成的，其论述的内容涉及了违章行猎、违反森林条例法以及农作物盗窃法。但是马克思的第五篇文章就没有再沿袭这种理念，他的第五篇文章就相当于给整个建筑物加了一层房顶，是这一系列文章的收工之作，写的是“人世间的实实在在的问题”，探讨的是关于把地产划分成小块土地的问题的辩论。

同莱茵省的资产阶级一样，马克思主张土地的自由分割。他认为，限制农民自由地分割土地，就相当于在他们的物质贫困之上，又给他们添加了法律上的贫困。但是，以这种法律观点是解决不了问题的。法国的社会主义早就指出，地产的无限制的自由分割会产生无依无靠的无产阶级，并且把自由分割地产同手工业的原子式的孤立化置于同等的地位。倘若马克思想要论述土地自由分割的问题，那么他必须首先深入地研究一下社会主义。

马克思当然已经认识到了这种必要性，而且，他至少不会回避这个问题，假如他能够将他所计划的系列论文全部完成的话。然而这项计划他没能完成。当马克思的第三部论文在《莱茵报》上发表时，他已经是该报的主编，而尚在他能够从理论上解决社会主义之谜之前，他在实践中已经面临着这个问题了。

7. 斗争的五个月

在夏季期间，《莱茵报》对社会问题领域展开了几次小规模的进军；这件事的发起人很可能是赫斯·莫泽斯。其中一次是《莱茵报》把魏特林出版的一本杂志上的一篇关于柏林家庭住房问题的文章作为“重要的时事问题”栏目的稿件进行了转载。另一次是在发表一篇关于斯特拉斯堡学者代表大会的报道时——在这次会议上也讨论了社会主义问题——《莱茵报》为这篇报道添加了一段毫无意义的按语，按语的意思是说，如果一无所有的阶级企图占有中产阶级的财产，那么这就可以和 1789 年的中产阶级反对贵族的斗争相提并论，但是这一次找到了一条和平解决的途径。

奥格斯堡的《总汇报》一直对《莱茵报》虎视眈眈，甚至一些无关紧要的理由都足以被其抓住并利用来指责《莱茵报》，说它向共产主义暗送秋波。其实在这一点上奥格斯堡《总汇报》也理亏心虚，因为它本身也并不是没有这方面的把柄，它曾经多次发表过有关法国社会主义和共产主义之类的文章，而且这些文章大多出自海涅之笔，显然它的问题更加严重。但是，奥格斯堡《总汇报》是德国唯独一家具有全国意义乃至具有国际意义的德文报刊，它的这种独霸一方的地位开始受到了《莱茵报》的威胁。虽然奥格斯堡《总汇报》对《莱茵报》展开的猛烈的攻击很少有什么重大的起因，但是它却不无险恶的用心和伎俩；它含沙射影地挖苦那些富有的商人子弟，说他们不负责任地幼稚地玩弄社会主义思想，却根本就不打算同科隆大教堂的工匠或者是港口的搬运夫平分他们的财产。除此以外，奥格斯堡《总汇报》在进行攻击时还特别打出一张王牌，它夸张地说，像德国这样一个在经济上还远远地落在后面的国家，中产阶级甚至几乎都不敢自由自在地呼吸，用 1789 年法国贵族的命运来威胁德国的中产阶级，只能说是幼稚无知、误入歧途。

马克思担任《莱茵报》主编之后，他的编辑工作第一个要解决的难题就是抵御一连串的恶毒攻击，这项任务对于他来说实在是够麻烦的。他不想庇护那些在他本人看来也是拙劣的作品，但是他也无法说清楚他觉得共产主义到底怎么样。于是，他尽可能轻松自如地把战火引导到敌对的阵营，把渴望共产主义的罪名转嫁到对方身上，他同时坦率地承认，《莱茵报》还不善于仅用一句空话来遏制两个民族都在致力于解决的问题。他写道，《莱茵报》甚至不可能承认，共产主义思想在其现在的状态下具有理论上的现实性，因此更谈不上希望这些思想在实践中得以实现，或者认为有实现的可能。但是它仍然准备“在持续不断的、长期深入的研究之后”，对这些思想进行一次彻底的批判，因为像诸如比埃尔·勒鲁、孔西得朗这样一些人的著作，特别是蒲鲁东的具有洞察力的著作，是不可能通过一时的肤浅的想象所能够批驳倒的。

马克思后来的确说过，这样的论争使他对《莱茵报》的工作失去了兴趣，于是他“贪婪地”抓住机会，重新退回到自己的书房里。但是，正如人们在回忆往事时所经常发生的那样，他把原因和结果纠缠在一起了。这期间，马克思仍然全身心地从事自己的编辑工作，他似乎把这项工作看得太重要了，以至于为了工作，他甚至可以不惜同柏林的那些老朋友断绝关系。自从书报检查令变得宽松以后，一向“充满精神情趣”的“博士俱乐部”，变成了一个所谓的“自由人”[①]的团体，再同这些人打交道，已经根本没有什么再足以夸耀的了。在这个“自由人”的团体里，几乎汇集了所有住在普鲁士首都的三月革命以前时期的文人，这些疯疯癫癫的庸人企图扮演政治改革家和社会改革家的角色。还是在夏天的时候，马克思就已经被他们的这些所作所为搅得不得安宁了；他说，宣布自己的解放是一回事，这是对自己认真负责的表现；但是事情还没有做，就吹牛皮、说大话，大张旗鼓地为自己做宣传，那就是另外一码事了。不过他认为，幸好还有布鲁诺·鲍威尔在柏林；他应该会关照一下，至少别让他们干出一些“蠢事”来。

不幸的是，马克思的估计完全错了。根据可靠的消息来源，虽然科本对于这些“自由人”的胡闹躲避得远远的，可是布鲁诺·鲍威尔却没有避开他们。他不但深陷其中，丝毫也不为之感到难为情，还扮演了旗手的角色。为了能够引起轰动，他带领这帮“自由人”举着小三角旗上街游行，上演了一系列的恶作剧：他们在街上列队乞讨；在妓院和酒馆里胡作非为、丑事迭出；他们无聊地戏弄一个毫无抵抗能力的牧师，在施蒂纳的婚礼上，布鲁诺·鲍威尔从自己的手工钩织的钱袋上解下一对黄铜圆环递交给牧师，并且居然声称，用它们充当结婚戒指已经足够好了——“自由人”倒行逆施的种种行经，使他们成为让所有顺服的、因循守旧的小市民半钦佩半惧怕的对象，同时也让他们自称是为之奋斗的事业出尽了丑，蒙受了无法挽回的损失。

---

① “自由人”是19世纪40年代上半期由柏林的著作家组成的青年黑格尔派小组的名称，其成员脱离实际生活，醉心于抽象的哲学争论，最终堕落为庸俗的主观唯心主义。该小组的核心成员有布鲁诺·鲍威尔、埃德加·鲍尔、爱德华·梅因、路德维希·布尔、马克斯·施蒂纳等。

当然，这种只有满街游荡的小青年才干得出来的闹剧，对“自由人”的精神创作也产生了灾难性的影响，他们投到《莱茵报》的稿件给马克思带来了很大的麻烦，他不得不花费很多气力来处理他们的稿件。其中许多稿件都被书报检查官用红笔给钩掉了，不过，马克思在给卢格的信中这样写道，就他们的文章而言，“不过我自己淘汰的文章也不比书报检查官淘汰的少，因为梅因一伙人寄给我们的是一大堆思想贫乏却自命能扭转乾坤的拙劣作品；所有这些文章都写得极其草率，只是点缀上一点无神论和共产主义（其实这些先生们从未研究过共产主义）。鲁藤堡负责的时候，由于他毫无批判能力，又缺乏独立性和才能，这班人已习惯于把《莱茵报》看成是他们的惟命是从的机关报，而我则决定不让他们再像以前那样空谈下去了。”[①]。这就是马克思所说的“柏林上空阴云密布”的第一个原因。

1842 年 11 月，当海尔维格同卢格一起来到柏林访问时，最后的决裂终于发生了。当时海尔维格正在进行一次著名的周游德国的凯旋旅行，在旅行中经过科隆的时候，他结识了马克思，并且很快同马克思建立了友谊；海尔维格在德累斯顿同卢格会面，然后同他一道前往柏林。当然，在柏林，他们对“自由人”的胡作非为丝毫也不感兴趣；卢格甚至同他的合作者布鲁诺·鲍威尔激烈地争吵起来，因为布鲁诺·鲍威尔试图要他“相信他们那些荒谬透顶的东西”，比如布鲁诺·鲍威尔声称，国家、财产和家庭必须从观念上加以废除，至于在现实中它们会怎么样，人们是不需要操心的。海尔维格对于“自由人”也丝毫没有好感，于是“自由人”决定要对他的蔑视态度进行报复，他们嘲笑这位诗人被国王接见一事，并且对他同一位富有的女继承人订婚一事品头论足，散布流言蜚语。

争执的双方都转向《莱茵报》请求帮助。海尔维格在争得卢格的同意以后，请求《莱茵报》采用和刊登一项声明，他在声明中承认，作为个体而言，“自由人”中的大多数人个个都是优秀的人物，但是，声明又补充说，正如海尔维格和卢格向他们开诚布公地指明的那样，他们的政治浪漫主义，他们的沽名钓誉、恃才傲

① 参阅《马克思恩格斯全集》第 47 卷，人民出版社 2004 年版，第 41 页。

物以及自我吹嘘，却使他们丢尽了颜面，也使自由的事业和自由的党派丧失了自己的名誉。马克思在报纸上刊登了这项声明，他的这一举动惹怒了“自由人”，把自己当作“自由人”代言人的梅因立刻展开了回击，他接连不断地给马克思寄去好几封极其粗暴的信件。

马克思力图将“自由人”的撰稿之事引导到正确的道路上，他最初给他们的回信都写得十分中肯，而且实事求是。“我要求他们：少发些不着边际的空论，少唱些高调，少来些自我欣赏，多说些明确的意见，多注意一些具体的事实，多提供一些实际的知识。我说，我认为在偶然写写的剧评之类的东西里塞进一些共产主义和社会主义的信条，即新的世界观，是不适当的，甚至是不道德的。我要求他们，如果真要讨论共产主义，那就要用另一种完全不同的方式，更切实地加以讨论。我还要求他们更多地在批判政治状况当中来批判宗教，而不是在宗教当中来批判政治状况，因为这样做才更符合报纸的本质和读者的教育水平，因为宗教本身是没有内容的，它的根源不是在天上，而是在人间，随着以宗教为理论的被歪曲了的现实的消失，宗教也将自行消灭。最后，我向他们建议，如果真要谈论哲学，那么最好少炫耀‘无神论’的招牌（这看起来就像小孩一样，一切愿意听他讲话的人保证自己不怕鬼怪），多向人民宣传哲学的内容。”① 马克思的这些富有教育意义的论述，同时也让人们对马克思领导《莱茵报》时所遵循的基本原则一目了然。

然而，马克思的这些忠告在寄达目的地之前，便收到了梅因发来的一封“蛮横无理的信”。梅因在信中要求，《莱茵报》不应该总是“求稳”，而是“必须采取最极端的措施”，也就是说，他要《莱茵报》为了迎合“自由人”的需要，而甘愿让自己受到压制。这终于使马克思忍无可忍，他写信给卢格说：“这一切都显示出这个人的难以置信的虚荣，他不懂得，为了挽救一个政治刊物，是可以牺牲几个柏林的吹牛家的，而他所考虑的，只是他那个小集团的事情。……由于我们现在从早到晚都要忍受极其可怕的书报检查的折磨，忙于同部里通信，

① 参阅《马克思恩格斯全集》第47卷，人民出版社2004年版，第42—43页。

对付总督的指控、省议会的责难、股东的埋怨等等，而我之所以坚守在岗位上，只是因为我认为有义务在力所能及的范围内不让暴力得逞，因此您可以想见，我是有点被激怒了，于是就给梅因回了一封相当不客气的信。”[①] 这实际上就是马克思和“自由人”的决裂，这几个“自由人”在政治上或多或少都落得一个悲惨的结局，从布鲁诺·鲍威尔到爱德华·梅因：布鲁诺·鲍威尔后来是《十字报》和《邮报》的撰稿人；爱德华·梅因则死于《但泽报》的编辑任职内。梅因曾经悲叹地揶揄了自己徒劳无功的一生，说他只有权利嘲笑新教的正统派，因为报纸的自由派股东们因为怕得罪天主教徒的订户，禁止他批评罗马教皇公布的禁书目录。“自由派”的其他人士则在半官方的甚至官方的报社里寻找到了栖身的地方，例如鲁滕堡，他在几十年后，是在《普鲁士国家通报》担任编辑时死去的。[②]

但是那时候，即在1842年秋天，鲁滕堡仍然被看成是一个可怕的人物，政府要求撤销他在《莱茵报》的职务。整个夏天，政府虽然都在吹毛求疵地检查刁难这个报纸，但是仍然让它继续生存，因为政府寄希望于它能够自生自灭。8月8日，莱茵省总督爱德华·冯·沙佩尔向柏林报告说，《莱茵报》的订户数量总共只剩下八百八十五户了。到了10月15日，马克思接任了主编一职。11月10日，沙佩尔又报告说，订户数目在连续不断地增长，已经从八百八十五户提高到了一千八百二十户，报纸的倾向性也变得越来越敌视政府，而且越来越肆无忌惮了。恰逢此时，一份极其反动的婚姻法草案落到了《莱茵报》编辑部的办公桌上，《莱茵报》把它刊登了出来。婚姻法草案的突然提前公布于众让国王十分恼怒，尤其是因为这项有意增加离婚难度的法案将会遭遇到广大民众的强烈反抗。国王勒令《莱茵报》说出这份法案的投寄者，并且以立即进行镇压威胁《莱茵报》，

① 参阅《马克思恩格斯全集》第47卷，人民出版社2004年版，第43—44页。

②《十字报》又称《新普鲁士报》，1848年起在柏林出版，在普鲁士报界是代表极右保守势力的报纸，该报标题中央标有十字勋章图形（铁十字）；《邮报》1866年在柏林创刊，是自由保守党（温和保守党）的机关报；《但泽报》为省报，是具有民族自由主义性质的报刊；《普鲁士国家通报》是普鲁士政府的官方机关报。——德文原书出版者注

倘若它敢违抗命令的话。但是政府的那些大臣对《莱茵报》相当了解，知道该报一定会拒绝这样一个侮辱人格的无理要求，并且他们也不愿意为他们所痛恨的这家报纸编织殉道者的花环。他们认为，能够解除鲁滕堡的职务，并且把他清除出科隆，他们就已经很知足了；而且，尽管对《莱茵报》的惩罚是查禁，但是他们也只要求指派一名负责的主编，要他代替出版者雷纳德签发报纸，同时任命候补法官维特豪斯为书报检查官，代替由于其浅薄和愚笨而声名狼藉的前任检查官多勒沙尔。

11月30日，马克思给卢格写信说："鲁滕堡不再主持德国栏（他在那里做的事情主要是改改标点符号），只是由于我的请求，才暂时把法国栏交付给他。由于我们的国君极度昏庸，鲁滕堡竟有幸被视为危险人物，尽管除了《莱茵报》和他本人以外，他对谁都不危险。当局断然要求我们解除鲁滕堡的职务。普鲁士的国君——这个极其伪善、狡猾的普鲁士专制主义——使负责人避免了一个令人难堪的场面，鲁滕堡这位新殉道者已经学会使用表情、举止和语气恰如其分地表现着殉道者意识，所以他充分利用了这个机会。他写信到各地，写信到柏林，说他是《莱茵报》的被放逐的原则，而《莱茵报》对政府则采取另一种立场。"[①]马克思是在他同柏林"自由人"的分歧已经尖锐化的角度下提到这件事情的，不过他用"殉道者"来嘲笑鲁滕堡的做法，对于这个可怜鬼来说似乎做得有些太过分了。

马克思在信中所提到的"强制性要求"解除鲁滕堡的职务，并由此使报社出版人雷纳德避免了一场"令人不快的争吵"，这些都不可能做其他的解释，只能说明报社对于"强制性要求"采取了服从的态度，而且放弃了为了能够保留住鲁滕堡而应该进行的任何尝试。当然，即便是做了这样的尝试，也绝对没有任何希望，这一点是毋庸置疑的；而使出版人避免了那场"令人不快的争吵"，大概也是合情合理的，因为这位完全不懂政治的书商，招架不了要求记录在案的审问。至于那份反对用查禁令对《莱茵报》进行威胁的书面抗议文件，他也只不过是签

① 参阅《马克思恩格斯全集》第47卷，人民出版社2004年版，第41—42页。

个名字而已，在科隆市档案馆保存下来的一份手写的草稿可以证实，这份抗议书是马克思撰写的。

这份抗议书里说，《莱茵报》“屈从于强权”，不得不同意给予鲁滕堡暂时辞退的要求，并承诺指派一名负责的主编接替他的工作。同时它表示，在不辱没一个独立报刊的行业使命的情况下，《莱茵报》也准备尽一切努力保护自己免遭毁灭。它还保证，愿意在形式方面做出比以往更大的调控，也就是说，保证《莱茵报》内容在准许的范围之内。抗议书写得十分小心谨慎，并且富于外交谋略，这在其作者的一生中是找不出第二个例子来的。但是，如果说，要求作者把每个词、每句话都要像放到金秤上去称一称那样在表达时字斟句酌、反复推敲是不公正的，那么说年轻的马克思在起草抗议书时明显地违反了他当时的信念也同样是不公正的。这样的情况就是在他关于该报的亲普鲁士情绪的说法里也不存在。抗议书里还说，《莱茵报》发表过不少同企图煽动敌视普鲁士的奥格斯堡《总汇报》进行论战的文章，它还宣传鼓动把关税同盟扩展到德国的西北部地区，除此之外，该报的亲普鲁士情结主要还表现在它始终不断地强调指出，北德意志科学的意义不同于法国和南德意志那些肤浅的理论。抗议书中宣称，《莱茵报》是莱茵省乃至整个南德意志地区第一家提倡北德意志精神的报纸，并由此为促进分散的日耳曼民族的不同部族的思想统一做出了自己的贡献。

对于这份呈文，莱茵省总督冯・沙佩尔的回答相当无情；他表示，即便是报社马上就解雇鲁滕堡，并且能够立刻报出一个绝对合适的主编人选的姓名，《莱茵报》的出版是否可以取得最终的官方许可，还是要看该报今后的态度如何而定。他同意把聘任新主编的限期延至 12 月 12 日，以给报社留有回旋的余地。但是事情并没有发展到这一步，因为刚到 12 月中旬就已经又爆发了新一轮的冲突。两篇来自贝恩卡斯特尔的关于摩泽尔农民悲惨处境的报纸通讯报道，促使冯・沙佩尔做了两次内容空洞、形式粗暴的更正。《莱茵报》尽管很不随心，却再一次对这种恶劣的手段忍气吞声、逆来顺受，并且一开始还假装满不在乎地赞扬这些更正的“冷静而得体”，说这足以让秘密警察国家的走卒们感到羞愧，并且大大有助于“消除猜疑，增强信任”。但是，在《莱茵报》收集到必要的资料之后，它从 1 月中旬开始，连续发表了五篇文章[①]，提供了大量的文件证明，说明政府严酷无情地压制了处于苦难之中的摩泽尔农民发出的求救的呼声。莱茵省的最高长官被这件事弄得丢尽了颜面。然而他很快便找回了一丝甜蜜的安慰，这就是在 1843 年 1 月 21 日召开的国王也亲临现场的内阁会议上，已经决定对《莱茵报》进行查封。在 1842 年至 1843 年的岁序更新之际发生的一系列的事件终于把国王给激怒了：海尔维格从柯尼斯堡给国王寄发了一封态度冷淡且傲慢无礼的信，而《莱比锡总汇报》在写信人毫不知情，而且完全违背其意愿的情况下发表了这封信；约翰·雅各比曾被指控犯有谋反罪和亵渎君王罪，而最高法院居然宣布他无罪；最后就是《德国年鉴》在新年宣言中提到了“民主及民主实际存在的问题”。于是《德国年鉴》立刻遭到了查封，《莱比锡总汇报》也被禁止在普鲁士境内发行。紧接着，把“它在莱茵的淫乱姐妹”也顺便一下子解决掉了，特别是因为它曾经激烈地谴责过对前两家报刊的查封。

对《莱茵报》颁布查封令在形式上的依据是该报缺少一份所谓的官方许可证，“在普鲁士这个没有警察局发的号牌连狗也不能生存的地方，《莱茵报》仿佛未经官方许可就可以出版哪怕一天似的。”[②]，马克思如是说。而作为“实质性的原因”，则是新、老普鲁士关于罪恶意图的陈词滥调，就如同马克思所嘲讽的那样，又是关于“恶劣的思想、空洞的理论等老一套的胡言乱语和其他鬼话。”[③]。出于维护股东利益的考虑，当局准许报纸在三个月的期限内照常出版。马克思在给卢格的信中这样写道：“在处决前这段时间里，报纸要受双重检查。我们的书报检查官[④]是一个可尊敬的人，他还要受本地行政区长官，一个惟命是从的傻瓜冯·格尔拉赫

① 指马克思的文章《摩泽尔记者的辩护》，这篇文章写于 1842 年 12 月底至 1843 年 1 月中，是针对莱茵省省长冯·沙佩尔的责难、为《莱茵报》驻摩泽尔记者彼·约·科布伦茨在揭露摩泽尔地区农民贫困状况的两篇文章中提出的论点进行辩护而写的。马克思把它分为五个独立的部分，并分五次发表于《莱茵报》第 15、17、18、19 和 20 号。参阅《马克思恩格斯全集》第 1 卷，人民出版社 1995 年版，第 357—390 页和 391—395 页（续篇）。

② 参阅《马克思恩格斯全集》第 47 卷，人民出版社 2004 年版，第 46 页。

③ 参阅《马克思恩格斯全集》第 47 卷，人民出版社 2004 年版，第 49 页。

④ 指维特豪斯（1806—1863），1837 年至 1844 年期间任柏林警察局局长，1842 年起为《莱茵报》的书报检查官。

的检查。我们的报纸编好以后必须送到警察局去，让他们统统嗅一遍，只要警察的鼻子嗅出一点非基督教的、非普鲁士的东西，报纸就不能出版。”[①] 实际上陪审官维特豪斯是一个非常正派的人，他辞去了书报检查官的职务。为此，科隆市的唱歌爱好者合唱团为他演唱了一首小夜曲，以向他表示敬意。他的职位被从柏林派来的内阁秘书圣保罗所接替，由于此人热衷于执行刽子手的职责，双重检查制度就显得没有必要了，因而在 2 月 18 日被取消。

《莱茵报》遭到查封让整个莱茵省都感到蒙受了不应该有的耻辱。其结果是订户的数量扶摇直上，很快就增加到了三千二百户；与此同时，为了制止即将来临的打击，一份份布满了好几千人签名的请愿书被送到柏林。股东们特地派出的一个代表团也动身去了柏林，但是在柏林国王没有接见他们。居民们呈送的那些请愿书如果没有使那些敢于在上面签字的官员受到严厉的训斥，则统统不留任何痕迹地消失在内阁的废纸篓里。但更令人感到忧虑的是，股东们试图让《莱茵报》在态度上示弱，以达到他们通过激动人心的抗议没有能够达到的目的。主要是这方面的情况促使马克思决定在 3 月 17 日辞去编辑部的工作，当然，这并不妨碍他直到最后一刻也要尽其所能搅得书报检查机构的日子不好过。

新上任不久的检查官圣保罗是一个放荡不羁的年轻人，在柏林的时候，他和“自由人”一起在小酒馆里狂饮作乐，到了科隆以后，他又在妓院门口和守夜人打架。圣保罗也是一个诡计多端的家伙，他很快就发现了，《莱茵报》的“理论中心”以及该报的那些理论的“活的泉源”在哪里。因此，在他写给柏林的那些报告里，他总是不由自主地流露出对马克思的敬意。显然，马克思的品格和才智让他钦佩得不得了，尽管他自称，他发现马克思犯了“重大的思维上的错误”。3 月 2 日，圣保罗又向柏林打报告说，马克思已经做出决定，“在当前的形势下”放弃与《莱茵报》的任何联系，并且离开普鲁士。这个消息促使柏林那些自作聪明的官僚在他们的文件里指出，如果马克思移居国外，这对于普鲁士来说并不是一个损失，因为“马克思的那些极端民主的信念，与普鲁士国家的基本原则是

① 参阅《马克思恩格斯全集》第 47 卷，人民出版社 2004 年版，第 45 页。

完全对立的”，这一事实是完全不容置疑的。之后在3月18日，这位可尊敬的检查官欢呼道：“整个报业的精神领导者马克思博士，昨天最终离开了编辑部，奥本海姆——一个总体来说确实非常温和却又无足轻重的人——接管了编辑部……我对于这种变动感到非常高兴，因为如今我在书报检查方面所花费的时间几乎还不到以往的四分之一。”这是他对离任的马克思的恭维的客套话，他向柏林建议，既然马克思已经离去，从现在起，应该可以放心地让《莱茵报》继续存在下去了。但是，圣保罗的那些上级在思想上比他更加胆怯，他们指示他，秘密买通《科隆日报》的主编、某一个叫赫尔梅斯的人，并且吩咐他去恐吓《科隆日报》的出版人，该出版人已经感觉到《莱茵报》可能是一个危险的竞争对手，于是这个阴险的勾当居然成功了。

其实早在1月25日，即在查禁《莱茵报》的指令到达科隆的那一天，马克思本人就已经写信给卢格说：“我对这一切都不感到意外。您知道，我开始时对书报检查令是怎样评价的吗。我从这件事中只看到一个结果；我认为《莱茵报》被查封是政治觉悟的一种进步，因此我决定辞职不干了。再说这种气氛也令我感到十分窒息。即使是为了自由，这种桎梏下的生活也是令人厌恶的，我讨厌这种缩手缩脚而不是大刀阔斧的做法。伪善、愚昧、赤裸裸的专横以及我们的曲意逢迎、委曲求全、忍气吞声、递小慎微使我感到厌倦。总而言之，政府把自由还给我了。……在德国，我什么事情也干不了。在这里，人们自己作践自己。”①

8. 路德维希·费尔巴哈

同样是在给卢格的这封信里②，马克思向卢格证实，他已经收到了刊登有他投稿的自己的第一篇政治论文的文集。这部文集总共分为两卷，文集的题目是《德

① 参阅《马克思恩格斯全集》第47卷，人民出版社2004年版，第49页。

② 梅林在这里说得不确切：马克思不是在1843年1月25日写给卢格的信中确认他收到了文集，而是在1843年3月13日的信中提到了此事；文集本身的出版时间是1843年2月，而不在这一年3月初。——德文原书出版者注

国现代哲学与政论界轶文集》，该文集于 1843 年 3 月初由苏黎世的文学社出版，这家文学社是尤利乌斯・弗勒贝尔创办的，并且成了为那些逃避德国书报检查的作家设立的一个避难所。

在这部文集里，青年黑格尔派精锐部队的老骨干力量再一次集结进军，尽管他们的队伍已经摇摇欲坠。在他们中间有一位大胆的思想家，他曾经把黑格尔的全部哲学都扔向了死人堆，他宣称“绝对精神”就是神学的死亡了的精神，所以是一种纯粹的鬼魂信仰；他认为，哲学的全部奥秘可以在对人和对自然界的直接观察中得以破解。《关于哲学改造的临时纲要》① 是路德维希・费尔巴哈在《轶文集》上发表的一篇文章，这篇论文对马克思来说也是一种启示。

在随后的几年中，恩格斯确认，路德维希・费尔巴哈对青年马克思在思想发展方面产生的巨大影响是从费尔巴哈的《基督教的本质》开始的，这是费尔巴哈的一部名著，早在 1841 年就已经出版。恩格斯认为，《基督教的本质》这部书的“解放作用”，必须亲自读一读才能够有一个清晰的概念；他说：“那时候大家都感到异常兴奋，我们一下子都成了费尔巴哈派了。” ② 但是，仅仅从马克思在《莱茵报》发表的那些文章里，还感觉不到费尔巴哈对他的影响；马克思第一次表达“热诚地欢迎”这种新的观念是在《德法年鉴》上，尽管他有一些批判性的保留。《德法年鉴》是 1844 年 2 月出版的，光是这个名称就能够显露出，它同费尔巴哈的思维进程有着某种相似之处。

《关于哲学改造的临时纲要》中的初步论点，无疑已经包含在《基督教的本质》一书之中，就这方面而言，即使恩格斯在回忆中出现了错误似乎也无关紧要。但是他的错误又不能忽视，因为它掩盖了费尔巴哈同马克思之间在思想上的相互联系。虽然费尔巴哈素来只喜欢在荒僻的乡间离群索居，但他仍然不失为是一名

---

①《关于哲学改造的临时纲要》一文是路德维希・费尔巴哈于 1842 年完成的，由于当时不能通过书报检查而没有在德国发表，1843 被收入到在瑞士出版的《德国现代哲学与政论界轶文集》第二卷。中译本见三联书店 1958 年出版的洪潜译本。

② 弗里德里希・恩格斯：《路德维希・费尔巴哈和德国古典哲学的终结》，写于 1886，最初分两次发表在《新时代》杂志上。1888 出版经过修订的单行本。参阅《马克思恩格斯全集》第 21 卷，人民出版社 1965 年版，第 312 页。

战士。他的想法同伽利略一样，认为城市对于喜欢思索的人来说，就犹如是一座监狱；而自由自在的乡村生活本身就是一本展示大自然的书，它直接呈现在每一个人的眼前，每个人都可以置身于其间以自己的理解去阅读这本书。费尔巴哈经常以这样一番话不断地抵御所有的攻击来捍卫自己在布鲁克贝格的孤寂的生活；他热爱乡村的幽寂，并不是贪图这个古老的词语所表达的宁静安逸的含义，虽然隐居过的人都感到很享受，而是因为他可以从孤寂中汲取战斗的力量，可以集中精力思考问题，这是一个思想家必不可少的需求，况且还可以远离日常生活的嘈杂和喧嚣，不让它们搅扰自己对大自然的观察，因为对于他来说，自然界是一切生命以及它的全部奥秘的伟大起源。

尽管费尔巴哈在乡间隐居，但是他没有停止参与时代的伟大斗争，而且他一直战斗在最前沿。他在卢格的杂志上发表的那些文章，使这个杂志成了斗争中最锋利的尖刀。他在《基督教的本质》中指出，是人创造了宗教，而不是宗教创造了人；我们的想象力所创造出的高级生物，只不过是我们的本性的绝妙的反映。正是在费尔巴哈的这本书出版之际，马克思开始转向政治斗争，这场斗争则将他引入公共交易市场的混乱之中，而费尔巴哈在他的著作中打造的武器，不适用于这样的斗争。由于黑格尔的哲学业已证明，它已经没有能力解决马克思在《莱茵报》所遇到的那些物质问题，而恰逢此时，费尔巴哈的《关于哲学改造的临时纲要》发表了，它给了充当神学最后的庇护所和最后的理性支柱的黑格尔哲学致命的一击。所以，《关于哲学改造的临时纲要》给马克思留下了深刻的印象，尽管马克思当即就为自己保留了批判的权利。

马克思在 3 月 13 日写给卢格的信中说："费尔巴哈的警句只有一点不能使我满意，这就是：他强调自然过多而强调政治太少。然而这是现代哲学能够借以成为真理的惟一联盟。结果可能会像 16 世纪那样，除了醉心于自然的人以外，还有醉心于国家的人。"① 事实确实如此，在费尔巴哈的《关于哲学改造的临时纲要》一文中，他只是附带着提及了一下政治，寥寥几笔，少得可怜。在这方面，

① 参阅《马克思恩格斯全集》第 47 卷，人民出版社 2004 年版，第 53 页。

与其说他超越了黑格尔，倒不如说他比黑格尔的还要后退。在马克思于 3 月 13 日写给卢格的信中，还有一处地方显露出当时费尔巴哈对于马克思的影响有多么强烈。马克思刚一认清楚他无法在普鲁士的书报检查制度下写作，或者说他无法在普鲁士的政治空气下生活，他便立刻下定决心，带着他的未婚妻离开德国。还是在 1 月 25 日，他就曾经写信问过卢格，他是否能够参加海尔维格当时计划在苏黎世出版的刊物《德意志信使》的编辑工作。不承想这项计划还没能付诸实施，海尔维格便已经被驱除出苏黎世，出版《德意志信使》的希望破灭了。于是，卢格向马克思提出了另外一些有关合作的建议，其中包括共同编辑经过改组并且已经更换了名称的《年鉴》；同时他希望，马克思在结束其在科隆的"痛苦不堪的编辑工作"之后到莱比锡来，以便当面商谈一下"我们重新振兴的地点"。

这之后，在 3 月 13 日，马克思回信表示接受卢格的建议，决定去莱比锡，同时"暂时"就"我们的计划"表达了如下的信念，他写道："当巴黎被占领时，有些人提议推举拿破仑的儿子为国王，同时组成一个摄政政府，另一些人则提议推举贝尔纳多特，还有一些人提议推举路易－菲力浦。可是达来朗回答说：不是路易十八，就是拿破仑。这是原则，其他一切都是阴谋。同样，我也想说，除了斯特拉斯堡（充其量再加上瑞士）以外，其他一切地方都不是原则，而是阴谋。篇幅超过 20 印张的书，就不是为人民写的书。在这里能够出版的最多是一个月刊。即使《德国年鉴》重新获准出版，我们至多也只能搞一个已停刊的杂志的很拙劣的翻版，而现在这样做是不够的。相反，《德法年鉴》，这才是原则，是能够产生后果的事件，是能够唤起热情的事业。"① 在这里可以深切地感受到，费尔巴哈的《关于哲学改造的临时纲要》在继续发挥它的影响力。费尔巴哈在这部著作中声称，一个真正的、与生活和人息息相关的哲学家，必须是一个具有高卢－日耳曼血统的人，他的心脏必须是法国的，他的头脑必须是德国的。头脑要改革，而心脏则要革命。他还说，只有在有运动、有热潮、有激情、有血性和感性的地

① 参阅《马克思恩格斯全集》第 47 卷，人民出版社 2004 年版，第 51—52 页。

方，才有精神的存在；只有莱布尼茨的精神，只有他的乐观原则、他的唯物主义唯心主义原则，才第一次使德国人从他们的学究习气和经院哲学中摆脱出来。

卢格在3月19日的回信中表示，他完全赞同马克思提出的这个“高卢—日耳曼原则”，不过这些事情在业务方面的处理，仍然需要拖延好几个月。

9. 婚礼和被逐

在第一次进行公开斗争的动荡的一年中，马克思还不得不绞尽脑汁跟家庭中的某些困难做斗争。他不大愿意谈论这方面的事情，每次都只是在委实难以忍受的情况下，才迫不得已地提及一下。与那种为了自己的一点儿鸡毛蒜皮的琐事就会忘掉上帝和世界的庸人的黯淡命运截然相反的是，马克思能够为了“人类的伟大目标”而经受住最难以忍受的痛苦。他的生活给他提供了太多的练就这种能力的机会。

马克思在第一次提到他向来讳莫如深的“私人琐事”时，他是以一种非常特殊的方式表达了他对这类事情的看法。由于没有如约完成他曾经答应为《轶文集》写的几篇文章，马克思在1842年7月9日特地给卢格写信向他道歉。在信中，马克思中首先列举了他所遭遇到的一些其他的障碍，然后笔锋一转写道：“余下的时间都被令人讨厌之极的家庭纠纷占用和浪费了。我的家庭虽然殷实，却给我设下重重障碍，使我目前陷入极为窘迫的境地。我决不是要用谈论这些私人的琐事来麻烦您；社会的肮脏事使一个坚强的人不可能为私事而烦恼，这是真正的幸事。”[①]这恰恰也证明了马克思具有一种异常刚强的性格，但这种刚强的性格却激怒了那些历来“为私人的琐事所困恼”的庸人，惹得他们群起而攻之，说这是马克思“冷酷无情”的证明。

除此之外，关于“极其令人不愉快的家庭纠纷”的翔实情况，马克思并没有告知。马克思再一次回到这个话题是在跟卢格磋商创办《德法年鉴》的时候，也

① 参阅《马克思恩格斯全集》第47卷，人民出版社2004年版，第31页。

仅仅是非常笼统地提了一下。马克思给卢格写信说，出版计划一旦确定形成之后，他打算前往克罗伊茨纳赫[①]旅行，并且准备在那里结婚，因为他的未婚妻的母亲自从其丈夫去世以后，一直在那里生活；结婚以后他想在他的岳母家里再住上一些时间。“因为在着手工作以前，无论如何总得写出几篇文章来。……我可以丝毫不带浪漫色彩地对您说，我正在十分热烈地而且十分严肃地恋爱。我订婚已经七年多，我的未婚妻为了我而进行了极其激烈的、几乎损害了她的健康的斗争，一方面是反抗她的虔诚主义的贵族亲属，这些人把‘天上的君主’和‘柏林的君主’同样看成是崇拜的对象，一方面是反抗我自己的家族，那里盘踞着几个牧师和我的其他对手。因此，多年来我和我的未婚妻经历了许多不必要的严重冲突，这些冲突比许多年龄大两倍而且经常谈论自己的‘生活经验’……的人所经历的还要多。”[②]除了这三言两语的简短暗示之外，关于马克思在订婚期间不得不经历的种种斗争，同样也没有任何细节流传于世。

创办《德法年鉴》并非轻而易举毫不费力之事，不过新杂志的出版相当快地就有了保障，而且马克思也并没有前往莱比锡。生活富足的卢格已经表示，拿出六千塔勒作为有限责任合伙人投资入股文学社，在这之后，苏黎世文学社的尤利乌斯·弗勒贝尔决定承接该杂志的出版工作。给予马克思的编辑薪金定为五百塔勒。在这样的前景下，马克思于 1843 年 6 月 19 日同他的燕妮举行了婚礼。

《德法年鉴》的出版地点还有待进一步确定，在地点的选择方面，他们在布鲁塞尔、巴黎和斯特拉斯堡之间犹豫不定。对于马克思这对年轻的夫妇来说，阿尔萨斯地区的城市本来最符合他们的愿望，然而最后他们还是选定了巴黎，这是在弗勒贝尔和卢格亲自前往巴黎和布鲁塞尔了解情况之后才做出的决定。虽然同实施保证金制度和九月法令的巴黎相比，在布鲁塞尔出版界拥有比在巴黎更加自由的活动空间；但是，从更加接近德国的生活而言，法国的首都则大大胜过比利

① 克罗伊茨纳赫（Kreuznach）为德国疗养地，马克思的岳母自其丈夫死后便居住在这里。1843 年马克思在这里跟燕妮·冯·威斯特华伦结婚；马克思批判黑格尔哲学的第一部著作《黑格尔法哲学批判》就是写于克罗伊茨纳赫，故又称《克罗伊茨纳赫手稿》。

② 参阅《马克思恩格斯全集》第 47 卷，人民出版社 2004 年版，第 52 页。

时的首都。在巴黎，只要有三千法郎，或者再稍微多一点，就可以生活得很好了，卢格在给马克思的信中这样鼓动他。

按照原来的计划，马克思是在他的岳母家度过了他结婚后的头几个月；到了 11 月，他便把他的新婚家庭迁往了巴黎。他在 1843 年 10 月 23 日[①]从克罗伊茨纳赫寄给费尔巴哈的一封信，保留了他在祖国生活的最后音讯，当时他想请求费尔巴哈为《德法年鉴》的创刊号写一篇文章，即写一篇批判谢林的文章。他写道："从您的《基督教的本质》第二版序言中，我就几乎觉得可以得出结论：您正在写关于谢林的详尽著作，或者至少是打算就这个吹牛大王再写些什么东西。您看，这该是一个多么辉煌的开端啊！……谢林先生曾经多么巧妙地使法国人——起初是使懦弱的折衷主义者库辛，稍后甚至是使天才的勒鲁——中了圈套！就是说，在皮埃尔？勒鲁等人眼里，谢林一直是一个讲究理性的现实主义，而不是超验的唯心主义，讲究有血有肉的思想，而不是抽象的思想，讲究界哲学，而不是行帮哲学的人！……因此，如果您马上给创刊号写一篇评论谢林的文章，那就是对我们所创办的事业，尤其是对真理，作出了一个很大的贡献。您正是最适合做这件事情的人，因为您是谢林的直接对立面。谢林的真诚的青春思想——我们也应该相信我们对手好的一面，不过他要实现这一思想，已经除了想像以外没有任何能力，除了虚荣以外没有任何力量，除了鸦片以外没有任何刺激剂，除了容易激动的女性感受力以外没有任何感觉器官了，谢林的这种真诚的青春思想，在他那里只是场异想天开的青春梦，而在您那里则成了真理、现实、男子汉的郑重。……因此，我认为您是自然和历史的陛下所召来的、谢林的必然的和天然的对手。"[②]这封信写得是多么亲切呀，从这封信里放射出来的对一场伟大斗争满怀的希望之光又是多么的耀眼明亮啊！

费尔巴哈这时却迟疑着没有答应。他最初在卢格面前曾经赞扬过这个新刊物的出版计划，但是后来他又拒绝为其撰稿；即便是援引他的"高卢—日耳曼原

① 梅林把写信的日期搞错了，马克思给费尔巴哈的这封信是写于 1843 年 10 月 20 日，不是 1843 年 10 月 23 日。——德文原书出版者注

② 参阅《马克思恩格斯全集》第 47 卷，人民出版社 2004 年版，第 68—69 页。

则”，也没能够说服他。

他的著作曾经激怒过那些当权者，于是他们挥舞警察的大棒疯狂地打压在德国仅存的研究哲学的自由；哲学界的反对派不得不逃往国外，如果他们不愿意怯懦地投降的话。投降这件事可不是费尔巴哈愿意干的，可是他又没有决心纵身一跃、勇敢地投入冲击着垂死的德意志大地的惊涛骇浪中去。对于马克思的言辞热情的请求，费尔巴哈的回答虽然充满了友好的关切，然而毕竟还是拒绝了，所以，给马克思回复的这一天成为他生命中的黑色的日子。从此以后，他在精神上也变得孤独了。

第三章　流亡巴黎

1.《德法年鉴》

新的杂志的出版没有受到幸运星的垂青，它只在1844年2月底出版了一期合刊号。

“高卢—日耳曼原则”或者如同卢格后来给重新更名的“德法精神联盟”，并没有能够实现；“法国的政治原则”对德国的陪嫁丝毫也不感兴趣，这个嫁妆就是黑格尔哲学的“逻辑的洞察力”，黑格尔哲学把它作为形而上学领域内的可靠的指南针，而在卢格看来，法国人正是在形而上学领域内失去方向舵而随波逐流的。

当然，如果根据卢格所证实的，他们打算首先要争取到拉马丁、拉梅耐、路易·勃朗、勒鲁和蒲鲁东，那么，光是这个名单本身就已经够让人眼花缭乱的了。在这些人当中，稍微懂一点儿德国哲学的只有勒鲁和蒲鲁东，而他们这两个人当中的蒲鲁东又是住在外省，勒鲁则暂时放弃了写作，正在为发明一种排字机而绞尽脑汁、冥思苦想。其余的人出于这样的或者那样的宗教上的古怪理由而拒绝合作，甚至连路易·勃朗也拒绝了，因为他认为，哲学上的无神论最终只会导致政治上的无政府主义状态。

不过，这个杂志却从德国撰稿人当中获得了一个可观的写作班子：除了两位出版人本身以外，还有海涅、海尔韦格、约翰·雅各比，这些都是第一流的作家的名字；同时也可以看到一些二流作者的姓名，如莫泽斯·赫斯和F.C.贝尔奈斯，贝尔奈斯是一名来自莱茵法耳次的青年法学家，他们的名气虽然不大，但也是颇为值得注意的人物；更何况还有弗里德里希·恩格斯，他是所有的撰稿人当中最年轻的一位，他在屡试笔锋之后在这里第一次披上闪亮的铠甲公开地投入了斗争。然而，就连这一批人的水平也是参差不齐的。其中有些撰稿人不大懂得黑格尔哲学，更不懂得黑格尔哲学的“逻辑的洞察力”；特别是，在两个出版人之间很快便出现了分裂，这种分裂使他们之间的合作已经不可能再继续进行下去。

杂志的第一期合刊号——这个杂志也就只出版了这唯一的一期——的正文是以一组马克思、卢格、费尔巴哈和巴枯宁之间的“书信往来”开始的。其中的巴枯宁是一个年轻的俄国人，他在德累斯顿结识了卢格，并且曾经在《德国年鉴》上发表过一篇备受瞩目的文章。这组“书信往来”总共包括八封信件，每封信都仅标有作者姓氏的第一个字母代表署名，其中马克思和卢格写的信每个人各有三封，费尔巴哈和巴枯宁每个人各有一封。后来卢格把这组“书信往来”称作他所创作的一场戏，尽管他又说，他使用的只是“真实信件的一些段落”，他甚至还把这组“书信往来”收入了他自己的“著作全集”中，不过这些书信已经被他肆意修改得面目皆非了，他还扣压了“书信往来”中的最后一封信，这封信落款的姓名是马克思，而且恰恰包含了全部“书信往来”的精髓。从书信的内容来看，有一点是不容置疑的，即这些信件都来自署名的第一个字母所代表的作者。如果把整个“书信往来”看成是一部完整的音乐作品，那么毫无疑问，在演奏这部作品的乐队里担任第一小提琴手的只能是马克思。另外，无须争议的是，卢格曾经按照自己的意思修改了马克思的信，也修改了巴枯宁的信和费尔巴哈的信。

“书信往来”是以马克思的信件作为结束，同样也以他发出的短促而震慑人心的最强音作为“书信往来”的开始。他说：浪漫主义反动派正在导致一场革命，国家是十分严肃的东西，绝对不可以将它打造成插科打诨的滑稽戏；一条被愚人挤得满满当当的船只或许有可能顺风顺水地行驶好一阵子，但是它终究会驶向它那不可幸免的厄运，而这恰恰是因为这些愚人根本就不相信这一点。卢格给马克思的回复是一篇冗长的悲歌，他哀叹德国庸人持之以恒的绵羊般愚钝的忍耐，信中“充满了诘责和绝望”，正如同他后来自己所言，或者，就如同马克思立即给他回信用比较客气的语气所说的那样：“我亲爱的朋友，您的来信是一支出色的哀曲，一首使人心碎的挽歌，可是它毫无政治内容。”[①] 马克思还写道：假如世界是属于庸人的，那么研究一下这位世界之主是值得的；当然，所谓庸人是世界的主人，只不过是因为庸人以及庸人之流的伙伴将这个世界全部给占据了，就犹如蛆虫占满了一具尸体一样；而只要庸人是构成君主政体的材料，那么君王也只不过是庸人之王而已。接着，马克思在信中又写道：普鲁士的新国王较比他的父亲清醒而且更富有朝气，他曾经想要在庸人国家原有的基础上消灭这个庸人之国。但是，只要普鲁士人一如既往地故步自封，国王既不能把他自己也不可能把他的全体臣民变成真正的自由人；于是，随之产生的结果只能是又回到了旧日的、停滞僵化的奴仆国家；不过，这种绝望的状况倒会使人产生新的期望。马克思在信中还提到统治者的无能以及奴仆和臣民凡事都听天由命的惰性；他认为，这两个因素加在一起，就足可以导致一场巨大的灾难。最后马克思指出：庸俗主义的敌人，即一切有思想的和受苦受难的人，都已经互相取得了谅解；甚至旧式臣民的那种消极的繁殖制度，也每天都在为新生人类的服务征募新兵；产业和商业的制度、人们的私有制和剥削人的制度，正在比人口的繁殖不知迅速多少倍地引起现今社会内部的分裂，这种分裂是旧制度无法医治的，因为它根本就不去医治，不去创造，它只是存在和享乐而已；所以我们的任务就是要彻底揭露旧世界，并且为建立一个新世界而积极工作。

巴枯宁和费尔巴哈也都各自按照自己的方式给卢格写了信，并且对他进行了鼓励。卢格在给马克思的信中承认，他已经被“新的阿纳卡西斯和新的哲学家”[②] 给说服了。费尔巴哈在信中把《德国年鉴》的失败与波兰的衰亡进行了比较，他认为，在国民生活普遍腐朽堕落的大泥坑里，少数人的努力是徒劳的。卢格在给马克思的信中也这样写道：“是的，正如天主教的信仰和贵族的自由挽救不了波兰一样，神学的哲学和装腔作势的科学也解救不了我们。我们无法改变和延续我

① 参阅《马克思恩格斯全集》第 47 卷，人民出版社 2004 年版，第 56 页。

② 这里是指巴枯宁和费尔巴哈。阿纳卡西斯（希腊文：Ἀνάχαρσις）是公元前 6 世纪的斯基泰人，被视为前苏格拉底哲学家和古希腊七贤人之一。巴枯宁在致卢格的信中称自己为斯基泰人，而费尔巴哈则多次称自己的哲学为新哲学。

们的过去，我们只能跟过去进行彻底的决裂。《年鉴》已经不复存在了，黑格尔的哲学也只属于过去。我们想在巴黎创办一个刊物，在这个刊物中，我们将可以完全自由地，并且要以毫不容情的真诚态度评判我们自己和整个德国。”他担保会竭力争取解决刊物出版在商务方面的事宜，并请马克思就该杂志的出版计划发表自己的看法。

马克思既是“书信往来”中的第一个发言的人，也同样是最后一个发言的人。他说，很明显，必须为真正思维着的独立的人们寻找一个新的集结地点。虽然对于“从何处来”这个问题没有什么疑问，但是对于“往何处去”这个问题却很模糊。“不仅在各种改革家中普遍出现混乱，而且他们每一个人都不得不承认他对未来应该怎样则没有正确的看法。然而，新思潮的优点又恰恰在于我们不想教条地预期未来，而只是想通过批判旧世界发现新世界。以前，哲学家们把一切谜底都放在自己的书桌里，愚昧的凡俗世界只需张开嘴等着绝对科学这只烤乳鸽掉进来就得了。而现在哲学已经世俗化了，最令人信服的证明就是：哲学意识本身，不但从外部，而且从内部来说都卷入了斗争的漩涡。如果我们的任务不是构想未来并使它适合于任何时候，我们便会更明确地知道，我们现在应该做些什么，我指的就是要对现存的一切进行无情的批判，所谓无情，就是说，这种批判既不怕自己所作的结论，也不怕同现有各种势力发生冲突。”[①] 马克思写道，他不主张竖起任何教条主义的旗帜。相反地，应当尽量帮助教条主义者认清他们自己的原理的意义。在他看来，诸如卡贝、德萨米以及魏特林等人所鼓吹的那种形式的共产主义，只是一种教条主义的抽象观念。他说，目前在德国，正在引起人们极大兴趣的首先是宗教，其次是政治；不管这两个对象怎么样，任何一种制度——例如《伊加利亚旅行记》[②] 中的制度——都不应该跟宗教和政治对抗，而更应该把这二者作为出发点。

---

① 参阅《马克思恩格斯全集》第 47 卷，人民出版社 2004 年版，第 64 页。

②《伊加利亚旅行记》是法国著名空想社会主义者艾蒂安·卡贝（1788—1856）的代表作。1840 年以笔名发表，原名为《威廉·加利斯达尔勋爵在伊加利亚的旅行和奇遇》，书中对旧社会制度进行了大胆的抨击，并描写了他所设想的共产主义制度国家伊加利亚。

马克思驳斥了那些“极端的社会主义者”的见解，这些人认为，研究政治问题太有损于一个人的尊严。马克思说，从政治国家自身的冲突中，即从国家的理想的使命与现实的先决条件之间的矛盾中，到处都可以引出社会的真理。“所以，什么也阻碍不了我们把政治的批判，把明确的政治立场，因而把实际斗争作为我们的批判的出发点，并把批判和实际斗争看作同一件事情。在这种情况下，我们不是教条地以新原理面向世界：真理在这里，下跪吧！我们是从世界的原理中为世界阐发新原理。我们并不向世界说：停止你那些斗争吧，它们都是愚蠢之举；我们要向你喊出真正的斗争口号。我们只向世界指明它究竟为什么而斗争；而意识则是世界必须具备的东西，不管世界愿意与否。”[①] 于是，马克思把新杂志的纲领归纳为一句话：对于当代的斗争和愿望做出当代的自我阐明（批判的哲学）。

但是，达到这种“认识”的只是马克思，而不是卢格。从“书信往来”中就已经可以看出，马克思是领导者，卢格只不过是被领导者。更何况卢格来到巴黎以后就病倒了，所以他只能够少量地参加杂志的编辑工作。这一点使得他无法发挥他的最卓越的编辑才能。而在他看来，马克思在编辑工作方面显得有些“过于拘泥小节”。卢格没能给予这个杂志以他认为的最适当的形式和立场，他甚至也没能在这个杂志上发表一篇自己的文章。尽管如此，当创刊号出版时，他并没有对它采取完全否定的态度。他发现，“这里面有不少使人惊奇的东西，这必定会在德国引起很大的轰动”；虽然他又责备说，这里面也有“一些粗制滥造的东西完全是胡扯”，如果由他来处理，他一定会加以修改，不过这个杂志是在如此匆忙之中赶出来的，虽然没有达到理想的境地，但尚且说得过去。倘若不是由于外来的种种障碍使计划落空的话，这个杂志或许可以继续出版下去。

首先是财源枯竭，“文学社”[②] 的资金很快就用完了，弗勒贝尔已经宣布，出版计划无法继续实施。然后是普鲁士政府的干预，一得到《德法年鉴》出版的消息普鲁士政府就立刻行动起来，对该杂志展开了全面讨伐。

① 参阅《马克思恩格斯全集》第 47 卷，人民出版社 2004 年版，第 66 页。

② 文学社全称为苏黎世/温特图尔文学商行，是德国流亡者尤利乌斯·弗勒贝尔（1805—1893）于 1840 年在苏黎世建立的一个出版社，出版了许多在德国违禁的民主派作品。

普鲁士政府的这次讨伐行动甚至没有得到梅特涅的赞同，更不用说得到基佐的赞同了。于是，普鲁士政府只好在1844年4月18日用通令通告各省总督，说《年鉴》已经构成企图叛国谋反罪以及对君王亵渎罪的犯罪行为事实；同时，普鲁士政府还命令各省总督，要他们在不引人注意的情况下指示警察机关，只要卢格、马克思、海涅和贝尔奈斯一踏上普鲁士的土地，就立即不事声张地逮捕他们，并且没收他们的证件。本来这一道通令也还没有造成相当大的威胁，因为刽子手在把一个人抓到之前是没有办法把这个人绞死的。但是，用心险恶的普鲁士国王却对他们构成了危险，他如临大敌一般惶恐不安地派重兵严守在各个边界上。他们在莱茵河上的一艘汽船里搜查出了一百册《年鉴》，在位于法国和法耳次边界上的贝格察贝恩截获的《年鉴》远远超过了二百册；对于《德法年鉴》来说，这是显而易见的沉重的打击，因为可以估计到，这个杂志的发行量本来就相当小。

一旦内部产生摩擦，那么通常便很容易由于外在的困难而加剧摩擦，甚至使摩擦尖锐化。按照卢格的说法，外在的困难加速甚至招致了他和马克思的分裂。就这点而言，这番话可能多少具有一些真实性，因为在钱的事情上，马克思一向采取完全漠不关心的态度，而卢格却恰恰相反，他就像是一个小商贩，对钱斤斤计较，而且猜疑心极重。对于马克思要求的薪金，他居然毫不顾忌地主张依照实物酬工制的模式来支付马克思的薪金，即用“年鉴”杂志充当薪金，薪金的多少则折合成册数来计算。而且，仅仅为了一个所谓的别人提出的过分要求——以他的财产做赌注，继续出版杂志——他便大为光火，因为他认为，他对于出版业的一切事物完全缺乏了解，如果继续担负起杂志的出版工作，那将是拿他的财产来冒险。这种过分的要求马克思曾经在类似的情况下向自己本人提出过，但他是否向卢格提出过这种苛求，那就很难说清楚了。或许，他曾经向卢格提出过劝告，劝他不要因为计划才刚刚经历第一次失败就灰心丧气地马上放下武器；但是，很可能卢格本来就已经在为无理要求“发怒了”，因为曾经有人请求他破费几个法郎，来帮助出版魏特林的著作，于是他可能怀疑马克思的劝告是企图向他的钱袋子发动一场危险的突然袭击。

此外，卢格本人也表明过造成分裂的真实原因，据他说，直接的诱因是有关海尔维格的一场争论，他当时的态度“也许的确是过分激烈”了，他称海尔维格是一个“无赖”；而马克思却强调说，海尔维格有着“远大的前途”。事实证明，卢格在这一点上是正确的；海尔维格并没有“远大的前途”[①]，而且，他当时在巴黎的生活方式实际上也是颇有争议的。

甚至连海涅也曾经十分严厉地谴责过他；卢格承认，马克思自己也并不喜欢海尔维格的这种生活方式。然而，“尖刻”又“暴躁”的马克思由于豁达大度而犯的错误却仍然比“正直”而“高尚”的卢格所引以自豪的那种天生的令人望而生畏要强出许多。因为，马克思所看重的是革命诗人，而卢格所看重的只不过是小市民的无可指摘的道德。

这就是导致他们两个人从此永远分道扬镳的一个微不足道的事件的更深层次的关联。对于马克思来说，同卢格的关系破裂，不像后来同布鲁诺·鲍威尔或者同蒲鲁东破裂那样具有实质性的意义。作为一个革命者，马克思对卢格的所作所为感到愤怒大概由来已久，直到由于有关海尔维格的争端——如果事情的发生真像卢格所描绘的那样——使他终于忍无可忍、大动肝火。

如果想要了解卢格的最好的一面，那么就应该去读一读他在二十年以后出版的《回忆录》。这四卷《回忆录》一直写到《德国年鉴》停刊时为止，那时候卢格的生活已经被中小学教师和大学生中的文学前卫奉为效仿的榜样，而这些人正是那些靠讨价还价的小买卖和赚大钱的幻想过活的资产阶级的代言人。《回忆录》中包含有大量的卢格童年时代家乡优美的风俗画，他是在吕根和西波美拉尼亚的平原地区长大的。《回忆录》中对于朝气蓬勃的大学生协会时期以及臭名昭著的查究追捕“煽动者”的追述给人留下了一幅生动的画面，这种生动的文笔是德国文学史上绝无仅有的。不走运的是，当卢格的《回忆录》出版的时候，德国的资

① 海尔维格并没有“远大的前途”这一说法基于梅林的一种信念，即认为海尔维格在他的整个一生中都没有能够再超越他在 1841 年夏天出版的《一个生者的诗》的第一卷，然而这种观点势必有一定的局限性，即使在马克思谈到海尔维格的“远大的前途”的 1844 年以后，海尔维格仍然创作了大量优秀的政治诗作。这使他在德国文学史上的诗歌领域，尤其是政治抒情诗领域占据了重要的地位。所以，海尔维格是绝对有前途的，而且可以称为有远大的前途。——德文原书出版者注

产阶级已经告别了做小买卖赚大钱的幻想，开始实实在在地做起大生意来；因此，卢格的《回忆录》几乎一直无人问津；而另外一部无论是从历史方面还是从文学方面来说都远为逊色的同类著作——罗伊特的《狱中生活》[①]——却激起了真正的暴风雨般的喝彩。卢格当时是大学生协会的名副其实的会员，而罗伊特只过是一个偶然混进去逢场作戏的人物罢了。但是这时候的资产阶级已经在向普鲁士的刺刀暗送秋波，因此，他们更加喜欢罗伊特用来讥讽官方查究追捕“煽动者”这种卑鄙无耻的嘲弄法律的行为的“金色幽默”，而不怎么喜欢卢格的“粗鲁的幽默”，按照弗莱里格拉特的一种颇为恰当的说法就是，卢格以此精彩地描述了为什么那帮恶棍没有能够制服他，以及囚室怎样给了他自由。

不过，正是卢格的这种生动的描述让人感觉到，三月革命[②]以前的时期，自由主义尽管慷慨激昂，却仍然只不过是纯粹的市侩作风，而它的代言人归根结底也只可能永远是一些庸夫俗子，在这些人当中，卢格还算是最富有激情的一员，并且在他的思想所能达到的限度以内，他也曾经足够勇敢地进行过斗争。但是当他在巴黎面临着现代生活的巨大矛盾时，这种激情也同样急速地使他后退了。

如果说卢格容忍社会主义是因为他把社会主义当成侈谈哲理的慈善家们的一种无意义的消遣，那么巴黎手工业者的共产主义却引起了他的那种小市民的惊恐不安，甚至不是因为担心他的皮肉吃苦，而仅仅是因为担心他自己的钱袋。实际上，卢格在《德法年鉴》杂志上已经给黑格尔的哲学签发了死亡证书，然而就在1844年的同一年里，他却对黑格尔哲学的一个最离奇的分支——施蒂纳的书[③]——大加赞赏，认为它是能够使人摆脱共产主义的救星；而在卢格看来，共

---

①《狱中生活》是德国作家弗里茨·罗伊特（1810—1874）用低地德语撰写的一部传记性小说。

② 指1848年3月在德国爆发的资产阶级革命。

③ 指马克斯·施蒂纳（1806—1856）于1845年在莱比锡出版的主要著作《唯一者及其所有物》，这本书最初曾经引起过高度关注、并使施蒂纳名噪一时，但在1848年3月的政治斗争以前便很快被忘却。此书中译本见金海民译《唯一者及其所有物》，商务印书馆，1997出版。马克思和恩格斯曾就这本书对施蒂纳进行过彻底的批判，参阅《马克思恩格斯全集》第3卷，人民出版社1960年版，第116—521页；卡·马克思和弗·恩格斯:《德意志意识形态——对费尔巴哈、布·鲍威尔和施蒂纳所代表的现代德国哲学以及各式各样先知所代表的德国社会主义的批判》。

产主义是所有愚蠢的行为之中的最大的愚蠢，是傻瓜们所宣扬的新基督教，它的实现意味着人类将开始一种龌龊的羊圈生活。

从此马克思与卢格一刀两断，彻底地跟他决裂了。

2. 哲学的远景

由此来看，《德法年鉴》从一诞生就是一个死胎。既然它的出版人已经不可能再长期携手并进，那么他们什么时候分手和怎样分手也就显得无关紧要了。出版人之间的决裂及早发生，甚至比晚一些时候发生还要更好一些。因为这样，马克思就足可以沿着“为自己弄清问题”的道路向前迈进一大步了。

马克思曾经在《德法年鉴》上发表过两篇文章，一篇是为《黑格尔法哲学批判》所写的“导言”[①]，另一篇则是针对布鲁诺·鲍威尔论犹太人问题的两本书所写的评论[②]。虽然这两篇文章涉及的题材属于两个完全不同的领域，但它们在思想内容方面却是紧密关联的。马克思后来把他的《黑格尔法哲学批判》用如下几句话进行了概括：理解历史发展过程的钥匙不应该到黑格尔所大肆赞扬的国家中去寻求，而是应该到被他所蔑视的社会中去寻找。关于这一点，马克思在他的第二篇文章中甚至比在第一篇文章中论述得更加深入和详尽。

从另一个角度来看，这两篇文章的相互关系就如同是手段和目的之间的关系。第一篇文章从哲学方面概述了无产阶级的阶级斗争，第二篇则是从哲学方面概述了社会主义社会。无论是第一篇文章还是第二篇，它们都不是不假思索地一蹴而就，而是两篇文章都展示了作者的思想发展有着严密的逻辑连贯性。第一篇文章直接以费尔巴哈作为切入点，认为从总体上看，费尔巴哈完成了对宗教的批

① 《〈黑格尔法哲学批判〉导言》，卡·马克思最早写于1843年10月中—12月中。1844年发表于《德法年鉴》。载于《马克思恩格斯全集》第3卷，人民出版社2002年版，第199—214页。

② 指马克思的《论犹太人问题》，这篇文章写于1843年10月中—12月中，发表在1844年2月的《德法年鉴》上，是针对鲍尔的《犹太人问题》和《现代犹太人和基督徒获得最自由的能力》两本书所撰写的评论。参阅《马克思恩格斯全集》第3卷，人民出版社2002年版，第163—198页。

判，而对宗教的批判则是其他一切批判的前提。费尔巴哈指出，是人创造了宗教，而不是宗教创造了人。但是，马克思却沿着这条思路开始了他自己的推理。他这样写道，人并不是抽象的、不是栖息在世界以外的某个地方的有生命之物。人在这里指的是人的世界，就是国家、社会。是国家、社会产生了宗教，产生出了这种完全颠倒了的世界观，因为它们本身就是颠倒了的世界。因此，反对宗教的斗争，也就是间接地反对这个以宗教为精神慰藉的世界的斗争。所以，历史的任务就是：在彼岸世界的真理消失以后，确立此岸世界的真理。于是，对天国的批判就变成对尘世的批判，对宗教的批判就变成对法律的批判，对神学的批判就变成对政治的批判。

不过对于德国来说，这项历史任务只能通过哲学来解决。即便是人们否定了1843年的德国状况，那么按照法国的历法来说，也不会是处在1789年了，更不用说是处于现代的焦点了。如果要对现代的政治社会现实本身进行批判，那么这种批判就会超出德国的现状，或者说，这种批判就会把自己的批判对象置于低于批判对象的实际水平。马克思认为，德国的历史就像是一个笨拙的新兵只会重复旧的操练一样，到现在为止一直认为自己只有一项任务，就是重复陈腐的历史。作为说明这种情况的一个例证，马克思列举了一个“现代的主要问题”，即工业乃至于整个财富界同政治界的关系。

这个问题之所以使德国人发生兴趣，是因为它涉及了具体的保护关税制度、贸易保护制度、国民经济体制。在德国才刚刚开始关注的事物，在法国和英国却是已经行将完结的事物。这些国家在理论上所激烈反对的，而且只是当作忍受枷锁一样依然在忍受的陈旧腐朽的制度，在德国却被当作美好未来的冉冉升起的朝霞而受到欢迎。在法国和英国存在的问题是，政治经济学或者社会对财富的控制；而在德国存在的问题则是国民经济学或者私有财产对国家的控制。在那里，问题的症结正在被解开；而在这里，这个结才刚刚被打紧。

但是，如果说德国人在历史方面跟不上时代，那么他们在哲学方面却是19世纪的同时代人。德国的法哲学和国家哲学批判直接触及了当代急迫解决的那些问题的核心，由于黑格尔，德国的法哲学和国家哲学批判得到了始终如一的重视和发展。马克思在这篇文章中不仅明确地说出了自己对《莱茵报》中并存着的两个派别的看法，而且表明了对费尔巴哈的看法。费尔巴哈认为哲学无用而予以抛弃；马克思却说，如果想从现实的生活萌芽出发，那么就不应该忘记，到目前为止，德国人民现实的生活萌芽一向都只是在他们的头脑中生长繁茂起来的。马克思对那些“棉花骑士和钢铁英雄”说：你们说要消灭哲学，这种说法是完全正确的；但是你们不在现实中实现哲学，就不可能消灭哲学；而他对自己的老朋友鲍威尔及其拥护者们所说的却恰恰相反，他说：你们要把哲学变成现实，这是完全正确的，但是不消灭哲学本身，你们就不可能把它变成现实。

对法哲学的批判可以以课题的形式进行，而解决这些课题的方法只有一种，即实践。德国怎样才能够获得一个符合原则性高度的实践机会呢？这里所说的实践，指的就是革命，因为革命不仅可以把德国提高到与现代各国的现有水平持平的高度，而且可以提高到这些国家即将达到的人类可能实现的高度。德国又应该怎样凭借着自己连翻三个跟头的绝技就不仅可以越过自己本身的障碍，同时还可以越过现代各国所面临的障碍呢？在现实中，德国应该把这一点看作把自己从本身的实际障碍中解放出来，所以，应该作为一个奋斗目标努力地去追求。

批判的武器绝对不能够代替武器的批判，物质的力量必须通过物质力量来摧毁；但是理论一经掌握群众，也会变成物质力量。而理论只要变得彻底，它就能够掌握群众。但是彻底的革命仍旧需要被动的因素，需要物质的基础；理论在一个国家的人民当中所能够实现的程度，始终只取决于这个国家的人民对实现理论的需要的程度。光是思想竭力体现为现实是不够的，现实本身也应该力求趋向思想。然而这种情况在德国似乎是不存在的，因为德国社会不同的领域之间彼此的关系不是戏剧式的，而是史诗式的。甚至就连德国中产阶级的道德自信，也只是建立在这样一种自我意识的基础上，即认为自己是其他一切阶级的狭隘庸俗性的总代表。而德国市民社会的每个领域，也是尚未等到庆祝胜利就遭到了失败，尚未来得及表现自己的宽大本质，就表现了自己的狭隘本质，以至于每个阶层在刚要开始同高于自己的阶层进行斗争之前，便卷入了与低于自己的阶层进行的斗争。

然而这并不能证明，德国不可能有彻底的、全人类的革命；而是只能证明，半截子革命、纯政治的革命，以及丝毫不触及大厦支柱的革命，在德国才是不可能存在的。德国缺少实践这种革命的先决条件：一方面，在德国没有一个阶级能够从自己的特殊情况出发致力于社会的普遍解放和解放整个社会，即便是在这样的前提下，即整个社会都处于与这个阶级同样的情况，也就是说比如又有钱又有文化，或者这些都能够随意获取；另一方面，在德国也没有哪一个阶级集中了社会的全部缺点，没有哪一个特殊的社会领域可以被视为整个社会公认的罪恶，以至于从这个领域解放出来就好像是普遍的自我解放。法国贵族和法国教士普遍存在的消极意义，决定了最接近他们，却又和他们截然对立的资产阶级的普遍的积极意义。

马克思认为，半截子革命在德国是不可能的，从这个观点出发，他得出了彻底革命具有“实际的可能性”这一结论。那么德国解放的实际可能性到底存在于何处呢？对于这个问题马克思回答道：“就在于形成一个被戴上彻底的锁链的阶级，一个并非市民社会阶级的市民社会阶级，形成一个表明一切等级解体的等级，形成一个由于自己遭受普遍苦难而具有普遍性质的领域，这个领域不要求享有任何特殊的权利，因为威胁着这个领域的不是特殊的不公正，而是一般的不公正，它不能再求助于历史的权利，而只能求助于人的权利，它不是同德国国家制度的后果处于片面的对立，而是同这种制度的前提处于全面的对立，最后，在于形成一个若不从其他一切社会领域解放出来从而解放其他一切社会领域就不能解放自己的领域，总之，形成这样一个领域，它表明人的完全丧失，并因而只有通过人的完全回复才能回复自己本身。社会解体的这个结果，就是无产阶级这个特殊等级。”[①] 马克思还说道，德国的无产阶级是随着刚刚着手为自己开辟道路的工业的发展而形成的；因为组成无产阶级的不是自发产生的贫民，而是人工制造出来的贫民，不是在社会的重担下机械地压制出来的群众，而是由于社会的急剧解体过程，特别是由于中间等级的解体而产生的群众，不言而喻，自发产生的贫民和基督

① 参阅《马克思恩格斯全集》第3卷，人民出版社2002年版，第213页。

教德意志的农奴等级也在不断地——虽然是逐渐地——充实到无产阶级的队伍中。

正如哲学在无产阶级当中找到了自己的物质武器一样，无产阶级也同样在哲学里找到了自己的精神武器；而一旦思想的闪电彻底击中这块尚未开垦的人民的土地，解放德国人成为人的过程也将随之完成。德国人的解放就是人的解放。哲学不消灭无产阶级，就不能成为现实；无产阶级不把哲学变成现实，就不可能消灭自己。一旦所有的内在条件都得到满足，德国的复活之日就会由高卢雄鸡[①]响亮的啼鸣来宣布。

就形式和内容来说，在被马克思保存下来的青年时代的作品中，这篇文章都是居于前列；任何一个有关他的基本思想的简略概述，都根本无法对马克思所蕴藏的丰富盈溢的思想给予一个哪怕是粗略的概念，更何况他的这些浩瀚深邃的思想都是以一种言简意赅的箴言警句的形式表达出来的。那些认为这篇文章风格滑稽荒诞、内容极端乏味的德国教授，只不过是给他们自己的怪诞和乏味签发了一份不光彩的证明书罢了。可是，就连卢格也认为，这篇文章中的"警句"过于"矫揉造作"；他指责马克思的这种"不拘形式并且过分雕琢"的文风，但是，他在这篇文章里也发现了一个"有时候把辩证法运用得忘乎所以的批判天才"。这个评价并非有失公允，因为年轻的马克思有时会很喜欢听他那锋利而沉重的武器发出的铿锵声。忘乎所以是每一个有才能的青年人的嫁妆。

这篇文章还开启了对未来哲学前景的展望。没有人能够比后来的马克思更为合乎逻辑地证明，任何一个民族，都不可能仅凭借一种在空中连翻三个跟头的绝技，就能翻越其历史发展的各个必不可少的阶段。在这篇文章里，马克思用他那稳健之手，给未来勾画出了一个并非不正确，但仅仅有些朦胧的轮廓。虽然后来事物的发展在个别细节上和他预言的有些不太一样，但是从总体上看，跟他所预言的还是大抵相同。在这一点上，无论是德国资产阶级的历史，还是德国无产阶级的历史，都可以为他做证。

① 高卢是法国古称。"高卢雄鸡"是法国在第一共和国时代用在国旗上的图案，是当时法国人民的革命意识的象征。

3. 论犹太人问题

马克思在《德法年鉴》上发表的第二篇文章，在形式上不如第一篇文章那样引人入胜，但是在批判分析的能力上，却几乎比第一篇还要更胜一筹。在这篇文章里，马克思根据布鲁诺·鲍威尔的两篇论述犹太人问题的文章，探讨人类解放和政治解放这二者之间的差别。

这个问题在当时还没有像现在这样，陷入反犹太派和亲犹太派争论是非曲直的泥坑里。在居民中有这样一个阶层，它作为商业资本和高利贷资本的最突出的代表，其势力变得越来越强大，然而由于它的宗教信仰，却被剥夺了一切公民的权利，除非当权者为了高利贷的运作，同意给予它某些特权。在这方面，那位最著名的“开明专制制度”的代表人物，即那位无忧宫的哲学家[①]，给人做出了一个令人满意的可借鉴的范例：他把“基督教银行家的自由”赋予了那些帮助他伪造钱币和干一些其他暧昧的财政勾当的犹太高利贷者。同时，他容忍犹太哲学家莫泽斯·门德尔松居住在他的领土上，这并不是因为门德尔松是一位哲学家，也不是因为他力图把自己的“民族”引入德国的精神生活，而是因为他在一个享有特权的犹太高利贷者那里担任会计的职务。只要那位高利贷者解除他的职务，门德尔松就会失去法律的保护。

但是，就连资产阶级启蒙运动者——除了个别的例外——对于只由于宗教信仰而排斥整个一个居民阶层的做法也丝毫不感到特别的愤慨。他们厌恶以色列人的信仰，认为犹太教是宗教偏执的典型，它甚至把“诽谤”人类传授给了基督教。犹太人本身对于资产阶级的启蒙运动没有任何兴趣，但是当启蒙运动者批判基督教的教义时，犹太人则个个会窃喜不已，因为基督教本来就是他们自古以来诅咒的对象；然而如果有人对犹太教进行同样的批判，他们便会大呼小叫地谴责他背叛了人类思想。他们要求犹太民族的政治解放，但不是平等意义上的政治解放；他们不愿意放弃自己的特殊地位，而是想方设法巩固这种地位；他们随时准备牺

① 指普鲁士国王弗里德里希二世（1712—1786），别称老弗里茨，为欧洲“开明专制”的代表人物。

牲自由的原则，只要是这些原则违反了犹太人的任何特殊利益。

青年黑格尔派所推行的对宗教的批判，自然也会延伸到犹太教，因为他们把犹太教看成是基督教发展的准备阶段。费尔巴哈曾经对犹太教进行过分析研究，他认为犹太教是利己主义的宗教。他说："犹太人把他们的种种特点一直保持到如今。他们的原则，他们的上帝，是世界上最实际的原则——利己主义，而且是以宗教为形式的利己主义……利己主义使人集中注意于自己……但是又在理论方面使人变得偏狭，因为它使人漠视一切跟他的切身利益无关的东西。"①布鲁诺·鲍威尔对犹太人也有相似的看法。他说，犹太人钻到资产阶级社会的夹缝和缝隙里安营扎寨，去剥削那些不够老练的人，就像伊壁鸠鲁的诸神一样，住在世界的间隙里，摆脱了任何固定的工作。布鲁诺·鲍威尔说，犹太人的宗教就是禽兽为了满足其感官的需要所施展的鬼蜮伎俩；犹太人自古以来都抗拒历史的进步，由于他们仇恨其他一切民族，他们就为自己的民族开创了一种最为冒险、最受限制的民众生活。

费尔巴哈从犹太人的本质出发来解释犹太教的本质，而布鲁诺·鲍威尔则依然透过神学的眼镜来看待这个问题，虽然从另一方面来说，他在研究犹太人问题时所表现的透彻、大胆和深刻也曾经受到过马克思的赞扬。布鲁诺·鲍威尔认为，跟基督教徒一样，犹太人只有放弃自己的宗教才能够获得自由。基督教国家依照自己的宗教本质是不可能解放犹太人的；同样，犹太人的宗教本质也阻碍了他们接受别人的解放。基督教徒和犹太教徒如果想要获得自由，就必须终止他们各自的信仰，不再继续当基督教徒和犹太教徒。但是，由于犹太教作为一种宗教已经落后于作为宗教超越它的基督教，因此，犹太教徒通往自由的道路要比基督教徒更加艰难，也更加漫长。根据鲍威尔的观点，犹太人必须首先加紧额外的训练，学习基督教的经验和黑格尔哲学，这样他们才能够获得自由。

马克思驳斥了这一论点，他认为，仅仅探讨谁应该来解放和谁应该被解放是不够的；批判还必须提出这样的问题，即这里指的是哪一种性质的解放？是政治

① 参阅《费尔巴哈哲学著作选集》下卷，人民出版社1962年版，第146页。

解放还是人类解放？在好些国家里，犹太教徒和基督教徒在政治上已经完全获得了解放，但是这并不等于说，他们也因此便获得了人类解放。确切地说，政治解放和人类解放之间必然存在着一种差异。

马克思说，政治解放的实质，就是建立一个高度发展的现代国家，而这个国家同时也是完备的基督教国家，因为基督教德意志国家即特权国家，还不是完备的国家，它还是神学的、在政治纯粹性方面还发展得不够完善的国家。马克思认为，发展到最高程度的政治国家则既不要求犹太人废除犹太教，也不要求一般人废除宗教；它解放犹太人，而且根据国家的本质来说也必须解放他们。在很多地方，国家宪法已经明确宣布，行使政治权利与宗教信仰无关，可是人们仍然会把一个没有宗教信仰的人看成不是一个正派人。由此可见，宗教的存在同国家的完善并不存在矛盾。犹太教徒的政治解放，基督教徒的政治解放，甚至一切有宗教信仰的人的政治解放，就是国家摆脱犹太教，摆脱基督教，甚至摆脱所有的宗教而获得的解放。当人还没有真正摆脱某种限制的时候，国家就可以摆脱这种限制，这其中所展现的就是政治解放的界限。

马克思进一步发挥了这个思想。他认为，国家作为国家本身就否定了私有财产；正像在北美的许多自由州所发生的情况那样，一旦取消对享有选举权和被选举权者的财产调查，就意味着在政治上宣布废除私有财产。当国家宣布出身、等级、文化程度、职业为非政治的差别的时候，当国家不顾及这些差别而宣告人民的每一个成员都是人民主权的平等参与者的时候，国家就是在按照自己的方式消除出身、等级、文化程度、职业的差别。尽管如此，国家仍然允许私有财产、文化程度、职业按照其固有的方式——任凭它们作为私有财产、文化程度、职业——来发挥作用，以表现它们的特殊的本质。国家不仅根本无意来废除所有这些实际上的差别，相反地，只有在这些差别存在的前提下，国家才能够生存；而且，只有同自己的这些因素处于对立的状态，国家才会感到自己是政治国家，才得以体现出自己的普遍性。完备的政治国家，按照其本质来说，是和人的物质生活相反的人类生活。物质生活这种利己主义生活的一切前提条件，继续存在于国家势力范围以外，存在于市民社会，不过是作为市民社会的特性而存在的。政治国家和它的前提之间的关系，不外乎就是公共利益和同私人利益冲突，无论这些前提是私有财产这样的物质因素，还是像宗教这样的精神因素。这种冲突——其中包括人作为一种特殊宗教的信仰者同他的公民身份之间的冲突，以及同作为整个社会成员的其他人发生的冲突——最终归结为政治国家和市民社会之间的世俗分裂。

市民社会是现代国家的基础，这就如同古代奴隶制度是古代国家的基础一样。现代国家通过宣布一般人权确认了自己的起源，而一般人权也和政治权利一样，是犹太人应当享有的。一般人权承认利己主义的市民个体，承认构成其生活状况的内容和构成现代市民生活的内容所必不可少的各种精神要素和物质要素的无限制的运动。一般人权并不要人摆脱宗教，而是给予人信仰宗教的自由；并不要人摆脱私有财产，而是给予人享有私有财产的自由；并不要人摆脱牟利的肮脏交易，而是给予人牟利的自由。政治革命创建起了市民社会，它摧毁了形形色色的封建制度，摧毁了使人民脱离自己的政治共同体的一切等级、公会、行帮和特权，政治革命创造了政治国家，并把政治国家确定为普遍事物，即作为真实的国家。

马克思把他的思想做了这样的总结归纳："任何解放都是使人的世界和人的关系回归于人自身。政治解放一方面把人归结为市民社会的成员，归结为利己的、独立的个体，另一方面把人归结为公民，归结为法人。只有当现实的个人把抽象的公民复归于自身，并且作为个人，在自己的经验生活、自己的个体劳动、自己的个体关系中间，成为类存在物的时候，只有当人认识到自身'固有的力量'是社会力量，并把这种力量组织起来因而不再把社会力量以政治力量的形式同自身分离的时候，只有到了那个时候，人的解放才能完成。"①

还有一种论断仍有待于进一步检验，即所谓的基督教徒比犹太教徒更易于获得解放。鲍尔曾经试图从犹太教的本质来解释这个论点。而马克思则承接了费尔巴哈的看法，费尔巴哈是用犹太人的特性来解释犹太教，而不是从犹太教引申出

① 参阅《马克思恩格斯全集》第3卷，人民出版社2002年版，第189页。

犹太人的特性。只不过马克思更加超越了费尔巴哈，因为他揭示了反映在犹太教中的特殊的社会因素。犹太教的世俗基础是什么呢？是实际需要，自私自利。犹太人的世俗偶像是什么呢？是做投机生意。他们的世俗的神又是什么呢？是金钱。“那好吧！从做生意和金钱中解放出来—因而从实际的、实在的犹太教中解放出来—就会是现代的自我解放了。如果有一种社会组织消除了做生意的前提，从而消除做生意的可能性，那么这种社会组织也就会使犹太人不可能存在。他的宗教意识就会像淡淡的烟雾一样，在社会这一现实的、生命所需的空气中自行消失。另一方面，如果犹太人承认自己这个实际本质毫无价值，并为消除它而工作，那么他就会从自己以前的发展中解脱出来，直接为人的解放工作，并转而反对人的自我异化的最高实际表现。”① 总之，马克思在犹太教中看到了一种普遍的现代的反社会的因素，而这种因素经由历史的发展——犹太人从坏的方面热心参与了这一发展过程——已经达到了它目前这种不可避免地注定要瓦解的高度。

马克思通过这篇文章所获得的是双重的成果。他说明了社会与国家之间相互关系的基础。国家并不是像黑格尔所说的那样，是道德观念的现实、是绝对理性的东西和绝对的目的本身；相反，它应当满足于一个更加简单的任务，那就是保护市民社会的无政府状态，因为市民社会已经指定国家作为自己的守护者。这个社会普遍存在着人反对人、个体反对个体的斗争，存在着只是由于个性造成了彼此之间的隔绝而引发的种种个人之间相抗的战争，还有普遍存在的、摆脱了封建主义枷锁后变得异常强大的生命力的冲破一切约束的运动，以及事实上存在的奴隶身份，尽管从表面上看个人是自由的、是独立的，因为个人把异化了的生活要素——比如财产、实业、宗教——的无限制的运动当作个人的自由了，其实倒不如说这是在完成对个人的奴役和不人道的行为。

其次，马克思意识到，当前那些有关宗教的日常问题还具有一种社会意义。他指出，犹太教的发展不是表现在宗教的理论方面，而是表现在工业和商业的实践方面，这种实践是犹太教的一种虚幻的反映。实践中的犹太教无非就是完备的

① 参阅《马克思恩格斯全集》第 3 卷，人民出版社 2002 年版，第 192 页。

基督教世界。由于市民社会彻头彻尾地浸透了商业化的犹太人本质，因此犹太人是构成这个社会的必不可少的成员，并且能够要求政治上的解放，同样也能够享有一般的人权。然而人类解放是各种社会力量的一次全新的组织，它将使人成为自己生活来源的主人；在这里，一幅社会主义社会的景象已经展现出了它的朦胧的轮廓。

在“德法年鉴”上，马克思也在耕耘哲学这块土地；不过在他用批判的耕犁开挖出来的垄沟里，唯物主义历史观的萌芽已经生长起来，它们在法兰西文明的阳光照耀下，正在迅速地拔节长高，很快就会扬花抽穗了。

4. 法兰西文明

根据马克思通常的工作方式来判断，很有可能当他还在德国的时候，即在他的幸福的婚姻生活刚刚开始的头几个月里，他就已经为他的两篇文章——《论黑格尔法哲学》和《论犹太人问题》——打好了草稿，至少是拟定好了大纲。既然这两篇文章都涉及了法国大革命，所以，当他获准在巴黎居住后，他便将全副精力投到法国大革命的历史研究中去，在这里他可以进一步地研究有关法国大革命的原始资料，同时有可能对法国大革命之前的史料即法国唯物主义的史料，以及它之后的史料即法国社会主义的史料进行更加深入的研究。

巴黎在当时完全有理由自诩为行进在资产阶级文明的最前列。在1830年的七月革命中，法国资产阶级经过一系列具有世界历史意义的幻想和灾难之后，终于巩固了它在1789年大革命中开始时想要获得的一切。于是，它的那些天才都舒适地伸展开腰板、认为从此便可以高枕无忧了。但是，当旧势力的抵抗还远远没有被粉碎的时候，新的势力又已经在抬头，而英才们的斗争浪潮不停地来回涌动，其程度之猛烈超过了欧洲其他任何地方，至少超过了死气沉沉的德国。

马克思挺起胸膛，投入这个使他得到锻炼的浪潮之中。卢格在1844年5月写给费尔巴哈的信中提到过这件事，因为他没有任何赞美的意思，所以他的说法也就更显得具有证明力。卢格写道，马克思读了很多书，并且非同一般地努力工作，但是一无所成。他的工作随时随地都可以中断，然后一次又一次地沉浸在无边无际的书海里。卢格说，他的脾气也大了，很敏感，容易发怒，特别是由于工作把他累病了的时候，或者是连续三个夜晚甚至四个夜晚都没有上床睡觉的时候。卢格接着写道，他现在又把《黑格尔哲学批判》搁置起来，他想利用在巴黎居住的机会，写一部有关法国国民议会[①]的历史。卢格认为马克思这样做是对的，并且在信上说，马克思已经为自己的这部史书积累了大量的资料，并且表达了一些极其有价值的观点。

马克思没有写成法国国民议会史，然而这一事实不但没能起到驳倒卢格的说法的作用，反而倒使他所提及的内容变得更加可信了。马克思对法国 1789 年革命的历史本质钻研得越为深入，他也就越加容易放弃对黑格尔哲学的批判，放弃把这种批判当作“自己认清”时代要求和时代斗争问题的一种手段。尤其是，仅限于研究法国国民议会的历史，越来越无法使他感到满足，法国国民议会虽然是政治力量、政治权力和政治智商的最高体现，但是事实表明，它在对付社会的无政府状态方面却是软弱无能的。

除了卢格的这一点点零星的记述以外，遗憾的是，没有保存下来任何其他的证据可以让人推断出，马克思在 1844 年的春天和夏天所进行的研究的详细进展情况。但是大体上可以看出，这些研究是怎样形成的。对于法国革命的研究将马克思的注意力引向了“第三等级”[②]的历史文献，这类历史文献出现在波旁王朝复辟时期，并且大都出自一些具有伟大天赋的人才的手笔，他们的目的是把本阶级的历史存在追溯到 11 世纪，并且把中世纪以来的法国历史作为一系列不间断的阶级斗争来进行阐述。马克思感谢这些历史学家使他获得了关于阶级和阶级斗争的历史本质方面的知识，这其中他特别提到了基佐和蒂埃里的名字。同样地，马克思从那些资产阶级经济学家的著作中——他特别提到了他们当中的李嘉图——

① 此处原文为 Konvent，即 Nationalkonvent，指的是 1792—1795 年的法国国民议会。

② 在法国的旧制度中，第三等级（法语：Tiers état）指的是当时法国社会中除了教士阶级、贵族阶级之外的其他公民组成的阶级。第三等级不像前两个等级一般拥有封建特权，并且担负纳税和其他封建义务。“第三等级”一词的来源是从中世纪留传下来的三级会议中的分级制度。

学会了从经济学的角度来对阶级斗争进行剖析。马克思本人始终否认是他揭示了阶级斗争的理论；他宣称自己所做到的仅仅是证明了：阶级的存在仅仅同生产发展的一定历史阶段相联系，阶级斗争必然要导致无产阶级专政，这个专政不过是达到消灭一切阶级和进入无阶级社会的过渡[①]。马克思的阶级和阶级斗争思想系列是在他流亡巴黎时期发展起来的。

在18世纪，“第三等级”在反抗统治阶级的斗争中所使用的最耀眼和最锋利的武器就是唯物主义哲学。马克思在巴黎流亡期间，他曾经勤奋地研究过唯物主义哲学。在唯物主义哲学的两个流派中，马克思不大注重研究由笛卡儿发起的，并最终发展为自然科学的那个流派，而较为重视跟洛克有关联的、汇流于社会科学的那个流派。爱尔维修和霍尔巴赫把唯物主义学说应用到社会生活方面；他们把人的聪明才智的天生平等、把理性进步与工业进步之间的一致、把人的善良天性、把教育的万能，当作自己的学说体系的主要观点。他们同样是照耀着青年马克思在巴黎的研究工作的两颗星星。马克思把他们的学说命名为“真正的人文主义”，他也这样称呼费尔巴哈的哲学；不同的只是，爱尔维修和霍尔巴赫的唯物主义已经成为“共产主义的社会基础”。

还是在为《莱茵报》效力时，马克思就宣布了要立志于共产主义和社会主义的研究，而巴黎完全为马克思的共产主义和社会主义研究提供了最为广泛的机会。在这里，呈现在他眼前的，是丰富多彩的思想和人物构成的一幅几乎令人眼花缭乱的景象。在精神园地里，满园的社会主义萌芽生机勃勃，甚至像《辩论日报》这么一个每年都可以获得一笔可观的政府捐款资助的当权财阀的老牌机关报，也都无法逃避这股潮流，尽管它在副刊上发表的欧仁·休的小说只能算作社会主义恐怖小说。构成与此相对抗的另一极的，是那些产生于无产阶级的天才思想家，比如比埃尔·勒鲁。处在这两极之间的，有圣西门主义信徒的残余；有傅立叶空想社会主义信徒所属的活跃的派别，这一派以孔西得朗为首，并且拥有自己的机关报《和平民主日报》；还有基督教社会主义者，例如天主教神父拉梅内，

① 参阅《马克思恩格斯全集》第28卷，人民出版社1973年版，第509页。

或者过去的烧炭党人比谢；有小资产阶级社会主义者，比如西斯蒙第、比雷、佩克尔、维达尔；尤其是还有大量的文学作品，在常常是最杰出的文学创作中——例如在贝朗热的诗歌和乔治·桑的小说中——既展现了社会主义的光明的一面，也展现了社会主义的阴暗的一面。

但是，所有这些社会主义体系都有一个共同的特点，即它们都把希望寄托在有产阶级的明智和善意上面，认为通过和平的宣传，有产阶级必然会对社会改革或社会变革的必要性深信不疑。如果说这些社会主义体系是由于对大革命感到失望而产生的，那么这些体系的宣扬者就会拒绝再走这条通向失望的政治道路；在他们看来，应该帮助那些受苦受难的群众，因为他们已经没有能力自己救自己了。三十年代的工人起义[①]都遭到了失败，实际上，这些起义的最坚定不移的领导人——像巴尔贝斯和布朗基这些人——既没有一套社会主义理论，也不了解实现社会变革的明确的实践手段。

正因为如此，工人运动才越来越发迅速地发展起来，而海因里希·海涅以诗人的洞察力发现了由此产生的问题，并且用了这样一番话表明了他的看法："共产主义者是法国唯一值得给予高度重视的党派。我会关注圣西门主义的残余分子，圣西门主义的信仰者仍然在稀奇古怪的招牌下继续生存；我也会同样关注傅立叶主义者，他们看上去依然朝气蓬勃、充满活力。但这些值得尊敬的人只是在言语上慷慨激昂，而引起他们思考的社会问题只是作为一个问题、作为一个传统概念罢了。他们并没有受恶魔般的迫切需求的驱动。他们不是命中注定的奴仆、不是最高的世界意志用来实现它的巨大决定的工具。或早或晚，支离破碎的圣西门派家族，以及傅立叶派的整个总部，都将会投入日益壮大的共产主义大军中去，

① 指1831年和1834年的法国里昂丝织工人两次起义，这两次起义和英国宪章运动、德国西里西亚纺织工人起义同属19世纪三四十年代的欧洲三大工人运动。1831年11月21日里昂工人举行抗议示威，转为自发的武装起义，经过三天的战斗，起义很快被七月王朝政府调来的军队所镇压。1834年4月9日里昂再度爆发丝织工人起义，起义群众同政府军在里昂郊区和市内进行六天激战，最终因力量悬殊被政府军所镇压。里昂工人的两次起义推动了法国工人运动的发展，是法国无产阶级作为独立的政治力量登上历史舞台的重要标志之一。

为原始的迫切需求找到创造性的语汇，就仿佛去承担教父的使命。”[①] 这一段话是海涅在 1843 年 6 月 15 日写的。这一年还没有翻转过去，就有这么一个人来到了巴黎[②]，他是来完成海涅用富有诗意的语言向圣西门派和傅立叶派提出的使命的，他为“原始的迫切需求”找到了创造性的语汇。

大概还是在德意志的土地上的时候，至少是在他已经能够从哲学的角度来思考问题的时候，马克思就曾经表示过，他反对虚构未来，反对一劳永逸地解决问题，反对树立教条主义的旗帜，反对“极端的”社会主义者认为研究政治问题有失身份的观点。他曾经说过，仅仅是力求把思想推向现实是不够的，现实本身也必须推动思想的发展，而他所提出的这个条件也已经成为现实。自从 1839 年的最后一次工人起义[③] 被镇压下去以后，工人运动和社会主义开始在三方面逐步接近。

首先是在社会主义民主党内接近起来。该党派的社会主义理念相当薄弱，因为它是由小资产阶级分子和无产阶级分子组成的。社会主义民主党写在它的旗帜上的口号是：劳动组织和劳动权利，这都是一些小资产阶级的空想，在资本主义社会是不可能实现的。在资本主义社会，劳动必须按照这个社会的生存条件来组织，也就是说，是作为雇佣劳动的形式来组织的，雇佣劳动是以资本为前提，而且只能够随着资本的消灭而消灭的。劳动权利的情况也大致如此：只有在生产工具实行公有制的条件下，也就是说，只有通过消灭资产阶级社会，并用斧头斩断其滋生的根源，劳动的权利才能够得以实现。但是社会主义民主党的领袖们却郑重其事地拒绝铲除这种制度，比如路易·勃朗、勒德吕—罗兰、费迪南·弗洛孔。他们既不愿意做共产主义者，也不愿意做社会主义者。

---

① 这段论述出自海涅 1843 年 7 月 19 日发表在《优雅世界杂志》上的一篇文章，1854 年这篇文章作为补遗，以《共产主义、哲学和僧侣》为题，被附入海涅的文集《鲁特西亚。关于政治，艺术和民间生活的报道》的第 2 卷。——德文原书出版者注

② 1843 年 10 月马克思为与卢格合办《德法年鉴》而移居巴黎。

③ 指由路易·奥古斯特·布朗基（1805—1881）和法国秘密革命团体四季社成员于 1839 年 5 月在巴黎发动的武装起义，但由于严重脱离群众，起义很快被反动当局镇压，四季社也随之瓦解。布朗基被判处死刑，后改为终身监禁。

然而，尽管这个党派的社会目标完全是乌托邦式的幻想，但是它毕竟为了实现这些目标走上了政治斗争的道路，这不能不说是一个重大的进步。它宣布说，没有政治改革，任何社会改革都是不可能的；夺取政权是劳苦大众能够解救自己的唯一的手段。它要求参加普选的权利，这个要求在无产阶级内部引起强烈的反响，因为无产阶级对于搞突然袭击和策划谋反已经感到厌倦，正在寻求进行阶级斗争的更加有效的武器。

还有更大的一批群众则是集聚在工人共产主义的旗帜之下，展开这面大旗的是卡贝·艾蒂安。卡贝最初是一个雅各宾党人，但是通过文学的途径，特别是在阅读了托马斯·莫尔的《乌托邦》之后，他转而信仰了共产主义。他公开地宣布拥护共产主义，而社会主义民主党人则公开地抵制共产主义，不过有一点他与社会主义民主党的意见倒是一致的，就是承认政治民主是一个必不可少的过渡阶段。因此，卡贝所撰写的试图描绘未来社会的《伊加利亚旅行记》得到了广泛的普及，它所受欢迎的程度远远超过了傅立叶对于未来的天才幻想，虽然卡贝的这部书在布局方面有些狭窄，因而还比不上傅立叶的著作。

最后，是从无产阶级内部发出洪亮的声音，这声音明确地宣布：无产阶级已经开始走向成年了。马克思尚在《莱茵报》的时候就知道勒鲁和蒲鲁东，他们两个人是排字工人，都属于工人阶级。马克思那时候曾经许下过承诺，要对他们的著作进行全面彻底的研究。他之所以对他们的著作感兴趣，更多的是因为勒鲁和蒲鲁东都极力想把自己的理论同德国哲学联系起来，当然，他们两个人在这样做的时候存在着很大的误解。马克思亲自证实说，他多次和蒲鲁东进行过长时间的交谈，而且常常是通宵彻夜的长谈，他力图通过这样的谈话给蒲鲁东解释清楚黑格尔哲学。他们曾经走到一起过，但不久又分开了。在蒲鲁东去世后，马克思心悦诚服地承认，蒲鲁东第一次露面就具有一种巨大的推动作用，而毋庸置疑的是，他本人也愿意接受这种推动。马克思把蒲鲁东的第一部著作[①]看成是现代无产阶

① 这里指的是比埃尔—约瑟夫·蒲鲁东（1809—1865）的著作《什么是财产？或关于法和权力的原理的研究》。这部著作的第一版于1840年在巴黎问世。

级的第一篇科学宣言，这部著作抛弃了一切空想，把私有财产视为一切社会罪恶的根源，并对它进行了彻底无情的批判。

所有这些派别都有助于为工人运动与社会主义的相互结合铺平道路，但是由于这些派别之间原本就相互存在着矛盾，因此每一个派别刚刚开始走了几步，就又陷入新的矛盾之中。对于马克思来说，当时的首要任务就是在研究了社会主义之后继而开始对无产阶级进行研究。1844 年 7 月，卢格写信给他们在德国的一个共同的朋友，他在信中说："马克思把全副精力都投到了对德国本土的共产主义的研究——当然，他的心情是愉快的，因为他绝对不会认为伤心的举动在政治上有什么重要意义。那些工匠，现在再加上一些在这里被俘虏过去的工匠，完全能够对德国造成伤害，不过对于这样一个局部的伤口，无须过多的医治，德国也能够承受住。"卢格应该很快就会弄明白，为什么马克思会如此认真地对待那少数几个工匠的壮举了。

5.《前进报》和被驱逐

关于马克思本人在巴黎流亡时期的私人生活，我手头上没有太多的资料。在这期间，马克思的妻子给他生了第一个女儿，然后把她带回家乡，为的是让亲戚们认识一下这个孩子。

马克思同科隆的朋友们继续保持着旧日的交往；他们寄给马克思一笔一千塔勒的捐款，这笔捐款为马克思在这一年当中能够取得累累硕果做出了重要的贡献。

马克思同海因里希·海涅一直保持着密切的来往，1844 年这位诗人在他的创作生涯中达到了一个高峰，而这多少也有马克思的一份功劳。海涅的《冬天的童话》《织工之歌》① 以及那些讽刺德国专制君主的不朽的诗篇，都是在马克思的帮助下起的名字。马克思和这位诗人的交往总共才只有几个月，但是始终忠实于他，甚至当那些庸人对海涅发出的咒骂声比对海尔维格的咒骂还要恶毒的时候，

---

①《冬天的童话》全名为《德国，一个冬天的童话》;《织工之歌》又称《西里西亚织工之歌》。

马克思也不为所动。海涅在病榻上曾经违背事实地搬出马克思来证明自己从基佐内阁领取的年俸无可指责[①]，马克思得知此事后大度地保持了沉默。当马克思还是一个半大男孩的时候，他就十分向往诗人的桂冠，虽然未果，但他始终保持着对诗人这个行当的强烈好感和对待他们的一些小毛病的极大宽容。马克思大概是认为，诗人都是一些脾气古怪的人，人们应该容许他们走他们自己的路，绝对不可以用寻常人的尺度，或者甚至用非同寻常的人的尺度来衡量他们；他们喜欢受到别人的恭维，要想让他们用诗歌吟唱，就必须恭维他们，而不应该用尖刻的批评来对待他们。

此外，马克思不仅仅把海涅看成是一位诗人，也把他看作一名战士。在那个时代，白尔尼和海涅之间的争论已经发展成为一种检验各类人物的试金石，而在这场争论中，马克思则坚定不移地站在海涅一边。在马克思看来，当海涅论白尔尼的著作[②]出版的消息被那帮基督教德意志的蠢驴得知的时候，他们那种愚蠢的处理方式，在德国文学史上任何一个时期都是前所未见的，虽然德国的各个时期都不乏这种蠢材。马克思从来都没有被所谓的海涅叛国的叫嚣迷惑过，更没有因此而动摇过对海涅的看法，甚至连恩格斯和拉萨尔都曾经受到过这种叫嚣的诱惑，当然，他们两个人那时候还非常年轻。海涅有一次在给马克思的信中这样写道："我们之间只需要很少的符号就能够互相了解。"他在信中还请求马克思原谅他的"字迹潦草、杂乱无章"，然而这句话里面潜藏的意思，有着比字面上更为深刻的含意。

当马克思还坐在中学的课椅上读书的时候，海涅在1834年就已经发现，我们的古典文学中的"爱好自由的精神"在"学者、诗人和文学家当中很少体现出来"，甚至比在"广大积极的群众、手工业者和工商业者当中的体现还要少许多"。

---

① 1854年海涅在他的《回顾与说明》中声称，马克思在1848年去看望他时，曾就奥格斯堡《总汇报》攻击他领取法兰西政府提供给他的养老金一事而向他表达了自己的不满，马克思在这次探访中还表示坚信他领取这笔钱是为了能够更有效地资助那些比较贫困的党内同志，等等。1855年马克思读到《回顾与说明》一文，之后他在1855年1月17日写信给恩格斯说，海涅的讲述是编造了一个谎言。然而马克思却放弃了对此事进行公开澄清。——德文原书出版者注

② 指《海因里希·海涅评路德维希·白尔尼》一书，1840年，汉堡。

十年之后，当马克思在巴黎生活期间，海涅又发现，“无产者在反对现存制度的斗争中”拥有“最先进的思想家和最伟大的哲学家作为自己的领袖”。我们完全明白这一评说的随意性和可靠性，只要人们认真地考虑一下，海涅在这期间曾经是怎样辛辣地嘲笑流亡者秘密集会上那些无休无止的政治空谈的，一切就清楚了。而白尔尼在这些秘密集会上所扮演的角色一向是伟大的仇恨暴君者。海涅看得出来，无论是白尔尼还是马克思，他们同“少数几个工匠”的来往是完全不同的两码事。

海涅和马克思结合在一起的，是德国的哲学精神和法国的社会主义精神，是对基督教德意志的游手好闲的懒汉习性和虚伪的条顿精神的深恶痛绝，这种条顿精神用激进的口号把古老德国的笨拙的外衣改制成为比较时髦的样式。在海涅的讽刺诗中名留后世的马斯曼和费内代之流，只不过是步履沉重地在步白尔尼的后尘而已，虽然白尔尼在思想和才智方面都高居于他们之上。白尔尼有一句很有名的话是这样说的：歌德是一个押韵的奴仆，黑格尔是一个不押韵的奴仆。根据这句话可以判断出，白尔尼对艺术和哲学一窍不通。但是，白尔尼在同德国历史的伟大传统断绝关系以后，也并没有同西欧文化的新生力量建立起志趣相合的密切关系。海涅同他恰恰相反，海涅不能够没有歌德和黑格尔，因为抛弃歌德和黑格尔就等于抛弃了他自己。而且，他还怀着热烈的渴望投入了法国的社会主义运动，把它作为精神生活的一种新的源泉。他的作品延绵不断地保持着顽强的生命力，至今仍然在激起子孙后辈的愤怒，就如同它们曾经激起过祖父那一代人的愤怒一样。而白尔尼的作品却已经被人们遗忘，这与其说是应该归因于作品风格的“短频快的步调”，倒不如说应该归因于它们的内容。

当初，白尔尼和海涅这两个人曾经比肩而立，然而还在那个时候，白尔尼就暗中散布过中伤海涅的流言蜚语。马克思偶然发现了白尔尼对海涅的诽谤，他说他从来也没有想到过，白尔尼居然会这样无聊、肤浅和狭隘。而白尔尼的那些文学继承人的做法也真是够不明智的，他们居然愚蠢地将遗稿中的这些流言蜚语也一同给公开发表了。假如马克思按照他原来的意图写一篇评论谈谈他对这场争论所持的看法，那么他大概仍然不会怀疑搬弄是非者的无可争辩的诚实品格。在社会生活中，没有比那些思想狭隘、死扣条文的极端主义分子更为阴险虚伪的人了，这些人披着破旧得露线的道德外衣，肆无忌惮地诋毁那些思想更加高尚、更具有自由精神的人物的质疑，仅仅是因为他们善于认清历史生活的更深层次的联系。马克思始终是站在后一种人这边的，从不站在前者一边，尤其是因为，他根据自己亲身的经历深刻了解那些所谓的有道德的人是怎样一类人。

马克思在晚年多次谈起过几个“俄国贵族”，他说他在巴黎流亡期间曾经得到过他们的诚挚关怀，当然，他同时补充说，对于这件事也不能评价太高。他解释说，俄国的贵族大都是在德国的大学里接受的教育，并在巴黎度过他们的青春时光。他们总是如饥似渴地追求西方所能提供的最极端的东西；但是这阻碍不了这些俄国人只要一进入公职队伍就会变成坏蛋。马克思在说这句话的时候，脑子里似乎想起了某个托尔斯泰伯爵，即俄国政府的一个密探，或者是指其他什么人；但他绝对不是也不可能是指那些日子里在思想发展上受到过他巨大影响的那个俄国贵族，也就是米哈伊尔·巴枯宁。即便在这两个男人分道扬镳、两个人的道路越离越远的时候，巴枯宁仍然承认马克思对他的影响；而且在马克思和卢格的争论中，巴枯宁坚定不移地站在马克思的这一边而反对卢格，虽然直到那时为止，卢格一直是巴枯宁的保护者。

这场争论在1844年夏天再一次爆发，而且从这个时候起公开化了。自从1844年元旦开始，《前进报》在巴黎出版，每周两期；《前进报》创办的缘由远不是那么高尚。它的出版人是一个名字叫海因里希·伯恩施泰因的人，他是经营剧院和其他方面的广告业务的。他创办这家报纸是以他的商业利益为的目的，而且是靠作曲家迈尔贝尔慷慨捐赠的丰厚的小费来维持的。从海涅的著作中我们可以得知，这位特别喜欢在巴黎居住的普鲁士王国的音乐总监[①]，是多么热衷于分布极广的广告宣传，而且他又是多么依赖于这种广告宣传。伯恩施泰因是一个精明的生意人，他给《前进报》披上了一件爱国主义的外衣，并且请来阿达尔贝

① 贾科莫·迈尔贝尔（1791—1864）于1842被普鲁士国王弗里德里希·威廉四世（1795—1861）任命为柏林歌剧院音乐总监。

特·冯·博恩施太特负责编辑出版工作。博恩施太特从前是一名普鲁士军官，现在则当了一名国际间谍；他既是梅特涅的“心腹”，同时又从柏林政府那里拿钱。实际上，《德法年鉴》刚一出版，就迎来了《前进报》的一阵痛骂，而且很难说，这通谩骂主要是出于愚蠢还是出于粗俗。

尽管如此，这件事并没有如愿以偿。伯恩施泰因成立了一个剧本翻译社，以便把在巴黎舞台上演的新作品以令人难以置信的快捷速度推销给德国各个剧院的经理；而为了这个翻译社的利益，他必须想方设法排挤“青年德意志”派[①]的那些剧作家。为了在已经变得充满反叛情绪的庸人们当中达到这个目的，伯恩施泰因又不得不胡说一通一些“温和的进步”之类的词句，并且表示他既拒绝左的“极端主义”，又拒绝右的“极端主义”。博恩施太特也必须按照同样的精神来行事，如果他不想吓跑流亡者圈子里的人的话；因为同这些流亡者交往，同时又不引起他们对自己的怀疑，这可是他向政府领取他的罪恶的薪饷的先决条件。然而普鲁士政府已经昏聩至极，居然不理解那些为挽救自己的国家而必须做的事情，它在自己境内把《前进报》给查禁了，接着，德国其他各邦的政府也都纷纷效仿，禁止《前进报》的出版发行。

5月初，博恩施太特放弃了《前进报》的主编工作，因为他认为这个报纸没有希望。但是伯恩施泰因没有放手。他要继续做他的生意，无论如何都得做下去；而且，他以一个善于钻营的投机商人的冷静态度进行了一番思考，觉得如果《前进报》在普鲁士继续遭禁，那么就必然会使这个报纸增加一个违禁出版物的噱头；这样一来会让普鲁士的那些小市民觉得，千方百计地通过秘密途径弄到这份报纸是非常值得的，《前进报》反而会受到欢迎。因此，当贝尔奈斯这个冒失的年轻人给《前进报》投来一篇辞词非常激烈的文章时，伯恩施泰因感到很高兴，而经过一番争执之后，贝尔奈斯终于被聘为报纸的主编，来接替博恩施太特。在这以

① “青年德意志”是在德国1848年三月革命之前、一批具有自由主义思想倾向的激进的资产阶级作家在1830年法国七月革命的启发和鼓舞之下发起的一场文学运动，1835根据当时的德意志邦联议会所颁布法令被定名为“青年德意志”，这一派作家的作品也同时遭禁。

后，又有几个流亡者由于当时缺乏其他的机关刊物而为《前进报》写稿，不过他们是独立的，不属于编辑部，而是文责自负。

在最早的一批独立投稿人当中也有卢格。他也是一开始就以自己的名义同伯恩施泰因展开争论的人，而且甚至好像还得到马克思的完全同意似的，是替马克思发表在《德法年鉴》上的文章进行辩护。接下来的几个月，他又发表了两篇新的文章，一篇是关于普鲁士政策的几则短评，另一篇是诽谤性的文章，很长，是关于普鲁士王朝的，其中谈到了“好酒贪杯的国王”和“瘸腿的王后”，还谈到他们的“纯精神的”婚姻，等等。但是这两篇文章他都没有署上他自己的名字，而是署名为：一个普鲁士人。这就等于把矛头引向了马克思，让人们以为马克思是这些文章的作者，[①] 因为卢格本人是德累斯顿市的市参议员，并且以这个身份被列入了萨克森王国驻巴黎公使馆的人员名单；贝尔奈斯是巴伐利亚的莱茵法耳次人；而伯恩施泰因则是出生在汉堡的汉堡人，后来长期在奥地利居住，他们都从来没有在普鲁士生活过。

卢格在自己的文章上使用了这么一个使人扑朔迷离的署名究竟是心怀什么目的，如今已经无法确定。从他写给朋友和亲属的信中可以看出，那时候他非常愤恨马克思，骂马克思是“卑鄙的家伙”，“不要脸的犹太人”。同样无可辩驳的是，两年以后，他向普鲁士的内务大臣呈递了一份悔过书，并在悔过书中出卖了在巴黎流亡的同志们，他昧着良心把自己在《前进报》上所犯的罪过通通推到这些“无名的年轻人”身上。不过，卢格给自己的文章署名“一个普鲁士人”，也很有可能是为了给这两篇论述普鲁士政策的文章增加一些分量，使文章更加突出。但即便是这样，他的这种做法也是极其轻率的，因此，马克思急忙对这个所谓的“一个普鲁士人”所干的蠢事进行回击，这一点也是完全可以理解的。

当然，马克思是以一种与他相称的方式给予反击的。在他的反击文章中，他

---

① 当时《前进报》的撰稿人当中只有马克思一个人是普鲁士人，因此人们自然会联想到文章的作者是马克思。

以卢格关于普鲁士政策的一些所谓客观的评论为出发点，并且采用脚注的形式对那篇诽谤普鲁士王朝的长篇文章进行了处理，而这些脚注就是他给予的回击：“由于一些特殊原因，我要声明，本文是我送交《前进报》发表的第一篇文章。”[①] 顺便提一下，这其实也是马克思在该报上发表的最后一篇文章。

实际上，卢格的文章所涉及的，是1844年的西里西亚织工起义，[②] 卢格是把这次起义当成一件无关紧要的事件来看待的；他认为这次起义缺乏政治精神，而在他看来，缺少政治精神，社会革命是根本不可能成功的。马克思提出的作为反驳的理由，他基本上已经在他那篇论犹太人问题的文章里申述过了。政治权力不可能治愈任何社会弊病，因为国家没有力量消除滋生这种弊病的自身条件。马克思猛烈地抨击乌托邦主义，他说，社会主义不经过革命是不可能实现的；他也同样激烈地反对布朗基主义，对此他解释说，如果政治理智企图通过一些无济于事的小的暴乱取得进展，那就说明政治理智在欺骗社会本能。马克思用了一个言简意赅的精辟警句解释了革命的本质。他说：“每一次革命都破坏旧社会，就这点来说，它是社会的。每一次革命都推翻旧政权，就这一点来说，它是政治的。”[③] 马克思认为，像卢格所要求的那种具有政治精神的社会革命，是毫无意义的；反之，具有社会精神的政治革命，才是合情合理的；总而言之，一般的革命——推翻现行的政权和废除旧的社会情况——就是一种政治行为，社会主义需要这种政治行为，因为它需要破坏和废除一切旧的事物；不过，它的组织行动在哪里开始，它的目标本身即它的精神，就会在哪里显露出来，而社会主义也就在哪里抛弃它的政治外衣。

这些思想与马克思论犹太人问题的那篇文章有着密不可分的联系，而且是它

---

① 参阅《马克思恩格斯全集》第3卷，人民出版社2002年版，第375页脚注。

② 西里西亚纺织工人起义发生在1844年6月，是普鲁士王国境内的纺织业中心西里西亚的工人阶级早期自发的群众性起义。起义持续三天，但终被镇压。这次起义表明，德国工人阶级已作为一支独立的政治力量登上了历史舞台。它与英国宪章运动、法国里昂工人起义并称为“欧洲三大工人运动”。关于起义详情可见《马克思恩格斯全集》第42卷，人民出版社1979年版，第211—213页；弗·恩格斯：《西里西亚骚乱的详情》。

③ 参阅《马克思恩格斯全集》第3卷，人民出版社2002年版，第395页。

的继续。西里西亚的织工起义很快便证实了马克思关于德国阶级斗争软弱无力的论断。他的朋友荣克从科隆写信告诉他，现在的《科隆日报》比从前的《莱茵报》具有更多的共产主义色彩；《科隆日报》为遇难的或被捕的织工家属举办了募捐；为了同样的目的，在欢送行政专区主席的一次告别宴会上，又向城市的那些高官和富商募集了一百塔勒；各处的资产阶级都对那些危险的造反者表示同情；“几个月以前在你们那里被认为是大胆的全新的提法，现在已经证实，那几乎都是一些司空见惯的空话套话罢了”。各界对织工的普遍同情，为马克思反对卢格对织工起义的低估提供了更加充分的理由。

但是，“资产阶级不大抵制社会倾向和社会思想。”[①] 这一点绝对不会使马克思上当受骗。他已经预见到，一旦工人运动形成一支重要的力量，不但会导致统治阶级内部的种种政治仇视和矛盾得到化解，而且将会把一切政治仇视都引导到自己身上。马克思揭示了资产阶级解放运动和无产阶级解放运动之间的最深层次的区别，证明前者是社会幸福的产物，而后者则是社会贫困的产物。与共同体和国家的政治生活的隔绝，是导致资产阶级革命的原因；与人的生活、与人的真正的共同体的隔绝，则是导致无产阶级革命的原因。既然远离人的生活而孤立比远离政治生活而孤立无可比拟地更加普遍、更加难以忍受、更加可怕、更加矛盾重重，那么消灭这种孤立的状态，哪怕是像西里西亚织工起义这样只发生在局部地区，也包含着非常普遍的意义，就好像是人比公民、人的生活比政治生活更具有深远的意义一样。

由此可见，马克思对西里西亚织工起义的评价与卢格的看法是截然不同的。“首先请回忆一下织工之歌吧！这是勇敢的战斗的号令。这支歌根本没有提到家庭、工厂、地区，相反，无产阶级一下子就决不含糊地、尖锐地、毫不留情地、威风凛凛地大声宣布，它反对私有制社会。西里西亚起义恰恰在开始时就具有了法国和英国的工人起义在结束时才具有的东西，那就是对无产阶级本质的意识。这次起义的行动本身就具有这种优越性质。被毁掉的不仅有机器，即工人的这些

① 参阅《马克思恩格斯全集》第3卷，人民出版社2002年版，第389页。

敌手，而且还有账簿和财产契据；其他一切工人运动首先只是打击工业企业的老板，即明显的敌人，而这次运动同时还打击银行家，即隐蔽的敌人。最后，英国的工人起义没有一次是这样勇敢，这样有创见，这样持久的。”①

结合西里西亚起义，马克思提醒人们注意魏特林的那些天才著作②。马克思认为，不管这些著作在论述的技巧方面多么不如蒲鲁东，但是它们在理论方面甚至往往胜过了他。“有哪一部论述资产阶级解放——政治解放——的著作能和魏特林的《和谐与自由的保证》一书媲美呢？只要把德国的政治论著中那种褊狭卑俗的平庸气同德国工人的这部史无前例的光辉灿烂的处女作比较一下，只要把无产阶级巨大的童鞋同德国资产阶级极小的政治烂鞋比较一下，我们就能够预言德国的灰姑娘将来必然长成一个大力士的体型。”③ 马克思把德国的无产阶级称为欧洲无产阶级的理论家，正如他把英国的无产阶级称作它的国民经济学家、把法国的无产阶称作它的政治家一样。

马克思关于魏特林的著作所说的那一番话，都已经由后世的评价加以证实。魏特林的著作对于它们所处的时代来说是天才的成果，这尤其是因为，这位德国裁缝早在路易·勃朗、卡贝和蒲鲁东之前，而且是比他们更加有效地为工人运动和社会主义之间的融合铺平了道路。在今天看起来有些奇怪的倒是马克思对西里西亚织工起义的历史意义所做的评价，他把一些确实同这次起义毫无关系的倾向加给了这次起义。卢格认为，织工的反抗仅仅是一次单纯的饥民骚乱，没有更为深刻的意义，他对这次起义的评价好像要正确得多。然而，如同他们以前关于海尔维格的争论一样，这一次的争论也同样表明而且更加令人信服地证明：跟一个天才相比，庸人们所有的不对就在于他们是对的。归根结底，一个伟大的心灵永远会战胜渺小的头脑！

遭到卢格的蔑视，然而却被马克思热心研究的“少数几个工匠”组织了一个

① 参阅《马克思恩格斯全集》第3卷，人民出版社2002年版，第390页。

② 这里指的是威廉·魏特林的《现实的人类和理想的人类》，1838年巴黎版；以及《和谐与自由的保证》，1842沃韦版。

③ 参阅《马克思恩格斯全集》第3卷，人民出版社2002年版，第390页。

"正义者同盟"[①]。这个组织是在19世纪30年代以法国的一些秘密团体为榜样发展起来的。1839年这些秘密团体遭到最后一次失败时，"正义者同盟"也被卷了进去。不过这一点对它也有好处，"正义者同盟"被击溃后，它的流散人员不但在旧日的中心巴黎重新集结起来，还把该组织扩展到英国和瑞士，这些地方拥有集会结社的自由，这为它提供了更为广阔的活动空间；结果是，新的嫩枝比老的树干生长得更加强壮。同盟在巴黎的组织由但泽人赫尔曼·埃韦贝克领导，他曾经把卡贝的《乌托邦》一书翻译成德文，同时他本人也成了卡贝的劝善空想主义的俘虏。在瑞士领导宣传鼓动工作的魏特林，在思想上远远胜过埃韦贝克，而同盟的伦敦领袖们也胜他一筹，至少是在革命的决心方面。领导伦敦组织的是钟表匠约瑟夫·莫尔、鞋匠海因里希·鲍威尔和卡尔·沙佩尔，卡尔·沙佩尔过去是学森林学的大学生，后来有时候当排字工人，有时候当语言教师，总之为了生存而艰苦地挣扎着。

关于这三个"真正的男人"给人以"深刻印象"的说法，大概是马克思从恩格斯那里第一次听说的。恩格斯在1844年9月旅行经过巴黎时拜访了马克思，并且同他相处了十天。这次拜访进一步证实了他们在思想上的协调一致完全能够继续下去，而这一点早在他们为《德法年鉴》撰写的文章中就已经显露出来。当时他们的老朋友布鲁诺·鲍威尔在他自己创办的《文学报》上撰文反对他们的观点。马克思和恩格斯正好是在他们在巴黎相聚期间得知了他的批评。他们马上决定对他做出回应，而且恩格斯立即写下了他不得不说的想法。马克思则按照他自己的方式，想对这件事研究得比最初的预想更加深入一些。在接下来的几个月，马克思投入紧张的写作工作中，并且完成了二十个印张。1845年1月，马克思结束了这项工作，同时他也结束了在巴黎的流亡生活。

自从贝尔奈斯接管了《前进报》的编辑工作以后，他雷厉风行地对柏林的那些"基督教日耳曼蠢材"展开了猛烈的攻击，同时也自然避免不了要"冒犯君王"。

① 正义者同盟是侨居在巴黎的德国政治流亡者、工人和手工业者于1836年在巴黎建立的国际性的秘密革命组织，是共产主义者同盟的前身。

特别是海涅，他把一支支燃烧着怒火的利箭接二连三地射向柏林城堡里的“新的马其顿的亚历山大”。于是，正统的王国就向非正统的法国市民王国的警察大棒呈文，要求它对《前进报》采取暴力手段。但是基佐却装聋作哑、充耳不闻；他尽管思想反动，却是一个有教养的人，再者他也知道，如果他充当了普鲁士暴君的暗探的角色，将会使国内的反对派何等地兴高采烈、欢呼雀跃。可是《前进报》发表了一篇“卑鄙的文章”，是关于市长切希行刺弗里德里希·威廉四世的暗杀事件的，这使得基佐的态度发生了动摇，他有一些想顺从普鲁士的意愿。经内阁会议磋商之后，基佐同意对《前进报》采取打击措施，并同时通过两种途径进行：一种途径是以违警罪处罚，即以报社未交保证金为由，追究负责编辑的责任；另一种是走追究刑事责任的途径，以教唆谋杀国王的罪名，把责任编辑交付陪审法庭审讯。

柏林方面同意采取第一个建议，但是在执行的过程中却被证实，这种办法没有产生任何效果、完全是白费力气。虽然贝尔奈斯由于未缴纳法定的保证金而被处以两个月的监禁和三百法郎的罚金，但是《前进报》马上就宣布，从此以后《前进报》将改为月刊出版，而月刊是不需要缴纳保证金的。至于基佐的第二个建议，柏林政府根本就不感兴趣，它大概是担心，巴黎的陪审法庭不会为了普鲁士国王的利益而做违背自己良心的事情，而这种担心不是没有依据的。因此，普鲁士政府继续死死地纠缠，坚持要求基佐把《前进报》的编辑和撰稿人驱逐出巴黎。

经过几次长时间的谈判之后，法国大臣终于被说服了。正如人们当时所料想的以及恩格斯在马克思夫人墓前致悼词时所重提的那样，这件事是通过同普鲁士外交大臣有姻亲关系的亚历山大·冯·洪堡的极不光彩的暗中斡旋促成的。不久以前，有人怀着对洪堡的思念，企图驳回对他的指控，以为他开脱罪责，理由就是，普鲁士政府的档案中没有保留下任何有关这方面的记载。然而这种说辞并不能构成反证，因为第一，有关这件可耻的事件保存下来的文件极不完全；第二，这类事情从来都不可能通过文字记录下来。从档案中弄到的真正的新材料更多的只是证明了，具有决定性的一幕是在幕后秘密进行的。

让柏林方面感到最为恼怒的是海涅，海涅在《前进报！》上发表了十一篇极其尖刻的讽刺诗，把矛头指向了普鲁士的经济，特别是也指向了普鲁士国王。不过另一方面，也就是对于基佐来说，海涅是这件棘手的事件中最为棘手的事情。海涅冠有欧洲著名诗人的名号，并且几乎被法国人看成是本国的一位民族诗人。海涅的问题确实让基佐感到顾虑重重、左右为难，因为他不能够亲自出面去谈这件事情，一定是有某个传话的鸟儿到普鲁士驻巴黎公使的耳边叽叽喳喳说了些什么，因为在 10 月 4 日普鲁士驻巴黎公使十分突然地向柏林报告说，海涅只在《前进报》上刊登过两首诗作，至于海涅是否是《前进报》编辑部的成员，还存在着疑问，因此不能下定论。于是柏林方面也就明白了其中的意思，没有对此再做进一步追究。

海涅没有受到骚扰，但是将近一大批其他的德国流亡者——或者为《前进报》写过稿件，或者受到了怀疑——都在 1845 年 1 月 11 日接到了要求他们离开法国的驱逐令；在这些人当中，有马克思、卢格、巴枯宁、伯恩施泰因和贝尔奈斯。他们中间有一部分人躲了过去：比如伯恩施泰因，他保证放弃《前进报》的出版工作；还有卢格，他为向萨克森公使和一些法国议员求助而到处奔走，不惜跑坏了靴子。他向他们证明，自己是一个多么奉公守法的公民。对于他们的所作所为马克思当然不会效仿，于是他迁居到了布鲁塞尔。

马克思在巴黎流亡的日子仅仅持续了一年有余，然而这却是他在修学年代和漂泊年代度过的最有意义的一段时期：在这一年多一点的时间里，他获得了大量的启迪和经验，更为重要的是，他赢得了一位战友，为了完成他毕生的伟大事业，他感到越来越迫切地需要这位战友，并企盼他们共同奋斗的日子将越来越长久。

第四章　弗里德里希·恩格斯

1. 办公室和兵营

弗里德里希·恩格斯于1820年11月28日出生在巴门市[①]。和马克思一样，他的革命观点很少是由父母家庭带给他的。也和马克思一样，促使他走上革命的道路的，不是因为个人的穷困，而是由于极高的智慧。他的父亲是一个殷实的工厂主，他的思想保守，也很正统；在宗教方面，恩格斯比马克思有更多的障碍需要克服。

恩格斯在埃伯菲尔德文理中学一直上到毕业考试前一年，然后他离开了学校，投身于商业。同弗莱里格拉特一样，恩格斯成了一个非常能干的商人，可是他的心却从来都没有放到这"该死的商业"上。人们亲眼见到他首先是在他的书信中，这些信件是一个十八岁的学徒从驻不来梅的领事洛伊波尔德的办公室里写给格雷贝尔兄弟的，格雷贝尔兄弟曾经是他的两个中学同学，这时都是神学系的大学生。在这些信件中很少谈到商业和生意，有一次他这样戏言道："敝人酒醒时谨书于我商行柜台。"[②]他用开玩笑的口吻，回忆起和同学们一起欢聚痛饮的情景。恩格斯在年轻的时候就是一个快乐的酒徒，老年的恩格斯仍然跟他年轻时一样，喜欢和朋友们一起开怀畅饮。在不来梅市政府的地下室酒店里，他既不会像

① 巴门市位于当时的普鲁士莱茵省，1929年与另外四个城镇合并组成今天的伍珀塔尔市（Wuppertal），现属于德国西部的北莱茵－威斯特华伦州。

② 参阅《马克思恩格斯全集》第47卷，人民出版社2004年版，第220页、第221页。

豪夫那样耽于幻想，也不会像海涅那样耽于诗歌吟唱，但是他却很善于以豪放不羁的诙谐语言讲述在这家名声悠久的酒店里举行的“豪饮”。

恩格斯和马克思一样，最初也曾经尝试过写诗，他想当一名诗人。但是也如同马克思一样，他很快便意识到，在诗歌的这座花园里，没有为他生长的月桂树。在注明的日期为 1838 年 9 月 17 日的一封信里——也就是说，这封信是在他满十八岁之前写的——他解释说，通过歌德的“向青年诗人进言”的忠告，他改变了对以诗人为职业的向往。他在这里指的是歌德的两篇短文[①]，在这两篇文章中，这位文学巨匠解释说，德国语言在教育方面已经达到了如此高的程度，它给了每一个人机会，使他们有可能通过诗歌的节奏和韵律非常动听地表达自己的意思，所以对于这一点，任何人都不应该自以为是地认为，这是什么特殊的才能。歌德用谐韵的诗句结束了他的忠告：

青年人，请牢记，
在思想和心灵升华之际
缪斯只能随行陪同，
而不会带领你前行。

年轻的恩格斯觉得歌德的忠告要多棒有多棒；通过这些忠告，他终于明白了，他的蹩脚诗对于艺术不会有任何贡献。因此，他决定把诗歌创作仅仅当作如歌德所说的“惬意的奖赏”保留起来，不过他仍然会时不时地拿出自己的一首诗送到杂志上去发表，因为“别的青年人也都是这样做的，他们即使不比我更蠢，至少也是跟我一样蠢的蠢驴，而我这样做既不会提高也不会降低德国文学的水平。”[②]恩格斯说话时经常喜欢使用那种具有德国大学生风范的无所顾忌的语气，即便是在他的青年时代，这也并不意味着他轻浮。在这同一封信里，他请求自己的两个

① 恩格斯指的是歌德（1749—1832）在 1831 年写的两篇文章，即《向青年诗人进一言》和《再向青年诗人进一言》。

② 参阅《马克思恩格斯全集》第 47 卷，人民出版社 2004 年版，第 95 页。

朋友，从科隆给他买几本民间读物来，包括《齐格弗里特》《欧伦施皮格尔》《海伦娜》《屋大维》《席尔达市民的故事》《海蒙的孩子们》《浮士德博士》。他表明，他正在研究雅各布·伯麦[①]。“这是一个沉郁而又深邃的人。要想对他有所了解，非得下一番功夫研读绝大部分著作不可”。[②]

正是这种寻根究底的欲望，使年轻的恩格斯不久就失去了对“青年德意志”派的肤浅文学的兴趣。没过多久，他在1839年1月10日[③]又写了一封信，他在信中对那些“花花公子”进行了严厉的指责，这主要是因为他认为，他们的作品都是虚构的，他们写的东西在世界上根本就不存在。“泰奥多尔·蒙特这个人在提到那个‘想把舞蹈跳得同歌德齐名’的塔利奥尼小姐时，是想到什么就胡乱涂几笔，他剽窃歌德、海涅、拉埃尔和施蒂格利茨的漂亮词句来装饰自己，写些有关蓓蒂娜的极为可笑的废话，这一切在他的笔下竟如此时髦，如此时髦，以致任何一个无知的傻瓜，或者任何一个年轻、虚荣、放荡的女士肯定都喜欢看。……还是亨利希·劳伯！这家伙一个劲儿地胡乱塑造一些虚幻的人物，写了一些不是游记的游记，废话连篇。真是可怕！”[④]年轻的恩格斯认为，文学中的“新精神”起源于“七月革命的一声春雷”，而七月革命则是“解放战争时期以来人民意志的最壮观的表现”。被恩格斯视为这种精神的代表人物的，有倍克、格林、莱瑙、伊默曼、普拉滕、白尔尼和海涅，还有古茨科。以恩格斯的准确的判断，他确信古茨科的地位高于“青年德意志”派的其他著名人士。从1839年5月1日的一封信中可以看到，恩格斯曾经给这位“非常了不起且绝对值得尊敬的家伙”所出版的《电讯》杂志写过一篇文章，但是他要求出版人对他的作者身份严守秘密，因为否则的话，他将会陷入“难以忍受的窘境”。

---

① 雅各布·伯麦（1575—1624），德国哲学家、基督教理论家和神秘主义者，最早开始使用几何圆形表达其宇宙观，黑格尔赞许他是“德国的第一位哲学家”。

② 参阅《马克思恩格斯全集》第47卷，人民出版社2004年版，第96—97页。

③ 恩格斯写这封信的日期是1839年1月20日，不是1839年1月10日。梅林把日子搞错了。——德文原书出版者注

④ 参阅《马克思恩格斯全集》第47卷，人民出版社2004年版，第121—122页。

青年恩格斯并没有被“青年德意志”派所发表的有关自由的长篇大论所迷惑，他清醒地看出，他们的作品缺乏美学价值。但是他绝对不会仅仅因为这种美学价值的缺失而宽恕反动派和正统派对“青年德意志”派的攻击。遇到这种情况，他总会完全站在受迫害者一边，甚至他自己也署名为“青年德意志派成员”。他威吓他的朋友说：“弗里茨，我跟你说，有朝一日你当牧师时，可以想怎么正统就怎么正统，但是如果你变成一个虔诚主义者，斥责青年德意志……那么，说真的，我可对你不客气。”①他对白尔尼怀有明显的好感，也是由于这种感情所致。年轻的恩格斯认为，白尔尼攻击告密者门策尔的那部著作，以其文体风格而论，可以被称为德国的第一优秀作品。同时，也是基于这一点，海涅则有时候不得不忍受恩格斯骂他是“肮脏的家伙”。确实，那些日子里正是反对这位诗人的愤怒情绪高涨的时候，甚至连年轻的拉萨尔也在他的日记里写道：“这个人居然背弃了争取自由的事业！这个人从自己头上扯下了雅各宾派的小帽，而把一顶饰有金银丝带的礼帽戴到了他那尊贵的鬈发上！”

然而，既不是白尔尼，也不是海涅，更不是其他某一个诗人，给年轻的恩格斯指明了他的人生道路，而是他的命运把他铸造成了他应该成为的那种人。恩格斯出生在巴门——这是北德意志虔诚主义的一个堡垒，他成长和生活在不来梅——这是北德意志虔诚主义的另一个堡垒；因此，摆脱虔诚主义的束缚，就成了充满恩格斯光荣一生的争取解放的伟大斗争的开端。当他谈到自己与童年时代的信仰进行较量的时候，在他的字里行间流露出一种他平常所没有的柔情。他写道：“我每天甚至整天都在祈求真理；我只要开始怀疑，我就这样做，但是我不能转向你们的信仰。……我写到这里，禁不住热泪盈眶，心情激动极了，但我觉得我不会毁灭，我会回到一心向往的上帝身边。这是圣灵的又一证明，我为此而生，为此而死，尽管圣经上说过千万遍与此相反的话。”②在经历了这种心灵上的无数次斗争之后，青年恩格斯离开了当时正统派的首领亨斯滕贝格和克鲁马赫尔，中

① 参阅《马克思恩格斯全集》第47卷，人民出版社2004年版，第139页。

② 参阅《马克思恩格斯全集》第47卷，人民出版社2004年版，第192—193页。

途由于一时产生的迷惘，他在施莱尔马赫尔那里逗留过一个星期，最后他走向了大卫·施特劳斯；这时候他向他的学习神学的朋友们承认，对于他来说，已经没有回头的余地了。恩格斯写道，一个真正的理性主义者，或许能够抛开他对于奇迹所做的自然解释，抛开他的浅薄的道德说教，而重新爬进正统派的束缚服约束衣中；但是哲学的思辨却不可能再从它们的"曙光照耀的雪峰"上下来，重新回到正统派的"浓雾弥漫的山谷"中。"我正处于要成为黑格尔主义者的时刻。我能否成为黑格尔主义者，当然还不知道，但施特劳斯帮助我了解了黑格尔的思想，因而这对我来说是完全可信的。何况他的（黑格尔的）历史哲学本来就写出了我的心里话。"①

同教会的决裂，直接导致了政治上的异端邪说。一个牧师在布道时为当时的普鲁士国王、为这个迫害"煽动者"的罪魁祸首大唱颂歌，这让恩格斯这个急性子的人就像冒失鬼珀西②一样大声叫道："只有国君被人民打了耳光而脑袋嗡嗡响时，只有他的宫殿的窗户被革命的石块砸得粉碎时，我才能期待国君做些好事。"③

抱有这样一些观点的恩格斯，已经超出了古茨科出版的《电讯》杂志的水平，完全可以胜任《德国年鉴》和《莱茵报》的部分工作。从 1841 年 10 月至 1842 年 10 月，恩格斯作为一年制志愿兵在柏林的近卫炮兵旅中服兵役。这个炮兵部队驻扎的军营在库普费尔格拉本，距离黑格尔的住所不远，黑格尔曾经长期居住在这里并在这里去世。

在服兵役的一年期间，恩格斯时不时会为《德国年鉴》和《莱茵报》撰写稿件。他最初使用了一个战斗性的笔名，叫作弗里德里希·奥斯瓦尔德，他选择这个笔名是考虑到他那个怀有保守和正统思想倾向的家庭，是为了避免引起他们的不安，何况他当时穿的是"王家制服"，出于这些绝对必要的理由，他必须保留

① 参阅《马克思恩格斯全集》第 47 卷，人民出版社 2004 年版，第 224 页。

② 珀西是英国最杰出的戏剧家威廉·莎士比亚（1564—1616）于 1597 年创作的历史剧《亨利四世》中的人物。

③ 参阅《马克思恩格斯全集》第 47 卷，人民出版社 2004 年版，第 234 页。

这个笔名。1842年12月6日，为了安慰一个被恩格斯在《德国年鉴》上尖锐地批评过的作家，古茨科写信给这位作家如是说："遗憾的是，把弗·奥斯瓦尔德引入了文学界，这个可悲的功劳是我该得的。几年以前，一个名叫恩格斯的店员从不来梅给我寄来了关于乌珀河谷来信的文章。我对文章进行了修改，删掉了过分尖锐的人身攻击部分，并且把文章发表出来。此后他又寄来过一些别的文章，我不得不经常给他修改。然而突然有一天，他不允许我再为他修改稿件了，因为他开始研究起黑格尔来，并且转向了其他的刊物。就在他那篇批评您的文章刊登前不久，我还曾经往柏林给他寄过十五个塔勒。这些新手的情况差不多全都是这样。多亏了我们，他们才学会了思考和写作，而他们所做的第一件事却是精神弑父。当然，如果没有《莱茵报》和卢格的刊物去迎合他们，这种恶行本来是完全不可能发生的。"显然，古茨科的这番话不像老穆尔[①]在饥饿塔里发出的悲叹，倒是像母鸡看见它孵出的小鸭子离开自己向水中游去时发出的咯咯的惊叫声。

正如恩格斯在营业所的办公室里成了一个能干的商人一样，他在军营里也成了一名优秀的士兵。从他服兵役开始，一直到他的生命结束，军事科学始终是他最喜欢钻究的一门学问。有幸的是，与日常的实际生活保持着如此密切和经常的接触，正好弥补了他的哲学意识在思辨的深度方面可能缺少的东西。在一年的志愿兵服役期间，恩格斯时常同柏林的"自由人"一起欢聚痛饮，有时候也为他们写一些小册子，并以这种方式参加他们的斗争。当然，这是在"自由人"运动堕落之前的事情。还是在1842年4月，恩格斯就匿名在莱比锡的一家出版社出版了他的一本五十五页的小册子，题目是《谢林和启示》[②]。在这本小册子里，他批判了"反动派扼杀自由哲学的最新企图"，批评了在柏林大学任教的谢林企图通过他的天启教信仰把黑格尔哲学排挤出哲学领域。卢格曾经以为这本小册子是巴

---

① 老穆尔是德国剧作家席勒（1759—1805）的第一部剧作《强盗》中主人公的父亲马克西米立安·冯·穆尔伯爵的别称。

②《谢林和启示》全名为《谢林和启示——批判反动派扼杀自由哲学的最新企图》。收入《马克思恩格斯全集》第2卷，人民出版社2005年版，第332—394页。

枯宁写的，他说了一句近似恭维的表扬话对这本小册子的出版表示欢迎，他说："这个可爱的年轻人超过了柏林所有那些老蠢驴。"实际上，就恩格斯所做的最极端的结论来看，他这本小册子仍然是代表着青年黑格尔派的哲学，虽然另外一些批评家的看法也并非完全没有道理，他们认为，恩格斯的这本小册子所写的内容，与其说是尖锐的批判，还不如说是充溢着青春活力的哲学诗作。①

差不多就在同一个时期，尚处在布鲁诺·鲍威尔被解职的鲜活印象中的恩格斯，在苏黎世近郊的新明斯特出版了《基督教英雄叙事诗》②，这首同样是匿名发表的讽刺诗由四个章节组成，它讽刺了战胜"恶魔之王"、把其吓得"心惊胆战"的"信仰的胜利"。在这首诗③中，恩格斯充分利用了青年人藐视吹毛求疵的批评的特权；而他用来描写自己以及描写尚未谋面的马克思的这些诗句，或许是对他写这类诗歌的才能的一个检验。

那个靠在最左边迈开两条长腿的正是奥斯瓦尔德
他着灰色上衣胡椒色长裤，内心充满火药味，俨然一个山岳派，
他从根子里就是这个脾气，彻头彻尾，彻里彻外。
他只玩一种乐器，那是断头机，
他只奏一个曲调，那是抒情曲。
他总是哼着地狱之歌，反复吟唱：
"组织起来，拿起武器，公民们！"
…… ……

① 青年时代的弗里德里希·恩格斯在 1842 年还发表过第二本批判谢林的小册子，即《谢林——基督哲学家，或世俗智慧变为上帝智慧。为不懂哲学用语的虔诚的基督徒而作》。对于这册书的出版，梅林当时尚不知晓。这册书在意义上不如《谢林和启示》。——德文原书出版者注

② 这首讽刺诗的完整的题目是：《横遭威逼但又奇迹般地得救的圣经，或信仰的胜利。这是关于原神学博士布鲁诺·鲍威尔的惊心动魄而又真实可信、气势恢宏的故事。他被恶魔所惑，背叛纯真的信仰，成为魔王，终被强令免职。基督教英雄史诗四章》。——德文原书出版者注

③ 参阅《马克思恩格斯全集》第 2 卷，人民出版社 2005 年版，第 473—529 页；《横遭威逼但又奇迹般地得救的圣经，或信仰的胜利》，弗·恩格斯写于 1842 年 6 月—7 月。

是谁跟在他身后，狂风暴雨般疾跑？
是面色黝黑的特里尔之子，一个血气方刚的巨妖。
他不是在走，而是在跳，在急急忙忙向前飞奔，
他怒目圆睁，满腔悲愤。
只见他高振双臂，直指穹苍，
仿佛要把广袤的天幕扯落地上。
他紧握双拳，不知疲倦，
宛若凶神附体，只顾向前。[①]

在一年的兵役期满之后，恩格斯于1842年9月底[②]回到他的父母家中，两个月以后，他又从这里出发，前往曼彻斯特，到那里的欧门－恩格斯大型纺织厂去当一名办事员，他的父亲是这家工厂的合伙人。途经科隆的时候，恩格斯访问了《莱茵报》编辑部，在这里他第一次见到了马克思。但是他们的这次会见相当冷淡，因为这次见面正好发生在马克思同“自由人”决裂的日子里。恩格斯受到鲍威尔兄弟来信的影响，对马克思怀有偏见，而马克思则把恩格斯看成是柏林“自由人”的志同道合者。

2. 英国文化

恩格斯这次在英国住了二十一个月，这段时间对恩格斯的意义，正像在巴黎生活的一年对马克思的意义一样。他们两人都出身于德国哲学学派，并且从这种哲学出发，在国外达到了同样的结论。不过，马克思是通过对法国革命的研究理解了当代的斗争和要求，而恩格斯则是通过对英国工业的研究做到这一点的。

① 参阅《马克思恩格斯全集》第2卷，人民出版社2005年版，第503—504页和第505页。
② 梅林在这里把时间搞错了，恩格斯大约是在1842年10月10日从柏林返回到巴门的。——德文原书出版者注

英国也经历过资产阶级革命，甚至比法国还早一个世纪，然而正因为如此，当时的革命条件远没有发展到像法国这样成熟。英国的资产阶级革命最后是以贵族和资产阶级之间的妥协而告终，它们建立起了一个共同的王国。英国的“中产阶级”不需要像法国的“第三等级”那样，对王权和贵族进行顽强而且漫长的斗争。如果说法国的历史编纂学是在回顾研究法国历史的时候才弄清楚，“第三等级”的斗争实际上就是阶级斗争，那么在英国则可以说阶级斗争的思想已经扎根，而当无产阶级在1832年通过议会改革法案期间、开始同统治阶级展开斗争的时候，阶级斗争的思想又像是雨后春笋一样在新的根基上迅速崛起。

之所以会产生这样的差别，可以从这一事实中得到解释，即英国的大工业基础要比法国深厚得多。英国的大工业在一个几乎显而易见的发展过程中消灭了那些旧的阶级，并且创立了新的阶级。在英国，现代资产阶级社会的内部结构比法国的要清晰得多。通过对英国工业的历史和本质的研究，恩格斯领悟到，至少在现代世界，经济现象是推动历史发展的一种决定性的力量，但是在以往的历史学说中，却无视或者是轻视经济力量所起的作用。他理解到，经济现象构成了现代阶级矛盾产生的基础，而随着工业的发展，阶级矛盾也会充分地发展，阶级矛盾本身又成为政党形成和党派斗争的基础，因而也成为全部政治史的基础。

另外，恩格斯首先把他的注意力放到经济领域，这也跟他的职业有着密切的关系。他给《德法年鉴》撰写稿件就是从“国民经济学批判”开始的，正如马克思是以一篇《法哲学批判》开始的一样。恩格斯的这篇短小的论文尽管是以年轻人的狂热气势写成的，但已经证明了他的判断异常成熟。只有德国的教授才会把这篇文章称为“杂乱无章的小作”，马克思则非常恰如其分地称它是一个“天才大纲”。这的确是一篇大纲，因为恩格斯对亚当·斯密和李嘉图的经济理论的阐述还很不详尽，甚至他的阐述也绝非总是正确的，而他用来逐一反驳这些理论的许多理由，有一部分可能是英国和法国的社会主义者都已经说过的。但是，他所做的这种尝试——推导出资产阶级经济的一切矛盾其产生的真正根源是私有制——却是很有独创性的。在这一点上，恩格斯已经远远地超越了蒲鲁东，因为蒲鲁东只知道在私有制的基础上反对私有财产。恩格斯在这篇文章里谈到了资本主义竞争的灭绝人性的影响，谈到马尔萨斯的人口论，谈到资本主义生产的热度的不断升温，谈到商业危机，谈到工资法，谈到科学的种种进步——而这些进步在私有制的统治下已经从解放人类的手段更多地变成了越来越严酷地奴役工人阶级的手段——等等。恩格斯所谈到的这一切，包含了科学共产主义在经济学方面的多产的根基，而恩格斯实际上是它的第一个发掘者。

恩格斯本人对于自己的功绩的评价则太过于谦虚了。他曾经这样说过，对于他的经济原理做出"最后的明确的表述"的是马克思。还有一次他说："马克思比我们大家都站得高些，看得远些，观察得多些和快些。"[①] 他第三次谈到马克思的时候说道，他所发现的一切，马克思最终自己也都会发现的。实际上在他们的早期，在他们最终必须打一场决战，而且确实打完了这场决战的领域里，恩格斯是给予者，马克思则是接受者。马克思在当时无疑更赋有哲学天赋，特别是他受过更加有系统的思维训练。如果有人想换一种方式来消遣解闷，玩一个同历史研究毫无任何关系的"如果及但是"这类孩子式的猜谜游戏，那么就可能会苦思冥想地设法弄清楚，恩格斯是否也会像马克思一样，用一种比较复杂的法国的形式来解决这两个人已经解决了的问题。不过，恩格斯用比较简单的英国的形式同样成功地解决了问题，而他的这一功绩却被不公正地低估了。当然，如果单方面地从经济学的角度来观察他的"国民经济学批判"，那么其中有些地方有可能会遭到非议。作者认为这一批判之所以如此出色、之所以能够成为认识的重大进步，要归功于黑格尔的辩证法思想。

恩格斯在《德法年鉴》上发表的第二篇文章[②]，也清楚地表露出他的哲学的出发点。在这篇文章里，他借助于托马斯·卡莱尔的一部著作描述了英国的状况，这部著作被恩格斯称为他整个一年的文学收获中唯一值得阅读的书籍，这表明了

① 参阅《马克思恩格斯全集》第 28 卷，人民出版社 2018 年版，第 351 页。

② 参阅《马克思恩格斯全集》第 3 卷，人民出版社 2002 年版，第 495—525 页；弗·恩格斯：《英国状况——评托马斯·卡莱尔的〈过去和现在〉》。文章写于 1844 年 1 月，载于 1844 年《德法年鉴》。

英国文学的一种匮乏，这种情况再次与丰富的法国文学形成了一种典型的对比。由这一点出发，恩格斯联想到了英国贵族和资产阶级的精神的枯竭；他断言，有教养的英国人——大陆上是根据这些人来判断英国人的民族性格的——是世界上最受鄙视的奴隶，他们被各种偏见、尤其被宗教偏见压得透不过气来。“只有大陆上的人们所不熟悉的那一部分英国人，只有工人、英国的贱民、穷人，才是真正值得尊敬的人，尽管他们粗野，尽管他们道德堕落。拯救英国要靠他们，他们身上还有可造之材；他们没有文化知识，但也没有偏见，他们还有力量从事伟大的民族事业，他们还有前途。”[①] 恩格斯指出，正如马克思所言，哲学正开始在这块“质朴的人民的土地”上扎根。他说，施特劳斯所著的《耶稣传》，还没有一个体面的作家敢于翻译，也没有一个有名望的出版商敢于出版；然而它却被一位社会主义的讲师翻译出来，并以每册一便士的售价在伦敦、伯明翰和曼彻斯特的工人当中销售。

恩格斯翻译了卡莱尔的著作中“常常出现的奇美的段落”“最精美”的部分，尽管他的著作对英国的状况的描述使用了最阴暗的色调。卡莱尔提出了拯救的建议，即创立一种新的宗教、提倡泛神论的英雄崇拜以及诸如此类的东西。但是恩格斯反对卡莱尔的建议，他引用了布鲁诺·鲍威尔和费尔巴哈的说法来驳斥卡莱尔的观点。他证明说，宗教的一切可能的办法已经到了山穷水尽的地步，泛神论也是如此，费尔巴哈收入《轶文集》中的《纲要》已经永远地把泛神论给埋葬了。“迄今为止总是提出这个问题：神是什么？德国哲学就这样回答问题：神是人。人只须认识自身，使自己成为衡量一切生活关系的尺度，按照自己的本质去评价这些关系，根据人的本性的要求，真正依照人的方式来安排世界，这样，他就会解开现代的谜语了。”[②] 正如马克思把费尔巴哈所说的人解释为人的本质即国家、社会一样，恩格斯认为人的本质就是历史，历史是“我们的唯一和一切”，历史“被我们”看得高于任何一种其他的、早期的哲学流派，甚至高

① 参阅《马克思恩格斯全集》第3卷，人民出版社2002年版，第497页。
② 参阅《马克思恩格斯全集》第3卷，人民出版社2002年版，第521页。

于黑格尔学派，因为在黑格尔看来，历史说到底只不过是被他用来检验他的逻辑运算的服务工具罢了。

恩格斯和马克思都为《德法年鉴》提供过文章，而且每个人都是两篇文章，如果深入他们的文章细节中去，追究一下这两个人怎样产生的相同的思想，却又被染上了不同的色彩，那也是颇为有趣的。他们的思想，一个是沐浴在法国革命的光辉下，另一个则是沐浴在英国工业的光辉下，不管是法国革命，还是英国工业革命，这二者都开创了现代资产阶级社会的伟大历史变革，它们在本质上是一样的。马克思从人权中读出了资产阶级社会的无政府本质，而恩格斯在解释竞争是“竞争是经济学家的主要范畴，是他最宠爱的女儿”①时，则是这样说的：“我们应该怎样理解这个只有通过周期性的革命才能为自己开辟道路的规律呢？这是一个以当事人的无意识活动为基础的自然规律。”②如果马克思得出的结论是，只有当人通过把自己的力量作为社会力量组织起来成为类本质的时候，人类的解放才能够得以实现；那么恩格斯则说：要有意识地进行生产，要像人一样，而不是像没有类别意识的四分五裂的原子那样进行生产，这样你们就能够超越所有这些人为的和无法防卫的对立。

由此可见，他们在思想上的一致性，已经达到了几乎连用语都不谋而合的地步。

3.《神圣家族》

马克思和恩格斯的第一次合作，是他们同自己的哲学良心所进行的一次清算。这次清算是采用了一种同《文学总汇报》进行论战的形式来表达的；《文学总汇报》是布鲁诺·鲍威尔同他的两个兄弟埃德加和埃格伯特自1843年12月开始在夏洛滕堡出版的。

① 参阅《马克思恩格斯全集》第3卷，人民出版社2002年版，第458页。

② 参阅《马克思恩格斯全集》第3卷，人民出版社2002年版，第461页。

在这个刊物上，柏林的“自由人”企图对他们的世界观，或者被他们称为世界观的东西进行论证。布鲁诺·鲍威尔虽然曾经通过弗勒贝尔收到过参与合办《德法年鉴》的邀请，但是他最终也没能下定决心参加这项工作，而是继续坚持抓住他自己的自我意识哲学不放。布鲁诺·鲍威尔之所以如此坚持，其实并不仅仅是因为他的自我意识受到了马克思和卢格的严重侵害。他的那些关于“已经故去的《莱茵报》”、关于“激进派”、“1842年的聪明人”的尖刻的评论，从各方面来说，都是有其客观背景的。《德国年鉴》和《莱茵报》刚从哲学转向政治，就遭到了浪漫主义反动派的迅速和彻底的摧毁，而“人民大众”对这场“精神上”的“大屠杀”又始终保持着一种完全冷漠的态度，这一切使鲍威尔确信，不能再在这条路上继续走下去。他看到，摆脱这种状况的出路只有一个，那就是回归到纯粹的哲学、纯粹的理论、纯粹的批判上去，而在思想意识形态的九霄云外把哲学奉为世界的全能的主宰，当然不是什么特别困难的事情。

关于《文学总汇报》的纲领，就其尚可以理解的内容而言，布鲁诺·鲍威尔曾经在他的谈话里有所说明：“到现在为止，历史上的一切伟大的活动之所以一开始就是不合时宜的和没有取得富有影响的成效，正是因为群众对这些活动表示关注和怀有热情。换句话说，这些活动之所以必然落得个悲惨的结局，是因为在这些活动中，重要的是这样一种思想，这种思想必须满足于对自己的肤浅理解，因而也就是指望博得群众的喝彩。”① “精神”和“群众”之间的对立，就如同是一条红线始终贯穿了《文学总汇报》;《文学总汇报》说，精神现在已经知道，它应该到哪里去寻找它的唯一的对手了，那就是要到群众的自我欺骗和软弱无力中去寻找。

如前所述，鲍威尔的刊物是以一种轻蔑的、居高临下的态度来评价当代的一切群众运动的，对于基督教和犹太教、贫困化和社会主义、法国革命和英国工业，它也抱着同样的态度一概抹杀。恩格斯在谈到该杂志的倾向时，他特别强调地指

① 参阅《马克思恩格斯文集》第1卷，人民出版社2009年版，第286页。

出："它是一个老太婆，而且将来仍然是一个老太婆；它是年老色衰、孀居无靠的黑格尔哲学。这个哲学搽脂抹粉，把她那干瘪得令人厌恶的抽象的身体打扮起来，在德国的各个角落如饥似渴地物色求婚者。"①恩格斯这样评价布鲁诺·鲍威尔的刊物几乎还算是太客气了。不过，黑格尔哲学确实已经被鲍威尔兄弟推向荒唐透顶的地步。黑格尔的绝对精神作为有创造力的世界精神，毕竟是后来才进入哲学家的意识中的，他基本上只是说，绝对精神只是在自己的想象中创造历史的。因此，黑格尔曾经非常坚决地回击了对他的理论的曲解，就好像哲学家个人本身就是绝对精神似的。而鲍威尔兄弟和他们的信徒们却恰恰相反，他们把自己看成是批判的个人化身，看成是绝对精神的个人化身，绝对精神是通过他们怀着与其余的人群对立的意识发挥世界精神的作用的。这种幻想，即便是在德国的哲学气氛中，也必然会很快地破灭，甚至在"自由人"的圈子里，对《文学总汇报》的反应也相当冷淡。不管是本来就袖手旁观的科本，还是施蒂纳，都没有跟《文学总汇报》合作，施蒂纳甚至还暗中准备搞垮它；梅因和鲁滕堡也没有参与。不过鲍威尔兄弟想必也应该心满意足了，因为至少还有一个唯一的例外，即福赫，除此之外，鲍威尔就只能同"自由人"中的三流角色为伍了：其中有一个叫容尼茨，还有一个是笔名为施里加的普鲁士少尉军官冯·齐赫林斯基，此人活到1900年，死的时候已经是步兵部队的将军。《文学总汇报》在一年之内折腾够了，然后喧嚣声戛然而止，这整个海市蜃楼悄无声息地消失得无影无踪；当马克思和恩格斯公布批判《文学总汇报》的计划时，《文学总汇报》不仅已经死了，而且已经被人们遗忘。

这种情况对于马克思和恩格斯合写的第一部著作是非常不利的。他们自己给这部著作命名为《对批判的批判所做的批判》，或者《神圣家族》，后者是他们根据出版商的建议定下的书名。这部著作立刻遭到了反对者的嘲笑，说他们是想撞开已经敞开的门——多此一举。当恩格斯收到印好的书时，他也认为：书确实是非常出色，但尽管如此，篇幅还是太长了。这本书在论述批判的批判时所持

---

① 参阅《马克思恩格斯全集》第2卷，人民出版社1957年版，第22页。

的那种极端轻蔑的态度，同它的二十二印张的篇幅非常不相称。另外，恩格斯还认为，这本书的大部分内容对于广大公众来说是不容易理解的，因此将不会引起一般人的兴趣。这还真让恩格斯给说中了，尤其是在今天，这个见解比在当时还要正确。然而这期间，它却拥有了一种在它出版时所无法享有的、至少是不能够像如今所享有的吸引力。一位新生代的批评家就这样说，这部著作包含了天才的最美好的启示，从它那典范的形式、精练的语言来看，应当属于马克思曾经写过的最优秀的作品之列；虽然他也批评了这部著作的一些缺点，比如词句上的吹毛求疵、咬文嚼字，甚至出现了一些令人难以置信的思路脱节的现象。

马克思在这部著作中的诸多章节里显示出，他是那种创造性的批判能手，这种批判是通过正面的事实来击败意识形态的想象性，它通过破坏同时去创造，通过摧毁同时去建设。针对布鲁诺·鲍威尔的那些有关法国唯物主义和法国革命的批判的空洞的言辞，马克思以他关于这些历史现象的辉煌论述进行驳斥。对于布鲁诺·鲍威尔关于“精神”和“群众”、“思想”和“利益”之间对立的胡言乱语，马克思则冷静地回答道：“‘思想’一旦离开‘利益’，就一定会使自己出丑。”[①]马克思说，任何得到历史承认的群众“利益”，当它最初出现在世界舞台上时，总是在“思想”或“观念”中远远地超出自己的实际界限，很容易使自己和全人类的利益混淆起来。这是一种错觉，傅立叶把这种错觉称为每个历史时代的色调。“资产阶级在1789年革命中的利益决不是‘不合时宜的’，它‘赢得了’一切，并且有过‘极有影响的成效’，尽管‘激情’已经烟消云散，尽管这种利益用来装饰自己摇篮的‘热情的’花朵也已经枯萎。这种利益是如此强大有力，以至胜利地征服了马拉的笔、恐怖主义者的断头台、拿破仑的剑，以及钉在十字架上的耶稣受难像和波旁王朝的纯血统。”[②]马克思说，1830年资产阶级终于实现了他们在1789年的愿望，所不同的只是，他们的政治启蒙运动现在已经完成，他们不

① 参阅《马克思恩格斯文集》第1卷，人民出版社2009年版，第286页。
② 参阅《马克思恩格斯文集》第1卷，人民出版社2009年版，第287页。

再把立宪的代议制国家的形式看成国家的理想来追求，不再认为争得立宪的代议制国家就是致力于挽救世界和达到全人类的目的，相反地，他们把这个国家看作自己的排他的权力的官方表现，看作自己的特殊利益的政治上的确认。只有对于那些群众来说这次革命才是不成功的，这种群众的政治“观念”并不是关于自己的实际“利益”的观念，所以他们的真正的主导原则和革命的主导原则并不是一致的，他们获得解放的现实条件和资产阶级借以解放自身和社会的那些条件是根本不同的。

布鲁诺·鲍威尔断言，是国家把市民社会的各个原子聚合在一起的；对此马克思反驳道，把市民社会的原子彼此连接起来的不是国家，而是如下的事实：他们只是在观念中，即在他们自己的想象这个天堂里才是原子，而在实际上他们是和原子截然不同的存在物，也就是说，他们不是神类的利己主义者，而是利己主义的人。“在今天，只有政治上的迷信还会妄想，市民生活必须由国家来维系，其实恰恰相反，国家是由市民生活来维系的。”[①] 针对布鲁诺·鲍威尔发表的轻视工业和自然界对历史认知的意义的言论，马克思用了这样一个问题迎头痛击道：难道批判的批判以为，只要它把人对自然界的理论关系和实践关系，把自然科学和工业排除在历史运动之外，它就能达到，哪怕只是初步达到对历史现实的认识吗？“正像批判的批判把思维和感觉、灵魂和肉体……分开一样，它也把历史同自然科学和工业分开，认为历史的诞生地不是地上的粗糙的物质生产，而是天上的迷蒙的云兴雾聚之处。”[②]

马克思在批判的批判面前是怎样捍卫法国革命的，那么恩格斯在批判的批判面前就是怎样捍卫英国的工业的。在这方面，恩格斯所要对付的是那个年轻的福赫，在《文学总汇报》的所有撰稿人当中，福赫还是最早就重视尘世中的现实的。读一读他当时是怎样贴切地解释资本主义的工资定律的，也是很有意思的一件事。二十年以后，当拉萨尔又提出工资定律的时候，福赫把它视为“腐朽的

① 参阅《马克思恩格斯文集》第 1 卷，人民出版社 2009 年版，第 322 页。

② 参阅《马克思恩格斯文集》第 1 卷，人民出版社 2009 年版，第 350—351 页。

李嘉图定律”而诅咒它坠入万丈深渊。在恩格斯所指出的福赫的所有的重大错误中——比如，英国的结社禁止令早在1824年就已经废除了，而福赫在1844年尚对此一无所知——却也不乏恩格斯在文字上的吹毛求疵之处。他在关键的一点上也犯了错误，虽然他跟福赫不同，他犯的是另一方面的错误。如果说福赫嘲笑艾希利勋爵的十小时工作日法案，说它是“肤浅的中庸的措施”，这种措施就是一把不能砍到树根的斧头；那么恩格斯连同“英国的整个群众”却把它看成是一种极端激进的原则的尽可能委婉的表达，因为这把斧头不仅能够着手根除对外贸易的根基，并且进而根除工厂制度的根基，而且能够深深地砍掉它的老根。恩格斯以及马克思当时都把艾希利勋爵的法案看成是企图给大工业的头上套上一具反动的枷锁，而这具枷锁在资本主义社会的地基上必然会一次又一次地被砸得粉碎。

恩格斯和马克思还都没有完全摆脱他们的哲学的过去；在序言一开头的几句话里，他们马上就摆出了费尔巴哈的“真正的人道主义”，以此来反对布鲁诺·鲍威尔的思辨唯心主义。他们毫无保留地承认费尔巴哈的天才阐述，承认他所创立的如下功绩，比如他为批判一切形而上学提供了伟大而卓越的基本原理，并且用人代替了过时的哲学破烂货、代替了无限的自我意识。但是马克思和恩格斯却超越了费尔巴哈的人道主义，他们一再向前迈进，一直走向了社会主义。他们使抽象的人成为历史的人，他们在有关社会主义的各种思潮纷乱涌动的世界中，以令人钦佩的洞察力和智慧厘清头绪找到一条正确的道路。他们揭露了饱食终日的资产阶级为了表现自己而玩弄社会主义词句的秘密。甚至人间的苦难以及人们迫不得已接受施舍时那种无尽的耻辱，也都被金钱贵族和文化贵族用来消遣取乐，用来满足他们的自爱，以及用来激发他们高人一等的优越感：德国的众多慈善协会、法国的许多慈善团体、英国的数目繁多的堂吉诃德式的慈善义举，还有那些形形色色的音乐会、舞会、戏剧演出，为穷人提供食物，甚至为遇难者公开募捐等，其意义也大抵于此。

在伟大的空想主义者当中，傅立叶对《神圣家族》的思想内容影响最大。不过这时候恩格斯已经能够将傅立叶和傅立叶主义分辨开了；他说，被掺了水分的傅立叶主义即《和平民主》杂志[1]所宣扬的傅立叶主义，只不过是一部分具有博爱思想的资产阶级的社会学说罢了。他和马克思一样，总是一再强调就连那些伟大的空想主义者也都从来没有弄懂过的东西，如历史的发展，工人阶级的独立的运动。恩格斯在反驳埃德加·鲍威尔时写道："批判的批判什么都没有创造，工人才创造一切，甚至就以他们的精神创造来说，也会使得整个批判感到羞愧。英国和法国的工人就很好地证明了这一点。"[2]另外，对于所谓的"精神"和"群众"之间的互不相容的对立，马克思也通过补充说明加以驳斥。他说，广大群众的运动实际上从一开始就和那些空想主义者的共产主义批判是相适应的；为了能够对这个运动中的人的高尚性有一个清晰的概念，就必须了解法国工人和英国工人的受教育情况，了解他们的知识欲，了解他们的道德能量，以及了解他们孜孜不倦地追求精神发展的渴望。

这样就容易理解了，为什么马克思万般愤怒地竭力反对埃德加·鲍威尔在《文学总汇报》上刊登的荒谬的翻译文章以及更加荒谬的评论，埃德加·鲍威尔对蒲鲁东著作的如此拙劣的翻译，是对蒲鲁东的亵渎。当然，马克思在《神圣家族》中对蒲鲁东大加赞扬，而在几年以后又对同一个蒲鲁东进行严厉的批判，这只不过是一种学术上的诡辩而已。马克思仅仅是反对埃德加·鲍威尔用他那些含糊不清的空话废话掩盖了蒲鲁东真正的成就。马克思承认，蒲鲁东在国民经济学领域的成就具有开创性的意义；他也同样承认，布鲁诺·鲍威尔在神学批判领域的成就也是开创性的。但是正如马克思批评布鲁诺·鲍威尔在神学问题上的狭隘性一样，他也这样批评蒲鲁东在国民经济学问题上的狭隘性。

蒲鲁东以资产阶级经济学为立足点，把所有制看成是一种内在的矛盾，而马克思则反驳说："私有财产作为私有财产，作为财富，不得不保持自身的存在，因而也不得不保持自己的对立面——无产阶级的存在。这是对立的肯定方面，是得到自我满足的私有财产。相反，无产阶级作为无产阶级，不得不消灭自身，因

①《和平民主》杂志是由法国哲学家、傅立叶的弟子维克多·孔西代朗（1808—1893）创办的傅立叶派的刊物，于1843—1855年在巴黎出版。

② 参阅《马克思恩格斯全集》第2卷，人民出版社1957年版，第22页。

而也不得不消灭制约着它而使它成为无产阶级的那个对立面——私有财产。这是对立的否定方面，是对立内部的不安，是已被瓦解并且正在瓦解的私有财产。……因此，在这种对立内，私有者是保守的一方，无产者是破坏的一方。从前者产生保持对立的行动，从后者则产生消灭对立的行动。的确，私有财产在自己的国民经济运动中自己使自己走向瓦解，但是私有财产只有通过不以它为转移的、不自觉的、同它的意志相违背的、为事物的本性所决定的发展，只有当私有财产造成作为无产阶级的无产阶级，造成意识到自己在精神上和肉体上贫困的那种贫困，造成意识到自己的非人化从而自己消灭自己的那种非人化时，才能做到这一点。无产阶级执行着雇佣劳动由于为别人生产财富、为自己生产贫困而给自己做出的判决，同样，它也执行着私有财产由于产生无产阶级而给自己做出的判决。无产阶级在获得胜利时，无论如何决不会因此成为社会的绝对方面，因为它只有消灭自己本身和自己的对立面能获得胜利。到那时，无产阶级本身以及制约着它的对立面——私有财产都会消失。”①

马克思坚决反对这样一种说法，即他把无产者看作神了，因为他把这种具有世界历史意义的作用归于了无产阶级。马克思回击道：“事实恰好相反。由于在已经形成的无产阶级身上，一切属于人的东西实际上已完全被剥夺，甚至连属于人的东西的外观也已被剥夺，由于在无产阶级的生活条件中集中表现了现代社会的一切生活条件所达到的非人性的顶点，由于在无产阶级身上人失去了自己，而同时不仅在理论上意识到了这种损失，而且还直接被无法再回避的、无法再掩饰的、绝对不可抗拒的贫困——必然性的这种实际表现——所逼迫而产生了对这种非人性的愤慨，所以无产阶级能够而且必须自己解放自己。但是，如果无产阶级不消灭它本身的生活条件，它就不能解放自己。如果它不消灭集中表现在它本身处境中的现代社会的一切非人性的生活条件，它就不能消灭它本身的生活条件。无产阶级并不是白白地经受那种严酷的但能使人百炼成钢的劳动训练的。问题不在于某个无产者或者甚至整个无产阶级暂时提出什么样的目标，问题在于无产阶

① 参阅《马克思恩格斯文集》第1卷，人民出版社2009年版，第260—261页。

级究竟是什么，无产阶级由于其身为无产阶级而不得不在历史上有什么作为。它的目标和它的历史使命已经在它自己的生活状况和现代资产阶级社会的整个组织中明显地、无可更改地预示出来了。”[①] 马克思一再强调指出，在英国和法国的无产阶级当中，有很大一部分人已经意识到自己的历史使命，并且正在不断地努力使这种意识形成完全清晰的概念。

在《神圣家族》一书中，除了拥有源源不断涌出清冽甘美的生命之水的清泉以外，自然也含有一些荒芜的不毛之地。特别是其中有两章论述可尊敬的塞利加那令人难以置信的过人的智慧的，就是这种情况，由于篇幅很长，这两章对于读者的耐性而言着实是一个严峻的考验。要想最为公正地评价马克思和恩格斯的这部著作，就需要把它看成是一部即兴作品，而从表面上看来，这部作品显然就是这样的。正好是在恩格斯跟马克思初次会面相识的那几天，他们在巴黎收到了第八期《文学总汇报》。在这一期的《文学总汇报》里，布鲁诺·鲍威尔以一种虽然十分隐晦，但同时极其刻薄的方式对马克思和恩格斯在《德法年鉴》上所阐述的观点进行了攻击。

可能就是在这段时间里，马克思和恩格斯产生了一个想法，即以一种诙谐的讽刺的形式写一本宣传小册子，来回答他们的老朋友，并且打算尽快出地将它出版。这表明，恩格斯也要分担一部分，而他也立即动笔完成了他自己该写的那部分，总共只有一个印张多一点。当他听说马克思洋洋洒洒地写了二十个印张的时候，他心里十分惊异。让他感到“奇怪”和“滑稽”的是，尽管他写的那部分只占了极小的篇幅，但他的名字也赫然一同出现在扉页上，甚至还排在第一位，即排到了马克思的姓名的前面。显然，马克思是以他那一贯特有的细致认真的作风来对待这项工作的，有一句有名的大实话形容马克思非常贴切：“他大概没有时间把文章弄短。”不过，马克思把写作的材料铺得很开也许是有目的性的，即他这样做是为了获得出版自由，因为超过二十个印张的书籍可以免于书报审查。

① 参阅《马克思恩格斯文集》第1卷，人民出版社2009年版，第261—262页。

另外，《神圣家族》的两位作者预告，他们这部论战性著作仅仅是更多的独自完成的著作的先导，在未来的创作中，他们每个人将各自分别阐明自己对现代哲学和社会学说的看法。有事实可以做证，他们对待这件事是多么严肃认真：当恩格斯在收到《神圣家族》的第一本样书的时候，恩格斯已经完成了这些独立的著作中的第一部作品的初稿。

4. 社会主义的奠基

恩格斯的这部著作就是《英国工人阶级状况》，这部书是1845年夏天由《德国年鉴》的前出版人维干德在莱比锡出版的，就在几个月之前，维干德出版了施蒂纳的《唯一者》[①]。施蒂纳是黑格尔哲学的最后一个支脉，当他声嘶力竭地大谈特谈资本主义竞争的肤浅智慧的时候，恩格斯则在自己的书中为那些德国的理论家奠定了基础，这些德国理论家——几乎是全部——通过费尔巴哈及其对黑格尔思辨哲学的扬弃而走向了共产主义和社会主义。恩格斯在书中描述了英国工人阶级的令人战栗的可怕现状，然而在资产阶级的统治下，这却是典型的现实。

当恩格斯在大约五十年以后重新出版这部著作的时候，他把它叫作现代国际社会主义胚胎发育的一个阶段。他补充说：正如人类的胚胎在发育的最早阶段仍然会再现我们的祖先即鱼类的鳃裂一样，所以在这部书里也处处显露出现代社会主义起源的祖先之一的德国古典哲学的痕迹。不过，这一点只是在一定的限度内才是正确的，因为这些痕迹在《英国工人阶级状况》一书中要比恩格斯在《德法年鉴》上发表的文章里显得少多了。不管是布鲁诺·鲍威尔，还是费尔巴哈，恩格斯在这部书里都没有再提到过；至于“朋友施蒂纳”，这部书里也仅仅提到过少数几次，而且还是为了略微嘲笑他一下。可以说，人们在提到德国哲学对这部书的重要影响时，已经没有落后的含义，而只有进步的含义。

---

① 即《唯一者及其所有物》，是德国青年黑格尔分子和无政府主义思想家马克斯·施蒂纳的代表作，1845在莱比锡出版。

恩格斯在这部书中没有把创作的主要重点放在描述英国无产阶级的苦难上面，尽管在资本主义生产方式的统治下，无产阶级饱受贫困的煎熬。在这方面，比雷、加斯克尔等人则成了恩格斯的先导，他们的话大量地被恩格斯作为引证。甚至连他对于造成工人群众遭受最为可怕的苦难的社会制度所产生的无比愤怒、他对于这种苦难的震撼人心的真实描述，以及他对于资本主义社会制度下的牺牲者所抱有的深切而真诚的同情，都全然不是这部书所固有的特色。这部著作最值得赞赏的、同时又最具有历史意义的，就是它的尖锐性。这位二十四岁的作者，以他那敏锐的洞察力如此透彻地了解了资本主义生产方式的精神实质，并以此为出发点，不仅说明了资产阶级的兴盛，而且说明了资产阶级不可抗拒的衰落；不仅说明了无产阶级的贫困，而且说明了拯救无产阶级摆脱贫困的途径。恩格斯的这部著作的核心内容就是揭示大工业生产是怎样创造了现代工人阶级的，又怎样使工人阶级丧失了人的尊严并在智力和道德方面把工人阶级堪比兽类进行侮辱，以及怎样把工人阶级变成身体受到严重摧残的一族；不过这部书同时也指明了，现代工人阶级怎样凭借历史辩证法发展成为而且必须发展成为推翻自己的创造者的强大力量，与此同时，书中还详尽地阐述了历史辩证法的法则。恩格斯认为，工人运动只有同社会主义结合在一起，它才能够有望实现无产阶级对英国的统治。

对于这样一项研究成果，只有娴熟地掌握了黑格尔的辩证法的人才有可能胜任，他不仅已经把黑格尔的辩证法汲取到自己的血肉中，还懂得如何把本末倒置的状态更正过来。正因为如此，恩格斯的这部书为社会主义奠定了基础，而这也正好符合作者撰写此书的意图。然而这部书出版以后能够给人留下的深刻印象却不是由此引起的，而是源于它对于纯粹的事实材料的关注。如果说——像某位自以为是的老学究带着可笑的自负所说的那样——恩格斯的书能让社会主义“有资格进入大学”，那么其意思只不过是说，曾经有过这位或者那位教授在这部书上碰碎了他们的生锈的长矛。最让那些饱学多闻的批评家自鸣得意的是，恩格斯曾经预言过的那个即将来临的英国革命竟然没有发生。但是在五十年以后，恩格斯本人完全可以淡定地说，让他感到不可思议的，不是这些或者那些他曾经怀着“青年人的激情”所做出的预言没有应验，而是这些预言居然实现了如此之多，尽管不像他所料想的那样，是在“不久的未来”实现的。

在今天看来，这种能够预见“不久的未来”的某些事情的“青年人的激情”丝毫不是这部划时代的著作的魅力所在。不过没有这个阴影，也显现不出这部书的光辉来。天才的目光总是善于由现在看到未来，跟健全的理性相比，天才的目光对未来出现的事物看得更加清晰，因此也就更加贴近未来；具有健全理性的人很难适应这样一种想法，即不需要总是在每天十二点时把汤摆到他的餐桌上。从另一方面来说，当时除了恩格斯以外，还有其他许多人也断定英国的革命即将来临，甚至连英国资产阶级的主要喉舌《泰晤士报》也这样断言。但是那些做过亏心事的人，由于内心的恐惧很害怕在革命中遭到烧杀抢掠，而具有敏锐洞察力的社会主义先知们看到的却是从废墟里萌生出的新的生命。

在 1844 年年末到 1845 年年初的那个冬天，恩格斯的“青年人的激情”不单单是表现在他的著作当中，当恩格斯还在铁砧上锻造这部书的时候，他就已经在炉火中添加了一些新的铁块：除了他为这部著作所写的续篇——它应该成为研究英国社会史的一部更加庞大的著作中的一章——以外，他还准备同莫泽斯·赫斯共同出版一种社会主义月刊，然后再出版一套外国社会主义作家的丛书，写一篇批判李斯特的文章，以及其他内容的更多的文章。他不知疲倦地催促马克思，要他同样积极地参与创作，因为在他的诸多计划中，他同马克思将会有多次会见。他给马克思写道：“你还是先把你的国民经济学著作写完，即使你自己觉得还有许多不满意的地方，那也没有什么关系，人们已经成熟了，我们必须趁热打铁。……而现在是时候了。因此，你一定要在 4 月以前写完你的书，像我那样，给自己规定一个时限，到时候你一定要把它完成，并设法尽快付印。如果你那里不能印，那就把它拿到曼海姆、达姆施塔特或其他地方去印。但是必须尽快出版。”[①] 尽管《神圣家族》的篇幅已经庞大到让恩格斯感到“大为吃惊”的程度，但是他却自我安慰地认为，这其实是件很好的事情；他写道：“这是很好的事情。这么多的东

① 参阅《马克思恩格斯全集》第 47 卷，人民出版社 2004 年版，第 336—337 页。

西现在就要问世了，否则，谁知道它们还会在你的写字台里搁多久呢。”[①] 在接下来的几十年当中，他不知道还得发出多少次类似的呼唤声提醒马克思啊！

恩格斯虽然是一个缺乏耐心的劝告者，但他同时也是一个最能容忍马克思的支持者，特别是当马克思这位天才经受坎坷的生活磨难、不断地跟自己进行艰难的较量的时候。当马克思被驱逐出巴黎的消息传到巴门以后，恩格斯认为有必要立即为他进行募捐，他解释说：“以便让我们按共产主义方式大家分担你因此而支出的额外费用。”他写信告诉马克思，这件事“办得很顺利”，并且补充说：“我不知道，这些钱够不够使你在布鲁塞尔安顿下来，所以不言而喻，我万分乐意把我的第一本关于英国的书的稿酬交给你支配；但愿我不久至少可以拿到这本书的一部分稿酬，而这笔钱目前我不是非要不可，我的老头儿定会借给我的。至少，不能让那帮狗东西因为用卑劣手段使你陷入经济困境而高兴。”[②] 从此，恩格斯的一生一世都在不知疲倦地保护他的朋友免遭“那帮狗东西的幸灾乐祸”。

在恩格斯青年时代的信件里，他写信的语气总是那么漫不经心，显得很轻率，而实际上他一点儿也不轻率。他上面提到的“第一本关于英国的东西”，在七十年里一直是一部很有分量的著作；它是一部划时代的作品，是科学社会主义第一部伟大的文献。当恩格斯写下这部著作，并且由此甚至引起那些学院派的老学究骚动的时候，他才二十四岁。不过他不是那种早熟的天才，不是在温室里的湿热的空气中生长的植物，迅速地繁茂起来又更加迅速地枯萎；他的“青年人的激情”源于一种伟大思想的真正永不熄灭的火焰，它温暖着恩格斯的老年，正如它也曾经燃烧过他的青春一样。

恩格斯在父母家的时候，他“虔诚地、遵规守矩地过着一种宁静和安详的生活”，就像一个“最辉煌的庸人”所渴望的那样。但是他很快地便对这种生活感到厌烦了，只是由于家中年老的父母整天“愁眉苦脸”的，才促使他决定再试一试去学做买卖。不过他打算一到春天无论如何都要离开，然后先到布鲁塞尔去。

① 参阅《马克思恩格斯全集》第 47 卷，人民出版社 2004 年版，第 337 页。

② 参阅《马克思恩格斯全集》第 47 卷，人民出版社 2004 年版，第 342、343 页。

这期间他的“家庭纠纷”越来越严重，主要是由于他积极地参加了巴门－埃伯费尔德的一个共产主义宣传活动。他在给马克思的信中谈到了共产主义者的三次集会，并且告诉他，第一次大会的参加者有四十人，第二次是一百三十人，第三次多达两百人。他写道：“收效极大。共产主义成了人们惟一的话题，拥护我们的人与日俱增。

伍珀河谷的共产主义已经成为现实，甚至已成为一种力量。”[①] 当然，只要警察简单地一声令下，这种力量就会消散得无影无踪，何况它本来看上去就够奇怪的。恩格斯本人曾经说过，只有无产阶级自己才把自己排除在这次的共产主义运动之外，而“最迟钝、最无所用心、最庸俗、对世界上任何事情都漠不关心的人，现在差不多也开始向往共产主义了。”[②]

这种现象跟恩格斯在同一时期所写的英国无产阶级的前景完全不相符合。然而恩格斯从前就是这样一个人：一个从头到脚、完全彻底的了不起的人，他永远是排头兵，朝气蓬勃、目光敏锐、不知疲倦，同时又不乏那种可爱的憨态，这与一个热情、勇敢的青年真是相得益彰。

① 参阅《马克思恩格斯全集》第 47 卷，人民出版社 2004 年版，第 343—344 页。
② 参阅《马克思恩格斯全集》第 47 卷，人民出版社 2004 年版，第 344 页。

第五章　流亡布鲁塞尔

1.《德意志意识形态》

马克思被逐驱出巴黎以后，他举家搬迁到了布鲁塞尔。恩格斯担心，马克思在比利时最终也会受到骚扰，而恩格斯所担心的事情果然发生了，甚至从一开始，马克思在那里就受到了刁难。

正如马克思写信给海因里希·海涅所说的那样，他到达布鲁塞尔以后，就立即被带到负责“公共安全”的管理部门，要他在一份承诺书上签字，保证不对比利时的每日时事政治问题发表任何评论。马克思问心无愧，他坦然地签署了这份承诺书，因为他既没有这种打算，也没有这种可能关心这类事情。然而普鲁士政府却对比利时当局继续纠缠不休，非要求比利时当局把马克思逐驱出境。所以马克思在移居到比利时后的同一年，即 1845 年 12 月 1 日，放弃了普鲁士国籍。

从此，不管是在当时还是以后，马克思始终没有再接受其他任何一个国家的国籍，尽管在 1848 年春天，法兰西共和国临时政府曾经表示，愿意授予他该国的荣誉公民身份。但是马克思跟海涅一样，决心不接受任何外国国籍；而弗莱里格拉特在流亡英国期间，却毫不犹疑地归顺了英国，成为一名英国人，尽管他常常被人们标榜成一个纯粹的德国人，并因此成为这两个“没有祖国的人”的鲜明对照。

1845 年春天，恩格斯也抵达布鲁塞尔。两位朋友共同前往英国进行了一次学术研究旅行，这次旅行延长到六个星期。马克思在流亡巴黎的时候就已经开始研究麦克库洛赫和李嘉图了，而这次在英国旅行期间，他对这个岛国的经济学文献获得了更加深刻的了解，尽管马克思自己说，他这一次除了阅读了恩格斯所收藏的一些摘录和著作以外，只能够查阅一些“在曼彻斯特可以搞到的书籍”。恩格斯第一次在英国逗留期间，他就已经开始为罗伯特·欧文的刊物《新道德世界》以及宪章派的报纸《北极星报》撰写稿件了。这一次恩格斯到英国后恢复了一些老的关系，而且这两位朋友不但同宪章运动参与者也同社会主义者建立了新的联系。

英国之行结束之后，马克思和恩格斯首先重新着手一部共同完成的著作。马克思后来言简意赅地说道：“我们决定共同阐明我们的见解与德国哲学的意识形态的见解的对立，实际上是把我们从前的哲学信仰清算一下。这个心愿是以批判黑格尔以后的哲学的形式来实现的。两厚册八开本的原稿早已送到威斯特伐利亚的出版所，后来我们才接到通知说，由于情况改变，不能付印。既然我们已经达到了我们的主要目的——自己弄清问题，我们就情愿让原稿留给老鼠的牙齿去批判了。”[①] 老鼠果真也不辱使命，严格地按照要求去做了。不过书稿残留下来的碎片也足以说明，作者本人对于这种倒霉的事情并没有感到过分的难过。

如果说马克思和恩格斯彻底地甚至过分彻底地清算鲍威尔兄弟的那部著作对于读者来说就已经是块难啃的硬骨头了，那么这个篇幅总共多达五十个印张的两册厚厚的巨著则是更加坚硬得多的难啃的骨头。这部著作的标题是《德意志意识形态——对费尔巴哈、布·鲍威尔和施蒂纳所代表的现代德国哲学以及各式各样先知所代表的德国社会主义的批判》。

恩格斯后来根据回忆说，仅仅是批判施蒂纳的那一部分，篇幅就不少于施蒂纳本人所写的书，而在这期间《德意志意识形态》已经出版的试编本则证明了恩格斯的记忆是绝对可信的。这部著述是一部“超级论战”，其阐述之冗赘和烦琐

① 参阅《马克思恩格斯文集》第2卷，人民出版社2009年版，第593页。

甚至大大超过了《神圣家族》中最枯燥乏味的那几个章节。此外，虽然在这部著作中也不完全缺少沙漠中的绿洲，但比起《神圣家族》来，则显得少得可怜。而且，凡是闪现着辩证法的锋芒的地方，却很快就变成了吹毛求疵和咬文嚼字，有时候甚至是小题大做了。①

当然，如今人们在对这些事情的鉴赏方面比那时候要挑剔多了。不过这并不足以说明一切，特别是因为马克思和恩格斯的早期和晚期的著作，甚至就是同时期的著作，都令人信服地表明，他们的批判一向尖锐精辟、言简意深、一针见血，而且不乏警言妙句。那么究竟是什么原因使他们的写作风格至少是在这一次犯了冗长烦琐的毛病？对此具有决定性的因素是：这几次在思想上所进行的斗争都限定在一个在极其狭小的圈子里，而这些战士的伟大的青春多半是从这里开始的，更何况这是当时盛行的一种现象，在文学史上也有类似的表现，比如在莎士比亚以及与他同时代的那些戏剧家身上，都可以观察到这种现象。从论战的对手那里断章取义地摘出一段文字，然后像追猎野兽一样加以穷追猛打；望文生义或者肆意曲解论战对手的思想，想方设法使这种思想变得具有尽可能愚蠢的含义；在表达上喜欢夸张而且漫无边际——所有这一切，都不是以广大观众为对象的，而是为那些具有细腻的理解能力的同行准备的。莎士比亚的幽默我们今天所以觉得欣赏不了，或者甚至是理解不了，这只能由此来进行解释，即莎士比亚在进行创作的时候，他的脑子里总是自觉或者不自觉地想到的是，格林和马洛，以及琼斯、弗莱切和博蒙特将会怎样评价他的创作。

这样大概就可以解释马克思和恩格斯在同鲍威尔、施蒂纳以及其他玩弄纯思维把戏的老伙伴打交道时有意或无意地使用的那种笔调了。假如我们知道，马克思和恩格斯在《德意志意识形态》中针对费尔巴哈说了些什么，那无疑会更加有教益了，因为在这里所涉及的不仅仅限于一种明显的否定的批判，可惜的是，有

① 梅林在世时，掌控着《德意志意识形态》一书手稿的爱德华·伯恩施坦（1850—1932）只发表了这部著作的少数几个章节，以至于梅林对于马克思和恩格斯合写的这部著作所具有的非同寻常的意义不可能形成全面和正确的评价。《德意志意识形态》一书的德文版第一次问世是在1932年，由苏共中央马克思列宁主义研究院在莫斯科出版。——德文原书出版者注

关费尔巴哈的这一篇章始终没有完成。不过，马克思在1845年写下的并在几十年后由恩格斯给发表的关于费尔巴哈的一些警句①，仍然可以给予我们清晰的启示。马克思发现，在费尔巴哈的唯物主义里面所缺少的东西，也正是在德谟克利特这位唯物主义的开拓性的代表人物身上所缺失的东西，即缺少“能动的原则”，而这一点他在学生时代就已经发现了。马克思称，这以前的一切唯物主义的主要缺点就是：对感性和现实只是通过直观或者通过客体的形式去理解，而不是把它们作为感性的人的活动、作为实践、从主体上去理解。结果就出现了这种情况：跟唯物主义相反，能动的方面被唯心主义发展了，不过只是抽象地发展罢了，因为唯心主义当然不了解现实的感性活动。换句话说就是，费尔巴哈在抛弃整个黑格尔的同时，也扔掉了太多不该抛弃的东西。重要的是，应该把黑格尔的彻底变革世界的辩证法从思想的王国转移到现实的王国。

恩格斯曾经不知深浅地从巴门给费尔巴哈写过一封信，试图争取他站到共产主义一边来。费尔巴哈友好地给他回了信，但是——至少暂时地——回绝了他的建议。费尔巴哈说，他可能在夏天到莱茵那边去。于是恩格斯已经跃跃欲试，他打算对他进行“婉言相劝”，说服他务必要到布鲁塞尔来。在这期间，恩格斯把费尔巴哈的一个学生海尔曼·克里盖派去见马克思，说他是一位“出色的鼓动家”。

只是费尔巴哈并没有去莱茵，而他紧接着发表的一系列的著作也表明，他根本不会再脱掉自己的“旧靴子”。费尔巴哈的学生克里盖也没有经受住考验；他虽然把共产主义宣传越过大西洋带到了美洲，但是他在纽约胡作非为、不可救药，而且对已经开始集结在布鲁塞尔马克思周围的侨民共产主义者产生了毁灭性的影响。

① 关于费尔巴哈的“警句”，梅林指的是卡尔·马克思在1845年写的《关于费尔巴哈的提纲》。关于这些提纲，弗里德里希·恩格斯曾经写道：“这些笔记作为包含着新世界观的天才萌芽的第一个文件，是非常宝贵的。”见恩格斯1888年2月为《费尔巴哈和德国古典哲学的终结》一书所写的序言。——德文原书出版者注

2.“真正的”社会主义

在计划撰写的这部著述的第二部分，马克思和恩格斯将着重研究各种各样的先知所代表的德国社会主义，并且对“德国社会主义的全部荒诞不经和枯燥乏味的文献”进行批判和清算。

这里所指的那些人有莫泽斯·赫斯、卡尔·格律恩、奥托·吕宁、海尔曼·皮特曼以及其他一些作者，他们创作了许多非常可观的、主要是在各种杂志上发表的作品。这些杂志有《社会明镜》，该杂志从1845年夏天到1846年夏天作为月刊出版；然后是《莱茵年鉴》和《德国公民手册》，这两种年鉴在1845年和1846年各出版过两卷；接下来是《威斯特伐利亚汽船》，月刊，也是在1845年开始出版，不过它的生命力比较强，一直持续发行到德国革命时期；最后还有个别的日报，比如《特里尔日报》。

曾经被卡尔·格律恩称为“真正的”社会主义的奇异的出现——马克思和恩格斯采用这种说法完全是嘲讽的意思——只维持了短暂的几年，到了1848年，打着“真正的”社会主义旗号的派别就已经消失得无影无踪；当革命的第一枪响起的时候，“真正的”社会主义便自行解体了。“真正的”社会主义对于马克思的思想发展没有产生过任何影响，因为马克思从一开始就以一名头脑冷静的批判者的身份站到了它的对立面。马克思在《共产党宣言》里对“真正的”社会主义做出了毫不留情的判决，不过他并没有通过详尽的阐述充分地表明他对待这种社会主义的态度。有时候马克思甚至认为，尽管“真正的”社会主义有种种荒谬之处，但它就像是一种未经发酵过的葡萄酒，最终是能够酿成好酒的。恩格斯也持同样的观点，而且态度更加坚决。

恩格斯曾经和莫泽斯·赫斯共同出版过《社会明镜》杂志，马克思也曾经为《社会明镜》提供过一篇文章。在布鲁塞尔流亡期间，马克思和恩格斯两个人都同赫斯进行过各种各样的合作，而且看起来赫斯似乎已经完全适应了马克思和恩格斯的观点。为了给《莱茵年鉴》做宣传，马克思曾经多次寻求海因里希·海涅的合作。如果不是马克思，那么至少是恩格斯曾经在《莱茵年鉴》和《德国公民手册》上发表过文章[①]，这两种刊物都是由海尔曼·皮特曼出版的。而且马克思和恩格斯两个人也都为《威斯特伐利亚汽船》撰写过稿件；马克思在这个杂志上发表了《德意志意识形态》第二卷中的一个章节，这也是《德意志意识形态》到目前为止唯一成文并且公布于众的一个章节，这一章对于卡尔·格律恩发表的一部关于法国和比利时社会运动的粗制滥造的著述进行了彻底和尖锐的批判。[②]

事实是，“真正的”社会主义同样是从黑格尔哲学的解体中发展起来的，这一事实导致了这样一种看法，即马克思和恩格斯本人最初也属于“真正的”社会主义这一派，所以他们后来才更加严厉地批判它。但是这种说法根本就不符合实际情况。真实的情况确切地说是这样的，马克思和恩格斯双方固然都是从黑格尔和费尔巴哈走向社会主义的，但他们是结合法国革命和英国工业的发展来研究这种社会主义的本质的，而“真正的”社会主义者却仅仅满足于把社会主义的公式和标语口号翻译成“陈腐的黑格尔式的德语”。马克思和恩格斯努力想使“真正的”社会主义者超越这种水平，而且相当公道地把整个这一派看成是德国历史的产物。格律恩和他的同志们认为，社会主义是关于实现人的本质的一种无意义的臆说，如果把他们对于社会主义的这种解释拿来同康德的观点相比较——因为康德把法国大革命的意志表现也仅仅理解为真正是人的意志的规律——那真是够抬举格律恩和他的同伙了。

在对于“真正的”社会主义者的关心和教育方面，马克思和恩格斯既不缺少宽容，也不缺少严谨性。1845年《社会明镜》月刊创刊时，恩格斯作为共同的出版人对于善良的赫斯的有些做法没有进行阻止，而是采取了迁就容忍的态度，虽然这些做法肯定非常不符合恩格斯本人的意愿。但是恩格斯在1846年的

① 是恩格斯在这些刊物上发表过几篇文章，包括在1845年年底写的《傅立叶论商业的片断》，刊载在1846年的《德国公民手册》上；1845年在埃伯费尔德的集会上发表的两次演说，刊载于1845年《莱茵年鉴》第1卷；1845年年底写的《在伦敦举行的各族人民庆祝大会》一文，发表在1846年年底出版的《莱茵年鉴》第2卷。——德文原书出版者注

② 指《德意志意识形态》第2卷，第IV章：《卡尔·格律恩：〈法兰西和比利时的社会运动〉（达姆施塔特1847年版）或“真正的社会主义”的历史编纂学》。刊登在《威斯特伐利亚汽船》杂志1847年8月号，第439—462页，9月号第505—524页（续）。——德文原书出版者注

《德国公民手册》上谈到“真正的”社会主义者时，则变得言语犀利、咄咄逼人。“稍微谈谈现在大家都乐于挂在嘴上的‘人性’，稍微谈谈这种人性或者宁可说是兽性的‘实现’，按照蒲鲁东那样（而这还是经过了第三手或第四手呢！）稍微谈一下财产，稍微为无产阶级悲叹几声，稍微谈一下劳动组织；多少组织几个改善下层阶级人民状况的可怜团体，而实际上对于政治经济学和现实的社会状况却茫然无知，这种‘社会主义’整个就归结为这几点。而这种社会主义，由于自己在理论领域中没有党性，由于自己的‘思想绝对平静’而丧失了最后一滴血、最后一点精神和力量。可是人们却想用这些空话使德国革命，去推动无产阶级并促使群众去思考和行动！”[①]这就是马克思和恩格斯对“真正的”社会主义所表明的态度，而对于他们的表态起决定性作用的，首先是对无产阶级和人民群众利益的考虑。在同所有的“真正的”社会主义的代表人物进行的斗争当中，他们最激烈地反对的是卡尔·格律恩。这不只是因为格律恩确实暴露的弱点最多，也因为流寓巴黎的格律恩，在那里的工人当中造成了极度的混乱，并且对蒲鲁东造成了灾难性的影响。马克思和恩格斯之所以在《共产党宣言》中用极其尖锐的词句，甚至使用对他们以前的朋友赫斯的明显的影射来清算“真正的”社会主义，其原因就是要为在国际无产阶级当中开展实际的宣传鼓动工作做准备。

然而，这也是不得已而为之，马克思和恩格斯其实愿意原谅“真正的”社会主义者“并无恶意的书生气”，他们对待那些“笨拙的小学生作业”那么认真、那么郑重庄严，并且像沿街叫卖的小贩似的，大言不惭地对此进行自我吹嘘；但是马克思和恩格斯不能原谅他们对政府的所谓的支持。“真正的”社会主义者认为，资产阶级反抗三月革命以前的专制制度和封建制度的斗争，为他们提供了“所希冀的机会”，使他们得以从背后对自由主义反对派进行突然袭击。“这种社会主义成了德意志各邦专制政府及其随从——僧侣、教员、容克和官僚求之不得的、吓唬来势汹汹的资产阶级的稻草人。这种社会主义是这些政府用来镇压德国

① 参阅《马克思恩格斯全集》第2卷，人民出版社1957年版，第659页。

工人起义的毒辣的皮鞭和枪弹的甜蜜的补充。”[①] 这些说法对于所涉及的事情来说确实是太夸张了，而对于所涉及的那些人来说也是完全不公正的。

马克思本人曾在《德法年鉴》上指出了德国情况的特殊性，即如果无产阶级不首先奋起反抗资产阶级，资产阶级就不可能起来反抗政府。因此，社会主义的任务就是：只要自由主义还具有革命性，就支持它；要是自由主义已经变得反动了，就跟它做斗争。但是在个别情况下，这个任务不可能那么容易地完成；就连马克思和恩格斯有时候也错认为自由主义仍然是革命的，而为其辩护，实际上它已经是反动的了。当然，那些“真正的”社会主义者也常常弄错，不过他们走向了相反的方向；他们不分青红皂白地一味地严厉谴责自由主义，而这样做只能够让政府高兴，在这方面做得最过分的是卡尔·格律恩，莫泽斯·赫斯也和格律恩不相上下，只有《威斯特伐利亚汽船》的主编奥托·吕宁这方面的过错最少。但是无论“真正的”社会主义者在这方面犯有什么过失，这都是由于他们的愚蠢和无知造成的，而绝对不是以支持政府为目的。革命宣判了他们的全部幻想的死刑，在这场革命期间，所有的“真正的”社会主义者都完全站在资产阶级左翼一边；更不用说曾经在德国社会民主派的队伍中战斗过的赫斯了，就是其他的“真正的”社会主义代表人物当中，也没有任何人倒戈投奔政府；在这一点上，“真正的”社会主义者完全做到了问心无愧、心安理得，这是其他所有形形色色的资产阶级社会主义——不论是以前的还是现在的——都不能相比拟的。

“真正的”社会主义者对马克思和恩格斯也敬佩之至，他们都心甘情愿地把自己主办的刊物向马克思和恩格斯开放，甚至在马克思和恩格斯使他们感到难堪的时候。他们无法改变他们的秉性，这不应该归咎于他们阴险狡诈、用心险恶，而应该归咎于显而易见的思想混乱。他们特别喜欢唱那首老掉牙的令人心情舒畅的俗子之歌：轻轻地，轻轻地，不发出任何噪声；也就是说，在一个年轻的党派内部，不要把事情看得过于认真；尽管必要的争论是不可避免的，但至少也要做到温文尔雅，不应该违反礼仪，不要过于尖刻和令人厌恶；必须顾惜别人的名声，

① 参阅《马克思恩格斯选集》第1卷，人民出版社2012年版，第428页。

就像对待诸如鲍威尔、卢格、施蒂纳这样一些有名望的人物，一定要小心翼翼。当然，这一切都不是马克思所喜欢的。马克思有一次在谈到这一点时说道："这些老太婆的特点就是，他们企图抹杀和掩饰一切真正的党派斗争，而把播弄是非和挑拨离间那一套德国人的惯技拿来冒充革命活动。"[①]然而有时候，马克思的这些有益的见解在"真正的"社会主义者当中也能够找到知音；比如约瑟夫·魏德迈，他和奥托·吕宁是姻亲，并且直接参与了《威斯特伐利亚汽船》杂志的编辑工作，从此马克思和恩格斯在约瑟夫·魏德迈那里又赢得了一名最忠实的支持者。

约瑟夫·魏德迈原本是普鲁士军队里的炮兵少尉。为了追求他的政治信仰，他辞去了军职，到处于卡尔·格律恩思想影响下的《特里尔日报》担任副主编，陷入了"真正的"社会主义者的圈子。1846年春天，约瑟夫·魏德迈前往布鲁塞尔，他此行的目的无人知晓，不知是为了其他的缘由，还是仅仅由于想要结识马克思和恩格斯；不管怎么样，他很快就同这两个人交上了朋友，并且坚决反对因马克思和恩格斯的无情批判而发出的一片叫嚣，尽管他的连襟吕宁也对此持赞同态度。约瑟夫·魏德迈是一个出生在威斯特华伦的威斯特华伦人，他生性文静，甚至还有些笨拙，却拥有威斯特华伦人出名的那种忠诚而坚毅的天性。魏德迈不是一个具有伟大才能的作家；他回到德国以后，接受了一份科隆至明登的铁路建设工程测量师的工作，同时只是顺带着协助编辑《威斯特伐利亚汽船》杂志。但是作为一个天生的实践家，他还想方设法帮助马克思和恩格斯解决另外一种随着时间的推移而感到越来越迫切的需要，即亟须为他们寻找一个出版商。

由于卢格从中恶意阻拦，苏黎世的"文学社"已经把马克思和恩格斯拒之门外；尽管卢格也承认，马克思不会写出什么坏的作品来，然而他却强迫他的合伙人弗勒贝尔，同马克思断绝一切业务联系。青年黑格尔派的主要出版人、莱比锡的书商维干德，早就拒绝出版批判鲍威尔、费尔巴哈和施蒂纳的著作了。约瑟夫·魏德迈费了很大的劲在自己的家乡威斯特华伦找到了两个富有的共产主义

---

① 参阅《马克思恩格斯全集》第27卷，人民出版社1972年版，第491页。

者，他们的名字是尤利乌斯·迈尔和鲁道夫·伦佩尔，他们表示愿意为创办一家出版社预先借给他们所需要的资金，这为马克思和恩格斯开启了一个十分可喜的前景。按照拟订的计划他们准备马上行动，创办的出版社的规模应该很大，一开始出版的刊物将会不少于三种，即《德意志意识形态》、一套社会主义作家丛书以及一种季刊，其主编除了马克思和恩格斯以外，也有赫斯。

不承想轮到该付钱的时候，这两个资本家却不同意支付了，尽管他们不仅跟魏德迈达成过口头协定，而且对赫斯也曾经做出过承诺。恰逢此时，又出现了一些"业务上的困难"，这使他们无法再继续发挥他们乐于为共产主义事业牺牲的精神。马克思和恩格斯对此感到非常失望，而魏德迈进一步加剧了这种失望，他把《德意志意识形态》的手稿提供给了另外几家出版社，却都徒劳无功；为了扭转马克思在生活上极其困难的局面，魏德迈在威斯特华伦那些志同道合者当中为他募集到几百法郎。这足以证明魏德迈是一个绝对诚实可靠的人，虽然他有过一些愚蠢的小过错，不过马克思和恩格斯在跟他进一步交往的过程中，很快就忘记了。

从那时候起，《德意志意识形态》的手稿最终还是留着给老鼠的牙齿去批判了。

3. 魏特林和蒲鲁东

这期间马克思同两位天才的无产者陷入了种种冲突之中，尽管他们对于马克思的早期活动曾经产生过重大的影响；这些冲突远比对于后黑格尔派哲学家的批判以及对于"真正的"社会主义者的批判从人情世故的角度来说要更加扣人心弦，从就事论事而言其意义也更加重大。

魏特林和蒲鲁东都出身于工人阶级的底层，他们体格强健、生性坚强，富有天赋，而且这两人的生活环境非常有利于使他们有可能成为极少数的例外，这些例外都怀有一种世俗的信念，认为劳动阶级中每一个有天赋的人都有机会升入有产阶级的行列。但是魏特林和蒲鲁东两个人都鄙弃这条道路，他们心甘情愿地选择了贫穷，以使自己更为有力地为自己的阶级兄弟和共同患难的人进行斗争。

这两个男人都生得身材魁梧，仪表堂堂，精力充沛，仿佛生来就是为了尽情享受生活的一切乐趣的。但是他们为了追求自己的目标，却甘愿忍受最艰苦清贫的生活。“一张狭窄的床，时常是三个人合住在一间狭小的房间里，一块木板就算是写字台，偶尔喝上一杯没有加牛奶的咖啡”——这就是魏特林的生活，尽管当时他的名声已经足以让世间那些当权的大人物不寒而栗。蒲鲁东的栖身之处情况也差不多，那时候他的名字在欧洲已经相当有名气了，但他“身上穿着一件编织的毛线衣，脚上套着一双走起路来啪嗒啪嗒作响的木鞋”，屈身于巴黎的一间斗室里。

在他们身上都融入了德国和法国两种文化。魏特林是一名法国军官的儿子，他刚一成年，就迫不及待地去了巴黎，为了到那里汲取法国社会主义的源泉。蒲鲁东出身于古老的勃艮第自由伯国，这个伯国在路易十四统治时期曾经被并入法国。人们总想从蒲鲁东身上查看出他具有一副德国人的头脑，或者也可以说是德国人的古怪的头脑。不管怎么样，当蒲鲁东在精神上的自我意识一经觉醒，他就深深地被德国哲学所吸引，而魏特林却只把德国哲学的那些代表人物看作不明就里的“喷雾器”。当蒲鲁东认为，用任何严厉的言辞来评价空想社会主义者都远远不够尖刻的时候，魏特林却声言要对这些空想主义者表示感谢，认为他付出的最大的努力都应归功于他们。

魏特林和蒲鲁东曾经享有同样的荣耀，并且也遭际过同样的厄运。他们是第一批为精神和力量提供历史证据的现代无产者，这个历史证据表明，现代无产阶级能够自己解放自己。他们首先打破了工人运动和社会主义老在一个问题上徒劳无果地转圈子的恶性循环。就这点而言，他们开辟了新纪元；就这点而言，他们的创造和斗争是榜样性的，他们对科学社会主义的产生起了极大的促进作用。马克思曾经对于魏特林和蒲鲁东的初期活动大加赞许，在这一方面，没有哪一个人比得上。在马克思看来，蒲鲁东和魏特林乃是他批判地克服了黑格尔哲学以后通过思辨而达到的那些思想的化身。

但是，如上所述，魏特林和蒲鲁东不但享有同样的荣誉，也遭遇到同样的厄运。尽管他们有见识，有远见，魏特林却始终没有从一个德国的手艺人脱俗而出，而蒲鲁东也始终没有超越一个法国的小资产者的身份。所以，他们最终同那个卓越地完成了他们所辉煌地开始了的事业的人分手了。这件事的发生不是为了个人的虚荣，也不是由于固执己见、刚愎自用，尽管后来这两种情况可能多多少少有所显露，特别是当他们越来越多地感觉到历史发展的潮流把他们推上浅滩的时候。魏特林和蒲鲁东同马克思之间的冲突表明，他们根本就不了解马克思想向何处去。他们是一种狭隘的阶级意识的牺牲品，这种阶级意识之所以能够产生如此巨大的影响，很可能因为它是在潜移默化地影响着他们，而他们却浑然不知。

1846 年年初，魏特林来到布鲁塞尔。他在瑞士进行的宣传鼓动工作由于内部矛盾重重而陷于停顿，这之后他又成为野蛮暴力的受害者，于是他转向了伦敦，但是在伦敦他却无法与正义者同盟的人很好地相处。魏特林由此陷入了残酷的命运，他试图摆脱这种命运，并且自命为先知，但是正因为如此，他变成了无情的命运的牺牲品。当时在伦敦宪章运动的浪潮正日益高涨，但是魏特林没有投身到这场英国工人运动中去，而是埋头研究他的一套思维和语言体系，他想创造一种世界通用的语言，从此这便成了他越来越偏爱的一种癖好。他毫无疑虑地勇敢地担负起这些任务时，完全没有考虑到，无论是他的能力，还是他的知识水平，都无法胜任这些艰巨的任务。他在精神上完全陷入了孤立的境地，越来越远离了他的力量的真正源泉——他的阶级生活。

迁居到布鲁塞尔，至少是魏特林所能够做到的最明智的事情，因为如果他还想在精神上得到救赎的话，那么马克思就是那个能够拯救他的人。马克思热情殷勤地接待了他，这一点不仅恩格斯可以做证，而且就连魏特林本人也承认。不过要达到心灵上的默契已经证明是不可能的了。1846 年 3 月 30 日，在布鲁塞尔共产主义者举行的一次集会上，马克思和魏特林之间发生了非常激烈的冲突；这场冲突是魏特林惹起的，是他极端无理地激怒了马克思，他自己在给赫斯的信中也是这样说的。当时正在进行协商成立一家新的出版社的事宜，魏特林忽然硬说有人要切断他的“资金来源”，要独揽“报酬优厚的翻译工作”。即便是这样，马克思后来仍然尽其所能地帮助魏特林。5 月 6 日，赫斯再次根据魏特林本人的一面之词从韦尔维耶写信给马克思说："希望你对他的旧怨不要一直延伸到把你的钱袋给密封起来，只要那里面还有一点钱。"然而马克思钱袋里的钱确实已经少得可怜了。

几天以后，魏特林居然把事情弄到不可挽回的决裂的地步。海尔曼·克利盖在美国进行的宣传既有负于流亡者的期望，也有负于马克思和恩格斯所给予的期望。克利盖在纽约出版的周报《人民论坛》，以一种幼稚夸大的方式散布与共产主义原则毫不相干的荒唐的伤感情绪，这必然造成工人的士气极度低落。更糟糕的是，克利盖竟然向美国的那些百万富翁写一些荒谬绝伦的求助信，试图为他的刊物乞讨几个美元。此外，他俨然以德国共产主义运动在美国的文学创作代表自居，所以，德国共产主义的真正代表们，自然有充足的理由，抗议这种有损于名誉的关系。

5 月 16 日，马克思、恩格斯以及他们的朋友们做出决定，通过向他们志同道合的同志发通告的形式，对克利盖的所作所为提出抗议，并且列举了详细的理由；同时还决定，首先把这份通告寄给克利盖的刊物去发表。[①] 唯有魏特林在一些毫无意义的借口下拒绝在这份通告上签字。他说：《人民论坛》是一种完全适合于美国社会情况的共产党的机关报；共产党在欧洲已经有如此强大而且数目众多的敌人，所以它不需要再把它的武器指向美洲，至少不应该把武器对准自己的人。魏特林做到这一步还不满足，他又写信给海尔曼·克利盖，警告他要提防那些参加抗议的"老奸巨猾的阴谋家"。魏特林写道："这个非同寻常的抱怨钱的同盟大概是由十二个或者二十个人组成的，它拥有十分雄厚的资财。在他们的头脑里作祟的只有一个怪念头，即把我当作反动派来斗争。他们首先要砍掉我的脑袋，然后砍掉其他人的脑袋，最后再砍掉自己朋友的脑袋，再最后他们甚至会动手相互割断喉管……他们现在拥有大笔的钱来从事这种勾当，而我却找不到一个出版人，我已经完全被孤立，只能和赫斯站在这伙人以外，但是赫斯像我一样，也遭

① 指卡·马克思和弗·恩格斯的《反克利盖的通告》一文，写于 1846 年 5 月 11 日。

到了排斥。”在他写了这封信以后，就连赫斯也认为，这个完全失去理智的人不可救药了，从而中断了同他的来往。

克利盖刊登了布鲁塞尔共产主义者的抗议书，这份抗议书后来又由魏德迈在《威斯特伐利亚汽船》上转载；但是克利盖在刊登抗议书的同时，也附上了魏特林写给他的信，或者至少是信中最激烈的部分，作为一种解毒剂。此外，克利盖还唆使社会改革协会——一个德国工人组织，它选择克利盖的周刊作为该组织的机关报——聘请魏特林担任主编，并给他寄去必要的旅费，以便于他赴美。从此，魏特林便从欧洲消失了。

同样是在5月的日子里，马克思和蒲鲁东之间的决裂也已经显露出苗头。为了克服没有自己的机关报的难题，马克思和他的朋友们就发行铅印的或石印的通告（就像反克利盖的通告那样）；除此以外，他们尽力争取在有共产党人居住的要地之间建立经常性的通讯联系。在布鲁塞尔和伦敦都已经有了这样的通讯社，他们准备在巴黎也设立一个通讯社。马克思写信给蒲鲁东，请求他参加这项工作。蒲鲁东在1846年5月17日从里昂寄出的一封回信中答应了这件事，尽管他表明，他不能保证会经常给他们写很长的通讯稿。但是他同时利用这个机会对马克思进行了一番长篇大论的道德说教，这必然导致这两个人之间的裂痕公开化。

蒲鲁东当时声明，在经济问题上他信奉一种“几乎是绝对的反教条主义”。他说，马克思不应该陷入其同胞马丁·路德曾经陷入的矛盾，马丁·路德在推翻了天主教神学之后，为马上着手建立新教神学，不惜付出巨大的代价滥施教规，并且把大批教徒逐出教会。“我们不应该通过制造新的混乱来给人类添加新的麻烦；我们应该给世界做出一个具有明智的、有远见的宽容精神的榜样；我们不应该以一种新宗教的传倡导者自居，即便这种宗教是逻辑和理性的宗教。”蒲鲁东完全跟那些“真正的”社会主义者一样，想要维持一种无拘无束的混乱局面，对于马克思来说，消除这种混乱是共产主义宣传取得成功的首要前提。

对于自己长期以来曾经相信过的革命，蒲鲁东已经不再感兴趣。“我宁愿把财产用小火烧毁，也不愿意给其所有者安排一个圣巴托罗缪之夜，以给财产注入一种新的力量。”蒲鲁东表示，他将在一部已经印好一半的著作中详细地阐明如何解决这个问题，并且准备心平气和地接受马克思可能对此进行的抨击，同时期待报复的机会。“我必须顺便告诉您，法国工人阶级的意愿显然同我的观点完全一致；我们的无产者对于知识的需求已经达到了如饥似渴的地步，如果有人提供给他们用于止渴的东西没有别的，只有鲜血，那么只会遭到他们的仇视。”最后，蒲鲁东为卡尔·格律恩进行了辩护，因为马克思曾经警告蒲鲁东，要提防格律恩对黑格尔学说的曲解。蒲鲁东还写道，由于他不懂德语，他不得不依靠格律恩和埃韦贝克来研究黑格尔和费尔巴哈的著作，研究马克思和恩格斯的著作。蒲鲁东告诉马克思，格律恩打算把他最新出版的著作翻译成德文，蒲鲁东请求马克思帮助推销这本书的德文版本，他认为这对大家来说都将是一种光荣。

蒲鲁东这封信的结尾听起来几乎就像是一种嘲讽，尽管这也许并不是他的本意。对于马克思来说，看到自己在蒲鲁东那冠冕堂皇的胡言乱语中被描绘成一个嗜血成性的人，这绝对不可能是一件令人舒心的事。而卡尔·格律恩的所作所为则更加令人满腹狐疑。由于这个原因，再加上其他的动机，恩格斯在 1846 年 8 月决定暂时迁移到巴黎，并接管这座城市的通讯报道工作，因为巴黎仍然是进行共产主义宣传的最重要的城市。除此以外，恩格斯还必须向巴黎的共产主义者通报同魏特林决裂的情况，以及在威斯特华伦创办出版社事宜，还有一些有可能引起公众关注的重大事件，恩格斯也需要跟巴黎的共产主义者进行沟通，特别是因为他们没有得到埃韦贝克的可靠支持，得到贝尔奈斯的支持就更加少了。

一开始恩格斯部分发给布鲁塞尔通讯社、部分发给马克思本人的那些报告都显得信心十足、充满希望，但渐渐地恩格斯开始明白，格律恩已经把事情彻底“搞糟”了。蒲鲁东在秋天出版的著作所谋求的，实际上只是一条通往泥潭的道路，这一点在他的信中已经有所预示；于是，马克思按照蒲鲁东表达过的愿望，毫不迟延地对它进行了抨击，但是蒲鲁东没有兑现他许下的要进行报复的诺言，如果不算他作为回答的一通谩骂的话。

4. 历史唯物主义

蒲鲁东给自己的新书定名为《经济矛盾的体系》，这本书的副标题是《贫困的哲学》。针对蒲鲁东的书名，马克思把自己的反击著作命名为《哲学的贫困》，这部著作是用法文写的，目的是更有效地打击论敌。但是马克思没有达到预期的目的，因为蒲鲁东对于法国工人阶级的影响，以及对罗曼语族国家的无产阶级的影响非但没有下降，反而在日益增强；此后，马克思不得不继续同蒲鲁东主义打了数十年之久的交道。

然而，《哲学的贫困》作为一部论战性著作，其价值绝对没有降低，甚至它的历史意义也丝毫没有因此而减色。《哲学的贫困》不但构成了作者人生中的一个里程碑，也是科学史上的一个里程碑。在这部著作中，历史唯物主义的重要观点第一次得到了科学的阐述。这些观点在马克思的早期著述中都曾经像星星点点的火光一样闪现过，不过后来马克思以言简意赅的形式把它们汇集起来。正是在这部反击蒲鲁东的著作中，马克思以一场胜利在握的论战所特有的那种令人信服的明确性对这些观点进行了充分的发挥。马克思所完成的最伟大的科学业绩就是发展了历史唯物主义；这一发展为历史科学所做出的贡献，就相当于达尔文理论对自然科学所做的贡献。

在这方面，恩格斯也有一份功劳，而且这份功劳甚至比他自己所谦逊地承认的还要大得多。但是恩格斯把基本思想的经典定位统统归功于他的朋友马克思，这的确也自有他的理由。按照恩格斯的说法，当他在 1845 年春天来到布鲁塞尔的时候，马克思就向他阐述了已经制定完毕的历史唯物主义的基本思想，这个基本思想的内容就是：每一个历史时期的经济生产，以及由此必然产生的社会结构，形成了这个时期的政治史和文化史的基础；因此，人类的整个历史就是一部阶级斗争史，是社会发展的各个不同的阶段中被剥削阶级与剥削阶级、被统治阶级与统治阶级之间的斗争史；这种斗争目前已经达到了这样一个阶段，在这个阶段中，被剥削和被压迫的阶级——无产阶级——如果不同时使整个社会永远摆脱一切剥削和压迫而获得解放，它就不能够摆脱剥削它和压迫它的阶级——资产阶级——

而获得自我解放。

这就是《哲学的贫困》一书中所阐述的基本思想，在这部批驳蒲鲁东的著作中，它犹如本书中所蕴藏的光芒四射的丰富思想的焦点。跟马克思批判布鲁诺·鲍威尔和施蒂纳所进行的冗长得有时令人感到疲惫的论战截然相反，《哲学的贫困》中的论述异常的明确和简洁；这时候的行船已经不是在泥潭里被推来拉去，而是乘着清风在奔腾的洪流中扬帆航行了。

《哲学的贫困》共分成两部分。在第一部分里，引用拉萨尔的一句话来说，马克思是作为已经成为社会主义者的李嘉图而出现的；在第二部分，马克思则是作为变成了经济学家的黑格尔而出现的。李嘉图曾经指出，资本主义社会中的商品交换，是按照该商品所包含的劳动时间来进行的；而蒲鲁东却极力想证实，商品的这种“价值”是“构成”的，为的是在所耗费的劳动量相等的情况下，便于人们用一件产品跟另外一件产品交换。他认为，应该通过这种办法对社会进行改革，所有的人都应该变成按相同的劳动量直接交换的劳动者。出自李嘉图学说的这个“平等主义”的结论，是英国的社会主义者得出的，他们力图将这一结论变为现实，不过他们建立的“交换银行”很快就破产了。

马克思在《哲学的贫困》中指出，蒲鲁东自称的为解放无产阶级而构想出来的“革命理论”，只不过是现代奴役工人阶级的公式。李嘉图从他自己的价值规律中合乎逻辑地推断出了工资规律；“劳动力”这种商品的价值是按照劳动时间来计算的，这个劳动时间指的是工人为勉强维持生活和繁衍后代所必需的那些物品的生产所花费的时间。没有阶级对立的个人之间的交换，只是资产阶级的幻想，其目的不过是感觉资产阶级社会中和谐和永远公正的状态，在这种状态下，不容许任何人在损害别人的基础上自己发家致富。

实际发生的情况又是怎么样的呢，关于这一点马克思说了这样一番话：“实际上，情况完全不象蒲鲁东先生所想的那样。当文明一开始的时候，生产就开始建立在级别、等级和阶级的对抗上，最后建立在积累的劳动和直接的劳动的对抗上。没有对抗就没有进步。这是文明直到今天所遵循的规律。到目前为止，生产力就是由于这种阶级对抗的规律而发展起来的。”[①] 如果说蒲鲁东希望通过他的“构成价值”保证工人在每一个工作日、通过集体劳动的进步获得越来越多的劳动产品，那么马克思则明确地指出，生产力的发展使英国工人在 1840 年的生产能力能够大大地超过 1770 年，具体可达 27 倍。生产力的发展取决于历史条件，这些历史条件是建立在阶级对抗的基础上的，即私人资本的积累、现代的劳动分工、无政府状态的竞争和工资规律。为了获得劳动盈余，就必须有一些阶级获取利润，而另一些阶级则穷困潦倒。

蒲鲁东把黄金和白银定作他的“构成价值”的第一批样品，他说，君主们占有金银，并且在上面打了自己的印章，再经过君权的神圣化以后就产生了货币。绝非如此，马克思反驳道。货币不是一件东西，而是一种社会关系；就像个人的交换一样，货币要与一定的生产方式相适应。“其实，只有毫无历史知识的人才不知道：君主们在任何时候都不得不服从经济条件，并且从来不能向经济条件发号施令。无论是政治的立法或市民的立法，都只是表明和记载经济关系的要求而已。……法律只是事实的公认。”[②] 君主们在黄金上盖的印章不是表明它的价值，而仅仅是确定它的重量。把金子和银子同“构成价值”相配在一起，简直就是牛头不对马嘴；恰恰是以它们作为价值符号的身份，它们才成了所有的商品中唯一不能由生产费用来确定其价值的商品，因此在货币流通的过程中，它们可以用纸币来代替，这一点早就已经被李嘉图阐明过了。

马克思预示了共产主义的终极目标，他指出，只有当生产资料有限的时候，只有当交换在极其狭小的范围内进行的时候，只有当供给受到需求的主宰、生产受到消费的主宰的时候，蒲鲁东所寻求的“供应与需求之间的正确比例”才有可能实现。马克思认为，随着大工业的兴起，“供与求之间的正确比例”就更加不可能维持了；大工业所使用的工具，迫使大工业的生产规模持续不断地扩大；大工业不能够等待需求，它必定要随着自然发展的不可避免的规律经历着繁荣、萧

① 参阅《马克思恩格斯全集》第 4 卷，人民出版社 1958 年版，第 104 页。

② 参阅《马克思恩格斯全集》第 4 卷，人民出版社 1958 年版，第 121—122 页、第 124 页。

条、危机、停滞、新的繁荣等连续不断、周而复始的更替。

“在现代社会中，在以个人交换为基础的工业中，生产的无政府状态是灾难丛生的根源，同时又是进步的原因。因此，二者必居其一：或者是希望在现代生产资料的条件下保持旧时的正确比例，这就意味着他既是反动者又是空想家；或者是希望一种没有无政府状态的进步，那就必须放弃个人交换来保存生产力。”[①]在这部反驳蒲鲁东的著作中，它的第二章比第一章更加重要。在第一章里，马克思谈到李嘉图时，还不能以完全科学的公正态度对待他——马克思当时坦率地承认李嘉图的工资定律。第二章跟黑格尔有关，在这一章里，马克思就犹如鱼儿得水一样感到得心应手。蒲鲁东严重地误解了黑格尔的辩证方法。他坚守着黑格尔的辩证方法中已经变为反动的一面——认为现实世界是从观念世界中产生出来的，同时他又反过来否定了它的革命的一面，即观念的能动性，这种观念的能动性首先肯定自身，然后否定自身，以显示在这一斗争中那种更高一层的统一，这种统一保存了两方面的实质性的内容，同时扬弃了它们互相矛盾的形式。蒲鲁东却反其道而行之，他把每一个经济范畴都划分为好的一面和坏的一面，为了寻求这两种相反的概念的一种综合、寻求一种科学公式，它既能够保存好的方面，又能根除坏的方面。他看出，资产阶级经济学家强调好的方面，社会主义者谴责坏的方面。而他自己则以为，有了他的公式和综合，他就既能够超越资产阶级经济学家，又能够超越社会主义者。

对于蒲鲁东的这种自命不凡的说法，马克思反驳道：“蒲鲁东先生自以为他既批判了政治经济学，也批判了共产主义；其实他远在这两者之下。说他在经济学家之下，因为他作为一个哲学家，自以为有了神秘的公式就用不着深入纯经济的细节；说他在社会主义者之下，因为他既缺乏勇气，也没有远见，不能超出（哪怕是思辨地也好）资产者的眼界。他希望成为合题，结果只不过是一种合成的错误。他希望充当科学泰斗，凌驾于资产者和无产者之上，结果只是一个小资

① 参阅《马克思恩格斯全集》第4卷，人民出版社1958年版，第109页。

产者，经常在资本和劳动、政治经济学和共产主义之间摇来摆去。”[①] 当然，在这里不应当把小资产者和市侩混为一谈，因为马克思一向把蒲鲁东看成是一个有才智的人，不过充其量而言，他也只不过是一个其观点无论如何都超越不出小资产阶级社会范围的人。

对于马克思来说，揭示蒲鲁东所奉行的方法站不住脚，这并不是一件难事。如果割断辩证的过程，把它分成为好的一面和坏的一面，如果把一个范畴当成另一个范畴的解毒剂，那么观念就不再具有生命力；它也不会再发挥作用，它既不能把自己确立为范畴，也不能把自己分解为范畴。作为黑格尔的真正的学生，马克思十分清楚地知道，正是这坏的一面——尽管蒲鲁东不遗余力地想要在一切领域彻底铲除它——在创造历史，因为坏的一面才能够导致斗争。假如想要保存封建主义的美好的方面，诸如城市中的宗法制生活、农村地区家庭手工业的繁荣、城市手工业的发展，并且仅仅把根除使这种景象受到消极影响的一切作为己任，比如根除农奴制度、根除各种特权和无政府状态，那么所有引起斗争的因素就会遭到灭绝，资产阶级就会被扼杀于萌芽状态；这就相当于给自己提出了一个荒唐透顶的任务，即把历史一笔勾销。

马克思正确地提出了这样一个问题，这就在下面他所说的一段话里：“为了正确地判断封建的生产，必须把它当做以对抗为基础的生产方式来考察。必须指出，财富怎样在这种对抗中间形成，生产力怎样和阶级对抗同时发展，这些阶级中一个代表着社会上坏的、有害方面的阶级怎样不断地成长，直到它求得解放的物质条件最后成熟。”[②] 马克思指出，资产阶级也经历了同样的历史发展过程。资产阶级利用生产关系进行活动，这些生产关系没有单一的和统一的特性，而是具有一种双重的特性。同样的生产关系中，在产生财富的同时也产生贫困。资产阶级发展到怎样的程度，无产阶级在它的怀抱中也发展到同样的程度，而这两个阶级之间的斗争也随之在发展。经济学家是资产阶级的理论家，共产主义者和社会

① 参阅《马克思恩格斯文集》第1卷，人民出版社2009年版，第617页。
② 参阅《马克思恩格斯文集》第1卷，人民出版社2009年版，第613页。

主义者则是无产阶级的理论家。无产阶级的理论家是空想主义者，他们凭空设想出一些体系，并且寻求一种万应的科学，以解决那些被压迫的阶级的需要，因为当时无产阶级尚未发展到足以构成一个阶级，生产关系在资产阶级的怀抱里也没有得到足够的发展，无产阶级的解放，以及建立一个崭新的社会所必需的条件尚不通达明了。“但是随着历史的演进以及无产阶级斗争的日益明显，他们就不再需要在自己头脑里找寻科学了；他们只要注意眼前发生的事情，并且把这些事情表达出来就行了。当他们还在探寻科学和只是创立体系的时候，当他们的斗争才开始的时候，他们认为贫困不过是贫困，他们看不出它能够推翻旧社会的革命的破坏的一面。但是一旦看到这一面，这个由历史运动产生并且充分自觉地参与历史运动的科学就不再是空论，而是革命的科学了。”[①] 在马克思来看来，经济范畴仅仅是社会关系的理论术语，是社会关系的抽象概念。“社会关系和生产力密切相联。随着新生产力的获得，人们改变自己的生产方式，随着生产方式即谋生的方式的改变，人们也就会改变自己的一切社会关系。……人们按照自己的物质生产率建立相应的社会关系，正是这些人又按照自己的社会关系创造了相应的原理、观念和范畴。”[②] 马克思把那些大谈资产阶级社会是“永恒的自然的机制”的资产阶级经济学家比作正统派神学家，他们认为，只有他们的宗教才是上帝的启示，其他一切宗教都是人们的臆造。

马克思通过一系列的经济范畴来证明，蒲鲁东在这些经济范畴方面所尝试过的方法是站不住脚的，这些范畴就是：分工和机器，竞争和垄断，地产或者地租，罢工和工人同盟。分工不是如同蒲鲁东所认为的一个经济范畴，而是一个历史范畴，它在各个不同的历史时期曾经呈现出不同的形式。从资产阶级经济学的观点来看，工厂就是它的存在条件。但工厂并不是像蒲鲁东所设想的那样产生的，工厂不是通过劳动伙伴之间的友好协议产生的，甚至也不是在古老的行会内部产生的；商人成为现代工场的老板，而不是中世纪的行会师傅。

---

① 参阅《马克思恩格斯文集》第1卷，人民出版社2009年版，第616页。

② 参阅《马克思恩格斯文集》第1卷，人民出版社2009年版，第602—603页。

同样，竞争和垄断也不是自然的范畴，而是社会范畴。竞争不是工业竞赛，而是商业竞赛；竞争不是为产品而斗争，而是为利润而斗争。与蒲鲁东的看法相左，竞争不是人类灵魂的必需品，它是在18世纪由于历史的需要而产生的，而在19世纪，它也可能由于历史的需要而消失。

蒲鲁东认为：地产没有经济根源，它是基于与物质财富的生产关联极远的心理上和道德上的考虑；地租的任务是把人更牢固地束缚于自然。这种看法同样是错误的。对此马克思回应道："在每个历史时代中所有权是以各种不同的方式、在完全不同的社会关系下面发展起来的。因此，给资产阶级的所有权下定义不外是把资产阶级生产的全部社会关系描述一番。要想把所有权作为一种独立的关系、一种特殊的范畴、一种抽象的和永恒的观念来下定义，这只能是形而上学或法学的幻想。"[①] 地租——农产品的价格超过它们的生产成本的盈余，包括通常的资本收益和资本利息——是在一定的社会关系下产生的，而且只能在一定的社会关系下产生。地租是地产的资产阶级形式：属于封建所有制，但已经受到资产阶级的生产条件所左右。

在《哲学的贫困》的最后，马克思阐明了罢工和工人同盟的历史意义，而蒲鲁东对此却根本就不感兴趣。尽管资产阶级经济学家和社会主义者从相反的动机出发，警告工人不要使用这种武器，但是罢工和工人同盟的发展一定会与大工业处于同等的发展阶段。由于利益的关系，竞争难免会造成工人内部的分裂；尽管如此，工人们仍然会团结起来，为维护他们的工资水平这个共同利益而斗争。进行反抗这一共同的思想将工人们联合起来结成同盟，在这个同盟中，包含了即将到来的一场会战的全部要素，这与资产阶级形成的初期很相似，资产阶级一开始也是以局部结盟的形式反抗封建主义的，后来才组建成阶级，并且作为一个已经成形的阶级，将封建社会转变为资产阶级社会。

无产阶级和资产阶级之间的对抗是一个阶级反对另一个阶级的斗争，这个斗争的最高表现形式就是一次全面的革命。社会运动并不排斥政治运动，因为没有

① 参阅《马克思恩格斯文集》第1卷，人民出版社2009年版，第638页。

一种政治运动不同时又是一种社会运动的。只有在一个没有阶级的社会里，社会的进化才不再是政治革命。而在这之前，在社会每一次进行普遍革新的前夜，社会科学的结论总是有这样的内容：“不是战斗，就是死亡；不是血战，就是毁灭。问题的提法必然如此。”[①]马克思引用乔治·桑的这样一句话结束了他的全部著述。

在《哲学的贫困》一书中，马克思以一系列的重要观点发展了历史唯物主义，同时他也对德国哲学进行了深入彻底的研究。马克思超越了费尔巴哈，同时他也是黑格尔的殿后人。当然，正式的黑格尔学派由于经营不善已经完全解体。黑格尔学派把大师的辩证法变成了纯粹的条条框框，并且拿来到处乱套，而且往往又做得极其笨拙。可能有人会提到这些黑格尔的信徒，实际上还真有人提到他们，说他们对什么都一窍不通，却什么都拿来著文论述。

当费尔巴哈宣布摒弃思辨概念的时候，黑格尔学派的丧钟敲响了。科学的实证内容重新胜过其形式的一面。但是费尔巴哈的唯物主义缺少“能动性原则”；他一直停留在纯粹的自然科学范畴，而且他排斥历史的进程。马克思不满足于这样的唯物主义，而后来的事实也证明他是正确的。这时候鼓吹这种唯物主义的巡回传道者出现了，他们就是毕希纳和福格特，他们的那种狭隘的庸人的思维方式，曾经迫使费尔巴哈也不得不发表声明说，他赞同这种唯物主义，但只是在后退时，而不是在前进时。“平庸的资产阶级理智这匹驾车的笨马，在划分本质和现象、原因和结果的鸿沟面前当然就一筹莫展了；可是，在抽象思维这个十分崎岖险阻的地域行猎的时候，恰好是不能骑驾车的马的。”[②]这就是恩格斯曾经做出的比较。

黑格尔的信徒并不是黑格尔；如果说黑格尔信徒坚持他们的无知，那么黑格尔本人却属于古往今来最博学的人物之一。他之所以能够超越其他所有的哲学家，就在于他的思维方式是基于一种历史感，这种历史感使他有可能对历史具有一种非凡的理解力，尽管是以纯粹的唯心主义形式，在某种程度上可以说，这是

---

① 参阅《马克思恩格斯文集》第1卷，人民出版社2009年版，第656页。

② 参阅《马克思恩格斯文集》第2卷，人民出版社2009年版，第601页。

通过一面凹面镜来看待事物，把世界历史仅仅理解成为是对思想发展的一种实际的验证。费尔巴哈难以领悟黑格尔哲学的这种现实性的内容，而黑格尔信徒甚至完全抛弃了黑格尔哲学的这个核心内容。

马克思又一次吸取了黑格尔哲学的最可贵的因素，由于马克思不是以“纯粹的思维”为出发点，而是从现实这个顽固的事实出发，因此他把黑格尔哲学完全颠倒过来，他给唯物主义带来了历史辩证法，并由此赋予了唯物主义一种“能动性原则”，而对于“能动性原则”至关重要的一点就是：不仅要解释社会，而且要对社会进行彻底的变革。

5.《德意志—布鲁塞尔报》

马克思的这部批判蒲鲁东的著作篇幅不大，为了出版这部著作，马克思在布鲁塞尔和巴黎各找到了一个德国出版人，当然，他必须自己支付印刷费。当《哲学的贫困》于1847年盛夏出版时，马克思在《德意志—布鲁塞尔报》也有了一个出版机构，这使他能够在公众中更好地发挥作用。

《德意志—布鲁塞尔报》是由那位阿达尔贝特·冯·博恩施太特出版的，从1847年年初起，该报每周出两期。阿达尔贝特·冯·博恩施太特以前负责伯恩施泰因创建的《前进报》的编辑出版工作，他曾经受雇于奥地利政府和普鲁士政府。这一事实如今已经由柏林和维也纳的档案馆公布于众，所以毋庸怀疑；只是还不清楚，博恩施太特在布鲁塞尔期间是否仍然继续从事他的密探活动。当时人们也曾经对他产生过怀疑，不过这种怀疑又被打消了，因为普鲁士驻布鲁塞尔公使极力唆使比利时当局，对博恩施太特负责主编的报纸进行查究。当然，这样做也可能只是为了蒙蔽人们的眼睛，以便于博恩施太特能够驻守在那些聚集在布鲁塞尔的革命分子当中；王位和圣坛的捍卫者们，在选择他们追逐“崇高目标”的手段时，是肆无忌惮的。

不管怎么说，马克思不相信博恩施太特在扮演犹大的角色。他说，博恩施太特的报纸尽管有许多不足之处，但总还是有一些功绩的；如果人们认为这个报纸还不够令人满意，那么就应该把它做得符合人们的要求，而不应该以这个方便的借口，对博恩施太特这个姓名表示不满。8 月 8 日，马克思给海尔维格写了一封措辞十分尖刻的信，他写道：“这些人什么时候会找不到什么也不干的借口呢？这次是说某人不行，下次是某女人不行，这次是倾向欠妥，下次是文风不佳，再下次就是版面有问题，或者推销起来多少有一些危险，等等。这些先生想要坐享其成。如果有一家不受书报检查制度约束而又是政府所讨厌的反对派报纸，而报纸的编辑通过他的工作的结果本身表明他是愿意从事一切进步活动的，难道不应该首先利用这种机会吗？！如果认为这家报纸还不令人满意的话，难道不应该使它令人满意吗？！但是不然，我们的德国人总是可以拿出上千条现成的格言，来证明他们为什么要白白地放过这种机会。任何一个有所作为的机会，都只是使他们感到进退两难。”① 紧接着马克思抱怨道，他的手稿的情况也和《德意志—布鲁塞尔报》差不多，他在信件的末尾还狠狠地咒骂了那帮“蠢驴”，因为这些人指责他宁肯写一些法文的东西，也不愿写别的任何东西。

如果有人能够想到，马克思认为对博恩施太特的怀疑无足轻重，是为了“不把机会白白”地放过，那么就不会因此而依然指责他了。因为当时出现的机会确实非常有利，仅仅由于单纯的怀疑而错过这个机会，那是愚蠢的。在 1847 年春天，紧迫的财政危机迫使普鲁士国王不得不召开联合省议会，联合省议会是由过去的各省议会联合而成，它是一个封建等级制的代议团体，类似于路易十六在 1789 年春天同样是迫于情势而召开的议会。当时在普鲁士，事态的发展还不像在以前的法国那样迅速，但是不管怎样，联合议会根本不肯轻易地拿出钱来，它断然向政府声明，政府不保证扩大议会的权力特别是定期召开议会，它就不会批准拨给政府任何资金。于是事情有了转机，因为财政危机可不是闹着玩的；舞会迟早一定还会重新开始，而伴奏则越早开始越好！

马克思和恩格斯提供给《德意志—布鲁塞尔报》的文章，就是顺着这条思路写的。有一篇文章是评论联邦议会关于自由贸易和保护关税的辩论的，虽然这篇

---

① 参阅《马克思恩格斯全集》第 47 卷，人民出版社 2004 年版，第 468 页。

文章在发表时未具作者姓名，不过从内容和语言风格来判断，显然是恩格斯撰写的。他当时内心充满了这样的信念，即德国资产阶级需要高额保护关税，这不仅是为了防止受到外国工业的挤压，而且更多的是为了赢得必要的力量战胜专制主义和封建主义。出于这个原因，恩格斯也劝告无产阶级，支持保护关税的宣传鼓动运动，哪怕仅仅是为了这个理由。虽然恩格斯认为，关税保护主义者的权威人士李斯特写出了德国资产阶级经济学文献中最优秀的著作，但是他又补充说，李斯特的全部辉煌的著作都是从法国人费里埃那里抄袭来的，后者是大陆封锁制的倡议者。恩格斯警告工人，不要被所谓“工人阶级的福利”这类骗人的鬼话所迷惑，“工人阶级的福利”只不过是自由贸易的捍卫者以及主张保护关税的人拿来当作一块显得光彩夺目的招牌，以掩饰他们自私利己的宣传鼓动活动。[①]不管是在自由贸易制度下，还是在保护关税制度下，工人阶级的工资一直都是同样的。因此，恩格斯捍卫保护关税制度，仅仅是把它当成一项“资产阶级的进步措施”，而马克思也持有同样的见解。

马克思和恩格斯共同撰写了一篇长文章，来驳回基督教封建社会主义的攻击。[②]这次攻击是在《莱茵观察家》上进行的，《莱茵观察家》是政府不久前在科隆创建的一家机关报，旨在于煽动莱茵省的工人反对莱茵省的资产阶级。年轻的赫尔曼·瓦格纳在他的专栏中初显身手，就像他本人在《回忆录》中所说的那样。马克思和恩格斯由于同科隆方面有着密切的关系，想必是知道这一点的。在他们的答复文章中，他们采用了几乎可以说是重叠的韵语，对这个“梳着溜光的分头

---

① 在这一段话里，梅林把恩格斯在两个不同的时期所发表的观点联系到一起了。《保护关税制度还是自由贸易制度》这篇文章是1847年6月发表在《德意志—布鲁塞尔报》上，而对利斯特和费里埃的那段评论则出现在恩格斯于1859年8月发表在《人民报》（伦敦）上的一篇文章里，即《卡尔·马克思“政治经济学批判”》。——德文原书出版者注

（《保护关税制度还是自由贸易制度》一文见《马克思恩格斯全集》第4卷，人民出版社1958年版，第66—69页。《卡尔·马克思〈政治经济学批判〉》见《马克思恩格斯全集》第13卷，人民出版社1962年版，第524—535页。）

② 指《〈莱茵观察家〉报的共产主义》，1847年9月12日刊登于《德意志—布鲁塞尔报》，根据《马克思恩格斯全集》第4卷证实，这篇文章实际上是由马克思一个人所撰写。——德文原书出版者注

的宗教顾问”进行了冷嘲热讽。瓦格纳那时正是马格德堡的宗教顾问。

这一次，《莱茵观察家》利用了联合省议会的失败为题，来引诱工人落入圈套。它说，由于资产阶级拒绝满足政府的一切资金需要，这就表明了，资产阶级所关心的只是夺取国家政权，而对人民的福祉却漠不关心；资产阶级把人民推到前台，仅仅是为了恐吓政府；在资产阶级看来，人民只是它对政府统治发动猛烈进攻时的炮灰。马克思和恩格斯对此做出的反驳其正确性在今天看来是显而易见的。他们说，无产阶级对资产阶级、同样也对政府几乎都不再抱有任何幻想；无产阶级只是想知道：什么才更有助于实现自己的目的，是资产阶级的统治，还是政府的统治；而要回答这个问题，只需要把德国工人的地位同英国和法国工人的地位做一个简单的比较就足矣。

在《莱茵观察家》报上，有一段蛊惑人心的陈词滥调是这样说的：“多么幸运的人民啊！你们在有关原则的问题上已经占了便宜，假如你们不清楚这是怎么一回事，那就让你们的代表讲给你们听吧；当你们在听他们的长篇大论的时候，大概就会忘掉饥饿了！”对于这种说法，马克思和恩格斯首先以尖刻的嘲讽回应道，《莱茵观察家》使用这种具有挑拨性的言辞却免于惩罚，仅从这一点就可以看出，德国的出版界确实具有真正的“自由”。然后他们阐明，无产阶级非常清楚这个原则问题是怎么回事，无产阶级谴责联合省议会，并不是因为这个原则问题得到了解决，而是因为它没有得到解决；假如联合省议会不是仅仅限于要求扩大自己的等级权利，而是还要求建立刑事陪审法庭、实现法律面前人人平等、废除劳役制度、实现出版自由和结社自由、实现真正的人民代议制，那么联合省议会就会得到无产阶级最强有力的支持。

此外，马克思和恩格斯彻底击毁了基督教有关社会原则的伪善谎言，在这些社会原则面前，共产主义必死无疑。“基督教的社会原则有过一千八百年的发展，它并不需要普鲁士国教顾问做任何进一步的发展。基督教的社会原则曾为古代奴隶制进行过辩护，也曾把中世纪的农奴制吹得天花乱坠，必要的时候，虽然装出几分怜悯的表情，也还可以为无产阶级遭受压迫进行辩解。基督教的社会原则宣扬阶级（统治阶级和被压迫阶级）存在的必要性，它们对被压迫阶级只有一个虔诚的愿望，希望他们能得到统治阶级的恩典。基督教的社会原则把国教顾问答应对一切已使人受害的弊端的补偿搬到天上，从而为这些弊端的继续在地上存在进行辩护。基督教的社会原则认为压迫者对待被压迫者的各种卑鄙龌龊的行为，不是对生就的罪恶和其他罪恶的公正惩罚，就是无限英明的上帝对人们赎罪的考验。基督教的社会原则颂扬怯懦、自卑、自甘屈辱、顺从驯服，总之，颂扬愚民的各种特点，但对不希望把自己当愚民看待的无产阶级说来，勇敢、自尊、自豪感和独立感比面包还要重要。基督教的社会原则带有狡猾和假仁假义的烙印，而无产阶级却是革命的。”[①] 正是马克思和恩格斯领导革命的无产阶级同君主政体的社会改革这个骗人的把戏做斗争的。含着眼泪感谢赏给自己一脚和一文钱的人民，只存在于国王的幻想中。真正的人民、即无产阶级——用霍布斯的话来说——是一个健壮而恶毒的男孩。无产阶级是怎样对付企图愚弄它的那些国王的，英格兰的查理一世、以及法国路易十六的命运就是明证。

这篇文章简直就像是一场冰雹似的，击毁了封建社会主义的幼苗，然而也有个别冰雹落到旁处，没有击中要害。不管马克思和恩格斯有多大的理由为联合省议会拒绝给予不务正业的反动政府一切资金的做法进行辩护，如果他们把议会否决政府提出的所得税征收提案也置于同一角度来评价，那么就未免太高抬议会了。这项提案不如说是政府为资产阶级设下的一个圈套。要求废除大城市工人负担最重的磨粉税和屠宰税，以及要求首先通过征收有产阶级的所得税来弥补财政亏损，这最初都是由莱茵省的资产阶级提出来的，导致资产阶级提出这种要求的，是与英国资产阶级开展反对谷物税的斗争相类似的理由。

这样的要求必然遭到政府的极度仇视，因为这种要求就犹如是在割大地产的肉，而且，磨粉税和屠宰税仅仅是在大城市中征收，因此大地主阶级不可能指望这些税收的废除可以降低被其剥削的无产阶级的工资。如果政府依然向联合省议会提出相应的法律草案，那么就是出于不可告人的意图——政府企图借此把议会搞得不得人心，同时使自己博得众望，因为它已经估计到，这个封建等级制的代

① 参阅《马克思恩格斯全集》第4卷，人民出版社1958年版，第218页。

议团体，绝对不会赞同一项适合减轻工人阶级的负担却有损于有产阶级利益的赋税改革，哪怕损害只是暂时性的。政府做出的估计确实准确，这从议会对政府法案的表决结果就可以看出，几乎所有的王公、几乎所有的容克地主和几乎所有的官僚都投了反对票。同时，政府还遇到了特别幸运的事，一部分资产阶级在表决的关键时刻却突然巧妙地改变了主意，体面地打了退堂鼓。

此后，半官方的报纸开始利用议会否决所得税一事大做文章，说这是资产阶级的谎言和欺骗的有力证据，尤其是《莱茵观察家》，更是不厌其烦地死死抓住这点不放。如果马克思和恩格斯向他们的“宗教顾问”说，当他断言一种所得税几乎可以消除社会贫困时，他“在经济问题上是最大的、最厚颜无耻的愚昧无知之徒”，那么马克思和恩格斯说得完全正确；但是，如果他们把议会否决所得税说成是对政府的一个正当的打击而为其辩护，那么他们就大错特错了。这个打击完全没有击中政府这个目标，因为政府在财政方面与其说是被削弱了，倒不如说是被大大地加强了，如果政府把可以获利并且严格运作的磨粉税与屠宰税把持在手中，而不是为征收所得税费尽脑筋。这是因为，根据过去的和新近的经验，如果把所得税强加于有产阶级，会有特别麻烦的地方。在这种情况下，马克思和恩格斯却认为资产阶级依然是革命的，而其实它已经变为反动的阶级了。

“真正的”社会主义者却时常反其道而行之，因此，当资产阶级开始准备应战的时刻，马克思和恩格斯便决定再一次向这股思潮发起冲锋，而这是完全可以理解的。为了这个目的，马克思在《德意志—布鲁塞尔报》上刊登了一系列驳斥“诗歌和散文中的德国社会主义”的专题评论①，还有一篇尚未发表的文章，

①《诗歌和散文中的德国社会主义》一文，它的作者是弗里德里希·恩格斯，这一点从1847年1月15日恩格斯致马克思的书信中可以看出。见卡尔·马克思和弗里德里希·恩格斯：《通信集》第1卷，第76—77页。这一组批判论文见：《马克思恩格斯全集》第4卷，第207—247页。——德文原书出版者注

（《诗歌和散文中的德国社会主义》收入《马克思恩格斯全集》第4卷，人民出版社1958年版，第223—275页。1847年1月15日恩格斯致马克思的信收入：《马克思恩格斯全集》第27卷，人民出版社1972年版，第85—89页。）

是恩格斯写的，不过也可能是马克思和恩格斯两人共同撰写的。[①]不管是在评论里还是在论文里，都主要是清算“真正的”社会主义的美学账和文学账，而这正是“真正的”社会主义最薄弱的一面，按照不同人的看法，或者也可以说是它最强劲的一面。马克思和恩格斯在批驳“真正的”社会主义的艺术谬误时，并不是总能够给予艺术的权利足够的重视；特别是在这篇亲笔写的文章中，就曾经对弗莱里格拉特的杰作《就这么办》进行了不公正的尖锐批评。[②]马克思也在《德意志—布鲁塞尔报》上对卡尔·倍克的诗作《穷人之歌》做了有些苛刻的评论，认为它是“小资产阶级的幻想”。但至少他预言了五十年以后出现的苛求的自然主义的悲惨命运，他写道：“倍克歌颂胆怯的小市民的鄙俗风气。歌颂‘穷人’，歌颂 pauvre honteux〔耻于乞讨的穷人〕——怀着卑微的、虔诚的和互相矛盾的愿望的人，歌颂各种各样的‘小人物’，然而并不歌颂倔强的、叱咤风云的和革命的无产者。”[③]除了卡尔·倍克以外，倒霉的格林也再一次受到冲击，因为他在一部如今早已经下落不明的书中“从人性的角度”丑化了歌德，也就是说，从这位伟大的诗人所有微小的、无聊的和庸俗的方面虚构了一个“真实的人”。

比起这些小冲突来，更为重要的还是马克思的一篇颇为了不起的论文，在这篇论文里，马克思对普遍流行的激进主义言辞进行了严厉的谴责，而且其尖锐程度丝毫不亚于对政府的社会主义空谈的谴责。在针对恩格斯的一场论战中，卡尔·海因岑用权力来说明财产关系不公的原因；每一个只会攻击资产阶级分子的发财欲，而不敢碰一碰国王的权力欲的人，都被他称为胆小鬼和傻瓜。海因岑是一个粗俗的喜欢大喊大叫的人，不值得特别注意；但是他所代表的观点，却很符合那些“开明的”凡夫俗子的口味。他认为，君主制之所以能够

---

① 指恩格斯的《真正的社会主义者》一文。

② 不能说恩格斯对弗莱里格拉特的诗歌的评价不公正。其实恩格斯的批评绝对是友好的，他原本反对的——他完全有理由这样做——只是弗莱里格拉特的过于田园化的革命构想。——德文原书出版者注

③ 参阅《马克思恩格斯全集》第 4 卷，人民出版社 1958 年版，第 223—224 页。

存在，这只能归因于这样一个事实，即几百年以来人们缺少健全的理智，并且缺少人的道德尊严；而现在，当人们重新拥有这些可贵的精神财富时，所有的社会问题便都会在“君主制还是共和制”这个问题前面消失。这种聪明的见解正好同王公贵族们同样聪明的见解形成真正的对立，按照这些王公贵族的说法，一切革命运动都只不过是由一些蛊惑民心的人进行恶意挑拨而引起的。

但是，马克思却证明并且首先是根据德国的历史来证明，是历史创造了王公贵族，而不是王公贵族创造了历史。他揭示了君主专制政体产生的经济根源，指出君主专制政体出现在一个过渡时期，那时陈腐的封建阶级正在走向衰亡，中世纪的市民阶级正在成长为现代资产阶级。马克思认为，君主专制制度在德国产生较晚，维持的时间比较久，这只能归咎于德国市民阶级的畸形发展过程；因此，王公贵族热衷于扮演暴虐、反动的角色，这可以从其经济上的原因中得到解释。马克思说，君主专制制度从前也曾经保护过商业和工业，同时促进了资产阶级的兴起，因为它认为这既是巩固国家政权，又是炫耀自己的必不可少的条件；而现在，君主专制政体却处处在阻挡商业和工业的发展，因为这二者已经变成了掌握在业已强大的资产阶级手中的越来越危险的武器。马克思最后指出，君主专制制度已经把它那变得恐惧而迟钝的目光从城市——它的诞生和振兴之地，投向了乡村——用它昔日强敌的尸体来充当肥料的地方。

马克思的这篇论文包含着丰富的有益的观点，但保守的庸人的“健全的理智”却不是那么容易被糊弄的。同一个关于权力的理论，马克思曾经用来为恩格斯反对海因岑进行辩护，而整整三十年以后，恩格斯又不得不拿来为马克思反驳杜林进行辩护。

6. 共产主义者同盟

1847 年，侨居在布鲁塞尔的共产主义者的人数大大地增加了。

当然，在他们当中还找不到一个人物能够同马克思或者恩格斯相提并论。有时候可能会给人以这样的印象：似乎莫泽斯·赫斯或者威廉·沃尔夫能够成为同盟的第三号人物，他们两个人都是《德意志—布鲁塞尔报》的共同撰稿人。但是最终这两个人当中没有一个做到了这一点。赫斯永远无法摆脱他所编织的哲学蜘蛛网，而且《共产党宣言》对他的著述所进行的十分伤人的尖刻的批评方式，导致了他同马克思和恩格斯的完全决裂。

马克思和恩格斯同威廉·沃尔夫之间的友谊建立得比较晚，因为沃尔夫在1846年春天才来到布鲁塞尔，然而事实却已证明，他们的友谊是禁得起风雨寒暑的考验的，直到沃尔夫的早亡才使这段友谊终止。但沃尔夫不是一个独立的思想家，而作为一名作家，他在很多方面都超越了马克思和恩格斯，他的闪光之处不仅仅限于“通俗的表现手法”这个优点。威廉·沃尔夫出身于西里西亚一个世代相传与容克地主有依附关系的小农家庭，经历了难以言述的艰辛，他费了九牛二虎之力才得以升入大学学习。在大学里，他通过对古代伟大思想家和伟大诗人的研究，加深了对他那个阶级的压迫者的强烈的仇恨。作为一个“煽动者”，他被西里西亚的各个监禁堡垒拖来拖去地关押了好几年。后来，威廉·沃尔夫在布雷斯劳做了私人教师，并且不知疲倦地同官僚政治和书报检查制度进行了一场旷日持久的游击战，直到开始对他提起新的起诉促使他决定逃往国外，以免在普鲁士的监狱中变得意志消沉、萎靡不振。

在布雷斯劳逗留期间，沃尔夫同拉萨尔结为朋友，随后又与马克思和恩格斯结识为友，这三个人全都是用永不凋谢的月桂果装饰了他的坟墓。沃尔夫属于那种品格高尚的人，用诗人的话来说就是，这种人自己有什么就付出什么。他的坚如磐石的个性、他的始终不渝的忠诚、他的极端的认真负责、他的毋庸置疑的毫不利己的无私精神、他的永远也不可触及的谦逊态度，使他成为一个革命战士的典范，也是人们对他高度尊敬的最好解释：无论是他的政治上的朋友，还是他的政治宿敌，每当谈起他的时候，除了充满了对他的爱或者是恨，还充满了对他的高度敬仰。

在围绕着马克思和恩格斯的朋友圈子里，比威廉·沃尔夫站得稍远一些的是和他同姓氏的费迪南德·沃尔夫，还有一个是恩斯特·德龙克，此人曾经写过一本有关三月革命前的柏林的好书[①]，由于这本书被指控含有冒犯君王的内容，德龙克因此被判处两年的堡垒监禁，他从韦塞尔监禁堡垒的暗室里逃了出来，在最后一刻才到达布鲁塞尔。同马克思和恩格斯这个圈子的关系更加密切的还要特别提到格奥尔格·维尔特，恩格斯还在曼彻斯特当职员的时候就已经认识他了，他同样是店员，在布拉德福德的一家德国公司工作。维尔特是一位真正的诗人，也正因为如此，他才能够完全摆脱掉诗人这一行当的那种迂腐的习气；维尔特也英年早逝，尚没有一只虔敬的手来收集他那些漫不经心地零零碎碎地发表的吟诵战斗的无产阶级精神的诗作。[②]

后来，有一些有才干的手工劳动者也加入这些脑力劳动者的队伍中，他们之中领先的是卡尔·瓦劳和斯特凡·博恩，他们两个人都是《德意志—布鲁塞尔报》的排字工人。

布鲁塞尔是比利时这个以资产阶级君主制典范自居的国家的首都，它也是最适于建立国际联络的地方，特别是由于一直被视为革命中心的巴黎长期遭受臭名昭著的九月法令[③]逞凶肆虐。在比利时，马克思和恩格斯甚至同参加过1830年革命的人员保持着良好的关系；在德国，尤其是在科隆，他们都有一些老朋友和新结交的朋友，除了荣克以外，主要有德埃斯特尔和丹尼尔斯两位医生；在巴黎，恩格斯同社会主义民主党建立了联系，特别是同该党派的那些文学代表人物、同路易·勃朗以及同费迪南·弗洛孔建立了联系，费迪南·弗洛孔负责该党派的机关报《改革报》的编辑出版工作。关系更为密切的还是宪章运动的革命派，有《北极星报》的主编朱利安·哈尼，以及在德国接受过教育的欧内斯特·琼斯。这些宪章运动的领袖对“民主派兄弟协会”在思想上有很大的影响，“民主派兄

① 指恩斯特·德龙克（1822—1891）在1846年出版的他的最重要的政论书《柏林》，1953年由柏林吕滕 & 勒宁出版社再版其删节本。——德文原书出版者注

② 格奥尔格·韦尔特（1822—1856）的著作五卷本全集于1956—1957年在前德意志民主共和国出版，出版人布鲁诺·凯泽，建设出版社，柏林。——德文原书出版者注

③ 1835年7月法国国王路易·菲力浦一世遭到行刺后，法国政府于同年9月9日颁布了九月法令，法令对刑事陪审法庭的裁决活动进行限制，并对报章杂志施加压力，比如提高报纸杂志的保证金，用监禁和罚款威胁含有反对所有制和现存国家制度内容的出版物等。——德文原书出版者注

弟协会”是一个国际性的组织，其中也有以卡尔·沙佩尔、约瑟夫·莫尔和其他盟员为代表的正义者同盟的成员。

1847年1月，正义者同盟发起了一个决定性的行动。它以“伦敦共产主义通讯委员会”的名义，同“布鲁塞尔通讯委员会”建立了联系，不过它们之间的相互关系相当冷淡。其中一方对“有学问的人”充满了不信任的态度，认为他们根本不可能知道工人的疾苦；另一方同样也对“施特劳宾人”——流动的手工业帮工——充满了不信任，也就是说，对手工业行会成员的偏狭性抱着极不信任的态度，而这种狭隘性在当时的德国工人当中尚占据着统治地位。在巴黎，恩格斯不得不煞费苦心，以帮助那里的“施特劳宾人”摆脱蒲鲁东和魏特林的影响。虽然他认为，伦敦的“施特劳宾人”是自己唯一可以打交道的人，不过他仍然把正义者同盟在1846年秋天就石勒苏益格–荷尔斯泰因问题发表的宣言称为“垃圾”。他说，同盟的代表人物从英国人那里学到的恰恰是最荒谬的东西，完全无视于一切真实存在的情况，并且不善于了解历史的发展进程。

在足足十年以后，当马克思谈到他当时对于正义者同盟的态度时，他表明：“同时，我们还出版了一系列抨击性小册子，有的是铅印的，有的是石印的；我们在这些小册子里，对构成当时‘同盟’的秘密学说的那种法英两国社会主义或共产主义同德国哲学的混合物进行了无情的批判；为了代替这种混合物，我们提出把对资产阶级社会经济结构的科学认识作为惟一牢靠的理论基础，最后并用通俗的形式说明：问题并不在于实现某种空想的体系，而在于要自觉地参加我们眼前发生的改造社会的历史过程。”① 马克思认为，正义者同盟之所以在1847年1月派遣一名中央机关领导成员即钟表匠约瑟夫·莫尔到布鲁塞尔，邀请他和恩格斯加入同盟，并有意接受他们的观点，这要归因于那些出版物的效应。

遗憾的是，马克思提到的那些用于宣传的小册子一本也没有保存下来②，除了有关反对克利盖的通告，在这个通告里，克利盖被嘲笑为秘密的“埃萨伊同

① 参阅《马克思恩格斯全集》第19卷，人民出版社2006年版，第137页。

② 原计划把恩格斯的著作《德国的现状》作为小册子发表，但是当时未能出版。一直到1929年，才由苏共中央马克思恩格斯列宁斯大林研究院第一次发表。——德文原书出版者注

盟”——正义同盟——的密使和先知。通告说，克利盖把欧洲各国共产主义的真实历史发展神秘化了，他把共产主义的产生和发展归功于这个“埃萨伊同盟”的荒诞和虚构的以及凭空捏造的诡计，而且散布对于这个同盟的势力产生的荒唐透顶的幻想。

如果这个通告对正义者同盟产生了影响，那么正义者同盟由此也同样证明了，它的成员不单单是什么“施特劳宾人”，同时也证明了，他们从英国历史中学到的东西比恩格斯所设想的要好得多。尽管通告中极不客气地提到了他们的“埃萨伊同盟”，他们却比魏特林更善于对这个通告给予应有的评价；通告中虽然丝毫没有伤害到魏特林本人，但他还是站到克利盖那一边去了。实际上在伦敦这样一个世界交流中心，正义者同盟确实比在苏黎世而且甚至比在巴黎还更保持有生机和活力。正义者同盟当初确定的目的是在德国工人当中进行宣传，但是在这座世界大城市中，它具有了国际性质。在与来自世界各地的流亡者的频繁交往中，以及目睹了宪章运动的浪潮日益高涨，正义者同盟的领导者们获得了远远超过手工业者所能够想象到的更加宽广的视野。除了原有的领袖沙佩尔、鲍威尔和莫尔以外，正义者同盟中还出现了已经超越他们的来自海尔布隆的微型彩绘画家卡尔·普芬德，以及来自图林根的裁缝工人格奥尔格·埃卡留斯，他们二人由于在理论认识方面的天赋而显露头角。

沙佩尔为莫尔亲笔写了一份授权委托书，上面注明的日期是1847年1月20日，莫尔就带着这份委托书首先来到布鲁塞尔找到马克思，然后又出现在巴黎去找恩格斯；这份委托书写得还是相当审慎的，它全权委托送交者向他们汇报正义者同盟的状况，并且对全部重要的问题给予了详细的答复。但在面谈的时候，莫尔就变得随便多了。他邀请马克思加入同盟，并且通过开诚布公的交谈，打消了马克思最初的疑虑，他向马克思披露道，正义者同盟中央委员会准备前往伦敦召开一次代表大会，这是为了把马克思和恩格斯提出的批判观点制定为同盟的学说，并将在一篇公开的宣言中提出来。然而他又说，马克思和恩格斯必须协助同盟共同面对那些陈腐的、与此格格不入的因素的抵制，为了实现这个目的，他们两个人必须加入同盟。

马克思和恩格斯决定接受这个建议。代表大会于1847年夏季召开，但是在这次代表大会上，首先只谈到了同盟的一个民主组织，它就相当于一个做宣传鼓动的团体，虽然它必须秘密进行工作，但是不介入任何阴谋策划活动。在组织编制上，同盟由支部——每个支部成员不得低于三人，同时不得超过十人、区部、总区部、中央委员会及代表大会组成。大会宣布了同盟的目的：推翻资产阶级政权，建立无产阶级统治，消灭旧的以阶级对立为基础的资产阶级社会和建立没有阶级、没有私有制的新社会。从这时起，正义者同盟改称为共产主义者同盟，根据同盟的民主性质，同盟的新章程首先要提交给各个支部进行讨论。有关新章程的最后决定，则要推延到第二次代表大会上通过，第二次代表大会将在年底前举行，届时还要讨论同盟的新纲领。马克思没有出席第一次代表大会，不过恩格斯作为巴黎支部的代表、威廉·沃尔夫作为布鲁塞尔支部的代表，参加了这次代表大会。

7. 布鲁塞尔的宣传

共产主义者同盟首先把创办德国工人教育协会视为自己的任务，这些工人教育协会能够有助于共产主义者同盟进行公开的宣传活动，同时也能够从中吸收最适合的成员，以补充和扩大自己的队伍。

这类协会的建立在各地都是同一个模式，即每个星期规定一天进行讨论，一天用于开展集体娱乐活动（唱歌、朗诵等）。各处都建立了协会的图书室，而且，凡是有条件的地方，还给工人开班上课，讲授基础知识。

后来，德国工人协会也是按照这个模式建立起来的，它于8月底在布鲁塞尔成立，不久它便拥有了将近一百名会员。[①] 莫泽斯·赫斯和卡尔·瓦劳当选为主席，威廉·沃尔夫任协会秘书。德国工人协会在每个星期三和星期日晚上开会。

① 根据卡尔·马克思所做的记录来看，共产主义者同盟布鲁塞尔支部在1847年8月5日就已经组建。——德文原书出版者注

星期三就一些涉及无产阶级利益的重大问题进行讨论，星期日则惯常由沃尔夫做例行的一周政局概述，他不久就显示出，他在这方面具有一种特殊的技能；他的报告结束之后，接下来就是无拘无束的娱乐活动，这类活动往往也有妇女参加。

9 月 27 日，该协会举行了一场国际盛宴，目的是表明各个不同国家的工人之间彼此怀有兄弟般的情谊。那时候人们喜欢选择宴会的形式进行政治宣传，这往往是为了逃避警察对于公共集会的干涉。而 9 月 27 日举办的宴会还有一个特殊的根由和目的。这次宴会是由博恩施太特以及德国侨民当中另外一些心怀不满的分子主办的，他们的目的正如当时刚好在场的恩格斯写信给刚好不在场的马克思所说的那样，“是想把我们贬低到与安贝尔和比利时民主派相比的次要地位。并且建立一个比我们微不足道的工人协会更了不起、更广大的团体。”[①] 但是恩格斯想方设法及时挫败了这个阴谋；他甚至同法国人安贝尔一道被当选为副主席，尽管他由于自己“看起来太年轻”而极力推辞。梅利奈将军被推选为宴会的名誉主席，而实际上的主席则推举律师若特朗担任，这两个人都是曾经参加过 1830 年比利时革命的老战士。

在宴会席旁就坐的有一百二十位客人，其中有比利时人、德国人、瑞士人、法国人、波兰人、意大利人，还有一位俄国人。在一些人演说结束之后，当即决定按照“民主派兄弟协会”的模式在比利时成立一个“民主协会”。恩格斯也被选进筹备委员会。由于他随即不得不离开布鲁塞尔几个月，因此他给若特兰写了一封信，他在信中推荐马克思接替他的位置。他说，假如马克思先生当时能够出席 9 月 27 日的集会，他无疑也会当选。“因此，不是马克思先生将代替我的职务，而是我当时在会议上代替了马克思先生等等。”[②] 果然，当“民主协会”于 11 月 7 日和 15 日组织起来的时候，安贝尔和马克思当选为副主席，而梅利奈被批准为名誉主席，若特兰被批准为真正的主席。协会的章程则由比利时、德国、法国和波兰的民主主义者签署，总共大约有六十人签名；在章程上签名的德国人中，

① 参阅《马克思恩格斯全集》第 47 卷，人民出版社 2004 年版，第 472 页。

② 参阅《马克思恩格斯全集》第 47 卷，人民出版社 2004 年版，第 479 页。

除了马克思以外，主要有莫泽斯·赫斯、格奥尔格·维尔特、两个沃尔夫、斯特凡·博恩，也有博恩施太特。

“民主协会”的第一次重大集会，是在11月29日举行的波兰革命周年纪念大会。斯特凡·博恩代表德国人在大会上发言，他的演说多次获得响亮的掌声。在这同一天而且是出于同样的理由，“民主派兄弟协会”在伦敦也举行了集会，马克思作为协会派出的正式代表在大会上发表了演说。他的语调慷慨激昂，自始至终洋溢着无产阶级的革命精神。

他说：“毫无疑问，旧波兰已经病入膏肓了，我们绝对不希望它恢复。不过病入膏肓的不仅是旧波兰。旧德国、旧法国、旧英国，——整个旧社会都已经病入青育了。旧社会的死亡对于在那个社会里没有什么东西可以丧失的人们来说并不是一种损失，而一切现代国家里的极大多数人的处境正是这样。”[①] 在无产阶级击败资产阶级的胜利中，马克思看到了一切被压迫的民族获得解放的信号；而在英国无产阶级反抗英国资产阶级的胜利中，马克思看到的则是导致一切被压迫者战胜他们的压迫者的具有决定意义的打击。马克思说：解放波兰不应当在波兰进行，而应当在英国进行；如果宪章运动的参与者击败了他们在国内的敌人，那么他们也会由此而击溃整个旧社会。

“民主派兄弟协会”也用同样的语调对马克思的致辞做出回应：“你们的代表、我们的朋友和兄弟马克思会告诉你们，他的与会和宣读你们的致辞曾怎样受到我们欣喜若狂的欢迎。所有的眼睛都放射出喜悦的光芒，所有的声音都呼喊着向他表示欢迎，所有的手都友爱地伸向你们的代表……我们以无比欢乐的心情接受你们向我们提议的联盟。我们的协会已经成立两年多了，它的口号是：人人皆兄弟。在去年的协会创立纪念日，我们曾经借机提议，组建一个各国民主主义者的代表大会，而我们也十分高兴地听到，你们也公开提出了同样的建议。国王们的阴谋必须通过各国人民的阴谋加以粉碎……我们深信，要实现普遍的博爱，必须面向真正的人民，面向无产者，面向在现行社会制度的重压下每天都在流血流汗的人

① 参阅《马克思恩格斯文集》第1卷，人民出版社2009年版，第695页。

们……走出茅屋，走出阁楼或者地下室，离开耕犁，离开工厂和铁砧，我们将会看到，是的，我们已经在看到，博爱的代表人物以及被选拔出的人类救星，正沿着同一条道路迎面走来。”“民主派兄弟协会”建议，于1848年9月在布鲁塞尔举行各国民主主义者代表大会，这在某种程度上是为了对抗1847年9月同样是在那里召开的自由贸易派代表大会。

然而，向“民主派兄弟协会”致欢迎词并不是导致马克思前往伦敦的唯一目的。紧接着波兰革命周年纪念大会召开之后，就在同一座房子里，即在沙佩尔、鲍威尔和莫尔1840年创建共产主义工人教育协会[①]的会议厅里，举行了由共产主义者同盟召开的代表大会，这次会议旨在于最终通过新的章程以及讨论同盟的新纲领。恩格斯也出席了代表大会，他从巴黎出发，于11月27日到达奥斯坦德同马克思会面，然后他们一起做了这一次跨越一水之隔的旅行前往英国。在伦敦，经过至少十天的讨论之后，马克思和恩格斯两个人得到一项委托，即把共产主义的基本原理总结归成一篇宣言以待公布。

12月中旬，马克思回到了布鲁塞尔，而恩格斯则绕道布鲁塞尔返回巴黎。他们似乎并不太急于执行同盟委托给他们的任务：至少，伦敦的中央委员会曾经在1848年1月24日向布鲁塞尔区部委员会发出过一封措辞坚决的催促信，要它向公民马克思示意，如果他所承担起草的共产党宣言在2月1日之前还没有送达伦敦，那就要对他采取进一步的措施。至于是什么缘由造成了拖延，现在几乎很难断定了：这或许可以归因于马克思的那种过于认真缜密的工作作风，或者是因为马克思同恩格斯分隔两地而妨碍了他们的合作；不过也可能是因为伦敦的中央机关太性急了，尤其是听说马克思只继续专心致力于推广自己在布鲁塞尔的宣传工作，因而变得不耐烦了。

1848年1月9日，马克思给“民主协会”做了一次关于自由贸易的演讲。[②]他原本是准备在布鲁塞尔自由贸易派代表大会上做这个演讲的，但是那时候他没

---

① 即德国工人教育协会。

② 见《马克思恩格斯全集》第4卷，人民出版社1958年版，第444—459页；卡·马克思：《关于自由贸易的演说》，1848年1月9日发表于布鲁塞尔民主协会的公众大会上。

有机会发言。在这篇演讲中，马克思证实并且驳斥了自由贸易派的谎言，他们打着“工人福利”的幌子进行欺骗，硬说这就是他们从事宣传鼓动的真正动力。虽然自由贸易有助于资本赢利，而对工人则造成极大伤害，但是马克思却仍然承认，而且恰恰是由于这个原因而承认，自由贸易是符合资产阶级经济学原理的。马克思认为，自由贸易的本质就是资本的自由，资本为了完全释放出它本身的活动能量，就必须拆除国家设置的障碍，因为国家的限制只能使资本更加受到束缚。马克思说，自由贸易瓦解了过去的民族凝聚力，使资产阶级和无产阶级之间的矛盾达到了顶峰；由此，自由贸易加速了社会革命的到来。马克思正是看到了这种革命意义而支持自由贸易制度的。

在演讲中，马克思对有人怀疑他具有保护关税主义倾向表示抗议；他倡导自由贸易，但是这同他也称赞德国的保护关税制度是一项“进步的资产阶级措施”绝对不矛盾。跟恩格斯一样，马克思纯粹是从革命的立场出发来观察整个自由贸易问题和保护关税问题的。德国的资产阶级需要保护关税制度，它把保护关税当作反对专制制度和封建主义的武器，同时也作为集中力量来实现国内自由贸易制度和建立大工业的手段，而大工业又必然要依赖世界市场，也就是说，要或多或少地依赖自由贸易。马克思的这篇演说受到“民主协会”会员们的热烈欢迎，于是协会决定，由自己出钱把马克思的讲话用法语和法兰德斯语印刷出版。

比马克思的这篇演说更为重要，意义也更加深远的，是马克思在德国工人协会所做的关于雇佣劳动与资本的讲演。马克思认为：劳动工资并不是工人由他自己生产的商品中分得的份额，而是原先已经存在的商品的一部分，由资本家用来购买一定数量的生产劳动；如同其他任何一种商品的价格一样，劳动的价格也是由它的生产成本来决定的。简单劳动的生产成本合计起来就是维持工人生存和繁衍后代的费用，这种费用的价格就是工资；工资也同任何其他商品的价格一样，随着竞争而波动，时而高于生产费用，时而低于生产费用，但是在这种波动的范围内，要和雇佣劳动工资的最低额度保持平衡。

然后，马克思转而研究起资本来。资产阶级经济学家宣称，资本是积累起来的劳动。对于这种论断马克思回答说：“什么是黑奴呢？黑奴就是黑种人。这个说明和前一个说明是一样的。黑人就是黑人。只有在一定的关系下，他才成为奴隶。纺纱机是纺棉花的机器。只有在一定的关系下，它才成为资本。脱离了这种关系，它也就不是资本了，就像黄金本身并不是货币，砂糖并不是砂糖的价格一样。”① 资本也是一种社会生产关系，是资产阶级社会的一种生产关系。一定数目的商品、一定量的交换价值之所以变成资本，是由于它作为一种独立的社会力量，也就是说作为一种属于社会一部分的力量保存下来，并且通过与直接的、活的劳动力的交换而不断增殖。“除劳动能力以外一无所有的阶级的存在是资本的必要前提。只是由于积累起来的、过去的、对象化的劳动支配直接的、活的劳动，积累起来的劳动才变为资本。资本的实质并不在于积累起来的劳动是替活劳动充当进行新生产的手段。它的实质在于活劳动是替积累起来的劳动充当保存并增加其交换价值的手段。”② 资本和劳动是相互制约的，它们也是相互产生的。

如果资产阶级经济学家由此得出结论说，资本家和工人的利益是一致的，那么就是说，要是资本家不雇佣工人，工人就会灭亡；而资本家要是不剥削工人，资本家就会灭亡。生产资本增长得越快，工业就会越繁荣，资产阶级越大发横财，资本家需要的工人就越多，而工人出卖自己的价格也就越高。因此，使工人能够勉强过活的一个必要条件，就是尽可能地加快生产资本的增长。

马克思进一步解释到，在这种情况下，工资的显著增长的前提就是首先需要生产资本更为迅速地增长。他说，资本增长了，工资才有可能增长，但增长得更快的还是资本的利润；因此，工人的物质状况虽然有所改善，但这种改善是以降低工人的社会地位为代价的：间隔在工人与资本家之间的社会鸿沟更加扩大了。有人说，为雇佣劳动创造有利条件就是尽可能地加快资本的增长，这只不过是在说：工人阶级越是迅速地增加和扩大那个与它敌对的力量——增加和扩大对它起主宰作用的他人的财富，它就越有可能在更加有利的条件下为重新扩大资本

① 参阅《马克思恩格斯选集》第1卷，人民出版社2012年版，第339—340页。

② 参阅《马克思恩格斯选集》第1卷，人民出版社2012年版，第342页。

的力量而工作，并且越有可能为自己铸造金锁链，让资产阶级用来拖着自己在后面走。

然而，马克思接着说，资本的增长和工资的提高根本就不像资产阶级经济学家所断言的那样，是密不可分地联系在一起的。认为资本家吃得越肥胖，他的奴隶也会被喂得越胖的说法是完全不正确的。生产资本的增长包括资本的积累和积聚。资本的集中导致更大规模的分工以及机器的更大规模的使用。更大规模的劳动分工破坏了工人所具有的特殊技能的价值；需要这种特殊技巧的工作被任何人都可以完成的工作所代替，由此加剧了工人之间的竞争。

这种竞争之所以变得愈加激烈，是因为这样的分工提供了更加多的可能性，使一个工人就能够完成三个人的工作。机器的应用也具有同样的结果，而且取代人工劳动的程度还要高得多。生产资本的增长迫使工业资本家把越来越多的生产资料投入生产；这就使得一些小工业家破产并且把他们抛到无产阶级的行列里。此外，信贷资本的利率随着资本的积累而降低，致使小食利者由于不能再靠自己的利息过活而转向工业，因此无产者的数量大大增加。

最后，生产资本的增长，迫使它为市场生产更多的产品，而市场的需要它却一无所知。生产走在需求的前面，供给就必须设法迫使需求增加，而由此产生的危机——那种工业上的地震——会越来越频繁，越来越猛烈，处于这些危机中的商界要想维持下去，只能把一部分财富、一部分产品甚至一部分劳动力奉献给地狱的诸神。资本不仅仅是靠剥削劳动来生存。这是一个既高贵又残酷的统治者，它要把它的奴隶的尸体——在危机时期丧生的大批工人——也全部随身带进墓穴中去陪葬。因此马克思总结说：如果说资本在迅速增长，那么工人中间竞争的激烈程度增长得还要迅速得多，也就是说，工人阶级的就业办法和生存手段相对而言越来越减少了；但尽管如此，资本的快速增长却为雇佣劳动创造了最有利的条件。

遗憾的是，马克思在布鲁塞尔向德国工人所做的那些演讲，保存下来的只有这么一个片段。不过，这一个片段已经足以表明，马克思在进行宣传时是多么认真、他的思想又是多么深刻。不过，巴枯宁对此却抱有不同的看法。巴枯宁由于在波兰革命周年纪念会上发表演说而被驱逐出法国，那几天他刚好来到布鲁塞尔。1847 年 12 月 28 日他写信给他的一个俄国朋友说："马克思在这里还是跟从前一样，爱搞那一套虚夸的事情，他在毁掉那些工人，因为他把他们变成了好吹毛求疵的争辩者。他还是那种理论狂和永不知足的自我满足。"在给海尔韦格的一封信中，巴枯宁对马克思和恩格斯进行了更加严厉的指责："总而言之，谎言和愚昧，愚昧和谎言。在这伙人当中，简直无法自由畅快地呼吸。我躲开他们，并且坚决表明，我不加入他们那个共产主义手工业者协会，也不想同他们发生任何关系。"

巴枯宁的这些表白之所以值得注意，并不是由于他用了这种始料未及的激怒语气来攻击马克思——因为无论是以前还是后来，巴枯宁对马克思的评价都是与此完全不相同的，而是因为在这些话语当中，预示了一种意见分歧，这种分歧导致了后来这两位革命者之间的激烈的斗争。

8.《共产党宣言》

在这期间，《共产党宣言》的原稿也已经寄往伦敦。

这方面的准备工作有一部分是在第一次代表大会之后完成的，这次代表大会曾经决定，把共产主义纲领的讨论交付给第二次代表大会进行。显然，这项任务得由共产主义运动的理论家们承担，于是马克思、恩格斯，还有莫泽斯·赫斯便拟出了几份草案。

不过，在这些草案中只有一份被保存下来[①]，这份草案就是恩格斯于 1847 年 11 月 24 日——第二次代表大会召开前不久——写给马克思的信中提到的："请你把《信条》考虑一下。我想，我们最好是抛弃那种教义回答形式，把这个东西叫做《共产主义宣言》。因为其中必须或多或少地叙述历史，所以现有的形式完全

① 这份草案是指弗·恩格斯写于 1847 年 10 月底—11 月的《共产主义原理》。见《马克思恩格斯全集》第 4 卷，人民出版社 1958 年版，第 357—374 页。

不合适。我把我在这里草拟的东西带去，这是用简单的叙述体写的，时间十分仓促，还没有作仔细的修订。”[①] 恩格斯又补充说，这个草案还没有提交给巴黎各支部去讨论，不过他希望这个草案——除了一些无关紧要的细节以外——能够得到通过。

恩格斯的这份草案仍然是完全采用问答的形式撰写的，这种体裁与其说会有损于它的深入浅出、通俗易懂，倒不如说这种表现形式会有助于这一点。对于眼下的宣传鼓动工作的目的而言，恩格斯的草案要比后来的《共产党宣言》更加适用，而且它在思想内容方面同定稿的《共产党宣言》完全一致。但为了有利于历史的叙述方式，恩格斯仍然从一开始就舍弃了他的二十五个问答，他以此证明了他的诚意；《共产党宣言》预示了共产主义的到来，并把这一点视为世界历史发展的一种必然现象，按照希腊历史学家的定义，它绝对是一部具有永恒意义的著述，而不是一本仅为逃亡国外的读者撰写的论战性宣传册。

也正是因为其经典的形式，《共产党宣言》确保了它在世界文学史上所占有的经久不衰的地位。但这绝不等于是对那些古怪的顽固派做出了让步，这些人断章取义地从中抽出个别的句子，试图据此证明《共产党宣言》的作者们剽窃了卡莱尔、吉本、西斯蒙第或者其他什么人的著作。这纯粹是在使用障眼法。在这方面《共产党宣言》完全是一部独立完成的原著，就如同他们的每一部著作一样。不过《共产党宣言》中所包含的思想，没有一种不是马克思或者恩格斯在他们以往的各种著作中已经表述过的。《共产党宣言》并不是一种新的启示；它只是作者对于他们的新的世界观所做的一个总结，就像是一面镜子，它的玻璃不够明亮，它的边框不够窄小（在一面极小的而又一尘不染的明镜中）。根据文章的风格来判断，马克思对于《共产党宣言》的最后定型起了更大的作用，虽然恩格斯在认识方面并不低于马克思一筹，恩格斯拟订的草案就是证明；因此他应该被视为《共产党宣言》的合著者，并且应当享有同等的权利。

自从《共产党宣言》发表以来，一个世纪的三分之二已经过去了，而这

① 参阅《马克思恩格斯选集》第 4 卷，人民出版社 2012 年版，第 420 页。

六七十年，是一个充满了最为巨大的经济和政治变革的时期，这一个时期在《共产党宣言》中并非一带而过没有留下任何痕迹。在某些方面，历史的发展和《共产党宣言》的著作者们所预料的有所不同，主要是这一发展进行得比预想的要缓慢得多。

他们目所能及的未来越是遥远，他们越觉得未来就近在咫尺。可以说，没有阴影也不可能有光。这是莱辛早就已经在那些能够“非常正确地展望未来”的人身上所发现的一种心理现象：“对他们来说，那些在自然界需要经历几千年的东西，在他生存的片刻就可以酝酿成熟。”当然，马克思和恩格斯不是错算了几千年，但他们毕竟错算了足足几十年。在撰写《共产党宣言》的时候，他们就清楚地看到，资本主义生产方式的发展已经达到一个甚至在今天也几乎无法达到的高度。这一点在恩格斯的草案中比在《共产党宣言》本身表达得更为清楚。那里面说，在那些文明的国家，几乎所有的劳动部门都推行了工厂批量生产，几乎在所有的劳动部门中，手工业生产和手工劳动都遭到了大工业的排挤。

与此形成奇特的对比的是，《共产党宣言》中所能够列举出的工人政党的萌芽少得可怜。就连这些党派中最重要的一支——英国的宪章派——也在很大程度上受到混杂在其中的小资产阶级分子潜移默化的影响，更不用说法国的社会主义民主党了。瑞士的极端主义分子以及那些把农民解放看成是民族解放的必要条件的波兰革命者，当时还只不过是墙上的影子罢了。《共产党宣言》的作者们后来自己也指出，当时无产阶级运动传播区域的范围是多么有限，并且特别强调这些区域还缺少俄国和美国。“那时，俄国是欧洲全部反动势力的最后一支庞大后备军；美国正通过移民吸收欧洲无产阶级的过剩力量。这两个国家，都向欧洲提供原料，同时又都是欧洲工业品的销售市场。所以，这两个国家不管怎样当时都是欧洲现存秩序的支柱。”[①] 不过这一切在三十年过后已经发生了多么大的变化啊，尤其是在当今！《共产党宣言》认为资本主义生产方式具有“非常革命的作用”，但是，如果说这种“非常革命的作用”所蕴藏的生命力实际上远比《共产党宣

① 参阅《马克思恩格斯文集》第2卷，人民出版社2009年版，第7页。

言》的作者们所设想的要长久得多，那么难道仅凭着这一点就能够真正将《共产党宣言》驳倒吗？

与此有关的还有《共产党宣言》的第一个章节对资产阶级与无产阶级之间的阶级斗争的抓人心魄和气势磅礴的描述，虽然对于阶级斗争的基本特征的描述达到了无与伦比的真实，但是，对于斗争进程的论述却过于肤浅。现在已经不能把这种事实当作一种非常普遍的现象了，即现代工人——和以前的被压迫阶级不同，这些阶级至少还能确保维持其奴隶般的生存条件——不是随着工业的进步而上升，而是每况愈下地降到本阶级应有的生存条件以下的水平。虽然资本主义生产方式确实具有这种趋势，但是工人阶级的广大阶层已经懂得保护自己，即使是在资本主义社会的基础上，也有办法确保自己的生活甚至超出小资产阶级的各个阶层的生存条件。

当然，必须避免像那些资产阶级的批评家一样，由此推断出《共产党宣言》所宣布的“贫困化理论”是站不住脚的。这种理论——断言资本主义的生产方式会使以这种生产方式占据统治地位的那些国家的民众陷于贫困——已经提出来很久了，早在《共产党宣言》发表以前，甚至尚在马克思和恩格斯开始下笔写《共产党宣言》以前就被提出了。提出这个理论的是那些社会主义思想家、是激进的政治家，而首当其冲的则是那些资产阶级经济学家。马尔萨斯的人口论力图美化“贫困化理论”，不惜把它说成是永恒的自然规律。“贫困化理论”是一种实践的反映，甚至统治阶级的立法碰到这种实践也免不了要栽跟头。统治阶级制定了贫民救助法令，同时为贫民建造了许多巴士底狱，在那里面，贫穷被看成是贫困者的罪过，作为贫困者要为此受到惩罚。马克思和恩格斯绝对不是“贫困化理论”的发明人，而是正相反，他们从一开始就反对这种理论，因为他们虽然完全不否认民众的贫困化本身是一个无可争辩的普遍公认的事实，不过他们的确也指出，贫困化不是永恒的自然规律，而是一种历史现象，它完全能够而且也一定会被这种现象引起的同样的生产方式产生的效应所消除。

如果有人打算以这个角度对《共产党宣言》进行谴责的话，那么这种指责只能归结为一点，即它还没有完全摆脱资产阶级的“贫困化理论”的观点。《共产党宣言》对工资定律的看法与李嘉图的如出一辙，而李嘉图的工资定律乃是根据马尔萨斯的人口论发展而来的；所以它过于轻视地看待工人为争取提高工资进行的斗争和工会组织，基本上只把它们看成是政治上的阶级斗争的练兵场和演习场。那时候马克思和恩格斯还没有像后来那样认识到，英国的十小时工作日法案是“原则的胜利”；在资本主义的前提下，这项法案在他们眼中只不过是一副束缚大工业的反动枷锁。总之，《共产党宣言》还不承认工厂法和工会组织是无产阶级解放斗争的若干阶段，而这一斗争必须把资本主义社会彻底改造成为社会主义社会，并且直到通过斗争实现自己的最终目的，否则的话，最初经历千辛万苦取得的成果将会丧失殆尽。

由此可见，《共产党宣言》过于片面地、只是用一种政治革命的眼光来考察无产阶级对资产阶级生产方式引发的贫困化趋势所做出的反应。《共产党宣言》把英国革命和法国革命作为范例；它预料到将进行几十年的国内战争和民族斗争，而在这些斗争的熔炉里，无产阶级将会迅速成长，并在政治上日趋成熟。在一些论及德国共产党的任务的句子里，作者们的观点表露得非常明确。在这里，《共产党宣言》提倡无产阶级要与资产阶级——只要资产阶级采取革命的态度——共同进行斗争，一起反对君主专制制度、封建土地所有制和小资产阶级市侩；同时，《共产党宣言》又教导说，一刻也不应该放弃对工人的教育，要使他们对于资产阶级和无产阶级之间的敌对关系有一个尽可能明确的认识。

《共产党宣言》进一步指出：“共产党人把自己的主要注意力集中在德国，因为德国正处在资产阶级革命的前夜，因为同 17 世纪的英国和 18 世纪的法国相比，德国将在整个欧洲文明更进步的条件下，拥有发展得多的无产阶级去实现这个变革，因而德国的资产阶级革命只能是无产阶级革命的直接序幕。”[①] 德国的资产阶级革命虽然紧跟着在《共产党宣言》出版之后爆发了，但是这场革命发生的条件却恰恰起了相反的作用：它们使资产阶级革命半途而废，直到几个月以后，巴黎的六月之战彻底根除了资产阶级尤其是德国资产阶级的一切革命的欲望。

---

① 参阅《马克思恩格斯文集》第 2 卷，人民出版社 2009 年版，第 66 页。

就这样，岁月的侵蚀在有些方面损害了《共产党宣言》的那些如同是雕凿在大理石上的定理。早在1872年，作者本人就在一个新版本的序言中承认，《共产党宣言》的“某些地方已经过时了”；但是他们或许同样有权利进行补充说，《共产党宣言》中所阐述的基本原理总的来说仍然完全保持了其正确性。这一点将永远适用，直到资产阶级和无产阶级之间的这场具有世界历史意义的斗争进行到底。这一斗争的一些十分重要的观点，在《共产党宣言》的第一章里得到无比精辟的阐述；在第二章里，对现代科学共产主义主导思想的阐述也同样出色；虽然第三章对社会主义和共产主义文献的批判只写到1847年，但是它却如此深刻地掌握了革命过程的原理，以至于此后出现的社会主义或者共产主义思潮，没有一种在这个章节里不曾被批判过。甚至第四章和最后一章关于德国发展的预言，虽然完全成了另外一个意思，不同于作者原来的想法，但毕竟成了现实。而在萌芽状态就夭折的德国资产阶级革命，只能成为蓬勃开展的无产阶级阶级斗争的一个序幕。

《共产党宣言》的基本真理是不可动摇的，甚至连它的错误也都富有教育意义。《共产党宣言》已经成为一部具有世界历史意义的文献，在它的结尾之处响起的是一个能够穿透整部世界史的战斗口号：“全世界无产者，联合起来！”

第六章 革命和反革命

1. 二月和三月的日子

1848 年 2 月 24 日，革命推翻了法国的资产阶级王权。这场革命也反冲到了布鲁塞尔，不过比利时国王利奥波德一世是一个老奸巨猾的科堡人[①]，他懂得如何化险为夷，因此他比他在巴黎的岳父[②]更加巧妙地摆脱了困境。他向他的那些自由派的大臣们、议员和市长们做出承诺，他可以退位，只要国民希望他这样做。他由此感动了那些感情充沛的资产阶级国务活动家，以至于他们放弃了所有造反的念头。

接着，国王下令让他的士兵去驱散各个公共场所的群众集会，唆使警察追捕外国流亡者。在这个过程中马克思遭到了特别粗暴无礼的对待；不仅他被逮捕，连他的夫人也被逮捕了，而且警察还把她同那些公开卖淫的娼妓一起关押了一夜。对这起卑鄙无耻的行径负有责任的警官后来被撤了职，拘禁令也不得不立即撤销，但是，驱除出境的命令却依然有效，而实际上这种虐待行为完全是多此一举。

---

① 利奥波德一世（1790—1865）出生于德国科堡，是比利时的第一位国王，1831 即位前为萨克森·科堡公爵。

② 指法国国王路易－菲力浦一世（1773—1850），其长女路易丝·多莱昂（1812—1850）于 1832 年同利奥波德一世结婚，利奥波德一世的第一任妻子 1817 年死于难产。

因为马克思本来就准备启程去巴黎了。二月革命爆发之后，设立在伦敦的共产主义者同盟中央委员会便立即把自己的权力转交给布鲁塞尔的区部委员会，此时的布鲁塞尔实际上已经处于戒严状态，在这种情况下，布鲁塞尔地区委员会在3月3日又把权力移交给马克思，并且全权委托他在巴黎组建一个新的中央委员会，而马克思去巴黎则是临时政府在3月1日发出的一份函件召他回去的，这份对他来说无比荣幸的函件是由费迪南·弗洛孔签署的。

早在3月6日，马克思就已经能够证明他的卓越的洞察力，他在一次由流亡巴黎的德国人召开的大型集会上发言，表示坚决反对用武力进军德国以在那里引发一场革命的冒险计划。这项计划是由表里不一的博恩施太特策划的，而遗憾的是，他成功地争取到了海尔维格的支持。巴枯宁当时也曾经支持过这项计划，但是后来他又感到后悔了。临时政府亦支持博恩施太特的计划，但不是出于革命的热情，而是出于不可告人的动机，它想在失业现象普遍严重的情况下甩掉外国工人。临时政府同意给他们提供行军宿营地，而且还同意发给他们每天五十生丁的行军津贴，直到他们到达边界。海尔维格本身并没有被临时政府的做法所迷惑，他清楚，临时政府“利己主义的动机是想借此摆脱掉成千上万同法国人竞争的外国手工业者”，但是海尔维格缺少政治眼光，他最终在下德罗森巴赫把这次冒险行动推向悲惨的结局。

马克思坚决反对这种玩弄革命的行径，在3月13日的维也纳革命和3月18日的柏林革命取得胜利以后，这种做法已经完全变得没有意义了，与此同时，马克思也找到了真正有效地推动德国革命的方法，而德国革命正是共产主义者特别关注的着眼点。马克思根据他得到的全权委托，组建了一个新的中央委员会，新的中央委员会的组成人员有一半出自原先的布鲁塞尔盟员（马克思、恩格斯、沃尔夫），还有一半则出自原先的伦敦盟员（鲍威尔、莫尔、沙佩尔）。新的中央委员会颁布了一项公告，公告“本着德国无产阶级、小资产阶级和农民阶层的利益”提出了十七项要求，其中包括宣布整个德国为一个统一的、不可分割的共和国，普遍实行全民武装，各邦君主的领地和其他封建地产、一切矿山、矿井等等全部归国家所有，国家掌握一切交通运输工具，建立国家工厂，实行普遍的免费的国民教育，等等。[①] 当然，这些要求只是预先确定了共产主义宣传的一般准则，它们不是从今天到明天一下子就可以实现的，而是要经过一个漫长的革命发展过程才可能实现，这一点没有什么人比马克思了解得更清楚。

共产主义者同盟的力量还太薄弱，它作为一个未公开的小范围的组织还不足以促进革命运动的快速发展。事实表明，对大陆上的共产主义者同盟进行重组还停留在开始阶段。不过这一点已经不重要了，由于革命为工人阶级提供了进行公开宣传的手段和可能性，共产主义者同盟存在的理由已经消失。在这种情况下，马克思和恩格斯在巴黎创办了一个德国共产主义者俱乐部，在他们在那里劝告工人们，不要加入海尔维格组织的进军德国的行列，而是正相反，他们应该逐个返回祖国从事革命运动。马克思和恩格斯就这样将几百名工人送回了德国，并且通过弗洛孔的从中斡旋，他们为这些工人取得了临时政府提供给海尔维格的义勇军的那些优惠待遇。

绝大多数盟员也都是以这种方式抵达了德国，通过他们证明了同盟是一所优秀的训练革命人才的预备学校。凡是革命运动得到迅猛发展的地方，共产主义者同盟盟员都是推动革命的生力军：沙佩尔在拿骚，沃尔夫在布雷斯劳，斯特凡·博恩在柏林，其他人则在别的地方。博恩在致马克思的信中写得非常贴切："同盟解散了——它无处不在，却又到处都不存在，它已经以四海为家。"作为一个组织，它在任何地方都不复存在了，但是作为一种宣传，凡是无产阶级解放斗争的现实条件已经具备的地方，它随处可见，当然，这种情况只适用于德国比较小的一部分地区。

马克思和他最亲密的朋友投入到德国最先进的地区莱茵省，此外在那里，拿破仑法典比柏林的普鲁士一般邦法更大限度地确保了他们的行动自由。这使他们终于成功地夺取到了出版一种大型报纸的准备工作，这些准备工作原本在科隆是由民主派和部分共产主义者进行的。当然，也还有各种各样的困难有待于他们去

① 卡·马克思和弗·恩格斯：《共产党在德国的要求》，1848 年 3 月写于巴黎，是作为指示性文件分发给回德国的共产主义者同盟盟员的。参阅《马克思恩格斯全集》第 5 卷，人民出版社 1958 年版，第 3—5 页。

克服；特别是恩格斯，这时对伍珀塔尔的共产主义仍然长期远离现实感到很失望，更不必说是一支力量了，而自从革命真正地出现之后，它只不过是过去的一个幽灵了。4月25日，恩格斯从巴门写信给在科隆的马克思："认股的事，在这里希望极其渺茫。……这些人都像害怕鼠疫一样害怕讨论社会问题，他们把这叫做蛊惑人心。……从我的老头儿那里根本什么也弄不到。在他看来，《科隆日报》已经是叛逆到了顶点，他宁愿叫我们吃1000颗子弹，也不会送给我们1000塔勒。"①恩格斯总还算筹措到了十四股，于是从6月1日起，《新莱茵报》可以出版了。

《新莱茵报》的主编是马克思，它的编辑部班子成员有：恩格斯、德龙克、韦尔特和两位沃尔夫。

2. 六月的日子

《新莱茵报》自称是"民主派的机关报"，但是它这一说法并不代表议会中任何左派的意愿，它也不愿意贪图这种名誉，它反倒认为，加强对民主派成员的监督才是当务之急。它写道，它的理想绝对不是黑－红－金共和国，所以它才会在这个共和国的土地上开始它的反抗。

《新莱茵报》完全遵照《共产党宣言》的精神行事，力图推动革命运动向前发展，而现实情况就是这样。在三月的日子里夺取的革命地盘，到了六月份已经差不多有半数将近再度丧失，因此这项任务就更加迫在眉睫了。在阶级矛盾尚不发达的维也纳，到处呈现出一种毫无拘束的无政府主义状态；在柏林，资产阶级大权在握只是为了帮助在三月革命前的时期被打败的统治势力重新掌权。在中、小各邦，自由主义的大臣们都神气起来，他们和他们的封建贵族前任的不同之处，完全不在于他们在国王的御座面前所表现出的男子汉的自豪感，而在于他们更善于卑躬屈膝、阿谀奉承。拥有绝对主权的法兰克福国民议会本应该完成德国统一的使命，但是议会成员在5月18日刚一召开会议，马上就证明它只不过是一个

① 参阅《马克思恩格斯全集》第48卷，人民出版社2007年版，第24—25页。

毫无指望的聊天俱乐部罢了。

《新莱茵报》在其出版的第一号里，就立即对这些幽灵进行了清算，而且清算得如此彻底，致使该报本来就为数不多的股东又有一半打了退堂鼓。《新莱茵报》对议会的英雄们在见识和勇气方面完全没有提出过分的要求。它通过批判法兰克福议会中左派所拥护的联邦共和主义阐明，由君主立宪国、小公国和小共和国组成的以共和国政府为首的联邦，不可能是德国最终的国家形式。不过它又补充说："我们并不提出空想的要求，要 a priori〔预先〕宣布统一的、不可分割的德意志共和国，但是我们要求所谓的激进民主党不要把斗争和革命运动的出发点同它们的最终目的混淆起来。德国的统一以及德国的宪法只能通过这样一种运动来实现，这种运动的决定因素将是国内的冲突或对东方的战争。国家制度的最终确立不能依靠颁布命令的办法，而要在我们即将进行的运动中实现。因此，问题不在于实现这个或那个意见，这种或那种政治思想；问题在于理解发展的进程。国民议会只应该采取一些在最近期间切实可行的步骤。"[①] 然而国民议会所干的事情按照任何逻辑规律来说实际上都是不可行的；它推选奥地利的大公爵约翰为帝国摄政王，并借此故意使运动落入王公贵族之手。

比法兰克福事件更为重要的是柏林事件。在德国的国界内，普鲁士邦是革命的最危险的敌人。虽然 3 月 18 日的革命把它打垮了，但是鉴于当时的历史情况，柏林三月革命的胜利果实却落到了资产阶级手中，接着他们便迫不及待地背叛了革命。为了保持"法律制度的连续性"，不如说是为了掩盖自己的革命初衷，康普豪森－汉泽曼的资产阶级内阁召开了联合省议会，为的是通过这一封建等级组织确立一部资产阶级宪法的基础。这一点体现在 4 月 6 日和 4 月 8 日颁布的法律上：前者为一系列的民法，它们被作为新宪法的基本特征用文字记录在案；后者是为议会选举规定了普遍、平等、无记名和间接的选举权，而议会则应同王室协商制定新的国家宪法。

由于这个了不得的"协商"原则，柏林的无产阶级在 3 月 18 日经过对普鲁

① 参阅《马克思恩格斯全集》第 5 卷，人民出版社 1958 年版，第 47 页。

士近卫军团的激战才争取到的胜利实际上被变戏法似的消除了。由于新的议会的各项决议都必须要经过王室的批准才能实施，这样王室又重新高高地凌驾于一切之上了；其结果是，要么国王强制人们贯彻自己的意志，要么就不得不发动第二次革命来制服他，而这种可能性正是康普豪森－汉泽曼内阁要竭尽全力阻止的。它竭尽吹毛求疵之能事，施展各种小伎俩对 5 月 22 日召开的议会进行百般刁难，而自己则甘当“掩护王朝的盾牌”，同时它又从英国招回了普鲁士亲王——在 3 月 18 日被愤怒的群众驱赶出国的反动透顶的王位继承人，使暂时还没有头头的反革命有了头目。

当然，柏林议会这时也没有达到革命的水平，虽然它不像法兰克福议会那样，整天在梦想的空中王国中遨游。它不得不承认“协商”的原则，尽管这个原则已经吸空了其骨头里的精髓。但是，当柏林的民众在 6 月 14 日对军械库发起冲锋，并用言语进行恐吓时，柏林议会总算重新振作起来，并且在几经踌躇后终于采取了一种还算果断的行动。康普豪森被赶下台了，可是汉泽曼还没有下台。这两个人的不同之处在于：康普豪森仍然在受到资产阶级思想残余的烦扰，而汉泽曼则肆无忌惮地投身于资产阶级最赤裸裸的商业利益中，他相信自己能够获利，为此他更加不失时机地在国王和容克地主面前献殷勤，对议会进行贿赂，对群众进行更加残暴的迫害。所以，反革命方面有充分的理由暂时对他不进行干预。

《新莱茵报》坚定不移地试图阻止这种灾难性的发展。它指出，康普豪森按照大资产阶级的意愿播下了反动的种子，而按照封建政党的意愿收获了反动的果实。它鞭策柏林议会，同时也特别鞭策其中的左派坚决果断地行动起来。由于在攻打军械库时毁坏了一些旗帜和武器，这使议会非常愤怒；而跟议会的愤怒相比，《新莱茵报》却对人民群众的正确判断大加赞扬，因为它认为，他们不仅反对骑在他们头上的压迫者，而且反对他们自己革命的过去中闪光的幻想。它警告左派，不要为在议会中取得胜利这种表面的光彩所迷惑；只要旧势力把一切真正重要的职位把持在自己手里，他们乐得把这些胜利奉送给左派。

《新莱茵报》预言了汉泽曼内阁的悲惨结局。《新莱茵报》认为，汉泽曼内阁想建立资产阶级的统治，同时又与旧的、警察的和封建的国家妥协。“在解决这种双重矛盾的任务的过程中，办事内阁随时都看到，反动派怎样用封建专制的精神来颠覆刚刚建立起来的资产阶级统治，并颠覆内阁本身，——而内阁是注定要失败的。如果事先没有争取全体人民来作为自己的同盟者，没有为了争取人民而多少表现出一些民主精神，资产阶级是不可能取得统治的。”[①]《新莱茵报》力求用尖刻的讥讽来浇灭资产阶级竭力想把原本是资产阶级革命最合法的任务的农民解放变为可笑的骗局的热情。“1848 年的德国资产阶级毫无良心地出卖这些农民，出卖自己的天然的同盟者，可是农民与它骨肉相联，没有农民，它就无力反对贵族。”[②]，按照《新莱茵报》的看法，1848 年的德国革命只不过是对 1789 年的法国革命的讽刺滑稽的模仿。

说德国革命是一个讽刺的模仿还根据另外一层意思，即德国革命的胜利不是靠自己的力量取得的，它的胜利只是法国革命带来的后果，因为法国革命已经使无产阶级在政府中占有了一席之地（获得了一定的份额）。由此，资产阶级背叛德国革命的原因也得到了一定的解释，但是这并不能证明资产阶级对德国革命的背叛是正当的或者甚至是可以原谅的。然而，几乎就在 6 月的日子里，当汉泽曼内阁开始它的掘墓人的工作的时候，资产阶级的这种心灵的重负似乎才放下来。经过连续四天的极其激烈的巷战，巴黎的无产阶级在刽子手的共同帮助下被击溃了，而所有的资产阶级和资产阶级的政党，都为资本提供了这种帮助，为资本充当了刽子手。

但是在德国，《新莱茵报》从战尘中举起了《胜利的战败者》的旗帜。在资产阶级和无产阶级之间的阶级斗争中，民主派该心系何处，关于这个问题马克思用强劲有力的话语道出了自己的看法：“有人问，难道我们对那些在人民的愤怒面前牺牲的人，对国民自卫军，对别动队，对共和国近卫军，对现役军人不流一滴眼泪，不叹一口气，不发一言吗？国家将关怀他们的孤儿寡妇，法令将颂扬他

① 参阅《马克思恩格斯全集》第 5 卷，人民出版社 1958 年版，第 281 页。
② 参阅《马克思恩格斯全集》第 5 卷，人民出版社 1958 年版，第 331 页。

们，隆重的殡仪将送他们的遗体入土，官方的报刊将宣布他们永垂不朽，欧洲的反动派将从东方到西方到处赞扬他们。但是平民则受尽饥饿的折磨，遭到报刊的诬蔑，得不到医生的帮助，被‘正直的人’叫做小偷、纵火者和流刑犯；他们的妻子儿女更是贫困不堪，他们的那些幸免于难的优秀代表被放逐海外。给这些脸色严峻阴沉的人戴上桂冠，是一种特权，是民主报刊的权利。”①

这篇直到今天仍然能够燃烧起革命热情的火焰的精彩论文，在当时却使《新莱茵报》失去了它的另外一半的股东。

3. 对俄战争

在对外政策方面，对俄国的战争是《新莱茵报》的核心议题。该报把俄国看作是革命的敌人，它认为，如果运动的范围扩展到整个欧洲，那么俄国才是真正可怕的敌人，而且它肯定是会参加斗争的。

《新莱茵报》在这个问题上所执行的路线是完全正确的。就在该报要求对俄国进行革命战争的时候，俄国沙皇向普鲁士亲王表示，愿意提供俄国军队来帮助普鲁士用暴力重建专制政体。这一情况《新莱茵报》在当时是不可能知道的，但是现在已经有文献记载披露了这件事。一年以后，俄国熊就用它那双粗重的前掌击垮了匈牙利革命，并由此挽救了奥地利的专制政体。德国革命不摧毁普鲁士和奥地利的强制性国家，德国革命就不可能取得胜利，但是如果事先不打破沙皇的势力，这个目的是无法实现的。

《新莱茵报》期望通过对俄战争能够激发起革命的力量，就像通过与封建德国的战争曾经激发了法国的革命力量，从而引发了1789年法国大革命。如果根据韦尔特的一句话来说，《新莱茵报》把德国人民当作恶棍来看待，这样说还是正确的，它万般愤怒地斥责了德意志民族充当了刽子手的角色，七十年来他们一直干着扼杀别国人民自由和独立的勾当，在美国和法国，在意大利和波兰，在荷

① 参阅《马克思恩格斯全集》第5卷，人民出版社1958年版，第157页。

兰、希腊，还有另外一些地方，他们都犯下了不可饶恕的罪行。“现在，当德国人在抛弃自己身上的羁绊的时候，也应当改变一下他们对其他民族的全部政策。不然的话，我们的年轻的、几乎是刚刚预感到的自由就会被束缚在我们用来束缚别国民族的锁链上。德国将来自由的程度要看它给予毗邻民族的自由的多少而定。”[①]《新莱茵报》公开谴责马基雅维里主义的政策，它认为，这种政策——尽管在德国国内的基础已经动摇——会唤起一种狭隘的、同德国人的世界主义的政治特性完全抵触的种族仇恨，其目的是麻痹民主力量，转移人们的视线，为炽热的革命熔岩开渠造沟，从而为镇压国内的革命运动铸造武器。

《新莱茵报》从一开始就在为波兹南的波兰人、为意大利的意大利人和为匈牙利的匈牙利人进行辩护，“尽管几乎所有的德国报刊都发出了爱国主义的吼声”[②]。《新莱茵报》嘲笑“推论的深刻”和“历史的悖论”，而且这正是发在德国人同他们的各邦政府进行斗争的时候，以及这些政府下令对波兰、波西米亚和意大利的自由运动进行讨伐的时候。“只有反对俄国的战争才是革命的德国的战争，只有在这个战争中它才能消除以往的罪过，才能巩固起来并战胜自己的专制君主，只有在这个战争中它才能象那些要摆脱长期的奴隶枷锁的人民所应该做的那样，用自己子弟的鲜血来换取宣传文明的权利，并且在解放国外各民族的同时使自己在国内获得解放。”[③]

由此可以看出，《新莱茵报》从来没有像支持波兰那样热情地支持过其他被压迫的民族。1848 年的波兰运动只限于普鲁士统治下的波兹南省，因为俄属波兰通过 1830 年的革命其力量已经被大大地削弱，而奥地利所属的波兰也由于 1846 年的起义而变得虚弱不堪。

这场运动来势相当温和，它所要求的大概还没有 1815 年签订的那些条约所承诺给的，但是并未兑现的东西多，充其量也不过是：用本国的军队代替占领军，一切官职均由土生土长的当地人担任。在 3 月 18 日以后，当柏林当局第一次感

① 参阅《马克思恩格斯全集》第 5 卷，人民出版社 1958 年版，第 178 页。

② 参阅《马克思恩格斯全集》第 5 卷，人民出版社 1958 年版，第 235 页。

③ 参阅《马克思恩格斯全集》第 5 卷，人民出版社 1958 年版，第 235—236 页。

到惶惶不可终日的时候，它答应波兰进行一次“民族的改组”。当然，他们是心怀鬼胎的，因为改组的承诺是绝对不会付诸实施的。波兰人十分轻信，他们对于柏林当局所表达的良好意图深信不疑，可是从这时起，柏林当局便开始煽动波兹南省的德国居民和犹太居民去反对波兰居民，并且有计划地挑起了一场内战，这场内战的策划以及它所造成的恶果都应该完完全全地，而且是几乎毫无例外地记在普鲁士的账上。在残暴的压迫之下被迫起来进行暴力抵抗的波兰人打得非常英勇，他们不止一次地打跑了在武器上和人数上都比他们更具有优势的敌人，特别是4月30日在米沃斯瓦夫那一仗。但是从长久来看，用波兰人的镰刀来反抗普鲁士人的榴霰弹的战争当然是没有希望取得胜利的。

在波兰问题上，德国的资产阶级一如既往地表现得既缺乏头脑，又毫无信义可言。在三月革命以前的时候，德国资产阶级就完全清楚，德国问题同波兰问题相互之间有着何等密切的联系，而且就是在3月18日以后，他们的那些明智之士也还在所谓的法兰克福预备议会上郑重地宣称，重建波兰乃是德意志民族的一项神圣的职责。然而这丝毫不妨碍康普豪森也在这个问题上扮演普鲁士容克地主阶级的听差的角色。他是以一种十分卑劣的手段履行“民族的改组”的承诺的，他把波兹南省的土地一块接一块地蚕食，导致该省总共有超过三分之二的土地被侵占，而且，他又迫使在受到公众普遍鄙视的重压下已经奄奄一息的联邦议会，在咽下最后一口气时把这些土地并入德意志邦联。法兰克福国民议会不得不讨论这样一个问题：它应当不应当承认在波兹南省被侵占的地区选举出的议员为合法的成员。在经过三天的辩论之后，国民议会做出决定，而且这一决定果然不出人们所料：革命的这个逆子是在为反革命的恶行祝福。

《新莱茵报》对这个问题到底有多重视，这可以从它的详细的报道中看出端倪：它用了八九篇文章对法兰克福议会的辩论[①]做了详细的评注，部分文章还写

① 指《法兰克福关于波兰问题的辩论》，见《马克思恩格斯全集》第5卷，人民出版社1958年版，第371—431页；弗·恩格斯写于1848年8月7日—9月6日，载于1848年8月9日、12日、20日、22日、26日、31日，9月1日、3日、7日《新莱茵报》第70号、73号、81号、82号、86号、90号、91号、93号、96号。

得很长，这同它以往惯于用轻蔑的短文报道议会废话连篇的讨论的做法截然相反。总而言之，这是《新莱茵报》的栏目上刊登出的最多的文章。从内容和风格来推测的话，这些文章是由马克思和恩格斯共同撰写的，至少可以肯定的是，恩格斯积极地参加了这项工作，因为这些文章都带有恩格斯特有的那种文章风格的明显痕迹。

文章首先引人注目的，并且确实为它带来极大的荣誉的，是文章以振奋人心的直截了当揭露了对波兰人的一无是处的戏弄。马克思和恩格斯所表达的道义上的愤慨，比诚实正直的庸夫俗子所能够预想的要深刻得多，但是这同多愁善感的同情没有任何关系，而罗伯特·布卢姆在法兰克福慷慨地施与遭受虐待的波兰人的，就是这种悲天悯人的同情。“最庸俗的废话——纵然是(但愿如此)范围很广、说得很高明的废话。”[①]，这番话正是针对这位著名的左派演说家而讲的，而且这样说不是没有原因的。他不懂得，背叛波兰人就是出卖德国革命，因为这样一来就会使德国革命丧失了对抗沙皇这个不共戴天的死敌的必不可缺少的武器。

马克思和恩格斯把“各民族之间普遍建立兄弟般的关系”也算作是“最庸俗的政治空谈”，因为这种提法完全不考虑各个民族的历史情况，也不考虑各个民族的社会发展水平，而只是随心所愿地胡扯什么建立兄弟般的关系。“正义”“人道”“自由”“平等”“博爱”“独立”，这些字眼在马克思和恩格斯看来或多或少都是进行说教的空话，这些空话尽管十分动听，但是在历史问题和政治问题上什么也证明不了。这种“现代的神话”他们在任何时候都觉得是可憎的。尤其是在热火朝天的革命的日子里，只有一个口号对于他们特别重要，这就是：赞成还是反对？

所以，在《新莱茵报》上发表的有关波兰问题的文章都充满了真正的革命热情，这种热情使得这些文章大大超过了一般民主派大谈特谈的同情波兰人的那些亲切友好的空话。这些文章雄辩地证明了作者具有敏锐深刻的政治洞察力，这使这些文章直到今天也还在持续地发挥作用。然而这并不意味着，这些文章在论及

① 参阅《马克思恩格斯全集》第5卷，人民出版社1958年版，第400页。

波兰历史时就没有出现过各种各样的错误。有一点可以说是至关重要的：波兰争取独立的斗争只有在如下情况下才能够取得胜利，即农民民主制对宗法制封建专制制度的斗争必须要同时获胜；至于这两者之间的相互联系，如果有人认为，自1791年通过五三宪法起，波兰人就已经认识到了它们之间的内在联系，那么这种看法是不正确的。还有一种说法也同样与实际情况不相符，即认为在1848年，实行贵族民主制的旧波兰早就已经死亡了，而且也已经被埋葬了，但是它却留下了一个强壮的儿子，即农民民主制的波兰。波兰的容克地主们为了把本民族从东方列强的桎梏中解放出来，曾经在西欧的街垒上进行过英勇的战斗，他们被马克思和恩格斯看成是波兰贵族的代表者；而实际上，在斗争的烈火中得到锤炼而成熟起来的莱莱韦尔和梅罗斯瓦夫斯基都已超越了自己的阶级，这就如同从前胡滕和西金根超越了德意志的骑士阶级，或者如同不久之前克劳塞维茨和格奈泽瑙超越了普鲁士的容克地主阶级一样。

马克思和恩格斯很快便回心转意，放弃了这一错误的见解，但是恩格斯却始终坚持《新莱茵报》对南斯拉夫大小民族争取独立的斗争所抱有的那种蔑视的看法。恩格斯在1882年发表的有关这方面的观点，跟他在1849年同巴枯宁进行论战时的言论没有什么不同。[①]这位俄国革命者在1848年7月曾经被《新莱茵报》驻巴黎记者埃韦贝克怀疑是俄国政府的间谍。埃韦贝克在《新莱茵报》上发表了自己的看法，而且他的这一看法也得到了哈瓦斯通讯社同一时期的同类报道的证实。然而这个消息旋即便被证明是错误的，于是编辑部不得不郑重其事地撤回了这条消息。后来在8月底和9月初的时候，马克思到柏林和维也纳进行了一趟旅行，他借此在柏林恢复了同巴枯宁的旧日的友好关系，而且同普鲁士在10月间驱逐巴枯宁出境的行动进行了针锋相对的斗争。恩格斯在同巴枯宁就其给斯拉

① 梅林的说法并非完全正确，恩格斯在1882年2月7日致卡尔·考茨基的一封信中，详细地谈到了“小的斯拉夫民族和被分割得支离破碎的那些民族”的问题，特别是提到了奥地利–匈牙利的斯拉夫民族。跟1849年的说法不同的是，他此时已经不再否认他们具有的历史前途了，并间接地表达了他的信念，即那些小的斯拉夫民族通过社会主义工人运动一定会拥有一个真正的发展前景。——德文原书出版者注

夫人的呼吁书展开论战的时候，也首先郑重而肯定地表明：巴枯宁是“我们的朋友”，然后他才开始对巴枯宁的小册子里的泛斯拉夫主义倾向展开实事求是的深刻的批判。[①]就是在这里，起决定作用的也首先是革命的利益。在维也纳政府反对革命的德国人和匈牙利人的斗争中，奥地利的斯拉夫人——波兰人除外——都站在反动势力的一边。他们攻占了发生武装起义的维也纳，把它出卖给奥皇及皇室的酷吏，任凭他们对它进行无情的报复。就在恩格斯写文章攻击巴枯宁的时候，奥地利的斯拉夫人对爆发起义的匈牙利发动了战争，匈牙利的革命战争受到了具有广博的专业知识的恩格斯的密切注视，他在《新莱茵报》上对此发表了精辟的论述，表达了对这场革命战争的强烈的同情，而这种同情却致使他过高地估计了马扎尔人的历史发展水平，正如他过去也高估了波兰人一样。巴枯宁要求确保奥地利的斯拉夫人的独立，针对这一要求，恩格斯回答说：“我们不打算这样做。对于那些以最反革命的民族的名义向我们所说的关于博爱的悲天悯人的漂亮话，我们的回答是：恨俄国人，过去是现在仍然是德国人的首要的革命激情；自从革命开始以来又加上了对捷克人和克罗地亚人的仇恨，只有对这些斯拉夫民族实行最坚决的恐怖主义，我们才能够同波兰人和马扎尔人一道保障革命的安全。我们现在知道，革命的敌人集中在什么地方：他们集中在俄国和奥地利的斯拉夫地区；无论什么花言巧语或关于这些国家的渺茫的民主未来的指示，都不能阻止于我们把我们的敌人当作敌人来对待。”[②]恩格斯就这样向“出卖革命的斯拉夫民族”宣布，同他们的一场关系到生死存亡的无情斗争开始了。

恩格斯的这段话并不是，或者说并不仅仅是由于看到奥地利的斯拉夫人卑躬屈节地为欧洲反动派效劳而在怒火满腔的情况下写的。恩格斯认为，除了波兰人、俄罗斯人——充其量可能还有土耳其的斯拉夫人——以外，没有一个斯拉夫民族在历史上是有前途的。“原因很简单：其他一切斯拉夫人都没有具备为独立和维

---

① 参阅《马克思恩格斯全集》第6卷，人民出版社1961年版，第322—342页;《民主的泛斯拉夫主义》，弗·恩格斯写于1849年2月14—15日，载于1849年2月15和16日《新莱茵报》第222和223号。

② 参阅《马克思恩格斯全集》第6卷，人民出版社1961年版，第342页。

持生命力所必需的历史、地理、政治和工业的条件。”[1]。恩格斯认为，他们的争取民族独立的斗争，已经使他们成了沙皇统治随意摆布的工具，而这种情况是具有民主主义思想的泛斯拉夫主义者的好心的自我欺骗丝毫不能改变的。他说，大的文明民族的革命发展的历史权利应该成为在这些畸形发展的无能的小民族争取独立的斗争的先导，即便是在这个过程中有几枝柔嫩的民族花朵被折断；因此，这些小民族只能够参与历史的发展，而如果放任自流，他们必定永远同历史的发展格格不入。还是在1882年时恩格斯就这样说过，如果巴尔干的斯拉夫人对解放的渴望同西欧无产阶级的利益发生冲突，那么他可不愿意同沙皇政府的这些走卒有什么瓜葛；富有诗意的同情是不能进入政治的。

如果恩格斯否认一些小的斯拉夫民族的历史前途，那么他就错了，不过他的基本思想无疑还是正确的，而且当他的基本思想同庸夫俗子的“富有诗意的同情”发生碰撞时，《新莱茵报》也坚决支持恩格斯的基本思想。

4. 九月的日子

这里所谈的是普鲁士政府在3月18日以后根据德意志邦联的指示而开始的对丹麦的战争，这场战争是因为石勒苏益格—荷尔斯泰因问题而引起的。

荷尔斯泰因是德国的领土，它隶属于德意志邦联。石勒苏益格则在德意志邦联之外，居住在这里的主要是丹麦人，至少在它的北部几个地区是这样。几百年以来，一个共同的王朝统治将这两个公国同面积只稍微大一些、人口也只稍微多一些的丹麦王国结合在一起。不过在丹麦王国，女系也可以享有王位继承权，而在石勒苏益格—荷尔斯泰因，则只有男系才享有王位继承权。两个公国通过一种严格的政合联盟被密切地联系在一起，在这种密不可分的关系中，它们又各自具有国家的独立性。

根据国际条约，丹麦同这两个公国的关系也是如此。而实际上它们的关系

① 参阅《马克思恩格斯全集》第6卷，人民出版社1961年版，第328页。

是这样形成：在19世纪初期之前，德意志精神在哥本哈根一直占据着主导地位，德语是丹麦王国的官方语言，石勒苏益格—荷尔斯泰因的贵族在丹麦政府的各级官署都具有决定性的影响。在拿破仑战争时期，民族矛盾尖锐化了；由于丹麦王国自始至终都坚守对法国大革命成果的继承人的忠诚，根据维也纳条约它不得不为此付出了丧失挪威的代价，而这又迫使丹麦在争取国家生存的斗争中，急于要把石勒苏益格—荷尔斯泰因吞并过来，尤其是因为丹麦王室的男性继承人行将断绝，而这种情况不可避免地将会推进两个公国陷于旁支之手，从而使它们有可能完全从丹麦分离出去。因此丹麦便开始竭尽全力地摆脱德国的影响。由于丹麦太小了，不足以创造自己特有的民族精神，于是它试图人为地推行泛斯堪的纳维亚主义，力图把自己同挪威、瑞典结合成一个自己特有的文化世界。

丹麦政府想完全强占易北河两公国的企图遭到了这两个公国本身最为顽强的抵抗，这种抵抗很快地就变成了整个德意志民族的事情。经济繁荣的德国已经认识到——特别是在建立关税同盟以后——这个伸向两海[①]之间的石勒苏益格—荷尔斯泰因半岛对于它的贸易往来和海上交通的重要意义，并且以越来越多的赞许欢迎石勒苏益格—荷尔斯泰因对丹麦的宣传进行抵制。从1844年以来，歌曲《大海怀抱的石勒苏益格—荷尔斯泰因是德国风尚的崇高守卫者》几乎已经类似于国歌了。当然，这一运动并没有克服掉三月革命前宣传鼓动的那种拖拉的、慢吞吞的步调，不过德国各邦政府依然无法完全摆脱它的影响。1847年，丹麦国王克里斯蒂安八世通过一封公开信声称，他准备采取决定性的高压措施。在这封公开信里，他把石勒苏益格公国，甚至也把荷尔斯泰因公国的一部分说成是丹麦全国不可缺少的组成部分，这时候甚至连邦联议会也都振作起精神，提出了一个软弱无力的抗议；至少这一次它没有像往常那样，在需要保卫德意志民族抵抗王侯暴行的关键时刻，宣称自己对此没有这样的权限。

《新莱茵报》从一开始就主张和丹麦作战，但它觉得这和举杯歌颂“被大海环抱”的石勒苏益格—荷尔斯泰因的资产阶级的热情毫无共同之处；它只把这种

---

① 这两海是北海和波罗的海。

热情看成是同泛斯堪的纳维亚主义相对立的另一个极端。它抨击泛斯堪的纳维亚主义是在“歌颂残酷、粗暴和海盗式的古诺曼人的性格，即极端的闭关自守状态，在这种闭关自守的状态下，表达丰富的思想和感情的不是语言而是行动，即粗暴地对待妇女、经常酗酒和疯狂好战，而又多愁善感。”① 在那里，一切事物的整个状态都是以一种独特的方式运行着，在泛斯堪的纳维亚主义的反动旗帜的引领下，作战的恰恰是丹麦的资产阶级反对派，即所谓的埃德尔丹麦人党；他们渴望把石勒苏益格公国丹麦化，渴望扩大丹麦的经济领域，以便通过现代宪法巩固整个国家，而另一方面，两个公国为争取它们的古老的，并且得到书面确认的权利所进行的斗争，或多或少地可以说是一场是争取封建特权和王朝的表面光彩的斗争。

1848 年 1 月，弗里德里希七世在丹麦开始掌政，他是王朝的最后一位男性谱系后裔，遵照父亲临终的嘱咐，他着手为丹麦和两个公国准备一部自由主义的总宪法。一个月之后，二月革命在哥本哈根唤起了一场暴风骤雨般的人民运动。这场运动促使埃德尔丹麦人党取得了政权，该党立刻以孜孜不倦的狂热性开始实施自己的纲领，即把石勒苏益格直到埃德尔河的一片地带并入王国的版图。由此两个公国宣布同丹麦国王断绝关系，首先组成了一支七千人的强大的军队，并且在基尔成立了一个临时政府。而在临时政府中，贵族占据了上风，但是它没有把全国的力量都发动起来，使之能够去同丹麦当局进行较量，而是转身向邦联议会和普鲁士政府去求助，因为这些贵族认为，他们不用担心它们会对自己的封建特权构成任何危险。

邦联议会和普鲁士政府非常乐意给予两公国贵族热心的支持，在他们看来，“维护德意志的事情”正是在遭受革命的沉重打击之后恢复元气的一个关键契机，这正合他们的心愿。

尤其是普鲁士国王，他的近卫军在 3 月 18 日的街垒战中被柏林的革命战士彻底打败，他迫切需要为他的近卫军恢复声誉，因此打算派近卫军行军到弱小的

① 参阅《马克思恩格斯全集》第 5 卷，人民出版社 1958 年版，第 464 页。

丹麦。他憎恨埃德尔丹麦人党，把它看作是革命的畸形产物，但是他也把石勒苏益格—荷尔斯泰因人看成是反叛者，因为他们反对神所建立的政权；他命令他的将领在“为革命做苦役”时要尽可能地懒散一些。他通过他的密使冯·维登布鲁赫少校告诉哥本哈根方面，他首先希望获得两位公爵殿下的易北河两公国，他之所以出面进行干预，只是为了防止激进分子和共和主义分子插手给丹麦带来不幸。

但是丹麦并没有上钩。就其本身而言，它不得不祈求大国的保护，而英国和俄国也乐于向丹麦提供这种保护。它们的援助使得这个弱小的丹麦有可能像对待小学童一样把强大的德国任意撕扯。当丹麦战舰给德国的贸易造成极其严重的损失的时候，德意志邦联军队也在普鲁士将军弗兰格尔的指挥下开进了易北河的两个公国，尽管弗兰格尔在作战方面并不高明，却仍然赶跑了弱得多的丹麦军队；但是由于大国的外交干预，致使德国军队完全陷入了瘫痪。5 月末，弗兰格尔接到柏林让他们撤出日德兰半岛的命令。之后，国民议会在 6 月 9 日做出决定：有关两个公国的事务将作为德意志民族的大事属于它的职权范畴，而它则会坚决维护德国的荣誉。

实际上，这场战争是以德意志邦联的名义进行的，领导这次战争本应该是国民议会和哈布斯堡大公的事情，后者是在 6 月 28 日被国民议会任命的帝国摄政。但是普鲁士政府完全没有把这件事放在心上，反而在英国和俄国的施压下于 8 月 28 日同丹麦在马尔默缔结了一项为期七个月的停战协定，而且完全无视由摄政王所提出的条件，也完全不尊重这些条件的传达者。停战协定的各项规定对于德国来说都具带有侮辱性；石勒苏益格—荷尔斯泰因的临时政府被解散，在停战期间，最高行政领导权被交付给一个亲丹麦的党徒，前任临时政府的法令均予废除，石勒苏益格的军队同荷尔斯泰因的军队被分离。同样，德国在军事方面也越来越陷入不利的境地，尽管决定休战的几个月是在冬季，这时候丹麦舰队对德国海岸线的封锁已经不起任何作用，而严寒本来可以使德国军队从冰上越过小贝尔特海峡，占领菲英岛，并且把丹麦限制在西兰岛上。

缔结停战协定的消息在 9 月初的日子里传到法兰克福国民议会时，就犹如一个晴天霹雳炸开了；国民议会就“像饶舌妇和中世纪的烦琐哲学家那样，啰啰唆唆无休止地”讨论未来帝国宪法繁冗的“基本权利”，直至讨论到晕头转向。在经过最初的惊慌失措之后，国民议会在 9 月 5 日决定中止停战协定的实施，并且由此促使帝国内阁辞职。

对于这一项决定，《新莱茵报》非常满意地表示欢迎，尽管它对此并不抱有任何幻想。除了条约所批准的权利以外，《新莱茵报》要求对丹麦作战，它认为这是历史的发展赋予的权利。“丹麦人民无论在贸易、工业、政治和文学等方面都处于绝对依赖德国的地位。大家知道，丹麦的京城实际上不是哥本哈根，而是汉堡……丹麦从德国获得全部文学资料，正如获得物质资料一样，因此丹麦文学（除了霍尔堡以外）实际上是德国文学拙劣的翻版。……根据法国人据以夺取了弗朗德里亚、洛林和亚尔萨斯以及迟早会侵占比利时的那种权利，德国正在夺取什列斯维希，这种权利就是：文明对于野蛮的权利，进步对于停滞的权利。……我们在什列斯维希—霍尔施坦进行的战争是真正的革命战争。……谁一开始就站在丹麦一边呢？欧洲 3 个最反动的强国：俄国、英国和普鲁士政府。普鲁士政府自始至终进行的只是虚假的战争，只要回想一下维登布鲁赫的照会、普鲁士政府根据英国和俄国的声明下令从日德兰撤退的决心以及两次休战协定就清楚了！普鲁士、英国和俄国这 3 个强国最害怕德国的革命和革命的最直接的结果——德国的统一。普鲁士怕德国统一以后自己不能再存在，英国怕因此不能再剥削德国的市场，俄国怕因此民主制不仅会推广到维斯拉河，甚至会推广到德维纳和德涅泊河。所以普鲁士、英国和俄国共同密谋反对什列斯维希霍尔施坦，反对德国和反对革命。目前由于法兰克福的决定而可能引起的战争也许会成为德国反对普鲁士、英国和俄国的战争。这将是反对 3 个反动强国的战争，无精打采的德国运动正需要这种战争，这场战争将真正使普鲁士和德国融为一体，将使德国绝对需要和波兰结成联盟，将立刻使意大利获得解放，这场战争将要反对的恰恰是德国在 1792—1815 年的旧的反革命同盟者，它将使‘祖国遭到危险’并从而拯救祖国，因为德国在这场战争中的胜利将以民主制的胜利为转移。”①

① 参阅《马克思恩格斯全集》第 5 卷，人民出版社 1958 年版，第 464、466、467—468 页。

《新莱茵报》在这些语句中明确而尖锐地所表达的东西，革命群众凭直觉也都感受到了；数以千计的人群连续不断地从周边五十英里的地方涌向法兰克福，准备开始一场新的革命斗争。但是，正如《新莱茵报》曾经不无理由地说过的那样，这场新的斗争会将国民议会整体扫地出门，而且比起出于英雄主义自杀来，国民议会宁愿选择由于胆怯而自杀。在 9 月 16 日，国民议会批准了马尔默停战协定，甚至它的左派——除了少数几个成员以外——也都拒绝作为革命的国民议会成员出现。在法兰克福的街头只发生了一次小规模的巷战，而这一小小的街垒战却被外表平淡的帝国摄政甚至故意放大，以便随后把一支力量占绝对优势庞大的军队从联邦要塞美因兹调过来，从而把拥有主权的国民议会置于刺刀的暴力统治之下。

就在这同时，汉泽曼内阁在柏林也落了一个悲惨的结局，而这个结果是《新莱茵报》曾经向它预言过的。该内阁通过加强“国家政权”反对“无政府状态”来扶助在 3 月 18 日垮台的旧普鲁士官僚、军事和警察国家重新站起来，但是却未能迫使它保障资产阶级的哪怕只是裸收益，虽然它正是为了这种利益而出卖革命的。特别是——正像柏林议会的一位议员叹息地说道——“在三月革命的日子里已经被打破的旧的军事制度，仍然被最完完整整地保存了下来”，而且自巴黎六月革命以来，这个制度的佩剑一直在剑鞘中发出叮当的响声。普鲁士政府把弗兰格尔和他的近卫军召回到柏林郊区，并且准备进行反革命的决定性的打击，这绝不是同丹麦签订停战协定的一个次要的原因，而且这已经是一个公开的秘密。

因此，柏林议会几经踌躇后在 9 月 7 日做出决定，要求国防大臣发布命令，警告军队的军官们，要他们放弃一切反动的企图，如果他们的政治信念同宪法的法律状态有矛盾，应该责成他们把退出军队当作自己的一种光荣的义务。

但是这种做法并没有收到很大的效果，特别是因为过去发布的类似的命令对于资产阶级官僚机构没有起到任何作用，何况这已经大大地超过了军国主义对资产阶级内阁所能够容忍的限度。汉泽曼的内阁垮台了，普菲尔将军组成了一个纯官僚主义的新内阁。这个新内阁从容不迫宣布了议会要求它向军官团发布的命令，这样人人都可以做证，军国主义对于资产阶级的显赫地位已经不再害怕，而且还对其采取嘲弄的态度。

就这样，《新莱茵报》对于“吹毛求疵、玩弄小聪明、缺乏决断能力的”柏林议会所做出的预言成为了现实，它是这样说的：也许在一个美丽的早晨，左派能够发现，他们在议会的胜利跟他们的真正的失败实际上是同时发生的。反革命报刊叫嚣说，左派之所以取得胜利，只能通过柏林的人民群众向议会施加压力这一事实来解释，而作为对于这种叫嚣的回应，《新莱茵报》拒斥了那些自由主义的报纸用站不住脚的理由进行全盘否定的企图，并且公开宣称：“民主的人民群众的这种权利——出席制宪议会，从而在精神上影响制宪议会的立场——是人民旧时的革命权利，这种权利自从英法革命以来，就被运用于一切暴风雨的时代。历史几乎把这些议会的所有坚决的措施都归功于这个权利。”[①] 在1848年9月的日子里，“议会痴迷症”这种暗示，既适用于法兰克福议会，也同样适用于柏林议会。

5. 科隆的民主派

柏林和法兰克福的九月危机也对科隆产生了强烈的反作用。

莱茵兰是让反革命势力最为担心的地带。那里布满了由东部省份征募补充的军队。大约有三分之一的普鲁士军队驻扎在莱茵省和威斯特华伦。对此，发动小规模的起义完全无济于事；因而更加有必要建立一个严密的强有力的民主组织，为了有朝一日能够从局部的革命发展成为完全彻底的革命。

6月份，在美茵河畔的法兰克福举行了由88个民主团体派遣代表参加的代表大会，在这次代表大会上决定建立的民主组织只在科隆获得了坚固的骨架，而在德国其他的每一个地方，仍然停留在一个非常松散的层面上。科隆的民主派划分成三大团体，它们的每一个团体都拥有好几千名成员，它们是：由马克思和律师施奈德领导的“民主协会”，以莫尔和沙佩尔为首的工人联合会，以及主要以候补法官赫尔曼·贝克尔为代表的“雇主和工人联合会”。当科隆被法兰克福代

① 参阅《马克思恩格斯全集》第5卷，人民出版社1958年版，第480页。

表大会选为莱茵兰和威斯特华伦的领导地区（首领）之后，这三个团体联手选举出一个中央委员会，该中央委员会在8月中旬召集了一次莱茵兰和威斯特华伦地区的代表大会，参加大会的都是心向科隆的具有民主倾向的团体。这次代表大会一共来了四十名代表，他们代表了十七个团体，这四十名代表一致认可由科隆三个团体组成的中央委员会为莱茵兰和威斯特华伦的区域委员会。

该组织的灵魂人物是马克思，正如他也是“新莱茵报”的灵魂一样。他有一种控制别人的秉性（才能），当然，对于他的这一点，朴实的民主派至少在当时是不能够原谅的。卡尔·舒尔茨在科隆的代表大会上第一次见到马克思。那时候他不过是一个十九岁的青年大学生，他在自己后来的回忆录中这样描写了马克思：“马克思当时才三十岁，但是他已经成为一个社会主义派系的公认的领袖了。这个身材矮小体魄结实强健的男人长着方广的前额，漆黑的头发，蓄着络腮胡子，眼睛又黑又亮；他一出现就立刻把众人的注意力吸引到自己身上。在他的专业领域，他是一个很有名望的杰出的学者，他的言谈话语确实内容丰富，逻辑性强，清楚明了。不过，我还从来没有结识过一个人表现得像他那样尖刻、傲慢，令人难以忍受。”而且这位资产阶级的英雄始终都记得，马克思在说到“资产者”这个词的时候那种尖刻的讥讽的语调，甚至可以说还记得他用力吐唾沫的声音以表示他对“资产者”的鄙视。

两年后，特肖夫中尉在同马克思进行过一次交谈后用同样的语气写道：“马克思给我留下的印象不仅仅是他具有一种罕见的优势，而且他也是一个品格优秀的人物。假如他的心灵像他的智能一样丰富，假如他的爱像他的恨一样多，那么我愿意为他赴汤蹈火，尽管他不仅多次向我暗示，而且到最后他竟然直截了当地说出来了，他完全藐视我。我认为，他是我们所有的人当中第一个，也是唯一的一个我相信有治理才能的人，也是有能力在重大情况下不迷失于旁支细节的人。”可是然后他便连连发出这样的哀叹，说马克思的最危险的个人野心腐蚀了他的整个灵魂。

艾伯特·布里斯班对马克思的评价却不尽相同，他是一位美国的傅立叶信徒，1848年的夏天，他作为《纽约每日论坛报》的记者曾与该报的出版人查尔斯·达纳同时住在科隆。布里斯班说："我在那里见到了卡尔·马克思，一位人民运动的领袖。当时他的事业正是处于蒸蒸日上的时候。这是一个三十多岁的男人，身材矮小结实，体格强健，面容英俊，长着一头浓密的黑发。他的相貌特征显示出他蕴藏着巨大的能量，在他的适度的矜持后面，能够让人感受到一个无比勇敢的灵魂喷射出的热情的火焰。"确实如此——当时马克思正以他的慎重和勇敢领导着科隆的民主运动。

尽管九月危机在他们的队伍里引起了很大的骚动，但是法兰克福议会却不敢发动革命，普菲尔的内阁也仍然不敢发动反革命。因此，任何地方性的起义都毫无希望了。然而，正因为这个缘故，科隆当局更加急切地想引发一场暴动，这样就能够轻而易举地进行血腥的镇压了。根据他们捏造的，但很快又被他们自己放弃了的借口，当局对民主派区域委员会的委员以及《新莱茵报》的编辑们采取了司法行动和警察追缉。马克思警告大家要提防敌人恶毒的阴谋诡计；他说，当没有任何重大问题驱使全体民众起来斗争，因而任何暴动都注定要失败的时候，比起在不久的将来可能发生的巨大的事件，比起在决定性的关头到来的前夕绝对不可以使自己丧失战斗力，试图举行起义的行为则更加显得毫无意义；如果王国政府敢于采取反革命行动，那么对于人民来说，一场新的革命的钟声就要敲响了。

然而在 9 月 25 日，当贝克尔、莫尔、沙佩尔和威廉·沃尔夫被逮捕的时候，还是发生了一场小规模的骚乱。人们甚至构建起一些街垒，因为有消息说，军队正在开来，为的是驱散在老集市广场上举行的群众集会。但是军队并没有出现，直到一切都重新完全恢复平静以后，警备司令才鼓起勇气，宣布对科隆实行戒严。由此，《新莱茵报》受到了压制，并在 9 月 27 日停止出版。给《新莱茵报》致命的一击，这大概就是这次愚蠢的暴力行为的真正目的，几天之后普菲尔内阁便已经取消了戒严令。这一次《新莱茵报》受到的打击确实够沉重的，以至于直到 10 月 12 日，报纸才能够重新出现在战场上。

《新莱茵报》的编辑部被强行解散，大多数编辑为了躲避逮捕令而不得不越过边界逃往国外，逃往比利时比如有德龙克和恩格斯，而逃往普法尔茨的比如有威廉·沃尔夫，直到后来他们才逐渐得以从国外归来。1849 年 1 月初，恩格斯尚在伯尔尼；他是穿越法国到达那里的，一路上多半是徒步走过去的。《新莱茵报》的财政状况已经彻底遭到破坏，在股东们纷纷背离之后，该报只能靠不断增加发行量勉强维持着。在经历这次新的打击之后，报纸所以还能够支撑下去，只是由于马克思把《新莱茵报》当作“个人的财产”接管了，这就是说，他把从他父亲那里继承下来的一点儿财产奉献给了报纸，或者可以这样说，他是用未来的那部分遗产做抵押而取得的少量资金帮助报纸渡过难关。关于这件事，他本人从来都不曾提过一个字，但是通过他的夫人的信件以及通过朋友们的公开声明都可以确定这一事实。他们估计，马克思在革命的一年里为宣传鼓动工作和报纸捐献的款项大约达到了七千塔勒。当然，重要的不是款项的数额，而是他是否设法坚守住要塞并为此战斗到最后一发子弹。

但是在另一方面，马克思的处境也十分艰难，他的生活只能勉强糊口。革命爆发之后，邦联议会在 3 月 30 日决定，德国的流亡者也可以享有德国国民会议的选举权和被选举权，如果他们返回德国，并且宣布自己愿意重新取得他们的公民权。这项决定也得到了普鲁士政府的明确的肯定。马克思早就满足了能够确保他获得德国公民权的条件，这样他就可以有更加充分的理由要求普鲁士政府，不得拒绝给予他普鲁士公民权。实际上当他在 1848 年 4 月提出这方面的申请之后，科隆市议会立即就满足了他的愿望。马克思向科隆警察局长米勒声明，在事情尚未最后确定下来的情况下，他不能把全家从特里尔迁到科隆来。于是米勒向他保证说，他的重新归化入籍也将会得到行政区政府的批准，因为根据普鲁士的一项古老的法律规定，只要是市议会的决定，它都必须得批准。这期间《新莱茵报》又开始出版了，然而在 8 月 3 日，马克思收到了代理警察署长盖格尔的一封公函，这封函件正式通知他，王国政府“目前”认为，不能利用自己的权力认可有利于他的决定，即把普鲁士臣民的身份授予一个外国人，所以马克思在今后将依旧被视为一个外国人。紧接着，马克思在 8 月 22 日给内务部写了一份措辞强硬的申诉书，对这一做法表示强烈不满，然而他的申诉被驳回了。

但是这位最充满温情的丈夫和父亲，在结果“尚未确定”的情况下，仍然让自己的家人来到了科隆。在这期间，家里又陆续增添了人口：1844 年 5 月份第一个女儿诞生了，她随母亲的名字也叫燕妮；在这之后，即 1845 年 9 月，第二个女儿劳拉出世；接下来大概相隔没有多久，又生了一个儿子埃德加，在这几个孩子以及在以后出生的孩子当中，他是唯一的一个已经无法再准确地确定其出生年代和出生月份的孩子。而作为一个忠实的家庭守护神，海伦·德穆特从在巴黎的时候起就一直陪伴着马克思一家。

马克思不属于那类见面就跟人家称兄道弟表示亲热的人，也许他属于那种能够证实自己的忠诚并且是坚守友谊的人。在那次科隆代表大会上，虽然据说他曾经以他那种令人不堪忍受的傲慢态度把一些愿意同他接近的人也都拒之于千里之外，然而也正是在那次大会上，他赢得了来自特里尔的律师席利和来自克雷菲尔德的教师伊曼特这两个一生一世的朋友。如果说，他那种严格坚定的性格在诸如舒尔茨和特肖夫之流的半个革命者的眼里看来是无法容忍的，那么正是在科隆居住的那些日子里，他那精神上的魅力却不可抗拒地把弗莱里格拉特和拉萨尔这样一些真正的革命者吸引过来。

6. 弗莱里格拉特和拉萨尔

费迪南·弗莱里格拉特比马克思年长八岁。在他小时候，他喝过大量的虔诚思想的乳汁（在青年时代，他受过很深的虔诚的宗教徒的教育），在海尔维格被驱逐出普鲁士以后，他曾经为这位诗人的不成功的凯旋旅行唱了一首讽刺歌曲而领教过旧《莱茵报》的痛击。但是三月革命前的反动势力很快地就把他从保罗变成了扫罗，在流亡布鲁塞尔期间他曾经会见过马克思，虽然只是匆匆一面，但却很亲切，而正如他所言，他见到了一个“有趣的、讨人喜欢的、举止质朴的人”，这番话语中包含了弗莱里格拉特对马克思的评价。因为尽管，或者不如说是因为弗莱里格拉特没有任何虚荣心，因此别人身上只要有一点点自命不凡的味道，他也能够细微地感觉到。

这两个男人是在 1848 年夏天和秋天才结下了真正的友谊。而把他们联系在一起的，则是对于彼此的果敢和坚强的性格的互相钦佩，他们两个人当中的每一个人都是凭着这种刚毅的性格投入到莱茵运动中，捍卫共同的革命原则。“他是一个真正的革命者，一个十分忠诚的人，这是我只能对少数人用的赞语。”①，马克思在给魏德迈的一封信中怀着对弗莱里格拉特真正敬重的心情这样写道。马克思同时还奉劝魏德迈，对待这位诗人也要说一些“恭维话”，因为所有的诗人都是这一类人，甚至最优秀的诗人也是如此，多多少少都喜欢别人奉承，如果想要他们赋诗吟唱的话。马克思通常不是一个心直口快易于吐露心迹的人，但是在他们的关系陷入紧张状态之后，不出一个小时，他便给弗莱里格拉特本人这样写道：“我坦白地承认，我不能由于一些小的误会而失掉我所爱的少数真正朋友当中的一位。”② 在马克思最艰难困苦的时候，除了恩格斯之外，没有比弗莱里格拉特更加忠实可靠的朋友了。

因为这种友谊是那么真诚、那么单纯，这一直让庸夫俗子觉得不快和愚蠢。他们时而说，诗人在用其狂热的幻想力跟他玩一出卑鄙无耻的恶作剧，以诱使他堕入黑绅士的社会圈子；时而又说，一个恶魔一般的蛊惑人心者，在向一个头脑简单的诗人吹送毒气，以使诗人从此说不出话来。对于这种胡言乱语，原本不值得再多费口舌，假如不是有人用错误的药物作为解毒剂来对付这种胡说八道，比如把弗莱里格拉特说成了一个现代社会民主党人，这等于把他推到扭曲的灯光下，使人得出不利于他的判断。弗莱里格拉特成为一个革命者是出于诗人的直接体验，而不是出于科学的认识。他把马克思看成是一位革命先锋，把共产主义者同盟看成是革命的先锋队，这些看法在那个时代都是绝无仅有的；不过《共产党宣言》的历史思想进程对于他来说，却或多或少仍然有些陌生，然而从另一方面来说，人们也不应该老把他那充满激情的想象力同宣传鼓动这类讨厌的、毫无诗意的琐事纠缠在一起。

费迪南·拉萨尔却完全是另外一种类型的人，他在这个时期跟马克思的来

① 参阅《马克思恩格斯全集》第 49 卷，人民出版社 2016 年版，第 10 页。

② 参阅《马克思恩格斯全集》第 30 卷，人民出版社 1974 年版，第 451 页。

往非常密切。拉萨尔比马克思年轻七岁，直到那时为止，他只是因为热心地为受到丈夫虐待，并且遭到其种姓抛弃的哈茨费尔特伯爵夫人打抱不平而使自己出了名；1848 年 2 月，拉萨尔因为被指控教唆他人偷盗文件匣而遭到逮捕，但是经过出色地为自己进行辩护之后，他在 8 月 11 日被科隆的陪审法庭宣告无罪释放，并且从这时候起他才参加了革命斗争，而作为这些斗争的领导者的马克思所以能够使他感到异常钦佩，是因为拉萨尔“对任何一种伟大的力量都怀有无限的好感”。

拉萨尔接受过黑格尔学派的全盘训练，他充分掌握了老师的方法，而且从来没有怀疑过这种方法的无谬性，也没有只进行单纯的模仿而失去了创造能力、使自己的才能白白荒废掉。在一次访问巴黎期间，拉萨尔了解了法国的社会主义，而海涅则以先知者的洞察力预见到他的伟大的未来和奉献；但是对于这个青年人所寄予的极大的期望，后来却由于他的性格的某种二重性而受到抑制。他在对一个被压迫的种族的消极遗产进行斗争时，也未能彻底消除这种二重性；在他的父母家里，仍然笼罩着波兰犹太人鄙俗习性的阴霾。在拉萨尔为保护哈茨费尔特伯爵夫人所进行的斗争中，即便是具有自由思想的人物，也并非都总能够看清楚他本人所声称的东西，而且从他的立场上来看，他也有理由这样声称，即：在这一个别的案件中，他是在对这个苟延残喘、行将就木的时代的社会罪恶进行斗争。就连从来就不大喜欢他的弗莱里格拉特，也带着蔑视的口吻谈论这件“家庭丑事”，而在拉萨尔看来，整部世界历史都是环绕着这件“家庭丑事”在转动。

七年之后，马克思发表了差不多完全相同的意见：拉萨尔自认为是世界的征服者，因为他在搞私人阴谋方面表现得毫无顾忌，就仿佛一个真正杰出的人物能够为这样一件小事牺牲自己一生中十年的光阴似的。又过了几十年后恩格斯说：马克思从一开始就对拉萨尔抱着强烈的反感；《新莱茵报》故意尽可能不去注意拉萨尔为哈茨费尔特伯爵夫人进行的诉讼，因为他们不愿意装作在这样一些事情上和拉萨尔有共同之处。但是这一次恩格斯却记错了。《新莱茵报》在 9 月 27 日受到镇压停刊之前，曾经非常详细地报道了有关文件匣偷盗案的诉讼，而从这些报道中自然可以清楚地看出，这件案子有它的不怎么光彩的一面。正像马克思本人在给弗莱里格拉特的一封信里所提到的，在哈茨费尔特伯爵夫人当时处于困境的时候，马克思也曾经帮助过她，他从自己微薄的资金中拿出一部分借款给她。而当马克思刚刚到达科隆后自己的生活陷入困境时，在这样一个拥有许多老朋友的城市里，除了弗莱里格拉特之外，他还选择了拉萨尔作为他可以依靠的知己。

当然，有一点恩格斯无疑是对的，即用通俗的语言来说，马克思对拉萨尔就是有反感，这跟恩格斯自己，也跟弗莱里格拉特是一样的，这是那种没有任何理性根据的反感。不过，却有足够的证据证明，马克思从一开始就没有让自己受到这种反感的左右，以至于认不清哈茨费尔特的诉讼不管怎么说仍然具有比较深刻的意义，更不用说拉萨尔对于这一具有反抗性的讼案的似火的热情、他在无产阶级的阶级斗争方面的杰出天才，以及最终还有这位比马克思年轻的战友对马克思所拥有的那种无私的友情了。

如果说必须要仔细地斟酌拉萨尔同马克思之间的关系从一开始是怎样形成的，那么这并不是为了拉萨尔，因为拉萨尔的历史权利早已得到了确证。其实这对于马克思来说更重要，这是为了确保他不致受到任何误解，因为他同拉萨尔的关系，乃是他一生中最难于解决的一个心理问题。

7. 十月和十一月的日子

当《新莱茵报》在 10 月 12 日重新开始出版，并且宣布弗莱里格拉特加入编辑部的时候，它有幸迎接了一场新的革命。10 月 6 日，维也纳的无产阶级用它那结实的拳头狠狠地打击了哈布斯堡王朝反革命的险恶计划，即当拉德茨基在意大利取得胜利之后，将借助于斯拉夫各民族的帮助，首先镇压反叛的匈牙利人，然后再去镇压叛乱的德国人。

为了对维也纳的群众进行宣传教育，马克思从 8 月 28 日到 9 月 7 日留在了维也纳。根据现存的少得可怜的报纸上的简讯来判断，这件事马克思并没有办成功；对此只需要用一个理由来解释就够了，因为维也纳工人的觉悟还处在一个相当低的发展阶段。正因为如此，对于维也纳工人的那种真正革命的本能，应当给予更高的评价，凭着这种本能，他们抗击奉命去镇压匈牙利人的军团的进军。他们用这种办法把反革命势力的第一次进攻行动引向自己本身，这是一种高尚的自我牺牲精神，匈牙利的贵族是不会这样做的。匈牙利的贵族想根据书面确认的自己那些权利进行争取祖国独立的斗争，而匈牙利的军队则只敢进行半心半意的、胆怯的进击，这种进击不仅没有给维也纳起义的生死斗争减负，反而给这一斗争增加了困难。

德国民主派也并非表现得更好一些。他们清楚地认识到，就是对他们自己而言，有很多事情都同维也纳起义的成功休戚相关。如果反革命势力在奥地利的首都取得胜利，那么这股势力也会在普鲁士的首都实施决定性的打击，因为它早就埋伏在那里伺机行动了。但是德国的民主派却只是沉溺于感伤的悲叹和徒劳的同情中，沉迷于向束手无策的帝国摄政发出呼救声。10月末，民主派代表大会第二次在柏林召开，大会发表了由卢格撰写的对被包围的维也纳有利的呼吁书，对此《新莱茵报》中肯地说道，这份呼吁书缺少革命的能量，代替它的是说教者慷慨激昂的呼号，隐藏在其后的则是思想和热情的完全缺乏。马克思用有强有力的散文、弗莱里格拉特则用华彩的诗句在报上发出了热情的号召，它们给维也纳人带来的唯一可以够拯救他们的援助就是：在自己的家园里战胜反革命势力；但是他们的号召只能回荡在空荡荡的空气中。

这样一来，维也纳革命的命运就注定无可挽回了。被本国的资产阶级和农民出卖、只得到大学生和一部分小资产阶级支持的维也纳工人进行了英勇的抵抗。但是在10月31日的晚上，围攻的军队猛攻成功；11月1日，一面巨大的黑黄旗帜已经在圣斯蒂芬塔上飘扬了。

在维也纳的这场令人震撼的悲剧之后，接踵而来的是在柏林上演的一幕怪诞的悲喜剧。普菲尔的内阁被罢免，取而代之的是勃兰登堡领导的内阁，接着该内阁下令让议会从柏林退回到小城镇勃兰登堡去，而弗兰格尔伯爵则率领着近卫军团开进柏林，以用武力来执行这项命令。勃兰登堡——一个非婚生的霍亨索伦王室成员——过分抬举自己了，他把自己比作一头可以踏死革命的大象；而《新莱茵报》则说得更加确切：勃兰登堡和他的同谋者弗兰格尔是“两个没有头脑、没有心肝、没有主见的人物，不折不扣的丘八”[①]。然而对于可尊敬的协商派议会来说，这样的人倒不愧为其旗鼓相当的对手。

确实是这样，“单凭胡子”就足以把议会给吓坏了。虽然议会拒绝离开根据宪法规定的它在柏林的会址，而且当暴力行为接二连三地发生、市民自卫军被解散并且宣布戒严的时候，议会宣布内阁的那些大臣为谋反犯，并且把他们告发到检察官那里。但是议会却拒绝了柏林的无产阶级所提出的用手中的武器来恢复受到践踏的国家法律的要求，而是宣布了“消极抵抗”，其意就是宣布用脊背来抵挡敌人的打击的高尚决心。后来议会被弗兰格尔的军队从一间大厅赶到另一间大厅去的时候，它也并没有抵抗；直到面对着刺刀逼进会场的时候，议会才终于在瞬间迸发出的愤怒之下宣布，剥夺勃兰登堡内阁支配国家资金的权利和征收赋税的权利，只要议会还不能自由地在柏林举行会议。然而议会刚一被驱散，已经在为自己宝贵的形骸焦虑不安的议会议长冯·翁鲁便召集议会秘书处的工作人员，要他们在议会记录中强调说明，议会分发到全国各地的有关不承认征税权利的决议，由于某些形式上的缺陷，根本不具有法律上确定的效力。

只有《新莱茵报》才有能力，用具有历史价值的方式同政府的暴力侵袭进行斗争。对于《新莱茵报》来说，决定性的时刻已经到来，在这一时刻，反革命必然被一场第二次革命所战胜。《新莱茵报》每一天都呼吁群众以各种暴力行动来对抗暴力。它说，消极的反抗必须要有积极的反抗作为其基础，否则的话，这种反抗就只能像一头小牛犊抗拒宰杀它的屠夫一样。妥协论的一切法律上的诡辩已经被无情地摧垮，这些诡辩只是用来掩饰资产阶级的怯懦的。《新莱茵报》写道：“普鲁士国王从自己的观点出发，理直气壮地以专制国王的身份与议会相对抗。但是议会却没有理直气壮地进行活动，没有以专制议会的身份来与国王相对抗。……但是旧官僚不甘沦为资产阶级的奴仆，因为到目前为止，它一直是资产阶级的专横导师。封建党派不愿为资产阶级牺牲自己的特权和利益。最后，国王把旧的封建社会（他作为这个社会的畸形产物而高踞于这个社会之上）的因素看

① 参阅《马克思恩格斯全集》第6卷，人民出版社1961年版，第19页。

作是自己的真正的、和他有血缘关系的社会基础，而把资产阶级看作是异己的、人为的基础，在这个基础上它只能凋萎。

资产阶级把‘受命于天’的非凡的权利变成以文件作根据的平凡的权利，把贵族血统的统治变成一纸公文的统治，把王国的太阳变成资产阶级的星灯。

因此，王权没有接受资产阶级的花言巧语的劝说。国王用彻底的反革命回答了资产阶级的不彻底的革命。他把资产阶级推回革命的怀抱，推回人民的怀抱，因为他宣布说：勃兰登堡在议会，议会在勃兰登堡。”[①]

《新莱茵报》把这个反革命口号恰如其分地翻译成：“警备部在议会，议会在警备部！”[②]《新莱茵报》希望，人民能够凭着这个口号取得胜利，而且它把这个口号当作勃兰登堡家族的墓铭志。

在柏林议会通过了拒绝纳税的决议以后，民主主义者区域委员会在一份由马克思、沙佩尔和施奈德第二签署的 11 月 18 日的呼吁书里，要求莱茵省各民主团体设法贯彻落实以下措施：在普鲁士国民议会本身已经做出拒绝纳税的决定以后，各地都应当通过一切抵抗方式反对强行征税；各地都必须组织民团，以抗击敌人；由市镇出资或通过自愿捐款，为贫困人群购置武器和弹药；各地都应该要求地方当局正式声明，它是否承认并愿意执行国民议会的决定。在遭到拒绝时，应该成立安全委员会，并尽可能同市镇委员会取得协议。市镇委员会如果反对立法会议，则应通过当地全民投票重新选举进行更换。由此可见，民主主义者协会委员会所采取的措施，原本应该是由柏林议会来完成的，假如柏林议会真想认真实施拒绝纳税的决定的话。但是柏林议会的英雄好汉们旋即便被他们自己的英雄气概吓得心惊胆战；于是他们赶忙跑到自己的选区，想方设法阻挠这项决定的执行，然后又跑到勃兰登堡，继续进行他们的协商议事。议会的这种行径，侮辱了他们自己的人格，把议会的声望贬低到极点，致使政府能够在 12 月 5 日一举驱散了议会，并悍然颁布了一部新宪法和一部新选举法。

① 参阅《马克思恩格斯全集》第 6 卷，人民出版社 1961 年版，第 16、17 页。

② 参阅《马克思恩格斯全集》第 6 卷，人民出版社 1961 年版，第 14 页。

这样一来，莱茵省区域委员会在武装部队林立的本省也陷入了瘫痪状态。11 月 22 日拉萨尔在杜塞尔多夫被捕，他曾经热情地响应呼吁书的号召应征入过伍；在科隆，检察官对在呼吁书上签名的人们提起了公诉，尽管他也不敢逮捕他们。2 月 8 日，他们由于煽动对军队和官员进行武装抵抗而受到了科隆陪审法庭的审判。

检察官企图用 4 月 6 日和 8 日的法律——即政府通过武装政变所粉碎的那些法律——来论证议会的错误，并且在更大的程度上论证被告的有罪；马克思以令人信服的发言驳斥了检察官的这一企图。他说，顺利地完成一场革命的人可以绞死自己的敌人，但是不能判他们的罪；可以把他们作为战败的敌人清除掉，但是不能把他们当作罪犯处决。马克思说，在革命或者是反革命成功之后，用已经被推翻的法律来反对这些法律本身的捍卫者，这只能是法制的一种怯懦的伪善；至于谁是有理的一方，是国王有理还是议会有理，这个问题是一个历史性的问题，而历史问题只能够由历史来进行裁决，而不是法庭陪审团所能够决断的。

但是马克思更进了一步，他根本拒绝承认 1848 年 4 月 6 日和 8 日的法律。马克思说，这些法律都是联合议会随意滥造出来的拙劣品，本来是为了使国王避免承认他在三月斗争中遭到了惨败。马克思说：不能根据一个封建团体的那些法律来给一个代表现代资产阶级社会的议会定罪；硬说社会是以法律为基础的，这只能是法学家的幻想；确切地说，是法律以社会为基础。“现在我手里拿着的这本 Code Napoléon〔拿破仑法典〕并没有创立现代的资产阶级社会。相反地，产生于十八世纪并在十九世纪继续发展的资产阶级社会，只是在这本法典中找到了它的法律的表现。这一法典一旦不再适应社会关系，它就会变成一叠不值钱的废纸。你们不能使旧法律成为新社会发展的基础，正像这些旧法律不能创立旧社会关系一样。”① 马克思接着说道，柏林议会不理解它在三月革命中所取得的历史地位；检察官指责议会不愿意接受任何调解，这种指责是完全没有理由的，因为议会的不幸和错误正是在于它把自己从一个革命的国民议会贬低到一个模棱两可的

① 参阅《马克思恩格斯全集》第 6 卷，人民出版社 1961 年版，第 292 页。

协商派团体。

“这里所发生的不是在一个社会基础上的两个派别之间的政治冲突——这是两个社会之间的冲突，具有政治形式的社会冲突，——这是旧的封建官僚社会和现代资产阶级社会之间的斗争，是自由竞争的社会和行会制度的社会之间的斗争，是土地占有的社会和工业的社会之间的斗争，是信仰的社会和知识的社会之间的斗争。”[①]马克思说，在这两个社会之间不可能有和平，它们的物质利益和需要决定了它们之间只有你死我活的斗争。他说，拒绝纳税根本动摇不了社会的基础，所以，检察官在这方面所做出的断言十分可笑，拒绝纳税只是出于一种正当防卫，是社会面临政府对社会本身的基础造成威胁而采取的一种紧急自卫措施。

马克思指出，议会通过拒绝纳税的决议，这种行为并没有违反法律，但是如果它宣布进行消极抵抗，这反而倒是不符合法律上的规定的。“可是，如果征税被宣布为非法的，难道我不应当用暴力来反抗用暴力实行的非法行为吗？”[②]马克思说，如果拒绝纳税的先生们鄙弃革命的道路是为了不拿自己的脑袋去冒险，那么人民大众在采取拒绝纳税的行动时，则必须要站到革命的立场上来；议会的态度对于人民大众起不了决定性的作用。“国民议会本身没有任何权利——人民委托给它的只是维护人民自己的权利。如果它不根据交给它的委托来行动——这一委托就失去效力。到那时，人民就亲自出台，并且根据自己的自主的权力来行动。……当国王实行反革命的时候，人民完全有权利用革命来回答它。”[③]马克思在结束自己的发言时再一次强调指出，这仅仅是这出戏的第一幕结束了，随之而来的必然的结果只能是：不是反革命的全面胜利，就是出现一场新的必胜的革命；也许，只有在反革命结束之后，革命的胜利才有可能。

马克思在结束这番充满革命自豪感的发言之后，陪审员们当即宣布被告无罪，此外，陪审长还就这一番富有教益的演说当场对发言人表示感谢。

① 参阅《马克思恩格斯全集》第6卷，人民出版社1961年版，第301页。
② 参阅《马克思恩格斯全集》第6卷，人民出版社1961年版，第305页。
③ 参阅《马克思恩格斯全集》第6卷，人民出版社1961年版，第305页。

8. 伏击

随着反革命势力在维也纳和柏林取得胜利，德国的命运已成定局。而在革命成果方面尚能够留存下来的，也只剩下法兰克福议会了，不过这个议会早已就丧失了全部政治信誉，它把自己的精力统统耗费在无尽无休、滔滔不绝地讨论枯燥乏味的纸上宪法了；即便是关于纸上宪法，也只有一件事仍然存在疑问，即：是用奥地利的佩刀，还是用普鲁士的佩刀把它给刺穿。

在 1848 年 12 月期间，《新莱茵报》再一次以系列文章的形式撰写了一组论述普鲁士的革命和反革命历史的精彩论文。之后，在新到来 1849 年年初，该报又把它的期望的目光转向了法国的工人阶级起义，它期待这次起义能够导致一场世界大战。“但是，英国这个把许多民族变成自己的雇佣工人，并用自己的巨手来扼制整个世界，并且一度担负欧洲复辟费用的国家，这个在自己内部阶级矛盾发展得最尖锐最明显的国家，好像是一座使革命巨浪撞得浪花四溅的岩石，它想用饥饿来扼杀还在母腹中的新社会。英国统治着世界市场。欧洲大陆的任何一个国家甚至整个欧洲大陆在经济方面的变革，如果没有英国参与，都不过是杯水风浪。每个国家内的工业和贸易关系都依赖该国和其他国家的交往，都受该国和世界市场的关系的制约。但是英国统治着世界市场，而资产阶级又统治着英国。”[①] 所以，法国的每一次社会变革都会败在英国的资产阶级手里，败在大不列颠的工业和贸易世界霸权下。法国以及整个欧洲大陆的任何局部性的社会改革，只要想把它进行到底，都不过是而且永远是一种空泛的不能实现的愿望。而老旧的英国只有通过一场世界性的战争才能够把它推翻，只有这样的战争才能够为宪章派这个组织起来的英国工人政党提供条件，使它能够成功地组织起义打倒强大的压迫者。只有当宪章派身居英国政府领导的时候，那么随着这一刻的到来，社会革命才可能从空想王国进入到现实王国。

---

① 参阅《马克思恩格斯全集》第 6 卷，人民出版社 1961 年版，第 174—175 页。

对于未来的这些期望其前提并没有出现。自六月革命那些日子以来，受到重创的法国工人阶级许多伤口仍旧在流血，它已经没有能力再发动一场新的起义了。从巴黎的六月革命开始，欧洲的反革命进行了一次巡回发动，它经过法兰克福、维也纳和柏林，只是由于假波拿巴在 12 月 10 日当选为法兰西共和国总统，这次反革命游说才暂且结束。在这期间，只有在匈牙利革命还存在着一线生机，而此时已经返回科隆的恩格斯，则成了革命最能言善辩的和最有经验的辩护者。另外，《新莱茵报》不得不把对抗正在袭来的反革命的斗争局限于旷日持久的小规模的战斗，它在战斗中的表现同上一年的多次大会战中一样，非常勇敢和顽强。所以，帝国内阁把《新莱茵报》视为一切坏报纸当中的最坏的报纸，并以违反出版法的罪名接二连三地对它提出了诉讼；《新莱茵报》则以针锋相对的冷嘲热讽迎接这些诉讼，它反唇相讥道，帝国政权是一切滑稽可笑的政权当中最滑稽可笑的政权。针对易北河东岸容克地主在柏林政变后喜欢用吹嘘“普鲁士的风格”来炫耀自己的做法，《新莱茵报》则以对方咎由自取的嘲讽进行回击，它说：“我们莱茵省居民很幸运，在维也纳买卖人口的大市场上得到了一位莱茵河下游的‘大公’，不过他后来并没有履行他在被宣布为‘大公’时所许下的那些条件。对于我们来说，‘普鲁士国王’只是由于柏林国民议会的决议才存在，可是对我们这位莱茵河下游的‘大公’来说，柏林国民议会是根本不存在的，因此对我们来说，任何‘普鲁士国王’都不存在。我们所以落到了莱茵河下游的大公的手里，是因为贩卖人民的结果！当我们成长到能够不承认贩卖人口的生意的时候，我们将要求‘莱茵河下游的大公’拿出他的‘领地所有证’来！”① 这样一番话正是在反革命势力最疯狂猖獗的时候写的。

当然，人们一眼就会发觉，在《新莱茵报》的栏目中，人们原本猜想会刊登在头版头条的一件事却没有出现在《新莱茵报》上，即：一篇关于当时德国工人运动的详细报道。德国工人运动当时已经深入到易北河东岸的各个地区，

① 参阅《马克思恩格斯全集》第 6 卷，人民出版社 1961 年版，第 87—88 页。

而且绝对不是无足轻重的。它有自己的代表大会，有自己的组织，有自己的报纸。它的最有才能的首脑人物斯特凡·博恩从布鲁塞尔和巴黎时期以来就同恩格斯和马克思是朋友。那时候他仍然从柏林和莱比锡为《新莱茵报》写稿。博恩对《共产党宣言》的理解非常深刻，尽管他不善于使它完全适应于德国大部分地区无产阶级的尚未成熟的阶级觉悟。只是在后来，恩格斯才对博恩当时的活动提出了不适当的苛刻的评价。有一点是相当可信的，即博恩在他的《回忆录》中提到，在革命的年代里，马克思和恩格斯对他当时的活动从来没有讲过一句不满的话，因此也就无须考虑，他们曾对有些事的细节不满。不管怎么样，马克思和恩格斯在1849年春天就已经在接近并非受他们的影响而出现的这一工人运动。

《新莱茵报》最初很少关注这一运动，部分原因可以从以下事实中得到解释，即科隆的工人联合会当时在莫尔和沙佩尔的领导下出版了一种每周两期的特殊的机关报，另一部分原因——而且是更大部分的原因——则是由于《新莱茵报》认为自己首先是“民主派机关报”，这就是说，它要确保资产阶级和无产阶级的共同利益，以反对专制主义和封建主义。这确实也是最迫切需要完成的任务，因为由此才能够为无产阶级与资产阶级一决胜负打下基础。但是民主派中的资产阶级分子却越来越禁不起拖累，他们每次遇到比较严重的考验时便崩溃了。1848年6月，在第一届民主主义者代表大会上选出了一个五人中央委员会，诸如梅因和从美国归来的克利盖之类的人物也在其中；在这样一些人的领导下，这个组织很快就衰落了；而在普鲁士政变的前夕，在柏林召开第二届代表大会的时候，这一点特别可怕地暴露了出来。如果说，这时选举出一个新的中央委员会，而且马克思的私下和政治上的朋友德埃斯特尔也属于其中一员的话，这也只不过是开出了一张向未来兑现的汇票而已。柏林议会中的左派议员在十一月危机中已经失去作用，而法兰克福议会中的左派则越来越深深地陷进了可鄙的妥协的泥潭。

在这种情况下，马克思、威廉·沃尔夫、沙佩尔，以及赫尔曼·贝克尔在4月15日宣布，他们退出民主主义者区域委员会。他们用寥寥数语说明了他们决定退出的理由："我们认为，各民主团体的现行组织成分过分庞杂，这势必将妨碍有利于事业的有效活动的开展。我们认为最好是建立一个由单一成分组成的工人联合会的更为严密的组织。"[①] 与此同时，科隆工人联合会退出了莱茵省民主联合会，紧接着它便召集拥护社会民主派基本原则的全部工人团体以及所有其他团体参加5月6日举行的省代表大会。这次代表大会应该要解决的问题是，组织莱茵—威斯特华伦工人联合会，以及是否应该派遣代表前往莱比锡，参加定于6月份召开的全德工人联合会代表大会，这次代表大会是由莱比锡工人联谊会召集的，而该联谊会正是由博恩领导的那个工人组织。

还是在发表这些声明之前，《新莱茵报》就已经在3月20日[②] 开始登载威廉·沃尔夫撰写的言辞激昂、旨在于鼓动农村无产阶级起来反抗的系列文章，标题为《西里西亚的十亿》；并且从4月5日开始陆续发表马克思本人在布鲁塞尔德国工人协会所做的题目为《雇佣劳动与资本》[③] 的几次演讲。《新莱茵报》曾经通过1848年的大规模群众斗争证明了，在革命的工人阶级取得胜利之前，任何革命起义都必然会以失败而告终，尽管它的目标距离阶级斗争似乎还很遥远；自此之后，《新莱茵报》便打算对资产阶级赖以生存和奴役工人的经济关系进行更为详细的探讨。

然而，这项富有希望的计划，却由于纸上帝国宪法之争被迫中断了，而帝国宪法则是法兰克福国民议会在进行最后一次表决时通过的。就这部宪法本身而言，根本不值得为它哪怕只流一滴血；纸上帝国宪法想把世袭的皇冠套到普鲁士国王的头上，而这顶皇冠看上去更像是套在的头发上的丑角滑稽帽。国王并没有

① 参阅《马克思恩格斯全集》第6卷，人民出版社1961年版，第509页。

② 根据弗·恩格斯于1876年6—11月所写的《威廉·沃尔夫》一文中记载，沃尔夫是从1849年3月22日起至4月25日之间以"西里西亚的十亿"为题在《新莱茵报》发表了一组8篇文章，（见《马克思恩格斯全集》第19卷，人民出版社1963年版，第78页。）沃尔夫在这一组文章中要求把地主以赎金形式从农民那里盗走的10亿法郎归还农民。

③《雇佣劳动与资本》收入《马克思恩格斯全集》第6卷，人民出版社1961年版，第473—506页；这篇文章是卡·马克思根据他在1847年12月下半月所做的讲演写成，载于1849年4月5—8日和11日《新莱茵报》第264—267号和第269号。

接受这顶皇冠，但是他也没有拒绝它；国王想同德国各邦的王侯们就帝国宪法达成协议进行谈判，他暗自希望，如果他用普鲁士之剑摧毁德意志中小各邦残存的革命力量，这些王侯们就会承认普鲁士的统治地位。

这是对革命的尸体劫掠，这种劫掠再一次煽起了革命的火焰。它引发了一连串的起义，帝国宪法给予了这些起义名称，尽管没有给予它们内容。但是帝国宪法毕竟体现了国家的主权，因此暗中消灭这一主权以便恢复王侯们的主权的准备工作就在进行。在萨克森王国、在巴登大公国，以及在巴伐利亚的普法尔茨，都爆发了维护帝国宪法的武装斗争，而普鲁士国王则到处扮演了刽子手的角色，但是那些被他挽救的当权者骗取了他的服务，却拒绝付给他充当刽子手的工钱。在莱茵省也陆续发生了个别的起义，但是这些起义都被在数量上占绝对优势的庞大军队扼杀于萌芽状态，因为对于这个令人担心的省份政府投入了大批的军队。

这时候当局也终于鼓起勇气决定对《新莱茵报》进行一次毁灭性的打击。随着越来越多的迹象表明一场新的革命起义即将来临，在《新莱茵报》的各个栏目里也燃烧起革命的激情的火焰，而且越烧越通明；它在 4 月份和 5 月份出版的那些号外，就是对人民发出的一次又一次的呼吁，以号召人民时刻准备开始战斗。那时候《新莱茵报》曾经获得了《十字报》的光荣的赞扬，《十字报》称它具有钦博拉索火山的胆量，认为同它比起来，连 1793 年的《通报》都显得黯然失色了。政府早就想追究《新莱茵报》了，而且恨不得使它破产，但是这需要勇气，政府哪里有这种勇气！鉴于莱茵省陪审法官的意见，对马克思提起的两次诉讼两次都使他取得了新的胜利。当柏林方面建议对科隆再一次实行戒严时，胆小的要塞司令部对该建议采取了回避的态度。它宁愿向警察局领导请求，把马克思作为“危险人物”驱逐出境。

处于困境的警察局向科隆行政区政府求助，而就行政区政府来讲，它又把它的痛苦统统倾吐给了曼陀菲尔，因为内务大臣曼陀菲尔是行政区政府的顶头上司。3 月 10 日，警察局报告说，马克思在没有获得居留许可的情况下仍然待在科隆，而由他负责编辑出版的报纸也依旧在继续宣传具有颠覆性的思想倾向，煽动人们推翻现行的宪法和建立社会共和国，讥讽和嘲弄人们一向尊敬和认为神圣不可触犯的一切事物。报告认为，《新莱茵报》变得越来越卑鄙无耻了，它的文章写得既胆大妄为又随心所欲，而它的读者圈也在日益扩大。不过，警察局领导对于要塞司令部提出的驱逐马克思的要求抱有疑虑，并且认为，政府可能会对这种怀疑持赞同态度，因为“没有特别的外部的理由”，“仅仅因为报纸的危险倾向”便把人驱逐出境，这很可能会引发民主党派的示威行动。

曼陀菲尔接到这个报告之后，又去找莱茵省省长艾希曼，他想听取这位省长的意见。艾希曼在3月29日回答说，驱逐马克思的做法虽然合情合理，但是如果他没有再继续犯事的话，这样做并非毫无问题。在这之后，即在4月7日，曼陀菲尔又指示道，他丝毫不反对把马克思驱逐出境，但是什么时候驱逐，这必须得听任政府自己做出决定；不过他希望是在马克思获罪的时候马上动手。然后在5月11日，驱逐行动终于发生了，这并不是因为马克思干了什么特别违法的事，而是因为《新莱茵报》的危险倾向。换句话说，即在5月11日[①]政府感到自己已经拥有足够强大的力量进行一次伏击了，而在3月29日和4月7日，它还太懦弱，不敢贸然采取行动。

不久以前，一位普鲁士教授从档案材料中找出了记载事件发生经过的文献，他显然是想赞美弗莱里格拉特作为诗人独具的先知者般的洞察力，弗莱里格拉特对于驱逐马克思的事件记忆犹新，他用诗歌的形式写道：

不在公开的决战中公开进行打击，
而是心意恶毒诡计多端，
卑鄙无耻地对我进行偷袭，
用尽西方卡尔梅克人的龌龊手段。

① 下达驱逐令的时间应该是1849年5月12日，而不是5月11日。——德文原书出版者注

9. 又一次伏击

当驱逐令下达的时候，马克思刚好在别的地方，不在科隆。尽管《新莱茵报》正处在蒸蒸日上的持续发展中，并且已经拥有将近六千个订户，然而它的财政困难依然没有消除；随着订户的不断增多，现金开支也在增加，而收入的提高却只能待以后解决了。马克思来到哈姆同伦佩尔进行谈判，伦佩尔是曾经在1846年同意创办共产主义出版社的两个资本家中之一；不过这位勇敢正直的人现在也是一个吝啬的人了，他把钱袋扣得紧紧的，指点马克思去找前少尉亨策，亨策过去确实曾经借给了《新莱茵报》三百塔勒，而这笔钱的归还却被马克思当作个人的责任承担下来。亨策——后来他才暴露出奸细的真面目——当时也受到了警察的迫害，他和马克思一道前往科隆，在科隆马克思才看到“政府的文件”。

这样一来《新莱茵报》的命运就注定了。另外几个编辑同样也被当作“外国人”遭到驱逐，其余的人则受到了法律上的追究。（1849年）5月19日，《新莱茵报》出版了全部用红色油墨印制的最后一期，这一期刊登了弗莱里格拉特的著名的告别诗和马克思的言辞强硬的告别语，在告别语里，马克思那猛烈的抨击像冰雹一样密集地砸向政府的脊梁：“那末你们干吗要玩弄虚伪的词句，制造荒唐的借口呢？我们铁面无情，但也不向他们要求任何宽恕。当轮到我们动手的时候，我们不会用虚伪的词句来掩饰恐怖手段。但是保皇恐怖主义者，上帝和法律所宠爱的恐怖主义者，在实践上是残酷的、卑鄙的、下流的，在理论上是胆怯的、隐讳的、虚伪的，而在这两方面都是无耻的。”[①]《新莱茵报》警告科隆的工人，不要在科隆策划任何暴乱。它说，根据科隆的军事形势来看，一旦他们这样做就将会遭到无法挽救的失败。编辑部人员对工人们所给予的同情表示衷心的感谢，并且说：“无论何时何地，他们的最后一句话始终将是：工人阶级的解放！”[②]

---

① 参阅《马克思恩格斯全集》第6卷，人民出版社1961年版，第603页。

② 参阅《马克思恩格斯全集》第6卷，人民出版社1961年版，第619页。

除此以外，马克思还履行了他作为沉船的船长应该担负的义务。亨策借给马克思的三百塔勒、马克思从邮局那里收到的一千五百塔勒的报纸预订费、属于马克思私人所有的高速印刷机等等，全部被马克思用来偿付报社拖欠排字工人、印刷工人、纸商、办事员、通信员和编辑部人员等等的债务。他个人留下来的只有属于他的夫人的一套银器，但是这套银器也被送进了法兰克福的当铺。典当得来的几百个古尔登仅够他全家人的伙食费，这时的马克思一家正像我们的祖先所说的那样，又不得不重新步入“痛苦之境”。

从法兰克福出发，马克思同恩格斯一道前往（1849 年 5 月）巴登－普法尔茨起义的战场。他们首先去了卡尔斯鲁厄，然后又来到凯泽斯劳滕，在这里他们会见了临时政府的核心人物德埃斯特尔。从德埃斯特尔那里马克思收到了民主主义者中央委员会的一项指令，委托他到巴黎代表德国革命党去见国民议会的山岳派，山岳派是当时由小资产阶级分子和无产阶级分子混合组成的社会民主派系，那时正在准备对秩序党及其代表人物假波拿巴进行一次巨大的打击。在这次旅行返回的途中，因为涉嫌参加起义，马克思和恩格斯被黑森军队逮捕，他们被押送到达姆施塔特，又从那里被送往法兰克福，并且在那里被释放。于是马克思就直接去了巴黎，恩格斯则回到了凯泽斯劳滕，进入由普鲁士前少尉维利希组织的志愿军当副官。

6 月 7 日，马克思从巴黎写信来说，那里执政的是一个保皇党反动派，这比在基佐的统治下还要可怕，但是革命的火山口的巨大爆发也从来没有像现在这样近在眼前。不料马克思的这种期望成了泡影；山岳派所计划的打击活动遭到了失败，甚至是以非常令人振奋的方式。一个月之后，马克思本人也遭到了胜利者的报复；7 月 19 日，内务大臣通过警察局长命令马克思把他的住处搬到莫尔比昂省。这是一次阴险的打击，“要多卑鄙有多卑鄙”，弗莱里格拉特在得知这一命令时写信给马克思如是说。“丹尼尔斯认为，莫尔比昂是法国最不利于健康的地区之一，那里烟瘴密布，瘟疫肆虐，可以说就是布列塔尼半岛的彭甸沼地。”马克思也没有让这一“变相谋杀的企图”得逞，他上书内务大臣，并成功地使这一命令暂时推迟执行。

这期间马克思已经处于极其艰难的境地，因为他那为数不多的钱已经全部用完了。于是他向弗莱里格拉特和拉萨尔求助。这两个人也都尽其所能帮助了他。但是，拉萨尔却不慎把这件事给泄露了出去，为此弗莱里格拉特对拉萨尔大加抱怨。他认为由于拉萨尔的轻率，这件事成了人们在小酒馆饮酒时的话料。马克思也感到极为难堪和不快；他在 7 月 31 日给弗莱里格拉特的回信中写道："我宁愿过最拮据的生活，也不愿公开求乞。为此我给他写过信。这件事简直把我气坏了。"[①] 然而拉萨尔也有办法，他通过一封信就消除了马克思的不快，这封信充满了善意，他信誓旦旦地写道，他保证会"极其慎重地"处理好这件事，尽管他的承诺让人感到有些怀疑。

8 月 23 日马克思向恩格斯通报说，他将要离开法国。而在 9 月 5 日他又写信通知弗莱里格拉特说，他的妻子将在 9 月 15 日随他同行，可是他还不知道该如何去筹集她的旅费和迁居所必需的款项。在马克思的第三次流亡生活中，伴随着他的是深深的忧虑，而且这种忧虑似乎永远成了他的一个忠实的伴侣。

① 参阅《马克思恩格斯全集》第 48 卷，人民出版社 2007 年版，第 83 页。

第七章　流亡伦敦

1.《新莱茵评论》[①]

在马克思从巴黎写给恩格斯的最后一封信里，马克思告诉恩格斯，他完全有希望在伦敦创办一个德文杂志，而且他确保已经落实了一部分资金[②]。他请求在巴登—普法尔茨起义失败之后以流亡者的身份在瑞士生活的恩格斯，立刻到伦敦去。恩格斯听从了他的召唤，并从热那亚启程，乘帆船前往伦敦。

这笔用来计划创办杂志的资金究竟来源于何处，现在已经无法再查明。无论如何这笔资金可能不会太多，而且他们也没有指望这个杂志能够长期办下去；当时马克思希望，在三到四个月之后会爆发一场世界性的战争。由“卡尔·马克思主编的《新莱茵报——政治经济评论》”曾经登载过一份“股票认购邀请书”，上面注明的日期是1850年1月1日，地点是伦敦，署名为这项计划的负责人康

---

① 忠实原文的刊名应该是《新莱茵报。政治经济评论》；1955年由柏林吕滕·勒宁出版社出版，卡尔·比特尔（1892—1969，德国马克思主义历史学家）写了序言。——德文原书出版者注（《新莱茵报。政治经济评论》是继《新莱茵报》在1849年5月被迫停刊后由马克思和恩格斯创办和编辑的月刊，它作为共产主义者同盟的理论刊物于1850年在汉堡出版，共出版了六期（五、六期为合刊）。在杂志出版前，马克思和恩格斯撰写了一则出版启示刊登在1850年1月8日《西德意志报》第6号上，题为《〈新莱茵报。政治经济评论〉出版启事》；见《马克思恩格斯全集》第7卷，人民出版社1959年版，第3—4页。）

② 参看1849年8月23日马克思写给恩格斯的信。见《马克思恩格斯全集》第48卷，人民出版社2007年版，第92—93页。

拉德·施拉姆。在“股票认购邀请书”中写道：《新莱茵报》的编辑们无论在德国南部还是在巴黎参加了去年夏天的革命运动之后，他们又聚集在伦敦，并且决定从这里开始继续出版报纸；该报可能暂时只以评论刊物的形式作为月刊出版，每期的篇幅大约为五个印张；一旦资金能够负担得起出版的费用了，报纸就将会改为每十四天出版一期，篇幅同样为五个印张，或者只要有可能，甚至将会按照美、英周刊的风格出版大型周报，以便于一旦条件允许返回德国的时候，就可以立刻将周报改为日报。最后，“股票认购邀请书”提出了合股经营签署的要求，并把股票认购定为每股五十法郎。

但是，被推销出去的股票可能并没有很多。该杂志是在汉堡印刷，那里有一家书籍出版公司承接了代销业务；为此它要求从每份每个季度的零售价格 25 银格罗申中抽取百分之五十作为佣金。但是这家公司并没有在这件事情上下很多功夫，特别是因为普鲁士的军队占领了汉堡，使它紧张得连呼吸都困难了。不过，即便是该公司在这方面发挥了更大的热情，情况也不见得会变得更好一些。拉萨尔在杜塞尔多夫费了很大的气力也没有征集到 50 个订户，魏德迈预定了 100 份到法兰克福推销，半年之后得到的收入也才只有 51 古尔登；他说：“虽然我催逼人家付款已经催得够紧的了，可是尽管我多次催促，却没有一个人肯急着付款。”马克思的夫人怀着莫大的痛苦写信给魏德迈说道，这项业务由于管理上的疏忽和经营混乱彻底给毁掉了，也不知道是哪方面对此造成的损害最大，是书商或者是科隆的那些熟人和管理人员的拖延呢，还是民主派的态度。

这也并不是说，没有充分地做好出版编辑准备工作就完全没有责任，而从总体上来看，这项工作完全是靠马克思和恩格斯独自统筹安排的。一月号要用的原稿直到 2 月 6 日才抵达汉堡。不过后人仍然有充分的理由心存感激，因为这项计划总的来说还是完成了，假如再拖延仅仅几个月，随着革命洪流的迅速消退，这项计划就根本不可能再实现了。所以，在这六期《评论》里为我们保留下来了珍贵的见证，证明马克思——依照马克思夫人的话来说——知道怎样“通过他的超强的毅力，通过完全冷静地、清醒地、沉着地意识到自己的本质”，来摆脱生活中的区区琐事的困扰和忧虑，而这些困扰和忧虑每日每时都在“以极其令人气愤的形式”逼近他。

马克思还有恩格斯——后者更甚于前者——总是把未来的事物看成是近在咫尺，特别是在他们年轻的时候，他们时常在花朵几乎还没有开始绽开的时候，就已经希望能够立刻采摘到果实；正因为如此，他们有多少次被人痛骂成是假预言家啊！被别人当成一个假预言家，这实在不能被看作是一个政治家的无比荣耀。但是应该区分清楚，这些错误的预言究竟是源于何处，是源于一种清晰而敏锐的思维的大胆信念，还是源于沉浸在自以为用意美好，其实却不能实现的愿望中而沾沾自喜的自我陶醉。在后一种情况下，幻想终究会消失得无影无踪，而随之产生的只能是令人心力交瘁的失望；但在前一种情况下，信心会进一步增强，因为思想家会探究自己的错误的根源，并且从而获得新的认识。

大概还从来没有过任何政治家能够做到像马克思和恩格斯这样，如此无情而且真诚地进行自我批评。他们完全没有那种讨厌的自以为是、固执己见，即面对最令人痛苦的失望却仍然试图继续自我欺骗，佯称自己的估计是正确的，只不过是自己想象的这件事或者那件事的发生同实际发生的情况有些差异而已。他们也从不做任何廉价的自作聪明的否定，没有任何无益的悲观主义；他们从失败中进行学习，以便以更强大的力量重新为取得胜利做准备。

随着6月13日巴黎起义的失败，随着德国维护帝国宪法的运动的失败，随着沙皇对匈牙利革命的镇压，一个伟大的革命阶段就这样结束了。而新的革命高潮的出现只有在法国还有可能，因为不管怎么说，那里的革命还没有形成最后的定局。马克思坚守着这种希望，不过这并没有妨碍，反而倒促使他对法国革命过去所经历的过程进行了一次无情的、对于任何幻想都加以嘲讽的批判。他从内部的根源出发，从存在于内部的相互冲突的经济矛盾出发，来阐明斗争的错综复杂性，而这种错综复杂性就连那些思想政治家们或多或少都感到难以解决。

而马克思却通过言简意赅的几句话，就成功地解决了这些最错综复杂的现实问题！他的这种阐述问题的方式贯穿了《评论》的头三期。资产阶级中的那些思想开明的人士，乃至于那些教条主义的社会主义者们，在巴黎的国民议会上曾经费了多少唇舌来讨论劳动权的问题，马克思却只用了几句话就详尽无遗地说明了这个口号在历史上所具有的意义和无意义。他说："在六月事变以前制定的最初宪法草案中，还提到了'droit au travail'，即劳动权这个初次概括无产阶级各种革命要求的笨拙公式。现在劳动权换成了 droit à l'assistance，即享受社会救济权，而哪一个现代国家不是这样或那样地养活着自己的穷人呢？劳动权在资产阶级的意义上是一种胡说，是一种可怜的善良愿望，其实劳动权就是支配资本的权力，支配资本的权力就是占有生产资料，使生产资料受联合起来的工人阶级支配，也就是消灭雇佣劳动、资本及其相互间的关系。"[①] 马克思最初正是通过研究法国历史才清楚地认识到了，阶级斗争是推动历史发展的车轮，而自中世纪以来，阶级斗争就以特别明显的和典型的形式显现在法国历史上了，这样便很容易解释，为什么马克思对于法国历史特别偏爱了。发表在《评论》上的这篇文章和后来发表的另一篇关于波拿巴政变的文章，以及再后来的关于巴黎公社的文章，都是马克思的小部头历史著作宝库中最晶莹灿烂的宝石。

此外，在《评论》的头三期里，恩格斯为德国维护帝国宪法的运动所勾画的小资产阶级革命的形象，是作为同马克思的文章形成有趣的对照形象出现的，然而也并不能免除一个悲剧性的结局。[②] 该杂志每个月的述评均由马克思和恩格斯两个人共同撰写，而他们主要探究的是事物的经济进展。他们在二月号里就已经提到了加利福尼亚金矿的发现，并指出这一事实的意义"比二月革命还要重要"，它将会产生甚至比发现美洲大陆还要了不起的结果："一条跨越 30 个纬度的海岸是世界上最美丽最富饶的海岸之一，以前几乎荒无人迹，现在正迅速地变成一个富足的文明区域，这里稠密地居住着一切种族的人：从美国佬到华人，从黑人到印第安人和马来人，从克里奥尔人和梅斯蒂索人到欧洲人。加利福尼亚的黄金流遍美洲，流遍亚洲的太平洋沿岸地区，甚至把最倔强的野蛮民族也拖进了世界贸易，拖进了文明。……加利福尼亚的黄金和美国的不断努力，将使太平洋两岸很

① 参阅《马克思恩格斯文集》第 2 卷，人民出版社 2009 年版，第 113 页。

② 参阅《马克思恩格斯全集》第 7 卷，人民出版社 1959 年版，第 127—235 页；弗·恩格斯：《德国维护帝国宪法的运动》，写于 1849 年 8 月底—1850 年 2 月，载于 1850 年《新莱茵报。政治经济评论》第 1、2、3 期。

快就会同现在从波士顿到新奥尔良的海岸地区那样，人口也那样稠密、贸易也那样方便、工业也那样发达。那时，太平洋就会像大西洋在现代，地中海在古代和中世纪一样，起着伟大的世界水路交通线的作用；而大西洋的地位将要降低，而像现在的地中海那样只起一个内海的作用。欧洲的文明国家要避免陷入像意大利、西班牙和葡萄牙当前在工商业上和政治上的依附地位，唯一的可能就是进行社会革命，这个革命现在还不算晚，还能够根据现代生产力所促成的生产本身的需要来变革生产方式和交换方式，这样，就可以创造出新的生产力，保证欧洲工业的优势，从而弥补地理上的不利条件。”① 但不幸的只是，两位描绘这一辉煌前景的作者随即也不得不承认，当前这场革命由于受到加利福尼亚金矿的发现的冲击而搁浅了。

同样，由马克思和恩格斯共同撰写的，还有那些批判三月革命前的文坛巨擘们试图剖析革命的著作的文章，这些巨匠们有德国的哲学家道默尔，法国的历史学家基佐和英国的奇才卡莱尔。道默尔出身于黑格尔学派，基佐曾经对马克思产生过重大影响，而卡莱尔则对恩格斯产生过重大影响。但是如果现在把他们放到革命的天平上来称一称，那么这三个人的分量就显得实在是太轻了。道默尔宣扬“新时代的宗教”所用的那些闻所未闻的套话空话，被马克思和恩格斯归纳成这样一幅动人的画面：德国哲学绝望地绞着双手，正在其养父——即德国的小市民阶层——的灵床前大声哭诉着。马克思和恩格斯以基佐为证指出：在旧的政治和社会制度下，即使是最有才干的人，即使是那些绝对不会否认自己最具有历史天才的人，也都被灾难性的二月事件弄得晕头转向，不知所措，以至于他们已经完全无法理解历史，甚至无法理解他们本人以前的一些行为方式。最后要说的是，如果基佐的书指出了资产阶级的生产能力已经岌岌可危，那么卡莱尔的几本小册子则显示出了这位文学天才在剧烈的历史斗争中的没落，因为他试图以他那些不为人所承认的、直接的，并且带有预言性的灵感来对抗历史斗争。

马克思和恩格斯在这些精彩绝伦的评论中证明了革命对于三月革命前时期的

---

① 参阅《马克思恩格斯全集》第 10 卷，人民出版社 1998 年版，第 275—276 页。

文坛巨匠们所产生的毁灭性的影响，他们根本就不相信革命具有某种神秘的力量，尽管有时有人这样背后中伤他们。革命不是去创造那种把道默尔、基佐和卡莱尔吓得要死的景象，它只是驱散假象的迷雾，揭开事实的真相。在历次革命运动中，历史的发展并没有改变自己的进程，而只是加速了这种进程；正是在这个意义上，马克思曾经把革命称作“历史的火车头”①。那些愚昧的庸人信奉“和平且合法的改革”，认为它胜过一切革命爆发；这种想法自然同诸如马克思和恩格斯这样的人物永远是格格不入的；在他们看来，暴力也是一种经济力量，是每一个新社会诞生的助产婆。

2. 金克尔案件

随着第四期在 1850 年 4 月出版以后，《新莱茵评论》终止了定期出版，促成这个结果的很可能是这一期杂志上的一篇小文章，它的作者们早已预料到，这篇文章将会惹起“感伤主义伪善者和民主主义清谈家的普遍愤懑”②：这是一篇简短而犀利的文章，它毫不留情地批判了戈特弗里德·金克尔的辩护词，这篇辩护词是 1849 年 8 月 7 日金克尔作为被俘的志愿兵在拉施塔特军事法庭上受审时的发言，1850 年 4 月初，他把这篇辩护词发表在柏林的一家报纸上。

这种批判就其本身而言是完全有道理的。金克尔在军事法庭上背弃了革命和他自己的战友；他向“霰弹亲王”表示敬意，并且对“霍亨索伦帝国”高呼万岁，就是在相同的军事法庭上，他的同志中有 26 人被判处死刑，他们被押送到沙堆上，在那里英勇就义。可是当马克思和恩格斯抨击金克尔的时候，他却正在监狱里；人们普遍认为，他不可避免地会成为国王报复的牺牲品；据说原本军事法庭对他的判决是要塞监禁，由于政府对案件的干预行动，改判为损害名誉的监禁。在这样的情况下，仍然把他钉在政治耻辱柱上，可能就不仅仅是会引起“那些易

① 参阅《马克思恩格斯全集》第 10 卷，人民出版社 1998 年版，第 214 页。
② 参阅《马克思恩格斯全集》第 10 卷，人民出版社 1998 年版，第 402 页。

动感情的谎言家们和口若悬河的民主主义演说家们”的强烈的质疑了。

此后有关金克尔案件的卷宗材料公布了，根据这些材料来看，这个案子是一场真正错综复杂的悲喜剧式的误会。金克尔原本是神学家，而且还是正统派的神学家；但是他背离了“真正的”信仰，这是随同他娶了一个离过婚的天主教徒发生的，或者也可以说是这件事促成的；他的背叛招致了正统派的不共戴天的仇恨，这倒使他获得了一个远远超过他的真正功绩和品德的“自由英雄”的名声。金克尔跑到马克思和恩格斯的同一个党里来，实际上只是出于“误会”；他在政治上从来都没有超越流行的民主主义的口号，同时，他还是自打从事神学工作时期起就养成的“该死的能言善辩”——弗莱里格拉特如是说——有时候可能把他远远地推向左面，有时候又像他在拉施塔特所做的辩护那样，把他远远地推向右面。平庸的诗人的天赋，又使他比如他之流的其他的民主主义者更有名气。

在维护帝国宪法的运动中，金克尔加入了维利希的志愿军团，恩格斯和莫尔也在该军团里并肩战斗；金克尔在战斗中表现得很勇敢。在穆尔格河畔进行的最后几次交战中，莫尔在战斗中阵亡，金克尔的头部则被枪弹擦伤，并且由此被俘。军事法庭判处他终生要塞监禁，但是这个判决对于“霰弹亲王”或者“我们的王位继承者，普鲁士亲王殿下”——这是金克尔在他的辩护词中更为恭敬的表达——毫无用处，柏林的最高军事法院当局呈请国王取消军事法庭的判决，因为它认为金克尔本应该招受死刑的处罚，它请国王要求军事法庭重新对金克尔进行判决。

对此整个内阁都表示反对，虽然它也承认，对于谋反犯的惩罚过于宽容了，但是它仍然建议国王批准这一判决，既出于对社会舆论的考虑，也出于国王的“恩典”。同时内阁认为，“稳妥”的做法是把惩罚的执行安排在一个“民事监禁场所”，因为如果把金克尔当作一名要塞囚徒来对待，必定会引起“巨大的轰动”。国王批准了内阁的这些议案，但是没有料到，正是由于这一点反而倒引起了本应该避免的“巨大的轰动”。“社会舆论”认为，这是一种极端的嘲讽：一个谋反犯，军事法庭一心要把他押送到要塞监禁，而国王却出于“恩典”居然把他送到普通监狱服刑。

然而舆论弄错了，因为它不了解普鲁士刑罚制度的内情。金克尔并不是被判处要塞监禁，而是被判处要塞军事监禁，这种刑罚比在普通监狱里服苦役更要严厉而难堪。被判处这种徒刑的犯人一二十人挤在一间狭小的牢房里，睡在硬铺板上，得到的食物既少且坏；他们被派去做最下贱的工作，例如清理污水坑、打扫街道等；稍有过失，就要挨皮鞭。内阁畏惧"舆论"，因此想让被监禁的金克尔免于这种难堪的生活。但是当"舆论"对这件事做了相反的理解的时候，内阁又因畏惧"霰弹亲王"和他的报复心切的党而不敢公开承认自己的"人道"意图。它宁可让国王蒙受嫌疑，即使这种嫌疑会大大地损害他的声誉，而且确实甚至在他那些善意的臣民眼中已经损害了他的声誉。

这次不成功的庇护事件造成了很坏的印象，在这种情况下，内阁不愿意再因为金克尔在监狱中的那些经历而引起新的"轰动"，不过经过犹豫之后，它最终也只敢下一道命令，即无论如何都不准许对金克尔进行体罚。内阁还表示，它很想看到金克尔能够被免除强制性的体力劳动，并且建议最初囚禁金克尔的瑙加尔德监狱的典狱长，自负其责酌情处理。但是这个死硬的官僚却坚持他自己的指令，继续强迫金克尔到纺织卷绕机旁干活。这件事引起了舆论的大哗；于是，一首《纺车歌》出现了，并且得到了广泛的传颂，画着"纺车旁的诗人"的画片在德国泛滥起来，金克尔本人也写信给他的妻子说："命运的捉弄和党派的狂暴已经达到了疯狂的地步，以至于那只曾经为德意志民族写过诗作《射手奥托》的手，现在摇起纺车来了。"但是很快有句老话便得到了证实，即庸众的"义愤"往往是以贻笑大方收场。施特廷的行政区当局被抗议的喧哗吓坏了，不过它比内阁更有胆量，它安排金克尔从事文书方面的工作，当然也立刻因为它的"民主观点"遭到了公开谴责；就此金克尔本人却宣称，他希望继续留在自己的纺车旁，因为他认为，一项轻微的体力劳动可以使他能够自由地进行思索，而整天伏案抄抄写写只会损伤他的胸部，会使他病倒。

有一种看法流传甚广，即认为由于奉国王之命，金克尔在监狱里遭受到了特别恶劣的对待，这种看法实际上是不准确的，尽管他仍然不得不忍受各种各样的痛苦。瑙加尔德监狱的典狱长施努赫尔是一个严厉的官僚，但并不是一个不通人性的野蛮之人：他用“你”来称呼金克尔，但却准许他经常到户外放风，他对金克尔的妻子为解救其丈夫所付出的不倦的努力也表现出了合乎人情的理解。而在施潘道监狱却截然相反，金克尔于1850年5月转移到那里，他虽然被尊称为“您”，但是却不得不任人剃光胡须和头发；典狱长耶泽利希是一个道貌岸然的反动分子，他千方百计地试图改变金克尔的信仰，并以此来折磨他，而且还立刻就同“金克尔老婆”发生了极其令人厌恶和不快的争吵。然而，当内阁要求耶泽利希汇报金克尔妻子的请求之事时，毕竟这个人贩子也并没有制造很多障碍，他汇报说，金克尔的妻子请求释放她的丈夫到美洲去，如果她的丈夫被释放，他将通过宣誓来承诺，放弃一切政治活动，并且永远不再返回欧洲。耶泽利希甚至认为：以自己对金克尔的了解来看，在美洲还将会使金克尔更及早地，而且最彻底地矫正他内心深处的错误。不过他仍然建议，金克尔必须至少在监狱中接受一年的惩罚，只有这样当局的执法之剑才不会变钝和出现缺口；然后便可以允许他移居国外，当然，如果金克尔的健康由于长期羁押受到损伤则另当别论，不过到目前为止还丝毫没有觉察到这方面的迹象。耶泽利希的这份汇报呈交了国王，事实证明，国王比内阁和典狱长的报复心更重。“国王陛下”决定，在一年的监禁结束之后，仍然不可以准许金克尔移居国外，因为他还必须接受跟他先前所受到的惩罚完全不同的凌辱。

通观当时掀起的对金克尔的崇拜，那么就很容易理解这种崇拜在类似马克思和恩格斯这样的人当中必然会引起的厌恶。马克思和恩格斯一向厌憎这类庸俗的喧嚣闹剧。恩格斯在其著作《维护帝国宪法的斗争》的论述中就曾经气愤地对许多这类事件发表过看法，比如人们只关注五月起义中“受过教育的牺牲者”，却从来没有人提到过参加过起义的成千上万的工人，他们或在战斗中阵亡，或在拉施塔特的炮台中活活烂死，或流亡在国外不得不独自尝尽更甚于所有流亡者的苦难。即便是不考虑这些工人，那么在“受过教育的牺牲者”当中，也还有许多人不得不忍受更多的艰难困苦，而且他们在忍受自己的命运时比金克尔表现得更加刚强，然而对此却无人过问，谁也没有替他们说过一句话。只要想一想奥古斯特·勒克尔就够了。他作为艺术家其才能至少是和金克尔不相上下，他在瓦尔德海姆的苦役监狱中受尽了残酷至极的虐待乃至体罚，即便在经受了十二年难以忍受的酷刑之后，他仍然丝毫没有动摇，甚至连眼睛都没有眨一下，更不用说祈求宽赦了；他的傲气让反动派感到绝望了，最后不得不可以说是用武力把他赶出了监狱。而勒克尔并不是这类人当中独一无二的。倒不如说，金克尔才是绝无仅有的例外，他在仅仅几个月的仍然可以忍受的监禁之后，就通过发表他在拉施塔特军事法庭上的辩护词公开向世人表示悔过和致歉，并以此唤起了庸众的同情。因此，马克思和恩格斯对金克尔的辩护词进行了严厉的而且言辞锋利的批评，况且这种批评是完全适合的；同时他们也完全有理由说，他们这样做不但没有恶化，反而还改善了囚犯金克尔的处境。

金克尔案件的发展过程也从另一方面证明了他们的观点是正确的。对金克尔的狂热崇拜使资产阶级纷纷解囊相助，因此才有能力去贿赂施潘道监狱的一个狱吏，1850 年 11 月，由于卡尔・舒尔茨的帮助，金克尔被成功解救。而这就是国王的报复欲所换得的结果。假如他当初允许金克尔在发誓承诺不再从事政治活动的情况下移居美洲，那么金克尔会很快就被人遗忘了，这一点连典狱长耶泽利希都明白；金克尔在成功地逃离监狱之后，成了一名声誉大增了三倍的鼓动家，而国王既吃了亏还要忍受嘲笑。

但是国王知道该如何把持自己的皇家气派。关于金克尔逃亡的报告激发了他的一个想法，而且连他自己也老实地承认，这个想法是不正当的。他命令他的曼陀菲尔通过施蒂贝尔的“珍贵个性”来揭露阴谋并惩罚罪犯。施蒂贝尔当时在社会上已经声名狼藉、遭到人们的普遍唾弃，甚至连随心所欲地迫害政治反对派的柏林警察局局长欣克尔代也都激烈地反对重新起用施蒂贝尔担任警察职务。但是这一切都无济于事，而作为他的一种试验，施蒂贝尔利用盗窃和伪造证件等伎俩策划了科隆共产党人案件。

这一审判中的各种无耻行径要超过金克尔案件的很多倍，但是却没有听说哪怕只有一个正直的市民对此表现出过愤怒。也许，这个顺从的阶级是要以此证明，马克思和恩格斯从一开始就把它给看透了。

3. 共产主义者同盟的分裂

总的来说，金克尔案件所具有的某一种象征意义要远远大于它的实际意义。从这个案件中也可以最为清楚地看出马克思和恩格斯同伦敦的流亡者之间陷入的这场争论的实质所在，但是这个案件本身并不是这场争论的最重要的表现，更谈不上它是这场争论的起因了。

那么，究竟是什么把马克思和恩格斯同其他的流亡者联系在一起的呢？又是什么使他们同这批流亡者分道扬镳的呢？马克思和恩格斯在1850年除了出版《新莱茵评论》以外还致力于的两个方面的杰作可以指明个中的原因：其一是组建流亡者委员会，这是他们同鲍威尔、普芬德以及维利希共同建立的，目的是帮助那些络绎不绝地大批涌入伦敦的流亡者，因为随着瑞士当局开始越来越多地显露出其敌视流亡者的粗暴的一面，涌入伦敦的流亡者的数量也越来越大；另一个方面的杰作就是重建共产主义者同盟，重建同盟之所以变得越来越必要，是因为取得胜利的反动派越来越肆无忌惮地从工人阶级手中夺去他们的出版自由和集会自由，尤其是剥夺了他们进行公开宣传的一切手段。可以这样说，马克思和恩格斯声明同流亡者保持团结一致只是从人性的角度来考虑的，而不是从政治上来考虑；他们可以和流亡者同甘苦共患难，但是却绝不会苟同他们那些不切实际的幻想；他们甘愿为流亡者奉献出自己的最后一文钱，但是却绝不会因为他们而牺牲自己的哪怕是一丝一毫的政治信念。

德国的流亡者，此时甚至又加入了国际上的流亡者，构成了一个人员极其复杂的混乱的群体。所有这些人都希望革命重新觉醒，因为革命将使他们能够重返祖国，他们大家都朝着这一目标而努力工作，在这种情况下，似乎完全可以采取统一行动。然而每一次开始这方面的尝试，都总是以失败而告终；如果说有所进展，最多也只不过是发表一纸宣言，这类宣言听起来越夸张，所表达的内容就越少。只要一开始采取行动，就会出现极其令人不悦的争吵。这些争吵不能归咎于哪一个人，这些人所处的令人绝望的境况顶多也只是加剧了争吵；争吵的真正原因还是在于阶级斗争，阶级斗争曾经决定了革命的进程，它在流亡地会继续存在下去，尽管有些人千方百计地试图幻想它不存在。马克思和恩格斯从一开始就看清了这些企图是徒劳的，因此从不参与其中，而这一点却使流亡者的大大小小的所有派别至少在这样一种观点上取得了一致，即认为马克思和恩格斯是真正的、不可救药的制造麻烦的罪魁祸首。

马克思和恩格斯继续进行他们在革命之前就已经开始的无产阶级阶级斗争。自 1849 年的秋天起，共产主义者同盟的老盟员们几乎又全部都重新聚集在伦敦，除了莫尔和沙佩尔，最后还有威廉·沃尔夫以外——莫尔已经在穆尔格河畔的战斗中阵亡，沙佩尔是在 1850 年的夏天才抵达伦敦的，而威廉·沃尔夫则在一年之后才从瑞士迁来。此外，共产主义者同盟又争取到了一批新的力量，其中有前普鲁士军官奥古斯特·维利希，他在巴登－普法尔茨战役中证明自己是一个审慎从事深谋远虑的志愿军团领导者，他是被当时给他当副官的恩格斯争取过来的，这是一个很有才干的人，但是在理论方面头脑不大清楚。随后，又来了一些身份各异的年轻人，有商人康拉德·施拉姆，教师威廉·皮珀，尤其是争取到了威廉·李卜克内西，李卜克内西曾经在德国的几所大学就读过，但是他的大学毕业考试却是在巴登起义期间和在瑞士流亡时才通过的。他们在这些年间都紧密地团结在马克思的周围，但是马克思的最亲密、最忠诚的朋友当属威廉·李卜克内西。对于另外两个人，马克思的评价并不总都是好的，因为他们不时地会给他制造一些麻烦，不过我们不必把他偶尔说出的对他们不利的每一句气话都完全按照其字面的意义来理解。当康德拉·施拉姆年纪轻轻地就被肺结核夺去了生命以后，马克思赞誉他是党的“珀西·霍特斯珀”。而关于皮珀，马克思也认为，他“不管怎么样都是一个好小伙子”。通过皮珀的介绍，在哥廷根当律师的约翰内斯·米克尔同马克思开始了书信来往，并且加入了共产主义者同盟。马克思显然把他看作是一个有才智的人，而米克尔在接下来的许多年也曾经一直坚守着共产主义的旗帜，直到后来他跟他的朋友皮珀一样，退回到了自由主义的阵营。

中央委员会发布了一篇《中央委员会告同盟书》，决定要重建共产主义者同盟，《告同盟书》注明的日期为 1850 年 3 月，是由马克思和恩格斯撰写的，并且由海因里希·鲍威尔以密使的身份带往德国。《告同盟书》是以这样一种信念为出发点的，即一场新的革命已经迫近，“不管将来是由法国无产阶级的独立起义引起的，还是由神圣同盟对革命的巴比伦的侵犯引起的，都会加速这种发展。”[①]。《告同盟书》指出，正如1848年三月革命使资产阶级取得了胜利一样，这一场新的革命也将会导致小资产阶级的胜利，而小资产阶级又将会再一次背叛工人阶级。《告同盟书》对于革命的工人政党同小资产阶级民主派的关系进行了如下总结：“同小资产阶级民主派一起去反对工人政党所要推翻的派别；而在小资产阶级民主派企图为自己而巩固本身地位的一切场合，工人政党都对他们采取反对的态度。”[②]《告同盟书》认为：小资产者会利用他们认为已经取得胜利的革命来改良资本主义社会，使现存的社会变得尽可能让本阶级，同时在某种程度上也让工人感到更加舒适一些，并且更加可以忍受；但是，这些要求无论如何也不可能使无产阶级的政党感到满足，民主主义的小资产者在他们的有限的要求得以实施之后，就会力求尽快地结束革命；相反，工人阶级的利益和任务却要求把革命持续不断地进行下去，革命将会如此长久，“直到把一切大大小小的有产阶级的统治全都消灭，直到无产阶级夺得国家政权，直到无产者的联合不仅在一个国家内，而且在世界一切举足轻重的国家内都发展到使这些国家的无产者之间的竞争停止，至少是发展到使那些有决定意义的生产力集中到了无产者手中。”[③]

因此，《告同盟书》警告工人，不要被民主主义小资产者宣传的团结和协调所欺骗，不要贬低自己重又把自己降为资产阶级民主派的附庸；相反，他们必须要尽可能牢固地并且坚定不移地组织起来，为了在革命胜利以后——正如迄今为止的各次斗争一样，这一次的胜利也必须依靠工人凭借自己的力量和勇气通过斗争来获得——逼迫小资产阶级接受一些条件，使资产阶级民主派的统治从一开始就扎下致其覆灭的根苗，以便今后能够轻而易举地通过无产阶级的统治取而代之。“工人在发生冲突时期和斗争刚结束以后，首先必须尽一切可能反对资产阶级制造安静局面的企图，迫使民主派实现他们现在的恐怖言论。……工人

① 参阅《马克思恩格斯全集》第10卷，人民出版社1998年版，第387页。
② 参阅《马克思恩格斯全集》第10卷，人民出版社1998年版，第388页。
③ 参阅《马克思恩格斯全集》第10卷，人民出版社1998年版，第389页。

不仅不应反对所谓过火行为，不应反对人民对可恨的人物或对与可恨的往事有关的官方机构进行报复的举动，不但应该容忍这种举动，而且应该负责加以领导。”[①]《告同盟书》还提道：在国民议会选举的时候，各地的工人都应该提出自己独立的候选人，并且要用一切可能的手段使工人候选人当选，甚至在根本没有希望在选举中胜出的地方，也应该照此办理，完全不要被民主派那些敷衍人的空话所迷惑。当然，在运动初期，工人还不可能提出直接的共产主义措施；不过工人可以强制民主派尽可能从多方面干预现存的方方面面的社会制度，扰乱其规律性的发展进程，使他们自己的威信扫地，并且迫使他们把尽可能多的生产力、交通工具、工厂、铁路等等集中在国家手中掌管平衡。《告同盟书》指出：首先，工人不应当容许在废除了封建制度之后，小资产者——就像在法国大革命时期那样——将封建地产交给农民作为他们自由支配的财产，也就是说，他们将力求继续保存农村无产阶级并造就一个农民小资产阶级，这个阶级也一定会像法国农民的处境一样，将经历同样的一贫如洗和债台高筑的恶性循环。相反，工人必须要求将没收下来的封建地产变为国家的永久财产，变为工人农场，而联合起来的农村无产阶级则必须采用大规模农业生产的一切方式来进行耕种。这样的话，在资产阶级所有制关系发生动摇的情况中，公有制的原则就会立刻获得巩固的基础。

用《告同盟书》武装起来的鲍威尔，其德国使命之旅取得了巨大的成效。他成功地把断了的联系重新接上，而且还建立了一些新的联系，尤其是对那些在反革命猖獗时幸存下来的工人协会、农民协会、日工协会和体操协会的残余组织产生了重大的影响。甚至连斯特凡·博恩所建立的工人联谊会中，一些最有影响力的成员也加入了共产主义者同盟，同盟“为自己争取到了一切可利用的力量”，卡尔·舒尔茨在写给苏黎世的报告中如是说，他在同一时间因受到某一个瑞士流亡者组织的委派在德国进行了旅行考察。中央委员会在1850年6月发布的第二篇《告同盟书》中报告说，同盟已经在德国的许多城市中站稳了脚跟，并且设立

① 参阅《马克思恩格斯全集》第10卷，人民出版社1998年版，第391页。

了总区部，具体规定如下：汉堡为石勒苏益格－荷尔斯泰因的总区部，什未林为梅克伦堡的总区部，布雷斯劳为西里西亚的总区部，莱比锡为萨克森和柏林的总区部，纽伦堡为巴伐利亚的总区部，科隆为莱茵省和威斯特华伦的总区部。

同样是在这篇《告同盟书》中，伦敦区部被称为整个同盟中最强有力的区部，因为伦敦区部几乎独自承担了同盟的全部费用和特使的旅费等开支。它一直领导着伦敦的德国工人教育协会，同时还领导着那里的最坚定的一部分流亡者。此外，中央委员会还跟法国人、英国人和匈牙利人的革命政党保持着密切联系。但是从另一个方面来说，伦敦区部却又是同盟的最薄弱的一面，因为它总是将同盟牵连进流亡者之间的越来越激烈、越来越无望的斗争之中。

1850 年的夏季，对革命很快就会重新觉醒寄予的希望显然已经消失了。在法国，普选权遭到废除，然而工人阶级并没有为此举行起义；斗争只是在觊觎王位者路易·波拿巴和拥护君主制度的反动的国民议会之间进行。在德国，民主派小资产阶级退出了政治舞台，而自由派资产阶级则参加了普鲁士掠夺革命尸体的勾当。同时，普鲁士受到了德意志中小各邦的欺骗，它们实际上全都是在按照奥地利的意旨行事，而沙皇则气势汹汹地对着整个意志社会挥舞着皮鞭进行威胁。但是，真正的革命消退到什么程度，流亡者努力制造一场人为的革命的狂热性也会高涨到什么程度；他们继续错误地低估了所有危险的迹象，并且寄希望于创造奇迹，认为凭着他们的坚定的意志就能够做到让奇迹出现。对于来自他们自己队伍内部的任何自我批评，流亡者也都会抱着同样程度的不信任的态度。马克思和恩格斯以敏锐和冷静的目光观察事态的真实发展过程，感到他们陷入了与流亡者越来越截然相反的对立面。逻辑和理性的呼声又如何能够遏制得住越来越绝望的这么一大群人的狂热的激情如风暴呢！这呼声产生的影响是这样微弱，以至于这种普遍的如醉如狂的情绪也渗入到共产主义者同盟的伦敦区部，并且从内部分裂了中央委员会。

在 1850 年 9 月 15 日的中央委员会的会议上，发生了公开的分裂。同盟的六个委员反对另外四个委员，即：老战友马克思和恩格斯，然后还有鲍威尔、埃卡留斯、普芬德，以及年轻的后起之秀康拉德·施拉姆，反对维利希、沙佩尔、弗兰克尔和莱曼，这后几个人当中只有一名老委员，即沙佩尔，恩格斯曾经称他是一位“原始革命家”。沙佩尔有整整一年之久近在咫尺地目睹了反革命的残暴罪行，而且他前不久才刚刚来到英国，令他神往的是狂热的革命激情。

在这次决定性的会议上，马克思用了这样一段话来表明两派的意见分歧所在，他说：“少数派用教条主义观点代替批判观点，用唯心主义观点代替唯物主义观点。少数派不是把现实关系、而仅仅把意志看作革命的动力。我们对工人说：不仅为了改变现存条件，而且为了改变自己本身，使自己具有进行政治统治的能力，你们或许不得不再经历 15 年、20 年、50 年的内战和国际斗争，而你们却相反地对工人们说：‘我们必须马上夺取政权，要不然我们就躺下睡大觉’。我们特别向德国工人指出德国无产阶级不够成熟，而你们却非常笨拙地向德国手工业者的民族感情和等级偏见阿谀逢迎，当然这样做是比较受欢迎的，正像民主派把人民这个词变成圣物一样，你们用无产阶级这个词来玩这套把戏。”[①] 激烈的争吵爆发了，甚至发展到施拉姆要求跟维利希决斗，虽然这种做法遭到了马克思的反对，决斗还是在安特卫普附近举行了，结果是施拉姆身受轻伤。事实证明，要达到思想上的统一已经是完全不可能了。

多数派力图挽救同盟，为此他们把同盟的领导机构迁到科隆。他们建议科隆区部选举出一个新的中央委员会，而原来的伦敦区部则分为两个区部，它们彼此互相独立，各自只和共同的中央委员会保持联系。科隆区部接受了这个建议，并且选举出新的中央委员会，但是少数派拒绝承认它。他们在伦敦区部里，尤其是在德国工人教育协会里拥有较强有力的支持者，于是马克思和他的那些比较亲密的朋友便退出了德国工人教育协会。维利希和沙佩尔另外成立了一个特殊同盟，但这个同盟不久就消失在一场冒险主义的革命游戏中了。

马克思和恩格斯在《新莱茵报。政治经济评论》的第五、第六期合刊号上比在 9 月 15 日的会议上更加全面地阐述了自己的观点，而随着这个合刊号的出版，《新莱茵报。政治经济评论》也就此于 1850 年 11 月结束了自己的存在。在这最

① 参阅《马克思恩格斯全集》第 11 卷，人民出版社 1995 年版，第 479 页。

后一个合刊本里，除了登载了恩格斯根据历史唯物主义的观点论述1525年农民战争的一篇长文[①]以外，还收入了埃卡留斯关于伦敦缝纫业现状的一篇文章。马克思用兴高采烈的欢呼表示对这篇文章的欢迎，他写道："无产阶级在街垒里和战场上赢得胜利之前，就以一系列智力上的胜利宣告自己统治的来临。"[②]埃卡留斯本人在伦敦的一家缝纫店工作，因此他理解手工业者在与大工业的斗争中遭到失败是一种历史的进步。与此同时，他在大工业的诸多结果和成就中，也看清了由历史本身所产生的，而且它每天还在新创造的无产阶级革命的现实条件。马克思赞扬埃卡留斯的这种纯粹的唯物主义的、不受任何感情干扰的用以反对资产阶级社会和资产阶级运动的观点是一种伟大的进步，它超越了诸如魏特林以及另外一些从事写作的工人企图用来反对现存制度的那种感性的、道德上的和心理的批判。这是他孜孜不倦地工作的结果，也是最令他感到高兴的结果。

不过，《新莱茵报。政治经济评论》把最后一期的重点放到了5月至10月份的经济和政治综述上。马克思和恩格斯通过全面的调查研究阐明了政治革命和政治反革命的经济原因，他们认为，前者产生于严重的经济危机，后者的根源则在于生产的新的高涨。他们得出了这样的结论："在这种普遍繁荣的情况下，即在资产阶级社会的生产力正以在整个资产阶级关系范围内所能达到的速度蓬勃发展的时候，也就谈不到什么真正的革命。只有在现代生产力和资产阶级生产方式这两个要素互相矛盾的时候，这种革命才有可能。大陆秩序党内各个集团的代表目前争吵不休，并使对方丢丑，这决不能导致新的革命；相反，这种争吵之所以可能，只是因为社会关系的基础目前是那么巩固，并且——这一点反动派并不清楚——是那么明显地具有资产阶级的特征。一切想阻止资产阶级发展的反动企图都会像民主派的一切道义上的愤懑和热情的宣言一样，必然会被这个基础碰得粉碎。新的革命，只有在新的危机之后才可能发生。但它正如新的危机一样肯定会

① 指弗·恩格斯于1850年夏天在伦敦写的《德国农民战争》，载于《新莱茵报。政治经济评论》第5—6期合刊号。见《马克思恩格斯全集》第7卷，人民出版社1959年版，第383—483页。

② 参阅《马克思恩格斯全集》第10卷，人民出版社1998年版，第572页。

来临。”[①]

在述评的最后一部分，这种明确而且具有说服力的阐述是对照着欧洲中央委员会的宣言进行的。欧洲中央委员会宣言是由马志尼、勒德吕－罗兰、达拉什和卢格签署的，它简单扼要地总结了流亡者的全部幻想，并且把革命的失败说成是由于个别领导人的争相沽名钓誉和互相猜忌造成的，是由于互相敌对的人民导师的意见发生分歧而造成的。同时它宣布了自己的信仰，即相信自由、平等、友爱、家庭、团体、国家和祖国，总而言之，它相信这样一种社会制度，即它的顶峰是上帝和他的规则，而它的基础则是人民。

这篇评述注明的日期是 1850 年 11 月 1 日。随着它的完成，两位作者在同一个地方的合作就此结束，并且整整中断了二十年。恩格斯又回到曼彻斯特，重新进入“欧门——恩格斯”纺纱厂当职员；而马克思则留在伦敦，并且把全部力量都贡献给了他的科学研究工作。

4. 流亡生涯

1850 年 11 月的这几天，马克思差不多正好走完了他的人生历程的一半，所以这几天不仅仅是从表面上来看将会作为马克思实现毕生事业的一个重大的转折点。马克思本人强烈地感受到了这一点，而恩格斯对此的感受或许达到了更高的程度。

恩格斯在 1851 年 2 月给马克思的信中写道：“人们越来越看出，流亡是一所学校，在这里，一个人如果不彻底脱离流亡生活，不满足于同所谓的‘革命党’毫无瓜葛的独立著作家的地位，他就必然会成为傻瓜、蠢驴或者卑鄙的无赖。”[②]马克思在上一封信里曾说过：“我却很喜欢你我二人目前所处的公开的真正的离群索居状态。这种状态完全符合我们的立场和我们的原则。那种互相让步、出于

① 参阅《马克思恩格斯全集》第 10 卷，人民出版社 1998 年版，第 596 页。
② 参阅《马克思恩格斯全集》第 48 卷，人民出版社 2007 年版，第 191 页。

礼貌而不得不容忍折中的做法，以及必须在公众面前同所有这些蠢驴一起对党内一些可笑的事情分担一部分责任，现在必须抛弃这些。”[①] 接着，恩格斯再一次以同样的精神给马克思写信说：“我们现在终于再次——长时间以来第一次——有机会表明，我们不需要声誉，不需要任何国家的任何政党的任何支持，我们的立场完全不取决于这类小事情。从现在起，我们只对我们自己负责，……从根本上说，我们不能过于埋怨这些渺小的大人物惧怕我们；难道我们多年来不是做得好像同任何三教九流的人物都是一党吗？其实，我们根本不曾有过任何党，那些我们至少在正式场合将其算做属于我们一党……的人，连我们的理论的基本原理都不懂。”[②]，人们无须对于“傻瓜”和“无赖”之类的用词过分地琢磨，此外，也可以转移对诸如此类的激愤的表示的注意：这种人肯定仍然有许多，所以马克思和恩格斯完全有理由把断然脱离流亡者那些毫无结果的无休止的争吵看作为一种解救的决断，并且像恩格斯所说的那样，“在某种孤独状态下”从事科学研究，直到有朝一日人们能够理解他们所从事的事业。

只不过这种一刀两断的脱离实施起来既不彻底，也不快捷，而且事态的发展似乎也不像观察者在回顾时所看到的那样。在马克思和恩格斯此后几年来往的信件中，仍然常常可以发现他们同流亡者的斗争的一种多声调的反响。这是由于共产主义者同盟分裂后形成的两派之间持续不断地发生摩擦引起的。而且，这两个朋友也绝对没有打算完全放弃参与政治斗争，虽然他们不再介入流亡者的争吵。他们没有停止给宪章派的机关刊物撰稿，他们更是连想都没有想过《新莱茵报。政治经济评论》就这样毁掉算了。

巴塞尔的出版商雅各布·沙贝利茨打算承担起继续出版《评论》的任务，但是这件事没做成。坚守在科隆的赫尔曼·贝克尔最初主编过《西德意志报》，在该报遭到镇压以后他领导着一个小规模的出版社，马克思曾经同他磋商过出版自己的著作文集，后来也商谈过出版一种季刊的事情，该季刊应该在列日出版。这

① 参阅《马克思恩格斯全集》第48卷，人民出版社2007年版，第190页。
② 参阅《马克思恩格斯全集》第48卷，人民出版社2007年版，第194页。

些计划由于贝克尔在 1851 年 5 月被捕而落空了，但是由赫尔曼・贝克尔出版的《卡尔・马克思文集》至少还是出版了一册。按照计划这部文集应该一共包括两卷，每卷二十五印张。凡是在 5 月 15 日之前订购这两卷书的人，将以每册 8 格罗申银币的价格得到这两卷共十册书；超过这个期限，零售价格就提高到每卷 1 塔勒 15 格罗申银币了。第一册销售得很快，按照魏德迈的说法是卖掉了 15 000 册，他的说法想必是基于某种错误的统计，因为根据当时的形势，能够卖掉这个数字的十分之一，就是一种相当可观的成果了。

在拟订这些计划的时候，对于马克思来说，“谋生的迫切需要”也起着重要的作用。当时他生活在极其贫困潦倒的境地之中。1849 年 11 月他的第四个孩子诞生了，一个叫吉多的小儿子。母亲亲自给这个孩子哺乳，关于这个孩子的情况她这样写道：“这个可怜的小天使在吃奶的时候从我身上吸吮了这样多的忧虑和隐痛，以至于他不断地在生病，日日夜夜都处于剧烈的痛苦之中。自打他来到这个世界上，他还没有睡过一个夜晚的安稳觉，最多只能睡上两三个小时。”这个不幸的孩子在出生后一年就死了。

马克思一家被以粗暴的方式逐出了他们在切尔西的第一个住所，因为他们虽然向出租房子的女人交付了房租，可是这个女人却没有把房钱交给房主。后来他们费了九牛二虎之力，才在位于莱斯特广场附近的莱斯特街的一家德国旅馆里得到一个新的栖身之处，不久他们又从那里迁移到索荷广场区第恩街 28 号。他们在这里的两间小房子里找到了一个长久的住处，并且一直住了六年。

但是贫困并没有被驱除，它反而在日益升级。1850 年 10 月底，马克思写信给居住在美因河畔法兰克福的魏德迈，请他帮忙赎回并且卖掉在当地的当铺里典当的银器；只有属于小燕妮的一套儿童餐具无论如何都要保存下来。他写道：“我现在的情况是这样：即使是为了能继续工作，我也无论如何必须弄到钱。”① 正好是在这几天，恩格斯迁回到曼彻斯特，以便专心从事那“低三下四的商务”工作，他决定这样做的目的肯定首先是帮助他的朋友。

---

① 参阅《马克思恩格斯全集》第 48 卷，人民出版社 2007 年版，第 135 页。

此外，处在困境之中，马克思的朋友们自然减少了同他的交往。马克思的夫人在1850年写给魏德迈的信中说："真正使我十分伤心，使我十分难过的只是，我的丈夫不得不经受这样多的琐屑的苦事，而本来只要很少的东西就可以帮助他；他曾心甘情愿地、愉快地帮助过那么多人，而在这里却是这样的无助。但是，前面已经说过，亲爱的魏德迈先生，您不要以为我们要向什么人提出要求。如果我们得到了什么人的接济，那我的丈夫还是能够用他的财产加以偿还的。我的丈夫对于那些从他那里获得过某些思想、得到过某些鼓励和支持的人所能提出的惟一要求，就是在事业上为他的《评论》更多地出力，更多地关心《评论》。对此我能够骄傲而大胆地肯定。这是他们应当为他做的一点点事情。……我相信，没有人会因此受到损害。这使我很痛心。但我的丈夫却想得不一样。在任何时候，甚至在最可怕的时刻，他都没有失去对未来的信心，甚至没有失去极其乐观的幽默感，只要看到我很愉快和我们可爱的孩子们围着他们亲爱的妈妈撒娇，他就心满意足了。"① 正如当朋友们保持沉默的时候她担心她的丈夫一样，当敌人大肆叫嚣的时候，他也同样为她担心。

马克思在1851年8月也给魏德迈写信说："你能想到，我正处在非常糟糕的境地。要是长此下去，我的妻子就要完了。经常的忧虑，为日常琐事的奔忙，使她精疲力竭。此外，还要加上我的敌人的卑鄙行为；他们甚至从来也没有想在实质问题上攻击我，而是企图在生活琐事上诬蔑我，散布关于我的难以言状的无耻谰言，来为他们自己的软弱无能报仇。……当然，我对所有这些卑鄙行为都置之一笑，我的工作不会因此受到片刻干扰；但是你知道，我妻子正在生病，她从早到晚都处于极不愉快的日常生活困境中，其神经系统受到损害，当民主派腐臭的阴沟里的恶劣气味由愚蠢的搬弄是非者日复一日地传到她那里的时候，她是不会精神振奋的。某些人在这方面表现出来的不审慎常常是难以置信的。"② 几个月以前（在三月份），马克思的小女儿弗兰齐斯卡降临于世。尽管马克思夫人是顺产，

① 参阅《马克思恩格斯全集》第48卷，人民出版社2007年版，第481页。
② 参阅《马克思恩格斯全集》第48卷，人民出版社2007年版，第332—333页。

但由于病情严重而卧床不起，这“其原因与其说是体质上的，不如说是生活条件方面的”，家里连一文钱都没有了，还有人说“我还剥削了工人！我还追求独裁！多么可怕！”[①]，马克思在致恩格斯的信中怀着极其苦涩的心情写道。

就马克思本人来说，则在科学研究当中找到了永不枯竭的安慰。他在大英博物馆里从早晨9点钟一直坐到晚上7点钟。鉴于金克尔和维利希的虚张声势，他说道：“民主派的‘头脑简单的人们’靠‘从天上’掉下来的灵感，当然不需要下这样的功夫。这些幸运儿为什么要用经济和历史资料来折磨自己呢？正如勇敢的维利希所常对我说的，这一切都是这样简单。一切都这样简单！在这些空洞无物的脑瓜里确是如此！真是些头脑最简单的家伙！”[②] 当时马克思希望，在少数几周内完成他的《政治经济学批判》，并且已经开始寻找出版商，但是这些努力带给他的只是一个接着一个的失望。

1851年5月，马克思的一位确实可以指望得上的忠实朋友来到了伦敦，在以后的几年当中马克思也一直同他保持着最为密切的交往：他就是费迪南·弗莱里格拉特。但是接踵而来的，却是一个坏消息。5月10日，共产主义者同盟的特使，即裁缝彼得·诺特容在进行宣传鼓动的旅途中在莱比锡被捕，而且他随身所携带的文件向警察泄露了同盟的存在。随即，科隆的中央委员会的委员们也遭到逮捕；弗莱里格拉特事先并没有预感到他所面临的危险，他只是正巧来到伦敦才死里逃生，避免了相同的命运。弗莱里格拉特一抵达伦敦，德国流亡者中各个不同的小派别都蜂拥而至，力争得到这位著名的诗人，然而弗莱里格拉特却宣布，他只站在马克思及其最亲密的战友一边。他也照此拒绝了参加1851年7月14日举行的一个集会，这次集会准备再做一次尝试，以促成德国流亡者的协调一致。同过去所做过的一切尝试的结果一样，这一次的尝试也失败了，它只是引起了新一轮的纷争。7月20日，建立了在卢格的精神领导下的“宣传鼓动联盟”，而在7月27日，又成立了以金克尔为精神领导的“流亡者俱乐部”。不久，这两个团

---

① 参阅《马克思恩格斯全集》第48卷，人民出版社2007年版，第236页。

② 参阅《马克思恩格斯全集》第48卷，人民出版社2007年版，第300页。

体之间便互相展开了一场疾言怒色的争论，特别是在德国和美国的报刊上。

当然，对于这场“青蛙与老鼠之战”[①]马克思所感兴趣的只是进行辛辣的嘲讽，他对交战双方的两个魁首的整个思维方式同样感到相当厌恶。卢格曾经多次试图在 1848 年“编纂事件的合理性”，他的这些尝试在《新莱茵报》上是以一种艺术偏好的方式来处理的，然而该报上也不乏对“波美拉尼亚的思想家”阿尔诺德·温克尔里德·卢格展开的更加猛烈的反击，说他的那些著作是“阴沟”，里面“流泄一切污秽语言和德国民主的一切矛盾”[②]。尽管卢格在政治方面一塌糊涂，但是他毕竟还是跟金克尔完全不同的人物，金克尔自从逃离施潘道监狱来到伦敦以后，一直试图扮演一个引人注目的风云人物，正如弗莱里格拉特嗤之以鼻地讽刺的那样，他“时而出现在酒馆里，时而出现在沙龙里”。那时候金克尔仍然对马克思很感兴趣，因为维利希同金克尔联合起来，准备策划一个高级的骗局，即组织一次有待于建立在股份基础上的新的革命。1851 年 9 月 14 日金克尔抵达纽约，他的使命是把当地一些声誉良好的流亡者争取过来，为一笔“总额为两百万美元、用于促进当前的共和革命”的德国国债充当担保人，同时他还需要募集两万塔勒的临时基金。诚然，带着系有小铃的革命捐款袋漂洋过海筹集资金这个绝妙的主意是科苏特首先想到的。不过，金克尔却以较小的规模同样热心而且毫不迟疑地使这件事真正运转起来；老师和学生双双在北方联邦各州鼓吹反对奴隶制度，而在南方联邦各州却鼓吹拥护奴隶制度。

马克思与这种闹剧反其道而行之，他赢得了同新大陆的更为真诚的关系。马克思的境况越来越窘迫，他在 7 月 31 日给恩格斯写信这样说道：“不可能再这样生活下去了”[③]处于在这种窘境之中，马克思打算同威廉·沃尔夫一起为美国报纸出版一种石印的《通讯》；但是几天之后他接到了《纽约每日论坛报》的通知，

---

①《青蛙与老鼠之战》在这里用来比喻“一种愚蠢的争吵”。《青蛙与老鼠之战》是一部古希腊的诙谐叙事诗，它描述了青蛙和老鼠之间的战争，作为荷马史诗《伊利亚特》的戏拟之作，作者不详。诗中提到参加特洛亚战争的英神和神祇的名字和战斗场面，反映了公元前 5~6 世纪的哲学家对氏族贵族传统和宗教神话体系的批判。

② 参阅《马克思恩格斯全集》第 10 卷，人民出版社 1998 年版，第 625 页。

③ 参阅《马克思恩格斯全集》第 48 卷，人民出版社 2007 年版，第 327 页。

这家北美最畅销的报纸邀请他做长期的撰稿人，这个邀请是该报的出版人查尔斯·安德森·达纳提出的，马克思早在他的科隆时代就认识达纳了。由于马克思的英语当时还没有熟练到足够用来写作，所以最初是由恩格斯暂时替代他，并且为他撰写了一系列论述德国革命和反革命的文章①。此后不久，马克思终于在美国出版了他的一部用德文写的著作。

5.《雾月十八日》

约瑟夫·魏德迈是马克思在布鲁塞尔的老朋友，在革命的年代里，他曾经以美因河畔法兰克福一家民主报纸的编辑身份进行过英勇的斗争。然而这家报纸被行动越来猖獗的反革命强行查封了，而自从警察发现了共产主义者同盟的存在以后，由于魏德迈是同盟最热心的成员之一，那些密探便开始对他进行跟踪追迹，一开始他躲藏在"萨克森豪森的一家清静的客栈里"；他希望这场风暴很快就会过去，同时他想为人民写一本通俗易懂的国民经济学，但是紧张的气氛越来越令人窒息，而且"鬼才可能忍受得住这样没完没了的无所事事的闲荡和东躲西藏"。作为丈夫和两个年幼的孩子的父亲，在瑞士或者在伦敦这样艰难度日让他看不到希望；所以他决定移居到美国去。

马克思和恩格斯都不愿意失去这位忠诚的追随者。马克思徒劳地费尽脑筋想出了一些计划，为的是设法帮助魏德迈弄到一个工作岗位，或者当工程师，或者当铁路测量员，或者从事诸如此类的职业。他在信中写道："但我还是要尽一切力量设法使你能在这里安身，因为你一旦到了那里，谁又能担保你不会消失在美国西部地区！我们的力量太小，我们必须非常珍惜我们现有的人才。"②然而魏德

① 指《德国的革命和反革命》，弗·恩格斯写于1851年8月—1852年9月，发表于1851年10月25日至1852年10月23日的《纽约每日论坛报》，当时文章的署名是卡尔·马克思；这一组文章阐述了马克思主义创始人对1848—1849年德国革命的最重要问题的观点。见《马克思恩格斯全集》第8卷，人民出版社1961年版，第3—115页。

② 参阅《马克思恩格斯全集》第48卷，人民出版社2007年版，第385页。

迈去意已决，既然已经没有别的办法了，那么这件事也自有它的有利的一面，即他们知道了，他们有一位共产主义事业的才干卓著的代表驻扎在新大陆的大都会。恩格斯说："我们在纽约正缺少一个像他这样可靠的人，而且纽约也终究不是在天涯海角；对魏德迈，可以相信一旦有必要他马上就能回来。"[①] 因此，他们同意了魏德迈的计划，并且向他表示祝福。9 月 29 日，魏德迈从勒阿弗尔乘船出发，经过差不多四十天的波涛汹涌风急浪高的跨洋航行后，他终于抵达纽约。

马克思在 10 月 31 日就已经给魏德迈转寄过一封信，在信中马克思建议他去当一个出版商，同时建议他从《新莱茵报》和《新莱茵报．政治经济评论》中，挑选出最精彩的文章编辑成小册子出版。魏德迈在致马克思的信中写了一些咒骂市侩经济的话，说没有在任何地方见到过比在新大陆更加令人作呕的赤裸裸的市侩经济；同时他向马克思通报，他从 1 月份初起出版一个周刊，刊名是《革命》，他请马克思尽快地把稿件寄过去。马克思接到消息后立刻如火如荼地行动起来，他赶紧催促所有的共产主义者笔杆子动起手来，首先是恩格斯，然后是弗莱里格拉特，魏德迈特别希望能够得到他的诗歌，另外还有埃卡留斯、韦尔特以及两个沃尔夫。不过马克思也责怪魏德迈，在出版周刊的启事中居然没有提到威廉·沃尔夫的名字。他写道："我们之中谁也不能像他那样写得十分通俗。他是非常谦逊的。尤其应该避免造成这样的印象，即认为他的撰稿是多余的。"[②] 就马克思本人而言，他宣布，除了一篇比较长的评论蒲鲁东的一部新著作的文章以外，还要特别寄去一篇论述波拿巴 12 月 2 日政变的文章，即《路易·波拿巴的雾月十八日》。波拿巴政变是当时欧洲政治的一个大事件，这个事件引出了数不胜数的与此有关的著述。

在差不多同时出现的著作中，有两部著作特别有名，并且给著作者带来了丰厚的报酬。后来马克思是这样解释这两部著作同他自己的著作的区别之处的，他说："维克多·雨果的《小拿破仑》……只是对政变的主要发动者作了一些尖刻

① 参阅《马克思恩格斯全集》第 48 卷，人民出版社 2007 年版，第 329—330 页。

② 参阅《马克思恩格斯全集》第 49 卷，人民出版社 2016 年版，第 17 页。

的和机智的痛骂。事变本身在他笔下被描绘成了一个晴天霹雳。他认为这个事变只是某一个人的暴力行为。他没有觉察到，当他说这个人表现了世界历史上空前强大的个人主动性时，他就不是把这个人写成小人物而是写成巨人了。蒲鲁东呢，他想把政变描述成以往历史发展的结果。但是，在他那里关于政变的历史构想不知不觉地变成了对政变主角所作的历史辩护。这样，他就陷入了我们的那些所谓客观历史编纂学家所犯的错误。相反，我则是证明，法国阶级斗争怎样造成了一种局势和条件，使得一个平庸而可笑的人物有可能扮演了英雄的角色。”①马克思的著作刚问世时，和那两个更加幸运的姊妹篇相比就好像是灰姑娘一样。但是，那两部著作早已被历史的尘埃所淹没，而马克思的著作却至今仍然放射着不朽的光辉。

在这部闪烁着智慧和机智的著作中，马克思以一种以前几乎还从未达到过的高超的技巧、运用唯物历史观、寻根究底深入透彻地解释了一个当代历史事件。这部著作的形式和它的内容一样可贵。这一点从这篇著作开始的章节中一处精彩的对比就可以看出：“例如 18 世纪的革命，总是突飞猛进，接连不断地取得胜利的；革命的戏剧效果一个胜似一个，人和事物好像是被五彩缤纷的火光所照耀，每天都充满极乐狂欢；然而这种革命为时短暂，很快就达到自己的顶点，而社会在还未学会清醒地领略其疾风暴雨时期的成果之前，一直是沉溺于长期的酒醉状态。相反，无产阶级革命，例如 19 世纪的革命，则经常自己批判自己，往往在前进中停下脚步，返回到仿佛已经完成的事情上去，以便重新开始把这些事情再做一遍；它十分无情地嘲笑自己的初次行动的不彻底性、弱点和拙劣；它把敌人打倒在地上，好像只是为了要让敌人从土地里汲取新的力量并且更加强壮地在它前面挺立起来；它在自己无限宏伟的目标面前，再三往后退却，一直到形成无路可退的情况为止，那时生活本身会大声喊道：这里是罗陀斯，就在这里跳跃吧！这里有玫瑰花，就在这里跳舞吧！”②

① 参阅《马克思恩格斯文集》第 2 卷，人民出版社 2009 年版，第 465—466 页。
② 参阅《马克思恩格斯全集》第 11 卷，人民出版社 1995 年版，第 135—136 页。

文章的最后是预言者把握十足的结束语："如果皇袍终于落在路易·波拿巴身上，那么拿破仑的铜像就将从旺多姆圆柱顶上倒塌下来。"[①]

而这部精彩的著作又是在怎样的情况下写成的啊！由于资金缺乏，魏德迈在他的周刊出版了第一期之后就不得不把它"停下来"，这还是最小的不幸；关于这一点他写道："从秋天以来，笼罩在这里的失业现象已经严重到闻所未闻的程度，失业给所有的新企业都制造了巨大的障碍。而且，近来工人们受到的剥削可以说是五花八门，这方面首当其冲的就是金克尔，然后是科苏特，而大多数人则蠢驴般的愚笨，他们宁可献出一美元用于一切敌视他们的宣传，却不愿意为了维护他们自己的利益而交出一美分来。美国的土壤对人们起着一种极大的腐蚀作用，而同时却又助长了这些人的狂妄和骄横的态度，致使他们绝对不愿意再理睬他们在旧大陆的同志们。"但是魏德迈仍然没有绝望，他希望能够使他的周刊以月刊的形式复活；并希望能够用不起眼儿的区区两百美元将这件事办成。[②]

更为严重的问题是，1 月 1 日刚刚一过，马克思就病倒了，他只能够强忍着极大的病痛工作："多少年来，任何一件事，甚至最近的法国丑事，都没有像这该死的痔疮那样使我躺倒。"[③] 然而首先让他感到焦躁的还是他经常缺少"肮脏的钱"，这使他的每一个平静的时刻蒙上了阴影。"一个星期以来"，他在 2 月 27 日写道，"我已窘迫到极点：因为外衣进了当铺，我不能再出门，因为不让赊账，我不能再吃肉。"[④]。3 月 25 日，他终于能够把最后一叠手稿寄给了魏德迈，同时他也对一个小革命家的诞生表示祝贺，这个消息是魏德迈通知他的，他写道："祝新的世界公民幸福！没有比出生在当代更为美好了。当人们只用七天就从伦敦到达加尔各答的时候，我们两人早就毁灭了，或者老态龙钟了。而澳大利亚、加利

---

① 参阅《马克思恩格斯全集》第 11 卷，人民出版社 1995 年版，第 240 页。

② 指 1851 年 12 月 2 日夏尔－路易－拿破仑·波拿巴（1808—1873）发动政变，解散议会，废除共和，宣布成立帝国，史称法兰西第二帝国，路易－拿破仑·波拿巴自己当了皇帝，号称拿破仑三世。

③ 参阅《马克思恩格斯全集》第 49 卷，人民出版社 2016 年版，第 16 页。

④ 参阅《马克思恩格斯全集》第 49 卷，人民出版社 2016 年版，第 61 页。

福尼亚和太平洋呢！新的世界公民们将不能理解，我们的世界曾经是多么小。”[①]尽管马克思置身于个人的种种逆境中，但考虑到人类发展的巨大前景，他仍然保持着开朗和平静的心绪。

然而接下来他还要直接面临更多的悲惨的日子。魏德迈在 3 月 30 日写给他的一封信想必已经彻底使他丧失了出版著作的一切希望。这封信本身并没有被保存下来，但是其内容在威廉·沃尔夫的一封言辞激烈的信中有所反映：这封信是在 4 月 16 日，即马克思的孩子安葬的这一天写的，是在“几乎所有的熟人都遭到各方面的不幸并且陷入最可怕的困境之中”的时候写的，信中充满了对魏德迈的严厉的指责，而实际上后者自己的处境也很艰难，况且他也已经尽了他的最大的努力。

对于马克思和他的家人来说，这一年的复活节是个可怕的日子。他们失去的那个孩子是在一年前出生的小女儿；在母亲的日记里可以找到这样一段凄美感人的话语：“1852 年的复活节，我们的可怜的小弗兰齐斯卡得了严重的支气管炎。这个可怜的孩子同死神搏斗了三天。她受了这么多的苦。她那失去生命体征的小小的躯体停放在后面的小房间里，我们都移到前面的房间来，当夜晚来临时，我们便睡在地板上。这时三个活着的孩子同我们睡在一起，我们都为停放在隔壁房间的冰冷苍白的小天使痛哭流涕。这个可爱的孩子死去的时候正适逢我们家徒四壁，赤贫如洗。当时我慌乱地跑去找一位住在附近，而且就在前不久曾经拜访过我们的法国流亡者。他怀着极其友善的同情心当即给了我两英镑。我用它们付清了小棺材的钱，现在我的可怜的孩子终于可以在那里面安睡了。她出世的时候就没有摇篮，这个小小的最后的安身之处她也是很久都不曾得到。当她被抬出去并被送往她的最后的安息之地的时候，我们是多么伤心啊！”就是在这个不幸的日子里，魏德迈的那封带来不祥的消息的信件到了。马克思极其为他的夫人担忧，因为两年以来，她所看到的都是他的研究计划接连不断地遭受挫折。

① 参阅《马克思恩格斯全集》第 49 卷，人民出版社 2016 年版，第 86 页。

然而，在这不幸的时刻，魏德迈的一封新的信件漂洋过海整整走了整整一个星期，这封信注明的日期是 4 月 9 日，它是这样开头的：“一笔预想不到的资助终于排除了为出版那本小册所遇到的种种困难。在我寄出上一封信以后，我遇到了我们的一个从法兰克福来的工人，一个裁缝，他也是在去年夏天才来到这里的。他立刻把他的全部积蓄——四十美元——通通提供给我使用。”我们应该感谢这位工人，因为当时他使《雾月十八日》见到了光明。可是魏德迈甚至连这个正直的人的姓名都不曾提一下——不过，不管他叫这个名字或者那个名字，这又有什么关系呢？引导他这样做的是无产阶级的阶级觉悟，即永远不知疲倦地为无产阶级的自身解放做出慷慨的牺牲。

于是，《雾月十八日》便构成了魏德迈一直在设法出版的《革命》月刊的第一期的内容。第二期，也就是最后一期，包含有弗莱里格拉特致魏德迈的两篇诗体公开信，在这两封公开信中，弗莱里格拉特以极其出色的幽默的笔调指名道姓地抨击了金克尔在美国的求乞旅行。然后这个刊物就此便结束了；恩格斯寄去的几篇文章都在途中遗失了。

魏德迈让人从出版的《雾月十八日》中扣除了一千册，这其中大约有三分之一寄往了欧洲，尽管它们没能走进书店，而是由党内的同志在英国，特别是在莱茵进行推销的。甚至连“激进”的书商也没能被说服来承接这部“不合时宜”的著作的销售。由皮珀翻译并经恩格斯修改润色过的《雾月十八日》的英译本，能够推销出去的同样也寥寥无几。

在波拿巴政变之后，紧接着又发生了科隆共产党人案件，由此马克思要想找到一个出版人就更是难上加难了。

6. 科隆共产党人案件

自 1851 年 5 月的逮捕以来，马克思就怀着由衷的同情密切注视着官方的调查过程。但是这项工作经常停顿下来，原因是缺少“起诉的客观事实构成”，甚至连科隆上诉法院的审判委员会也明确指出了这一点，所以该案的审理起初进展不大。对于十一位被告所指出的罪责，除了参加一个秘密宣传团体这一条以外，也没有任何罪名可加，而按照刑法典，参加秘密宣传团体是不能施以任何惩罚的。

但是根据国王的旨意，施蒂贝尔这个“出众的人物”应该“一显身手”，在普鲁士公众面前上演一出破获阴谋和（特别是）惩治背叛的期待已久且公正的好戏，而施蒂贝尔又是一个十足的爱国者，他是不会不去准确无误地执行他的老主子和国王的旨意的。他以一种不失尊严方式从撬锁盗窃着手，并且指派他的一个爪牙撬开了维利希派特殊同盟的秘书，即某个叫奥斯瓦尔德·迪茨的人的办公桌。施蒂贝尔以警察特有的准确洞察力一眼就看清了，这个同盟的轻率鲁莽的行动为他的崇高使命的成功打开了希望之门，而这一点他若想从“马克思派”那里获得，只能是白费力气。

施蒂贝尔确实成功了，借助于这些盗来的文件，同时借助于坐探们各种各样的引诱和警察设置的种种惯用的圈套，加之波拿巴政府的警察在政变前夕也向他伸出了援助之手，他终于成功地制造了一桩所谓的“巴黎的德–法密谋”案。这导致了德国工人中的几个可怜人在 1852 年 2 月被巴黎的陪审团判处或长期或短期的监禁。不过，即便施蒂贝尔用尽了浑身的解数也完全无法做到的，就是把这个案件同科隆的被告们联系起来；从“德–法密谋”一案中，甚至连不利于他们的证据的影子都丝毫没有找到。

相反，“德–法密谋”案只能使“马克思派”和“维利希–沙佩尔派”之间的对立变得更加尖锐。在 1852 年的春天和夏天，这两派之间发生了剧烈的摩擦，尤其是因为维利希一如既往地同金克尔采取共同的行动，而金克尔从美国的归来，也使流亡者旧日的争吵再次在点燃起熊熊烈火中爆发。金克尔没能成功地筹措到准备用作革命公债基金的两万塔勒，他只募集到了大约一半的数目，而用这笔钱该干点什么却又成了一个问题，为此民主派流亡者们不仅绞尽了脑汁，而且还彼此打破了头。最后决定把一千英镑存入威斯敏斯特银行，作为第一届临时政府的基金，其余的钱则作为旅费和其他的费用通通花光了。存入银行的钱虽然从来没有用于预定的目的，但是十五年后这笔资金还是派上了用场，它们帮助德国社会民主党在办报初期解决了不少困难，由此这出闹剧总算有了一个尚且令人宽慰的结局。

当这场环绕着这笔尼伯龙根宝藏掀起的争吵仍然闹得十分激烈的时候，马克思和恩格斯曾经为这些钩心斗角的英雄们勾画了几幅钢笔画肖像，但是可惜它们都没能留传到后世。这件事是一个名叫班迪亚的匈牙利上校促成的，此人凭借一份由科苏特亲手签发的委任状向他们证明，自己是匈牙利流亡团体的警务总监。实际上班迪亚是一个国际间谍，他把马克思委托他送交一个柏林书商的手稿居然交给了普鲁士政府，他的间谍身份正是在这一次露出了原形。马克思立刻在《纽约刑法报》上发表署名声明，公开谴责这个骗子[①]并死死地抓住这个家伙不放；然而他的手稿已经遗失，一直到今天都下落不明。[②]如果说普鲁士政府千方百计要弄到这些手稿是为了要从中获取可供科隆案件利用的材料，那么它只能是白费气力了。

在搜集不利于被告的证明材料方面，政府已经陷入绝望的境地，为此它只能将此案的公开审理一再延期，这导致可敬的公众的焦急情绪已经达到顶点，直到 1852 年 10 月，政府终于不得不决定拉开这出闹剧的帷幕。由于那帮警察无赖拼命捏造出来的全部伪证也都不能证明被告们同“德 – 法密谋”有什么牵连，也就是说，这是在科隆的被告们被拘留待审期间由警方的坐探们策划出来的一个阴谋，而它所涉及的组织与被告们是明显互相仇视的冤家对头，于是施蒂贝尔想出了最后一招，他搬出了一份“马克思派的原始记录簿”，其中有马克思和他的志同道合者讨论他们罪恶的颠覆世界计划的历次会议记录。这个记录簿是一个卑鄙的伪造品，它是在伦敦由一个名叫格赖夫的警监指挥，通过密探查尔斯·弗略里和威廉·希尔施粗制滥造地编出来的。还完全不用说它的内容是如何荒唐，单是

---

① 马克思在 1853 年 4 月 9 日所写的《希尔施的自供》一文中对班迪亚（1817—1868）的行为进行过揭露。马克思的另一篇刻画小资产阶级流亡者嘴脸的抨击文章是写于 1853 年 11 月的《高尚意识的骑士》。——德文原书出版者注

② 指卡·马克思和弗·恩格斯于 1852 年 5—6 月合写的抨击性著作《流亡中的大人物》，这一著作在马克思和恩格斯生前一直没有发表。见《马克思恩格斯全集》第 8 卷，人民出版社 1961 年版，第 259—380 页。

从它的外形一眼就可以看出伪造的痕迹，但是施蒂贝尔把希望寄托在那些仔细筛选出来的陪审员们的资产阶级病态昏庸上，以及对邮件的严格检查上面，指望用这种办法能够封锁住来自伦敦的任何解释。

但是，这个卑劣的计划却由于马克思的周密有力的对策而全盘失败了，马克思知道怎样对付这类计划，尽管他对于这样一场延续了几个星期的耗费人精力的斗争所做的准备非常少。9 月 8 日，他写信给恩格斯说："我的妻子病了，小燕妮病了，琳蘅[①]像是患了伤寒。医生，我过去不能请，现在也不能请，因为我没有买药的钱。8—10 天以来，家里吃的是面包和土豆，今天是否能够弄到这些，还成问题。……给德纳的文章我没有写，因为我连看报用的便士也没有。……最好和最理想的是能够发生这样的事：女房主把我从房子里赶走。那时，我至少可以免付一笔 22 英镑的款子。但是，未必能够指望得到她这样大的恩典。此外，还有欠面包铺老板、牛奶商、茶叶商、蔬菜商，以及欠肉铺老板的旧账。怎样才能还清所有这些鬼债呢？最后，在最近 8—10 天，我从一些庸人那里借了几先令和便士，这对我来说是最不痛快的事情；不过，为了不致饿死，这是必要的。"[②]处于这种绝望的境地之中，马克思仍然必须同极强大的敌人进行斗争，而在这场斗争中，他和他那坚强的妻子都忘掉了家庭的愁苦。

在胜利还没有形成定局的时候，马克思夫人曾经给一位在美国的朋友[③]写信说："必须从这里提供揭穿这种伪造的全部证据。因此，我丈夫不得不日以继夜地工作。为了揭穿警察当局的伪造，必须弄到官方确认的店主的证词，必须经官方认证所谓记录人李卜克内西和林格斯的笔迹。然后必须将全部文件转抄六至八份，通过各种途径，经由法兰克福、巴黎等地寄往科隆，因为所有写给我丈夫的信和所有从这里寄往科隆的信总是被拆开和扣留。所有这一切，就是目前警察当

① 琳蘅即马克思家的女管家海伦·德穆特。

② 参阅《马克思恩格斯全集》第 49 卷，人民出版社 2016 年版，第 224—225 页。

③ 指阿道夫·克路斯（1825—1905），德国工程师，1858 年以前一直属于共产主义者同盟的核心成员，德国工人教育协会创始人之一，1848 年 9 月抵达美国，供职华盛顿海军部。50 年代同马克思和恩格斯经常通信，曾为德国、英国和美国许多工人和民主派报纸撰稿，同魏德迈一起在美国宣传马克思主义。

局为一方和我丈夫为另一方之间所进行的斗争。他们把所有的一切，把整个革命，甚至把对诉讼的领导，统统归罪于他。……请原谅，这封信写得杂乱无章，而我也参与了这一事件，并且抄写东西把手指头都抄痛了，所以写得很乱。……刚才从维尔特和恩格斯那里寄来一批商业地址和假商务信函，以便转寄文件和信件等。……我们这里现在建立了整套办事机构。两三个人写东西，另一些人跑腿，还有一些人筹集便士，以便使写东西的人能够生活下去。并能把前所未闻的丑行的证据端到旧的官方世界的面前。再加上我的三个活泼的孩子又唱又叫，他们常常被他们的严厉的爸爸赶走。真是热闹极了。”①

马克思终于在这场斗争中取得了胜利；施蒂贝尔的造假行为在刑事陪审法庭上还是被揭露了，于是国家检察官本人不得不放弃把那个“不吉利的记录本”作为证据。然而这一胜利对于更大一部分被告而言却变成了一场灾难。五个星期的案件审理暴露出警察的这样一大堆卑鄙的行径，而警察的这些恶行又都得到了普鲁士国家最高当局的支持，所以如果完全宣告所有的被告无罪，将会使这个国家在世人面前颜面丧尽。在冒险等待这样的情况发生之前，陪审法官们宁愿毁损自己的声誉和良知，将十一名被告中的七人以企图谋反罪判刑：雪茄厂的工人勒泽、作家比格尔斯、缝纫业工匠诺特容被判处六年要塞监禁，工人赖夫、化学技工奥托、前候补法官贝克尔被判处五年要塞监禁，裁缝工匠列斯纳被判处三年要塞监禁。被宣告无罪的被告有店员埃尔哈特，医生丹尼尔斯、雅各比和克莱因。但是在被宣告无罪的人当中有一位遭受的伤害最大：丹尼尔斯在几年之后便死于肺结核，这个病是他在单独监禁的一年半候审期间染上的。丹尼尔斯的夫人在一封感人至深的信中向马克思转达了她丈夫的最后的致意，马克思对于丹尼尔斯的死表示深切的哀悼。

这桩可耻的诉讼案的其余受害者都比他活得更为长久，其中有一部分人又回到了资产阶级世界，比如比格尔斯和贝克尔，比格尔斯成了进步党的国会议员，贝克尔则当上了科隆市长和普鲁士上议院议员，“为了他的崇高的爱国思想的缘

---

① 参阅《马克思恩格斯全集》第49卷，人民出版社2016年版，第733—735页。

故”而受到宫廷和政府的敬服。在坚持忠于自己的旗帜的被判刑者当中，诺特容和勒泽尔仍然参加了复兴工人运动初期阶段的工作，而列斯纳比马克思和恩格斯多活了许多年，他是他们在流亡期间最忠实的伙伴之一。

在科隆案件之后，共产主义者同盟瓦解了，而维利希—沙佩尔派的特别同盟不久也紧跟其后走向瓦解。维利希移居美国，他身为北方诸州的将军在南北战争中获得了应有的荣誉，而沙佩尔则幡然悔悟，并重新回到老同志身边。

马克思接着便着手从道义方面痛击在科隆刑事陪审法庭上取得可耻胜利的当局。他撰写了《揭露科隆共产党人案件》，并想在瑞士出版，如果可能的话也想在美国出版。12 月 7 日，他给在美国的那些朋友写道：“如果你们考虑到，小册子的作者因无像样的裤子和鞋子而被囚禁在家里，他的一家人过去和现在时时都受到确实极端贫困的威胁，那么你们是能够赏识这本小册子的幽默的。案件使我的处境更加恶化了，因为五个星期以来，我不是为糊口而工作，而是必须为党工作，揭露政府的阴谋诡计。此外，案件使德国书商完全离开了我，我本来希望能同他们就出版我的《经济学》签订合同。”[①] 但是在 12 月 11 日，承接出版《揭露科隆共产党人案件》的小沙贝利茨从巴塞尔写信给马克思说，他已经读过了这部书的初校样。他写道：“我深信，这本小册子将会引起极大的关注，因为它是一部杰作。”沙贝利茨打算印两千册，每册定价为 10 银格罗申，因为他已经估计到，这个印数至少有一部分将会被没收。

不幸的是，当这一版小册子在巴登的一个边境小村庄存放了六个星期之后，正要从那里被继续运送到德国国内的时候，它们却全部被没收了。3 月 10 日，马克思把这个不幸的消息告诉了恩格斯，他沉痛地写道：“在这种情况下，谁还有兴致来写作。总是白干！”[②] 这件事究竟是怎样泄露出去的，已经无法再查明；最初马克思怀疑出版商，不过事实很快就证明，这种猜疑显然是不公正的。沙贝利茨甚至还打算把他留存的五百册在瑞士销售出去，不过这件事似乎没有取得很

① 参阅《马克思恩格斯全集》第 49 卷，人民出版社 2016 年版，第 321—322 页。

② 参阅《马克思恩格斯全集》第 49 卷，人民出版社 2016 年版，第 358 页。

多进展。这个事件给马克思留下的仍然是苦涩的回忆，三个月以后，虽然不是沙贝利茨本人，但却是他的合伙人安贝格尔要求他赔偿一笔数额为424法郎的印刷费。

在瑞士遭到失败的事情，却至少在美国获得了成功，当然，在美国出版马克思的《揭露》就需要让普鲁士政府感到过于担心了。波士顿的《新英格兰报》刊登了《揭露》，同时，恩格斯自己出钱让该报印制了440册单行本，这些单行本他打算借助于拉萨尔的帮助在莱茵省推销。马克思夫人曾就这件事同拉萨尔有过书信往来，拉萨尔也表现出足够的热心，但是从他们的通信中无法断定，追求的目的是否真正已经达到了。

马克思的《揭露科隆共产党人案件》一文在美国的德文报刊上得到了热烈的反响，而维利希也在此类报刊上发表文章，动员对这篇文章进行反击，这促使马克思又写了一个小册子反驳维利希，这本小册子以《高尚意识的骑士》[①]为标题在1853年的年底出版。今天几乎已经不值得再重提这篇早已被逐渐忘却的文章了。正如在这类斗争中常见的那样，当时双方都犯有过失，而在这件事情上马克思作为胜利者却乐于放弃对战败者炫耀胜利的喜悦。1860年，马克思在谈到流亡初期的岁月时解释说，要为流亡时代做辩护，最好的办法就是把它的历史与同时期的政府和资产阶级社会的历史做一个比较；除了少数人几个人，流亡者除了耽于幻想和做过一些蠢事之外，他们没有任何可以被指责的地方，至于耽于幻想，这或多或少可以通过当时的时代环境来加以谅解；而做蠢事，则是由于流亡者突然置身于前所未料的特殊环境中而必然产生出来的现象。

1875年，马克思在筹备《揭露科隆共产党人案件》的第二版时，他曾经对于是否应该删去有关维利希－沙佩尔集团的那一个章节有过瞬间的犹豫不决。结果是他保留了这个章节，虽然如此，但这仅仅是因为经过深思熟虑之后，他

① 马克思的《高尚意识的骑士》是一篇抨击性文章，写于1853年11月大约21—28日之间，1854年1月在纽约以单行本出版。见《马克思恩格斯全集》第8卷，人民出版社1961年版，第259—380页。

认为对这篇文章做任何删改都是在伪造历史文件，他对此补充道："对革命的暴力镇压给革命的参加者，尤其是给那些被迫离乡背井流亡在外的人的震动是那样的大，甚至使那些坚强的人在一个较长的时期内也都失去了自制力。他们看不清历史的进程，不想了解，运动的形式已经改变。这就使他们去玩弄秘密阴谋和革命，从而使他们自己以及他们为之服务的事业，都同样声誉扫地；这就是促成了沙佩尔和维利希失策的原因。维利希在北美内战中证明，他比一个纯粹的幻想家要好一些，而毕生都是工人运动的先锋战士的沙佩尔，在科隆案件结束后不久就懂得并且承认了自己一时的迷误。过了许多年，在他逝世的前一天，他躺在床上用辛辣的讽刺口吻向我谈到了这个'流亡中的疯狂举动'的时期。——另一方面，写'揭露科隆共产党人案件'时所处的环境，可以说明，为什么要这样激烈地攻击共同敌人的无意中的帮手。在危急关头，轻举妄动会成为一种要求公开赎罪的反党罪行。"[①] 马克思的这番话句句是金玉良言，特别是在那个时代，人们往往把维护"礼仪"看得高于在原则性问题上保持清醒的头脑。

既然战斗已经打完，胜利业已取得，那么马克思也绝少是那种胸襟狭隘喜欢记仇的小人。他承认的事情，往往比他需要承认的还要多，1860 年，当弗莱里格拉特气愤地评论起那些"表里不一和道德败坏的分子"钻进了同盟的时候，马克思从他个人方面承认了这一点，并且说道："在风暴中扬起一些尘土，在革命时代闻不到玫瑰油的香气，时而有人甚至被溅一身脏东西，这是肯定无疑的。不是这样，就是那样。"不过，他又适当地补充道："但是，如果我们考虑到整个官方世界如何拼命地反对我们：为了要毁灭我们，他们对刑法典不是稍稍触犯一下，而是通通彻底违犯了；如果我们考虑到那些'愚蠢的民主派'不会原谅我们的党比他们自己具有更高的才智和风格而进行恶毒的诽谤；如果我们熟悉同一时期的其他一切政党的历史；最后，如果我们问一下自己，究竟能够提出什么事实（不是福格特或捷列林格这样的人所提出的在法庭上可以驳倒的无耻诬蔑）来反对整

① 参阅《马克思恩格斯全集》第 18 卷，人民出版社 1964 年版，第 625 页。

个党，那末我们就可以得出结论说，我们的党在这个十九世纪由于它的纯洁无瑕而出类拔萃。”①

随着共产主义者同盟的解散，将马克思与德国公众生活联系在一起的最后几根线索彻底地断了。从此以后，流亡的国土——“好人的家乡”——就成了他的第二祖国。

① 参阅《马克思恩格斯全集》第 30 卷，人民出版社 1974 年版，第 484 页。

第八章　马克思和恩格斯

1. 天才与社会

如果说马克思在英国找到了他的第二祖国，那么对祖国这个概念的理解当然不可以延伸得过于宽泛。在英国的土地上，马克思从来没有因为他进行革命宣传鼓动活动而遇到过麻烦，尽管他的宣传鼓动甚至是反对英国这个国家的。这个“贪婪的、嫉妒心很强的市侩民族[①]”的政府，比那些大陆国家的政府具有更大程度上的自尊和自信，那些大陆国家的政府由于问心有愧而心怀恐惧，不惜挥动着长枪和警棍来驱赶自己的反对者，即便是这些反对者的活动范围仅仅限于讨论和宣传鼓动。

可是按照另外一种更深层次的意义来说，自从马克思以他那天才的洞察力把资产阶级社会的五脏六腑都彻底地看穿之后，他就再也找不到祖国了。在这样的社会中，天才的命运是一个广泛的话题，对于这个问题，人们公开发表过各种各样极其不同的见解；从庸人头脑里的简单地靠天意、笃信上帝会预言每一个天才的最终的胜利，直到浮士德的多愁善感的诗句：

少数对此颇有见地的人，

都有几分傻气，不知道明哲保身，

---

①“市侩民族”是拿破仑一世讥讽英国人民之词。

竟然向群氓袒露他们的独到感受和见解，

结果被钉到十字架或在火刑堆上把命结。[①]

马克思所阐明的历史方法，使人们也在这个问题上能够更加深入地观察事物的相互联系。庸人之所以预言每个天才终得胜利，恰恰是因为他们是庸人；如果一个天才偶尔一次没有被钉到十字架上处死或者是被绑到火刑架上烧死，那么也只是因为他最终已经安于让自己变成一个庸人了。假如没有发辫[②]垂在身后，也许那些歌德们和黑格尔们永远也成为不了资产阶级社会承认的大名人。

在这方面，资产阶级社会只不过是一切阶级社会中最显属特色的形式，另外，尽管这个社会立下了如它所愿的许多功绩，但是对于天才来说，它却从来不曾是殷勤好客的祖国。它也不可能做到这一点，因为天才的最核心的本质，恰恰就在于把一种人类原生的力量所蕴藏的创造性的冲动迸发出来，而这种迸发是反传统习俗的，并且会动摇阶级社会所赖以生存的壁垒。在叙尔特岛上有一处墓地，里面埋葬的都是被海水冲上岸的无名尸体，墓门上刻着这样一个虔诚的墓志铭：各各他山[③]上的十字架——无家可归者之家。这句话完全是无意识地，但却因此才格外中肯地道出了天才在阶级社会中的命运：天才在阶级社会中是无家可归的，他只有在各各他山上的十字架那里才能够找到自己的归宿。

除非天才甘心以这样或者那样的方式向资产阶级社会妥协，他的命运才可能有所改变。如果天才为资产阶级社会服务，帮助它推翻封建社会，那么他便看似获得了一种不可估量的势力，然而一旦天才想自行其是，这种势力就会顷刻间化为乌有，不过他毕竟仍然被允许在圣赫勒拿岛的山崖上结束自己的生命[④]。或者，

① 在欧洲，由于信仰的关系，中世纪文艺复兴之前的火刑是非常普遍的。由于那时候被判火刑的人一般或多或少和宗教联系在一起，所以一般是被钉在十字架上烧死。

② 指欧洲17、18世纪上层人士戴在头上的象征着身份高贵的假发的发辫。

③ 各各他山位于耶路撒冷西北郊，又称骷髅地，相传为耶稣死难地。据《圣经·新约全书》中的四福音书记载，神的儿子主耶稣基督就曾在此被钉死在十字架上，由此“各各他”这个名称和十字架一直是耶稣基督被害的标志。

④ 圣赫勒拿岛是孤悬在南大西洋中的一个火山岛，拿破仑曾在这里流放直到去世。

天才给自己套上市侩在节日穿的齐膝长礼服，然后他或许可以在仕途上一路升迁，直至当上魏玛的萨克森大公国的国务大臣，或者是柏林的普鲁士王国的教授。但是，如果天才凭借其所独具的高傲、独立和难以接近的个性把自己摆到资产阶级社会的对立面，如果天才从资产阶级社会最深层的结构揭示这个社会的毁灭行将来临，如果天才策划制造武器，以在资产阶级社会濒临死亡的时候给予它致命的一击，那么他可就要倒霉了。对于这样的天才，资产阶级社会带给他的只有身心的摧残和折磨，这些摧残和折磨尽管表面上似乎不像古代社会把受难者钉到十字架上那样野蛮，也不像中世纪社会把人绑在木柴堆上活活烧死那样残忍，但是实质上却比这些施刑更加残酷。

在19世纪的那些天才人物当中，没有一个人所经受过的命运的折磨会比卡尔·马克思这位所有天才中最伟大的天才曾经经受过的更加严酷。还是在他对公众产生影响的头十年，他就不得不和日常生活中的贫困做斗争。在他迁居到伦敦后，迎接他的仍然是流亡生活的所有可怕的苦难，但是可以称之为他的真正的普罗米修斯式的命运的，则开始于在他经过非常艰难的攀登并在年富力强之际达到事业的顶峰的时候，从此在数年乃至数十年里，他被日复一日的极端困苦的生活、被每一天都得为必不可少的面包担忧紧紧地攫住了。直到他去世的那一天为止，他都不曾成功地在这个资产阶级社会的土地上为自己获取到一个即便是如此微薄的生活。

另外，马克思根本无意于庸人所经常说的那种普遍流行的放荡意义下的“天才的”生活。他的过人的勤奋是与他那过人的精力相称的；日日夜夜的超量的工作早就已经开始损坏他那原本坚如钢铁般的身体了。他把失去工作能力称之为是对每一个不是畜牲的人的死刑判决，而且他说这番话的时候是极其严肃认真的。当他身患重病而不得不一连好个星期躺在床上的时候，他写信给恩格斯说：“在这一段完全不能工作的时期里，我读了卡本特尔的《生理学》、洛德的《生理学》、克利克尔的《组织学》、施普尔茨海姆的《脑和神经系统的解剖学》以及施旺和施莱登关于细胞的著作。”① 尽管马克思永不知足地渴望进行科学研究，但是他对

① 参阅《马克思恩格斯全集》第30卷，人民出版社1974年版，第410页。

自己早在青年时代就说过的一句话始终保持着清醒的意识，即：一个作家不应该为谋生而写作，但是他必须得为写作而谋生；[1] 不过，马克思从来都是懂得“一种谋生的工作的绝对必要性”的。

但是，马克思的所有的努力皆由于一个充满敌意的世界对他的怀疑或者仇恨，或者在最好的情况下则是由于对他的惧怕而遭到失败。即便是那些以往一向以自己的独立个性而洋洋自得的德国出版商，也被这个顶着恶名的煽动者的名字吓得退避三舍。德国所有的党派同样都统统对他进行污蔑诽谤，而且不管在什么地方，只要他的身影的清晰轮廓透过烟幕闪烁出亮光，系统内秘而不宣的恶毒阴谋便会立即付诸卑鄙的行动。从来也没有哪一个国家的最伟大的思想家会遭遇到像马克思的这种情况，如此长久地而且如此彻底地被迫消失在本国人民的视野之外。

马克思同外界唯一的联系就是他为《纽约每日论坛报》所从事的撰稿的工作，这项工作从 1851 年开始已经整整持续了十年有余，而通过同《纽约每日论坛报》的联系，马克思在伦敦才能够为自己创建一个还算比较稳固的经济基础。《纽约每日论坛报》拥有二十万订户，在当时是美国读者最多而且财力最雄厚的一家报纸。

由于它为美国的傅立叶主义做宣传鼓动，这使得它至少摆脱了一个纯粹的资本主义企业完全以赚钱为目的的鄙俗做法。马克思为这家报纸撰稿的条件本身也并非无利可取，他每个星期都要为《论坛》写两篇文章，每篇文章应该付给他的稿酬是两英镑（合四十马克）。

这就是说，他全年的收入可以达到四千马克，而有了这笔钱，马克思在伦敦也就能凑合地靠这笔微薄的收入维持生计了。而总是炫耀自己可以吃到“流亡中的牛排”的弗莱里格拉特，在刚开始从事他的商业活动的时候，其收入也并不比这多。

当然，这里所涉及的问题绝对不是马克思从这家美国报纸得到的稿酬是否与

[1] 马克思在 1842 年写的《第六届莱茵省议会的辩论（第一篇论文）》里这样说过：“作者当然必须挣钱才能生活、写作，但是他决不应该为了挣钱而生活、写作。”见《马克思恩格斯全集》第 1 卷，人民出版社 1995 年版，第 192 页。

他的那些文章的文学和科学价值相称。资本主义的报业企业只考虑市场价格，而在资产阶级社会里，这是它的正当权利。马克思也并没有提出过更多的要求，但是，即便是在资产阶级社会里，他也可以要求遵守曾经签订过的劳动合同，或许他还可以要求对他的工作给予几分尊重。然而这些本该做到的事情《纽约每日论坛报》和它的发行人完全都没有做到。达纳这个人虽然在理论上是一个傅立叶主义者，但是事实上他就是一个铁石心肠的美国佬；恩格斯曾经在一时气愤的情况下说过，达纳的社会主义只能助长小资产者最可鄙的招摇撞骗的欲望。达纳十分清楚地知道，他从像马克思这样的一个撰稿人那里获取到了什么，并且他还经常在他的那些订户面前就此进行炫耀，他甚至像变戏法似的把马克思写给他的那些信居然变成了他自己编辑的文章，而且这种引起写信人正当的愤怒的做法实在是太频繁了，如果在这方面不让他成功，那么他身上绝不缺少冷酷无情的一面，而且正像资本主义的剥削者那样，竟然厚颜无耻地自认为，对待受其剥削的劳动力就应该这样冷酷无情。

达纳不仅在报纸经营状况变差的时候立即把付给马克思的稿酬减掉一半，而且他只为真正印刷出来刊登的文章支付稿酬，同时，他丝毫没有愧疚感地把所有不是正中他下怀的文章都统统扔到桌子底下去了。这样的事情经常发生，有三个星期甚至六个星期之久，他把马克思寄去的文章都扔进了废纸篓里。当然，马克思临时为之撰稿的那些德文报纸，例如维也纳的《新闻报》，也并不表现得更好些。因此，马克思完全能够有理由地说，他在为报纸写文章来维持生计这条路上，走得比无论哪一个初出茅庐的投稿人都要更加艰难。

还是在 1853 年时，马克思就渴望能够隐居几个月，以便进行他的学术研究："但是看来办不到了。经常给报纸写乱七八糟的东西已经使我厌烦。这占去我许多时间，分散注意力，而到头来一事无成。不管你怎样力求不受限制，总还是被报纸及其读者捆住了手脚，特别是象我这样需要拿现金的人。纯粹的科学工作完全是另外一回事。"① 在达纳的温和的权杖下又工作了几年之后，马克思说话的语

① 参阅《马克思恩格斯全集》第 28 卷，人民出版社 1973 年版，第 599—600 页。

调听起来完全不同了：“一个人不得不把能同这类小报为伍视为幸福，这实在令人作呕。象习艺所的赤贫者一样，把骨头捣碎，磨成粉，再煮成汤，——这就是一个人在这种企业里完全注定要做的政治工作。”[①] 不仅生活贫困，而且尤其是整个生存都完全没有保障，这种悲惨的命运是马克思和现代无产阶级共同承受的。

人们过去完全只是泛泛而知的一些事情，在马克思写给恩格斯的那些信中都以一种最为感人的形式跃于纸上：比如有一次他不得不守在家里，因为他没有上街穿的外套和鞋子；再比如另一次，他因为缺少几个便士而无法为自己购买一些书写用纸或者是想看的报纸；又比如还有一次，为了能够把手稿寄给出版商，他不得不到处奔走寻求寄稿的邮票。除此以外，还要加上同那些小商贩和食品零售商无休无止的争吵，因为他没有能力为每天最必不可少的食物付账，更不用提同房东的争吵了，这个人时时刻刻都在威胁他说，要把法院执行官叫到家里来；而被马克思作为永久性的避难所的当铺，则通过重利盘剥吞掉了他家最后一点尚且能够将忧虑的阴影从他家的门槛吓走的东西。

而忧虑的阴影不仅蹲守在马克思的家门口，而且还成了他家的座上客。他那心灵高尚的夫人自打小时候起就习惯了一种无忧无虑的生活，大概是在狂暴的命运的无情打击下，她变得灰心丧气，甚至不止一次地想结束自己和孩子们的性命。在马克思的一些信件里，也不乏家庭频繁争吵的痕迹。他有时候竟认为，对于一个有事业追求的人来说，没有比结婚并且由此暴露出个人生活中的一些小困难更加愚蠢的事情了。不过，尽管马克思夫人的抱怨使他烦躁，但是每一次他都仍然能够原谅她，并且总是找理由为她辩解。他说，处在她那种境地，她所要忍受的那些难以形容的屈辱、折磨和恐惧，要比他自己需要承受的更加沉重得多，这尤其是因为，逃往科学的殿堂尽管能够一再拯救他，但对她来说，这条路却是封死的。然而更深深刺痛这对父母的，是看到孩子们青春年少天真无邪的欢乐时光被缩短了。

对于马克思这样一位伟大的英才来说，他的命运确实十分悲惨，但是这种

① 参阅《马克思恩格斯全集》第29卷，人民出版社1972年版，第97页。

命运之所以一路攀升到悲剧性的顶点，则是由于马克思几十年来一直自觉自愿地把承受这种痛苦的折磨视为己任，他原本完全能够有尊严地寻求到资产阶级的一官半职，从此便可以躲进安全的港湾，然而他却抵制一切诸如此类的诱惑。关于这方面需要说的话，马克思讲得既简单又直截了当，没有任何夸夸其谈的成分，他说："我必须不惜任何代价走向自己的目标，不允许资产阶级社会把我变成制造金钱的机器。"[①]把这位普罗米修斯钉在山崖上的不是赫菲斯托斯的铁楔子[②]，而是他那钢铁般的意志，这种坚强的意志就像是罗盘的磁针一样，准确无误地指向人类的最高目标。其实，他整个人就是一块柔韧的钢。而更为令人惊叹的是，常常在同一封信里，马克思看似好像已经被极其悲惨的困境彻底压倒，然而突然间，他好像又以惊人的弹性一跃而起，并准备以一个从不为一点点忧烦而皱起沉思的额头的智者所拥有的那份从容镇定，心地坦然地去研究那些最棘手的问题。

不过当然，马克思已经感受到了，资产阶级社会一直在用种种打击折磨他。也许有人会问：恰恰是对于一个天才来说，对于一个其权利只能从后人那里得到的天才来说，诸如马克思所经受过的这样一些折磨，又能算得了什么？这样的问题所代表的纯粹是斯多噶学派中的一种愚蠢的苦行主义观点。不管那种自负的文人总想尽可能每一天都看到自己的名字印在报纸上是多么爱虚荣，然而对于每一个有创造性的人员来说，的确需要找到一个施展其才能的必要的空间，同时他也需要从他所引起的反响中获取新的力量，以创造更多的新作品。马克思并不是一个诸如在拙劣的剧本和小说中出现的那种装腔作势大念道德经的空谈家，他是一个热爱生活的人，这一点跟莱辛是一样的，因此，莱辛在濒临死亡时在给他的一位青年时代的老朋友写信时所陷入的那种心境，对于马克思来说并不陌生。莱辛写道："我相信，您可能不知道我是一个渴望得到别人赞扬的人。但是，世人却习惯于用一种冷漠的态度向有些人表示，这些人无论怎么做都不能

① 参阅《马克思恩格斯全集》第29卷，人民出版社1972年版，第550—551页。

② 据希腊神话，宙斯命令赫菲斯托斯锻造一条沉重的铁链将普罗米修斯困锁在高加索山的悬崖上，而不是用铁楔子。

符合他们的心意，这种冷漠虽然不会害人致死，却也会使人变得麻木。”马克思在他的五十岁寿辰前夕，也怀着同样的酸楚写道：半个世纪过去了，却依然是一个穷光蛋！[①]有一次他甚至说，他宁愿把自己打入地下百寻[②]深处，也不愿意再继续这样无所作为地苦熬下去，或者，会从他的心中爆发出一声绝望的呐喊，他说，他不乐意看到他的最凶恶的敌人蹚出他长达八周以来所陷入的泥潭，他说这话时怀着极大的愤怒，因为这些琐碎之事使他的思考变得迟钝，而且大大耗费了他的精力。

当然，马克思并不是“愁眉苦脸的狗”，就像他偶尔会取笑自己所说的那样，就这点而言，恩格斯大概是最有发言权的。据他说，他的朋友从来都没有垂头丧气过。但是，如果说马克思喜欢把自己称作硬汉，那么经过在厄运的锻铁炉里的锤打，马克思则越发被锤炼得坚韧不拔了。曾经笼罩着他青年时代的作品的晴朗的天空，渐渐地被越来越密集的浓重的乌云所遮蔽，而他的思想则犹如一道愤怒的闪电，划破了那黑色的天幕，他对敌人的评判——甚至也常常包括对朋友的评判——变得越来越锋芒逼人，以至于被伤害的可能不仅仅是那些心灵柔弱的人。

正因为这样，有些人骂他是一个冷冰冰的煽动家，还有一些人像鲁莽的下级军官一样，把这位伟大的战士仅仅看成是阅兵场上的一个无遮无拦神气活现的木偶，这两种人不多不少同样是错误的。

2. 举世无双的联盟

然而马克思并没有把自己人生中的胜利仅仅归功于他本身所蕴藏的那股巨大的力量。根据人们所有的判断，假如他命中注定没有恩格斯这样一位朋友，那么他最终很可能会以这样或者那样的方式遭到失败，而对于恩格斯的那种富

① 参阅《马克思恩格斯全集》第32卷，人民出版社1974年版，第76页。

② 寻是长度单位，一寻约为1.8米—1.9米。

有自我牺牲精神的忠诚，人们也是在他们之间的通信被公开之后才能够有一个正确的概念。

在所有流传下来的历史记载中，像恩格斯这样忠诚的形象是独一无二的。历史上从来都不曾缺少诸如马克思和恩格斯这样的一对一对的莫逆之交，就是在德国的历史上也不乏这样的挚友，他们的毕生的事业是如此紧密地融合在一起，以至于已经无法再把他们的事业划分成我的和你的。不过，尽管交谊甚笃，总还会残留下一丝容易使这种友谊破碎的遗迹，或者是固执己见，或者是一意孤行，或者即使只是暗地里不乐意放弃自己的个性，因为按照诗人的话来说，个性是“尘世之人的至高无上的幸福”。路德最后只把梅兰希通看成是一个怯懦的学者，而梅兰希通最终也只把路德看成是一个粗鲁的农夫；为了不至于在歌德和席勒的通信中分辨出大枢密顾问官和小小的内廷参事之间的不谐和之音，人们得需要让自己的各种知觉变得迟钝才行。马克思和恩格斯之间结成的友谊，却缺少这种人类需求的最后的痕迹，他们的思想和创作交织在一起越多，那么就越能说明他们每个人都仍然是一个精明强干的人。

他们两个人光是在外表上就有着很大的不同之处。恩格斯，这个长着金黄色头发的日耳曼人，瘦高的个子，举手投足之间都尽显英国人的风度，正如一名观察者提到他时所说的那样：他在穿着方面总是一丝不苟、非常精心，而且他始终严格地用纪律约束自己，不仅是兵营里的纪律，而且也包括营业所的纪律。他曾经说过，他用六个店员成立一个管理部门，比用六十个政府顾问官要简单明了一千倍，因为这些政府顾问写出来的字甚至根本让人无法辨认，而且他们会把所有的账簿都搞得乱七八糟的，以至于连鬼都猜不透这其中的意图。不过尽管恩格斯是曼彻斯特证券交易所受人尊敬的成员，经常参加英国资产阶级的商业和娱乐活动，参加他们的猎狐行动和他们的圣诞节宴会，但他却始终是一名思想工作者和战士。他在偏远的城市尽头有一处小屋，那里珍藏着他的宝贝——一个爱尔兰平民女子，当他对群氓感到厌倦不已时，可以在她的拥抱中得到平复。

马克思则和恩格斯相反，他长得粗壮、敦实，有一双闪闪发光的眼睛和一头乌木一样黑的狮鬃般蓬乱的长发，这些都处处表现出了他的闪米特人的血统。他不修边幅、不拘小节，是一个为家庭辛苦操劳的父亲。他的生活远离世界大都市的一切社交界的活动，专心致志地埋头于耗人精力的脑力劳动，这类工作只勉强允许他匆匆忙忙地吃一顿午餐，而经常工作到深夜则耗尽了他的体力。马克思是一个不知疲倦的思想家，对于他来说，思维就是一种至高无上的享受；在这方面，他是康德、费希特，尤其是黑格尔的真正继承者，他常常喜欢重复黑格尔的一句话："即使是一个恶棍的犯罪思想，也比天上的一切奇迹更加崇高和辉煌。"只不过与这些哲学家不同的是，他的思想总是不断地逼迫他去付诸行动。马克思在小事情上很不能干，但是在大事情上却能够稳操胜券；如果由他去处理一项小的家务，他会显得非常笨拙，但是在征募一支军队并且率领着它去改造世界方面，他的能力却是无与伦比的。

如果说不同的人具有不同的风格，那么马克思和恩格斯这两个人作为作家来说他们的风格也迥然不同。他们都是语言大师，不过每个人又都各自具有自己的方式，而且他们每个人也都是语言天才，都精通多种外语，甚至是方言。在这方面，恩格斯比马克思还要更胜一筹。不过，每当他用自己的母语写东西时，他都极力注意，避免在自己的文字织物中留有一丝一毫的外国纤维，即便是在他的书信中，更不用说在他的著作中了；不过，他并没有因此而沉迷于那些炫示条顿风格的语言纯洁化论者们的怪念头。他行文流畅，言语简洁明了，哲理如此通透明确，以至于他那具有感染力的演说能够使人犹如看到一条清澈见底的溪流。

马克思写的东西比较马虎，同时也比较晦涩难懂。他在青年时代所写的那些书信就跟海涅年轻时写的信一样，使人清晰地感觉到他还处在努力提高语言水平的阶段，而他在中年时期的书信中，尤其是在移居英国以后所写的书信中，他把德语、英语和法语杂乱无章地混合在一起使用，写出的东西十分难懂。就是在他的著作中，也充斥着过多的外来词，其中有一些外来词并非是必不可少的。另外在他的著述中也不乏英语习惯用语和法语习惯用语。尽管如此，马克思仍然不失为一位德国语言大师，以至于在翻译他写的东西时，恐怕是没有人能够做到对原文毫无严重的损伤。恩格斯曾经阅读过他的这位朋友的著作法译本的一个章节，这个译本还是马克思费了很大的气力亲自推敲润饰过的，不过，恩格斯在读过后仍然说道，这一章的力量、神采和生命力全都见鬼去了。如果说，歌德有一次写信给冯·施泰因夫人说："在运用譬喻方面，我可以和桑丘·潘沙[①]的谚语角逐一番"，那么马克思在语言方面对于譬喻的极具说服力的运用，也可以同那些最伟大的"譬喻大师"，同莱辛、歌德以及黑格尔进行一番角逐。他完全领悟了莱辛曾经说过的一句话，即：在完美的叙述中，概念和形象应当像夫妇那样彼此息息相关。为此，那些大学里的学究们——从老将威廉·罗舍尔直到最年轻的讲师——对马克思群起而攻之，他们试图通过毁灭性的谴责对马克思进行惩戒，指责他在表达自己的思想时含糊不清，只会"用譬喻东拼西凑的方式"使别人理解他自己的意思。马克思在详尽地阐明他所要讲述的问题时，总给读者留有一定的余地，以便使他们能够自己去进行最富有成效的思考；他的讲话就好像是紫色的汪洋大海的深处跳跃着的波涛。

恩格斯始终承认马克思是一位远远高于自己的天才，他只想永远陪伴在马克思身边拉第二小提琴。然而实际上恩格斯从来都不仅仅是马克思的解释者和助手，他是马克思的一个独立的合作者，一个不同于马克思，但才能却与其不相上下的英才。当他们的友谊还处在起始阶段的时候，恩格斯在一个十分重要的学科领域里所付出的一直多于他所得到的，所以在二十年之后，马克思在给恩格斯的一封信中这样写道："你知道，首先，我对一切事物的理解是迟缓的，其次，我总是踏着你的脚印走。"[②]恩格斯轻装前进，因此走得更为轻松一些；但是如果说他的目光已经足够敏锐，一眼就能够看清楚一个问题或者一种形势的要害，那么他在看问题的深度方面却还存在着不足，他不能立即通观到所有的疑虑和异议，而就算是最必不可少的决定，也都承载着种种疑虑和异议。当然，这个弱点对于一个行动者来说也不失为一大长处，所以马克思如果事先没有征求过恩格斯的意

① 西班牙小说家、剧作家、诗人塞万提斯（1547—1616）的作品《堂吉诃德》中的人物。

② 参阅《马克思恩格斯全集》第30卷，人民出版社1974年版，第410页。

见，他是不会作出任何政治决定的，因为恩格斯不管做什么事情总是能够立刻得其要领。

马克思也时常在理论问题上向恩格斯请教，但事实证明，恩格斯在这方面所给出的建议却不像政治方面的建议那么有用。马克思平时在理论方面已经占据优势地位。为了促使马克思尽快地结束他在科学研究方面的主要著作，恩格斯曾经多次向他提出劝告，而马克思却对此充耳不闻。恩格斯催促他说："对你自己的著作哪怕就稍微马虎一次也好；对于那些糟糕的读者来说，这已经是太好了。主要的是要把东西写完出版；你所看到的缺陷，蠢驴们是不会发现的。"[①] 能发出这种劝告的才是真实的恩格斯，正如无视他的劝告才是真实的马克思一样。

从这一切可以得知，恩格斯是为政论工作准备的人才，这方面他比马克思更为出色。"他是一部名副其实的百科全书"，马克思向一位他们共同的朋友这样描述恩格斯，"不论白天和黑夜，他每时每刻都能工作，也不管是吃饱了还是饿着肚子，他写东西都非常快捷，而且他对事物的理解迅速得像魔鬼。"好像是在《新莱茵评论》于1850年秋天停刊之后，他们两个人最初还考虑过要在伦敦创立一家共同的企业；至少，马克思在1853年12月致恩格斯的信中是这样写的："要是我们——你和我——当时在伦敦创办一个英文通讯社，你就不用在曼彻斯特受办事处的折磨了，我也不会为债务所累了。"[②] 比起"通讯社"的前景来，恩格斯更愿意在父亲的公司里谋求一个店员的职位，他这样做大概是由于考虑到马克思当时在经济上已经处于绝望的境地，而且也鉴于他希望等待更好的时机，因为他绝对没有打算永远专门从事那个"该死的商业"。还是在1854年的春天，恩格斯就曾经考虑过，是否要回到伦敦去从事写作工作。不过，这是他最后一次出现这个念头；想必就是在这段时间前后他终于下定决心，把他所憎恶的这个桎梏永远加在自己身上，不仅仅是为了帮助自己的朋友，而且也是为了保存党的最优秀的思想家。只有在这个理由下，恩格斯才能够做出自己的牺牲，而马克思

① 参阅《马克思恩格斯全集》第30卷，人民出版社1974年版，第15页。

② 参阅《马克思恩格斯全集》第28卷，人民出版社1973年版，第316页。

才能够接受他的牺牲；而无论是做出牺牲还是接受牺牲，都需要具有同样伟大的思想。

恩格斯在历经数年后晋升为公司的合伙人之前，他只是公司的一名普通职员，日子过得也并不是那么容易。尽管如此，恩格斯自从移居到曼彻斯特的第一天起，他就开始帮助马克思，而后他也从来都不曾厌倦过对马克思进行帮助。一英镑、五英镑、十英镑的汇票源源不断地寄往伦敦，后来汇去的钱款甚至加到一百英镑。恩格斯从来都没有失去过耐心，尽管他的耐心有时候会由于马克思及其夫人似乎过于缺少理财意识而受到并非难以避免的严峻考验。有一次马克思忘记了兑现记在他名下的一笔汇款，到汇票失效之日他才极其难受地愕然想起，而恩格斯对此却几乎连头都没有摇一下。还有一次，当马克思夫人又一次整理家庭预算时，怀着一种错误的考虑而隐瞒了一大笔债务，她想从家庭日常开销费用中省下钱来逐步还清这笔账款，尽管这样做完全是出于良好的愿望，可是马克思一家人却又不得不重新开始生活在旧日的贫困之中。这时候恩格斯便听凭他的朋友去得到某种伪善的满足感，斥责什么“妇人的愚蠢”，“显然需要随时加以监护”；而他自己则只满足于一句好心的劝告：只要留意将来不再发生这样的事情就行了。

然而，为了马克思这位朋友，恩格斯不仅白天要在营业所和交易所里辛辛苦苦地工作，而且在晚上也为其牺牲了自己的大部分休息时间，甚至一直工作到深夜。如果说恩格斯这样做最初仅仅是为了帮助马克思为《纽约每日论坛报》撰写稿件，或者为他翻译给报社的信件，因为那时候马克思还没有掌握好英语，不能用英语从事写作工作，那么后来，当最初的这个因素已经消除了的时候，恩格斯却仍然一直保持着这种默默无闻的合作。

但是，跟恩格斯所作出的最大的牺牲相比，所有这一切都显得微不足道。他的最大的牺牲就是放弃了他自己的学术研究，而以他的无可比拟的工作能力和他的出众的才华，他本来是完全可以在学术研究方面大有建树的。关于恩格斯在学术方面的爱好，人们也只有从马克思和恩格斯这两个人之间的书信来往中才能够获得一个正确的概念，即使人们所能够了解的仅限于恩格斯在语言学和军事科学方面的研究，而他对于从事这两方面的研究也确实表现出一种特殊的喜爱，这不仅仅是出于他的“旧日的爱好”，而且也是由于无产阶级解放斗争的实际需要。不管他多么痛恨一切形式的“自学”——他曾经鄙视地说过：“自学纯粹是一派胡言。”[①]，也不管他的学术研究工作方法是多么严谨缜密，然而他却和马克思一样，绝少是一个单纯的书呆子，而且对于他来说，每一种新的科学知识都具有双倍的价值，只要它能够立即帮助无产阶级解除枷锁。

在经过“仔细的考虑”之后，恩格斯开始研究斯拉夫的各个民族的语言，因为他认为，在紧接着即将来临的重大政治事件中，“至少在我们当中有一个人”应该懂得人们马上将要与之发生矛盾冲突的那些民族的语言、历史、文学和社会制度。而东方的政治动荡又将他的注意力引向了东方语言。阿拉伯语的四千种字根使恩格斯知难而退，他准备学习波斯语，因为他认为，“波斯语不是一种语言，而是一种真正的儿童语言游戏”[②]。他打算在三个星期之内把波斯语给攻下来。然后就该轮到日耳曼语族的一些语言了。他写道：“我现在正在深入地研究乌尔菲拉[③]，有朝一日我一定能够最终将这个该死的哥特语给搞定，到目前为止，我还只能断断续续地从事这种语言的研究。使我感到惊讶的是，我发现，我所知道的比我以前所想象的要多出许多。如果我还能够搞到一本参考书的话，那么我想，我用十四天的工夫就可以完全把它给掌握了。然后我将开始研究古挪威语和盎格鲁撒克逊语，虽然这两种语言我已经有了一半的基础。直到现在为止，我始终是在没有词典或者其他任何工具书的情况下学习的；我手头上只有哥特语读本和格林的书[④]，不过这个老家伙确实很了不起。”[⑤] 当六十年代石勒苏益格－荷尔斯泰因问

① 参阅《马克思恩格斯全集》第 27 卷，人民出版社 1972 年版，第 576 页；恩格斯致魏德迈尔，1851 年 6 月 19 日于曼彻斯特。

② 参阅《马克思恩格斯全集》第 28 卷，人民出版社 1973 年版，第 264 页；恩格斯致马克思，1853 年 6 月 6 日于曼彻斯特。

③ 指恩格斯在这时期研究了乌尔菲拉从希腊语译为哥特语的圣经译本。乌尔菲拉（约 311—383），是具有卡帕多西亚希腊血统的哥特人，西哥特人的主教和基督教传教士，曾发明了哥特字母，并通过翻译圣经，将哥特语定型为书面文字，这个译本成了哥特语的主要文献。

④ 指雅各布·格林（1785—1863）的《德语语法》1819—1837 年哥丁根版第 1—4 部。

⑤ 参阅《马克思恩格斯全集》第 29 卷，人民出版社 1972 年版，第 482 页。

题突然出现时，恩格斯研究了“一些佛里斯兰－英国－日德兰－斯堪的纳维亚语言学和考古学”。而当爱尔兰问题再一次爆发时，他又“搞了一阵子凯尔特－爱尔兰语”等等。后来在国际工人协会总委员会中，他的广博的语言知识极大地派上了用场。据说，“恩格斯能够结结巴巴地用二十种语言讲话”①，这大概是因为他在说话的时候一激动就很容易口齿不清。

由于恩格斯更加热衷于军事科学，而且他对这门学科也进行过更加深入的研究，因此他曾经赢得过“将军”这个绰号。而在这方面，正是革命政治的实际需要进一步激发了他的“旧日的爱好”。恩格斯已经考虑到了，“在紧接着来临的下一个运动中，军事方面将必定具有极其重要的意义”。同那些在革命的年代里曾经站在人民一边的军官合作，并没有让人体验到最令人满意的结果。“这班兵痞”，恩格斯说，“有一种不可思议的肮脏的阶级自负感。他们彼此之间都恨死了对方，并且像小学生一样为了哪怕是最小的奖励也要相互妒忌，但是在反对‘平民’这一点上，他们的意见却是完全一致的。”②恩格斯力图在这方面能够做到，在不至于使自己太出洋相的情况下发表一定的理论方面的见解。

恩格斯自从定居曼彻斯特以后，他在生活上几乎还没有完全适应过来③，就立即开始“猛啃军事”。他从最平淡无奇和最习见的知识入手，“而这种知识是普鲁士尉官考试、而且是各兵种尉官考试所要求掌握的，因而在所有的军事书中早就被认为是众所周知的内容”④。恩格斯研究了整个军事系统所必需的技术细节，其中包括基本战术，从沃邦防御工事体系⑤到现代独立堡垒体系的筑城原理，

① 参阅保罗·拉法格（1842—1911）的《回忆恩格斯》，载《回忆马克思恩格斯》，人民出版社 1957 年版，第 94 页。

② 参阅《马克思恩格斯全集》第 27 卷，人民出版社 1972 年版，第 283 页。

③ 恩格斯于 1850 年 11 月中旬从伦敦转赴曼彻斯特，并重新在“欧门—恩格斯”公司工作，这主要是为了能够给马克思提供物质上的援助，使他有可能继续研究经济理论。

④ 参阅《马克思恩格斯全集》第 27 卷，人民出版社 1972 年版，第 576 页。

⑤ 沃邦防御工事体系的命名来源于一位法国军事工程师塞巴斯蒂安·勒普雷斯特雷·德·沃邦（1633—1707），他在一生中总共修建了 33 座新要塞，改建了 300 多座旧要塞，指挥过对 53 座要塞的围攻战，并建立起近代第一支工程兵部队。沃邦建造的独特非凡的 12 处主要建筑从 2008 年起被列入法国的世界文化和自然遗产名录。

桥梁结构和野战工事防御的构筑，涵盖了各种野战炮活动式炮架的构造的武器学，战地医院的给养工程，以及还有其他的等等；最后他转向战争通史的研究，他坚持不懈地努力钻研了英国人内皮尔、法国人若米尼和德国人克劳塞维茨的著作。

恩格斯根本无意于以一种浅薄的解释来抨击战争在道义上的不合理性，相反，他力图发掘战争的历史合理性，为此他不止一次地激起了热衷于夸夸其谈的民主派的极大愤怒。如果说，拜伦曾经对在滑铁卢战役中充当过封建欧洲的旗手而给予法国革命继承人致命打击的两位统帅①发泄过自己的满腔怒火，那么这真是一个典型的巧合了，恩格斯在写给马克思的信件中也勾画出了布吕歇尔和威灵顿的历史形象，只寥寥数笔，笔调简洁明快，轮廓却勾画得如此清晰和锐利，以至于就算是以现代的军事科学的水准，也几乎不需要哪怕是改动一笔。

恩格斯所喜爱的并且下过许多功夫研究的第三个知识领域是自然科学领域。但是在数十年当中，命运并没有赐给他机会对他在这方面的研究成果进行最后的修订，他在这几十年里不得不去从事商务这份苦差事，以为一位比他更加伟大的人物的学术研究工作创造更大的自由空间。

所有这一切也是一种命运悲剧。但是恩格斯从来没有悲叹过自己的命运；因为一切多愁善感对于他，也对于他的朋友来说向来都是格格不入的。他始终把能够同马克思并肩战斗四十年视为他一生中最大的幸福，即便是付出这样的代价——他的朋友的更加强大的形象使他相形见绌，黯然失色。在马克思逝世之后的十几年当中，恩格斯成了国际工人运动的第一人，他终于可以在国际工人运动中毫无争议地担任第一小提琴手了，然而对此他却丝毫没有感受到一种迟来的满足感；而是恰恰相反，他认为，人们记在他名下的巨大功绩超过了他应该得到的，所以他无权接受。

① 指在1815年的滑铁卢战役中，击溃拿破仑军队的英荷联军统帅威灵顿公爵（1769—1852）和普鲁士王国元帅布吕歇尔（1742—1819）。

马克思和恩格斯这两位伟人当中的每一个人，都把自己的全部心血完全投入到了他们的共同的事业中，他们每个人所作出的奉献不尽相同，但是他们付出的却是一种同样伟大的牺牲，他们毫无怨言，也毫不争荣夸耀，因此，他们的友谊成了一种在全部历史上独一无二的联盟。

第九章　克里木战争和危机

1. 欧洲政治

大约是在同一时期，即在 1853 年年底，马克思以反对维利希的小册子结束了他与“民主派流亡者的骗局和暗中操纵革命的行径”的斗争，此时，随着克里木战争[①]的爆发，欧洲政治开始了一个新的时期，而这一个时期的欧洲政治在随后的几年里紧紧地抓住了马克思的注意力。

马克思对于这个问题的看法主要发表在他为《纽约每日论坛报》撰写的文章里。尽管这家报纸想方设法把他贬低到一个下等的报刊通讯员的地位，然而马克思完全有理由说：他“只有在例外的情况下，才从事真正的报刊通讯工作”。马克思坚定不移地忠于自己的信念，懂得如何将赖以谋生的文笔生涯变为高尚的事业，他把这项工作建立在含辛茹苦的深入研究的基础上，并由此使它具有了不朽的价值。

这些财富大部分还没有被人们发掘出来，而要想使它们重见天日并把它们公布于众，将需要花费很大的气力。《纽约每日论坛报》把马克思提供给它的论文可以说只是当成一种原料来处理，随意把它们丢进了字纸篓，或者是干脆瞒天过海，冒充自己的文章发表，而且正如马克思愤怒地指出的那样，《纽约每日论坛

---

① 克里木战争是因为争夺巴尔干半岛的控制权而于 1853 年 10 月 20 日在欧洲大陆爆发的一场战争，主要战场在克里米亚半岛，参展方主要为俄罗斯帝国对奥斯曼帝国、英国、法国、撒丁王国，战争一直持续到 1856 年才结束，以英法联军获胜、俄罗斯的失败而告终。

报》常常只把一些“破烂货”用他的名义重新发表出来。因此，现在已经没有办法再恢复马克思给这份美国报纸撰写的全部作品的本来面目了。而且，即使这一点有可能做到，那也会需要对此加以小心谨慎的审查，以便严格划定作品的范围，准确地查明哪些文章才是真正出自于他的手笔。

这样做有一个不可缺少的依据，这是最近以来通过出版恩格斯和马克思之间的《通信集》才发觉的。比如说，从《通信集》中可以看出，长久以来一直把马克思视为其作者的一组有关德国革命和反革命的系列文章，原来主要是由恩格斯捉刀代笔的；由此还得知，恩格斯不仅像人们早就知道的那样为《纽约每日论坛报》撰写有关军事问题的论文，而且还同时在这家报纸上发表了许多内容广博的其他方面的文章。除去上面提到的系列文章以外，人们还从《纽约每日论坛报》的栏目里汇集了他到那时为止所写的有关东方问题的论文。不过，这个论文集不论是在它已经收入在内的材料里，还是在它尚未收入的材料里，存在的可争论的地方都比前一本论文集还要多得多，因为前一本论文集只不过是真正的作者被弄错了。①

经过这种严格的审查，还只是完成了这项工作比较容易完成的那部分。尽管马克思擅长把为报纸撰写日常时事评论的工作提到很高的高度，但是他毕竟不可能把它抬高到超过这一工作本身应有的高度。甚至连最伟大的天才，也不可能为了恰好赶上星期二和星期五的轮船，每星期两次做出新的发现或者是产生新的思想。在这样的条件下，正像恩格斯有一次所说的，几乎总不免会有“过分匆忙的情况——这时就只能凭记忆了”。另外，为报纸撰稿的日常工作经常要随着每天的各种新闻报道和由此引发的舆论潮流而定，为了不至于把文章写得枯燥无味和令人厌倦，甚至必须要经常关注这些情况。在恩格斯和马克思的厚厚的四大卷《通信集》中，如果没有那数以百计的矛盾，又会变成什么样呢？他们的思想和斗争的伟大方针正是在这些矛盾中发展起来的！

---

① 马克思当时流亡英国不久，英文水平不高，第一组文章均由恩格斯代笔，但署名马克思，共 19 篇通讯，后来集文出版了一本单行本，名为《德国的革命和反革命》。

自从克里木战争开始以来，马克思和恩格斯的有关欧洲政策的伟大方针，即使没有那些埋藏在《纽约每日论坛报》各个专栏里的有待复活的大量材料，在今天也是完全清楚的。他们的欧洲政策在某种意义上可以被称作一个转折。《共产党宣言》的作者们把自己的主要的注意力放在德国上面，而《新莱茵报》也是如此。后来《新莱茵报》又热情地支持波兰人、意大利人和匈牙利人争取独立的斗争，最后它更要求对俄国这个欧洲反革命势力的强大后备军作战。继而《新莱茵报》越来越激烈地宣传对英国发动世界战争，认为只有经过这场战争，社会革命才可能从空想王国进入现实王国。

“英国和俄国的奴役”沉重地压制了整个欧洲，这亦成了克里木战争时期马克思的欧洲政策的出发点。马克思欢迎这场战争，因为在他看来，这一场战争可以限制俄国沙皇统治由于反革命行动的胜利而取得的优势。然而这绝不表明，马克思同意西方列强对俄国作战时所采用的做法。恩格斯持有同样的想法，他把克里木战争说成是一出独一无二的错中错大喜剧，在这出戏里，人们每时每刻都在问自己：这里究竟谁是上当受骗的人？马克思和恩格斯二人都认为，法国，特别是英国进行的这场战争，只是一场佯攻战，尽管它吞噬了成百万人的生命并耗费了千百万金钱。

说这场战争无疑是一场佯攻战，是因为无论是假波拿巴，还是当时的英国外交大臣帕麦斯顿勋爵，都不曾打算给俄国巨人以致命的打击。一旦他们确信，奥地利已经把俄国的主力部队遏制在西部国界，他们才把战火转移到克里木，并紧紧咬住那里的塞瓦斯托波尔要塞；在围攻塞瓦斯托波尔近一年之久以后，他们才总算占领了这座要塞的一半。对于这个可怜的胜利他们不得不满足，而最后，胜利者竟然向“战败的”俄国“请求”，允许他们不受干扰地用船运送自己的部队回国。

假波拿巴为什么不敢要求与沙皇进行一场生死存亡的斗争，这一点还是足够清楚的，但是帕麦斯顿为什么这样做则不大容易解释了；要知道，大陆的各国政府都害怕他，把他看成是革命的“煽风点火者”，而大陆的自由党人却对他大加赞赏，把他看成是宪政自由派大臣的典范。马克思破解了这个谜团，为此他曾经花费了很大气力对19世纪上半叶的蓝皮书[①]和议会讨论记录进行了查阅和研究，除此以外他还细致地考察了一系列存放在大英博物馆的外交报告，并从中找到了证据，证明从彼得大帝的时期起，一直到克里木战争爆发的日子里，在伦敦内阁和彼得堡内阁之间一直存在着一种秘密协作，尤其是证实了帕麦斯顿是沙皇政策的一个被收买的工具。马克思通过对历史文献的详尽研究所得出的结论并非一直没有争议，就是如今人们仍然为这些结论争论不休，特别是涉及帕麦斯顿的结论，对于这个人的那种寡廉鲜耻的投机政策，以及对于这种政策的不彻底性和本身包含的矛盾性，马克思所做出的评断无疑要比欧洲大陆各国政府和那些自由党人的评论确切得多，然而也绝对没有必要仅凭这一点便得出结论，说帕麦斯顿曾经被俄国收买过。跟这个问题——马克思是否有时候把这根弓弦绷得太紧了——相比，更为重要的却是这样一个事实，那就是从此以后他始终保持着这样一种斗争状态。他认为，工人阶级的一项绝对有必要完成的任务就是，必须要深入研究国际上使用政治手腕的奥秘，防止各国政府的外交圈套，而如果还不可能做到这一点的话，那么就要进行公开的谴责。[②]

马克思认为，重中之重是首先要对那个野蛮的强国进行势不两立的斗争，因为他看到，这个强国虽然头在彼得堡，但是它的手却伸向所有欧洲国家的内阁进行秘密活动。马克思不仅把沙皇统治看成是欧洲反动派的巨大的主要堡垒，因为单凭它的被动存在这一事实本身，就构成一种经常的威胁和危险；而且他也把它看成是主要的敌人，这个敌人企图通过不断地干预西方国家事务来阻挡和妨碍其正常发展，目的就是扩大自己的地盘，以确保自己对欧洲的统治，从而使欧洲无产阶级的解放不可能实现。马克思给予这一观点决定性的意义，从那时起这对他的工人政策也产生了重大影响，而且这种影响远比在革命的年代里要大得多。

马克思的这一观点只不过是他在《新莱茵报》上已发表过的观点的继续，当

① 这里的蓝皮书不仅是指以蓝色封皮公布的英国外交部的文件和英国外交代表关于外交政策问题的公文，而且也包括英国议会的出版物。——德文原书出版者注

② 见马克思的系列文章《帕麦斯顿勋爵》，《马克思恩格斯全集》第9卷，人民出版社1961年版，第387—461页。

时该报对一些民族的独立斗争表示十分关注，但是如今在马克思看来，同样也在恩格斯看来，这些民族都已经远远地退到次要地位了。当然，马克思和恩格斯仿佛从来都没有停止过支持波兰、匈牙利和意大利的独立，这样做既维护了这些国家的权利，也符合德国和欧洲的利益。但是尚在 1851 年，恩格斯却相当冷淡地与他曾经喜爱的那些人断绝了关系："我要十分明确地告诉意大利人、波兰人和匈牙利人，在一切现代问题上他们必须住口。"[①] 几个月之后，他对波兰人说，他们是一个很不中用的民族，他们只配长期被俄国当工具使用下去，直到俄国本身被卷入革命。恩格斯认为，波兰人在历史上一事无成，只会瞎吵蛮干恶作剧；甚至对俄国来说，他们也从来没做出过什么具有历史意义的事情；而对东方国家来说，俄国倒是真正进步的。恩格斯还说，俄国的统治，不管怎样卑鄙无耻，怎样带有种种斯拉夫的肮脏东西，但对于黑海、里海和中亚细亚，对于巴什基里亚人和鞑靼人，都是有文明作用的，而且俄国所接受的文化因素，特别是工业因素，也比具有小贵族懒惰本性的波兰多得多。[②] 当然，这些话语想必是被流亡者的战斗激情大大地渲染了。后来恩格斯再度谈到对波兰人的看法时，语气变得和缓多了，而在他人生的最后几年，他还承认波兰至少有两次拯救了欧洲的文明：1792 至 1793 年的起义以及 1830 至 1831 年的革命。

不过，马克思在著名的意大利革命英雄的纪念册里亲笔写道："马志尼先生只知道城市以及城市中的自由派贵族和'有教养的公民'。意大利农村居民（他们同爱尔兰的农村居民一样，都遭到了敲骨吸髓的压榨，经常被弄得精疲力尽，愚昧无知）的物质需要，对马志尼的世界主义的、新天主教的、痴心妄想的宣言里的那一套高谈阔论来说，当然是太卑下了。但是毫无疑问，要向资产阶级和贵族说明：使意大利获得独立的第一步就是使农民得到完全的解放，并把他们的对分租佃制变为自由的资产阶级所有制，这确实是需要勇气的。"[③] 马克思通过自己

① 参阅《马克思恩格斯全集》第 27 卷，人民出版社 1972 年版，第 199 页。
② 参阅《马克思恩格斯全集》第 27 卷，人民出版社 1972 年版，第 285 页。
③ 参阅《马克思恩格斯全集》第 27 卷，人民出版社 1972 年版，第 604 页。

的朋友欧内斯特·琼斯的一封公开信向在伦敦的那位喜欢自我吹嘘、装腔作势的科苏特解释说：欧洲的革命是劳动对资本的一次有力的进攻；不能把这些革命贬低到一个像马扎尔人那样愚昧和半野蛮民族的思想水平和社会水平，马扎尔人虽然还停留在 16 世纪的半文明状态，实际上却很自负，以为自己有权利对德国和法国发号施令，为它们的伟大启蒙运功指明方向，并且自认为可以骗取英国的轻信，以得到一个骗来的欢呼称颂。

但是在对待德国的态度上，马克思偏离《新莱茵报》的传统最远。他不仅不再把主要的注意力集中在德国方面，而且几乎把它完全排除到自己的政治视野之外。德国在当时的欧洲政治生活中确实只起到极其微薄的作用，它甚至可以被看作俄国的一个省。这种情况在一定程度上说明了马克思为什么对它抱有这样的态度。然而对于马克思来说，在某种意义上是非常不利的一个事实却是：他——对于恩格斯也同样适用——已经有许多年同德国现实生活的发展失去了一切较为密切的联系。作为出生地被兼并的莱茵省人，他们两个人对于普鲁士国家一向抱着蔑视的态度，而在曼陀菲尔—威斯特华伦当政时期，这种蔑视的态度逐步上升到了一个与他们对于现实形势的明察秋毫极其不协调的程度。

对此有一个颇为具有说服力的证明，这是一个例外事件所提供的，即马克思认为普鲁士当时的局势值得他去关注了。事情发生在 1856 年年底，当时普鲁士因为纳沙泰尔事件同瑞士发生了冲突。这一事件促使马克思——正如他于 1856 年 12 月 2 日写给恩格斯的信中所述——不得不恶补他“在普鲁士历史方面极端贫乏的知识”[①]。马克思总结他的研究成果后得出这样的结论：世界史还从来没有产生过比这更加卑鄙龌龊的东西。他在这封书信里接下来所阐述的，以及几天之后他在宪章派的机关报《人民报》上又更加详尽地加以重述的内容，都表明他远没有达到他往常的历史观的高度，反而更接近于像市侩一样骂骂咧咧的民主派所处于的那种历史上的低水平，而马克思以前的功绩恰恰在于克服了这种水平。

① 参阅《马克思恩格斯全集》第 29 卷，人民出版社 1972 年版，第 84 页。

对于每一个文明人而言，像普鲁士这样的国家无疑就是一块难啃的硬骨头，是不可能通过把讽刺嘲笑当成硝镪水去溶解掉的，不管是嘲笑“霍亨索伦王朝的神权”，还是嘲笑三个总是在不断轮番“粉墨登场的角色”——即虔信主义者、士官和小丑，或者是嘲笑普鲁士历史可以作为一部“肮脏的家族编年史”与奥地利历史的“魔鬼史诗”相媲美等等。所有这一切充其量也只能说明最浅近的原因，但是更深入的原因人们却仍然完全不知详情。

2. 大卫·厄克特、哈尼和琼斯

与在《纽约每日论坛报》上发表文章的同一时期，并且本着同样的精神，马克思还为厄克特派和宪章派的机关刊物撰些稿件。

大卫·厄克特是一位英国的外交家，他由于详细了解俄国统治世界的计划，并且坚持同这些计划进行持续不断的斗争而立下了丰功伟绩；不过，他的这些功劳却又由于他对俄国人的偏激的仇恨，以及对土耳其人狂热的赞扬而受到贬损。马克思常常被称作厄克特的信徒，然而这对于马克思来说是非常不公正的；其实倒不如这样说，无论是他还是恩格斯，他们对厄克特那些愚蠢的过火做法的反感，超过了对他的真正功绩的重视。恩格斯第一次提到厄克特是在1853年3月间，他写道：“现在我家里有那个疯狂的议员乌尔卡尔特的一本书，他认为帕麦斯顿是领津贴的俄国奸细。事情很简单。这个人是克尔特族的苏格兰人，受过撒克逊苏格兰式的教育；就倾向说他是个浪漫派，就教育说他是个自由贸易派。他曾以希腊之友的身分去过希腊，然而，在同土耳其人打了三年仗以后，又到了土耳其，而且成为这些土耳其人的崇拜者。他狂热崇信伊斯兰教，他的口号是：如果我不是加尔文教徒，我只能成为穆斯林。”① 总的说来，恩格斯认为厄克特的著书无疑是极度可笑的。

马克思和厄克特之间在思想上的接触点是反对帕麦斯顿的斗争。马克思在

① 参阅《马克思恩格斯全集》第28卷，人民出版社1973年版，第221页。

《纽约每日论坛报》上发表了一篇反对这位大臣的文章，然后格拉斯哥的一家报纸进行了转载，这篇文章引起了厄克特的注意。1854年2月，厄克特同马克思见了面，并且令人吃惊地恭维马克思说，他的那些文章简直就像是一个土耳其人写的。当马克思紧接着声明自己是一个“革命分子”的时候，厄克特感到非常失望，因为他有一个奇怪的念头，他认为欧洲的革命者自觉或者不自觉地都成了沙皇统治的工具，沙皇政府就是利用他们来专门给欧洲各国政府制造麻烦的。“他是一个十足的偏执狂”[①]，在这次谈话之后，马克思在给恩格斯的信中这样写道。马克思还说过，他在他们的第一次见面时就已经向厄克特解释清楚了，自己同他只在一点上——即在对帕麦斯顿的评价上——看法是一致的；其他一切方面则都抱着与他截然相反的意见。[②]马克思还特别说明，自己对帕麦斯顿的看法并不是因为受到了厄克特的影响。

但是，不应该仅仅从字面上去理解这些私下的议论。马克思在公开场合曾经多次对厄克特的功绩表示肯定，虽然他内心里对厄克特仍然持有批判性的保留意见，而且他也丝毫不隐讳地说，即使他没有被厄克特说服，但是至少他从厄克特那里获得了启发。马克思毫无顾忌地为厄克特的刊物，特别是伦敦的《自由新闻报》提供稿件，而且他还允许厄克特把自己在《纽约先驱论坛报》上发表过的好几篇论文编辑成小册子的形式加以传布。这些有关帕麦斯顿的小册子分别以不同的版本销售了15 000册到30 000册，并且引起了很大的轰动。但是在其他方面，马克思同苏格兰人厄克特之间的关系就如同他与那个美国佬达纳的关系一样，相处得并不怎么好。

马克思和厄克特之间的关系是绝对不可能长久地保持下去的，因为马克思支持宪章运动，而厄克特却双倍地痛恨宪章运动，作为自由贸易论者和俄国人的敌对者，他在每次革命运动中都好像听到了卢布滚动的声音。宪章运动在1848年4月10日遭到了惨重的失败，而且后来已经不可能再恢复过来。但是只要它的

① 参阅《马克思恩格斯全集》第28卷，人民出版社1973年版，第324页。
② 参阅《马克思恩格斯全集》第28卷，人民出版社1973年版，第615页。

残余力量还在竭力争取东山再起，马克思和恩格斯就勇敢地和真诚地支持他们，尤其是他们两个人无私地参与了乔治·朱利安·哈尼和欧内斯特·琼斯在五十年代出版的报刊的撰稿工作。哈尼连续不断地一个紧接着一个地出版了《红色共和党人》、《人民之友》和《民主评论》；而琼斯则出版了《寄语人民》和《人民报》。《人民报》存在的时间最长，它一直坚持出版到了 1858 年。

哈尼和琼斯都属于宪章派中的革命派，而且是所有的宪章运动参与者中最彻底地摆脱了一切岛国狭隘性的人。在国际组织"民主派兄弟协会"中，他们被视为领袖人物。哈尼是一个水手的儿子，他是在无产阶级的生活条件下成长起来的；他通过自修的方式学习了法国的革命文献，尤其是把马拉看作他的楷模。哈尼比马克思大一岁，当马克思主编《莱茵报》的时候，他就已经成为宪章派的主要机关报《北极星报》的编辑。1843 年恩格斯到那里探访他，当时恩格斯在他的眼中是"一个身材颀长的青年人，看上去几乎像是一个大男孩，充满青春活力，那时他的英语就已经讲得出奇地正确了"。1847 年哈尼也结识了马克思，并且成了他的热情的拥护者。

哈尼在他的《红色共和党人》杂志上发表了《共产党宣言》的英译本，并且加了按语，指出这是给予这个世界的最具有革命性的文件；他在他的《民主评论》上翻译刊登了《新莱茵报》上有关法国革命的文章，他认为这些文章是对于法国事件的"真正的批评"。在流亡者的斗争中，哈尼却回到了他的旧爱那里，并且陷入了同琼斯以及马克思和恩格斯的激烈的争执之中。不久，哈尼就移居到了泽西岛，后来又移居美国，恩格斯在 1888 年还到那里探望过他。在这之后不久，哈尼又返回到英国，并且在英国一直活到高龄去世，成为一个伟大时代的最后一个见证人。

欧内斯特·琼斯出身于一个古老的诺曼家族，但是他却是在德国出生和接受的教育，他的父亲作为坎伯兰公爵的侍卫武官长期生活在德国，坎伯兰公爵即是后来的汉诺威国王恩斯特·奥古斯特。这个极端反动而且放荡不羁的家伙是小欧内斯特的教父，英国报刊纷纷传言，此人除了自杀之外可以说是无恶不作；然而无论是这种教父的关系，还是琼斯一家同宫廷的联系，都没有对欧内斯特发生过影响。他从儿时起就表现出对自由的不可遏制的渴望，而当他长大成人以后，他抵制住了一切旨在于禁锢他的金链的诱惑。他大约二十岁的时候，琼斯一家返回英国，在英国开始致力于法律研究，并且被获准执行律师职务。他的卓越的才能以及他的家庭与贵族的关系为他开启了光辉的前程，但是他却牺牲了自己的所有前程，把整个身心都奉献给了宪章运动事业。琼斯怀着如此强烈的热情投身于宪章运动，导致他在 1848 年被判处两年徒刑。为了惩罚他背叛自己阶级，他在监狱中被当作一名普通的囚犯来对待。1850 年他获释离开监狱，但是他的信念丝毫也没有改变。从 1850 年夏天起，在以后的长达二十年之久的时间里，琼斯同马克思和恩格斯一直保持着密切的交往，就年龄而言，他恰好是在马克思和恩格斯之间。

当然，这样的友谊也并不是永远都完全没有阴霾：比如马克思和恩格斯同弗莱里格拉特之间的友谊——琼斯在写诗的才能方面可以与这位平分秋色——或者是同拉萨尔之间的友谊也都出现过类似的阴霾。马克思对拉萨尔的看法同他对琼斯的看法差不多相似，只不过在评论拉萨尔时语气要尖锐许多。关于琼斯，马克思在 1855 年是这样写的："虽然不能不承认琼斯有充沛的精力、坚强的毅力和主动精神，但是，他那大喊大叫的宣传，不知分寸地借各种理由进行的鼓动，以及毫无休止地想超越时间等等作法，会把一切都毁掉的。"[①] 后来，当宪章运动的宣传鼓动工作不可阻挡地逐渐搁浅，而琼斯则开始接近资产阶级激进主义的时候，他们之间也少不了会发生激烈的冲突。

然而这样一种诚挚的、真正的友谊基本上一直保持了下来。琼斯最后是作为律师在曼彻斯特生活。1869 年，正值壮年而且精力仍然十分充沛的琼斯猝然去世。恩格斯赶忙用一封加急简信把这个噩耗通知给伦敦方面，这封信的最后一句话是："又失去了一个老朋友！"[②] 马克思复信说："关于厄·琼斯的消息自然使我们全家极为震惊，因为他是为数不多的老朋友之一。"[③] 后来恩格斯又在信中告诉

① 参阅《马克思恩格斯全集》第 28 卷，人民出版社 1973 年版，第 433 页。
② 参阅《马克思恩格斯全集》第 32 卷，人民出版社 1974 年版，第 233 页。
③ 参阅《马克思恩格斯全集》第 32 卷，人民出版社 1974 年版，第 233 页。

他，琼斯是在一个庞大的宗教仪式行列的伴送之下，被安葬在他们的挚友之一威廉·沃尔夫安息的同一个教堂墓地里。恩格斯写道，这个人死得真可惜。他的资产阶级词句毕竟只是一种伪装……他是政治家中实际上完全站在我们方面的唯一有教养的英国人。①

3. 家庭和朋友

在这些年里，马克思不但避开了一切政治上的联系，而且几乎是远离了整个社会生活。他完全退回到自己的书房里潜心研究，偶尔离开书房，也只是为了陪陪家人，这个家庭在1855年1月又了增添了一个小女儿爱琳娜。

同恩格斯一样，马克思也是一个非常喜爱孩子的人，如果他能够从自己的孜孜不倦的工作中挤出一个钟头的时间，那也是为了陪同自己的孩子们一起玩耍。孩子们十分依恋他、爱他、崇拜他，这可能正是因为他放下了做父亲的一切威严；他们对待他就像对待自己的同伴，他们都称呼他“摩尔”，这是他们给他起的绰号，因为他的头发是黑色的，他的肤色也是黝黑的。“孩子们应当教育自己的父母”，马克思经常这样说。首先，孩子们禁止他在星期日工作；因为他们认为，父亲在星期天应该完全属于他们。星期日到乡下去游玩，在简陋的小酒馆里休息休息，喝喝姜汁啤酒，津津有味地吃着加乳酪的面包——这些就是经常压在马克思一家头上的阴云中间闪现的几缕微弱的阳光。

他们尤其喜爱的出游之地是汉普特斯西斯公园，即汉普斯特德荒野，这是伦敦北部的一个丘陵地带，当时还尚未开发，整片区域覆盖着成群的树木和丛生的刺金雀花。李卜克内西曾经引人入胜地描绘过这些星期日的郊游。汉普斯特德荒野如今已经不再是六十年前的那个样子了。但是从马克思过去经常凭桌而坐的那个古老客栈“杰克·斯特劳城堡”四下环望，依然可以看到汉普斯特德荒野的壮丽景色，只见山峦起伏交错，山谷曲折幽深，美丽如画；特别是每到星期日，当

① 参阅《马克思恩格斯全集》第32卷，人民出版社1974年版，第237页。

欢乐的人群蜂拥而至，那里顿时变得热闹起来。在南面，是巨大的城市和它的庞大的建筑群，其中，圣保罗大教堂的圆顶和威斯敏斯特大教堂的尖塔高高地耸立在城市上空；在朦胧的远方，人们可以隐隐约约地看到萨里山；北面是人口稠密土地肥沃的地带，密布着无数的村落；在西面，则是与汉普斯特德荒野相邻的海格特山，那里也是马克思长眠的地方。

马克思本来不多的一点家庭幸福突然间由于一次极大的打击而变得黯淡了：在 1855 年的耶稣受难日，即复活节前的那个星期五，死神从他身边夺走了他唯一的儿子、九岁的埃德加或者又叫作“穆希”，“穆希”是爱称，家里人都这样称呼他。这个已经显露出多方面的天赋的小男孩，是个人见人爱的宠儿。“这是一个令人伤心的、可怕的损失，我简直无法用言语来形容我是多么心痛”，弗莱里格拉特往家乡写信时如是说。

马克思写给恩格斯的几封信听起来也令人感到心碎，在这些信里他谈到了生病和死亡。在 3 月 30 日的信件中马克思写道：“由于精神上的刺激，我的妻子一星期以来比任何时候都病得厉害。我心里难过极了，头象火烧一样，当然，我应当顶住。孩子在病中没有一分钟改变他那独特的、温和的、同时又是独立的性格。”[①] 在 4 月 6 日的信里马克思写道：“可怜的穆希已经不在世了。今天五、六点钟的时候他在我的怀中睡着了（真正睡着了）。我永远不会忘记，你的友谊在这个可怕的时刻怎样减轻了我们的痛苦。我对孩子有多大的悲伤，你是理解的。”[②] 在 4 月 12 日，马克思又写信说：“亲爱的孩子曾使家中充满生气，是家中的灵魂，他死后，家中自然完全空虚了，冷清了。简直无法形容，我们怎能没有这个孩子。我已经遭受过各种不幸，但是只有现在我才懂得什么是真正的不幸……在这些日子里，我之所以能忍受这一切可怕的痛苦，是因为时刻想念着你，想念着你的友谊，时刻希望我们两人还要在世间共同做一些有意义的事情。”[③]

过了很久，内心的伤口才开始愈合。为了答谢拉萨尔的一封慰问信，马克思

---

① 参阅《马克思恩格斯全集》第 28 卷，人民出版社 1973 年版，第 442 页。
② 参阅《马克思恩格斯全集》第 28 卷，人民出版社 1973 年版，第 441 页。
③ 参阅《马克思恩格斯全集》第 28 卷，人民出版社 1973 年版，第 442 页。

在 7 月 28 日给他回了一封信，他写道："培根说，真正杰出的人物，同自然界和世界的联系是这样多，他们感到兴趣的对象是这样广，以致他们能够轻松地经受任何损失。我不属于这样的杰出人物。我的孩子的死震动了我的心灵深处，我对这个损失的感受仍象第一天那样的强烈。我可怜的妻子也是万分悲痛。"[①] 弗莱里格拉特在 10 月 6 日写信给马克思说："你一直不能从丧子之痛中解脱出来，这让我异常难过。在这方面我没有任何办法帮助你，也没有任何可以劝解的话。我理解并且尊重你的悲痛，但是你要努力克制自己的悲痛，而不能让悲痛永远控制你。你这样做并没有背信于对你心爱的孩子的纪念。"

在那些年里，马克思一家不断地有人生病，小埃德加的死使这一连串的不幸达到了顶点。自春天以来，马克思本人也遭受到疾病的侵袭，从此他再也没能完全摆脱病痛的困扰。尤其是他所患的一种肝病，一直折磨着他，而按照他自己的说法，这个病是从他的父亲那里遗传来的。马克思一家人的健康状况之所以变得越来越差，很大一部分原因是他们的居住条件的恶劣以及寓所所在的区域卫生状况不良。1854 年夏天，那里的霍乱疫情猖獗蔓延，据说是因为在疫情发生的同时，挖掘的那些下水道通过了 1665 年那场瘟疫的死难者的埋葬地。医生坚持要求马克思全家离开"苏豪广场附近的这个鬼地方"，那里的空气马克思已经连续不断地吸入了好几年了。不久家中又发生了一件丧事，它为迁居创造了可能性。1856 年夏天，马克思夫人带着三个女儿回到特里尔，打算再看一看自己的老母亲。想不到她回来的正是时候，恰恰赶上母亲经过十一天的重病之后闭上了她那双疲惫的眼睛。

母亲留下来的遗产微乎其微，然而分到马克思夫人名下的仍然有几百塔勒，此外，她好像还从苏格兰的亲戚那里承接了一小笔遗产。这使得马克思一家能够在 1856 年的秋天搬迁到离他们所喜爱的汉普斯特德荒野不远的一所小房子：哈佛斯托克小山，梅特兰公园路，格拉弗顿坊 9 号。这所小房子每年的租金为 36 英镑。马克思夫人写信给自己的一位女友说："同我们以前住过的简陋的小房

① 参阅《马克思恩格斯全集》第 28 卷，人民出版社 1973 年版，第 626 页。

子比起来，这里真像是王侯的府第，尽管房子里的全部设施只花了 40 英镑多一点（在这方面二手货起了很大的作用），但是最初一段时间我在我们的新客厅里感觉极佳，总觉得自己真是一个贵人。所有窗帘台布之类的东西和先前剩下来点缀排场的那些东西都被我们从当铺里赎了出来，而且我又能够心满意足地使用起那些具有古老的苏格兰传统的锦缎餐巾了。但是好景不长，因为这些东西很快又不得不一件接一件地重新被送进‘流行之家’（‘当铺’，孩子们这样称呼那家门前有三个圆球标识的神秘的商店）；不过让我们感到庆幸的是，我们当时毕竟还是享受了一段舒适的生活。”然而，能让他们能够松一口气的这段时间实在是太短暂了。

死神也没有放过马克思的朋友们。丹尼尔斯死于 1855 年秋天，韦尔特于 1856 年 1 月死在海地，康拉德 · 施拉姆在 1858 年年初死于泽西岛。为了能够在报纸上至少为他们刊登几则简短的讣告，马克思和恩格斯已经竭尽所能、全力以赴，但却都没有成功。他们两个人常常叹息道，多年的老战友在日益减少，新生力量却没有源源而来。不管他们一开始是多么喜欢他们的“公开的孤立”，不管这两个孤军作战的人怀着怎样坚如磐石的必胜信心参与欧洲的政治生活，仿佛他们本身就是欧洲列强之一似的，然而他们的政治热情太强烈了，长此以往他们不可能不感到他们缺少一个政党，因为马克思曾经有一次亲口说过，他们的那些少数追随者还不能称其为是一个政党。而且，在这些追随者当中，也没有一个人能够达到他们那样的思想高度，虽然有一个人是例外，可是他们又始终无法完全消除对这个人的不信任。

在伦敦时，李卜克内西是马克思家每天必到的客人，特别是马克思居住在第恩街的时候。李卜克内西当时住在阁楼的一间小屋子里，而且不得不时刻与生活的困境做斗争，这一点也同样适用于共产主义者同盟的那些老战友们，如列斯纳、细木工罗赫纳、埃卡留斯和“忏悔的罪人”沙佩尔，他们都过着同样困苦的生活。另外一些人则散居在其他城市：身为商人的德朗克住在利物浦，后来又到格拉斯哥经商；伊曼特作为教授在丹地教书；席利在巴黎当律师，赖因哈特也住在巴黎，他是诗人海涅晚年的秘书，属于跟马克思关系密切的忠实可靠的朋友之一。

然而，即便是在马克思的最忠实的追随者当中，政治斗争的兴趣也在逐渐减退。威廉·沃尔夫在曼彻斯特靠着私人授课维持生计，生活还过得去，但他依然保持着过去的老样子，马克思夫人有一次提到他时这样写道：这个人具有“诚实正派、能干的平民本色”，只不过这些年来他那单身汉的怪脾气也在渐长，而他的“主要斗争”就是为了茶、糖和煤同包伙食的房东太太争吵。在思想方面，他对于他那些流亡中的老朋友已经没有很大帮助了。弗莱里格拉特也同以前一样，仍然是一位可信赖的老朋友；自从他在1856年夏天接管了一家瑞士银行驻伦敦代理处以来，他便拥有了更大的可能性在经济上支持马克思，而且他也确实更加充分地利用这个条件给了马克思很多帮助，特别是《纽约每日论坛报》的稿酬，每次都是他尽可能快地用现金预先支付给马克思，因为有大量的事实证明，这家报社是一个不守信用的支付方，常常拖欠稿酬。在革命信仰方面，弗莱里格拉特也一如既往，坚定不移，不过他越来越远地脱离了党派斗争。虽然弗莱里格拉特出于真诚的信念曾经说过，只有流亡的地方才是革命者最体面的葬身之地，然而身为一名德国诗人，他已经无法再感到流亡的乐趣了。当他看到他的爱妻是如何地想念祖国，而他也不得不在陌生的土地上为自己的一群孩子点起圣诞树上的蜡烛，他为自己身在异国而不胜感伤。在这样的情况下，他的诗歌创作的灵感的泉源日益枯竭了。他为此深感痛苦，因而当祖国渐渐地又重新想起自己的著名诗人的时候，他感到十分欣慰。

除去已经逝去的朋友之外，还有一连串的“虽生犹死的人”！非常巧的是，马克思在伦敦竟然遇见了自己青年时代研究哲学的几个同伴，他们是：爱德华·梅因，他仍然是昔日的那个尖酸刻薄的人；福赫，作为科布登的秘书他声称自己需要在自由贸易论方面“创造历史”；埃德加·鲍威尔，他反而倒扮演起了共产主义宣传鼓动者的角色，不过他却始终被马克思称为“小丑”。布鲁诺·鲍威尔也来到伦敦看望自己的弟弟，并在伦敦待了相当长的一段时间，在此期间，马克思几次会晤了自己青年时代的老朋友。布鲁诺·鲍威尔非常崇拜俄国的原始力量，反而把无产阶级只看成是“暴民”；他认为领导他们就必须要使用武力和手段，万不得已的时候，多给他们一枚小银币就可以把他们给打发了。他既然抱着这样的观点，当然就根本不可能同马克思取得一致了。马克思发现他明显地变老了，而且已经有些谢顶，他的言谈举止完全是一个迂腐的教授的做派。不过马克思还是写信给恩格斯，向他详细地报告了自己同这位“有趣的老先生”的谈话。

即使是从最近的情况来看，马克思的同志当中“虽生犹死的人”也真够多的，而且他们的人数每年都在增加。莱茵时期的老朋友如格奥尔格·荣克、海因里希·比格尔斯、赫尔曼·贝克尔等等都脱离了政治生活。他们中间的某些人——如贝克尔，以及在他之后的正直的约翰内斯·米克尔——还为自己脱离政治想好了“科学的”论证；他们认为，必须得先让资产阶级全面战胜容克地主阶级，然后无产阶级才有可能考虑自己的胜利。贝克尔教训说：“只要物质利益这个无耻的钻蛀虫一直入侵，容克地主阶级的腐朽的支柱就会化为尘埃。当世界精神吹第一口气的时候，历史就会穿越它的整个外部躯壳，转到最为简单的议事日程上来。”总算找到了一个非常漂亮的理论，即使是在今天，这种理论对某些狡猾的家伙可能仍然具有吸引力。当贝克尔当上了科隆的市长，而米克尔成了普鲁士的财政大臣以后，他们两个人就都迷恋上了“无耻的物质利益”，并竭尽全力抗拒“世界精神吹的第一口气”连同它的“最为简单的议事日程”了。

对于诸如贝克尔和米克尔这类人物来说，至少有一个相当可疑的代替者，1856年春天，一个叫古斯塔夫·莱维的来自杜塞尔多夫的商人找到马克思，他在众目睽睽之下向马克思提议在伊塞隆、索林根等地举行工厂起义。马克思坚决反对这种危险又无益的愚蠢的想法；他让莱维转告工厂的工人——莱维自称，或许也是真的受到他们的委托来找马克思的——要他们过些时候再派一位代表到伦敦来，并且在没有预先报知的情况下不得采取任何行动。

但是，对于莱维所谓的另外一个任务——莱维也自称是受到杜塞尔多夫工人的委托——马克思没有采取同样否定的态度。据莱维说，工人提醒马克思要提防拉萨尔，说拉萨尔是一个靠不住的人，自从哈茨费尔特伯爵夫人胜诉之后，他就可耻地在她的摆布下生活，靠她供养，并且想同她一起到柏林去，为了向她献殷勤给她招揽一批文人墨客；他把工人完全抛到了一边，就好像扔掉了用坏的工具一样，这是为了投靠资产阶级，等等。总之，全是一些恶意的中伤。这回可以有充分的理由怀疑莱茵地区的工人会托人把这样的信息转告给马克思了，因为在几年以后，正是这些工人通过隆重的致辞和兴高采烈的欢呼证明，在五十年代白色恐怖时期，拉萨尔在杜塞尔多夫的住所曾经是“可以得到党的最无畏和最果断的帮助的可靠庇护所”。极有可能，莱维所说的这些话都是这个传信人自行其是编造出来的：这个伪君子对拉萨尔极其愤恨，因为他曾经向拉萨尔借款，他想借两千塔勒，而拉萨尔同意借给他的数额仅为五百塔勒。

假如马克思了解这种情况，那么他在这个莱维面前一定会保持非常审慎的态度。不过就莱维所告知的事情本身，也应该引起很大的怀疑。马克思同拉萨尔一直保持着虽然不是很频繁但却持续不断的书信往来。他始终把拉萨尔看作是一个无论是私人关系还是政治方面都值得信赖的朋友和党内同志；由于拉萨尔卷入了哈茨费尔特伯爵夫人的案件，在共产主义者同盟内部，当然也在莱茵地区工人的圈子里普遍存在着对他的极度不信任，为此，马克思甚至亲自出面消除对拉萨尔的这种不信任的态度。就在差不多一年之前，拉萨尔从巴黎给马克思写过一封信，马克思十分诚恳地给他回信说：“你离伦敦这样近，却不想哪怕是花几天时间到这里来看看，我自然觉得奇怪。我希望你再考虑考虑，你要想到，巴黎到伦敦路是多么近，花费是多么少。假如法国不是对我紧紧地关上了大门，我是会到巴黎去看你的。”①

因此很难解释，为什么马克思在 1856 年 3 月 5 日会写信向恩格斯汇报莱维的那些信口雌黄的东西，并且还补充说：“这一切不过是从听到的情况中记得的一些细节。虽然我从前对拉萨尔抱有好感，不大相信工人们的流言蜚语，但是所有情况总和起来给了我和弗莱里格拉特一种完全肯定的印象。”② 马克思还对恩格斯说，他曾经告诉过莱维，不能仅凭一面之词就得出一种结论，虽然拉萨尔

① 参阅《马克思恩格斯全集》第 28 卷，人民出版社 1973 年版，第 626 页。

② 参阅《马克思恩格斯全集》第 29 卷，人民出版社 1972 年版，第 29 页。

是不可能那样做的，但是无论如何抱着怀疑的态度总是有益的；可以让人们继续监视拉萨尔，不过暂时应该绝对避免把事情公开化，以防止造成任何轰动效应。恩格斯同意这样做，并且提出了自己的一些看法。从他这方面来说，这些看法没有什么值得惊异的，因为他不像马克思那样深知拉萨尔。恩格斯在信中说，真为这个人感到惋惜，因为他是一个了不起的人才；不过这些事情太恶劣了。恩格斯认为，拉萨尔是一个永远必须严加提防的人物；作为一个从斯拉夫边界过来的典型的犹太人，他时刻都在准备以党的名义利用每一个人为自己的私人目的服务。

马克思断绝了同这个人的书信往来，而正是这个人在几年以后能够极为坦率地写信告诉他："除了我以外，你在德国没有一个朋友。"

4. 1857 年的危机

1850 年秋天，马克思和恩格斯退出了党内生活的公开斗争，他们宣称："新的革命只有在新的危机之后才有可能。但是新的革命的来临象新的危机的来临一样是不可避免的。"[①] 从那时候起，马克思和恩格斯便一年更比一年焦急不安地窥探着一个新的危机的迹象。李卜克内西说，马克思有时候喜欢对此做些预言，然而却时常因为预言出现偏差而遭到朋友们的戏弄。1857 年，当危机真正来临的时候，马克思通过恩格斯告诉威廉・沃尔夫，他会证明，这场危机在正常情况下本应该是在两年前就爆发的。

这一危机是从美国开始的，它的征兆非常明显，而且马克思也亲身感受到了，因为《纽约每日论坛报》只给他发一半的稿酬了。这个打击实在是太沉重了，它使马克思惊骇得不知所措，因为在迁入新居之后不久，他的家里又出现了旧日的贫困，甚至可以说，他遭遇到了比以前更大的困苦。在这里马克思甚至不能够"像在第恩街时那样，一天天地过着聊以糊口的日子"；他看不到任何指望，而且

① 参阅《马克思恩格斯全集》第 7 卷，人民出版社 1961 年版，第 514 页。

家庭的费用开支也在不断地增加。马克思在 1857 年 1 月 20 日写信向恩格斯诉说道："我根本不知道怎么办才好，我的处境的确比五年前更惨。"[①]。这封来信就好像一个"晴天霹雳"似的使恩格斯大为震惊，他赶忙想办法去帮助马克思，只不过他也抱怨说，马克思没有在十四天以前给他写这封信。他说，他刚刚买了一匹马，是用他家老爷子作为圣诞节礼物寄给他的钱买的；"我非常难过的是，我在这里得养一匹马，而你们一家人却在伦敦受穷受苦。"[②] 所以，当几个月以后达纳询问马克思是否愿意参与编写一部由他出版的百科全书，特别是有关军事方面的词条的时候，恩格斯感到高兴极了。他说，这件事来得"太凑巧"了，真让他"喜出望外"，因为这将是一个有力的措施，它可以帮助马克思摆脱长期缺钱的困境；他希望马克思能够争取到多少词条，就承接多少词条，并渐渐地组建一个办事处。

不过这件事真是徒劳无功了，首先是因为缺少人手。另外这项工作的前景也不是像恩格斯所设想的那样辉煌；稿酬到最后每行字甚至还不到 1 便士（812 芬尼），尽管许多工作只需要简单地拼拼凑凑、填填补补，然而恩格斯做事太认真了，致使他不允许自己不花气力地粗制滥造。关于这方面的工作在马克思和恩格斯的《通信集》中有所透露，然而《通信集》中谈到的内容绝对不能说明恩格斯后来对于部分由他撰写、部分由马克思撰写的那些词条所做的轻蔑的评价是正确的："这项工作纯粹是在做生意，仅此而已，人们可以心安理得地忘掉它们。"这项毕竟是附带的工作渐渐地停了下来，马克思和恩格斯这两个朋友定期参加编写百科字典的工作看来进展不大，好像并没有超过第三个字母 C 开头的词条。

其实，这个工作从一开始就遇到了很大的阻碍，先是恩格斯在 1857 年的夏天突然染上了一种腺体疾病，这迫使他不得不去海滨进行较长时间的疗养。马克思的健康状况看起来也很糟糕。他的肝病突然复发，而且非常严重，所以他只能够尽自己最大的努力去完成最必需的工作。这年 7 月，马克思的夫人生下了一个没有生存能力的婴儿，这是在他们悲惨的情况下发生的，这些情况给他的想象留

① 参阅《马克思恩格斯全集》第 29 卷，人民出版社 1972 年版，第 92 页。
② 参阅《马克思恩格斯全集》第 29 卷，人民出版社 1972 年版，第 95 页。

下了可怕的印象，并且使他的回忆充满了痛苦。“你这样写，一定是心情非常沉重”[①]，惊恐不安的恩格斯给马克思回信说。不过马克思提出，一切皆等他的口头答复，他不能够在信里写这些东西。

然而，当危机在秋季冲击英国，继而又向大陆逼近的时候，所有个人的不幸很快就被遗忘了。11 月 13 日马克思写信给恩格斯说：“虽然我自己正遭到经济上的困难，但是从 1849 年以来，我还没有象在这次危机爆发时这样感到惬意。”[②] 而恩格斯在接下来的一天却忧虑重重，他担心危机可能会发展得过于迅猛。他写道：“但愿这种朝向慢性危机的‘改善’，能够在决定性的主要的第二次打击到来以前出现。为了使居民群众振作起来，一段时期的慢性的压力是必要的。这样，无产阶级在进行打击时就能做得更好，更加熟练，更加协调；这正和骑兵的攻击一样，如果先让马小跑五百步，以便向敌人逼近到能让马飞驰的距离，就能取得好得多的战果。我不希望在整个欧洲完全被席卷以前，过早地发生事变，不然，斗争就会更艰难，更持久，更曲折。5 月或 6 月，看来太早了：由于长时期的繁荣，群众不能不陷于可怕的昏睡状态。……我的情况正同你一样。自从纽约的投机崩溃以来，我在泽稷再也不能安静，而在这普遍崩溃的情况下，我感到非常愉快。最近七年来，资产阶级的污秽毕竟多少沾了一些在我身上；现在，这些污秽被冲洗掉了，我又变成另一个人了。危机将象海水浴一样对我的身体有好处，我现在已经感觉到这一点了。1848 年我们曾说过，现在我们的时代来了，并且从一定意义上讲确实是来了，而这一次它完全地来了，现在是生死的问题了。”[③]

然而，情况还没有发展到生死攸关的地步。危机以它自己的方式起到了革命的作用，不过这些革命的作用与马克思和恩格斯所设想的完全不同。这并不意味着他们沉醉于毫无根据的乌托邦式的希望之中，而是恰恰相反，他们以极其认真的态度、日复一日地研究危机的发展过程。马克思在 12 月 18 日写道：“我的工

① 参阅《马克思恩格斯全集》第 29 卷，人民出版社 1972 年版，第 143 页。
② 参阅《马克思恩格斯全集》第 29 卷，人民出版社 1972 年版，第 198 页。
③ 参阅《马克思恩格斯全集》第 29 卷，人民出版社 1972 年版，第 203—204 页。

作量很大，多半都工作到早晨四点钟。工作是双重的：（1）写完政治经济学原理。（这项工作非常必要，它可以使公众认清事物的实质，也可以使我自己摆脱这个讨厌的东西。）（2）当前的危机。关于危机，除了给《论坛报》写的文章外，我只是做做笔记，但是花费的时间却很多。我想，到春天，我们可以合写一本关于这个问题的小册子，以便重新提醒德国公众：我们还在，还和过去一样。”①然而这个小册子没有完成，因为这场危机并没有激起群众的起义，也正是由于这一点，马克思才赢得了足够的空闲时间完成他的计划中的理论部分。

在十天之前，马克思的夫人曾经给住在泽西岛的生命垂危的康拉德·施拉姆写信说：“我们已强烈地感到美国的危机对我们钱包的影响（因为现在卡尔给《论坛报》不是每星期写两篇文章，而是至多只写一篇文章，这家报纸现在除了贝阿德泰勒和卡尔以外，已经不收一切欧洲通讯员的稿子了），但您也许会想象得到，摩尔是多么兴奋。他以往的工作能力和精力已经全部恢复了，而且精神焕发心情愉快，这是自从我们遭到很大不幸——失去了我们可爱的孩子（这使我一直悲恸不已）以后，几年来所没有的。卡尔白天为糊口而工作，夜里则为完成他的政治经济学而工作。目前，当这一著作成为时代的需要，成为一种必需品时，大概我们能找到一个可怜的出版商。”②多亏了拉萨尔的努力，出版商找到了。

拉萨尔在1857年4月以旧日那种友好的方式写信给马克思说，虽然他感到奇怪，马克思这么长的时间没有跟他通信，但是他猜想不出究竟是为什么。恩格斯劝马克思给拉萨尔回信，但是马克思没有答复这封信。在同一年的12月份，拉萨尔由于外来的原因再次给马克思写信说，他的表弟马克斯·弗里德伦德尔请求他约马克思为《维也纳新闻报》撰稿，弗里德伦德尔是该报的编辑之一。马克思拒绝了弗里德伦德尔的建议，马克思回复说，因为他是“反法”的，同样他也是“反英”，最起码他不能够为帕麦斯顿写东西。拉萨尔抱怨说，尽管他通常不是一个多愁善感的人，但是他在4月份写的那封信居然没有得到一个字的答复，

① 参阅《马克思恩格斯全集》第29卷，人民出版社1972年版，第266页。

② 参阅《马克思恩格斯全集》第29卷，人民出版社1972年版，第631—632页。

这让他十分痛心；对于拉萨尔的抱怨，马克思只是“简短而冷淡”地回复道，他不回信是有原因的，而且这些原因很难通过书信告知。除此之外，马克思只补充了几句话，不过他告诉拉萨尔，他打算找人出版一部经济学方面的著述。

1858年1月，拉萨尔的一册《赫拉克利特》寄达伦敦，寄这本书的事情作者曾经在12月份的信件中通报过，他在信中同时做了几点说明，指出他的这部著述在柏林的学术界受到了热烈的欢迎。然而仅仅两先令的寄书邮资就足以“确证，他的这部书不受欢迎”。对于这部书的内容马克思的评价也是相当否定的。对学识广博的“大量展示”并没有给他留下深刻的印象；他说，旁征博引是很方便的，只要有钱和时间，并且能够随意让人把波恩大学图书馆的图书寄到家里，就很容易办到；在哲学这种华丽的服饰的包装下，拉萨尔的举止优雅起来，就像一个第一次穿上考究的西装的小伙子。这就是说，对于拉萨尔的真正的博学广识的判断太不公正了，但这也是完全可以解释的，马克思对拉萨尔的这部书所以没有好感，以及在他看来那些学究式的大人物所以喜欢这部书，想必都出于同样的理由，即在一个被视为伟大革命者的青年人身上，居然可以发现那种因循守旧的作风。众所周知，这一著作的绝大部分是在出版之前的十多年写好了。

从马克思针对自己的抱怨的信件所做的“简短而冷淡”的回复中，拉萨尔一直都没有觉察到有什么地方不对头，他完全误解了马克思所说的必须当面口头说明的意思，善意地理解为马克思想告诉他一些需要私下才能说的事情；看来拉萨尔对马克思是由衷地信任，而不是像马克思所猜疑的那样，他的误解是故意在装糊涂。1858年2月，拉萨尔十分坦诚地回了一封信，他在信中毫无掩饰地描述了柏林的资产阶级由于普鲁士王储与英国公主联姻而陶醉得晕头转向、忘乎所以；另外，他自动提出要为马克思的国民经济学著作找一个出版人。对于这一点马克思表示接受，于是拉萨尔在3月底便替马克思跟自己的出版人弗兰茨·敦克尔签好了合同，而且开出的条件比马克思本人提出的要求还要优惠。马克思自己只希望他的书能够分册出版，而且他准备放弃第一批出版的几个分册的全部稿酬。不过拉萨尔从一开始就为他争取到了每个印张三个普鲁士金币的稿酬，而当时教授们的稿酬通常每一个印张才只有两个金币。出版人仅仅保留的权利是：如果销路不好不值得再出版的话，那么从第三分册起停止出版。

然而一年的四分之三都过去了，马克思才完成第一分册的付印手稿。肝病的多次复发以及家庭生活的操劳，使马克思无法完成他的工作。1858年圣诞节前后，马克思的家里显得“比以往任何时候都更加凄惨和绝望”。1859年1月21日，“命运多舛的手稿”总算写完了，但是无法寄出去，因为家里连一个法新[①]的镚子都拿不出来了，没有办法付邮资和邮寄保险金，而保险又是绝对必要的。“未必有人会在这样缺货币的情况下来写关于‘货币’的文章！写这个问题的大多数作者都同自己研究的对象有最好的关系。”[②]马克思给恩格斯写信如是说，当时他写这封信是为了请求恩格斯给他送来邮寄手稿所必需的费用。

5.《政治经济学批判》

马克思计划完成一部有关国民经济学的巨著，它将对资本主义生产方式进行寻根究底的深入探讨；这一计划足足拖了十五年，马克思才真正开始实施这项计划。尚在三月革命前的时期，马克思就已经考虑这样一个计划，而批判蒲鲁东的论文，则是他首次把计划付诸实践。在参加了多年的革命斗争以后，马克思又立刻重新着手这项计划；1851年4月2日，马克思写信向恩格斯通报道：“我已经干了不少，再有大约五个星期我就可以把这整个的经济学的玩意儿干完。搞完这个以后，我将在家里研究经济学，而在博物馆里搞别的科学。这开始使我感到厌烦了。实际上，这门科学从亚·斯密和大·李嘉图时代起就没有什么进展，虽然在个别的常常是极其精巧的研究方面作了不少事情。”[③]恩格斯为马克思感到高兴，他回信说：“你终于把政治经济学搞完了，我很高兴，这个事情确实拖了很久。”

但是作为一个经验丰富的人，恩格斯又补充道：“而只要你那里有一本你认

① 法新：英国1961年以前使用的旧铜币，等于四分之一便士，现在已不用。
② 参阅《马克思恩格斯全集》第29卷，人民出版社1972年版，第371页。
③ 参阅《马克思恩格斯全集》第27卷，人民出版社1972年版，第246页。

为是重要的书还没有看，你是不会动笔去写的。”[①] 恩格斯肯定更倾向于这种看法：尽管存在着其他一切干扰，但“拖延的主要原因”仍然在于他的朋友“本身的顾忌太多”。

当然，这些“顾忌”并不是表面上的，这一点恩格斯其实也清楚。马克思在1851年究竟受到了什么影响，致使他没有完成自己的著述，而是又从头开始起笔呢？马克思本人在第一分册的序言中以这样一段话说明了原因：“英国博物馆中堆积着政治经济学史的大量资料，伦敦对于考察资产阶级社会是一个方便的地点，最后，随着加利福尼亚和澳大利亚金矿的发现，资产阶级社会看来进入了新的发展阶段……”[②] 如果他补充说：他为《纽约每日论坛报》工作至今已有八年，这迫使他的研究工作只能零打碎敲地进行；那么就还应该补充一点，即为《纽约每日论坛报》工作在一定程度上使他重新回到了政治斗争中，而政治斗争对于马克思来说一向是摆在第一位的头等大事。正是指望革命工人运动的复兴，才迫使马克思坐下来著书立说，写下所有这些年间他一直没有停止过反复考虑的东西。

在这方面，马克思同恩格斯的通信就是最具有说服力的证明。在他们来往的信件中，关于经济问题的讨论从来没有中断过，更确切地说，这种讨论最终发展成了一篇篇论文，而且可以说，这些论文也同样是“超级精致”的。这两个朋友之间的思想交流是如何进行的，这一点在他们的书信中偶尔会有一些言谈话语能够表露出一二。比如有一回恩格斯在信中谈到了他自己“在理论方面一贯迟钝”[③]，他说，他仅仅满足于一个比较好的“自我”在内心中提出异议，而从来不去探究问题的实质。而另一次，当马克思提到有一个工厂主用了一种特别使他“发笑”的说法向他致意时，则抑制不住地感叹道：“这些人可知道，我对这一切东西懂得多么少啊！”[④]，因为那个工厂主以为，马克思本人肯定曾经是一个经营缝纫机

① 参阅《马克思恩格斯全集》第27卷，人民出版社1972年版，第251页。
② 参阅《马克思恩格斯选集》第2卷，人民出版社2012年版，第4页。
③ 参阅《马克思恩格斯全集》第27卷，人民出版社1972年版，第189页。
④ 参阅《马克思恩格斯全集》第32卷，人民出版社1974年版，第45页。

的工厂主。

如果去除这两种情况中的——合理的——诙谐夸张的成分，那么剩下的就是这样一个结果：恩格斯更加清楚地了解资本主义社会的内在机制，而马克思则擅长运用敏锐的思考能力探究它们的运动规律。当马克思向他的朋友阐明第一分册的写作计划的时候，恩格斯回答说："这个 abstract〔纲要〕的确非常 abstract〔抽象〕，这在简短的叙述中是难免的，我常常要费力地去寻找辩证转化，因为我对一切抽象的推理很不习惯。"[①] 与此相反，马克思也要费一些功夫才能够彻底领悟恩格斯针对他提出的一些问题所给予他的那些答复，比如关于工厂主和商人计算自己开支的那部分收入的方法，关于机器的磨损，或者是关于预付的流动资本周转的计算方式。马克思抱怨说，在政治经济学中，实际上的有利可图和理论上的必要性常常存在着很大的距离。

直到 1857 年和 1858 年期间，马克思才开始对自己的著作进行修改和完善，这一点从他在写作过程中全书计划的改变也可得到证明。还是在 1858 年 4 月，他就打算在第一分册里论述"资本一般"，但是尽管第一分册的篇幅已经增加到原来计划的篇幅的两倍甚至是三倍，但却没有包含任何关于资本的内容，只有两个章节谈到了商品和货币。马克思认为，这样做的好处就在于批评将不会只限于具有倾向性的谩骂，只不过他忽略了一个事实，即比批评更加有效的一种武器就是对他的作品保持缄默。

在序言中，马克思对于他在科学研究方面的发展过程做了一个概述，在这里自然少不了要引用一些他用于归纳总结历史唯物主义的那些名言名句。"我的研究得出这样一个结果：法的关系正像国家的形式一样，既不能从它们本身来理解，也不能从所谓人类精神的一般发展来理解，相反，它们根源于物质的生活关系，这种物质的生活关系的总和，黑格尔按照 18 世纪的英国人和法国人的先例，称之为'市民社会'，而对市民社会的解剖应该到政治经济学中去寻求。……我所得到的、并且一经得到就用于指导我的研究工作的总的结果，可以简要地表述

① 参阅《马克思恩格斯全集》第 29 卷，人民出版社 1972 年版，第 306 页。

如下：人们在自己生活的社会生产中发生一定的、必然的、不以他们的意志为转移的关系，即同他们的物质生产力的一定发展阶段相适合的生产关系。这些生产关系的总和构成社会的经济结构，即有法律的和政治的上层建筑竖立其上并有一定的社会意识形式与之相适应的现实基础。物质生活的生产方式制约着整个社会生活、政治生活和精神生活的过程。不是人们的意识决定人们的存在，相反，是人们的社会存在决定人们的意识。社会的物质生产力发展到一定阶段，便同它们一直在其中活动的现存生产关系或财产关系（这只是生产关系的法律用语）发生矛盾。于是这些关系便由生产力的发展形式变成生产力的桎梏。那时社会革命的时代就到来了。随着经济基础的变更，全部庞大的上层建筑也或慢或快地发生变革。在考察这些变革时，必须时刻把下面两者区别开来：一种是生产的经济条件方面所发生的物质的、可以用自然科学的精确性指明的变革，一种是人们借以意识到这个冲突并力求把它克服的那些法律的、政治的、宗教的、艺术的或哲学的，简言之，意识形态的形式。我们判断一个人不能以他对自己的看法为根据，同样，我们判断这样一个变革时代也不能以它的意识为根据；相反，这个意识必须从物质生活的矛盾中，从社会生产力和生产关系之间的现存冲突中去解释。无论哪一个社会形态，在它所能容纳的全部生产力发挥出来以前，是决不会灭亡的；而新的更高的生产关系，在它的物质存在条件在旧社会的胎胞里成熟以前，是决不会出现的。所以人类始终只提出自己能够解决的任务，因为只要仔细考察就可以发现，任务本身，只有在解决它的物质条件已经存在或者至少是在生成过程中的时候，才会产生。大体说来，亚细亚的、古希腊罗马的、封建的和现代资产阶级的生产方式可以看做是社会形态演进的几个时代。资产阶级的生产关系是社会生产过程的最后一个对抗形式，这里所说的对抗，不是指个人的对抗，而是指从个人的社会生活条件中生长出来的对抗；但是，在资产阶级社会的胎胞里发展的生产力，同时又创造着解决这种对抗的物质条件。因此，人类社会的史前时期就以这种社会形态而告终。”[①] 在这部题名为《政治经济

① 参阅《马克思恩格斯选集》第 2 卷，人民出版社 2012 年版，第 2—3 页。

学批判》的著作中，马克思迈出了决定性的一步，超越了主要是由亚当·斯密和大卫·李嘉图所开创的资产阶级经济学。资产阶级政治经济学达到顶峰的学说就是通过劳动时间确定商品的价值。但是资产阶级政治经济学把资产阶级生产看成是社会生产的永恒的自然形式，它认为创造价值是人类劳动的自然特征，这种特征体现在每一个人的单个的、具体的劳动中，资产阶级政治经济学由此陷入了一系列的不能解决的矛盾。与此相反的是，马克思没有把资产阶级生产看成是永恒的自然形式，而是只把它看成是社会生产的一定的历史形式，而在这之前，还有一系列其他的形式。从这种观点出发，马克思对劳动创造价值的特征进行了一次彻底的考察；他调查研究了哪种劳动能够创造价值，为什么它能够创造价值，它是怎样创造价值的，为什么价值不是别的，而只是这种形式的凝固劳动。

马克思就是通过这样一种途径达到了一个“跳跃点”——而对政治经济学的理解就是围绕着这个跳跃点进行的——即认识到在资产阶级社会的劳动具有双重属性。个人的具体的劳动创造使用价值，无差别的社会劳动创造交换价值。由于劳动创造使用价值，所以它是一切社会形式所固有的；作为以这种或者那种形式占有自然物为目的的合理的活动，劳动是人类生存的自然条件，是一种不受社会形态影响的、人和自然界之间的物质变换的条件。这种劳动需要以物质作为先决条件，劳动不是它的创造物即物质财富的唯一的源泉。尽管劳动和自然物质之间的比例在不同的使用价值中有着很大的不同，但使用价值中始终包含有一种自然底质。

交换价值的情况就不一样了。交换价值不包含任何自然物质，而劳动则是它的唯一的源泉，因此劳动也是财富的唯一的源泉，因为财富是由交换价值构成的。作为交换价值，如果存在着合适的比例，一个使用价值的价格正好同另外一个使用价值相等。“一座宫殿的交换价值可以用一定数量的鞋油表示。反过来，伦敦的鞋油厂主们曾用几座宫殿来表示他们的大批鞋油的交换价值。”① 商品在进行交

① 参阅《马克思恩格斯全集》第13卷，人民出版社1962年版，第16—17页。

换时，需要使用同一种单位来表示，商品的自然存在形式完全无关紧要，也无须考虑商品作为使用价值应该满足的需求是什么，而且也不用管商品的形形色色的外观：它们本身是同样的、无差别的、简单劳动的结果，“对这种劳动来说，不论它出现在金、铁、小麦或绸缎中都是没有差别的，正如对氧气来说，不论它存在于铁锈、大气、葡萄汁或人血中都没有差别一样。”[①]。如果说使用价值的差别来源于生产这些使用价值的劳动的差别，那么确定交换价值的劳动对于具有使用价值的特殊物质来说是无关紧要的，对于劳动本身的特殊的形式也是不重要的。这是相同的、没有差别的、抽象化的一般的劳动，这种劳动不再以种类加以区分，而只是以数量来判别，通过它物化在大小不同的交换价值之中的不同的数量来判别。不同数量的抽象化的一般的劳动拥有自己独特的时间计量单位，自然的时间计量单位包括小时、日、周等等。劳动时间是劳动的活的存在，劳动时间与劳动的形式、内容和个性无关。作为交换价值，所有的商品只不过是一定数量的凝固的劳动时间。物化在使用价值中的劳动时间同样是实际资产，劳动时间使它具有了交换价值，因此也使它成为了商品，劳动时间也同样用于测定商品的一定的价值量。

劳动的双重属性是劳动的一种社会形式，这种社会形式是商品生产所固有的。在一切文明民族的历史以之为起点的原始共产主义制度下，个人的劳动直接被纳入社会机体，成为它的一部分。在中世纪的实物租和实物贡赋中，是劳动的特殊性——而不是劳动的一般性——形成了社会的纽带。在农村的父权家长制的家庭里，为了满足家庭自身的需求，妇女纺线，男人织布，棉纱线和麻布是社会产品，而纺纱和织布则是家庭范围内部的社会劳动。这种对劳动进行自然分工的家庭关系，给劳动产品打上了自己特有的印记：棉纱线和麻布彼此不能作为同一种一般劳动时间的同样通用、同样有效的术语互相交换。在商品生产中，个人劳动只有通过接受与其直接对立的形式——即抽象的一般劳动的形式——才能变为抽象的社会劳动。

① 参阅《马克思恩格斯全集》第13卷，人民出版社1962年版，第17页。

商品是使用价值和交换价值的直接的统一，而且，只有同时相对于其他商品而言，它才是商品。商品相互间的真实关系是交换过程，在这个由各自独立的个人参与的交换过程中，每一件商品应该同时既表现出它的使用价值，又表现出它的交换价值；它既应该体现出用来满足特殊需要的特殊劳动，又应该体现出可以进行交换的一般劳动，而这种交换是同一般劳动的等量交换。商品的交换过程应该展露和解决这样一个矛盾，即：使已经被物化为一种特殊商品的个人劳动，直接具备一般劳动的特性。

作为交换价值，任何一件商品都可以成为衡量所有其他商品价值的标准。反之，所有其他的商品用来衡量本身价值的任何一件商品，都存在着相应的交换价值，因此，交换价值就成为一种特殊的、独有的商品，这种商品通过把所有其他的商品转换成自己本身的方式，直接将体现在货币中的一般劳动时间物化。这样，商品作为商品本身所包含的矛盾——即使一种特殊的使用价值成为一般劳动的等价物，从而成为适用于每个人的使用价值，即一般的使用价值——在一种商品中得到了解决。这种商品就是货币商品的交换价值会作为一种特殊的商品结晶为货币形式。货币结晶是商品交换过程的必然产物，在商品交换的过程中，不同种类的劳动产品事实上被互相等同起来，从而在事实上被转化为商品。货币结晶是本能地通过历史途径形成的。直接的物物交换是交换过程的天然形式，这种以物易物的交易形式与其说是体现了商品开始转化为货币，不如说它体现的是使用价值开始转化为商品。交换价值愈加发展，使用价值则愈加变为商品——这就是说，交换价值愈加获得了自由的形式，并且不再直接受到使用价值的约束——那么，交换价值也就愈加迫不及待地转向货币的形成。最初起到货币作用的是某一种商品或者若干具有最普遍的使用价值的商品，比如牲畜、谷物、奴隶都充当过货币。也曾经有好些或多或少不适合当货币用的各种各样的商品轮番交替执行过货币的职能。如果说这种职能最后转向贵金属，那么产生这种情况的原因是贵金属具有这种特殊商品所必需的物理特性，而一切商品以货币的形式存在都应该结晶于其中，这些物理特性直接源于交换价值的性质，即它们的使用价值持久稳定，可以任意分割，这种商品的各部分无差异且质地均等，并且每一件都是相同的。

在所有的贵金属当中，越来越成为独有的货币商品的依然是黄金。黄金被用来作为衡量价值的尺度和确定价格的标准，它同时也充当商品流通的手段。通过商品的一连串空翻[①]转化为黄金，表明积累在这种商品中的特殊劳动可以变换为抽象的一般性劳动，即具有了社会劳动的性质；如果这种变换不成功，劳动不仅不能够作为商品存在，而且不能作为产品存在，因为它之所以成为商品，只是因为它对于自己的所有者来说没有任何使用价值。

因此，马克思证明了商品和商品交换是如何，以及为什么凭借其固有的价值特性必然会产生商品和货币之间的对立；马克思清楚地认识到，货币是一种具有一定特性的天然之物，他在货币中看到的是一种社会关系，他找出了现代经济学家对货币的种种混乱的解释的根源，马克思认为，这是因为他们刚刚愚蠢地确定是物的东西却作为社会关系出现了，而之后，他们好不容易确定为社会关系的东西却又作为物在嘲笑他们。

这样一项批判性的研究所放射出来的灿烂光辉，一开始与其说是使人感到茅塞顿开、豁然开朗，倒不如说更多的是让人感到迷惑不解，甚至包括作者的那些朋友也有同感。威廉·李卜克内西说，还没有任何一部作品像这部作品一样，让他感到如此失望。米克尔则认为，在这部著作中“真正的新的东西很少”。拉萨尔则对于这部书在论述方面的艺术性做了一番美评，他毫无嫉妒之意地承认，马克思在论述形式方面甚至超过了他自己的《赫拉克利特》。但是，如果说这些“漂亮话”让马克思怀疑拉萨尔对于“许多经济方面的东西”都一窍不通，那么这一次他还真是怀疑对了。不久拉萨尔就表明，他所不理解的正是这样一个“跳跃点”，即创造使用价值的劳动和体现交换价值中的劳动这两者之间的区别。

如果连嫩枝都做出如此反应，那么从枯树上又能期待什么呢？虽然恩格斯在1885年说过，马克思提出了第一个论述货币的详尽理论，而且这种理论已经得

① 原文中此处为意大利语：Salto mortale，指在空中连续翻三个跟头的绝技。

到普遍的默认；但是在七年以后，在《社会科学简明词典》这样一部资产阶级经济学的典范著作中，一篇解释货币的文章占了五十栏，然而在其冗长而烦琐的老生常谈式的叙述中，对于马克思甚至只字未提，而且还宣称，货币之谜尚未解开。

对于一个把货币已经当成上帝来崇拜的世界来说，货币怎么可能不是一件玄妙莫测的东西呢？

第十章　王朝的更迭

1. 意大利战争[①]

1857 年的危机并没有像马克思和恩格斯所期待的那样演变为无产阶级革命。但是这场危机并不缺少革命的影响，尽管这些影响只是以改朝换代的形式进行的。先是意大利王国的建立，随后是德意志帝国的兴起；而法兰西帝国则消失得无影无踪，且被人遗忘。

这个变化可以从双重的事实中得到解释：一个事实就是，在历次的革命战斗中，资产阶级从来不亲自出马打仗；另一个事实即，自从 1848 年革命以来，资产阶级吹毛求疵地认为，它遭受到了无产阶级的打击。在这场革命中，特别是在巴黎的六月战斗中，工人们打破了只给资产阶级充当炮灰的传统惯例，他们要求至少要分享一部分胜利果实，因为革命的胜利是他们洒尽鲜血、粉身碎骨争取到的。

所以，还是在革命的年代里，资产阶级就想出了这样一个狡猾的主意，即让另一种势力为自己从火中取栗，而不再依靠已经变得多疑并且不可信赖的无产阶级，这种情况尤其是发生在德国和意大利，也就是说发生在那些国家，它们首先

---

① 此处的意大利战争是指发生在 1859 年 4 月 29 日至 7 月 11 日的第二次意大利独立战争，又称撒丁岛战争或法意奥战争，交战双方为法兰西帝国—萨丁尼亚王国联军和奥地利帝国军队。结果是奥地利帝国战败，拿破仑三世和奥地利在自由镇签订了停战协定，法国获得萨沃伊和尼斯，萨丁尼亚获得奥地利的伦巴第。这场战争对意大利的统一起了重要作用。

必须创建民族国家，这是资本主义生产力为了自身得到有效的发展所需要的。而最容易想到的办法就是把整个国家的统治权送交给一位王侯，而作为回礼，这位王侯要设法使资产阶级获得足够的自由活动余地，以满足资产阶级剥削和扩张的需要。然而在这个过程中，资产阶级就不得不放弃他们的政治理想，心安理得地满足于他们的赤裸裸的利润需求，因为在他们乞求王公贵族帮助的同时，就必须要屈服于他们的统治。

其实，还是在革命的年代，资产阶级就已经在想方设法向部分最反动的国家暗送秋波了：在意大利，萨丁尼亚王国[①]就是这样的国家，在这个"军事加耶稣会"共同统治的小国里，正如一位德国诗人所诅咒的那样，"雇佣兵和神父们吸干了人民的脊髓"；在德国，则是处于易北河东岸容克地主阶级重压下的普鲁士王国。最初，不管是在德国还是在意大利，资产阶级都没有达到目的。虽然萨丁尼亚王国国王卡洛·阿尔贝托让自己成了"意大利之剑"，但是他在战场上还是被奥地利军队打败了，最终以一个国外流亡者的身份客死在异国他乡。在普鲁士，国王弗里德里希·威廉四世拒绝了德国资产阶级在众目睽睽之下奉献给他的那顶德意志皇帝的皇冠，并且把它视为由污秽的泥土烘制的虚幻的发箍，他宁愿不择手段卑劣地掠夺革命的成果。但是，他的计划在奥洛穆茨遭到彻底的破坏，祸害他的计划的不是奥地利之剑，而是奥地利的鞭子。[②]

同样是工业繁荣，它曾经使1848年革命耗尽锐气，而现在却成了推动德国和意大利资产阶级发展的一种强有力的手段，同时它也使国家的统一成了资产阶级越来越迫切的需要。后来的1857年经济危机提醒人们，资本主义的一切辉煌

① 萨丁尼亚王国，又译萨丁王国或皮埃蒙特－萨丁尼亚王国（1720—1861年），辖意大利西北部地区的皮埃蒙特、萨沃伊和撒丁岛，首都都灵。1859年，该王国联合拿破仑三世军队对奥地利作战，收复了伦巴第和威尼斯地区，后为答谢法国帮助，又将萨伏依和尼斯两地割让给法国。1861年3月17日意大利王国宣布成立，萨丁尼亚王国终止。

② 指1850年11月29日普鲁士和奥地利之间签订的《奥洛穆茨条约》，根据这一条约，普鲁士不得不放弃片面修改由于维也纳会议（1814—1815年）的决议而在德国确立的秩序的努力，从而也就承认了奥地利在德意志邦联的领导地位。德意志邦联是1815年维也纳会议上成立的德国各邦的联盟，最初它包括34个邦和4个自由市。德意志邦联的两个最大的邦奥地利和普鲁士之间曾不断地进行争夺领导权的斗争，《奥洛穆茨条约》的签订意味着普鲁士的重大失败。

都是短暂的，这时候人们才开始行动起来。首先是在意大利，但是这并不能说明，资本主义在意大利比在德国得到了更大的发展。而是恰恰相反！那时候在意大利还根本没有大工业，资产阶级与无产阶级之间的对立也没有那么尖锐鲜明，彼此之间并没有引发相互的不信任。同样举足轻重的是，意大利的分裂是由于异国统治产生的，而摆脱外国人的统治则是所有阶级的一个共同的目标。奥地利直接统治着伦巴第和威尼托地区，同时也间接地统治着意大利中部地区，该区域的小君主们都得听从维也纳霍夫堡皇宫的命令。自二十年代起，反对外国统治的斗争一直没有间断过，这一斗争导致了最为残酷的镇压措施，而残酷的镇压又引发了被压迫者的愤怒的报复；意大利拔出利剑回击，这正是奥地利挥舞大棒打压的必然结果。

但是，所有这些暗杀、暴动和密谋策划，都敌不过哈布斯堡王朝极其强大的势力。甚至在那些革命的年代里，意大利的所有的起义也都被它一一粉碎。事实证明，意大利誓以自己的力量获得独立自主的承诺只不过是一个幻想。为了摆脱奥地利的外来统治，意大利需要其他国家的援助，因此它把自己的注意力转向了它的姐妹国法国。诚然，让意大利以及德国处于四分五裂的状态，这是法国传统的政治原则。但是，那时坐在法国王位上的冒险家①，并不是一个不容有商量余地的人。只要第二帝国一如既往地固守在第一帝国被推翻之后由外国划定的法国疆土边界内，那么第二帝国就永远是一出滑稽剧。法国需要进行征服，但是假波拿巴又不能够使用真波拿巴的方式征服占领地。因此，假波拿巴不得不满足于从他自称为叔父那里偷来的所谓的“民族原则”，并且装腔作势地硬充被压迫民族的救世主，不过前提是，他的好心的服务需要支付大量的土地和百姓作为报酬。

根据假波拿巴的整个处境来看，他在这方面不可能成就多少大事。所以，他根本不可能进行一场欧洲战争，更不用说是进行一场革命战争了，充其量他也只能是在欧洲各国最高当局的同意之下，向其共同的替罪羊开战，比如在五十年代

① 指拿破仑三世（1808—1873）。

初这个替罪羊是俄国，在五十年代末则是奥地利。奥地利在意大利的可耻统治已经沦为欧洲的一桩丑闻，哈布斯堡王朝与神圣同盟的盟友已经结为死敌：同普鲁士结仇是因为《奥洛穆茨条约》，同俄国结仇则是因为克里木战争[①]，特别是因为波拿巴在进攻奥地利的时候必定得依赖俄国的帮助。

法国的国内情况也迫切需要采取一项外交行动来恢复波拿巴的威信。1857年的商业危机使法国的工业陷于瘫痪，为了阻止危机的急剧爆发，政府采取了诸多手段，但却使这场危机变成了一种慢性的灾难，以至于使法国贸易的停滞状态持续了许多年。这不但导致了法国的资产阶级和无产阶级的反抗情绪日益高涨，而且就连作为政变的真正支柱的农民阶级也开始抱怨起来；1857至1859年的粮食价格暴跌，引起了农民阶级的极度不满，他们抱怨说，由于谷物收购价格低，而负担的捐税又高，法国的农业生产将无法进行了。

在这种境况下，波拿巴受到了萨丁尼亚王国主政的首相加富尔伯爵的热切追捧，加富尔重新拾起了卡洛·阿尔贝托的传统政策，不过他善于以更大的灵活性来维护这些传统。然而由于受到软弱无力的外交手段的限制，他的进展十分缓慢，尤其是因为波拿巴遇事习惯冥思苦想，缺乏决断力，这种性格给迅速做出一项决定造成了困难。与此相比，意大利行动党[②]则懂得如何迅速地让这位各民族的解放者振奋起来。1858年1月14日，菲利斯·奥尔西尼和他的那些同谋在巴黎向皇帝的马车抛出几枚手榴弹，马车被76块手榴弹碎片炸得像筛子一样。乘坐这辆马车的人虽然没有受伤，但是这位十二月政变的发动者对这次死亡恐吓事件针锋相对地进行了回应，而且是以其人之道还治其人之身，即建立恐怖统治。然而他的这种做法却暴露了他的政权一直是建立在泥足之上的，经过七年的持续统治

① 在1853年7月至1855年12月的克里木战争中，奥地利表面上保持中立，但却以最后通牒的形式迫使俄国接受停战，1854年7月28日俄国军队完全撤出其于1853年6月底入侵的邻近的摩尔达维亚公国和瓦拉几亚公国。根据1854年6月14日奥地利土耳其缔结的条约，奥地利占领了摩尔达维亚和瓦拉几亚，奥地利和俄国之间的对立由此加剧。

② 意大利行动党是朱塞佩·马志尼（1805—1872）在1855年建立的意大利革命派组织，该党在争取意大利重新统一的斗争时期团结了革命的资产阶级民主分子。意大利行动党在19世纪70年代解散。

之后根基依然很不稳固；而奥尔西尼从监狱中给他写的一封信则让他再次感到了彻骨的恐惧。奥尔西尼在那封信中写道："不要忘记，只要意大利没有独立，欧洲的安定和您个人的安宁就将只会是痴心梦想。"据说奥尔西尼在他的第二封信里写得更加直言不讳。波拿巴在他的冒险生涯中也多次迷失过航向，而且曾经一度与意大利的阴谋策划者为伍[①]，所以他深知，这些人要实施报复绝不只是说着玩的[②]，不容小觑。

于是，波拿巴在1858年夏天邀请加富尔来到普隆比埃尔浴疗地，同他商讨对奥地利作战的问题。双方约定，萨丁尼亚王国将得到伦巴第和威尼托区，这样它的领地就可以连接成一个完整的圆形，成为北意大利王国；但为此它必须将萨沃伊和尼斯割让给法国。这是一次外交上的肮脏交易，这笔交易其实跟意大利的自由和独立没有丝毫关系。关于中意大利和南意大利，会晤的双方没有做出任何约定，尽管波拿巴和加富尔各自都有私下的盘算。波拿巴不可能过分地背弃法国的政治传统而去促进一个统一的意大利的形成；就算他出于维护罗马教皇统治的考虑，希望意大利的诸多王朝结成联盟，但这也是为了让它们去互相麻痹，从而确保法国的影响占据优势地位；同时他还盘算着为自己的堂兄弟热罗姆·波拿巴建立一个中意大利王国。而加富尔则把希望放在他将有可能从事的民族运动上，一旦北意大利被联合成为一个更大的强国时，他指望通过民族运动来压制一切主张王朝割据的倾向。

1859年的元旦，波拿巴通过一次讲话向驻巴黎的奥地利大使披露了自己的计划。而几天之后，萨丁尼亚王国国王则宣布，他不能够对意大利的痛苦呐喊采

① 路易·波拿巴曾经在1831年加入过意大利的秘密团体烧炭党，为了取得意大利民族解放运动领导人的信任，还一度参加了烧炭党人在教皇庇护八世（1761—1830）死后所组织的反对罗马教皇世俗权力的密谋活动。

② 奥尔西尼（1819—1858）行刺被处死前后，路易·波拿巴曾经不断地收到意大利烧炭党人的信件，提醒他，他加入这个团体时是怎样宣誓的，他怎样违背了这些誓言，以及根据该团体的章程如何惩处这类叛徒。他们警告他，如果处死奥尔西尼，对他的行刺活动将会继续进行下去，直到成功。马克思和恩格斯在1859年写的《欧洲的金融恐慌》一文中曾经谈到过路易·波拿巴因受到意大利烧炭党人恫吓而失魂落魄的情形。

取装聋作哑充耳不闻的态度。维也纳当然明白，他这带有威胁性的寥寥数语的含义是什么。战争在迅速向前推进，而奥地利政府也实在是够愚笨的，它居然在被逼迫下沦为一场战争的进攻者的角色。那时候半破产的奥地利政府正处于十艰难的境地，它遭到法国的攻击，又受到俄国的威胁，它亦不可能通过英国托利党人那种冷淡的友谊帮助自己摆脱困境。于是，奥地利政府就试图去争取德意志邦联对自己的支持，虽然按照条约[①]德意志邦联没有义务去支持一个联邦国家在德国以外的领地，但是却可以通过一个与军事和政治有关的口号去引诱它上钩，即：必须在波河沿岸地带保卫莱茵河，换一种说法就是：维护奥地利在意大利北部的异国统治是为了捍卫德意志民族的切身利益。

自1857年爆发经济危机以来，由于它所带来的严重后果，在德国也同样开始了一场民族运动；然而德国的民族运动并没有向好的方面发展，这使它有别于意大利的民族运动。

它缺少外国统治的刺激折磨，而且从1848年起，德国的资产阶级对无产阶级的无法消除的极度恐惧已经深入其筋骨，虽然那时候德国的无产阶级对资产阶级可能构成的危险还相当少。但是仅凭巴黎的六月之战就给德国的资产阶级上了一课。如果说直到1848年以前，法国资产阶级的发展道路一直是德国资产阶级追求的理想，那么自1848年以后，他们坚信英国才是他们的榜样，因为在英国，资产阶级和无产阶级好像相处得非常和谐。因此，普鲁士王位继承人同一位英国公主的联姻使他们感到激动无比，欣喜若狂。甚至在1858年的秋天，当患上精神病的国王不得不把统治权移交给他的弟弟，而后者又组织了一个具有微弱的自由主义思想的内阁时——虽然他这样做丝毫也不是出于爱自由的原因——资产阶级爆发出了那种“用全牛大宴来庆祝加冕典礼的狂喜欢呼声”；对此，拉萨尔再怎么嘲讽都不够尖刻。这个可尊敬的阶级背弃了他们自己的1848年的英雄们，

① 指德意志邦联条例1815年6月8日在维也纳会议上通过，并于1815年6月10日由德意志邦联条例的39个州的全权代表签署，根据这个条例，为数众多的德国各邦在形式上联合成为所谓的“德意志邦联”，1866年随着德意志邦联的解散，德意志邦联条例才失去效力。

只是为了不激怒那位摄政王[①]。当新内阁几乎是墨守成规、让一切都照旧行事时，资产阶级不是试图前进，而是发出了这样一个超群的口号：不要操之过急！这纯粹是出于害怕新主子的情绪不好，有可能会让靠他大发慈悲才存在的“新纪元”[②]会像在墙面上演的一出皮影戏一样消失得无影无踪。

随着战争风暴的逼近，更加高涨的浪潮开始冲击着德国。对于德国资产阶级来说，像加富尔那样的推动意大利统一的方式有许多诱人之处，因为资产阶级早就准备将萨丁尼亚王国担任的角色安排给普鲁士国家了。然而法国这个世仇国家对德意志邦联的霸主地位的攻击却引起了忧虑和回忆，并且再度使德国的资产阶级惊慌起来。这个假波拿巴不会是要沿袭真波拿巴的传统吧？难道奥斯特尔里茨战役和耶拿战役的败绩又将会再次重演，从而使外国统治的锁链再次在德国银铛响起？奥地利的御用文人们则只会不厌其烦地描绘面临的这些战祸，并且勾画出一个“中欧大国”未来的天堂般的景象，这个大国——在奥地利的强势影响下——将包括德意志邦联、匈牙利、斯拉夫－罗马尼亚多瑙河国家、阿尔萨斯－洛林、荷兰，以及天知道还有什么地方。面对这种宣传，波拿巴当然也发动他雇佣的那些笔杆子们进行反击，这些人不得不信誓旦旦地要人们相信，他们的佣金支付人绝非心存恶意，更不会突发奇想地要强取豪夺莱茵河沿岸地区，他之所以对奥地利作战，只不过是为了追求人类文明的最崇高的目标。

在这样一些杂乱无章的意见中，凡夫俗子是很难找到头绪的，然而他们却渐渐地开始更愿意倾听哈布斯堡的诱惑，而不是波拿巴的诱惑了。哈布斯堡的诱惑更适合谄媚那些坐在啤酒馆里的木凳上高谈阔论的小市民的爱国主义，而要人们

① 指后来的威廉一世（1797—1888），他1858年10月出任摄政，1861年1月2日继位为普鲁士国王，并在1871年1月18日加冕为德意志帝国第一任皇帝。

② “新纪元”是1858年秋至1862年春普鲁士王国政府政策的名称。这段时期开始于威廉一世1858年10月7日出任摄政。为加强普鲁士的军事力量，新摄政需要资产阶级财政上的支持，于是宣布推行改革，实施“自由主义”方针，并组成了一个自由保守派内阁。威廉的政策实际上旨在于加强普鲁士君主政体和容克地主的阵地，根本没有实行资产阶级所希望的自由主义改革。1861年3月11日，他解散了新选举出的普鲁士众议院，并成立由封建官僚分子组成的新内阁则标志着“新纪元”的结束。

相信十二月暴动英雄的文明使命，则需要拥有一种对他的根深蒂固的信仰。此间的局势是这样错综复杂，德国对意大利战争究竟应该奉行什么样的实际政策，那些在所有原则问题上意见完全一致的真正的和革命的政治家们，却在这个问题上无法取得一致的意见。

2. 同拉萨尔的争论

在与马克思取得一致意见的情况下，恩格斯首先行动起来，他发表了一个宣传小册子《波河与莱茵河》[①]，拉萨尔设法为这个小册子找到了一个出版人弗兰茨·敦克尔。出版这样一篇论述文章的目的是摧毁哈布斯堡王朝所宣布的口号“必须在波河沿岸保卫莱茵河”。恩格斯指出，德国不需要意大利的任何一块地方来保卫自己，如果单纯出于军事方面的原因，那么法国对莱茵河的要求远比德国对波河的要求要强烈得多。但是，如果说恩格斯宣称，奥地利在北意大利的统治在军事上对德国的影响可以忽略不计，那么在政治方面恩格斯则认为，奥地利在北意大利的统治对德国造成了极大的危害，由于意大利的爱国者遭受到奥地利人的闻所未闻的残酷迫害，招致了整个意大利对德国的仇恨和疯狂的敌视。

恩格斯说，占领伦巴第大区的问题是意大利和德国之间的问题，而不是路易·拿破仑与奥地利之间的问题；对于一个像波拿巴这样的只是为了自身在其他方面反德意志的利益而进行干涉的第三者来说，问题只能是简单地守住一个省份，只有在迫不得已的情况下才让出，以及守住一个军事阵地，只有当不能再坚守的时候才撤离。所以，面对波拿巴的威胁，哈布斯堡的口号完全是合理的。如果对于路易·拿破仑而言，波河只是一个借口，那么莱茵河在任何情况下都必定是他的最终目标；只有占领莱茵河的疆界，才能够确保这个通过暴力发动政变的权势者在法国的持久统治。这种情况正如一则古老的谚语所说的：打的是麻袋，

---

①《波河与莱茵河》，弗·恩格斯写于1859年2月底—3月初，1859年4月以单行本在柏林出版。见《马克思恩格斯全集》第13卷，人民出版社1962年版，第247—299页。

赶的是驴子。如果说意大利感到有必要扮演麻袋的角色，那么德国这一回却丝毫没有兴趣去充当那头驴。如果问题最终关系到的是占领莱茵河左岸的话，那么根本无法想象，德国会不经过血战就放弃波河，并由此放弃它的最坚固的阵地之一，甚至可以说是它的最坚不可摧的阵地。在战争前夕，就如同在战争中一样，人们会力图占领每一处可以利用的阵地，以给敌人造成威胁和挫伤，根本不会去进行道义上的反思，不会考虑这样做是否同永恒的正义以及民族原则相符合。这时候人们考虑的只有捍卫自己的切身利益。

马克思完全同意恩格斯的这些论述。在马克思阅读完宣传小册子的手稿以后，他写信给作者说："妙极了；就连政治问题也阐述得非常出色，这是非常不容易的。小册子必将大受欢迎。"[①] 相比之下，拉萨尔却表示，他根本不理解这样的观点。紧接着他出版了一个自己的小册子，同样是在弗兰茨·敦克尔的出版社出版的，题目是《意大利战争与普鲁士的任务》[②]，这个小册子以完全不同的前提为出发点，并据此得出了一些完全不同的结论。拉萨尔的这个小册子被马克思看成是一个"莫大的错误"。[③]

拉萨尔认为，在一切迹象都预示着战争即将来临的情况下产生的德国民族运动，只是"绝对的反法和仇法（拿破仑只是一个借口，法国革命的发展才是隐藏在其背后的真正的原因）"。德法人民战争——在这场战争中，欧洲大陆上两个伟大文明国家的人民将要为了民族的幻影而互相厮杀——是一场抗击法国的人民战争，它不是靠着民族存亡的问题来支撑的，而是从过度激发起来的病态的民族感情、从夸张的爱国主义以及从幼稚的仇法情绪汲取精神食粮，在拉萨尔的眼里看来，这场战争对于欧洲的文明、对于一切民族利益和革命利益，都是最可怕的危害。按照他的看法，这将是 1848 年 3 月以来反动原则赢得的最重大的、最难以

① 参阅《马克思恩格斯全集》第 29 卷，人民出版社 1972 年版，第 391 页。

② 拉萨尔的小册子全名为《意大利战争和普鲁士的任务。民主派的主张》，于 1859 年 5 月初在柏林匿名出版。拉萨尔在小册子里以最集中的形式叙述了他对于意大利问题的观点，主张让德意志各邦在意大利战争中保持中立的普鲁士－波拿巴派立场，使奥地利遭受失败，并认为普鲁士必须利用这个失败来从上而下地统一德国。

③ 参阅《马克思恩格斯全集》第 29 卷，人民出版社 1972 年版，第 413 页。

估量的胜利。拉萨尔认为，投入全部力量抵制这样一场战争是民主派的毕生使命。

拉萨尔深入地说明了自己的观点，他认为：意大利战争对德国并没有构成一种严重的威胁，德意志民族极其迫切地需要意大利的统一运动取得成功，而且一件好事情还不会由于一个坏人接手而变成坏事情，如果波拿巴想要通过意大利战争为自己骗取几分盛名，那么人们可以拒绝给他这几分盛名，从而使他出于个人的目的而决定实施的行动对他的这些目的起不到任何作用，可是怎么能够因此而反对人们至今都需要乃至希望得到的东西呢？一方面是一个坏人和一件好事，另一方面是一件坏事和……“说实在的，人又怎么样呢？”拉萨尔使人们想起了罗伯特·布卢姆的被害，想起奥洛穆茨、荷尔斯泰因、布隆采耳[①]，想起不是波拿巴的暴政，而是哈尔斯堡王朝的暴政曾经对德国犯下的一切罪行。拉萨尔说，奥地利的彻底失败是德国统一的先决条件，因此德国人民对阻止削弱奥地利的力量更加没有什么兴趣。他认为，只有在意大利和匈牙利走向独立的那一天，一千二百万奥地利的德国人才可能重新回到德意志民族的怀抱，只有到那个时候，他们才能够感觉到自己是德国人，只有到那个时候，一个统一的德国才有可能。

拉萨尔从波拿巴的整个历史情况出发，进一步阐述道：这个目光短浅却在整个欧洲如此被众人过高估计的庸人，根本不可能想到要到处去占领地盘，甚至连在意大利进行征服都不可能考虑到，更谈不上在德国了；然而，即便是他真的沉迷在自己虚幻的众多侵略计划之中，德国人又有什么理由如此不雅地提心吊胆、惶惶不可终日呢？拉萨尔嘲笑那些有勇无谋的过度爱国者，这些人把耶拿的那些日子视为衡量国家力量的标准尺度，他们完全是出于恐惧的缘故才变得愚勇至极；由于害怕法国的极其不可能的进攻，他们便促使德国去进攻法国；这很明显，

① 指法兰克福国民议会左翼领袖罗伯特·布卢姆（1807—1848）因参加 1848 年 10 月维也纳起义而被奥地利反革命军队杀害一事。奥洛穆茨是指普鲁士和奥地利 1850 年 11 月 29 日缔结的《奥洛穆茨协定》。荷尔斯泰因是指 1848—1850 年普鲁士站在石勒苏益格—荷尔斯泰因的起义者一边参加反抗丹麦的民族解放斗争时期因奥地利施压而不得不与丹麦缔结和约一事。布隆采耳是指库尔黑森起义时期普奥两国的先头部队于 1850 年 11 月在布隆采耳城下发生的一次小规模冲突，在这次冲突中奥地利由于受到俄国的支持而迫使普鲁士做出让步一事。拉萨尔提到这些事件是为了煽动德国人对奥地利的仇恨，替他的普鲁士民族主义立场辩护。——德文原书出版者注

如果德国必须抵抗法国的进攻以保卫自己，那么它就能够发挥并且定将发挥与进攻法国的侵略战争中完全不同的力量，何况一场入侵法国的战争必定会使法兰西民族团结在波拿巴的周围，并且只会使他的王位更加巩固。

拉萨尔认为，如果波拿巴想把从奥地利人那里掠夺来的战利品收入自己囊中留着私用，或者哪怕只想为自己的堂兄弟在中意大利建立王位，那么在这种情况下就需要同法国作战。如果两种情况都不发生，而普鲁士政府仍要驱使德国人民发动反法战争的话，民主派就必须反对这种做法。然而，单是中立是不够的。普鲁士为了德意志民族的利益而必须完成的历史使命毋宁是在于派自己的军队去进攻丹麦，并宣称："拿破仑要在南方根据民族原则改变欧洲的版图。很好。我们也要在北方做同样的事情。拿破仑要解放意大利。很好。我们也要把石勒苏益格—荷尔斯泰因拿到手。"如果普鲁士和先前一样迟迟不进，那么这就一再表明，德国的君主制度已经不再能够承担任何民族事业了。

由于这个纲领，拉萨尔几乎被称颂为预言俾斯麦后来的政策的民族先知。然而俾斯麦在 1864 年由于石勒苏益格—荷尔斯泰因问题而进行的那次王朝侵略战争，却同 1859 年拉萨尔所宣传的争取石勒苏益格—荷尔斯泰因的人民革命战争毫无共同之处。这一战争同另一战争相比，无异于骆驼同马相比。拉萨尔知道得很清楚，摄政王并未完成他下向摄政王提出的任务；因此他便有充分的理由提出符合于民族利益的建议，即使这一建议立刻就变成了对政府的指责。他有充分的权利把心情激动的群众引离错误的道路，而给他们指出正确的道路。

然而除去在自己的小册子里陈述的理由之外，拉萨尔还有一些"隐蔽的理由"，而他在写给马克思和恩格斯的信中，就谈过这些理由。他知道，摄政王在意大利战争中是准备站在奥地利一边的，拉萨尔甚至并不反对这一点。他指望战争将会失利，而在战争发生不可避免的激变时，则可能为革命创造有利条件。然而只有在民族运动从一开始就把摄政王的这一战争看成是王朝内阁的战争，而根本不是维护民族利益的战争的时候，这种情况才可能出现。在拉萨尔看来，这一场不得人心的对法战争，对革命来说却是"莫大的幸事"。而在王朝的领导下进行的受到欢迎的战争则会引起各种反革命的后果，他预见到了这些后果，并且在自己的小册子里做了确凿的论述。

因此，拉萨尔对于恩格斯在自己的著作中所提出的战略是不太能够理解的。恩格斯虽然十分辉煌地证明，德国并不需要波河来确保自己的军事地位，但他的结论却是大有争论的余地。十分明显，如果奥地利能够顺利地击退波拿巴的进攻，这只会引起反革命的结果。如果奥地利依靠着它在北意大利的占领地，并在德意志邦联的支持下取得胜利，那么任何人就都不能够阻止它保有对北意大利的统治，而这正是恩格斯本人所痛斥的事情。这会巩固哈布斯堡王朝在德国的霸权，并且会使邦联议会从苟延残喘中复活。甚至如果奥地利推翻了法国的篡位者，把旧的波拿巴王朝恢复起来，那么无论对德国还是对法国都是不会有好处的，更不用说对革命了。

为了正确地理解马克思和恩格斯的观点，应该考虑到，他们同拉萨尔一样，也有自己的“隐蔽的理由”，而且两个人都是出于恩格斯写给马克思的信中所说明的那同一个理由。“在德国本土公开发表符合我们党的精神的政治性和论战性的东西，这是根本不可能的。”[①] 但是伦敦的两位朋友的“隐蔽的理由”对我们来说却不像拉萨尔的理由那样清楚，因为保存下来的只有拉萨尔写给他们的信件，而没有他们写给拉萨尔的信件。[②] 可是纵观他们当时的政论活动，我们仍然可以看出他们的基本观点。为了同波拿巴并吞萨沃伊和尼斯做斗争，恩格斯一年之后发表了他的第二个宣传小册子，题目为《萨沃伊、尼斯和莱茵河》[③]，在这个小册子里，恩格斯清楚地说明了作为他的第一个小册子的出发点的那些前提，这样的

① 参阅《马克思恩格斯全集》30卷，人民出版社1974年版，第15页。

② 马克思和恩格斯给拉萨尔的信件也被保留了下来，当然，梅林在那时是不可能知道的，因为这些信件是在梅林死后由古斯塔夫·迈尔（1871—1948）编辑出版的，见费迪南·拉萨尔：《遗著和遗信》第3卷，其中包括拉萨尔和马克思通信，弗里德里希·恩格斯和拉萨的通信，燕妮·马克思致拉萨尔、卡尔·马克思致索菲娅·冯·哈茨费尔特伯爵夫人等信件。斯图加特，1922年。——德文原书出版者注

③ 弗·恩格斯的《萨沃伊、尼斯与莱茵》写于1860年2月，是他的另一著作《波河与莱茵河》的续篇。写这一著作的直接原因是拿破仑三世声明法国要求占有萨沃伊和尼斯。恩格斯利用他在军事科学、历史和语言学方面的渊博知识，揭穿了波拿巴对萨沃伊、尼斯以及莱茵河左岸地区的要求是没有根据的。

前提从总体上看是两个，其实是三个。

首先马克思和恩格斯相信，德国的民族运动是货真价实的，“这个运动是自然地、本能地、直接地发生的”[①]，并且能够拽着那些与此相抵触的邦政府一起往前走。他们认为，德国的民族运动起先对奥地利在意大利的异国统治以及意大利争取独立的运动采取漠不关心的态度；人民出于本能曾经要求同路易·波拿巴做斗争，同法兰西第一帝国的传统做斗争，而且他们的要求是正当的。

其次，马克思和恩格斯认为，法俄联盟对德国是一个严重的威胁。马克思在《纽约每日论坛报》上写道，第二帝国的财政状况和国内政治状况已经达到危急的地步，而只有对外战争才能够使波拿巴的政变在法国所确立的统治以及反革命在欧洲的统治苟延残喘。他担心意大利的解放只能给波拿巴以借口来继续压迫法国，使意大利受他自己的统治，把法国的“自然疆界”向德国方面推移，把奥地利变为俄国的工具，并且把一场为合法的或者非法的反革命而进行的战争强加在人民头上。正如在第二个小册子里所指出的，恩格斯把德意志邦联帮助奥地利的行动看成是一个决定性的关头，因为那时候俄国将出现在战场上，以便使法国侵占莱茵河左岸，而自己也可以在土耳其放手行动。

最后，马克思和恩格斯还认为，德国各邦政府，特别是柏林的那些“自以为超级聪明的人”，将会使奥地利任凭命运的摆布。因为他们欢迎那个把莱茵河左岸拱手让给法国的《巴塞尔和约》[②]的缔结，而当奥地利人在乌尔姆和奥斯特里茨被打败的时候[③]，他们也曾经暗自感到十分欢喜过。在马克思和恩格斯看来，民族

---

① 参阅《马克思恩格斯全集》第13卷，人民出版社1962年版，第636页。

② 1795年4月5日，以法国热月党人为代表的资产阶级政府与普鲁士签订《巴塞尔和约》。根据和约，普鲁士必须首先退出反法同盟，并且承认莱茵河左岸归属法国。普鲁士签署这一和约是为了使自己能够腾出手来参加对波兰的第三次瓜分，并建立德意志各邦国的新的联盟，以对抗奥地利帝国。

③ 1805年10月拿破仑在其所发动的乌尔姆战役和12月的奥斯特里茨战役中大败奥军，奥地利被迫于1805年12月26日在普雷斯堡，即后来的布拉迪斯拉发与法国签署和约。按照《普雷斯堡和约》的规定，奥地利丧失了威尼托、伊斯特拉、达尔马提亚和卡塔罗等地区，并且还要支付大量的赔款。

运动必定可以推动德意志各邦的政府前进。为此，恩格斯曾经在写给拉萨尔的一封信中用一句话表达了自己的愿望，而拉萨尔在自己的回信中也曾一字不差地重述了这句话："如果法国人和俄国人同时进攻我们，如果我们面临着灭亡的危险，那么战争对我们来说真是求之不得的事情，因为所有的政党，从当前执政的政党到齐茨和布卢姆，都将要在这种绝望状态中垮掉，而人民为了拯救自己则必将求助于最果敢有为的政党。"拉萨尔在回信中对这一点提出了自己的看法，他认为这个意见是完全正确的，并且说，他在柏林曾经用一切力量来证明，普鲁士政府如果参战，这将有利于革命，当然，这只能是在这样多条件下，即人民厌恶政府的这一战争，而把它看成是神圣同盟的反革命战争。无论如何，如果一切都像恩格斯所预料的那样，那么德意志邦联、奥地利在北意大利的统治，以及法兰西帝国，都将同样遭到灭亡的命运，而只有在这样的意义上，他所提出的战略才是完全可以理解的。

从这一切可以看出，争论的双方并没有原则上的意见分歧，而正如马克思在一年后所说的，有的只是"对于实际前提的对立的看法"。他们无论是在民族问题上，还是在革命问题上，都没有任何分歧。对于他们来说，最高的目的都是无产阶级的解放，而建立一些大的民族国家则是达到这一目的的必要的前提。作为德国人，他们最关心的是德国的统一，而他们认为做到这一点的必不可缺少的条件，是消除德国内部的许多王朝统治。因此，正是出于他们的民族意识，他们对于德意志各邦政府就只有憎恨，并且盼望它们失败。他们从来不曾有过这样一个声名狼藉的想法，即一旦各邦政府之间爆发战争，工人阶级应当放弃自己的全部政策，并且不假思索地把自己的命运交到统治阶级的手里。马克思和恩格斯的民族意识是深厚而真诚的，因而绝不可能受到王朝口号的欺骗。

只是由于革命年代的遗产开始在王朝的更迭中受到清算，情况才变得困难起来。要在这一团混乱中划清革命目的和反动目的之间的界限，这不是原则问题，而是事实问题。尽管两方面都没有受到实践的检验，但是阻碍了这种检验的事态发展相当清楚地表明，拉萨尔实质上较之恩格斯和马克思更正确地估计了"实际的前提”。由于恩格斯和马克思在一定程度上同德国的现状失去了接触，并且多多少少过高地估计了沙皇政府的即便不是侵略的意图，至少是侵略的可能性，使得他们这一次吃了亏。拉萨尔把整个民族运动都归结为仇恨法国人这种老一套的说法可能是过火的，然而这个运动最后的产儿却表明，这一运动是最不革命的，这个产儿就是德意志民族联盟①这个怪胎。

拉萨尔也可能是低估了俄国的危险。他在自己的小册子里只是完全附带着提到了这个问题。然而，当普鲁士的摄政王——完全像拉萨尔所设想的那样——动员普鲁士军队并且向德意志邦联议会建议动员德意志中小各邦的军队的时候，看来这一危险还是遥远未来的事情。因为，单是这一军事上的示威行动，便足以使十二月的英雄和沙皇立刻倾向于缔结和约了。在立刻来到法国大本营的一位俄国侍从长官的极力怂恿之下，波拿巴甚至放弃了自己的正式纲领的一半，而向战败的奥地利皇帝建议言和。他满足了占领伦巴第，而让威尼托大区依旧处于哈布斯堡王朝的统治之下。波拿巴不能独自承担进行欧洲战争的风险，而俄国则由于波兰的骚乱以及解放农奴所带来的困难而陷于瘫痪状态，尚且远远没有从克里木战争所受的重创中恢复过来。

《维拉弗兰卡和约》②的签订结束了有关对意大利战争的革命策略的争论，然而拉萨尔后来在给马克思和恩格斯的信中还多次提起这个问题。他仍然断言，他的观点是正确的，并为后来的事态发展所证实。但是由于我们没有马克思和恩格斯的回信，由于他们并没有按照他们原定的计划在有关这一问题的正式宣言中陈述自己的观点，因而我们不能对双方的论据做出判断。拉萨尔有权援引这样一些事实作为自己的论据：如意大利统一运动的实际发展过程中，意大利各王朝为它

① 德意志民族联盟（1859—1867）是由自由主义者和温和民主党人组成的一个类似于政党的组织，它于1859年9月15—16日在美因河畔法兰克福召开的德意志各邦资产阶级自由派代表大会上正式成立。德意志民族联盟代表资产阶级的利益，其宗旨是要在普鲁士的领导下建立一个自由的、小德意志国家，这就意味着放弃奥地利德语区。该联盟1866年分裂成两派。其右翼盟员所创立的民族自由党则成了俾斯麦的主要支柱之一。1867年11月德意志民族联盟解散。

② 1859年7月11日，奥地利、法国和撒丁尼亚－皮埃蒙特之间在意大利北部的维拉弗兰卡签订预备和约，同年11月9日在苏黎世签订的最终和约批准了《维拉弗兰卡和约》的条款。

们的被压迫的“臣民”的起义所推翻，加里波第的志愿军占领了西西里和那不勒斯，以及这一切挫败了波拿巴的计划等等，虽然，事情的结果是萨沃伊王朝最后得到了好处[①]。

遗憾的是，由于马克思对拉萨尔抱有难以克服的不信任的态度，他同拉萨尔的争论在某种程度上变得激烈起来。但这并不意味着好像是马克思不愿意把“这个人完完全全地”争取过来！他曾经称拉萨尔是一个“刚毅果断的家伙”，是不可能同资产阶级政党勾结在一起的。

他甚至认为，拉萨尔的《赫拉克利特》[②]一书尽管写得肤浅平庸，却仍然比民主派所能够夸耀的任何东西都要好得多。但是，不管拉萨尔对马克思采取怎样坦诚相见的态度，马克思却依然一直认为，对待拉萨尔必须要使用外交手段，并且需要进行“明智的管理”，以便促使拉萨尔就范；而且任何一起偶然发生的事件，都足以重新唤起他对拉萨尔的不信任。

弗里德伦德尔曾经通过拉萨尔再一次向马克思提出让其为《维也纳新闻报》撰稿的建议，而且这一次是没有附加任何条件的。但是这件事后来却渐渐地被人们忘却不提了，于是马克思便猜测，是拉萨尔把他的这个希望搅黄了。当马克思的《政治经济学》[③]的排印从2月初一直拖延到5月底的时候，他把这件事也看成是拉萨尔在“捣鬼”，并且说，他永远都不会忘记拉萨尔对他干的这些事情。而实际上，排印的拖延是办事拖拉的出版人自己造成的，更何况出版人有充足的理由可以为这件事情辩解，那就是他必须把出版的优先权给予恩格斯和拉萨尔的小册子，这样做是从预计小册子对当前可能产生的效果出发考虑的。

---

① 指意大利违背拿破仑的初愿，在萨沃伊王朝的统治下，最终在1870年完成了意大利全国统一大业。

② 指费·拉萨尔的《爱菲斯学派的晦涩哲人赫拉克利特的哲学》，两卷本，弗兰茨·敦克尔出版社，柏林，1858。

③ 指卡·马克思的《政治经济学批判》，1859年6月由柏林弗兰茨·敦克尔出版社出版。这部著作完成于1858年8月—1859年1月，是马克思公开发表的第一部政治经济学著作，该著作由三部分组成，即《序言》以及《商品》和《货币或简单流通》两章。

3. 流亡者之间的新的斗争

意大利战争的两面性在流亡者中间引发了旧矛盾和新的混乱。

正当意大利和法国的流亡者反对意大利的解放运动同法国的波拿巴政变合流的时候，很大一部分德国的流亡者却想重复他们过去曾经干过的蠢事[①]，而他们第一次干的这些蠢事曾经使他们付出了十年放逐的代价。他们这时已经离开拉萨尔的观点非常之远。相反的，他们却念念不忘靠摄政王的恩典而开始的新纪元，指望他们自己也能分沾到这个新纪元的一点恩惠。正如弗莱里格拉特所讽刺的那样，他们被"大赦狂"弄得坐卧不安，而只要"国王陛下"愿意，像金克尔在拉施塔特军事法庭上所宣称的那样用武力统一德国，他们就准备做出任何爱国行动。

金克尔这一次再度成为这一派的代言人。从 1859 年 1 月 1 日开始，他出版了一种题为《赫尔曼》[②]的周刊。单是这一周刊的老掉牙的标题就已经泄露出，它是谁的精神宠儿了。用弗莱里格拉特的话来说，在这个杂志里又"开始鼓吹思乡情绪"，而这种思乡情绪很快地就跟"自由主义的下级军官的狂想"交融在一起了。但金克尔的周刊却因此而更加迅速地畅销起来。它立刻就挤垮了工人的小报《新时代》，这是埃德加·鲍威尔受德国工人教育协会的委托出版的。《新时代》是靠着向印刷厂赊账来维持的。因此，当金克尔向印刷厂建议承印《赫尔曼》这笔更加有利和可靠的生意时，该报就注定要垮台了。但是即便是在资产阶级流亡者中间，这种做法也没有得到一致的同情。自由贸易论者福赫甚至成立了一个财务委员会来维持《新时代》的出版。这件事实现了，报纸只是换了一个名称，改称《人民报》。编辑部邀请了埃拉尔德·比斯康普来担任编辑，他是一个来自库

---

① 指 1849 年 5 月在小资产阶级民主主义者的领导下，在莱茵省、德累斯顿、巴登和普法尔茨发动的武装起义，这些起义最后均以失败告终。

② 赫尔曼原本是古日耳曼凯路斯奇人的领袖阿尔米尼乌斯（约公元前 17 年—约公元 21 年）的讹称。公元 9 年他曾领导日耳曼人在条顿森林战役中全部歼灭了罗马总督普布利乌斯·昆克蒂利乌斯·瓦卢斯（公元前 47/46 年—公元 9 年）的三个军团两万五千人。公元 16 年他巧妙地抵挡了罗马发动的全面进攻，公元 17 年他被日耳曼尼亚部落的对手首领下令暗杀。

尔黑森的流亡者，先前也曾经从外地给《新时代》写过稿件，现在他辞去了教师的职务，把全部力量都投入到重新办起来的报刊上。

不久，比斯康普同李卜克内西一起去探访马克思，希望能够争取到马克思参与报社的工作。马克思自从1850年同工人教育协会决裂之后就不再同该协会保持任何联系。李卜克内西个人回复这一联系的时候，他甚至感到不满，虽然李卜克内西的看法——没有工人的工人政党是个矛盾——包含着许多正确的东西。然而，完全可以理解的是，未能很快地摆脱一切不愉快的回忆，并且以如下的声明使协会派到他那里去的代表团“十分惊愕”，他说，他和恩格斯是自行负起无产阶级政党的代表者的使命的，而他们的这种地位已为旧世界的一切政党对他们所抱的普遍而深刻的憎恨所证明。

起初，马克思对于《人民报》约稿的建议抱着十分审慎的态度。尽管他也认为不应当放任金克尔，并且表示同意李卜克内西和比斯康普参加报社的编辑部，但是他自己却既不愿意为一个小报写稿，也根本不愿意为任何不是由恩格斯和他本人主编的党报写稿。不过他却答应帮助推销报纸，答应这个小报利用他在《纽约每日论坛报》上发表过的文章，并且就各种问题提供口头的意见和指示。他还在给恩格斯的信中说，他认为《人民报》是流亡者的一种消闲小报，就如同过去巴黎的报纸《前进报》以及《德意志—布鲁塞尔报》。但是总有一天，在伦敦有一家自己的报纸对于他们来说将成为十分重要的事。马克思还写道，由于“比斯康普的工作是不取报酬的，尤其值得赞助……”①。

但是当这一消闲小报开始阻碍金克尔的阴谋的时候，马克思的坚强不屈的战斗性格使他不能不出来维护这个报纸。他花费了许多精力和时间来挽救报纸——这与其说是给报纸写稿（据马克思自己说，他不过写了一些篇幅不大的短评），不如说是尽力给报纸保证一些物质条件，有了这些条件，这个有四大版的机关报就至少能够一天天地勉强支持下去。在为数不多的党的同志中间，所有能够出一点钱的人，首先是恩格斯，都被吸收来参加这一事业。恩格斯还热心地为《人民

① 参阅《马克思恩格斯全集》第29卷，人民出版社1972年版，第418页。

报》写稿，他为它写了有关意大利战争的军事论文[①]，特别是在那里发表了有关他的朋友刚刚发表的科学著作的有价值的论文[②]；不过论文的第三部分和最后一部分都没有在那里发表。8月底《人民报》停刊了，而马克思所付出的一番努力换来的实际结果就是，承印该报纸的印刷所的主人、一个叫菲德利奥·霍林格的人，要马克思支付所欠的印刷费。这个要求当然是毫无道理的，但是，“因为金克尔一伙人正是期待用这件事来制造一场公开的丑事，而且团结在该报周围的全体人员也不适宜于在法庭上出现。”[③]，所以马克思就只好偿付了差不多五英镑的债款。

《人民报》留给马克思的另一笔遗产却使马克思付出了更大的牺牲和经历了更大的麻烦。1859年4月1日，卡尔·福格特从日内瓦向伦敦的流亡者——其中也包括弗莱里格拉特——发送了一份关于德国民主派在意大利战争中所持态度的政治纲领，他同时请求他们根据这一纲领的精神给瑞士的一家新的周刊撰写稿件。福格特是曾经在学生运动中起过显著作用的福伦兄弟的外甥。在法兰克福的国民议会里，除了罗伯特·布卢姆之外，他也是左派的领袖。而在濒临死亡的议会的最后时刻，他甚至被任命为帝国的五个摄政之一。现在他以地质学教授的身份在日内瓦生活，并且同日内瓦的激进派领袖法齐共同是瑞士等级会议的日内瓦代表。在德国，人们还没有忘记他曾经热心地鼓吹过一种狭隘的自然科学唯物主义，这种唯物主义只要涉及历史领域，便立刻陷入了谬误。而且卢格说得很妙，福格特就像“淘气的孩童的恶作剧似的”鼓吹这种唯物主义，并且喜欢用下流的词句嘲笑那些庸夫俗子。可是当他讲出诸如“思想和脑的关系就像胆汁和肝脏或者尿液和肾脏的关系一样”之类的话语的时候，甚至就连他的最亲密的同志路德维希·毕希纳都反对他这种教化人民的方式。

弗莱里格拉特曾经请求马克思对福格特送交他过目的政治纲领做出一个评

---

① 指弗·恩格斯的《意大利战争。回顾》一文，写于1859年7月20、28日和8月3日左右。载于《马克思恩格斯全集》第13卷，人民出版社1962年版，第477—490页。

② 指弗·恩格斯的书评：《卡尔·马克思〈政治经济学批判〉》，写于1859年8月3—15日。见《马克思恩格斯全集》第13卷，人民出版社1962年版，第524—535页。

③ 参阅《马克思恩格斯全集》第29卷，人民出版社1972年版，第474页。

价。弗莱里格拉特得到了一个言简意赅的回答是：废话连篇。但是马克思在给恩格斯的信中却比较详细地谈到了福格特的纲领："德国放弃它的非德国的领地。不支持奥地利。法国的专制制度是暂时的，而奥地利的专制制度是不变的。让这两个专制者去厮杀。（甚至可以觉察到有些倾向于波拿巴。）德国采取武装中立。关于德国的革命运动，正如福格特'根据最好的消息得知'，在我们这一代是不用想了。因此，只要奥地利被波拿巴消灭，在祖国就会自然而然地开始帝国摄政的、温和的、自由主义民族的发展，而福格特也许还会成为普鲁士的宫廷小丑。"①马克思在这封信的字里行间里已经流露出了某种猜疑，当福格特没有出版他所计划的周刊，却出版了《欧洲现状研究》② 一书的时候，马克思的这种猜疑变成了确信不疑，因为福格特的著作同波拿巴的口号在思想上的联系已经一目了然。

除了向弗莱里格拉特约稿之外，福格特也曾经求助于巴登的流亡者卡尔·布林德，这个人从革命的年代起就同马克思结为了朋友，而且他还曾经给《新莱茵报。政治经济评论》撰写过一篇文章，不过他不属于马克思的最亲密的志同道合者中的一员。确切地说，布林德只能算作是那些仍然把"巴登郡"看成世界中心的"一本正经"的共和主义者中间一分子。恩格斯特别喜欢开心地嘲弄这些"政治家"，说这些人的信念尽管看起来高深莫测，却照例不过是对自己的"自我"的无限崇拜。当时布林德向马克思揭发了福格特的叛国阴谋，并且声称自己手里有这方面的证据。布林德说，福格特曾经从波拿巴那里获取过进行宣传鼓动工作用的津贴，他也曾经想用三万古尔登③ 来收买南德的一位作家，在伦敦他也想进行收买；早在1858年夏天，当热罗姆·拿破仑亲王在日内瓦同法齐之流会见的时候，就讨论了有关意大利战争的问题，而俄国大公康斯坦丁甚至被内定为未来的匈牙利国王。

当比斯康普为了争取马克思为《人民报》撰写稿件而前来拜访他的时候，马

① 参阅《马克思恩格斯全集》第29卷，人民出版社1972年版，第407—408页。

② 卡尔·福格特的《欧洲现状研究》，于1859在日内瓦和伯尔尼出版，他在书中所代表的是亲法国和反普鲁士派的观点。

③ 古尔登为流通于19世纪南德的一种货币。

克思在谈话中顺便提到了这些事情，同时他又补充说道，喜欢夸大其词唱高调，这是南德意志人讲话的风格。比斯康普在没有问过马克思的意见的情况下，就利用布林德所陈述的一些情况给《人民报》写了一篇具有讽刺性的文章，在这篇文章中他公开谴责帝国摄政是帝国的叛徒，而且他将这一期的报纸给福格特寄去了一份。福格特以在《比尔商业信使报》上发表《警告》[①]一文提醒工人提防那个“流亡者集团”作为回应。他写道：这个“流亡者集团”起先在瑞士的流亡者当中是以“制刷匠帮”或者“硫磺帮”[②]这些诨号而著称的，从现在起他们又在伦敦聚集到了他们的首领马克思的门下，并且忙于在德国工人中间制造阴谋；他们搞的这些密谋活动从一开始就已经被大陆上的秘密警察所知晓，而且这些阴谋将会把工人们带入到不幸的境地。马克思对于福格特的这篇“肮脏的文章”已经不再介意，他只是建议《人民报》对此进行反击。

但是后来，在6月初，当马克思前往曼彻斯特为了在那里的党内同志中间为《人民报》募集捐款的时候，李卜克内西在该报的印刷所里发现了一篇攻击福格特的匿名文章的校样，这篇文章里就包含有布林德所揭发的那些材料，而且经排字工人费格勒证实，文章是布林德交来排印的，是他的亲笔手稿，校样上还留有布林德所做的修改的笔迹。几天之后，李卜克内西收到了由霍林格亲自发来的文章清样，并且将它寄给了奥格斯堡的《总汇报》，因为几年以来他一直与这家报纸有通讯往来。他还特地补充道，这篇文章的作者是一位最受尊敬的德国流亡者，而且文章中所提到的各项事实全部都有确凿的证据可以提供。

这篇文章在奥格斯堡《总汇报》上发表以后，福格特控告该报对他进行了诽谤。编辑部为了替自己辩护，要求李卜克内西提供他曾经承诺过的证据，于是李

---

① 福格特的“警告”一文写于1859年5月23日，发表在这一年6月2日的《瑞士商业信使报》、即《比尔商业信使报》第150号附刊上。在这篇文章中，他以自己的角度把马克思作为“流亡者集团”的首领进行了谴责。

② “硫磺帮”原是18世纪70年代耶拿大学学生联合会的名称，这个联合会由于其成员捣乱生事而恶名昭著；后来“硫磺帮”成了普通用语。“制刷匠帮”一词据说是截取日内瓦德国工人协会主席绍尔恩海默的职业名称Bürstenmacher（制刷匠）的前半部分和其姓氏Sauernheimer的后半部拼凑而成的一个名词。

卜克内西又去找布林德。但是布林德却拒绝介入一家他所不熟悉的外地报纸的事务，更有甚者，他完全否认他是这篇文章的著作者。尽管他在迫不得已的情况下承认，他曾经把文章的实际内容告诉过马克思，而且还将其中的一部分内容在大卫·厄克特所办的机关报《自由新闻》报上发表过。这件事起初跟马克思毫不相干，而李卜克内西本人也已经完全对此做好了思想准备，即马克思会在这个问题上同他划清界限。然而马克思却认为，应该尽自己最大的努力来揭露福格特，因为福格特已经牵强附会地把他扯进了这件事情里。马克思试图说服布林德承认这一事实，但是他的这种尝试却由于布林德态度强硬拒不承认而遭到失败。在这种情况下马克思也只能满足于排字工人费格勒出具的书面证词，证明文章的手稿是他所熟悉的布林德的手迹，而且文章是在霍林格的印刷所里排版和印刷的。当然，这丝毫也不能证明福格特是有罪的。

然而这一案件在奥格斯堡进行法庭审理之前，纪念席勒的庆祝活动又在伦敦的流亡者中间引发了新一轮的争吵。1859 年 11 月 10 日是席勒诞辰一百周年。人们都知道，这一天是在祖国和在异乡的德国人共同庆祝的日子，用拉萨尔的话来说，这是作为全体德国人民“精神统一”的证明，是作为“德意志民族觉醒的可喜的保证”。在伦敦也计划召开一个庆祝大会，庆祝会应该在水晶宫[①]举行。人们还建议用结余的资金创办一个席勒学会，学会设有图书馆，每年举办报告会，这些报告会永远应该定在席勒诞辰日这一天开始。然而不幸的是，金克尔一派知道如何强行将庆祝会的全部筹备工作和组织工作掌控在自己手里，并且别有用心地、卑鄙地利用这一工作图谋私利。他们邀请了普鲁士大使馆的一名官员——此人在科隆共产党人审判案时期早已臭名昭著——参加庆祝大会，企图借此吓跑流亡界的无产阶级分子。一个姓贝特齐希的人——他自称作家，用贝塔这个笔名写作，是金克尔的文学代理——还在《凉亭》杂志上发表文章，极其乏味地为自己的上司和主子大肆做宣传；与此同时，他在自己的文章里也以同样乏味的方式讥

① 伦敦的水晶宫是 19 世纪最具代表性的建筑，1851 年建于伦敦海德公园内，是英国为第一届世博会（当时正式名称为万国工业博览会）而建的展馆建筑，由玻璃和铁这两种材料构成。1936 年 11 月 30 日晚这座名震一时的建筑毁于一场大火。

讽那些打算参加纪念席勒庆祝活动的工人教育协会的会员们。

在这种情况下，当弗莱里格拉特出于无奈同意出席水晶宫的纪念大会，并在金克尔发表主题演说之后朗诵一首纪念诗歌的时候，马克思和恩格斯感到极其不悦。马克思曾经警告过自己的这位老朋友，不要参加任何“金克尔的群众集会”。弗莱里格拉特也承认，这件事情有其可疑之处，它很可能只是被用来为满足某个人的虚荣心服务的。不过他说，作为一个德国诗人，他没有理由完全置身于这次纪念活动之外。而且，他认为这一点是不言自明的。他说，举办这样一场纪念席勒的活动，即使是某一派另有它自己的私下的目的，但是归根到底这不是问题的重点。当然，在纪念活动筹备期间，弗莱里格拉特所经历的一些“奇特的体会”终于让他相信（尽管他的简单憨厚已经根深蒂固，他看待人和事物总是从好的一方面出发），马克思对他的警告是正确的。不过弗莱里格拉特仍然坚持认为，他通过出席和参加纪念大会，能够比他采取置身事外的态度对挫败某些人的阴谋做出更多的贡献。

然而马克思却不同意这种想法，恩格斯则更加不同意。恩格斯讲了一些非常气愤的话斥责弗莱里格拉特，他说这种“诗人的沽名钓誉和文人的纠缠不休，再加上奴颜婢膝，实在令人厌恶”[①]。这个说法当然是过分了一些。当时的席勒纪念会跟德国市侩惯常用来纪念那些曾经像仙鹤一样在他们的睡帽上方飞过的思想家和诗人所举办的那种闹哄哄的庆典场面确实有些不一样。席勒纪念会甚至在极左分子中间也得到了反响。

当马克思向拉萨尔抱怨弗莱里格拉特的时候，拉萨尔回答说：“也许弗莱里格拉特不去参加庆祝活动还要更好一些。不过他写了一篇颂歌，至少这件事他做得很好。这是为纪念会所写的所有的作品当中最好的。”在苏黎世，海尔维格写了一首纪念歌曲；而在巴黎，席利则发表了纪念演说。在伦敦，工人教育协会也参加了在水晶宫举办的纪念活动，而在这前一天，工人教育协会通过举办了一个纪念罗伯特·布卢姆的活动而守住了自己的政治良知，李卜克内西还在这个纪念

① 参阅《马克思恩格斯全集》第29卷，人民出版社1964年版，第480页。

会上发表了演说。是的，在曼彻斯特也有席勒纪念活动，主持纪念活动的主要是卡尔·西贝尔，他是来自伍珀塔尔的一名青年诗人，而同他有远亲关系的恩格斯并没有对他主持这次活动表现出特别的反感。虽然恩格斯在给马克思的信中说，他自己当然同这整个事情丝毫没有任何关系，但闭幕词是西贝尔写的，“自然是一首平淡无味的朗诵诗，但具有适当的形式。此外，这个闲人还领导《华伦斯坦的阵营》的演出；我看了两次彩排；如果这些家伙鼓起勇气干，可能还过得去。”[①]后来恩格斯本人成了席勒学会[②]的主席，该学会是借这次纪念活动的机会在曼彻斯特成立的，而威廉·沃尔夫还在自己的遗嘱中给这个学会留下一大笔赠款。

就在弗莱里格拉特和马克思之间的关系被一种异常紧张的气氛所笼罩的那些日子里，奥格斯堡的地方法院就福格特控告奥格斯堡《总汇报》一案进行了审理。结果福格特的诉讼请求被驳回，而且诉讼费用也必须由他承担。然而对于福格特来说，这次法律上的失败却发展成了道义上的胜利。那些受到指控的编辑们，根本不能够提供任何证据足以证明福格特卖身投敌，而用马克思所做出的最温和的评价来说，他们只是做了一件“政治上无聊的蠢事”；无论从政治的角度来看，还是从道德的角度来看，他们的这种所作所为都理应受到最严厉的谴责。这次他们能够胜诉所打出的一张王牌就是他们坚守这样一个论点，即政治对手的个人荣誉是不受法律保护的。他们质问道，难道巴伐利亚的法官们会去保护一个曾经对巴伐利亚政府进行过猛烈的攻击，并且因为从事了颠覆性的革命活动而被迫流亡国外的人的权利吗？如果被控告的编辑们被判有罪的话，那么十一年前曾经以杀死拉图尔将军、加格恩将军、奥尔斯瓦尔德将军以及利希诺夫斯基侯爵[③]来给自

① 参阅《马克思恩格斯全集》第 29 卷，人民出版社 1964 年版，第 482 页。

② 席勒学会于 1859 年 11 月在曼彻斯特成立，恩格斯在 1864 年担任学会理事，后又任学会主席。1868 年 8 月由于该学会理事会在恩格斯暂时离开曼彻斯特期间决定邀请卡尔·福格特到学会演讲辞去主席和理事职务。1870 年 4 月，恩格斯重新被选为席勒学会理事。

③ 拉图尔（1780—1848），奥地利将军，在 1848 年维也纳十月革命中被杀。加格恩（1794—1848），德国血统荷兰将军，1948 年在镇压德国激进民主主义革命家黑克尔（1811—1881）等领导的起义中被枪杀。奥尔斯瓦尔德（1792—1848），普鲁士少将，1848 年与普鲁士右翼自由派政治家利希诺夫斯基侯爵（1814—1848）一起法兰克福左翼民族主义暴动中被起义者开枪打死。

己最初的自由梦想祭旗的整个德国社会民主派，就会爆发出真正兴高采烈的欢呼声。编辑们还说，如果福格特的企图最后得以成功，那么就将会出现这样一个令人欣慰的前景，即很快地克拉普卡、科苏特、普尔斯基、泰列基、马志尼也都会以原告的身份出现在奥格斯堡的地方法院。

尽管他们只是具有一般人的灵活机敏且善于应变，或者确切地说，正是由于他们的灵活机敏和善于随机应变，他们的辩护才使法官们赞叹不已。诚然，这些法官们的法律良知不容许他们宣布那些连自己都拿不出任何证据的被告无罪；但是他们的法律良知毕竟还没有缺失到这种程度，以至于承认一个既遭到巴伐利亚政府，也遭到巴伐利亚居民极端憎恨的人是正确的。于是，他们急切地抓住了检察官提供给他们的一个补救的主意，即由于程序上的原因，他们可以把这一案件移交给刑事陪审法庭，在那里能够更加有把握使福格特遭到谴责，而在这里的法庭上，却不容许提出任何真凭实据，陪审团成员也没有义务说明他们判决的理由。

如果说福格特没有参与到这场实力悬殊的对垒中来，那么他并不会因为这一点而受到人们的指责。而相反的他参加了进来，于是他便有理由自鸣得意地享受双重殉道者的荣光了：即他不仅遭到无端的怀疑，而且人们还拒绝承认他的权利。某些次要的情况也对他的胜利起了推波助澜的作用。当他的诉讼对手们向法庭出示比斯康普的一封信的时候，人们留下了一个十分致命的印象，因为这第一个公开指控福格特的人自己在信中已经承认，他没有真凭实据，他只是提出了一些不确定的推测，他还给这些推测冠上了一个问题，这个问题就是：在《人民报》停止出版之后，奥格斯堡《总汇报》是不是会聘请他担任除了李卜克内西以外的第二个伦敦通讯员。但是，即便是在诉讼结束之后，奥格斯堡《总汇报》的编辑们还是像以前那样继续胡言乱语。他们说什么福格特是受到自己的同行、受到马克思和弗莱里格拉特的谴责；还说人们早就知道，马克思是一位比福格特更加敏锐也更加坚定不移的思想家，而弗莱里格拉特则在政治品德方面胜过福格特。

在奥格斯堡《总汇报》主编科尔布呈交给法庭的书面辩护中，把弗莱里格拉特称为《人民报》的撰稿人和福格特的控告者之一。这是因为科尔布误解了李卜克内西对于这个问题所作的一个内容并不十分清楚的书面声明。当刊登有关于诉讼报道的那一期《总汇报》刚一到达伦敦之后，弗莱里格拉特便立刻把一篇简短的声明寄给了该报，他在声明中声称，他自己从来都没有担任过《人民报》的撰稿人，他的名字出现在福格特的控告者当中并不是出自于他本人的意愿，而是在他事先完全不知情的情况下被加进去的。由于福格特是法齐的亲密知己之一，而弗莱里格拉特在瑞士银行的地位又借重于法齐，因此人们便从这一声明中得出了一些令人不快的结论，不过只有当弗莱里格拉特出于某种责任而必须反对福格特的时候，这些结论才是公正的。而这一点是根本不可能办到的。直到那时为止，弗莱里格拉特对福格特的整个案件根本不感兴趣，而且他有充分的权利要求科尔布，不要一陷入困境难以自拔的时候就想用他的名字做掩护。当然，从弗莱里格拉特的那个声明的简短而又枯燥的形式里，人们可以间接地看出他对马克思持拒斥态度；马克思本人也从弗莱里格拉特的声明中感觉到一种轻微的暗示，它给人这样一种印象，就好像这个声明是在宣布他个人同马克思决裂或者与党公开脱离关系。声明的这一缺陷大概可以从弗莱里格拉特怀有某种不满情绪这一事实中得到解释：马克思从党的利益出发，想要禁止发表弗莱里格拉特为纪念席勒而写的一首完全不会产生负面影响的诗作；可是另一方面，当马克思发起论战的时候——虽然并没有什么人强迫他这样做，却要求他立刻做好准备投入论战。

还有一个情况使这个事件更显得是出于恶意中伤，那就是在这同时，布林德也在奥格斯堡《总汇报》上发表了一个声明。他在这个声明中虽然对福格特的政策进行了“毫无保留的谴责”；但是他同时声称，有人断言那篇攻击福格特的文章是由他撰写的，这是一种明显的谎言。他还附上了两份证明，在其中一份证明里菲德利奥·霍林格称，弗格勒说福格特的文章是在他的印刷所印制的，并且是布林德写的，这样的说法是“恶意的捏造”。在另一份证明里，排字工人维厄确认霍林格的证明是真实的。

此外，一个不幸的偶发事件对弗莱里格拉特和马克思之间的日积月累的矛盾起了火上浇油的作用。原来正是在这个时候，在《凉亭》杂志上发表了贝塔的一篇文章，在这篇文章里，金克尔雇用的这个文丐用言过其实的夸张笔法大肆赞扬弗莱里格拉特的诗才，而在文章的结尾处却对马克思进行了卑鄙的谩骂。贝塔写道，这个惹祸招灾、散播恶毒仇恨的能手，剥夺了弗莱里格拉特发声的权利，剥夺了他的自由和个性。自从诗人遭到过马克思的呵斥以来，诗人就不再经常作诗吟唱了。

然而，在弗莱里格拉特和马克思之间经过几个回合的以书信形式进行的争斗之后，这些纠纷就好像随着动荡的1859年一起沉入到忘却的海洋中了。但是，随着新的一年的到来，旧的争论又突然浮出水面，因为好斗的福格特想证实一句老话："蠢驴得意，临危履冰。"

4. 插曲

在新年前后，卡尔·福格特出版了一个小册子，标题是《我对〈总汇报〉的诉讼》。这个小册子包含了奥格斯堡地方法院审理这一案件时的速记报告和福格特所收集的一些声明或者是在争论时期已经被披露的其他一些文件，这两类材料都相当完备齐全，在文字方面也完全忠实于原文。

然而，书中也更加详尽地叙述了有关"硫磺帮"的老一套流言蜚语，福格特的这些陈词滥调最初曾经在《比尔商业信使报》上刊登过。尤其是马克思，被这本书描写成一个敲诈勒索帮派推崇的首领，书中说这帮人专门靠着败坏"住在祖国的人们"的名誉为生，以至于他们不得不用金钱来换取这一派人的沉默。福格特的原话是这样写的："向德国寄去了不是一封信，而是几百封信，威胁说，要把他们参与革命的各种行动揭露出来，如果不把规定的款额限期交到指定地点的话"[①]。这是福格特所抛出的对马克思的最恶毒的但远非唯一的诬蔑。尽管福格特的整篇叙述都是彻头彻尾的谎言，然而他却在叙述的过程中掺杂了流亡者的经历中各种各样半真半假的事实，所以只有事先确切地了解全部细节的人，才不至于在看第一眼时就被这些奇谈怪论所迷惑。可是，德国的庸众却极少能够事先了解

① 参阅《马克思恩格斯全集》第14卷，人民出版社1964年版，第676—677页。

到这些情况。

福格特的书确实引起了相当大的轰动，特别是德国的自由主义报刊，用响亮的欢呼声来欢迎此书的发行。《国民报》还为这本书发表了两个长篇社论①。当《国民报》在1月底到达伦敦的时候，这两篇社论在马克思的家里也引起了很大的骚动，尤其是深深地震撼了马克思的夫人。由于在伦敦无法弄到福格特这本书，于是马克思赶紧给弗莱里格拉写信，询问他是不是从他的“朋友”福格特那里得到过这样一本书。弗莱里格拉委屈地回复说，福格特既不是他的“朋友”，他手头上也没有一本这样的书。

马克思从一开始就清楚地知道，他这一次是绝对有必要对福格特做出回应了，尽管他以往不怎么喜欢同这类大张旗鼓的谩骂针锋相对；因为他一直认为，报界有权利冒犯作家、政治家、演员以及其他从事社会活动的公众人物。尚在福格特的书到达伦敦之前，马克思就已经做出决定，要对《国民报》的诽谤行为向法院提出控告。这家报纸指责他犯有一系列的违法行为和可耻的行径，而且又是在这样的读者群体面前指责他，这些人几乎没有掌握任何线索足以对他个人做出正确的评判，因为他已经有十一年不在德国了；而且由于党派之间的成见，他们总归愿意相信他有重大的犯罪行为。马克思控告《国民报》不单单是出于政治上的考虑，而且他也考虑到他的夫人和孩子，为了他的家庭他也有责任要求法庭对《国民报》毁坏他的名誉的行为进行审理，同时，他保留写文章回击福格特的权利。

马克思首先要跟布林德算账。他仍然一直认为，布林德的手里掌握着不利于福格特的证据，只是由于顾及私人情谊，他才不愿意把它们交出来，因为说到底这就是一个庸俗的民主党人认为自己应该关照另一个庸俗的民主党人。不过显然马克思在这方面是搞错了，而恩格斯才是在一条比较正确的思路上；恩格斯认为，布林德是出于幼稚和愚蠢的妄自尊大而任意编造了有关福格特试图进行贿赂的各

① 第一篇社论标题是《卡尔·福格特和〈总汇报〉》，刊登在《国民报》第37期，第二篇的标题是《怎样伪造激进传单》，刊登在《国民报》第41期。参阅《马克思恩格斯全集》第14卷，人民出版社1964年版，第675页；卡·马克思：《福格特先生》。

种细节的，一旦看到事态变得严重了，他便开始全力否认，可是他已经陷入泥潭，而且越陷越深。2 月 4 日，马克思向《自由新闻》报的编辑发出了一封英文通告信[①]。马克思在这封信里公开宣称，布林德、维厄和霍林格发表声明说那个匿名文章不是在霍林格的印刷所里印刷的，这是一个卑鄙无耻的谎言。据此马克思再一次指出，上面提到的卡尔·布林德就是一个可耻的蓄意造谣者；如果布林德觉得这一指控使自己受到了羞辱，他可以到任何一个英国法庭去为自己讨回公道。可是布林德非常警戒，经过慎重地考虑后他没有到法庭去控告马克思，而是试图从这件不愉快的纠纷中摆脱出来。于是他在奥格斯堡《总汇报》上发布了一个很长的声明，言辞尖锐地表示反对福格特，并且用暗示的口吻提到福格特的贿赂一事，不过他依然矢口否认他是文章的原作者。

然而马克思对于这一点是绝对不满意的。他成功地在初级法庭对排字工人维厄提出了诉讼，并且迫使维厄写了一份宣誓书（代替宣誓而做的正式陈述，如果做伪证，就会给自己招致做伪证的一切法律后果）[②]。这一次维厄在宣誓书里证实，为了在《人民报》上转载，他曾经在霍林格的印刷所里亲自为这篇文章排版，而且他在校样上看到好几处印刷错误的更正都是布林德的笔迹；他先前所以做出相反的证词，是因为受到了霍林格和布林德的诱骗，霍林格曾经答应给他一笔钱作为报酬，而布林德则保证将来一定会酬谢他。维厄的宣誓书确定了布林德触犯了英国的法律，而欧内斯特·琼斯则表示，根据维厄的书面陈述他准备马上设法弄到一份逮捕布林德的命令；不过他又补充说，这个案子一旦提起诉讼，就不可能再撤销了，因为它涉及的是刑事犯罪，如果在提起诉讼之后他又试图进行某种调解，那么作为律师，他本人是应该受到惩罚的。

总的来说，考虑到布林德的家庭，马克思并不想让这件事发展到这种地步。他把维厄的宣誓书寄给了路易·勃朗，此人跟布林德是朋友关系，同时寄去的还

---

① 见《马克思恩格斯全集》第 14 卷，人民出版社 1964 年版，第 762—764 页；卡·马克思：《对〈奥格斯堡报〉的诉讼。致〈自由新闻〉编辑》。这封通告信于 1860 年 2 月 4 日以传单形式印行。

② 括号解释为德文原书所加。

有一封信。马克思在信中说，如果他在迫不得已的情况下对布林德提出刑事犯罪调查，那么他将感到非常遗憾，但当然不是为了罪有应得的布林德感到遗憾，而是为了布林德的家人。这封信起到了它应有的作用。1860年2月15日，在此间曾经转载过《国民报》上的谩骂的《每日电讯报》上，刊登了一条简短的消息，内容是一个叫沙伊布勒的布林德的家庭常客，自称是攻击福格特的文章作者。马克思就此放过了这件事，尽管显而易见对方是在耍花招；因为现在马克思对文章的内容已经不需要再负任何责任了。

在对福格特本人采取法律行动之前，马克思曾经试图同弗莱里格拉特取得和解。他将自己在《自由新闻》报上发布的驳斥布林德的通告信以及维厄的宣誓书一同寄给了弗莱里格拉特，但是没有得到他的答复。于是，他再一次也是最后一次就福格特这件事写信给弗莱里格拉特，为了向他说明，福格特这个案件对于维护党在历史上的声誉和确立党今后在德国的地位具有何等重要的意义。在信中，他竭力争取消除弗莱里格拉特对他可能抱有的不满情绪："如果我有哪一点对不起你，那我随时准备承认自己的错误。人所具有的我都具有。"[①] 马克思接着写道，他非常理解，在弗莱里格拉特目前的处境中，这种纠纷对于他来说只可能引起他的反感，但是他应该明白，完全把他撇在这一案件之外是不可能的。"如果我们两个人都认识到，我们都按各自的方式抛开一切个人利益，并且从最纯正的动机出发，在许多年中间打起'最勤劳和最不幸的阶级'的旗帜，把它举到庸夫俗子所不可企及的高度，那末我认为，我们若是由于归根到底不过是出于误会的小事情而分手，就是对历史犯下了不应犯的罪过。"[②] 在这封信的结尾处，马克思表达了他的最诚挚的友谊。

赖利格拉特握住了伸向他的手，但是却缺少"冷漠无情"的马克思向他伸出手时所表达的那份热情。弗莱里格拉特回应道，他要永远忠诚于"最辛苦和最不幸的阶级"，正如他过去一直对它忠贞不渝一样；同时，他也无比信赖与马克思

① 参阅《马克思恩格斯全集》第30卷，人民出版社1974年版，第451页。
② 参阅《马克思恩格斯全集》第30卷，人民出版社1974年版，第452页。

的朋友加同志的私人关系。不过，他补充说："我远离党已经有整整七年的时间（自从共产主义者同盟解散以来），我一直没有参加过党的会议，对于它的决议和行动也已经相当陌生。所以说，我同党的关系实际上早就断绝了，在这方面我们彼此之间从来没有互相欺骗过，而且这已经成为我们之间一种默契的形式。我只能说，我感觉这样很好。对于我而言，对于每一个诗人的本性而言，最急切的需要就是自由。党也是一个笼子，而歌唱，即使是为党歌唱，在笼子外面一定会比在里面唱得更好。在我成为共产主义者同盟盟员和成为《新莱茵报》编辑部成员之前，我曾经一直是无产阶级的诗人和革命的诗人。所以今后，我希望能够独立自主，希望我只属于我自己，并想自己支配自己。"弗莱里格拉特的这一番话语，生动地表达了他对政治鼓动这类琐事的多年的反感；这种反感让他看到的是从来都不存在的东西，他不曾参加过的会议，以及与他永远毫不相干的决定和演讲，他认为都不曾出现过。

马克思在回信中指出了这一点，并且再一次澄清了仍然可能存在的一切误解，然后他联系到弗莱里格拉特最喜欢使用的一句话写道："不管这一切"，对我们来说，"受庸人攻击"这一口号始终要比"让庸人踩在脚下"这一口号更好一些。我已公开向你陈述了自己的观点，希望你基本上同意这个观点。此外，我还曾尽力消除这样一种误会，以为我所说的"党"就是指八年前便已解散的"同盟"，或是十二年前便已不复存在的报纸编辑部。我所理解的党，是指按伟大历史意义上来讲的党。[①] 马克思说的这番既中肯又令人宽慰的话语起了和解的作用，因为从广泛的历史意义上来说，"不管这一切的一切"，马克思和弗莱里格拉特这两个人都同属于一个整体，他们的命运休戚相关。这番话使马克思尤其感到荣幸的是，在遭到福格特对他进行狡黠的攻击之后，马克思完全有理由期待，弗莱里格拉特此时会公开粉碎与福格特同流合污的假象。然而弗莱里格拉特却只满足于恢复同马克思的友好交往；在其他方面，他依然坚持观望的态度，而为了减轻他的压力，便于他自行其是，马克思从此以后尽可能地避免把弗莱里格拉特的名字牵扯到案

① 参阅《马克思恩格斯全集》第 30 卷，人民出版社 1974 年版，第 488 页。

件中去。[①]

由于福格特的案子，马克思同拉萨尔之间陷入了一场冲突，而这场冲突后来发展成了另外一个样子。在上一年的11月份，马克思曾因为他们在意大利战争问题上所发生的争执而最后一次写信给拉萨尔，而且正如马克思自己所言，信中的语气“非常粗暴”，所以拉萨尔以沉默代替了对这封信进行回复，马克思解释说，这是由于拉萨尔的自尊心受到了伤害。在遭到《国民报》的攻击之后，马克思当然希望在柏林能有自己的关系，于是他请求恩格斯，设法把跟拉萨尔的关系之事重新转向正常，因为他认为，跟其他的人相比，拉萨尔毕竟仍然是一匹“马力”。这件事还涉及了一个叫菲舍尔的普鲁士候补法官，他曾经到马克思那里自荐，说自己是厄克特的拥护者，他自告奋勇地表示愿意在与德国报界有关的事情上提供一切有力的帮助。然而当菲舍尔向拉萨尔转达马克思的问候的时候，拉萨尔却表示再也不愿意跟这个“既无能又无知的家伙”打任何交道。不管这个不久之后便死于非命[②]的人在伦敦的表现如何，在德国他至少是属于冯·科堡公爵的御用文人之列，而这班文人享有最坏的名声完全是理所当然的。

然而在恩格斯尚未能够向拉萨尔提出马克思所托之事以前，拉萨尔自己已经给马克思写了一封信。他在信中解释说，自己之所以长时间地沉默，是由于没有时间写信，他强烈要求马克思采取必要的行动，以应对同福格特之间发生的“极其不愉快的事件”，因为这一事件已经在公众中造成了巨大的影响。他认为在熟悉马克思的人那里，福格特的叙述不会对马克思造成任何伤害，但是在所有不了解马克思的人那里，情况就不同了，因为福格特的叙述编排得相当巧妙，甚至穿插着一半的事实，以至于目光不够敏锐的人会觉得，他所说的一切全部都是真话。拉萨尔特别强调了两点。首先，拉萨尔认为，马克思本人也并非没

---

① 关于弗莱里格拉特对福格特争讼案所持的态度，本书作者梅林的评价是太过于仁慈。梅林完全忽视了弗莱里格拉特在当时已经不再与党来往，也就是说不再与具有伟大历史意义的党来往已经成为定局。——德文原书出版者注

② 爱德华·菲舍尔（1826—1863）自1858年起在柏林市法院担任候补法官，同时又是一名政治作家。1863年7月9日死于一场交通事故。

有过错，因为他居然相信一个如此卑鄙无耻的说谎者——至少事后被证实布林德就是这种人——对福格特的那些最严厉的指控，而且布林德的每一句话都让他深信不疑；另外，如果马克思手里没有掌握其他的证据，那么他必须在开始他的辩护之前撤回对福格特被收买的指控。拉萨尔承认，必须要有一种真正强大的自我克制能力，才能够正确对待一个如此肆无忌惮和不公正地攻击你的人；但是如果马克思不想从一开始就让自己的辩护无效，他就应该诚心诚意地证明这一点。接着，拉萨尔对于李卜克内西为诸如《总汇报》之流的反动报刊工作之事表达了极其强烈的愤慨；他认为，这件事将会在公众中引起极大的惊异和对党不满的浪潮。

当马克思收到拉萨尔的这封信时，他手头上还没有福格特的书，所以他还不能够对这件事做出正确的判断。不过，苛求他着手写一个为福格特恢复名誉的声明，这当然让他不大高兴，因为关于福格特的波拿巴主义阴谋活动，除了布林德的风言风语以外，他还有其他的证据。另外，马克思也不能赞成对李卜克内西为《总汇报》工作一事所提出的尖刻的批评。当然，他绝对不是这一家报纸的朋友，他在两个《莱茵报》工作的时期，曾经同这家报纸进行过激烈的论战，尽管奥格斯堡《总汇报》一向是反革命的，然而在对外政策领域，它却容许各种极为不同的立场观点见报。在这方面，奥格斯堡《总汇报》在德国报界一直占据着一个特殊的地位。

拉萨尔的信让马克思感到十分不悦，他气恼地回复说，《总汇报》在他的眼中几乎跟《人民报》是同一路货色；他打算控告《国民报》，而且他还会写一些东西反驳福格特，不过他要在序言中声明，他对德国公众的意见是完全无所谓的。马克思在气头上说出的这些话再一次被拉萨尔过于当成一回事儿了，甚至恨不得放到天平上去权衡。他写信抗议马克思竟然把庸俗民主派的一种报纸——比如《人民报》——同“德国最臭名昭著的下流报纸”相提并论。但拉萨尔最主要的还是要警告马克思，不要对《国民报》提起司法诉讼程序，至少等上一段时间，直到他的反驳福格特的著作发表。最后拉萨尔表示，他希望马克思从这封信里获得的印象不是对感情的伤害，而只是“忠实可靠的真挚的友谊”。

然而拉萨尔想错了。马克思在写给恩格斯的信里使用了最激烈的言辞谈到了拉萨尔的这封信。他甚至提出，利用莱维当时带到伦敦来的那些针对拉萨尔的“正式指控”来反对拉萨尔。当然，马克思希望证明，他曾经竭力避免毫无根据的不信任。他还想证明，他没有让这些“正式指控”和类似的流言蜚语把自己搞糊涂而对拉萨尔产生怀疑。不过传闻的性质使得拉萨尔不能承认马克思对传闻所持有的保留态度有什么特殊的价值，并且以一种他认为相称的方式进行报复，即通过一种既出色又令人信服的叙述，证明自己在反动势力最猖獗的日子里对莱茵工人的自我牺牲精神和忠诚。

总之，马克思对待拉萨尔的态度有别于他对待弗莱里格拉特的态度，不过拉萨尔所采取的行动也不同于弗莱里格拉特。他按照自己的理解和良知向马克思提出忠告，当他的忠告遭到拒绝的时候，他一如既往地在行动上继续进行帮助。

5.《福格特先生》

事实很快便证明，拉萨尔警告马克思不要向普鲁士法庭起诉是正确的。通过菲舍尔的斡旋，马克思委托司法顾问韦伯向当地的市法院呈递了控告《国民报》的起诉书，但是却没有取得多少进展，甚至还不如福格特在奥格斯堡地方法院所取得的收获，因为马克思的诉讼根本就没有被受理。

市法院宣布，由于缺乏“事实构成”这一起诉被驳回，因为那些侮辱性的言论并不是出自《国民报》自己之口，而只是“单纯地引用了其他人的话”。这种十足的蠢话虽然被高等法院驳回，但却只能表明，其愚蠢程度则更加有过之而无不及，因为高等法院认为，把马克思描述成一帮敲诈勒索分子和伪币制造者集团的“有控制能力的深谋远虑的”头目，这根本就不是对马克思的侮辱。而最高法院也没能在这样超群的解释中发现“法律上的错误”，就这样，马克思和他的控告在各级法院都碰了钉子。

现在，马克思还剩下一条路，即著书来驳斥福格特，而这项工作几乎让他忙碌了整整一年的时间。为了驳倒福格特对他的一切恶意中伤和各种无聊的捏造，他需要进行广泛的通信，其范围涉及世界的三个大洲。直到1860年11月17日这一天，马克思才得以完成他的著作，他只给这部著作加了一个简单的书名，即《福格特先生》。在马克思独立完成的著作中，这是唯一的一部迄今为止没有再重新印刷出版的著作[①]，而且此书保存下来的印本可能也为数不多，这可以由此来解释：从这部书本身来看，它篇幅庞大，排得密密麻麻的共有十二个印张，据马克思本人说，如果按照日常的排版法，这部书的篇幅还会要增加一倍；此外，从著作的内容来看，它现在还需要大量详尽的注释，这样才能够帮助读者理解书中的暗示和理清它所涉及的所有的关系。

但是这样做并不是完全值得的。由于进攻者的步步紧逼，马克思不得不对许多发生在流亡者当中的事件进行研究，可是如今这些事件已经理所当然地被人遗忘了。当人们读到这个伟人面对种种诽谤性的攻击不得不为自己进行辩护的时候，很难摆脱掉一种不舒服的感觉，尽管这些攻击甚至都不能玷污他的鞋底的边缘。当然，对于有文学品味的读者来说，这部作品无疑为他们提供了一种难得的享受。马克思在第一页就直奔主题，而且他十分擅长运用莎士比亚式的机智来表现这个主题，“这是卡尔·福格特的老祖宗、不朽的约翰·福斯泰夫爵士[②]兴高采烈地讲述的那个关于草绿色麻布衣的老故事。这位爵士现在又借卡尔·福格特的肉身还魂了，而且丝毫也未减当年的风韵。”[③]。马克思知道怎样避免任何单调之感，他的博览群书以及在古代和现代文学方面广博的知识，给他提供了一支又一支的利箭，他以绝对致命的把握将这一支支利箭迅速地射向最厚颜无耻的造谣中伤者。

“硫磺帮”其实是一些无忧无虑的大学生组成的一个小团体，在1849年到1850年的那个冬季，当巴登—普法尔茨起义失败以后，这些大学生以他们的穷

---

① 1953年柏林迪茨出版社出版了卡尔·马克思的抨击性著作《福格特先生》的重印本，在这一个版本的附录里，公布了大量的与福格特案件有关的书信和文件资料。——德文原书出版者注

② 约翰·法斯塔夫爵士是在莎士比亚的作品中屡次作为剧本主角出现的一个人物，他嗜酒成性又好斗，是爱说谎、爱吹牛而又胆小如鼠的雇佣强盗兵的典型。

③ 参阅《马克思恩格斯全集》第14卷，人民出版社1964年版，第405页。

极无聊的幽默感迷惑了日内瓦的一些美女，同时也吓坏了日内瓦的市侩，但是这个团体已经消散十年了。在他们中间有一个叫西吉斯蒙德·博克海姆的，自那之后他成了一名生活在伦敦城的地位优越的商人。当谈到当时那些并无任何恶意的所作所为时，他勾画出的是一幅令人心旷神怡的大学生生气勃勃的生活情景。而马克思在他的著作里的第一章就展现了博克海姆所描述的情景，而且他还争取到博克海姆成为他的一位忠实的朋友。总而言之，马克思感到很满足，因为流亡地的许多成员都向他提供过帮助，不仅是在英国，而且在法国和瑞士也是这样，尽管他们以前和他很疏远，或者他甚至根本都不认识他们，这当中尤其要提到是约翰·菲利普·贝克尔，他是瑞士工人运动久经战斗考验的老战士。

不过，在这里不可能详细地逐一列举出马克思是如何彻底揭露福格特的种种阴谋诡计和造谣中伤的，这方面也没有留下哪怕是最微不足道的片言只字。总归更为重要的是，马克思所进行的反击是毁灭性的，因为他证明了，福格特的宣传无论就其阴险而言，还是就其无知而言，都是对假波拿巴所发布的口号的鹦鹉学舌。的确，在第二帝国覆亡之后，由国防政府所公布的杜伊勒里宫①的文件里，人们发现了福格特在1859年8月从这位12月登上权力之巅的皇帝的秘密基金中收到四万法郎不义之财的收据：这笔钱很可能是通过匈牙利的革命者从中斡旋获得的，如果人们甘愿同意换一种对福格特来说最温和的解释的话。福格特同克拉普卡是特别要好的朋友，福格特不理解，德国民主派对波拿巴的态度不同于匈牙利民主派对波拿巴的态度，有些事情后者可能容许做，但对于前者来说则是一种可耻的背叛。

但是不管福格特搞阴谋诡计的动机如何，甚至即使他没有收取过来自杜伊勒里宫的现金，马克思依然以最具有说服力的和最不可辩驳的证据证明了福格特的宣传完全是按照波拿巴的口号进行的。这些章节以其耀眼的光芒照明了当时欧洲

---

① 杜伊勒里宫，位于巴黎塞纳河右岸距离卢浮宫西面约250米处，始建于1564年，1871年在巴黎公社的起义中被烧毁，后被拆除。1804年拿破仑称帝后，杜伊勒里宫改称为皇宫。

的情况，因此是这部书中最有价值的部分；就是在今天，它们依然富有广泛的教育意义。在这部书出版时，当时与其说跟马克思有着友好的关系、不如说对他抱着敌对态度的洛塔尔·布赫尔，把这些章节称为当代历史的纲要。而拉萨尔则以他所固有的真诚和坦率的方式承认，他现在认为，马克思确信福格特被收买是有充分理由的，也是完全正常的。他对这部书的出版表示欢迎，并把它誉为“一部在各个方面都十分出色的作品”。他说，马克思通过“公开大量的事实”提出了“内部的证据”。恩格斯认为，马克思的《福格特先生》甚至超越了《雾月十八日》，这部书文笔更加简洁，必要时效果也同样显著，它完全是马克思所写的最好的一部论战著作。但是不管怎么说，这部著作还没有成为马克思的论战作品中最具有深远历史意义的一部；当《雾月十八日》和他写的驳斥蒲鲁东的论战文章越来越步入众人瞩目的光环之中时，《福格特先生》却越来越消失在阴影之中。产生这种情况的部分原因在于这部著作的素材本身，因为福格特事件毕竟只不过是一段无足轻重的小插曲；除此以外，还有一部分原因也在于马克思自己，在于他的伟大的风格和微不足道的一些弱点。

马克思不善于把论战的等级降低到可以让庸夫俗子信服的低水平，尽管在这种情况下，关键的问题恰恰就是要击败小市民头脑里的偏见。正如马克思的夫人曾经在一封信中有些天真然而却更加贴切地表达的那样，这部书只说服了“所有重要的人物”[①]，换句话就是说，它所说服的正是所有根本就不需要去劝说他们相信马克思不是恶棍的人，尽管福格特想使他成为这种人，这些人都具有足够的鉴赏能力和理解能力，懂得欣赏这部著作的文学价值；“甚至连卢格这个老冤家对头也称它是一部逸事佳作”[②]，马克思夫人如是说。但是对于爱国的庸夫俗子来说，这部书的水准实在是太高了，所以它几乎从未渗入到他们的圈子里；即使在《反社会党人非常法》颁布的日子里，像班贝格尔和特赖奇克这样一些如此苛求的作家，还搬出福格特的“硫磺帮”，来反对德国社会民主党。此外，马克思还遇到

---

① 参阅《回忆马克思恩格斯》，人民出版社 1957 年版，第 280 页。

② 参阅《回忆马克思恩格斯》，人民出版社 1957 年版，第 280 页。

了在所有业务上的事项中最为倒霉的事，至少在这次事件中他并非没有自己的过错。恩格斯要求，把《福格特先生》这部书放到德国付印和出版，这在当时的印刷条件下是完全可能做到的，拉萨尔也同样建议这样做。不过拉萨尔的出发点只是因为这样做费用比较少，而恩格斯则提出了更加有分量的理由，他说："出版流亡者的著作，我们已经有过成百次的经验，永远是同样的毫无成果：永远是把金钱和劳动抛到污水坑里去，只落得个不痛快。……要是谁也看不到它，那末答复福格特对我们又有什么用呢？"[①] 但是马克思固执己见，坚持要把这部书交给伦敦的一个年轻的德国出版商办理付印出版事宜，条件是双方利润互分，损失共同分担，同时还要预先交付 25 英镑的印刷费。博克海姆和拉萨尔都为预付之事做出了贡献，前者捐助了 12 英镑，后者捐出了 8 英镑。但是这家新公司基础还十分不稳固，它不仅没有设法把书销往德国，而且还很快就自行解散了。马克思所交的预付款不但一文钱都没有再见到，而且他还被告上了法庭，是出版商的一个合伙人对他提起了诉讼，他不得不还要补交一笔钱款，而且同预交款几乎一样多。这是因为他疏忽了，他事先本应该同出版商签订一份书面合同，因此他必须负担起这件事的全部开支。

同福格特的争论刚一开始，马克思的一位朋友伊曼特就写信给他说："我本来是不愿意为这件事给你写信的，如果你认为你可以插手到这样一场麻烦中去，我会感到极其惊异。"类似的劝诫俄国和匈牙利的流亡者也曾经对马克思提出过。如今人们多想试一试，希望他当时能够听听这些意见。这样一场十分讨厌的争论使他获得了几位新朋友，特别是使他重新同伦敦的工人教育协会加强了友好的联系，因为从争论一开始，该协会便立即表示全力支持他。然而，整个事件对于马克思毕生的伟大事业来说，与其说是一种帮助，不如说是一个阻碍，虽然，或者确切地说是因为，它使马克思在精力和时间方面付出了昂贵的牺牲，他耗费了精力和时间，却没有真正获益；反而给他的家庭制造了严重的麻烦。

① 参阅《马克思恩格斯全集》第 30 卷，人民出版社 1974 年版，第 91—92 页。

6. 家事和私事

比起马克思本人来，更加艰难的是他的夫人，她把全部身心都扑在了他的身上，一心一意地爱恋着他，但却不幸地被福格特的“无耻之极的攻击所引发的可怕的烦恼所击垮”。她为此付出了许多个不眠之夜，不管她是多么勇敢地经受住了一切，而且一如既往地为马克思誊写用于印刷的书稿。但是，当她好不容易抄写完最后一笔的时候，她的身体便彻底地垮了下来。请来的医生解释说，她得了天花，孩子们必须立刻离开家里。

可怕的日子来到了。孩子们被李卜克内西夫妇接到了自己家里，而马克思自己则和海伦·德穆特一道担负起照顾马克思夫人的任务。她忍受着难以言述的痛苦，针扎一般的剧痛、失眠的折磨、对寸步不离病榻的丈夫的极度担忧，还有丧失了全部外部的感觉，虽然她的意识始终是清醒的。一个星期之后她的病才出现转机，危象终于得到救治，而这多亏了这样一种情况，即马克思夫人在过去曾经接种过两次牛痘。最后医生说，得这种可怕的病能够康复，这是不幸中的万幸。他认为，马克思夫人一连好几个月都生活在神经极度紧张的状态之中，这是导致她生病的主要原因，因为处在这种情况下，她很容易染上病毒，她很可能是在一家店铺里，也可能是在一辆公车中，或者是在其他什么地方被感染了；可是，假如她不得这场疾病，她的这种精神状态也会导致她染上更加危险的伤寒或者其他类似的病症。

在她刚刚开始复原的时候，马克思由于过度的担惊受怕、焦虑和各种各样的折磨，他自己也病倒了。他的慢性肝病第一次转成急性肝病。医生认为，他的病也是精神上接连不断地受到刺激造成的。为了完成《福格特先生》这本书，马克思付出了非常辛苦的劳动，可是他却一文钱也没有拿到；恰逢此时，《纽约每日论坛报》再一次把他的稿费降低了一半，而且债主们纷纷拥向马克思的家。所以，在马克思的健康得到恢复以后，他决定“前往荷兰、前往那个他祖先生活的国度和盛产烟草与奶酪的国家去进行一番打劫”，马克思的夫人在给魏德迈夫人的信中这样写道，他想看看，他是否能够从他的姨父那里多多少少哄一些钱回来。

这封信上注明的日期是1861年3月11日，信写得很阳光，自始至终洋溢着幽默的气氛，这一点极其具有说服力地证明了，燕妮·马克思所拥有的那种天生的气势并不比她的丈夫差。魏德迈夫妇在美国流亡期间必定也有自己的烦恼，他们在经过多年长时期的沉寂之后又写信来了；而马克思夫人则立刻向这位“既勇敢又忠实的难友、女战士、能忍受一切苦难的女人”敞开心扉、倾诉衷情。她告诉魏德迈夫人，是什么使她在一切贫困和苦难之中坚持下来的，“我们生存的亮点、我们的生活中的光明的一面”就是孩子的乐趣。十七岁的燕妮看上去更像父亲，她“一头又黑又亮的浓发，长着一双同样又黑又亮而且非常温柔的眼睛，黑黝黝的脸蛋像个克里奥尔人，但是又具有真正的英国女性所特有的风采”。十五岁的劳拉长得则和母亲一模一样，“波浪形的自然卷曲的栗褐色头发非常美丽，一双泛着淡淡的绿光的眼睛就像永远不会熄灭的喜庆的火焰一样闪烁着欢乐的光芒”。“姐妹俩真的都长得如花似玉，气质不凡，而且两个人确实很少贪图虚荣，我常常暗自感到惊异，因为就连作为她们的妈妈的我，在青春年少的年代、在还穿着轻盈的蝉翼般的轻纱裙的时候，都无法与她们相媲美。”

虽然两个年长一些的女儿给父母带来了许多欢乐，但是“全家人的宠儿和掌上明珠”却是最小的女儿爱琳娜或者叫杜西，杜西是她的爱称。“这个孩子正是在我们那可怜的爱子埃德加与我们永别的时候出生的。对于小兄长的全部的爱、对他的全部的柔情，现在都转移到了这个小妹妹的身上。两个年长的女孩几乎以慈母般的关怀无微不至地呵护她、照顾她。天底下大概没有比她更可爱的孩子了，如画一样的美丽，性情风趣开朗。尤其是在她最喜爱的语言和讲故事方面，这个孩子表现得非常出色，这是从她最好的朋友格林兄弟那里学来的，他们的童话白天和黑夜都陪伴着她。我们全家人为她朗读童话读得昏头昏脑、话都说不出来了。但是只要我们在读《侏儒怪》或者《蓝胡子国王》或者《白雪公主》的时候，哪怕读漏掉一个字，那么我们可就要倒霉了。通过这些童话，这个孩子已经显露出她能够听懂英语的征兆。除此以外，她也学会了德语，而且说得非常合乎规则和准确。她是卡尔的真正的宠儿，她的咯咯的笑声和奶声奶气喋喋不休的话语驱散了卡尔的许多忧愁。”然后，马克思的夫人也提到了忠实的家庭守护神琳衡。“您问问您亲爱的丈夫有关她的情况吧；他会告诉您的，我有了她就拥有了一个怎样的至宝啊。十六年来，她一直跟随我们在风风雨雨中前行，与我们同甘苦共患难。”这封珍贵动人的书信在结束时还谈到了几位朋友的情况，事实证明，这些人对她的卡尔并不是百分之百的忠诚，而按照她的真正的女性风格，她会比马克思本人更为严厉地评判他们。“我不喜欢采取不彻底的措施”；所以，燕妮女士同弗莱里格拉特家的女眷从此彻底地一刀两断。

同时，到荷兰对姨父菲利普斯进行“打劫”的计划总算如愿以偿。然后马克思从荷兰前往柏林，此行的目的是力求实现拉萨尔曾经多次提议的一项计划，即创建自己的党的机关报，至于创建党的机关报的必要性，人们尚在 1859 年经济危机时期就已经特别强烈地感觉到了，而由于现在的威廉国王在 1861 年 1 月即位时颁布了大赦令，这也为出版党报创造了可能性。虽然这次大赦的目的十分卑劣，而且充满了陷阱和阴谋，但是它至少许可《新莱茵报》的前编辑们返回德国了。

在柏林，马克思受到了拉萨尔的“十分友好”的接待，只是他“个人很厌恶这个城市”。这里没有什么“高级政治”，而只有同警察的争吵，以及军人和文官之间的对立。“柏林盛行一种傲慢无礼而轻浮的风气。议院受到蔑视。”[①] 在马克思看来，甚至同 1848 年的协商派[②] 相比——尽管那时候他们也根本不是什么大人物！——拥有诸如西姆松和芬克之流的普鲁士下议院，也不过是“官厅和学校的奇妙的混合物”[③]。在这个侏儒圈子里，唯一看上去至少是正派的人物当中包括一方的瓦尔德克，以及另一方的瓦格纳和堂吉诃德式的冯·布兰肯堡。不过马克思至少认为，在这里还是感受到了一种思想普遍比较开明的气氛，以及很大一部分公众对资产阶级报刊的极大不满；各个阶层的人都认为灾难是不可避免的。马

① 参阅《马克思恩格斯全集》第 30 卷，人民出版社 1974 年版，第 162—163 页。

② 指 1848 年柏林的普鲁士国民议会中拥护“同国王协商”制定宪法这一“协商原则”的一派议员。

③ 参阅《马克思恩格斯全集》第 30 卷，人民出版社 1974 年版，第 168 页。

克思相信，在秋天即将来临的选举当中，先前的那些协商派绝对会被当选，尽管国王把这些人当成红色共和主义者而对他们惧怕万分，而关于新的军事议案的讨论，也一定能够顺利进行。因此马克思认为，就拉萨尔提出的这项出版报纸的计划本身而言，是可以考虑的。

然而，这一计划的实施并不是拉萨尔原先所规划的那样。除了马克思担任主编以外，拉萨尔也想当主编，而且他还打算让恩格斯担任第三位主编，条件是马克思和恩格斯的决定权不得比他多，否则的话每一次都可能因为他们占多数而导致他的意见遭到否定。这个令人不可思议的荒诞的计划从一开始就把计划出版的报纸变成了死胎，也许这个计划只是拉萨尔在一次匆忙的谈话过程中随口说出的，不过他的计划已经不那么重要了，因为马克思压根儿就无意于承认他具有什么决定性的影响。拉萨尔通过他的那本书《赫拉克利特》[①]在一群学者那里获得了美誉，而通过美酒佳肴在另一群过着寄生虫生活的人那里赢得了尊敬。他被这些荣耀弄得眼花缭乱、神魂颠倒，自然不知道——马克思如此评价道——他自己在广大群众那里的名声并不好。“此外，还有他那一贯自以为是的脾气；他在‘思辨概念’的世界中的留连（这家伙甚至梦想创造一种双料的新黑格尔哲学，并准备把它写成书）；法国的旧自由主义对他的感染；他那夸夸其谈的习气，以及纠缠不清和不知分寸，等等。拉萨尔可以在有严格纪律的条件下当一名编辑。不然他只会给我们丢脸。”[②]马克思在写给恩格斯的信中就是这样谈论他跟拉萨尔的谈判的，接着马克思还补充说，为了不伤害东道主拉萨尔的感情，他不得不把他的最终决定推迟到他同恩格斯和威廉·沃尔夫商榷之后。同马克思一样，恩格斯也有类似的顾虑，所以他表示拒绝拉萨尔的建议。

另外，拉萨尔有一次也若有所悟地说道，整个计划就是一个令人奇怪的空中楼阁。普鲁士的大赦设下了重重圈套，其中之一就是准许革命年代的流亡者在差不多可以接受的条件下回国并免于惩处，但是却绝对不给他们恢复公民权，因为

---

① 费迪南·拉萨尔的这部著作的完整书名为《爱菲斯学派的晦涩哲人赫拉克利特的哲学》，弗兰茨·敦克尔出版社，柏林，1858。

② 参阅《马克思恩格斯全集》第30卷，人民出版社1974年版，第164页。

根据普鲁士的法律，他们在国外居住超过了十年，所以他们已经丧失了公民权。这样的话，他们当中谁今天返回到祖国，可能明天就会碰上某个警察头子情绪恶劣而被重新驱逐出国门。对于马克思来说，还要加上另外一种情况，这就是他在革命之前的好几年就已经脱离了普鲁士的国籍，虽然这是在普鲁士警察的不断骚扰的压力下无奈而为，但毕竟也是通过他自己明确申请的。为了使马克思重新获得普鲁士的公民权，拉萨尔作为他的全权代表想尽了一切办法。为了达到这个目的，拉萨尔甚至去恳求过柏林警察局长冯·策德利茨和作为"新纪元"的支柱之一的内务大臣什未林伯爵。然而一切努力都徒劳无功！策德利茨解释说，拒绝授予马克思公民权是因为他的"共和主义的信念，或者至少是非君主主义的信念"，除此之外没有其他的原因。什未林则更加不肯通融，拉萨尔劝说他，不要"因为政治信念而进行思想审讯和迫害"，因为他曾经尖锐地斥责过自己的前任曼陀菲尔和威斯特华伦的这种做法；对于拉萨尔的坚决要求，什未林干巴巴地答复道："至少目前绝对不存在任何特殊的理由，表明可以授予马克思这种人公民权。"显而易见，像普鲁士这样的国家是不可能容忍马克思这样的人立足的；从这方面来说，这些名声不好的大臣们的做法还是正确的，什未林伯爵如此，他的前任屈尔韦特和曼陀菲尔也是如此。

离开柏林之后，马克思还顺路来到莱茵省，他在科隆拜访了自己的一些老朋友，在特里尔探望了他的年事已高而且行将逝去的母亲。在5月初的头几天，马克思回到了伦敦。

他当时希望能够结束一家人这种疲于奔命的生活，并且能够完成自己的著作。在柏林的时候，他在几经失败以后终于成功地同《维也纳新闻报》建立了关系，该报社向他承诺，他每写一篇社论便付给他一英镑的稿酬，写一篇通讯则支付给他半英镑作为稿酬。同时，与《纽约每日论坛报》的关系似乎也重新有了一些起色，该报在发表马克思的文章时，总是反复强调地指出这些文章是绝妙之作。这些美国佬的做法真怪，竟把证明书发给自己的撰稿人。[①]《维也纳新闻报》也对

① 参阅《马克思恩格斯全集》第30卷，人民出版社1974年版，第201页。

“他的文章大肆宣扬、倍加重视”。但是旧的债务却从来没有全部偿清过，而且由于生病和到德国旅行的那些日子断了所有的收入，使得“过去的困难的局面”再次浮现；马克思在给恩格斯写信祝福新年时，他以诅咒的方式表达了对恩格斯的新年问候，他说就他这方面来讲，如果新的一年跟过去的一年完全一样，那么他希望新的一年见鬼去吧。①

1862 年不仅跟前一年一样，而且这一年所遇到的可怕的事情甚至超过了前一年。事实证明，只要有可能，《维也纳新闻报》就会比美国的报纸更加吝啬，尽管《维也纳新闻报》竭尽所能大肆吹嘘马克思。还是在 3 月份，马克思就给恩格斯写信说：“他们不登载最好的文章（尽管我一直在设法写得使他们能够登载），我倒不在乎。但是他们在四五篇文章中只登载一篇，而且只给一篇的稿酬，从财政方面来说是不行的。这使我甚至连文丐也不如。”② 在这一年的时间里，马克思同《纽约每日论坛报》的一切联系也都终止了，其详细的原因现在已经无法再确定，但总体看来，可能应该归因于美国的南北战争。

尽管这场战争给马克思带来了极大的不幸，但是他依然怀着非常强烈的好感欢迎这场战争。“决不要在这上面欺骗自己”，几年以后，马克思在他的主要学术著作的序言中这样写道，“正像 18 世纪美国独立战争给欧洲中等阶级敲起了警钟一样，19 世纪美国南北战争又给欧洲工人阶级敲起了警钟。”③ 在他同恩格斯的书信往来中，他一直怀着深厚的兴趣密切关注着这场战争的进程。关于一些军事方面的细节问题，他一向愿意向恩格斯求教，因为他认为自己在军事学方面是个门外汉。而恩格斯在这方面所发表的见解，即使在今天也不但具有高度的历史意义，而且也具有极高的政治意义。例如，恩格斯曾经用这样一番深刻的话语阐明了军队问题和民兵组织问题，他说：“只有以共产主义方式建立起来的有教养的社会，才能十分接近民军制度，但即使这样也还不能完全达到。”④ 正如一位诗人所

① 参阅《马克思恩格斯全集》第 30 卷，人民出版社 1974 年版，第 215 页。

② 参阅《马克思恩格斯全集》第 30 卷，人民出版社 1974 年版，第 226 页。

③ 参阅《资本论》第 1 卷，人民出版社 2004 年版，第一版序言，第 9 页。

④ 参阅《马克思恩格斯全集》第 32 卷，人民出版社 1974 年版，第 21 页。

言，“在限制之中方能显出能手”[①]，不过这句话在这里已经被证实完全是另外的意思。

恩格斯在军事评论方面所具有的那种超凡的才能，限制了他的总体的知识视野。北方各州战事的艰难，让他有时候会相信它们将必败无疑。“北方佬尽管取得了种种成功”，他在 1862 年 5 月期间这样写道，“但是使我感到不安的倒不是军事形势本身。这仅仅是整个北部所表现的委靡不振和麻木的结果。这里人民的革命毅力又在哪里？他们任人痛打，而且还以所受到的鞭挞感到十分自豪。在整个北部何尝有丝毫的征象，证明他们在认真对待这一切？在德国，即使是在最坏的时候，我也没有见过这样的情况。恰恰相反，看来北方佬感到最高兴的是他们将使他们的国家债权人受骗上当。”[②] 所以，恩格斯在 7 月时曾经这样说过：北方已经输了这场战争；在 9 月份他又写道：“而南部的这些家伙至少知道他们想要的是什么，所以同北部委靡不振的人们比起来，我觉得他们倒象是英雄了。”[③]

马克思的看法却恰恰相反，他毫不动摇地坚信北方一定会获得胜利。他在 9 月份的一封回信里指出：“谈到北方佬，我仍旧确信，北部终将取得胜利……北部进行战争的方法，正是一个长期以来欺骗成风的资产阶级共和国所能采取的方法。南部是一种寡头统治，更适应于进行战争，特别是因为它的寡头统治是一种生产劳动全部由黑人担负，而四百万‘白种废物’专以打劫为业的寡头统治。尽管如此，我还是愿意用脑袋打赌，不管他们拥有怎样的‘石壁将军杰克逊’，他们还是会很快被打败的。诚然，情况的发展很可能首先就在北部爆发一种革命。”[④] 马克思的看法胜利了，因为他认为，战争归根到底是由交战各方赖以生存的经济状况来决定的。

① 这句话出自于歌德（1749—1832）在 1802 年写的十四行诗《自然与艺术》，这首诗的最后三句话是：“想要成大事之人，必须振作起精神。在限制之中方能显出能手，只有规律能给予我们自由。”

② 参阅《马克思恩格斯全集》第 30 卷，人民出版社 1974 年版，第 238 页。

③ 参阅《马克思恩格斯全集》第 30 卷，人民出版社 1974 年版，第 285 页。

④ 参阅《马克思恩格斯全集》第 30 卷，人民出版社 1974 年版，第 286、287 页。

这种异常鲜明的真知灼见之所以更加值得我们钦佩，是因为在这同一封信里我们看到了马克思当时的生活是多么困苦压抑。他在给恩格斯的一封信中曾经写道，他已经决定采取必要的步骤，而在这之前和这之后他都未能下定决心迈出这一步，这就是他已经申请谋求一个普通的职务，并且有希望被一家英国铁路公司聘用。但是这件事却由于他的字迹不清无法辨认竟以失败而告终，他不知道他应该把这个结果称之为福还是称之为祸。不过苦难确实在节节攀升。马克思持续不断地生病；除了他的旧日的肝病频繁地复发以外，得了数年之久的痈疖的疼痛又开始了对他的折磨；在这种毫无出路的境况下，由于过度的劳苦，马克思夫人的身体眼看着就要再次彻底拖垮了。马克思的孩子们甚至缺少上学时需要穿的衣服和鞋子；在举办世界博览会的那一年，当她们的那些女同学们兴高采烈地去游玩的时候，她们却由于生活贫困，以至于每一次参观都让她们感到惴惴不安。最大的女儿那时已经成年，足以看清家里的整个生活境况了，她内心非常痛苦；她甚至背着父母试图去接受戏剧方面的培训。

马克思已经很好地适应了自己内心的想法，这个想法他已经考虑很久，但因为顾及女儿的教育问题，所以一拖再拖。他想把自己的全部家具都让给房东，因为这位房东把法院执行官给弄到他家里来了。同时他想对其余所有的债主宣布破产；他想通过一个友好的英国家庭从中斡旋，为他的两个年长的女儿搞到两个家庭女教师的职位；他想解雇琳蘅·德穆特，让她去找别的工作；他自己则同他的夫人以及年纪最轻的小女儿搬到简陋的廉租屋去住。

是恩格斯制止了这种最坏的情况发生。恩格斯在1860年的春天失去了他的父亲，这之后他在“欧门—恩格斯”公司得到了一个更高级的职位，当然也承担起了更大的代理责任，此外他还获得了候补资格，即以后有权成为公司的合伙人。但是美国的危机严重地影响了公司的业务，并且明显地降低和压缩了他的收入。在1863年的头几天，恩格斯遭遇到了极大的不幸，他失去了玛丽·白恩士①，

① 玛丽·白恩士出生于1821年9月29日，1863年1月7日突然去世，恩格斯猜测她是死于心脏病或者脑溢血。

这个爱尔兰平民的女儿和恩格斯同居了十年之久，为此恩格斯对她充满了感激之情。她的死使恩格斯受到了极大的震动，他写信给马克思说："我无法向你说出我现在的心情。这个可怜的姑娘是以她的整个心灵爱着我的。"[①] 但是马克思的回信却丝毫也没有表露出恩格斯或许正期待着的关心和同情，而这一点比其他一切都更加有说服力地表明，马克思当时的处境就犹如大水已经淹到脖颈的高度了——情况极其危急困难。对于这桩丧事，马克思只用几句内心冷淡的话语一带而过，然后笔锋一转便详细地描述起他所处于的绝望的境地。他写道，如果他不能够筹措到他急需的比较大的一笔钱，那么他的全部家业就连两个星期都维持不下去了。当然，他也承认，自己真是"太自私了"，居然在这样的时刻跟朋友谈论这些可恶的事情。"归根到底，我该怎么办呢？在整个伦敦我就没有一个人可以倾诉衷肠，而在我自己的家里，我又得扮演一个沉默的斯多葛派的角色，以便同另一方面来的猛烈爆发保持均衡。"[②] 恩格斯觉得，马克思对于自己的不幸所表现出的那种"冷若冰霜的态度"深深地伤害了自己的感情；他推迟了好几天才给马克思回信，而且他丝毫也没有掩饰自己内心的不快。恩格斯在信中说，他没有可供他自己支配的一大笔款项。不过他还是向马克思提出了一些建议，以帮助马克思摆脱困境。

马克思也同样拖延了一阵子才给恩格斯回信，然而这只是为了让自己的心情平静下来，而不是因为他想坚持自己的错误。恰恰相反，他真诚地承认了自己的过错，但同时也否定了对他的"冷酷无情"的质疑。马克思在这封回信里以及在后来的一封信中坦率地同时以一种得体的力求和解的方式说明了，是什么情况让自己的头脑一时犯晕，竟然在这样的时刻以个人的穷困来烦扰他，而不是安慰他。可想而知，恩格斯必然会觉得自己的情感受到了很深的伤害，因为对于他所挚爱的伴侣的去世，马克思夫人连一句同情的话语都不曾对他说过。马克思写道："女人是一种奇妙的创造物，甚至那些才智卓绝的也是这样。那天早上，我的妻子为

---

① 参阅《马克思恩格斯全集》第30卷，人民出版社1974年版，第308页。

② 参阅《马克思恩格斯全集》第30卷，人民出版社1974年版，第309页。

玛丽和你的损失哭得这样厉害，以致完全忘记了她自己的痛苦，而这种痛苦正是在那一天达到了顶点；到了晚上她又深信，除了我们以外，世上没有一个人会感到这样痛苦，如果他家里既没有评价员又没有孩子的话。”[①]

马克思的这一席深感懊悔的话语使恩格斯得到了宽慰，也使他们冰释前嫌。恩格斯说：“同一个女人在一起生活了这样久，她的死不能不使我深为悲恸。我感到，我仅余的一点青春已经同她一起埋葬掉了。我接到你的信时，她还没有下葬。应该告诉你，这封信在整整一个星期里始终在我的脑际盘旋，没法把它忘掉。不过不要紧，你最近的这封信已经把前一封信所留下的印象消除了，而且我感到高兴的是，我没有在失去玛丽的同时再失去自己最老的和最好的朋友。”[②]这是在马克思和恩格斯这两个伟人之间的关系中第一次、不过也是最后一次出现紧张的气氛。

恩格斯通过一个“极其冒险的举动”筹措到了一百英镑，而马克思就靠着这一百英镑免遭了灭顶之灾，至少他可以不用搬迁到廉价的简易出租房了。然后他就这样艰难地挣扎着熬过了1863年，快到这一年年底的时候，马克思的母亲离开了人世。当然，马克思从母亲那里所继承下来的大概也没有什么重要的东西。倒是威廉·沃尔夫通过遗嘱的形式指定马克思为主要继承人，才使他有可能得到800到900英镑，就是这笔钱才使他获得了几分安宁。

沃尔夫于1864年5月去世，马克思和恩格斯对于他的死表达了最深切的哀悼。沃尔夫当时还不到55岁；他在风风雨雨中过着一种颠沛流离的生活，从来都不知道爱惜自己，正像恩格斯所指出的，对自己教师职责的执拗的忠诚，加速了他的死亡。由于沃尔夫在曼彻斯特的德国人当中深受大家的爱戴，所以在流亡初期遭受到严重的折磨以后，他最终遇到了一个非常舒适的生活环境。另外，在他去世前不久，他似乎又从他的父亲那里继承了一笔遗产。马克思后来就把自己不朽的天才著作的第一卷献给了他的这位“我的难以忘怀的朋友，勇敢的忠实的

① 参阅《马克思恩格斯全集》第30卷，人民出版社1974年版，第317页。
② 参阅《马克思恩格斯全集》第30卷，人民出版社1974年版，第314页。

和高尚的无产阶级先锋战士”[①]，沃尔夫对马克思的最后一次友好的帮助，大大地减轻了马克思的生活负担和精神负担，使他得以不受干扰地顺利地撰写自己的重要著作。

当然，从长远来看，马克思的忧虑并没有被彻底消除。不过，像前几年那样令人心碎、令人伤透脑筋的贫穷状况，马克思却再也没有遭遇过，因为恩格斯在1864年9月同欧门家族签订了一项为期五年的合同，这项合同使恩格斯成了公司的合伙人。所以，他就有可能像先前那样不知疲倦地而且更加慷慨地在马克思急需他援助的时候帮助他了。

7. 拉萨尔的鼓动

1862年7月，也就是在马克思最艰难困苦的日子里，拉萨尔到伦敦对他进行了回访。

对于这件事马克思在给恩格斯的信中是这样写的：“……而我的妻子为了在这个家伙面前保持一点体面，不得不把所有东西一丝不留地送进当铺！”[②]拉萨尔对于马克思的这种悲惨的生活状况却丝毫也不知情；他把马克思及其夫人为招待他而制造的那种假象完全信以为真了。而一直悉心照料这个家庭的女管家琳衡·德穆特则永远也忘不掉这位来客的好胃口。这样就形成了一种“极为尴尬的局面”，而这并没有给马克思蒙上一层阴影，如果说随着从来不会过分谦虚的拉萨尔的出现，马克思没有使自己完全摆脱掉席勒有一次谈到歌德时所处的那种心情的话，席勒当时是这样说的，这个人多么轻而易举地获得了一切，而我要想得到这一切又必须得付出多么艰苦的奋斗啊！

在伦敦逗留了几个星期之后，拉萨尔在告别的时候似乎才看清了情况。他表示愿意向马克思提供帮助，并且打算在新年之前提供十五英镑；此外，他也允许

① 参阅《资本论》第1卷，人民出版社2004年版，扉页后插页。

② 参阅《马克思恩格斯全集》第30卷，人民出版社1974年版，第260页。

马克思开一张向他兑现的任何数额的汇票，只要恩格斯或其他什么人能够对此进行担保。在波克军的帮助下，马克思试图通过这样的办法获得四百塔勒，但是拉萨尔又在回信里提出了承兑签字的条件，“为了排除一切不能预见到的情况，无论当事人活着或者死亡”，恩格斯必须出具书面承诺，保证在汇票到期之前八天把应该兑付汇票的款项交给拉萨尔。当然，拉萨尔不信任马克思本人的保证让马克思感到很不愉快，但是恩格斯却劝他不要为“这些愚蠢的事”激动，并且立刻开出了对方要求的担保。

这件与钱有关的事情后来进展如何当然就不完全清楚了。10 月 29 日马克思写信告诉恩格斯，拉萨尔对他“十分愤怒”，这个人要求把兑付汇票的金额按照他个人的地址直接寄给他本人，因为他没有同他往来的银行主。11 月 4 日马克思又写道，弗莱里格拉特表示愿意送交拉萨尔 400 塔勒。第二天恩格斯回信说，“明天”他将寄给弗莱里格拉特 60 英镑。但同时两个人又都谈到了汇票的“续期”问题，而看来肯定是在这方面出了某些问题。至少在 1864 年 4 月 24 日，拉萨尔曾经向一个第三者说过，他大概有两年的光景没有再给马克思写过信了，因为他跟他由于“金钱上的原因”弄得关系很紧张。实际上拉萨尔在 1862 年的年底确实最后一次写信给马克思，并且把他的一部题名为《现在怎么办？》的小册子寄给了他。这封信没有保存下来，不过马克思在 1863 年 1 月 2 日发给恩格斯的一封函件中有相关的内容，信中提到请求恩格斯把一本书寄还给他。而且在 6 月 12 日同样是给恩格斯的信里，马克思在对拉萨尔的宣传鼓动进行了尖锐的批评之后写道：“自从今年年初以来我无论如何也不能下定决心给这家伙写信。”① 据此看来，马克思是由于对拉萨尔在政治上的不满而断绝了同他的书信往来的。

在马克思和拉萨尔这两个人的各自的主张之间，其实并不存在任何实质性的矛盾。很有可能是一个矛盾导致了另一个矛盾（两种主张也许是相得益彰）。他们二人的最后一次私人会面是在极其不愉快的情况下进行的，这次不愉快的会见

① 参阅《马克思恩格斯全集》第 30 卷，人民出版社 1974 年版，第 314 页。

也许极大地加剧了他们之间的政治意见分歧进一步尖锐化。而这些意见分歧至少在马克思访问柏林之后也没有得到缓和。

1861年秋天拉萨尔进行了一次旅行，他到了瑞士和意大利，在苏黎世他认识了吕斯托，在卡普雷拉岛他认识了加里波第；在伦敦他又探望了马志尼。拉萨尔似乎对意大利行动党的一项有些异想天开却从来没有实施过的计划很感兴趣，根据这一计划，加里波第应该率领自己的义勇军渡河前往达尔马提亚登陆，并从那里发动匈牙利的起义。拉萨尔本人关于这事没有留下任何文字记载，可能这一切都只是在最糟糕的情况下临时产生的一种想法。因为拉萨尔这时在脑子里考虑的完全是另外一些计划，这些计划尚在他前往伦敦之前就已经通过两次报告开始付诸实施了。

跟意大利的一切事情相比，在拉萨尔的心里更为关切的是如何把马克思作为战友争取过来，以协助促成他的这些计划。但事实证明，马克思变得比一年前更加不容易接近了。不过，凭着优厚的报酬，马克思愿意以驻英通讯记者的身份为拉萨尔还在一直计划创办的报纸工作，但是他却不同意以任何形式承担任何责任或者与拉萨尔建立政治伙伴关系，因为除了一些遥远的终极目的之外，马克思没有一件事情上能够同拉萨尔的意见取得一致。对于拉萨尔向他提出的在工人中间进行宣传鼓动的计划，他也没少表示过否定的看法。马克思认为，拉萨尔太容易受到当前时局的控制，他竟然想把反对诸如舒尔策－德利奇之类的小人物的斗争当作自己宣传鼓动的中心点，也就是说，他主张以“国家援助”反对“自救”。在马克思看来，拉萨尔由此重新搬出了天主教社会主义者比谢在40年代同法国真正的工人运动做斗争时曾经使用过的一个口号；当拉萨尔重新发出宪章派主张的普遍选举权的号召时，他却忽视了德国的条件和英国的条件之间所存在的差异，也没有看到第二帝国在这类选举权方面的教训。马克思指出，拉萨尔否认同德国先前的运动有任何自然联系，由此他便犯下了宗派主义的错误，即蒲鲁东的错误；他不是在阶级运动的实际因素中去寻求可靠的基础，而是按照某个教条主义的处方给这项运动硬行规定了它的发展进程。

但是拉萨尔并没有被任何批评所吓到，他继续从事他的宣传鼓动工作，并且从1863年春天起把它标示为特别的工人宣传鼓动。拉萨尔甚至没有放弃说服马克思的希望，他仍然期待着最终能够使马克思确信自己从事的这一事业的正当性，因为即使在他们之间的书信往来渐停之后，他还是按时把自己的鼓动著作寄给马克思。不过马克思对这些著作的反应大概却是拉萨尔所料想不到的。马克思在写给恩格斯的一些信件中严厉地批评了这些著作，而且马克思的批评还不断升级，有时甚至能够达到尖酸刻薄极其不公的程度。在这里已经没有必要再进一步追述这些不愉快的细节，因为这些东西可以在马克思和恩格斯之间的通信中查阅到；只说一点就够了：拉萨尔的这些给予了几十万德国工人一种新生活的著作，被马克思斥为一个六年级学生的抄袭之作而被轻蔑地搁置一旁。对于他读过的拉萨尔的那些著作，他的评价是这样，而对于他没有读过的那些著作，他统统称之为小学生的作业，认为完全不值得为读它们去浪费时间。

只有浅薄平庸的伪善者才会对这件事视而不见，并且愚蠢地推脱说，作为拉萨尔的老师，马克思有权利这样评论他。马克思不是超人，他没有别的奢望，只想成为这样一个人，即一切不合情理的东西对于他来说都是格格不入的。而不加思考地人云亦云，这正是他最不能够容忍的事情！以他所见，如果人们弥补他给别人造成的不公正就好像弥补他所遭遇到的不公正一样，那么这则表明人们同样尊敬他。而如果人们在深入研究他跟拉萨尔的关系的时候能够进行有根有据、不偏不倚的批评，那么这要比盲目地跟着那些不动脑筋鹦鹉学舌的人后面跑会使马克思获得更多的好处，用莱辛的比喻来说，这些人用手捧着他的拖鞋，缓步走在他所开拓的道路上。

马克思是拉萨尔的老师，但他又不是拉萨尔的老师。从某种观点来看，如果马克思提及拉萨尔，他完全可以用据说是黑格尔临终前提到自己的学生时所说的一句话："在我的学生当中只有一个人理解我，但可惜的是，就连这一个人也误解了我。"毫无疑问，在马克思和恩格斯的所有的追随者当中，拉萨尔是无法比拟的最有天才的一个，然而他却从来没有完全弄明白和掌握他们的新世界观的核心，即历史唯物主义。实际上他也从来没有摆脱黑格尔哲学的"思辨概念"，而且尽管他能够深刻理解无产阶级阶级斗争的世界历史意义，但他的这种理解总是以资产阶级时代所特有的唯心主义的思维形式进行的，即以哲学和法学的思维形式来理解这一斗争。

与此有关的是，作为一个经济学家，拉萨尔远远也不能同马克思相匹敌，他从来都没有真正地理解马克思的经济观点，甚至还完全误解了马克思的经济观点。马克思本人在评论他这一点时，有时候过于宽容，当然更多的情况下却过于严厉。如果说在拉萨尔阐述马克思的价值学说的著作里，马克思发现的还只是多处“显著的误解”，那么可以更确切地说，拉萨尔根本就没有弄懂这门学说。他只是引用了这一学说中符合他的法哲学世界观的东西，即证明：形成价值的一般社会劳动时间使社会的共同劳动成了迫切需要，以确保工人能够得到自己劳动的全部所得。然而对于马克思而言，由他所创立的价值学说则是解答资本主义生产方式全部难解之谜的谜底，它是一条线索，根据这条线索，人们可以探究价值的形成与剩余价值的形成，即探究必然会使资本主义社会变革为社会主义社会的这一世界历史过程。拉萨尔忽视了创造使用价值的劳动和创造交换价值的劳动之间的差别，他也忽视了商品中所包含的劳动的二重性，而在马克思看来，这种二重性是关系到理解全部政治经济学的切入点。在这个关键点上，可以发现拉萨尔和马克思之间存在的判若鸿沟的差别，这就是法哲学观点和经济唯物主义观点之间的差别。

在其他的经济问题上，马克思对拉萨尔的弱点也进行了过于尖刻的批评，尤其是对于拉萨尔的经济主体的论述，而拉萨尔的宣传鼓动正是以此为依据的，即由他命名的工资铁律①和靠国家贷款的生产合作社。马克思认为，拉萨尔的那个工资铁律是从英国经济学家马尔萨斯和李嘉图那里抄来的，而生产合作社则是从法国的天主教社会主义者比谢那里抄来的。而实际上，这二者都是拉萨尔从《共

---

①“工资铁律”又称“铁的工资规律”，是费迪南·拉萨尔命名的工资理论。拉萨尔认为，在资本主义社会里，平均工资始终停留在一国人民为维持生存和繁殖后代，并按照习惯所要求的必要的生活水平上，因此争取提高工资的斗争是没有意义的。拉萨尔的工资铁律并不是如梅林所言是摘引自《共产党宣言》，而是从马尔萨斯和李嘉图那里抄来的。马克思在《哥达纲领批判》中对拉萨尔的“工资铁律”进行过批判，见《马克思恩格斯全集》，人民出版社 2001 年版，第 25 卷，第 24—26 页。

产党宣言》那里摘引的。

马尔萨斯的人口论声称，人口的增长速度要远远超过食物增长的速度；而李嘉图又由马尔萨斯的人口论推导出自己的一条定律，根据这一定律他主张，应该把平均劳动工资限制在能够满足一个国家的人民所习惯的为勉强维持生存和繁衍后代而不可缺少的生活需求的范围内，拉萨尔从来不用所谓的自然规律来论证工资规律。他同马克思和恩格斯一样，也曾经如此激烈地跟马尔萨斯的人口论斗争过。只是对于资本主义社会来说，“在当前的条件下，在劳动的供给与需求关系占统治地位的情况下”，他才强调工资规律的“铁”性，而在这一点上，拉萨尔追随了《共产党宣言》的足迹。

在拉萨尔去世三年之后，马克思才证明了工资规律的弹性特征，这一规律是在资本主义社会处于顶峰的时期形成时，它向上的界限是资本的使用需求，向下的界限是工人在不会马上饿死的情况下所能够忍受的贫困的限度。在这两个界限之内，工资水平不是通过人口的自然流动来决定的，而是通过工人为抵制资本家不断从他们的劳动力中榨取尽可能多的无偿劳动的倾向所进行的抵抗来决定的。因此，对于无产阶级的解放斗争来说，工人阶级的工会组织就获得了一种与拉萨尔想赋予的完全不同的意义。

如果说在经济理论的理解这一点上，拉萨尔还只是落后于马克思，那么就他的生产合作社而言，他则陷入了严重的误解。拉萨尔提出的生产合作社并不是从比谢那里抄袭来的，他也没有把它们看成是万灵药，而是把它们看成为生产社会化的一个开始，也正是以这样的观点出发，《共产党宣言》中提到了把信贷集中在国家手中和建立国营工厂的问题。除此之外，这里也提到了一系列其他的措施，关于这全部措施在《共产党宣言》中是这样写的，它们“在经济上似乎是不够充分和没有效力的，但是在运动进程中它们却会越出本身，成为变革全部生产方式所不可避免的手段。”[①] 而拉萨尔却把自己的生产合作社看成是“有机的芥菜种子，它不可阻挡地要萌发生长，并且从自己本身不断地向外扩展”。拉萨尔的看法暴

① 参阅《马克思恩格斯全集》第4卷，人民出版社1958年版，第490页。

露出他是受到了“法国社会主义的感染”，因为他认为，商品生产规律可以在商品生产的基础上被清除。

拉萨尔在经济方面的薄弱之处这里只能略提一下主要的几点，但这就已经足以让马克思感到恼火了。他早已就澄清了的东西再一次被弄得不明朗了。所以马克思对此所说过的一些不客气的话语就不难理解了。但是，尽管马克思的恼怒可以理解，可他却没有认清楚，拉萨尔所推行的那些政策其实就是他的政策，虽然在理论方面存在着各种错误。现有的每一次运动都要同最后的目标联系起来，这样才能够把运动向前推进——这是马克思本人一直所推荐的，而且也是他本人在 1848 年曾经奉行过的实践经验。诚然，拉萨尔太容易受到“当前时局”的控制，但是就这一点而论，马克思本人在革命年代中的表现也不亚于拉萨尔。马克思曾经声称，作为宗派创始人的拉萨尔否定了同先前的运动的任何自然联系，就这方面来说马克思是正确的，即拉萨尔在他的宣传鼓动中没有一次提到过共产主义者同盟和《共产党宣言》。然而，即使是在好几百期的《新莱茵报》上，要想寻找到提到共产主义者同盟和《共产党宣言》的地方，同样也是毫无结果。

在马克思和拉萨尔两个人都去世以后，恩格斯曾经为拉萨尔的策略进行过辩解，虽然只是间接地，但是他提出的理由却是如此有说服力。在 1886 和 1887 年间，一场无产阶级群众运动[①]开始在美国发展起来，这场运动提出的纲领非常混乱，这时候恩格斯给自己的老朋友左尔格写信说：“每一个新参加运动的国家所采取的第一个重大步骤，始终是把工人组织成独立的政党，不管怎样组织起来，只要它是一个真正的工人政党就行。”[②]恩格斯接着写道，如果这个政党所提出的第一个纲领一开始还是混乱的，并且是极其不完备的，这都是不可避免的缺点，

① 指美国劳动骑士团运动，这是 1869 年由尤赖亚·史密斯·斯蒂芬斯（1821—1882）等七个裁缝工会会员在费城建立的美国工人组织。其主要纲领是要求 8 小时工作制，实行同工同酬，废除童工，在公用事业领域实现公有制，成立合作社，进而通过合作的社会代替资本主义竞争等。劳动骑士团于 1913 年正式解散。

② 参阅《马克思恩格斯全集》第 36 卷，人民出版社 1974 年版，第 566 页。

然而也只是暂时的缺点。他还给在美国的其他党内同志写过类似的信件。他对他们说，马克思主义的学说并不是唯一能够济世救人的教条，而是对历史的必然发展过程所做的翔实的阐述；我们不应该把第一次列队进军时不可避免的混乱搅得更加糟糕，更不应该强制人们去扼杀他们眼下尚不能够理解但很快就能学会的那些事物。

恩格斯在这里还引证了他和马克思在那些革命的年代里所提供的一个范例。“当我们在 1848 年春天回到德国的时候，我们参加了民主派，因为这是唯一能引起工人阶级注意的一种手段；我们是该派的最先进的一翼，但毕竟是它的一翼。”[①]而正如《新莱茵报》曾经对《共产党宣言》保持沉默缄口不提一样，恩格斯也警告人们，不要把它运用到美国的运动中去。恩格斯说，无论是这个《宣言》还是马克思和他所写的几乎所有的小部头著作，对于美国来说还是太难于理解了；那里的工人才刚刚投入运动，还完全没有成熟，特别是在理论方面还极其落后。他指出：“这就应当直接从实际出发，为此就需要完全新的著作。……只要人们多少走上正确的道路，《宣言》就会立即发生作用，现在它只能对少数人产生影响。”[②]对此左尔格表示反对。

他说，《宣言》发表时他还是个孩子，但那时《宣言》就已经对他产生了极其深刻的影响。

恩格斯答复他道：“要知道，四十年前你们毕竟是德国人，具有德国人的理论头脑，所以《宣言》在当时产生了那样的影响，可是它对其他民族却没有发生任何影响，虽然它也译成了法文、英文、佛来米文、丹麦文和其他语文。”[③]1863 年，在经历了漫长岁月的沉重压迫之后，这种理论修养在德国工人阶级中间也已经所剩无几了；他们也需要经过一个长期的教育，才能够重新读懂《宣言》。

恩格斯坚持不懈地并且完全正确地援引马克思的话来说明，宣传鼓动是新着手进行的一场工人运动的“首要大事”，如此一来，拉萨尔的鼓动也就无可非议

① 参阅《马克思恩格斯全集》第 36 卷，人民出版社 1974 年版，第 584 页。

② 参阅《马克思恩格斯全集》第 36 卷，人民出版社 1974 年版，第 610—611 页。

③ 参阅《马克思恩格斯全集》第 36 卷，人民出版社 1974 年版，第 633 页。

了。如果说拉萨尔作为经济学家远远地落后于马克思，那么作为革命者他同马克思则绝对实力相当，不分伯仲；除非有人想指责拉萨尔，说在他身上革命精力的狂躁不安分压倒了作为一名科学研究者应有的不倦的勤奋和持久的耐性。拉萨尔的全部著作都是从直接的实际效果出发考虑的，只有《赫拉克利特》一书是唯一的例外。

拉萨尔把自己的宣传鼓动建立在阶级斗争的广泛而牢固的基础上，并且为此确立了坚定不移的目标，即发动工人阶级夺取政权。他绝对不是——像马克思所指责的那样——按照某个教条主义的药方预先规定好运动的发展进程，而是把运动同“现实因素”联系起来，这些因素本身已经在德国工人中间引发了群众运动，即普选权及合作社的问题。拉萨尔把普遍选举权看成是无产阶级阶级斗争的杠杆，他的这种看法比马克思和恩格斯对此做出的估计要正确得多，至少在他那个时代是如此。至于他提出的靠国家贷款的生产合作社，不管它们一直遭到反对的理由是什么，但它们却是以正确的基本思想为依据的，这里援引几句马克思的原话为证，这是他本人在几年之后说的：“为了拯救劳动群众，必须在全国范围内不断加大合作劳动的规模，并且必须有计划地通过国家资金给予支持。”① 拉萨尔完全是表面上看起来像一个“宗派创始人”，这很可能是他的追随者们不时地对他表示过分热情洋溢的崇拜造成的，至少他本人不应该对此承担真正的和原始的责任。拉萨尔曾经一直在竭力避免使“这场运动在那些蠢才面前显得似乎是单纯一个人的事情”；他不仅想要争取到马克思和恩格斯，而且还打算争取到布赫尔和洛贝尔图斯以及一些其他的人来参加他的宣传鼓动；然而，他没有赢得任何一位思想上可以并驾齐驱的同伴支持，在这种情况下，当工人们的感激之情变得越

① 梅林此处并未引用马克思的德文译文（《国际工人协会成立宣言》原文是英文，1864 年 12 月 21 日和 30 日，在《社会民主党人报》第 2 号和第 3 号上发表了原作者的德文译文，该译文是以最新版本为依据的），而是采用了威廉·艾希霍夫（1833—1895，德国律师、新闻工作者，社会民主党人）经马克思授权后在 1868 年出版的《国际工人协会》一书中所发表的德译文。而在《国际工人协会成立宣言》中，这段德译文则引述如下：“为了解放劳动群众，合作制需要在全国的范围内发展，并需要通过国家手段给予支持。”——德文原书出版者注

来越浓烈的时候，自然而然地便发展成为个人崇拜这样一种不是总都令人无比欣赏的形式。当然，拉萨尔也并不是一个不爱显山露水的人物；而马克思则是一个自我克制的人，对于他来说，自己个人的一切永远必须得给事业让路，这种精神正是拉萨尔不曾具备的。

还有一个至关重要的方面应该要考虑到，即自由派资产阶级同普鲁士政府之间表面上看似激烈的斗争，而拉萨尔的宣传鼓动正是由于这场斗争产生的。自1859年起，马克思和恩格斯开始对德国的事态予以了越来越多的关注。但是，就像在他们的信件中直到1866年都在以各种各样的方式所表明的那样，他们同德国的一切事物并没有取得真正意义上的联系。尽管他们拥有来自革命岁月里的多年的经验，但是他们依然在期待资产阶级革命甚至是军事革命的可能性。他们高估了德国的资产阶级，同时却又低估了大普鲁士的政策。他们从来不曾消除他们青年时代的印象，那时候他们的莱茵家乡骄傲地意识到自己拥有现代文化，因而以轻蔑的目光居高临下地俯视旧普鲁士原始的省份。后来，他们把主要的注意力越来越多地集中在沙皇企图统治世界的计划上，随之，他们也越来越把普鲁士国家至多只看成是俄罗斯的一个省份。至于俾斯麦，马克思和恩格斯甚至更倾向于把他只视为俄国的一个工具，即“杜伊勒里宫中的那个神秘人物”，还是在1859年他们就提到过这个神秘人物，那时他们就说，他只不过是在跟着俄国外交的笛声跳舞而已。他们绝对不会有这样一种想法，即认为大普鲁士政策尽管存在着各种可反驳之处，但却能够导致让巴黎以及彼得堡都同样感到惊恐不快的结果。不过，如果说他们认为资产阶级革命在德国仍然有可能发生的话，那么他们便会认为拥戴拉萨尔为领袖自然是完全不合时宜的。而假如他们作出的其他的判断是正确的话，那么没有人会比拉萨尔更加乐意支持他们的意见了。

拉萨尔是从近处观察德国的事物的，因此他对情况的判断也就更加确切。他正是以此为出发点，并在这方面取得了胜利，他预示：“进步的资产阶级的庸俗运动从来都不可能取得什么成果，“即使我们愿意等上几百年，甚至愿意等上地球的地质时代的无数个纪”。但是，如果资产阶级革命的可能性不存在了，那么根据拉萨尔的预料，德国的国家统一——只要统一完全还有可能——将会通过改朝换代来完成，而在这场王朝变革中，拉萨尔认为新的工人政党应该起到挑拨离间的作用。当然，当他在同俾斯麦的谈判中试图把大普鲁士政策引入困境的时候，他的这种做法虽然没有违反原则，但是却已经违背了政治礼节的规定，马克思和恩格斯完全有理由认为他这样做是错误的，而且他们也确实对此非常反感。

究竟是什么情况使他们在1863年和1864年同拉萨尔分道扬镳的？其原因归根结底也同1859年一样，是“对于实际的前提的相反的判断”，这就消除了个人之间的仇视这样一种表面上的原因，就仿佛他们的决裂是因为刚好在这个时期马克思对拉萨尔所做的那些苛刻的评价。不过，马克思一直也没有完全克服掉自己对拉萨尔的偏见，甚至连死亡所具有的化解矛盾的力量在这里也无法继续发挥作用。尽管如此，德国社会民主党的历史将会永远把拉萨尔的名字同马克思和恩格斯相提并论。

马克思通过弗莱里格拉特得到了拉萨尔逝世的消息，并且在1864年9月3日打电报给恩格斯把这个消息通知了他。第二天恩格斯回复道：“你可以想象，这消息使我多么震惊。且不论拉萨尔在品性上、在著作上、在学术上究竟是个什么样的人，但是他在政治上无疑是德国最重要的人物之一。对我们来说，目前他是一个很不可靠的朋友，在将来是一个相当肯定的敌人，然而看到德国如何把极端政党的所有比较有才干的人都毁灭掉，毕竟还是会很痛心的。现在工厂主和进步党的狗东西们将会多么欢欣鼓舞，要知道，在德国国内，拉萨尔是他们唯一畏惧的人。”①

收到信后几天过去了，直到9月7日马克思才回信写道：“拉萨尔的不幸遭遇使我在这些日子里一直感到痛苦。他毕竟还是老一辈近卫军中的一个，并且是我们敌人的敌人。……无论如何，使我感到痛心的是，近几年来我们的关系变暗淡了——当然，这是他的过错。另一方面，使我感到很欣慰的是，我没有受来自各个方面的挑拨的影响，在他的‘得意年代’一次也没有反对过他。真见鬼，我

① 参阅《马克思恩格斯全集》第30卷，人民出版社1974年版，第419页。

们这一伙人，变得越来越少了，又没有新人增加进来。”[①] 马克思也给哈茨费尔特伯爵夫人写了一封信进行安慰，他写道：“是他在年轻得意时死去，象阿基里斯那样。”[②]

不久以后，当空谈家卡尔·布林德试图在损伤拉萨尔的情况下炫耀自己的时候，马克思言辞激烈地痛斥他道：“我不打算向这个除了自己的影子以外一无所有的荒唐的马志尼－斯嘉本说明拉萨尔这样一个人的作用，以及他的鼓动的真正意图。相反，我深信，卡尔·布林德先生凌辱一只死狮，仅仅是执行大自然和伊索赋予他的使命。”[③] 又过了几年，马克思在写给施韦泽的一封信里肯定了“拉萨尔的不朽功绩”，承认是他把德国的工人运动在沉寂了十五年之后重新唤醒，尽管他在进行自己的宣传鼓动时犯了一些“重大的错误”。[④]

但是后来这样的日子又来临了，即马克思又开始批评起拉萨尔来，而且他对死后的拉萨尔的评价甚至比对拉萨尔活着的时候还要更加尖刻，也更加不公正。因此，这就给人留下一种不快之感，而这种感觉只有在产生一种鼓舞人心的想法时才能够消除，那就是现代工人运动太强大了，以至于就连最强有力的人物也都无法遏制它的发展。

① 参阅《马克思恩格斯全集》第 30 卷，人民出版社 1974 年版，第 422 页。
② 参阅《马克思恩格斯全集》第 30 卷，人民出版社 1974 年版，第 669 页。
③ 参阅《马克思恩格斯全集》第 16 卷，人民出版社 1964 年版，第 27 页。
④ 参阅《马克思恩格斯全集》第 32 卷，人民出版社 1974 年版，第 557 页。

第十一章　国际工人协会的创始阶段

1. 国际工人协会的成立

在拉萨尔去世之后的几个星期，1864 年 9 月 28 日，在伦敦的圣马丁堂举行的一次盛大的集会上，国际工人协会[①]成立了。

国际工人协会不是单独的某一个人的杰作，它不是一个“头大身小”的空头组织，不是无家可归的合谋反抗者的帮派团伙；它既不是虚空的幻象，也不是令人惊惧的庞大的怪物，就像资本主义的传令官的御用文人一再昧着良心所臆造的那样。确切地说，国际工人协会其实是无产阶级解放斗争的一种过渡形式，它的历史本质不仅决定了它的存在是必要的，而且也决定了这种存在是暂时的。

资本主义生产方式的内在的矛盾催生了现代国家，但同时又在毁坏它。这种生产方式把民族矛盾推向了极端，不过它同时也在按照自己的摸样改造着一切民族。在资本主义生产方式的基础上，民族矛盾是不可能解决的，而要建立资产阶级革命所大肆宣扬和吹嘘的那种民族和睦的一切尝试，都在碰到这个矛盾时一一破产了。大工业一面宣扬国家之间的自由与和平，一面却把这个世界打造成了在以往任何一个历史时代都从未见到过的一个大兵营。

然而，随着资本主义生产方式的消失，它的内部的矛盾也将会消失。当然，

① 国际工人协会是 1864 年在伦敦建立的国际工人联合组织，德文名称为 Internationale Arbeiterassoziation，简称“Internationale”（“国际”）。第二国际成立后，始称“第一国际”。1876 年国际工人协会（第一国际）正式宣布解散。

无产阶级的解放斗争只能在本民族的土地上开展；而由于资本主义生产过程是在本民族的范围内完成的，所以每个国家的无产阶级首先要对抗的就是本国的资产阶级。但是，无产阶级不会受限于无情的竞争，尽管这种竞争可以让资产阶级所鼓吹的关于世界各民族自由与和平的全部梦想迅速彻底地毁于一旦。工人们只要一认识到——这一认识是随着他们的阶级觉悟的第一次觉醒而同时产生的——他们必须要消除自己队伍内部的竞争，以便能够强有力地抵抗资本的优势，那么只要再进一步，他们就可以达到更深一层的认识，即必须要停止不同国家的工人阶级之间的竞争，确切地说，就是各个国家的工人阶级必须要齐心协力，共同粉碎资产阶级的国际统治。

因此，在现代工人运动中，国际化的倾向很早就已经在发挥作用了。凡是被满脑子都充斥着其利润利益的资产阶级理解成没有爱国主义情操，甚至理解成为缺乏教养和健全的智力的东西，恰恰都是与无产阶级的解放斗争性命攸关的必要条件。尽管无产阶级的解放斗争能够而且也必须解决民族化倾向与国际化倾向——资产阶级是要永远在这两种倾向之间疲于奔命了——之间的冲突，然而在这方面也像以往在其他方面一样，它毕竟没有也不可能有一支可操控魔棍，能够在瞬间将陡峭的登山之路变成一条既平坦又光滑的大道。现代工人阶级只能在历史发展为其提供的条件下进行斗争，而这些条件不可能在一场巨大的冲击中被突破，而是只能按照黑格尔名言“理解意味着克服”去理解它们，进而克服它们。

这种理解之所以变得极度困难，是由于欧洲工人运动尚在其起始阶段就立即显露出了它的国际化倾向，欧洲工人运动的开端是错综复杂的，而且往往是同一些大的民族国家的建立相互交织在一起的，而这恰恰也是资本主义生产方式所造成的结果。在《共产党宣言》宣告一切文明国家的无产阶级的联合行动是无产阶级获得解放的不可或缺的必要先决条件之后，才过了几个星期，便爆发了1848年革命。这场革命虽然在英国和法国已经造成资产阶级和无产阶级作为敌对力量的直接相互对垒，然而在德国和意大利它却引发了争取民族独立的斗争。当然，无产阶级就其当时已经积极行动起来的表现而言，它在当时已经完全正确地认识到，这些争取民族独立的斗争尽管绝对不是它的最终目标，那么毕竟也是通往最终目标的征途上的一个站点。正是无产阶级向德国和意大利的民族独立斗争提供了最英勇的战士，而且这些运动在任何地方都没有得到过比《新莱茵报》所给予的更好的建议，而《新莱茵报》则是由《共产党宣言》的两位作者出版的。不过，民族斗争必然会遏制国际主义思想，尤其是当德国和意大利的资产阶级开始逃到反动的刺刀下面寻求保护的时候。在意大利，各种工人互助团体纷纷在马志尼的虽然根本不是什么社会主义的、但至少是共和主义[①]的旗帜下组织起来；而在比较发达的德国——德国工人自魏特林时代起便对他们的事业与国际主义密不可分的关系已经不陌生了——则为了民族问题的缘故而导致了一场长达十年之久的兄弟阋墙之战[②]。

在法国和英国，情况则完全不同。当无产阶级运动兴起时，法国和英国的国家统一早就已经有了保障。尚在三月革命以前的时期，国际主义思想在这两个国家就已经相当活跃：巴黎被看作是欧洲革命的首都，而伦敦则是世界市场的中心。然而即便是在这两个地方，在无产阶级失败以后，国际主义思想也或多或少地退到次要的位置了。

六月之战所遭到的可怕的血洗事件[③]致使法国的工人阶级陷于瘫痪，而波拿巴专制的铁腕则扼制了工人阶级的工会组织和政治组织的发展。工人组织重新陷入三月革命前的宗派主义分裂状态；在这一片混乱之中，有两个派系比较清晰地显露出来，而这两个派系的出现，在某种程度上造成了革命的因素和社会主义的因素的彼此分离。其中一派是与布朗基联系在一起的，实际上布朗基并没有一个真正的社会主义纲领，他只是试图通过少数坚定分子发动冒险的突然袭击来夺取政治上的权力。而与之相比要强大得多的另外一个派系则处于蒲鲁东的思想影响

① 朱塞佩·马志尼（1805—1872）是一位坚定的共和主义者，他在1831年建立了一个秘密的共和主义团体“青年意大利”，主张通过革命的道路把意大利从异族压迫下解放出来，建立统一的民主共和国。

② 指德国两大工人派系爱森纳赫派（德国社会民主工党）和拉萨尔派（全德工人联合会）之间的针锋相对的斗争。1875年5月，两派在哥达城合并成立了德国社会主义工人党，这是德国第一个统一的工人政党。

③ 指法国1848年爆发六月起义后，政府军队进行了血腥的镇压。

之下；蒲鲁东以推行一种无偿贷款的交换银行和一些类似的教条主义实验，将工人运动引离了政治运动的轨迹。关于这一运动，马克思在他的《雾月十八日》一书中就曾经这样说过："无产阶级中有一部分人醉心于教条的实验，醉心于成立交换银行和工人团体，换句话说，醉心于这样一种运动，即不去利用旧世界自身所具有的一切强大手段来推翻旧世界，却企图躲在社会背后，用私人的办法，在自身的有限的生存条件的范围内实现自身的解救，因此必然是要失败的。"①

在宪章运动失败以后，一种在某些方面与此相类似的发展过程，在英国的工人阶级中也曾经发生过。虽然伟大的空想社会主义者欧文年事已高却还健在，但是他的学派已经在逐渐衰落，并且被掩没在一种宗教的自由思想中。此外，当时还出现了以金斯利和莫里斯为代表的基督教社会主义，这种社会主义——不应该把它同它在大陆已经失真的形象混为一谈——只致力于自己的教育和合作事业，它对任何政治斗争都丝毫不感兴趣。甚至先于法国而在英国产生的工联所属的那些工会，也都坚守着对政治漠不关心的态度，它们只限于满足工人近在眼前的简单需求，而通过五十年代的狂热的工业活动以及英国在世界市场上的统治地位，则为它们做到这一点提供了便利条件。

尽管如此，但是在英国的土地上，国际工人运动却是非常缓慢地逐渐衰落并停止了活动。它的最后的踪迹可以追寻到五十年代末期。"民主派兄弟协会"②将自己的存在艰难地拖延到克里木战争时期；甚至在它完全瓦解之后，又出现了一个国际委员会，这之后又产生了一个国际协会，该协会主要是由厄内斯特·琼斯竭力创建的。当然，这些组织并没有获得多么重大的意义，不过它们毕竟显示出国际主义思想还没有完全熄灭，而是继续闪烁着微弱的火花，一旦有强劲的阵风吹过，便可以重新燃起熊熊烈火。

① 参阅《马克思恩格斯选集》第1卷，人民出版社2012年版，第676页。

② "民主派兄弟协会"是宪章运动左翼代表人物和革命流亡者为了在各国民主运动之间建立密切的联系而于1845年在伦敦成立的国际性民主团体。马克思和恩格斯参加了1845年9月22日各国民主派会议的筹备工作。1848年宪章派失败以后，协会的活动大为削弱，于1853年彻底瓦解。

相继发生的1857的商业危机和1859年的战争，特别是自1860年起北美合众国南北各州之间爆发的内战，就可以起到这类劲风的作用。如果说1857年的商业危机给了波拿巴主义在法国的辉煌首次产生持续影响的一击，那么妄图通过在对外政策方面的行险侥幸来避开这次打击，自然也是绝对不会成功的。那位十二月的英雄[①]曾经使之转动的地球早已从他的手中滑落。意大利统一运动的发展已经使他完全无法控制，而法国的资产阶级也不是用马振塔会战和索尔费里诺会战[②]所换取来的那顶狭小的桂冠就能够敷衍的。为了遏制资产阶级日益增长的骄横跋扈，他很容易产生这样的想法，即为工人阶级提供一个更大一些的自由活动空间；因为第二帝国继续存在的可能性其实就取决于这样一个成功地解决方案，那就是设法让资产阶级和无产阶级彼此向对方施加压力，以达到让它们相互遏制的目的。

当然，波拿巴不打算在政治上做出任何让步，不过他也许会考虑在工会的问题上做出一些让步。在法国工人界具有相对而言最大影响力的蒲鲁东是第二帝国的一个反对者，虽然他的某些自相矛盾的想法可能会给人造成一种相反的印象；然而他同时也是一个罢工的反对者。正是这一点似乎触犯了法国工人的切身利益。尽管有蒲鲁东的强烈劝阻以及取缔结社的严厉禁令，但从1853年到1866年期间，依然有不少于3909名工人参加了749个团体，并因此被判处刑事处罚。波拿巴效仿凯撒，他一开始先是赦免了这些被判罪者。然后他又支持派出法国工人参加1862年在伦敦举办的世界博览会，也就是说——这一点不容置疑——他用了比德意志民族联盟要周密得多的办法实现了同一时期同样的“妙策”。参加博览会的代表据说是由行业同事选出的；在巴黎为150种行业的工人设立了50个选举站，它们总共派遣了200名代表前往伦敦；其费用——除了一部分是自愿

---

① 指拿破仑三世夏尔－路易－拿破仑·波拿巴（1808—1873），他于1851年12月2日发动政变，解散议会，并通过公民投票使政变合法化。

② 马振塔会战（1859年6月4日）和索尔费里诺会战（1859年6月24日）是撒丁岛战争中两场战役。见《马克思恩格斯全集》第13卷，人民出版社1962年版，第427—434页和第448—451页，弗·恩格斯：《马振塔会战》和《索尔费里诺会战》。

捐助的以外——均由帝国国库和市属金库共同承担，每一方各支付 20 000 法郎。代表们在回国之后，准许他们把详细的报告印出来散发，这些报告大部分都已经远远地超出了纯业务的范围。在当时的情况下，这的确是一件大事，而且是一次国家行动，它甚至引得那个惴惴不安的巴黎警察局长也不由得发出一声慨叹说，皇帝与其开这样玩笑，不如在这之前就应该立刻废除结社的禁令。

实际上，工人们并没有对他们这位自私自利的施恩者表现出他所需要的那种感激之情，而只是给了他应得的酬谢。在巴黎的 1863 年选举中，政府提出的候选人才只得到 82 000 张选票，反对派的候选人则得到 153 000 张选票；然而在 1857 年的选举中，政府曾经得到过 111 000 张选票，反对派才得到了 96 000 张选票。人们一般认为，这样的变化只有较小的一部分可以归因于资产阶级的离心离德，而主要的还是应该通过工人阶级态度的改变来解释，因为恰恰是在假波拿巴为讨好工人空谈他们的利益的时候，工人阶级想显示出自己的独立性，尽管他们最初还只是在资产阶级激进主义的旗帜下向前进的。这种看法得到了证实，1864 年在巴黎举行了几次补选，有六十名工人推举一个名叫托兰的镂刻匠作为他们的候选人，与此同时他们还发表了一个宣言，并在宣言中预示了社会主义的复兴。宣言里写道：当然，社会主义者已经从过去的经验中学到了许多东西；在 1848 年的时候，工人们还没有获得一个明确的纲领，他们崇奉这种或者那种社会理论时，与其说是经过了深思熟虑的结果，倒不如说是出于本能。现在他们已经远离了浮夸的空想，并且要求进行社会改革。针对这样一些改革，托兰要求出版自由和结社自由，废除有关结社的禁令，实行义务教育和免费教育，以及取消宗教预算。

然而托兰总共只获得了几百张选票。蒲鲁东或许完全赞同宣言的内容，但是他抵制参加选举，因为在他看来，交出一张空白的选票是对帝国的一种更为强烈的抗议；布朗基主义者们则认为宣言太过于温和；而具有自由主义和激进色彩的资产阶级——除了少数例外——大都对工人的独立行动大肆进行冷嘲热讽，尽管托兰的竞选纲领完全没有给出任何理由让资产阶级感到恐慌不安。这种现象与在德国同时出现的情况极为相似。受此鼓舞，波拿巴敢于再次向前迈进一步；1864

年5月颁布的一项法律虽说仍然没有废除有关成立行业协会的禁令——废除该禁令一事是四年以后才发生的——但是起码刑法中那些禁止工人为改善劳动条件而联合起来的条款被删除了。

在英国，虽然自从1825年起就废除了禁止结社的法令，但是工会的存在不论是在法律上还是事实上都依然完全得不到保障；广大的工会会员在政治上没有选举权，而这种权利原本可以使他们有机会清除掉那些妨碍他们为争取提高生活水平而进行斗争的法律障碍。欧洲大陆的资本主义的兴起，使不计其数的人背井离乡，生活彻底失去了着落，从而引发了一场危险的肮脏的竞争：每当工人开始要求提高工资或者缩短工时的时候，资本家就扬言要从法国、比利时、德国或者其他国家输入外籍工人进行威胁。特别使工人不安的是美国的内战。这场战争所引发的棉花危机，给英国纺织工业的工人带来了极大的苦难。

于是，工会被从静观的状态中唤醒。一种新工联主义应运而生，它的代表人物主要是那几个最大的工会中的一些富有经验的领导人，他们是：来自机器制造工中的艾伦，来自房屋建筑木工中的阿普尔加斯，来自细木工中的卢克拉夫特，来自泥瓦工中的克里默，来自制鞋工人中的奥哲尔，等等。这些人认识到，政治斗争对于工会来说也是必要的。他们把注意力对准了选举改革，并且成了一次声势浩大的群众集会的推动性力量，这次集会是在圣詹姆斯大厅举行的，主持大会的是激进派政治家约翰·布赖特，大会针对帕麦斯顿企图站在实行奴隶制的南方各州一边对美国内战进行干涉的计划提出了激烈的抗议。当加里波第在1864年春天对伦敦进行访问的时候，这些工会领袖为他举行了隆重的欢迎仪式，英国和法国的工人阶级在政治上的重新觉醒，也再度唤醒了国际主义思想。还是在1862年的世界博览会期间，法国工人代表团和英国工人之间就曾经举办过一次“兄弟之情联谊活动”。而1863年的波兰起义①则使这种关系连接得更加紧密了。

① 1863年的波兰起义又称一月起义，是波兰近代史上规模最大、影响最深远的反对俄国民族压迫和反对封建的民族大起义，这次起义虽然得到英国和法国的同情和钦佩，但却没有得到任何军事援助，由于敌我力量悬殊，起义最终被镇压。

波兰问题历来在西欧文明民族的革命分子中普遍受到格外关注；对波兰的压迫和瓜分[①]，促使东欧三强拧成一股反动势力，波兰的复兴对于俄国在欧洲的霸权地位是一次致命的打击。"民主派兄弟协会"已经定期为1830年波兰革命[②]纪念日举行过几次庆祝活动，借以向波兰人民表示热诚的致意，尽管也是怀着这样一种意向，即认为一个自由民主的波兰的复兴是无产阶级解放必不可少的一个先决条件。1863年的情况也是如此。在伦敦举行的几次纪念波兰革命的集会上——法国工人也派出他们的代表参加了集会——都强烈地鸣响着社会的音符，这也是由奥哲尔担任主席的英国工人委员会向法国工人公开致谢的基调，感谢他们参加纪念波兰的集会。感谢信中特别强调地指出，英国资本家通过引进外国工人的办法强加给英国无产阶级的肮脏竞争，只是因为世界各国工人阶级之间缺少系统化规划的联系才有可能得逞。

这篇致谢信是由比斯利教授翻译成法文的，他是一位多次为工人的事业做出过贡献的学者，在伦敦大学讲授历史。致谢信在巴黎的工场中引起热烈的反响，并在决定派遣一个代表团亲自前往伦敦进行答谢时达到了高潮。为了欢迎法国工人代表团，伦敦委员会于1864年9月28日在圣马丁堂召开了一个大型集会，大会由比利斯教授主持，与会者拥挤得令人透不过气来。托兰宣读了法国工人的答谢词，答谢词一开始就提到了波兰起义："波兰再一次被它的儿女们的鲜血所窒息，而我们却仍然是无能为力的旁观者。"然后它要求：必须在一切重大的政治问题和社会问题上倾听人民的声音，必须要打破资本的专制权力。它说，劳动分工把人变成了机械工具，而如果没有工人的团结一致，自由贸易势必将造成一种工业农奴制度，这种农奴制度比法国大革命时期所粉碎的农奴制更加残酷无情，后果也更加严重。它指出，全世界的

---

① 波兰在1772年、1793年和1795年曾经遭到俄国、普鲁士和奥地利的三次瓜分，第三次瓜分导致了波兰的彻底灭亡。

② 1830年波兰革命指的是1830年11月29日爆发的波兰人民反抗俄国统治的十一月起义，也称1830—1831年波俄战争。起义军在华沙爱国市民的配合下，打败了沙俄军队，解放了华沙，并成立了民族政府；但在1831年9月，华沙又被俄军攻陷，起义以失败告终。

工人必须要联合起来，共同设置一道不可克服的障碍，来对抗这种灾难性的制度。

大会引发了热烈的讨论，在讨论时埃卡留斯也代表德国工人发了言。经过一番讨论之后，大会根据英国工会活动家乔治·威廉·惠勒的提议，决定设立一个委员会，这个委员会将得到全权委托，自行增加其委员人数，并且起草一个国际联合组织的章程，这些章程只是临时有效，直到下一年在比利时召开国际代表大会时，将由代表大会对它们做出最终的决定。委员会被选举出来了：它是由许多英国工会活动家和外国的工人事业代表组成，其中也有德国工人的代表，在报纸的报道中把他列在了最后，他的名字就是卡尔·马克思。

2."国际"的成立宣言和章程

直到那时为止，马克思已经不积极参加这类活动了。这回他是受到法国人勒吕贝的邀请、作为德国工人的代表参加集会的，同时他按照勒吕贝的请求特别推荐了一名工人作为发言人。马克思推荐的是埃卡留斯，而他自己出席这次大会时，则只是在演讲台上留下一个沉默不语的身影。

马克思认为他的科学研究工作高于一切，这足以让他把他的科学工作摆到从一开始看上去就毫无希望的一切结社鬼把戏的前面；但是只要对无产阶级有益的工作需要他去做，他愿意将自己的工作往后推延。这一次他发觉，参加集会的是一些"真正的力量"。他写信给魏德迈，并且也将类似的内容写给其他的朋友说："不久前成立的国际工人委员会……不是没有意义的。它的英国委员大部分是本地工联的领导人，也就是伦敦真正的工人国王；正是这些人组织了对加里波第的盛大欢迎，并且通过在圣詹姆斯大厅举行的规模巨大的群众集会（由布莱特主持）阻挠了帕麦斯顿发动他已经准备进行的反对美国的战争。委员会中的法国委员是一些影响不大的人，但是他们直接代表着巴黎的处于领导地位的'工人'。同不久前在那不勒斯举行过代表大会的意大利团体也有联系。虽然多年来我一直避免参加各种各样的'组织'等等，但是这一次我接受了建议，因为这是一桩可以取得显著成效的事业。”[1]马克思清楚地看到“工人阶级显然正在复兴”，他把为工人阶级开拓新的道路视为自己的最高职责。

此时幸运的是，由于外部的种种情况，思想领导权自然而然落到了马克思的身上。被选出的委员会通过延请一些新的力量来补充自己的机构；委员会由大约50名成员组成，其中有一半是英国工人。然后是德国最强，它的代表大约有10名委员，他们过去都是共产主义者同盟的成员，例如马克思、埃卡留斯、列斯纳、罗赫纳和普芬德。法国有9名代表，意大利有6名，波兰和瑞士各有2名代表。这个委员会成立以后，它在下面又设立了一个小委员会，由它负责起草纲领和章程。

马克思也被选入这个小委员会，然而由于生病，或者是因为接到通知太晚了，他多次都未能参加讨论。当时马志尼的私人秘书沃尔夫少校、英国人韦斯顿和法国人勒吕贝对需要向小委员会提供的解决这项任务的方案进行了大量的研究，但是却徒劳无功。马志尼那时候虽然深受英国工人的欢迎，但是他对现代工人运动太不熟悉，所以他的草案无法给训练有素的英国工会成员留下深刻印象。他不理解无产阶级的阶级斗争，并因而对此感到厌恶。他的纲领至多是敢于使用一些早在六十年代初期无产阶级就已经不再感兴趣的社会主义惯用语。他草拟的那些章程也同样是逝去的时代的精神产物；它们是按照高度集中化的政治密谋团体的传统写成的，所以就细节方面来说是违反了英国工联的生存条件，一般而言也违反了整个国际工人协会的生存条件，因为国际工人协会应该做的不是创办新的运动，而是应该把各国已经现有的但仍然处于分散状态的无产阶级的阶级运动联合起来。勒吕贝和韦斯顿提交的那些草案也同样很少超越一种泛泛的老生常谈。

因此，当马克思接手这项工作时已经问题成堆，情况极其糟糕。马克思当即下定决心，要竭尽可能让“这种废话连篇的东西没有一行字能够保留下来”[2]，

① 参阅《马克思恩格斯全集》第31卷，人民出版社1972年版，第434页。

② 参阅《马克思恩格斯全集》第31卷，人民出版社1972年版，第16页。

并且为了完全摆脱原件的束缚，马克思亲自起草了一份《告工人阶级书》[①]，而这并不是在圣马丁堂的大会上原定的计划。在《告工人阶级书》里，他首先回顾了1848年以来工人阶级的命运，为的是在后面更加明确也更加简洁地表达章程的内容。小委员会立即采纳了他的提案，只是他必须在《章程》[②]的序言中加进“权利、义务、真理、道德和正义”[③]这样一些词语。不过，正如他在给恩格斯的信中所写的那样，他知道怎样将这些字眼妥善地安插进去，以使它们不能够造成任何危害。后来总委员会也以极大热情一致通过了马克思起草的《告工人阶级书》和《章程》。

关于《国际工人协会成立宣言》，比斯利后来有一次曾经这样说过，它很可能是就工人反对中产阶级的事业所做出的最强有力的、最令人信服的阐述，然而它的篇幅却很紧凑，只有十二页纸，而且还是小尺寸的纸张。《宣言》一开头就明确地指出了这样一个不容争辩的重要事实，即工人阶级的贫穷程度在从1848到1864的这么多年里并没有得到减缓，尽管在历史年鉴中表明，恰恰是在这一时期，就其工业的发展和贸易的增长速度来说都是史无前例的。为了证明这一点，《宣言》借助于文件做了一个对比，一方面是官方的一本厚厚的蓝皮书所提供的有关英国无产阶级贫困状况的令人震惊的事实和统计数据，另一方面则是英国财政大臣格莱斯顿在他的财政预算演说中——为了炫耀英国那个时期出现的令人陶醉的但却完全仅局限于有产阶级的实力和财富的增长——所提供的数字。《宣言》以英国的政治和经济情况为例，揭露了这种惊人的矛盾，因为英国在贸易和工业方面一直处于欧洲的领先地位；不过《宣言》也补充说道，在所有正在发展大工业的欧洲大陆国家，这种矛盾也同样存在着，只不过是不同的国家带有不同的地方色彩，并且规模也略微小一些罢了。

---

①《告工人阶级书》即《国际工人协会成立宣言》，卡·马克思写于1864年10月21日和27日之间。见《马克思恩格斯全集》第16卷，人民出版社1964年版，第5—14页。

② 指卡·马克思的《协会临时章程》，见《马克思恩格斯全集》第16卷，人民出版社1964年版，第15—18页。

③ 参阅《马克思恩格斯全集》第31卷，人民出版社1972年版，第17页。

《宣言》指出，在所有这些国家里，实力和财富的这种令人陶醉的增长完全只限于有产阶级，除非是有一小部分工人——例如在英国——得到的工资稍微有所提高，不过由于物价的普遍上涨，增加的工资一般会重新被抵销。“工人阶级的广大群众的生活水平到处都在深深地下降，下降的程度至少同那些站在他们头上的阶级沿着社会阶梯上升的程度一样。不论是机器的改进，科学在生产上的应用，交通工具的改良，新的殖民地的开辟，向外移民，扩大市场，自由贸易，或者是所有这一切加在一起，都不能消除劳动群众的贫困；在现代这种邪恶的基础上，劳动生产力的任何新的发展，都不可避免地要加深社会对比和加强社会对抗。这在欧洲一切国家里，现在对于每一个没有偏见的人都已成了十分明显的真理，只有那些一心想使别人沉湎于痴人乐园的人才会否认这一点。在这种‘令人陶醉的’经济进步时代，在不列颠帝国的首都，饿死几乎已经成为一种常规。这个时代在世界历史上留下的标志，就是被称为工商业危机的社会瘟疫日益频繁地重复发生，规模日益扩大，后果日益带有致命性。”①

接着，《宣言》回顾了五十年代工人运动的失败并且指出，这个时代也具有它的补偿性特征。它特别强调了两个重大的事实。首先是法定的十小时工作日以及它给英国无产阶级带来的有益的结果。通过立法限制工作时间所展开的斗争，直接牵涉到一个重大的斗争，即构成资产阶级政治经济学实质的供求规律的盲目统治和工人阶级所主张的通过社会监督调节的生产之间的斗争。“十小时工作日法案不仅是一个重大的实际的成功，而且是一个原则的胜利，资产阶级政治经济学第一次在工人阶级政治经济学面前公开投降了。”②

无产阶级政治经济学所取得的一个更加伟大的胜利，是通过合作运动，尤其是通过以合作的原则为基础的、由少数勇敢者的双手——尽管得不到支持——独立创办起来的合作工厂赢得的。对于这些伟大的社会试验的价值，无论给予多么高的评价都不算过分。“工人们不是在口头上，而是用事实证明：大规模的生产，

① 参阅《马克思恩格斯文集》第3卷，人民出版社2009年版，第10页。

② 参阅《马克思恩格斯文集》第3卷，人民出版社2009年版，第12页。

并且是按照现代科学要求进行的生产，没有那个雇用工人阶级的雇主阶级也能够进行；他们证明：为了有效地进行生产，劳动工具不应当被垄断起来作为统治和掠夺工人的工具；雇佣劳动，也像奴隶劳动和农奴劳动一样，只是一种暂时的和低级的形式，它注定要让位于带着兴奋愉快心情自愿进行的联合劳动。”[①]但是，只限于偶尔进行的尝试性质的合作劳动还不能够摧毁资本主义的垄断。“也许正是由于这种原因，那些面善口惠的贵族，资产阶级的慈善空谈家，以至机灵的政治经济学家，先前在合作劳动制处于萌芽状态时曾枉费心机地想要把它铲除，嘲笑它是幻想家的空想，咒骂它是社会主义者的邪说，现在都突然令人作呕地捧起场来了。”[②]《宣言》指出：只有当合作劳动发展到全国的规模时，它才能够拯救劳动群众。与此相反，土地巨头和资本巨头当然至死也要利用他们的政治特权来维护他们的经济垄断，以使之永世长存。所以，夺取政权已经成为工人阶级的伟大使命。

工人们似乎已经领悟了这项使命，英国、法国、德国和意大利的工人们都同时重新活跃起来，并且同时都在力求从政治上改组工人政党，就证明了这一点。“工人的一个成功因素就是他们的人数；但是只有当工人通过组织而联合起来并获得知识的指导时，人数才能起举足轻重的作用。”[③]《宣言》还提道：过去的经验证明，忽视本应该存在于不同国家工人之间的兄弟般的关系、忽视本应该鼓舞他们在一切争取自身解放的斗争中都坚定不移地并肩作战的兄弟情谊，会使他们由于各自分散的努力普遍受挫而自食其果。这种认识促使 1864 年 9 月 28 日在圣马丁堂出席公开大会的各国工人创立了国际工人协会。

《宣言》说，还有另外一个信念鼓舞着这次大会的参加者。如果说工人阶级的解放需要各国工人兄弟般的合作，那么当各国政府的对外政策为追求其罪恶的目的而利用民族偏见，并在掠夺战争中挥霍人民的鲜血和财产时，工人阶级又怎么能够实现自己的伟大目的呢？《宣言》指出，不是统治阶级的明智，而是无产

① 参阅《马克思恩格斯文集》第 3 卷，人民出版社 2009 年版，第 12—13 页。
② 参阅《马克思恩格斯文集》第 3 卷，人民出版社 2009 年版，第 13 页。
③ 参阅《马克思恩格斯文集》第 3 卷，人民出版社 2009 年版，第 13—14 页。

阶级对其罪恶的愚蠢行径所进行的英勇反抗，使西欧避免了在大西洋彼岸进行一次可耻的十字军征讨，以永远保持和推广奴隶制度。欧洲的上层阶级只是以无耻的赞许、虚假的同情或者白痴般的冷漠态度观望俄国怎样侵占高加索的山区要塞和宰割英勇的波兰；这个野蛮强国所进行的大规模的侵略，给工人阶级指明了他们的责任，即：深入探明国际政治的秘密，注意观察本国政府的外交活动，如果可能的话，则不惜使用一切手段跟政府进行斗争；如果不可能抢在它们之前采取行动，就应当联合起来同时举行示威游行，并且要求把用来处理私人关系所遵循的那些道德和正义的简单准则，作为约束国家往来的最高准则。最后，《宣言》表明，致力于这样一种外交政策而进行的斗争，是争取工人阶级解放的总斗争的一部分。同很久以前出版的《共产党宣言》一样，《国际工人协会成立宣言》的结束语也是：全世界无产者，联合起来！

《章程》[①] 一开头先列举了创立国际工人协会的理由，这些理由可以用下面的几句话来加以概括，即：工人阶级的解放必须由工人阶级自己去争取获得，工人阶级的解放斗争不是为了谋取新的阶级特权和垄断权的斗争，而是一场要消灭一切阶级统治的斗争。劳动资料，也就是生命源泉的垄断者对劳动者在经济上的统治，是一切形式的奴役——比如社会贫困、精神屈辱和政治上的依赖——的基础。因此，工人阶级的经济解放是一个伟大的目标，而任何一个政治运动都应该作为一种手段服务于这一伟大目标。到目前为止，所有为实现这一目标而努力进行的尝试都失败了，这是由于每一个国家里的不同的劳动团体之间，以及不同国家的工人阶级之间彼此缺少团结。工人的解放既不是一个地方的使命，也不是一个民族的使命，而是一项社会使命，它涉及存在有现代社会的所有的国家；只有通过这些国家有计划的合作，才能够完成这项使命。附在这些明确透彻的句子之后的，是那些关于正义和真理、义务和权利的说教式的空话套语，马克思只能极不情愿地把它们收入到自己的文章正文里。

---

① 指卡·马克思撰写的《国际工人协会的共同章程和组织条例》中的第一部分《国际工人协会共同章程》，参阅《马克思恩格斯全集》第 17 卷，人民出版社 1963 年版，第 475—478 页。

协会组织的最高领导机构是总委员会，总委员会由参加国际工人协会的各个国家的工人组成。在第一次代表大会召开之前，由在圣马丁堂选举出的委员会接管总委员会的权限。其权限的内容是：负责不同国家工人组织之间的国际沟通，使每一个国家的工人都能够经常不断地了解其他各国的工人阶级运动的情况；对劳动阶级的社会境况进行统计调查；将所有工人团体中普遍关注的问题提出来供大家加以讨论；假如发生国际冲突，则要安排参加协会的各个团体同时和一致采取行动；为了加强联系，总委员会要定期发布报告，等等。总委员会由每年召开一次的代表大会选出。代表大会决定总委员会的驻在地以及下一次代表大会召开的地点和时间。总委员会有权增补新的委员，并且有权在发生紧急情况时变更召开代表大会的地点，但是无权推迟代表大会召开的时间。参加国际工人协会的各个国家的工人团体，在彼此结成永久性联盟的同时，仍然可以原封不动地保留各自原有的组织。不排斥任何一个独立的地方性团体同总委员会进行直接的联系，但是，各个国家的分散的工人团体尽可能地联合成为由本国的中央机关为代表的全国性组织，则被称为是“国际”总委员会有成效地开展活动的必不可少的先决条件。

有人说“国际”是一个“伟大的头脑”的发明，这种说法是极端错误的；但这同时也是“国际”的幸运，即在“国际”产生的时候，它的确找到了一个“伟大的头脑”为它指出了一条正确的道路，从而使它避免了长期在歧途上徘徊。马克思所做的不过如此，而且他也不愿意做得更多。马克思所起草的《宣言》和《章程》，其无可比拟的卓越之处就在于，它们完全是他结合当时的现实情况写出的，同时正如李卜克内西曾经恰如其分地表述过的那样，它们和《共产党宣言》一样，都包含了共产主义的最后结论。

但是，《成立宣言》和《章程》与《共产党宣言》的不同之处不仅仅是形式。马克思在给恩格斯的信中这样写道：“重新觉醒的运动要做到使人们能象过去那样勇敢地讲话，还需要一段时间。这就必须实质上坚决，形式上温和。”[①]《宣言》

① 参阅《马克思恩格斯全集》第31卷，人民出版社1972年版，第17页。

总的来说还有另外一项任务。而现在重要的是，要把欧洲和美洲的所有具有战斗能力的工人联合起来，凝聚成为一支庞大的军团，并且制定出一个纲领，这个纲领——用恩格斯的话来说——对英国的工联，对法国、比利时、意大利和西班牙的蒲鲁东主义者，以及对德国的拉萨尔派，都不会关上大门。对于科学社会主义的最终胜利，正如在《共产党宣言》中所阐述的，马克思把希望完全寄托在工人阶级的思想发展上，而这种发展必须在工人阶级的联合行动中才能够实现。

然而马克思的期望却过早地受到了严峻的考验；他刚刚开始为“国际”做宣传工作，便马上陷入了同欧洲那个最早弄明白“国际”的原则的工人阶级的一场严重冲突之中。

3. 同施韦泽的决裂

有一种流传已久但既不美妙也不真实的说法，即德国的拉萨尔派曾经拒绝加入国际工人协会，而且一直对“国际”采取完全敌对的态度。

首先，尚难以看出，他们有什么理由要这样做。他们绝对给予高度重视的严格的组织丝毫没有受到“国际”的《章程》的损害，而且，他们对于《国际工人协会成立宣言》也能够根据自己的信念从头到尾加以认可，甚至会特别满意有关合作劳动的那一部分，即只有通过扩大它在全国的规模和得到国家资金的支持，合作劳动才能够拯救群众。

实际上，德国的拉萨尔派从一开始就对“国际”抱着完全友好的态度，虽然在国际工人协会成立时他们正忙于自己的事务。拉萨尔死后，遵照他的遗嘱的推荐，伯恩哈德·贝克尔被选为全德工人联合会的主席。然而事实很快便证明，他是如此无能，以至于造成了一种令人绝望的混乱局面。尚能够把全德工人联合会维系在一起的，唯有该联合会的机关报《社会民主党人报》了，《社会民主党人报》是自1864年年底起在约·巴·冯·施韦泽的思想指导下出版的。施韦泽是一个既精力充沛又精明能干的人，他极其热心地争取马克思和恩格斯为他主持的报纸撰稿，并接纳李卜克内西进入该报编辑部，虽然并没有任何人强迫他这样做，他还马上在《社会民主党人报》的第二期和第三期上刊登了《国际工人协会成立宣言》。

不过，莫泽斯·赫斯却曾经从巴黎给《社会民主党人报》发过一篇通讯，他在文中对亨利－路易·托兰的独立性表示质疑，并称托兰是来往于那个装出一副红色煽动家面孔的热罗姆·波拿巴[①]的府邸罗亚尔宫的座上宾。但是施韦泽只是在得到李卜克内西的明确同意之后才发表了这封信。当马克思对此表示不满时，施韦泽索性走得更远，并且做出规定，今后一切跟“国际”有关的稿件，必须全部交由李卜克内西亲自编辑。1865年2月15日，施韦泽写信给马克思说，他准备提出一个决议案，在这个决议案里全德工人联合会将宣布，它完全同意“国际”的原则，并且保证派遣自己的代表出席“国际”的代表大会，联合会之所以放弃正式加入“国际”，只是由于它考虑到德意志邦联的法律禁止不同团体的联合。施韦泽的这个提议没有再得到答复；相反，马克思和恩格斯通过公开声明[②]表示，不可能再继续为《社会民主党人报》撰稿。

这已经充分地表明，同施韦泽的不愉快的决裂跟因为“国际”引起的意见不和根本没有任何关系。至于是什么促成了他们的决裂，这一点马克思和恩格斯已经在声明中十分开诚布公地进行了说明。用他们的话来说，他们一刻也没有忽视过《社会民主党人报》的困难处境，因此也从来没有提出过任何与柏林的全盛时期不合时宜的要求；但是他们曾经一再要求过该报，至少要像反对进步党人时那样，用同样勇敢的言辞去反对内阁和封建专制政党。他们声明说，《社会民主党人

① 此处热罗姆·波拿巴（1784—1860）疑系其子拿破仑·约瑟夫·夏尔·保罗·波拿巴（1822—1891，又称拿破仑亲王或普隆－普隆）之误。莫泽斯·赫斯的文章中说“即使伦敦的协会也有罗亚尔宫的一些朋友参加”，而罗亚尔宫则是拿破仑·约瑟夫·夏尔·保罗·波拿巴的官邸所在地，况且国际工人协会1864年创立时热罗姆·波拿巴已不在世。详见《马克思恩格斯全集》第16卷，人民出版社1964年版，第40页，和《马克思恩格斯全集》第31卷，人民出版社1972年版，第44页。

② 见《马克思恩格斯全集》第16卷，人民出版社1964年版，第40页，卡·马克思和弗·恩格斯：《致〈社会民主党人报〉编辑部。声明》，卡·马克思写于1865年2月6日；以及第95—98页，卡·马克思：《关于不给〈社会民主党人报〉撰稿的原因的声明》，1865年3月15日于伦敦。

报》所奉行的策略使他们不可能再继续参加该报的撰稿工作。他们提醒道，他们很久以前在回答《莱茵观察家》第206期所提出的“无产阶级”同“政府”结成反“自由资产阶级”联盟的主张时，曾经在《德意志—布鲁塞尔报》上就普鲁士王国政府的社会主义，以及就工人政党对这类骗人的把戏所采取的态度阐明过自己的看法，他们说：“今天我们仍然认为我们当时的声明中的每一个字都是正确的。”[①]

其实，《社会民主党人报》的策略同一个这样的“联盟”或者“普鲁士政府的社会主义”没有任何关系。拉萨尔曾寄希望于通过一种强大的冲击把德国的工人阶级唤醒，当他的这种希望被证明是靠不住的之后，全德工人联合会连同它的数千名会员受到了两个敌人的夹击，这两个敌人都够强大的，他们其中的任何一个都足以把它压垮。在当时的情况下，年轻的工人政党从资产阶级那里除了冷漠的仇视以外甭指望得到任何东西。而从老谋深算的外交官俾斯麦那里，则至少可以指望他在推行他的大普鲁士政策时不无对人民群众做出某些让步。然而不管是对于这些让步的价值，还是对于这些让步的目的，施韦泽都不曾抱有过任何幻想。但是在那个时期，德国工人阶级几乎完全被剥夺了其组织存在的法定先决条件，德国工人阶级不具备有效的选举权，而出版、结社、集会的自由又不得不听凭官僚的专断处置，如果《社会民主党人报》在这种时候对两个敌人发动同样猛烈的攻击，那么运动就不可能向前发展。

所以，它只能唆使一个敌人去反对另一个敌人。而实行这种政策的必不可少的先决条件，只能是从各个方面来维护这个年轻的工人政党的独立性，同时使工人群众对这种独立性始终保持清醒的意识。

施韦泽就曾竭力推行过这种政策，并且取得了相应的成效。要想从《社会民主党人报》上找到哪怕是片言只字带有同政府“联盟”反对进步政党的味道，只能是枉费心机。如果联系整个的政治发展来细究一下施韦泽当时的公开活动，那么偶然也会发现一些错误，而施韦泽本人也承认这一点，但是从整体上看，他推行的是一种明智的、前后一贯的政策，这个政策完全只以追求工人阶级的利

① 参阅《马克思恩格斯全集》第16卷，人民出版社1964年版，第88页。

益为目的，并且绝不可能像惯常那样受到俾斯麦或者其他哪一个反动派的操纵。

尽管施韦泽在其他方面完全无法超越马克思和恩格斯，然而他却比他们更加确切地了解普鲁士的现状。马克思和恩格斯经常只是透过有色眼镜来观察普鲁士的情况的，而李卜克内西在澄清事实和介绍情况方面又起不到应有的作用，虽然根据当时的情况他得到了这样一项任务。李卜克内西是应红色共和主义者奥古斯特·布拉斯的邀请于 1862 年返回德国的，布拉斯也是从流亡地回到德国的[①]，他回国是为了创办《北德意志总汇报》。但是，李卜克内西刚一进入编辑部，就有事实证明，布拉斯已经把报纸出卖给了俾斯麦的内阁。李卜克内西立刻退出了该报编辑部；这仅仅是他在德国土地上的第一个遭际，但对于他来说却是一件完全意想不到的非常不幸的事件，这种不幸的含义绝不是仅仅表现在形式上，即他不得不又像在漫长的流亡岁月一样重新流落街头。然而这对他来说完全无所谓，因为他所从事的事业的利益永远高于他个人的利益。不过他的这段跟布拉斯有关的经历，却妨碍了他对在德国看到的一些新情况做出毫无偏见的定位。

李卜克内西回到德国的土地上的时候，仍然保持着一名 1848 年革命老战士的本色。1848 年革命的老战士很合乎《新莱茵报》的口味，因为在《新莱茵报》看来，社会主义理论，乃至无产阶级的阶级斗争，都仍然应该为反对落后的阶级统治的民族革命斗争让路。李卜克内西尽管非常了解社会主义理论的基本思想，但是对于这一理论的全部学术内容却从来并不熟悉。他在长期的流亡年代里从马克思那里所学到的，主要倾向于根据革命的诸多起因来探索国际政治的广泛领域。同时，马克思和恩格斯都是土生土长的莱茵省人，他们过于鄙弃易北河东部的一切事物，对普鲁士国家极其轻视；而对于李卜克内西这样一个出生在德国南部的人来说，对待普鲁士的态度则更是如此，因为他在搞运动的年代里只在巴登和瑞士的土地上工作过，而这两个地方正是狭隘的地方主义政治的大本营。在他的眼里，普鲁士仍然是三月革命前沙皇统治的附庸国，它全靠卑劣的收买手段来

① 奥古斯特·布拉斯（1818—1876），1849 年革命失败后于流亡瑞士。大赦令颁布后于 1861 年回到德国，1862 年在柏林买下《北德意志总汇报》并聘请威廉·李卜克内西等人当编辑。在金钱的贿赂下，该报渐渐地成了俾斯麦的喉舌。1872 年他卖掉了《北德意志总汇报》。

抵抗历史的进步。他认为，必须首先要清除普鲁士，才可能考虑到德国现代的阶级斗争。李卜克内西没有认识到，五十年代的经济发展也已经改变了普鲁士国，并且已经创造了种种的条件，在这种状态下工人阶级摆脱资产阶级民主的影响已经成为一种历史的必然趋势。

因此，李卜克内西和施韦泽之间不可能持久地保持意见一致。在李卜克内西的眼里，施韦泽的所作所为也太过分了，他居然发表了五篇关于俾斯麦内阁的文章，这些文章本身虽然在德国统一问题上的大普鲁士政策和无产阶级的革命政策之间画了一条高超的平行线，但是却犯了这样一个“错误”，即把大普鲁士政策的危险的冲击力居然描写得如此生动，以至于使人觉得几乎是在赞扬这个政策。马克思也犯了一个“错误”，他在2月13日写给施韦泽的一封信[①]中解释说，可以预料到普鲁士政府会玩弄各种各样关于生产合作社的无聊把戏，但是绝不能指望它会废除取缔结社的禁令，因为这会对官僚政治和警察统治造成冲击。马克思在这里只是太容易忘记他以前在反驳蒲鲁东时曾经雄辩地阐明过的东西，即：不是政府支配经济关系，反倒是经济关系支配政府。就在几年以后，不管俾斯麦的内阁愿意还是不愿意，它不得不废除了取缔结社的禁令。施韦泽在2月15日的回信里表示——就在这同一封信里，他承诺要加速促成全德工人联合会参加“国际”，并且再一次强调，李卜克内西有权对一切与“国际”有关的稿件独立进行编辑——他乐意接受马克思可能给予他的一切理论上的启迪，但是为了对目前的策略所牵涉到的诸多实际问题做出正确的决定，就必须置身于运动的中心，并且要准确地了解全盘情况。于是，马克思和恩格斯跟施韦泽彻底决裂了。

这些意见分歧和纠纷的产生却只有通过哈茨费尔特伯爵夫人[②]的不幸的阴谋

① 参阅《马克思恩格斯全集》第31卷，人民出版社1972年版，第449页。

② 1846年1月拉萨尔在柏林结识了正与丈夫办理离婚和财产诉讼案的索菲娅·冯·哈茨费尔特伯爵夫人，他不惜中断学习，积极地包揽起这一案件。此案延续了8年时间，1851年7月宣判离婚，根据以后达成的对财产的调解，伯爵夫人得到三十万塔勒。马克思1856年3月5日从伦敦写给恩格斯的信中针对拉萨尔对于此案的处理有所评述。见《马克思恩格斯全集》第29卷，人民出版社1972年版，第27—28页。

才可能得到充分的解释。拉萨尔的这位老朋友当时为了纪念在她面临耻辱地死亡时曾经拯救过她的生命的男人而犯了一个极其严重的过错。她想把拉萨尔创立的组织变成一个迷信权威、把导师的言论奉为金科玉律的宗派组织，而且这些言论甚至还不是这位导师所说的原话，而是哈茨费尔特伯爵夫人自己对这些话所做的解释。她的这种胡作非为从一封信中便可以看出已经达到了何种程度，这封信是恩格斯在 3 月 10 日写给魏德迈的。信中在寥寥几句谈到跟《社会民主党人报》的创办有关的话题之后是这样写的："但是，后来这份报纸开始宣传令人难以忍受的对拉萨尔的迷信，同时我们也已经确实获知（哈茨费尔特老太婆告诉过李卜克内西，要他按照这个方针办事）拉萨尔同俾斯麦的关系比我们过去怀疑的还要密切得多。他们之间有一个真正的协定，这个协定走得这样远，以致规定拉萨尔要到什列斯维希—霍尔施坦去发表关于把这两个公国并入普鲁士的演说，而俾斯麦给的只是关于实行普选权之类的并不肯定的诺言，以及关于联合权和社会性质的让步、国家帮助工人合作社等方面的比较肯定的诺言。愚蠢的拉萨尔没有从俾斯麦那里得到任何保证，相反地，一旦他没有了用处，人家就会把他毫不客气地关进监狱。《社会民主党人报》的先生们全知道这一切，但是尽管如此，他们仍然越来越起劲地宣传对拉萨尔的迷信。此外，这帮家伙还被瓦盖纳（《十字报》的）的威胁吓倒了，于是就去巴结俾斯麦，向他献殷勤，种种丑态，不一而足。……我们发表了附去的这篇声明，就退出了该报，李卜克内西也跟着退出了。"[①] 很难理解，马克思和恩格斯和李卜克内西——他们都熟识拉萨尔，并且都阅读《社会民主党人报》——怎么会相信哈茨费尔特伯爵夫人的无稽之谈，但是既然他们相信了这种无稽之谈，那么他们脱离拉萨尔所开创的运动也就完全可以理解了。

然而，他们的退出并没有对这个运动产生实际的影响。甚至连共产主义者同盟的一些老盟员——例如曾经在科隆的刑事陪审法庭上以其雄辩的口才捍卫过《共产党宣言》的原理的勒泽——也都表示赞同施韦泽的策略。

---

① 参阅《马克思恩格斯全集》第 31 卷，人民出版社 1972 年版，第 465—466 页。

4. 伦敦的第一次会议

如果说拉萨尔派就这样从一开始就脱离了新的协会，那么协会在英国的工会和法国的蒲鲁东主义者当中征求新会员的工作，在初期也进展得十分缓慢。

最初只有一小部分工会领导人理解了政治斗争的必要性，而且就连这一小部分，也只把国际工人协会更多地看成是达到自己工会目的一种手段。但是，如果说这些人在一切有关组织的问题上至少还拥有大量的实际经验，那么法国的蒲鲁东主义者则既缺少这方面的经验，又对工人运动的历史本质缺乏明确的认识。新的协会向自己提出的恰恰是一项巨大的任务，而完成这项任务则需要付出巨大的努力，也需要投入巨大的力量。

努力和力量，这两样东西马克思都竭尽所能地地付出了，尽管他当时反复地遭受到疼痛疾病的折磨，而且他渴望能够在一定程度上结束他的学术代表作。有一次他叹息道："进行这种鼓动时讨厌的是，一旦参加进去，就会有各种各样的麻烦。"[①] 他还说过，"国际"——以及与"国际"有关的一切事物——"好像梦魇一样"[②] 沉重地压在他的身上，如果能够甩掉它们，他会很高兴的；但是这一点已经行不通了，因为有一个谚语是这样说的：一件事既然开了头，就索性做到底。其实，如果担负起这个重担并不能比摆脱掉这个重担更让他感到高兴和幸福，那么他也就不是马克思了。

随即事实便证明，马克思才是整个运动的真正"首脑"。这绝不是好像他喜欢出风头、什么事都往前钻；他极端蔑视一切廉价的盛名，他想使自己有别于那些在公众面前装出一副了不起的样子炫耀自己，而实际上什么事也不干的民主主义者的作风，他说他宁愿在幕后工作，从公众的视野中消失。可是，在这个小小的协会工作的所有的人员当中，没有一个人哪怕是仅仅具备一点点为开展协会的如此广泛的宣传鼓动工作而所必需那些非凡的特质，如：对历史发展规律的清晰

---

① 参阅《马克思恩格斯全集》第 31 卷，人民出版社 1972 版，第 35 页。
② 参阅《马克思恩格斯全集》第 31 卷，人民出版社 1972 版，第 165 页。

而深刻的认识，意欲完成必做之事所需要的毅力和安于做力所能及的事情的耐性，对诚实的错误的宽大容忍，以及对顽固不化的愚昧无知的铁面无情。此时，跟从前在革命时期的科隆相比，马克思能够在不可比拟的广泛得多的领域从事他那无与伦比的实践活动，即通过教育和引导来实现对人的主宰。

从一开始就耗费了马克思“极多的时间”的个人之间的嘲弄和无休止的争吵，往往是跟这样的运动尚处于起始阶段分不开的；意大利的会员，尤其是法国会员，制造出了许多不必要的麻烦。在巴黎，自革命的年代起，“脑力劳动者和体力劳动者”彼此之间就存在着很深的厌恶感；无产者不能忘记文人的屡屡背叛，而文人则把根本不愿意理睬他们的一切工人运动都视为异端进行诋毁。而且，即便是在工人阶级自身内部，在波拿巴军事专制的重压下，由于受到波拿巴主义的欺诈，特别是因为缺少通过协会或者报纸进行沟通的一切手段，因而猜疑之风也在滋生蔓延。为了炖好这“法国汤”，国际工人协会总委员会付出了不少宝贵的夜晚，并且做出了一些详尽的决议。

对于马克思来说，比较愉快和颇为富有成果的工作就是他同国际工人协会英国支部进行联络的工作。英国工人曾经为反对英国政府支持叛乱的南部各州建立美利坚联盟国进行过斗争，因此他们有充分的理由对亚伯拉罕·林肯再度当选为总统表示祝贺。马克思起草了这封公开的致贺信，称林肯是“工人阶级忠诚的儿子”，说他通过解放被奴役的种族的无比崇高的战斗，担负起了领导自己的国家的重任[①]。马克思写道：只要美国的白人工人还没有理解到奴隶制玷辱了他们的共和国，只要他们尚自鸣得意地在不经本人同意便被贩卖的黑人面前炫耀白人工人享有可以自主决定是否受雇和选择雇主的无上特权，他们就不能获得真正的自由或者支援他们的欧洲兄弟的解放斗争；不过，这一障碍已经被内战殷红的血海冲垮了。致贺信是怀着对事业的明显的兴趣和热爱写成的，虽然马克思在给恩格斯的信中写道——像莱辛一样，他在谈到自己的作品时总喜欢带着一种轻蔑的口吻：他不得不亲自起草了这个蹩脚的东西（这比写一部内容丰富的著作还要困难

---

① 参阅《马克思恩格斯全集》第16卷，人民出版社1964年版，第21页。

得多），为的是使只限于这类信札所惯用的词句至少要同民主派惯用的粗俗的词句有所区别①。林肯大概也感受到了这种差别；他用非常友好和真诚的语气写来了回信，这使伦敦的报界大为惊异，因为对于资产阶级民主派一方写给他的致贺公开信，这位“老人”只用了几句礼节性的客套话就给打发了。

“就内容而言”，一部关于《工资、价格和利润》②的著述当然要比一封致贺信重要得多了，这部著作是马克思于1865年6月26日③在“国际”总委员会的会议上所做的报告，目的是驳斥个别委员所持有的一种观点，即认为工资的普遍提高不能给工人带来任何益处，因此工会起了一个坏作用。这种观点起因于一种错误的论断，即：工人的工资决定商品的价值，如果资本家今天开始支付的工资是5先令而不是4先令，那么明天，他们就会由于需求的增长按5先令，而不是按4先令出售他们的商品。马克思认为，不管这种说法有多么愚钝，而且它也只是以极其表面的现象为依据的，但是，要将与此有关的所有这些经济问题都给那些没有知识的人解释清楚，的确不是一件容易的事情；政治经济学教程不可能被压缩到只用一个小时就可以把它讲完。但是，马克思却令人钦佩地成功做到了这一点，而工会则感谢他帮了一个很大的忙。

这首先指的是一跃而起的争取英国选举改革的运动，“国际”将其最初取得的那些重大成就都归功于这次运动。早在1865年5月1日马克思就写信给恩格斯说：“改革同盟④是我们一手建立的，在由十二个人（六个资产者，六个工人）组成的小小的委员会里，工人都是我们总委员会的委员（其中有埃卡留斯）。我们已经打破了资产者想把工人阶级引入歧途的一切折衷的企图。……

① 参阅《马克思恩格斯全集》第31卷，人民出版社1972年版，第35页。

② 参阅《马克思恩格斯全集》第16卷，人民出版社1964年版，第111—169页；卡·马克思：《工资、价格和利润》，写于1865年5月底—6月27日，1898年由马克思的小女儿爱琳娜以《价值、价格和利润”》为题第一次以单行本在伦敦发表。

③ 这个时间有误，马克思作报告的时间是6月20日和27日。见《马克思恩格斯全集》第16卷，人民出版社1964年版，卡·马克思：《工资、价格和利润》。

④ 根据“国际”总委员会的倡议和在它的直接参加下，选举法改革的拥护者于1865年2月23日在圣马丁堂召开会议，会上通过了建立改革同盟的决议。

如果英国工人阶级的政治运动能够用这种方式重新活跃起来，那末我们的协会可以不声不响地为欧洲工人阶级做出来的事情，就会比用其他任何方式做出来的要多。而且有取得成功的一切希望。”[①] 对此，恩格斯于5月3日回复道：“国际协会的确在短时期内不声不响地占领了很大的地盘。不过它现在干英国的事情，而不是再同法国的党徒无休止地纠缠下去，这倒是件好事。这也就是你花费一些时间所得的补偿。”[②] 但不久事实便表明，就连这一成功，也有其不利的一面。

总而言之，马克思认为，召开一次公开的代表大会的时机尚不够成熟，这次代表大会原本定为1865年在布鲁塞尔召开。他并非不无道理地担心，在大会上会出现巴比伦的语言混乱场面[③]。马克思费了很多的气力，特别是要冲破法国人造成的阻力，他才成功地将原定为公开的代表大会改为在伦敦召开一次非公开的预备会议，届时来赴会的只是领导委员会的代表，本次会议旨在为未来的代表大会做准备。对于进行一次这样的事先协商的必要性，马克思列举了如下几点作为理由，即：英国正在进行选举运动，法国已经开始罢工，最后是比利时刚刚颁布了外国人法，这项法令使代表大会已经不可能在布鲁塞尔举行。

这次会议是从1865年9月25日召开到9月29日。总委员会派出赴会的代表除了主席乔治·奥哲尔、总书记克里默和另外几名英国会员以外，还有马克思以及他的两名处理“国际”事物的主要工作助手埃卡留斯和赫尔曼·荣克。赫尔曼·荣克是一名瑞士钟表匠，定居伦敦，他的德语、英语和法语都说得同样好。来自法国的代表有托兰、弗里堡和利穆赞，他们后来都背弃了“国际”，此外还有从1848年起就成了马克思的老朋友的维克托·席利和瓦尔兰，瓦尔兰后来成

---

① 参阅《马克思恩格斯全集》第31卷，人民出版社1972年版，第113页。

② 参阅《马克思恩格斯全集》第31卷，人民出版社1972年版，第113页。

③ 据《圣经·旧约·创世记》第11章记载，当时人类联合起来，希望在巴比伦修建一座通天的高塔。上帝不允许凡人达到自己的高度，为阻止人类的计划，上帝让人类从此说不同的语言，使人类相互之间不能沟通，计划因此失败。“语言混乱”导致了人类的互相猜疑，各执己见，争吵斗殴，这亦是人类之间误解的开始。

了巴黎公社的英雄和烈士。从瑞士来的有代表着罗马语族[1]工人的装订工弗朗索瓦·迪普莱和代表着德国工人的约翰·菲力浦·贝克尔，他过去是制刷工人，现在则是一名不知疲倦的鼓动宣传者。来自比利时的代表是塞扎尔·德·帕普，他以一名排字学徒工的身份投身于大学医学专业的学习，并且终于成了一名医生。

会议首先研究了协会的财务状况。结果发现，第一年筹措的资金没有超过约33英镑。关于固定的会费问题尚没有取得一致的意见，于是决定，筹措150英镑用于宣传目的以及支付代表大会的开销，也就是说，从英国筹集80英镑，从法国筹集40英镑，从德国、比利时和瑞士各筹集10英镑。当然，这项预算也并没有起到什么作用，因为钱财从来都不是“国际”主要动力。多年以后，马克思还在用辛辣的幽默口吻说，总委员会的财务状况就是负数总在不断地增长，而几十年后恩格斯则写道，总委员会所拥有的大多只是债务，而不是轰动一时的所谓“‘国际’的几百万”；大概从来也没有过一个组织用这么少的钱做了这么多的事。

总书记克里默做了关于英国情况的报告。他说，大陆上的人们以为英国的工会都非常有钱，它们有能力支持对它们自己也有好处的事物；但是，它们却受到烦琐的规章的约束，这些规章把它们控制在狭小的活动范围内。他说，除了少数几个人以外，它们对政治一无所知，要想能够教会这些工会懂得政治是很困难的；但至少它们还是表现出了某种程度的进步。他还说，几年以前，它们根本就不听取“国际”代表的意见；如今则友好地接待他们，聆听他们的意见，并赞同他们的原则；一个同政治有着某种关系的团体能够被英国的工会所接受，这种情况还是第一次出现。

弗里堡和托兰报告了法国的情况，他们说“国际”在那里得到了积极的响应；除了巴黎以外，在鲁昂、南特、埃尔伯夫、卡昂和其他地方也征募了诸多会员，并且卖出了一批数量可观的会员证，筹集年会费1.25法郎，然而为了设立巴黎中央办事处和支付代表的旅费，所得的进款都已经用完了。他们安慰总委员会说，

[1] 罗马语族也叫作罗曼语族、拉丁语族，指从意大利语族衍生出来的现代语族，主要包括法语、西班牙语、葡萄牙语、意大利语、罗马尼亚语。

还有希望卖掉尚未销售出去的400张会员证。法国代表们抱怨代表大会的延期，认为这对事业的发展是一个很大的障碍，同时也诉说了工人遭到了波拿巴警察统治的恐吓。他们说，可以经常不断地听到这样的质疑声：你们要先证明，你们能够采取行动，然后我们才愿意加入你们的行列。

来自瑞士的贝克尔和迪普莱所做的报告听起来相当有利，尽管在瑞士宣传鼓动工作是在六个月之前才开始的。在日内瓦已有会员400人，在洛桑有150人，在沃韦同样也有许多会员。据他们讲，会员每个月的会费为50便士，但是他们都会缴纳双倍的会费；因为他们都完全透彻地理解到为总委员会缴费的必要性。当然，瑞士代表们也没有随身把钱带来，他们带来的只是安慰，他们说，如果不是充当他们的旅费用了，他们会带来很大一笔款子。

在比利时，宣传鼓动工作才进行了一个月。但是塞扎尔·德·帕普报告说，那里已经招募到60名会员，这些人已经答应承担这项义务，即每年至少缴纳3比利时法郎的会费，其中的三分之一应交付给总委员会。

至于说到代表大会，马克思则代表总委员会提议，于1866年9月或者10月在日内瓦举行这次代表大会。代表大会的地点得到了一致的通过，然而开会的时间却由于法国人的强烈要求而向前移动到5月份的最后一周。法国人还要求，凡是持有会员证的人，都有权要求出席代表大会并参加投票；他们说，对于他们而言这是一个原则问题，因为他们对普遍选举权就正是这样理解的。经过一番激烈的辩论之后，由克里默和埃卡留斯首先提出的只有代表才有资格出席大会的倡议获得成功。

代表大会的议事日程由总委员会拟定，其内容非常广泛：合作社的工作问题，缩短工时问题，妇女工作和童工劳动问题，工会的过去和未来，常备军对工人阶级利益的影响，等等。这一切都得到了一致的通过；只有两项议程引起了意见分歧。

在这两项提案中，有一项并不是总委员会提出来的，而是由法国人提出的。他们要求在议事日程上列入一项特殊的议题，即：宗教思想和它们对社会、政治和精神运动的影响。他们为什么会想到这个议题，以及马克思对此有怎样的看法，这些或许可以从马克思为蒲鲁东写的一篇悼文[①]的几句话中略知一二，这篇文章是几个月前马克思在施韦泽的《社会民主党人报》上发表的，它也许是马克思在施韦泽的机关报上刊载的唯一的一篇文章。马克思写道：“但是，他对宗教、教会等等的攻击在当时法国的条件下对本国来说是一个巨大的功绩，因为那时法国的社会主义者都认为，信仰宗教是他们优越于十八世纪的资产阶级伏尔泰主义和十九世纪的德国无神论的地方。如果说，彼得大帝用野蛮制服了俄国的野蛮，那末，蒲鲁东就是尽了最大的努力用空谈来战胜法国的空谈。”[②]英国的代表们也警告要提防这个“不和的苹果”[③]，然而法国人最终以 18 票对 13 票使自己的提案得以通过。

另一项引起争论的议题则是由总委员会提出来的，它所涉及的是一个对马克思来说特别重要的问题——欧洲政治问题，也就是“必须根据民族自决权的原则，在民主和社会主义的基础上恢复一个独立的波兰，借以阻止俄国对欧洲不断加剧的影响”。然而对此丝毫也不感兴趣的法国人首先表示反对。他们说，为什么要将政治问题与社会问题混在一起呢？为什么在自己家门口有这么多的压迫需要反抗的时候却舍近求远地去反抗遥远的地方发生的压迫呢？为什么偏偏要制止俄国政府的影响，普鲁士政府、奥地利政府、法国和英国政府的影响所产生的严重后果也不少于俄国呀？比利时的代表非常坚持地同意这种意见。塞扎尔·德·帕普认为，波兰的复兴只对三个阶级有利：上层贵族、下层贵族和僧侣。

在这方面，蒲鲁东的影响是显而易见的。蒲鲁东曾经一再表示反对波兰的复兴，最后一次反对还是在 1863 年波兰起义的时候，正如马克思在他的悼文中所说的，那时候蒲鲁东为向沙皇表示敬意，极尽了愚蠢且厚颜无耻之能事。与此完全相反的是，同样是这次起义，却重新唤起了马克思和恩格斯在革命的年代里曾

① 指《论蒲鲁东》一文。蒲鲁东卒于 1865 年 1 月 19 日，《社会民主党人报》编辑施韦泽曾写信要马克思对蒲鲁东做一个详细的评价。作为回复，马克思在 1865 年 1 月 24 日写了《论蒲鲁东》。

② 参阅《马克思恩格斯全集》第 16 卷，人民出版社 1964 年版，第 35 页。

③ 原指希腊神话中的“金苹果”。希腊神话中的争吵女神厄里斯因为没有被邀请参加珀琉斯和忒提斯的婚礼而寻衅将一个金苹果扔在宴席中，由此引发了一连串的纷争乃至长达十年的特洛伊战争，故用“金苹果之争”比喻祸端、挑动是非。

经对波兰人的事业所抱有的旧日的同情：他们本想联系此事发表一个共同宣言，当然，这个意愿终于未曾实现。

他们对波兰人的同情也绝对不是不加批判的。1863 年 4 月 21 日恩格斯在给马克思的信中写道："应该说，只有蠢人才会对 1772 年的波兰人发生兴趣。在大多数的欧洲国家，贵族在那个时代神气地，其中一部分甚至还有点威风地衰败了，虽然在他们之中普遍认为，唯物主义就是吃喝、肉欲、玩牌或者干坏事而得赏。但是没有哪国贵族象波兰小贵族这样愚蠢得只有一种本领，就是卖身投靠俄罗斯。"[①] 但是，只要在俄国本土还没有人能够考虑到要发动一场革命，那么唯有波兰的复兴才能够提供限制沙皇对欧洲文化施加影响的唯一的可能性，与此相应的就是，马克思把对波兰起义的残酷镇压，以及同时发生的沙皇专制制度在高加索地区的推进，看作是自 1815 年以来欧洲最重大的事件。在《国际工人协会成立宣言》阐述对外政策的那一部分，马克思特别着重地强调了这两个事件，此后过了很久，他仍然愤愤不平地谈到托兰、弗里堡以及其他人对这项议案的抵制。当然，首要的是他在英国代表的帮助下已经成功地打破了这种抵制；波兰问题依然保留在议事日程上了。

这次会议召开期间，上午举行的是非公开会议，由赫尔曼·荣克主持，晚上举行的是半公开的大会，由乔治·奥哲尔主持召开。那些在非公开的会议上已经搞清楚的问题，则拿到半公开的大会上由更加广泛的工人群众进行讨论。巴黎的代表们发表了关于会议的报告和为即将要召开的代表大会制定的会议议程，这个议程在巴黎的新闻界得到了热烈的反响。马克思怀着明显的满意心情写道："我们的巴黎人感到有点惊讶，他们不想要的关于俄国和波兰的章节，恰恰引起了最大的震动。"[②] 即使过了十二年以后，马克思仍然喜欢引用法国著名的历史学家亨利·马丁对代表大会的整个议程，特别对这一个章节所做的"热烈的评述"[③]。

---

① 参阅《马克思恩格斯全集》第 30 卷，人民出版社 1974 年版，第 341 页。

② 参阅《马克思恩格斯全集》第 31 卷，人民出版社 1972 年版，第 161 页。

③ 见《马克思恩格斯全集》第 19 卷，人民出版社 1964 年版，第 164 页；卡·马克思：《乔治·豪威耳先生的国际工人协会史》，写于 1878 年 7 月初。

5. 德意志战争[①]

对于马克思个人而言，无私地献身于国际工人协会也给他带来了令人不愉快的后果，这就是由于中断了谋求生计的工作，他再次陷入了重重困境。

熬到7月31日，他不得不写信向恩格斯求助。他在信中写道，他两个月以来完全靠典当维持生活。“我诚心告诉你，我与其写这封信给你，还不如砍掉自己的大拇指。半辈子依靠别人，一想起这一点，简直使人感到绝望。这时唯一能使我挺起身来的，就是我意识到我们两人从事着一个合伙的事业，而我则把自己的时间用于这个事业的理论方面和党的方面。就我的条件来说，我住的房子的确太贵，再就是我们这一年比往年生活得好一些。但是唯有这种办法能使孩子们维持那些可以使她们的前途得到保证的社交关系，况且，她们受过许多痛苦，也应当使她们至少有一个短时期的补偿。我想你也会有这样的看法：即使单纯从商人的观点来看，纯粹无产者的生活方式在目前也是不适宜的，如果只有我们夫妻两人，或者这些女孩子都是男孩子，这种生活方式当然很好。”[②]恩格斯见信后立即对马克思实施了帮助，但是在后来的几年，贫困和对生活的忧心忡忡却又再一次地开始光顾马克思了。

几个月之后，一个新的收入来源展现在马克思眼前，他通过洛塔尔·布赫尔于1865年10月5写来的一封信得到了一个既奇特又意想不到的挣钱的建议。布赫尔以流亡者的身份在伦敦生活的那些年，这两个人彼此之间不曾有过任何往来，更不用说有过什么友好关系了。即使布赫尔在一般的流亡者群体中开始占有了独立的一席之地，并且加入到厄克特派，成为其热烈的追随者以后，马克思对他依然保持着极端批判的态度。与此相反的是，布赫尔则在波克军面前对马克思针对福格特写的论战性小册子发表了非常有利于马克思的意见，而且，他还想要在《总汇报》上写一篇评论此书的文章；然而这件事却不见下文了，这很可能

① 德意志战争即发生在1866年的普奥战争，是普鲁士王国和奥地利帝国为争夺德意志领导权而进行的战争，最终奥地利帝国战败。

② 参阅《马克思恩格斯全集》第31卷，人民出版社1972年版，第135页。

要么是布赫尔压根儿就没有写，要么就是这家奥格斯堡的报纸拒绝刊登此文。普鲁士颁布大赦以后，布赫尔返回祖国，并且在柏林同拉萨尔交上了朋友；1862 年他同拉萨尔一起到伦敦去参观世界博览会，而且也正是在这个时候他通过拉萨尔的介绍结识了马克思本人，马克思发觉他是一个“非常文雅、尽管也有些棘手的人”①。马克思不相信布赫尔会同意拉萨尔的“对外政策”。拉萨尔死后，布赫尔就职于普鲁士政府，因此，马克思在给恩格斯的一封信中甚至对布赫尔和洛贝尔图斯动粗口骂他们：“这一群来自柏林、马尔克和波美拉尼亚的混蛋是多么下流无耻啊！”②

现在布赫尔写信给马克思说：“首先谈谈业务！《国家通报》希望每月提供一份有关金融市场动向的报告（当然也包括商品市场动向，因为这二者是不可分的），问我能不能推荐一个人来做这件事。我答复说，没有人能比您更胜任这项工作了。因此，他们求我请您帮忙。关于文章的篇幅，您可以不受任何限制，总之是越透彻越全面越好。至于内容，不言而喻，您完全可以遵循您的科学信念来发表意见；不过，考虑到读者范围为高级金融界，而不是考虑到编辑人员，您最好能够使专家洞见最核心的线索，以避免引起争论。”接下来他又补充了几点跟业务有关的说明，回忆起他同拉萨尔共同进行的一次郊游，他觉得拉萨尔的死对他而言仍然是个“心理学之谜”。他还提到，正如马克思已经知道的，他又回到了他的最初的爱好——处理卷宗。“我一直跟拉萨尔对此持有不同的看法，他总是把发展的进程想象得过于迅速。进步党在其消亡之前往往还要蜕几次皮；因此，凡是还有志在自己的一生中为国家效力的人，都必须集结在政府周围。”他在结束这封信时先向马克思夫人致意，并问候了各位年轻的小姐，特别是最小的一位，最后是书信结尾惯用的套语：“顺致最崇高的敬意，永远忠实于您。”

马克思回信拒绝了布赫尔的邀请，但是他在信中具体写了些什么，他对布赫尔的来信又做何想法，尚缺少有关这方面更为详细的资料。马克思在接到布赫尔

① 参阅《马克思恩格斯全集》第 30 卷，人民出版社 1974 年版，第 252 页。

② 参阅《马克思恩格斯全集》第 31 卷，人民出版社 1972 年版，第 40 页。

的来信之后立刻就动身去了曼彻斯特，显然他在那里跟恩格斯商谈了这件事；不过在他们两个人的通信中，却从来没有提到过这件事，另外，在马克思在给其他友人的信中，从到目前为止已经公布的信件来看，他对这件事也只是寥寥几笔一带而过。不过在十四年后，当赫德尔和诺比林的谋杀事件[①]引发了柏林当局对社会主义者的疯狂追捕时，他把布赫尔的这封信投向了迫害者的阵营，这封信所产生的摧毁力就像爆炸了一枚炸弹。布赫尔当时是柏林会议[②]的秘书，据他的半官方的传记作者的正式陈述，第一个《反社会党人非常法》草案就是他撰写的，这个法案是在赫德尔和诺比林暗杀事件发生后提交给帝国议会的，但遭到了议会的否决。

从那时起，很多人都在写文章讨论这样一个问题：俾斯麦是否企图通过布赫尔的这封信来收买马克思。确实，1865年秋天，当普鲁士同奥地利的决裂迫近眉睫，而《加斯坦条约》[③]就像一剂胶泥暂时凑合着把它们黏合在一起的时候，俾斯麦的确想依照他自己狩猎的比喻，把“所有要狂吠的狗全部都放出去”。无疑，他是一个极其顽固不化的易北河东岸容克，因此他不想以迪斯累里的方式，或者哪怕只是以波拿巴的方式关注工人问题。众所周知，俾斯麦对拉萨尔抱有多么可笑的想法，虽然他本人同拉萨尔有过多次交往。那时，在他的周围最接近他的人当中，有两个人比他更善于处理这些棘手的问题，他们就是洛塔尔·布赫尔和赫尔曼·瓦格纳。瓦格纳当时曾经竭尽全力想要把德国工人运动诱入自己的圈套，

---

① 1878年5月11日德国皇帝威廉一世出巡于柏林菩提树下街遭马克斯·赫德尔（1857—1878）暗杀，由于开枪打偏威廉没有受伤，1878年8月16日赫德尔被斩首。同年6月2日，卡尔·爱德华·诺比林（1848—1878）在菩提树下街进行另一次暗杀行动，威廉皇帝受重伤。诺比林多次自杀未遂，1878年9月10日害脑膜炎死于在押监狱。俾斯麦政府借机嫁祸于德国社会民主党，颁布了《反社会党人非常法》，镇压德国的社会主义运动。

② 柏林会议是1878年由德国首相俾斯麦召集的由欧洲强国与奥斯曼帝国参加的重审1878年俄土战争结束后俄国强迫土耳其签订的《圣斯特凡诺合约》的外交会议，并于7月13日签订《柏林条约》以取代《圣斯特凡诺条约》。

③ 在1865年8月14日的加斯坦协定里，普鲁士和奥地利达成协议，一致同意荷尔斯泰因将由奥地利、石勒苏益格将由普鲁士管理，而劳恩堡则转为普鲁士所有，为此普鲁士必须向奥地利支付250万塔勒的赔偿金。——德文原书出版者注

在引诱哈茨费尔特伯爵夫人时，也确实使她上了钩。不过，作为容克党的精神领导者和俾斯麦的老友，瓦格纳早在三月革命以前就比布赫尔占据了一个更为独立的地位；而布赫尔则一直依赖于俾斯麦的好意关照，政府官员都乜斜着眼睛看他，把他视为一个好管闲事的侵入者，国王也因为1848年的事情根本不愿意理睬他。不过怎么说，布赫尔是一个性格极其懦弱的人，是“一条没有骨头的鱼”，他的朋友洛贝尔图斯就经常这样说他。

所以，如果说布赫尔写这封信旨在于收买马克思，那么这件事也一定不是在俾斯麦事先不知道的情况下发生的。问题只是在于，是否真的存在过这样一种收买马克思的企图。马克思利用布赫尔的信来回击1878年对社会党人的追捕，这种做法固然是既合法又巧妙的一着棋，但是就连这一点也还是不能证明，马克思从一开始就把布赫尔的这封信理解成是企图贿赂自己，更不用说证明确实存在过这样一种企图了。[①] 布赫尔非常清楚地知道，自从马克思同施韦泽决裂之后，他在那段时间里给拉萨尔派留下了很坏的印象，此外，在全德国最枯燥无味的一份报纸上每月刊登一篇有关国际金融和商品市场的月度报告，这几乎也并非是平息对俾斯麦的政策普遍不满，或者甚至是试图赢得工人对这种政策的支持的有效手段。所以，布赫尔担保说，他把自己在流亡时期的战友介绍给《国家通报》的负责人，绝对没有任何政治上的潜在动机，这个说法理由还是很充分的，只是还有一点儿保留：如果是一个进步的自由贸易论者，那么该报的负责人大概会马上把他拒之门外。布赫尔在马克思那里碰了钉子以后，掉过头来又去求助于欧根·杜林；杜林最初参加了这项工作，但不久又中途退出了，因为该报负责人根本就没

① 俾斯麦和拉萨尔之间的关系有多密切，以及普鲁士政府怎样成功地收买了施韦泽，这在很早便已经为人所知。随后似乎很容易产生这种怀疑，即普鲁士政府也想通过布赫尔收买马克思。如果说布赫尔没有任何潜在的动机便把一位最革命的，并因此而遭到各国政府最憎恨的社会主义者作为撰稿人推荐给普鲁士政府的官方机关报《普鲁士国家通报》，这种说法本身就是十分荒谬的。与其说这是为了通过马克思在《普鲁士国家通报》上发表的文章为普鲁士政府的政策争取广大人民群众，倒不如说是为了把一切社会主义运动最重要的领袖置于某种形式的从属地位而败坏他的声誉。马克思拒绝了布赫尔的提议，而这正体现了马克思的典型的性格特征，而拉萨尔和施韦泽却没有抵制住普鲁士政府的各种诱惑。——德文原书出版者注

有表现出布赫尔如此为之大加赞誉的那种对“科学信念”的尊重。

马克思为“国际”和他自己的科学著作所做的耗费精力的工作，使他陷入了经济困境，然而比这还要糟糕的是他的健康受到了越来越严重的损害。1866年2月10日恩格斯给马克思写信说：“为了摆脱该死的痈，你的确应该采取一些合理的措施了……放弃一段时期的夜间工作，过一过多少有点规律的生活。”[①]对此，马克思在2月13日回复道：“假如我有足够的钱——也就是说>0——来养家，而我的书又已完成，那我是今天还是明天被投到剥皮场上，换句话说，倒毙，对我完全一样。但在上述情况下，这暂时还不行。”[②]一星期之后[③]，恩格斯得到一个可怕的消息：“这一次差一点送了命。家里人不知道这次的病是多么严重。如果这东西再以同样的形式重复三四次，那我就成了死人了。我非常消瘦，并且极度虚弱，虚弱的不是头部，而是腰部和腿部。医生们说得完全正确：此病复发的主要原因是过度的夜间工作。但是，我不能把迫使我这样过度工作的种种原因告诉那些先生们，而且那样做也毫无意义。”[④]不过从那时起，在恩格斯的逼迫下，马克思前往马盖特[⑤]海滨，让自己在那里休养了几个星期。

马克思在马盖特很快就恢复了饱满的情绪。他在给女儿劳拉的一封充满快乐的心情的信中写道：“我很高兴我住的是私人的房子，而不是旅馆或饭店，不然的话，就未必能避免关于当地的政治、教区的丑闻和左邻右舍的是非的那种令人厌烦的议论。但是我仍然不能象迪河岸上的磨坊主那样歌唱：‘我不关心人家，人家也不关心我’，因为这里有我的女房东——是个聋子，象个树桩，还有她那个嗓音总是嘶哑的女儿。不过，她们是非常好的人，殷勤而不使人厌烦。至于我自己，则已经变成一根游荡的手杖，白天大部分时间散步，呼吸新鲜空

① 参阅《马克思恩格斯全集》第31卷，人民出版社1972年版，第179页。

② 参阅《马克思恩格斯全集》第31卷，人民出版社1972年版，第180页。

③ 梅林所写的时间有误，下面引用的马克思的这封信是1866年2月10日写的，而不是一个星期以后。

④ 参阅《马克思恩格斯全集》第31卷，人民出版社1972年版，第176页。

⑤ 马盖特（Margate，《马克思恩格斯全集》人民出版社版第一版相关处译为马尔吉特），是位于英国东南部肯特郡东侧海岸线上的一个海滨小镇。

气，一睡就是十个小时，什么也不阅读，写得就更少了，完全陷入佛教视为人类极乐的精神虚无状态。”① 马克思在这封信末尾的打趣的补充说明，已经预示出未来的一些事情：“拉法格这个讨厌的小伙子以它的蒲鲁东主义来折磨我，而且，我要是不用一根结实的棍子揍他的克里奥洛人的脑袋，想必他是不会安静下来的。”②

正是马克思在马盖特逗留休养的这些日子里，笼罩在德国上空的战争阴云放射出了第一道闪电。4 月 8 日，俾斯麦跟意大利缔结了对付奥地利的攻守同盟，并紧接着在第二天向邦联议会提出了一项提案，要求在实行普遍选举权的基础上召开一次德意志议会，商讨邦联改革问题，以使德意志各邦政府本身对此取得一致的意见。马克思和恩格斯对这些事件所采取的立场表明，他们已经大大地脱离了德国的现实情况。他们在做出判断时犹豫不决、举棋不定。4 月 10 日，恩格斯在写给马克思的信中谈到了俾斯麦提出的要求召集一次德意志议会的提案：“他是何等的愚蠢，竟然相信这会对他有哪怕是丝毫的帮助！……如果事情真的弄到非打不可的地步，那末事态的发展将破天荒第一次取决于柏林的行动。如果柏林人及时出动，情况就会顺利——但是谁能够信赖他们呢？”③

三天以后，恩格斯再次写信给马克思，并且对事态的发展做了令人惊异的清楚的预测：“看来，德国的资产者在作过某些反抗以后是会同意的，因为波拿巴主义毕竟是现代资产阶级的真正的宗教。我愈来愈清楚地看到，资产阶级没有自己直接进行统治的能力，因此，在没有一个英国那样的寡头政治为了得到优厚报酬而替资产阶级管理国家和社会的地方，波拿巴式的半专政就成了正常的形式；这种专政维护资产阶级的巨大的物质利益，甚至达到违反资产阶级的意志的程度，但是，它不让资产阶级亲自参加统治。另一方面，这种专政本身又不得不违反自己的意志把资产阶级的这些物质利益宣布为自己的利益。俾斯麦先生现在就这样接受了民族联盟的纲领。是否实行当然完全是另一回事，但是俾斯麦是很难

① 参阅《马克思恩格斯全集》第 31 卷，人民出版社 1972 年版，第 508 页。
② 参阅《马克思恩格斯全集》第 31 卷，人民出版社 1972 年版，第 510—511 页。
③ 参阅《马克思恩格斯全集》第 31 卷，人民出版社 1972 年版，第 207 页。

由于德国资产者而遭受失败的。”[①]可是，俾斯麦真正会败在什么地方呢，恩格斯认为，是奥地利的军势。他说，贝内德克至少是一个比弗里德里希·卡尔亲王更为优秀的将军；奥地利能够依靠自己的力量迫使普鲁士求和，而不是普鲁士迫使奥地利求和；普鲁士的每一个成功就等于是每一次都在敦促波拿巴进行干涉。

马克思在写给一位新交——汉诺威的库格曼医生——的信[②]中，几乎是照搬了恩格斯的话对当时的形势进行了描述。路德维希·库格曼在 1848 年还是一个年轻的小伙子的时候，他就已经非常崇拜马克思和恩格斯了，并且精心地收集了他们的全部著作，不过直到 1862 年，他才通过弗莱里格拉特的介绍来找马克思求教，并且很快便成了马克思的一位知己密友。马克思在一切军事问题上完全听从恩格斯做出的判断，从来不加任何评论，这对他来说无论如何都是绝无仅有的事。

比高估奥地利的实力还要令人惊异的是，恩格斯对于普鲁士军队内部状况所持有的看法。这种看法之所以更加特别令人惊异，是因为他曾经在一部卓越的著作[③]中，以一种资产阶级民主派政治空谈家们望尘莫及的洞察力论述了造成普鲁士宪法纷争的军事改革。他在 5 月 25 日给马克思的一封信中写道："如果奥地利人十分聪明，不首先进攻，那末在普鲁士军队中一定会产生骚动。这些家伙在这次动员中表现出的那种叛逆情绪，是从来没有过的。可惜，我们对于实际发生的事情只知道极小的一部分，但是这也足以说明，用这样的军队打进攻战是不行的。"[④]6 月 11 日他又写道："在这次战争中，后备军对普鲁士人来说就象 1806 年的波兰人一样危险，波兰人也曾构成军队的三分之一以上，在作战以前就把整个事情搞垮了；区别只是，后备军在失败以后将不是逃散，而是暴乱。"[⑤]这封信是恩格斯在柯尼希格雷茨战役爆发前三星期时写给马克思的。

---

① 参阅《马克思恩格斯全集》第 31 卷，人民出版社 1972 年版，第 209 页。

② 参阅《马克思恩格斯全集》第 31 卷，人民出版社 1972 年版，第 518 页。

③ 这里指的是弗·恩格斯写于 1865 年 1 月底—2 月 11 日的一篇文章：《普鲁士军事问题和德国工人政党》。见《马克思恩格斯全集》第 16 卷，人民出版社 1964 年版，第 41—87 页。

④ 参阅《马克思恩格斯全集》第 31 卷，人民出版社 1972 年版，第 222 页。

⑤ 参阅《马克思恩格斯全集》第 31 卷，人民出版社 1972 年版，第 228 页。

柯尼希格雷茨战役[①]驱散了一切云雾，在会战的第二天恩格斯就在信中写道："你对普鲁士人有什么看法？他们以极大的努力利用了初步的成果……这样一场决定性的战斗在八小时之内结束，还是从来没有过的；在其他情况下也许要继续两天。但是针发枪是一种惊人的武器，另外，这些人打得确实很勇敢，这还是我在这种和平军队中从未见过的。"[②]马克思和恩格斯也会犯错误，而且时常犯错误；但是当事件本身迫使他们不得不认识自己的错误时，他们对此从未进行过抵制。普鲁士的胜利对于他们来说就犹如一块难啃的硬骨头，十分棘手，但是他们并没有束手无策地硬吞下去，而是很快就做出了正确的判断。恩格斯在这个问题上仍然保持着领先地位，他在7月25日是这样概述当时的形势的："目前我觉得德国的情况相当简单。自从俾斯麦利用普鲁士军队极其成功地实行了资产阶级的小德意志计划的时候起，德国的发展就这样坚决地采取了这个方向，以致我们和其他人一样只好承认这个既成事实，不管我们是否喜欢它。……这件事情有这样一个好处，那就是它使局势简单化了，同时由于它消除了各小邦首都之间的争吵，而且无论如何是加速了发展，所以革命就容易发生了。归根到底，德国议会的确是和普鲁士议院完全不同的。所有的小邦都将被卷入运动，地方割据的最恶劣的影响将会消失，各个党派将最终成为真正全国性的，而不再只是地方性的。"[③]两天之后马克思平静淡定地回复道："我完全同意你的看法，就是说，必须接受这样一种肮脏东西。不过在这种'初恋开始的日子里'离开得远远的，毕竟是一种愉快。"[④]

同时，恩格斯以绝非赞许的口吻写道："李卜克内西老兄成为狂热的奥地利拥护者……"[⑤]他说，显而易见，刊登在《法兰克福报》上的一篇来自莱比锡的"激昂的通讯"就是出自于李卜克内西的手笔；这家置王公于死地的报纸已经走得如此之远，它居然指责普鲁士人用卑鄙下流的手段对待"年高德劭的黑森选

① 普奥战争期中的一场决战，1866年7月3日在柯尼希格雷茨城附近爆发，结果奥军大败。这次战役也以萨多瓦会战著称。

② 参阅《马克思恩格斯全集》第31卷，人民出版社1972年版，第231—232页。

③ 参阅《马克思恩格斯全集》第31卷，人民出版社1972年版，第242—243页。

④ 参阅《马克思恩格斯全集》第31卷，人民出版社1972年版，第245页。

⑤ 参阅《马克思恩格斯全集》第31卷，人民出版社1972年版，第243页。

帝侯"[①]，并且它还崇拜可怜的瞎子韦尔夫[②]。而柏林的施韦泽出于同样的原因，并且使用了同样的文字，却表明了跟伦敦的马克思和恩格斯完全相左的见解，这个倒霉的施韦泽由于他的这种"机会主义的"策略，直到今天还不得不忍受那些举足轻重的政治家们的道德义愤，这些人虽然不理解马克思和恩格斯，但是却对他们二人崇拜有加。

6. 日内瓦代表大会

国际工人协会的第一次代表大会还没能如愿举行，决定德国命运的柯尼希格雷茨战役就爆发了。这次代表大会不得不再一次被延期到当年9月份，尽管这个新协会成立的第二年得到了比第一年迅速得多的发展。

日内瓦开始成为协会在欧洲大陆的最重要的中心，在这里，无论是罗曼语族支部还是德国人支部，都创办了自己的党刊。德国人支部的机关刊物是《先驱》，它是由老贝克尔创办并且担任主编的一种月刊，发行了六个年度的《先驱》至今仍然属于研究国际工人协会历史的最重要的原始资料。《先驱》自1866年1月起开始出版，自称是"德国人支部的中央机关刊物"，因为德国的结社法禁止在德国国内建立支部，所以国际工人协会的德国会员都纷纷前往日内瓦。由于类似的原因，日内瓦的罗曼语族支部也将其影响深入地扩展到了法国国内。

在比利时，工人运动也已经创办了自己的机关报《人民论坛报》，该报也跟日内瓦的两家报纸一样，被马克思承认是"国际"的正式机关报[③]。但是，他却

---

① 指路德维希三世（1848—1877）。见《马克思恩格斯全集》第31卷，人民出版社1972年版，第243页；恩格斯致马克思，1866年7月25日于曼彻斯特。

② 瞎子韦尔夫就是汉诺威王国的最后一位国王格奥尔格五世（1819—1878），小时候因疾病一只眼睛失去了视觉；1833年的一次事故使他失去了另一只眼睛，成了盲人。他在1866年普鲁士军队占领汉诺威以后失去王位。

③ 马克思在1866年1月15日给库格曼的信中说："我们的协会有了很大的进展。它已经有三个正式的机关报，一个是伦敦的'工人辩护士报'，一个是布鲁塞尔的《人民论坛报》，一个是在瑞士的法国人支部的《国际工人协会报》。"见《马克思恩格斯全集》第31卷，人民出版社1972年版，第497—498页。

没有把在巴黎出版的一种或几种小报视为党的机关报纸，尽管这些小报自诩为在以自己的方式支持工人事业。“国际”的事业虽然在法国逐渐取得了良好的进展，不过其发展之势与其说是像正在熊熊燃烧的一团炉火，倒不如说更像是飞溅的火花。由于完全没有出版自由和集会自由，在那里很难创建起真正的运动中心，而波拿巴警察的暧昧的宽容态度，与其说是对于工人的斗志起了激发作用，倒不如说是起了麻痹的作用。另一方面，即使是势力强大的蒲鲁东主义，也不适于推动无产阶级组织力量的发展。

蒲鲁东主义在“青年法兰西”组织中闹腾得尤其厉害，这个组织行迹匆匆，时而活跃在布鲁塞尔，时而活跃在伦敦。1866 年 2 月，一个在伦敦成立的法国支部对总委员会提出了激烈的反对意见，因为总委员把波兰问题列入了日内瓦代表大会的议程。他们根据蒲鲁东的思想提出了这样的质问：俄国的农奴是俄国自己解放的，而波兰的贵族和僧侣却一直拒绝给自己的农奴以自由，在这种时刻，怎么能够想到用复兴波兰的办法来阻止俄国的影响呢？即使在德意志战争爆发时，“国际”的法国委员，甚至连同总委员会的法国委员，也都用他们的“蒲鲁东派的施蒂纳思想”引发了许多无益的争吵。正如马克思有一次所说的，他们宣称一切民族特性和民族本身都是“陈腐的偏见”，并且要求将一切民族都分解成小的“团体”或“公社”，然后再由它们组成“联合会”，但并不是组成国家。“在人类的这种‘个体化’以及相应的‘相互性’向前发展的同时，其他一切国家的历史都应当停顿下来，全世界都应当等候法国人成熟起来实行社会革命。那时他们将要在我们的眼前做这种试验，而世界其余的部分将会被他们的榜样的力量所征服，也去做同样的事情。”[①] 这一段嘲讽之词是马克思首先针对他的“非常好的朋友”拉法格和龙格说的，这两个人后来都成了他的东床佳婿，但是最初他们作为“蒲鲁东的信徒”曾经使马克思颇为感到过不快。

“国际”的重心始终是在英国工联。马克思也持有这样的看法；1866 年 1 月

① 参阅《马克思恩格斯全集》第 31 卷，人民出版社 1972 年版，第 230 页。

15日在写给库格曼的一封信[①]中，马克思对于终于成功地把这个唯一真正庞大的工人组织吸引到运动中来表示满意。特别使他高兴的，是几个星期以前在圣马丁堂举行的一次大会，这次大会是在“国际”的思想指导下为支持选举改革而召开的。1866年3月，格莱斯顿的辉格党内阁提出了一项选举改革草案，然而就连他自己党内的一部分党员也都觉得这个草案过于激进，由于这些党员纷纷脱党，导致了辉格党内阁的垮台，辉格党内阁被迪斯累里的托利党内阁接替，托利党内阁企图把选举改革无限期地拖延下去，这促使选举改革运动呈现出了迅猛发展的形式。7月7日马克思在给恩格斯的信中写道：“伦敦工人的游行示威，和我们1849年以来在英国看到的比起来，规模非常巨大，这完全是由国际一手组织的。譬如特拉法加广场上的主要人物鲁克拉夫特先生就是我们委员会的委员。”[②]在聚集了两万人的特拉法尔加广场上，卢克拉夫特号召大家到“我们曾经在那里砍掉过一个国王[③]的头颅”的白厅花园去开大会；紧接着，在海德公园也召开了群众大会，那里聚集了60 000人，几乎酿成一次公开的起义。

英国工联完全承认“国际”在这场几乎席卷全国的运动中的功绩。由此，在设菲尔德召开的一次由整个工联都派遣代表参加的会议上做出了如下决议：“代表会议对于国际工人协会努力通过兄弟情谊的纽带把世界各国工人联合起来的功绩予以完全肯定，并且最恳切地建议有代表出席这次会议的所有工会都加入到这个组织中来，代表会议坚信，这样做对整个工人阶级的进步和繁荣兴盛是极其重要的。”不久，便有许多工会参加了“国际”，但是这种道义上和政治上的巨大成功并没有在同样程度上转化成为一种物质上的成果。参加“国际”的工会其会费的缴纳完全听凭各个工会自行决定，要么随意缴，要么甚至可以根本不缴。而且，即便是有些工会缴纳了会费，其数量也是微乎其微的。例如，拥有5000名会员的鞋匠工会每年所缴纳的会费是五镑，拥有9000名会员的木匠工

① 参阅《马克思恩格斯全集》第31卷，人民出版社1972年版，第497—499页。

② 参阅《马克思恩格斯全集》第31卷，人民出版社1972年版，第233页。

③ 指英国的查理一世（1600—1649），继位于1625年；1642年8月22日打响了英国第一次内战，1648年被捕，1649年1月被判处死刑，在白厅宴会厅前被送上断头台。

会每年缴纳两镑，而拥有 3000 到 4000 名会员的泥水匠工会每年甚至只缴纳一镑会费。

马克思很早就认识到了，在这场“改革运动”中再一次暴露出的正是“英国的一切运动所固有的那种可诅咒的传统特性”。还是在“国际”成立之前，工联就因为选举改革之事同资产阶级激进分子接上了关系。当运动越来越显示出斗争的成果趋于成熟并且唾手可得的时候，这种关系就变得更加紧密了；过去被极其愤怒地驳回的那些“让步”，现在则被看成是对斗争的公道的酬报。马克思发觉，旧日宪章运动的那种火热的精神已经不见了。他指责英国人的无能，不能同时完成两件事情；并且断言，选举改革运动越是大大地向前推进，伦敦的那些领袖们对于“我们需要比较密切协作的运动”就越发冷淡；“在英国，我们发动的改革运动却几乎断送了我们……”①。马克思由于生病在马盖特疗养，未能亲自参与这场运动，这使得运动的这种发展失去了一个强有力的阻碍。

《工人辩护士报》——一个周刊——也给马克思增添了许多的麻烦和操劳。该周报在 1865 年的代表会议上被提升为“国际”的正式机关刊物，并于 1866 年 2 月更名为《共和国》。马克思也参加了该报的管理委员会；这个报纸要不断地同财政上的困难做斗争，因而它不得不依靠资产阶级选举改革派的支持。马克思始终不遗余力地与资产阶级的影响对抗，同时他也竭力制止为争夺编辑部的领导权而争风吃醋、嫉贤妒能的倾向。埃卡留斯曾经一度负责该报的编辑出版工作，他在《共和国》周报上发表了他的一篇有名的反对斯图亚特・穆勒的论战文章，马克思在他写这篇文章时给予了他极为有力的帮助。尽管马克思做了种种努力，但是他最终也没能够阻止住《共和国》周报“在这期间突然变成了改革运动的机关报”，他在写给库格曼的一封信中如是说，这“一方面是经济原因，另一方面是政治原因……”②。

从整个情况来看，事情已经很明了，马克思当时是怀着极大的担心期待着国

① 参阅《马克思恩格斯全集》第 31 卷，人民出版社 1972 年版，第 205 页。

② 参阅《马克思恩格斯全集》第 31 卷，人民出版社 1972 年版，第 534 页。

际工人协会第一次代表大会的召开的，因为他害怕这次代表大会将会成为“欧洲的一件丑闻”。由于法国会员坚持伦敦会议所做出的代表大会应该在5月底举行的决议，于是马克思打算亲自前往巴黎去说服他们，要他们相信这个日期是绝对不可能的。然而恩格斯却认为：这件事情完全不值得马克思去冒险，因为在巴黎他得不到任何人的保护，因而很可能会落入波拿巴警察的魔掌；至于这次代表大会是否能够通过什么像样的决议，则完全是次要的问题，只要能够避免出现任何丑事就行，而做到这一点在当时的情况下是完全有可能的。恩格斯不认为再行延期会有很大的好处，任何这样的表示在一定意义上来说——至少在马克思和恩格斯他们自己的心目中——总是一种耻辱，所以不需要在欧洲面前展示这类事情，而且这一点也是可以避免。①

症结终于解开了，因为日内瓦方面还没有做好各种筹备工作，于是决定把代表大会的召开延期到9月份，而且除了巴黎以外，其他各地的会员都同意了。马克思本人并不打算亲自参加这次代表大会，因为他撰写科学著作的工作不容许他再较长时间地中途停工。他觉得，他做的这件事情，其意义对于工人阶级来说，比他亲自参加任何一个这样的代表大会所能够做的都要重要得多。不过，他仍然花费了许多时间来设法确保代表大会能够顺利地进行；他为伦敦的代表们拟定了一份备忘录②，并且有意识地将备忘录局限于这样几点，“这几点使工人能够直接达成协议和采取共同行动，而对阶级斗争和把工人组织成为阶级的需要则给以直接的滋养和推动。”③对于这份备忘录，人们同样可以用比斯利当初赞美国际工人协会《成立宣言》的那段话来赞扬它，即：在少许几页纸中，居然如此透彻和令人信服地将国际无产阶级近期最主要的要求做出了归纳。主席奥哲尔和总书记克里默作为总委员会的代表前往日内瓦参会，同他们一起去的还有埃卡留斯和赫尔曼·荣克，而对于这两个人的理解能力马克思是可以绝对

① 参阅《马克思恩格斯全集》第31卷，人民出版社1972年版，第204—207页。

② 指马克思1866年8月底为国际工人协会第一次代表大会的代表们写的《临时中央委员会就若干问题给代表的指示》，见《马克思恩格斯全集》第16卷，人民出版社1964年版，第213—223页。

③ 参阅《马克思恩格斯全集》第31卷，人民出版社1972年版，第533页。

信赖的。

这次代表大会从9月3日开到9月8日，由赫尔曼·荣克的主持，有六十名代表出席了日内瓦代表大会。马克思发觉，这次代表大会从整个情况来看，结果比他“预期的来得好”。他只是对那些“巴黎的先生们”发表了相当尖刻的评论。他说：“巴黎的先生们满脑袋都是蒲鲁东的空洞词句。他们高谈科学，但什么也不懂。他们轻视一切革命的、即产生于阶级斗争本身的行动，轻视一切集中的、社会的、因而也是可以通过政治手段（例如，从法律上缩短工作日）来实现的运动；在自由和反政府主义或反权威的个人主义的幌子下，这些先生们——他们十六年来一直泰然自若地忍受并且现在还忍受着最可耻的专制制度！——实际上在宣扬庸俗的资产阶级的生意经，只不过按蒲鲁东的精神把它理想化了！”[①]，马克思还以同样的精神，用更加尖锐的措辞，谈到其他一些事情。

马克思的评论的确是相当尖锐的，尽管作为主要参加者亲临代表大会的约翰·菲利普·贝克尔几年以后对于当时笼罩着大会的那种混乱局面发表了也许是更为尖锐的意见。只不过贝克尔没有因为法国人而忘掉德国人，也没有因为蒲鲁东主义者而忘掉舒尔策-德利奇主义者。“为了体面地从这些善良的人们的热烈祝贺中脱身出来，要对他们浪费多少殷勤的礼节啊。”当然，在《先驱》杂志上同时发表的一些有关代表大会讨论的报道中，则写的完全不一样，人们在阅读这些报道时，应该带着某种批判的眼光。

法国人在代表人数方面处于比较强势的地位，他们被授权的代表占了大约三分之一，而且不乏善于辞令的辩才，但是他们并没有取得多大的成就。他们提出的关于只接受体力劳动者参加“国际”而不能也接受脑力劳动者加入国际的提案遭到否决，同样遭到否决的还有他们提出的关于把宗教问题列入协会纲领的提案。这样一来，这个荒唐的想法就永远被消除了。在大会上得以通过的，反倒是他们提出的一个相当无关紧要的关于研究国际信贷的提案，此项研究旨在于按照蒲鲁东的主张为以后开设隶属于“国际”的中央银行做准备。糟糕的

① 参阅《马克思恩格斯全集》第31卷，人民出版社1972年版，第533页。

是由托兰和弗里堡提出的一项提案被通过了，这项提案认为妇女参加工作是“败德之道”，应予以屏弃，主张应该规定妇女的位置是在家庭内部。然而这项提案甚至遭到了瓦尔兰和其他法国人的反对，结果它只是被捎带着同总委员会关于女工和童工的各种提案一起通过的，而后者实际上使前者化为乌有。此外，法国人还顺手在决议中偷偷地东拼西凑地塞进了蒲鲁东主义的一些私货，由此便可以得到解释，马克思为什么会对大会中出现的这些缺陷感到厌烦，因为它们使他辛辛苦苦工作的意义走了样。但是不难看出，他对大会的整个进程大概还是感到满意的。

只有在一个问题上马克思的意见遭到了拒绝，这可能让他感觉受到了伤害，而且还是特别严重的伤害，这个问题就是波兰问题。有了伦敦会议的经验以后，在给英国代表拟定的备忘录中，马克思对这一点特别仔细地说明了理由。备忘录中说，欧洲工人必须要对这个问题做出反应，特别是因为统治阶级都在极力压制这个问题，尽管他们伪装成庇护所有的民族的样子，因为贵族和资产阶级都把那个隐身于幕后的黑暗的亚洲强国看成是抵挡工人阶级前进浪潮的最后的堡垒。只有通过在民主的基础上复兴波兰，才可能使这个强国无法再为非作歹。德国是将成为神圣同盟的前哨，还是成为共和政体的法国的一个盟国，均取决于此。在这个重大的欧洲问题得到解决之前，工人运动会持续不断遇到阻碍，被迫中断，发展也会变得迟缓。英国人坚决支持马克思的提案，但是法国人和一部分罗曼语族的瑞士人则没少激烈地反对这个提案；最后，大家一致同意贝克尔的建议——贝克尔本人虽然赞同马克思的提案，但是他希望避免在这个问题上出现公开的分裂——和一项含糊其词的决议，决议中说，由于“国际”反对一切暴力统治，所以它应该力求消除俄国的帝国主义影响，并且努力在社会民主主义的基础上复兴波兰。

除此以外，英国代表的提案也取得了全线胜利。临时章程做了几点修改后获得了批准；《成立宣言》虽然没有经过讨论，但是从此以后在“国际”的所有的决议和声明中，始终把它作为正式文件加以引用。总委员会进行了重选，同时把会址确定在伦敦；代表大会要求，总委员会应该对国际工人阶级的状况进行一次全面的统计，并且在财力允许的条件下，就国际工人协会所关心的所有的问题做一个报告。为了弥补总委员会经费的不足，责成每一位会员在下一个年度要额外缴纳 30 生丁（即 24 芬尼）的特别会费；代表大会还建议，除了会员证收取的费用以外，每年要向总委员会的会计处缴纳一便士（即 8.5 芬尼）或半便士作为固定的年费。

在代表大会的诸多纲领性的声明中，排在第一位的是关于劳动保护立法和工会的决议。代表大会提出了这样一个原则，即工人阶级必须要争取到劳动保护的法律。“工人阶级要求施行这种法律，决不是巩固政府的权力。相反，工人阶级正在把目前被用来反对他们的政权变为自己的武器。”① 工人阶级通过普遍的立法行为可以得到的东西如果想通过个人孤军奋战得到，那只会是枉费心机。代表大会建议，要把限制工作日的时间长度作为一个必备的条件，缺了这个条件，无产阶级争取解放自己所付出的其他一切努力都将必定会遭到失败。大会认为，为了使工人阶级的体力和健康得到恢复，为了使工人阶级能够在智力上得以发展、能够进行社会交往、能够从事社会和政治活动，限制工作时间是绝对必要的。代表大会提议将八小时作为工作日的法定限度，这八个小时必须安排在白天固定的时间段以内，也就是说，这个时间段包括了八小时的工作和饭前饭后的休息。八小时工作制应当适用于所有的成年人，不管是男人还是女人，而从年满十八岁起就应该算作成年。夜班工作影响健康，必须予以屏弃；必不可免的例外情况须由法律给予明文规定；必须采用一切可能的严厉手段不让妇女参加夜间工作以及从事其他一切危害女性身体健康或有损她们品德的劳动。

代表大会把现代工业吸收男女儿童和青少年参加社会生产的倾向看作是一种有益的而且是合法的进步，尽管在资本的统治下实现这种进步所采取的形式是丑恶的。大会认为，在合理的社会状态下，所有的儿童都应该没有差异地从 9 岁起就成为生产劳动者，正像每一个成年人都必须毫无例外地遵从这样一条普遍的自

① 参阅《马克思恩格斯全集》第 16 卷，人民出版社 1964 年版，第 217—218 页。

然规律一样，即：他要吃饭就必须工作，不仅是用脑工作，而且也要用手工作。代表大会建议，在目前的社会中最可取的做法就是把儿童和青少年分为三个等级并进行区别对待：即从 9 岁到 12 岁的儿童，从 13 岁到 15 岁的少年，和从 16 岁到 17 岁的青年男女。在任何一个工场或者家庭劳动中，第一个等级的工作时间限定为每天两小时，第二个等级为四小时，第三个等级是六小时，而且必须要给第三类留有至少每天一小时的吃饭和休息时间。但是，儿童和青少年的生产劳动只有在劳动与教育结合起来的情况下才许可进行，这里所说的教育可以从三个方面来理解，即：智力教育、身体素质训练和技术教育，技术教育应该传授所有生产过程的一般科学原理，同时要使正在成长的一代学会最基本的劳动工具的实际应用。

关于工会，代表大会的决议是这样说的：工会的活动不仅是合法的，而且也是必要的；工会是反抗资本集中社会权力的一种手段，是无产阶级所拥有的唯一的社会力量，即无产阶级的数量；只要存在着资本主义生产方式，工会就不但不能够缺少，而且还将通过国际接轨使工会的活动普遍化。决议还提到，在自觉地抵制资本的不断侵害的斗争当中，工会将不知不觉地成为整个工人阶级的组织的重心，这就类似于中世纪的地方自治团体成为资产阶级的这样的重心一样；工会在资本和劳动之间的日常斗争中持续不断地进行着小规模的游击战，从而具有了远比作为废除雇佣劳动的组织力量更为重要的意义。决议指出，迄今为止，工会的活动计划都过于专注于反对资本的直接斗争，今后工会不应避离本阶级的一般性政治运动和社会活动；只有当无产阶级的广大群众确信，工会的目标绝非是狭隘的和自私的，而是相反，工会是以争取千百万遭到践踏蹂躏的劳苦大众的普遍解放为目标的，只有这时工会才可能得到最为强有力的扩充和发展。

日内瓦代表大会结束之后不久，马克思根据这次大会决议的精神，还打算再进行一次尝试，而且他对这次尝试寄托着很多期望。1866 年 10 月 13 日他在给库格曼的信中写道："英国工联伦敦理事会（他的书记就是我们的主席奥哲尔）现在正在讨论是否宣布自己为国际协会英国支部的问题。如果它这样做，那末这里的工人阶级的领导权从某种意义上说就会转移给我们，而我们就能够把运动大大地‘向前推进’。”[①] 然而，英国工联委员会最终并没有这样做，尽管它对“国际”抱着一种完全友好的态度，但是它仍然决定要保持自己的独立性。如果工联的史学家们所做的记载准确的话，那么工联委员会还曾经拒绝过“国际”派遣代表参加自己的会议，“国际”为了把大陆上的罢工情况迅速地通知给工联，曾经提出过这样的建议。

“国际”在其创立的最初几年就已经知道，巨大的成功就在前面等候着它，但是它同时也知道，这些成功是有其一定的限度的。不过，它目前毕竟可以暂时地享受一下它的成功的喜悦。马克思无比心满意足地在他那部恰恰在当时完成最后一笔的巨著中写道，为了把工人从资本主义的桎梏中解放出来，和日内瓦代表大会同时召开的巴尔的摩全美工人代表大会曾经把实现八小时工作日作为它提出的第一个要求。[②]

马克思认为，凡是在黑人劳动力还被打上屈辱的奴隶烙印的地方，白人劳动力也就不可能获得解放。但是，消灭了奴隶制度的美国南北战争的第一个成果，就是传播争取八小时工作日的运动，这个运动以七里靴[③] 拉动的火车的速度从大西洋跨越到太平洋，从新英格兰跨越到加利福尼亚乃至美洲。[④]

---

① 参阅《马克思恩格斯全集》第 31 卷，人民出版社 1972 年版，第 536 页。

② 1866 年 8 月，美国工人代表大会在巴尔的摩开幕，有来自 13 个州的 77 名代表出席了大会。在这次大会上成立了全国劳工联盟，并发表宣言，要求在美国各州都实行八小时的标准劳动日。这一倡议得到国际工人协会的支持。1866 年 9 月 3 日，国际工人协会在日内瓦召开第一次代表大会，一致通过了“八小时工作制”的口号。

③ 七里靴为德国童话中的巨人之靴，具有神奇的魔力，相传能渡海腾云，瞬息即达。

④ 参阅《资本论》第 1 卷，人民出版社 2004 年版，第 348 页。

第十二章 《资本论》

1. 阵痛

如果说马克思拒绝参加日内瓦代表大会是因为他觉得，完成他的主要著作——他认为他过去所写的都不过是一些零零碎碎的东西——对于工人来说要比他参加任何代表大会都更为重要，那么在他的心目中所考虑的则是，他自1866年1月1日起开始的《资本论》第一卷的修辞和誊清工作。这项工作最初进行得极为迅速，因为他“在经过这么多次的阵痛之后，自然愿意尽快地享受一下‘舐犊之乐’”[①]。

这种阵痛所持续的年份，几乎相当于人类生理上孕育一个婴儿到出生所需要的月份的两倍。马克思也许有充分的理由说，或许从来没有一部这样的著作是在比这更困难的条件下写成的。他曾经一再为他的著作定下完成的期限，比如在1851年曾经定为“五个星期”完工，又比如在1859年定为“六个星期”。但是这些计划一次又一次地落空了，这要归因于马克思的无情的自我批判精神和无比的认真态度，它们驱策他不断地去做新的探索，甚至连他的最忠实的朋友的焦急的劝告，也未能使他在这方面有所动摇。

1865年年底，马克思终于结束了这部著作的写作，然而却只是以一大堆草稿的形式完成的，就以目前这种形式交出去让人出版发行，这除了马克思本人

---

① 参阅《马克思恩格斯全集》第31卷，人民出版社1972年版，第181页。

以外恐怕没有任何人能够胜任，甚至连恩格斯也办不到。从1866年1月到1867年3月，马克思从这批浩瀚的草稿里去粗取精，把《资本论》的第一卷加工成为一件经典版的“完整的艺术品”，这对他的卓越的工作才能又是一个辉煌的证明。由于马克思连续五个季度都在不断地生病，例如1866年2月，当时的病情甚至已经危及生命，再加上积累起来的债务，使他时常感觉“大脑充满挤压感”，尤其是耗费时间的为“国际”筹备日内瓦代表大会的工作，更是让他感到了雪上加霜的沉重压力。

1866年11月，马克思把第一批手稿寄给了汉堡的奥托·迈斯纳，迈斯纳是一位民主文学出版家，恩格斯曾经在他这里出版过论述普鲁士军事问题的小册子[①]。1867年4月中旬，马克思把其余的手稿亲自送到汉堡，他认为迈斯纳是“一个亲切可爱的人”[②]，经过同迈斯纳简短的磋商以后，一切问题便都谈妥了。书将在莱比锡印刷，在等待稿件的印刷初样期间，马克思前往汉诺威拜访了他的朋友路德维希·库格曼，他在那里受到亲切好客的库格曼一家的极其殷勤的款待。马克思在库格曼家里度过了几个星期的幸福时光，他把在汉诺威逗留的这几个星期看作是他在“人生的荒漠中所遇到的最美好和最令人愉快的绿洲”[③]。另外，马克思所以能够拥有这份愉悦的心情，汉诺威的有文化有教养的阶层人士对此也起了一些作用，因为他们向他这个在这方面完全不受宠的人表达了他们的尊敬和好感。“我们两个人”，1867年4月24日他在给恩格斯的信中写道，“在德国，尤其是在‘有教养的’官场中的地位，与我们所想象的完全不同。”[④]

而恩格斯则在4月27日回复道：“我一直认为，使你长期来呕尽心血的这本该死的书，是你的一切不幸的主要根源，如果不把这个担子抛掉，你就永远不会而且也不能脱出困境。这个一辈子也搞不完的东西，使你在身体、精神和经济方

① 弗·恩格斯：《普鲁士军事问题和德国工人政党》，于1865年2月底在汉堡出版。见《马克思恩格斯全集》第16卷，人民出版社1964年版，第41—87页。

② 参阅《马克思恩格斯全集》第31卷，人民出版社1972年版，第291页。

③ 参阅《马克思恩格斯全集》第31卷，人民出版社1972年版，第551页。

④ 参阅《马克思恩格斯全集》第31卷，人民出版社1972年版，第294页。

面都被压得喘不过气来，我非常清楚地了解，现在，你摆脱这个梦魔后，会感到自己象换了一个人一样，特别是这个世界，只要你一重新投身进去，也就会感到它已经不象过去那样黑暗。”[①] 接着，恩格斯写到，他自己最渴望不过的事情，就是能够尽快地从这个“可恶的商务”中解脱出来；只要他还在经商，他就什么也不能干；尤其是自从他当上老板之后，因为他担负的责任更大了，情况也就变得更加糟糕了。

关于这一点，马克思在 5 月 7 日的信中回应道：“我希望，并且坚信，再过一年我会成为一个不愁吃穿的人，能够根本改善我的经济状况，并且终于又能站稳脚跟。没有你，我永远不能完成这部著作。坦白地向你说，我的良心经常象被梦魔压着一样感到沉重，因为你的卓越才能主要是为了我才浪费在经商上面，才让它们荒废，而且还要分担我的一切琐碎的忧患。”[②] 当然，一年之后，甚至在其他任何时候，马克思压根儿也没能成为一个“不愁吃穿的人”，而恩格斯也不得不再忍受几年“可恶的商务”，不过在地平线上毕竟开始渐渐地露出了一丝光亮。

在汉诺威的这些日子里，马克思偿还了一件拖欠已久的信件债，这封久拖未复的回信是写给他的一位拥护者、矿业工程师西格弗里德·迈尔的。迈尔之前一直在柏林生活，就在这段时间前后移居到了美国，这封信中所用的言语再一次将马克思的“冷漠无情”置于了光天化日之下。他写道：“您一定会把我想得很坏，而当我告诉您，您的来信不仅使我非常高兴，而且在接到来信的这段极端困苦的时期中对我也是一种真正的安慰时，您就会想得更坏。想到我已给我们党物色到一个原则性很强的能干的人，那末最坏的事情也就得到了补偿。此外，您的来信也充满了对我个人的最真挚的友谊，您会了解到，当我正在和（官方的）世界作最艰苦的斗争的时候，我是决不会低估这种友谊的。那末，我为什么不给您回信呢？因为我一直在坟墓的边缘徘徊。因此，我不得不利用我还能工作的每时每刻来完成我的著作，为了它，我已经牺牲了我的健康、幸福和家庭。我希望，这样

① 参阅《马克思恩格斯全集》第 31 卷，人民出版社 1972 年版，第 295—296 页。
② 参阅《马克思恩格斯全集》第 31 卷，人民出版社 1972 年版，第 300—301 页。

解释就够了。我嘲笑那些所谓‘实际的’人和他们的聪明。如果一个人愿意变成一头牛，那他当然可以不管人类的痛苦，而只顾自己身上的皮。但是，如果我没有全部完成我的这部书（至少是写成草稿）就死去的话，我的确会认为自己是不实际的。”①

在马克思情绪高昂的这些日子里，一个他原本不认识的律师瓦内博尔德向他转达了一个据说是俾斯麦的愿望。此律师说，俾斯麦想利用他和他那些了不起的才能来为德国人民的利益效力。马克思很重视这个消息，但这并不意味着好像马克思已经被这种诱惑所陶醉；他的想法就跟恩格斯所想的一样："这很能说明这个家伙的思想方法和眼界：他总是以己度人的。"②但是，以马克思平日的冷静态度而论，他恐怕很难相信瓦内博尔德所传递的信息。在北德意志联邦的建立尚未全部完成的状态下，加之由于卢森堡贸易问题所引起的与法国的一场战争的危险又几乎是刚刚被驱散，在这种时刻，俾斯麦是绝对不可能想到去起用《共产党宣言》的作者到自己那里任职来结怨于好不容易才转到自己阵营来的资产阶级，更何况资产阶级早就已经在乜斜着眼睛盯着他的助手洛塔尔·布赫尔和瓦格纳，对他们表示万般怀疑了。

这次从汉堡返回伦敦的途中，马克思经历了一段不是同俾斯麦本人，但却是同他的一个亲戚的小小的奇遇。他曾经以不无喜悦的心情把这段奇遇写信告诉了库格曼。在轮船抵达伦敦之前，有一位德国小姐早就已经以她的军人风度引起了他的注意。德国小姐向他询问有关伦敦火车站的详细情况，因为她必须得听天由命地在伦敦火车站等上几个小时之后，才能够坐上她所要搭乘的那趟列车。为了帮助她打发这段等候的时间，马克思拿出真正的骑士风度陪伴她在海德公园游逛了一番。结果他知道了，"原来，她名叫伊丽莎白·冯·普特卡默，她是俾斯麦的外甥女，刚刚在柏林他家里住了几星期。她认识很多军人，因为我们的‘勇敢的军队’中有不少英勇的健儿就是出自这个家庭。她是一个愉快的和有教养的女

① 参阅《马克思恩格斯全集》第 31 卷，人民出版社 1972 年版，第 543—544 页。

② 参阅《马克思恩格斯全集》第 31 卷，人民出版社 1972 年版，第 298 页。

孩子，但是连鼻子尖上都带有贵族气味和黑白色彩。当她知道，她落入了‘赤色分子’手中之后，不胜惊讶。”[①] 然而这位小女士并没有因此而失去好心情。在她写给马克思的一封书写秀丽的短信里，她满怀“孩子般的尊敬”向她的骑士表达了“最真诚的感谢”，因为他竭尽全力帮助了“一个未经世事的女孩子”，而且她的父母也让她转告说，他们很高兴地得知，在旅途中还能遇到一些好人。

马克思在伦敦完成了自己的著书的校对工作。这一次他也并非没有少责骂印刷工作拖拉，不过到了1867年8月16日深夜2时，他终于可以给恩格斯写信报告说，他刚刚已经校对完了他的这部书的最后一个印张（第49印张）的校样。“这样，这一卷就完成了。其所以能够如此，我只有感谢你！没有你为我作的牺牲，我是决不可能完成这三卷书的巨大工作的。我满怀感激的心情拥抱你！……我的亲爱的、忠实的朋友，祝你好！”[②]

2. 第一卷

马克思在他的著作的第一章中再一次概述了他在1859年出版的一本书[③]中关于商品和货币所做的详尽解释。这样做不仅仅是为了力求完善，而且也是因为，就连那些脑袋最好使的人也不一定能够完全正确地理解这个问题，而这也就是说，在阐述的过程中，特别是对商品的分析，势必会存在着一些缺陷。

当然，那些曾经咒骂过《资本论》第一章是“含糊不清的神秘主义”的德国学者们，是不属于这些脑袋最好使的人之列的。“最初一看，商品好像是一种简单而平凡的东西。对商品的分析表明，它却是一种很古怪的东西，充满形而上学的微妙和神学的怪诞。就商品是使用价值来说，不论从它靠自己的属性来满足人的需要这个角度来考察，或者从它作为人类劳动的产品才具有这些属性这个角度

① 参阅《马克思恩格斯全集》第31卷，人民出版社1972年版，第552页。

② 参阅《马克思恩格斯全集》第31卷，人民出版社1972年版，第328—329页。

③ 指卡·马克思的《政治经济学批判》一书，1859年6月由柏林敦克尔出版社出版。参阅《马克思恩格斯全集》第13卷，人民出版社1962年版，第3—177页。

来考察，它都没有什么神秘的地方。……例如，用木头做桌子，木头的形状就改变了。可是桌子还是木头，还是一个普通的可以感觉的物。但是桌子一旦作为商品出现，就转化为一个可感觉而又超感觉的物。它不仅用它的脚站在地上，而且在对其他一切商品的关系上用头倒立着，从它的木脑袋里生出比它自动跳舞还奇怪得多的狂想。”[①] 这样的写法让所有的“木头脑袋”都大为不满，这些人虽然能够大批量地制造出超感觉的微妙和神学的怪诞，却从来不可能制作出同样多的可以感觉得到的东西，比如一张普通的可以看得见摸得到的木头桌子。

从纯粹的写作角度来看，这第一章实际上是属于马克思所写的东西中最为出色的篇章之一。接着，他转入到货币是如何转化为资本的探讨。假如在商品流通中用相等的价值相互交换，那么货币所有者怎样才能够在按照商品的价值买入商品并按照它们的价值将其出售时获取比他所投入的更多的价值呢？之所以能够做到这一点，是因为在当前的社会条件下，货币所有者在商品市场上发现了一种具有如此独特性质的商品，以至于这种商品的使用成了产生一种新的价值的泉源。这种商品就是劳动力。

劳动力是作为活着的工人而存在的，工人为了维持自己的生存，同时也是为了养活自己的家人，以保证即便是在自己死后劳动力也能够延续下去，因而需要有一定数量的生活资料。用来生产这些生活资料所必需的劳动时间，就是劳动力的价值。但是，这种以工资形式支付的价值，远远小于劳动力的购买者通过榨取劳动力所能够获取的价值。工人的剩余劳动，亦即工人超过为补偿他的工资所必需付出的劳动时间而耗费的劳动，是剩余价值和不断增长的资本积累的源泉。工人的无偿劳动养活着所有不劳动的社会成员；而我们生活于其中的整个社会制度便是建立在这上面的。

但是，无偿劳动本身并不是现代资产阶级社会所独有的特点。自从存在有产阶级和一无所有的阶级以来，一无所有的阶级总是必须提供无偿劳动。只要社会的一部分人垄断着生产资料，工人——不管是自由的或者不自由的——就必须得

① 参阅《资本论》第1卷，人民出版社2004年版，第88页。

在维持他们的生存所必要的劳动时间之外，增加超额的劳动时间，以为生产资料的所有者生产生活资料。雇佣劳动只不过是自从社会划分为阶级以来就存在的那种无偿劳动制度的一种特殊的、历史的形式，为了能够正确地理解这种历史的形式，就必须按照它的本来面目来研究它。

为了将货币转化为资本，货币所有者必须在市场上找到自由的工人，这里所谓的“自由的”有两种含义：一是他必须作为自由的人可以像支配自己的商品一样来支配自己的劳动力；二是他必须没有可以出卖的任何其他商品，没有用于发挥利用他的劳动力所必需的一切东西，也就是说，一贫如洗。这不是一种自然历史关系，因为自然界一方面没有创造货币所有者和商品所有者的能力，另一方面它也不可能创造出只是自己的劳动力的所有者，除此以外一无所有的人。然而，这也不是一种社会关系，不是历史的各个时期所共有的社会关系，而是以往漫长的历史发展的结果，是多次经济变革的产物，是一系列更为古老的社会生产形态消亡的产物。

商品生产是资本的起点。商品生产、商品流通和发达的商品流通即贸易，构成了资本赖以产生的历史前提。现代资本生存史起源于16世纪的现代世界贸易和现代世界市场的形成与创建。那些庸俗经济学家们总是产生错觉，就好像从前曾经有过一批勤奋的精英人物和一大群游手好闲的懒汉，精英人物积累了财富，而懒汉混到最后则除了自己的身体以外已经没有任何东西可以出售，这是一种平庸的愚蠢的幻觉；一种同样愚钝幼稚的行径就是一知半解，资产阶级历史学家凭借这种一知半解把封建生产方式的解体说成是工人的解放，而不是说成是封建生产方式向资本主义生产方式的转化。工人虽然不再像奴隶和农奴那样直接属于生产资料的一部分，但是同时他们也不再像独立经营的农民和手工业者那样拥有自己的生产资料。正如马克思在论资本原始积累那一章以英国历史为例所详细描述的那样，通过一系列的暴力和残忍的方法，广大人民群众被剥夺了土地、生活资料和劳动工具。资本主义生产方式所需要的自由的工人就是这样产生的；资本出现在这个世界上时，它从头到脚都沾满着从它的每一个毛孔里渗出的血和污秽。而当它一旦站稳脚跟，它就不但把工人同实现劳动条件所有权彻底分离，而且还以不断扩大的规模再生产这种分离。

雇佣劳动跟以往各种类型的无偿劳动的不同之处就在于，雇佣劳动的资本流动是无限的，而且资本对剩余劳动的贪婪是没有止境的。在那些不是产品的交换价值而是产品的使用价值占主要地位的社会经济形态中，剩余劳动受到需求范围的或窄或宽的限制，但是，从这种生产方式本身产生的对剩余劳动的需求，并不是没有限制的。而在产品的交换价值占主要地位的社会形态中，情况就不同了。资本作为依靠别人劳动的生产者，作为剩余劳动的榨取者和劳动力的剥削者，它的强大有力、贪得无厌和卓有成效，超过了以往一切建立在直接强制劳动基础上的生产过程。对于资本来说，重要的不是劳动过程本身——即使用价值的生产，而是价值增殖过程——即交换价值的生产，因为资本可以从交换价值中获取超过它所投入的更多的价值。对剩余价值的贪欲是永远不会有满足感的；交换价值的生产没有限度，而使用价值的生产则以满足需求为限度。

正如商品是使用价值和交换价值的统一一样，商品生产过程也是劳动过程和价值形成过程的统一。价值形成过程一直延续到资本以工资形式支付的劳动力价值通过另一个与它相等的价值所补偿的时刻。超出了这个时刻，价值形成过程就变为剩余价值的生产过程，即变为价值增殖过程。作为劳动过程和价值增殖过程的统一，商品生产过程就变为资本主义生产过程，即商品生产的资本主义形式。在劳动过程中，劳动力和生产资料结合在一起起作用。在价值增殖过程中，资本的这两个组成部分表现为不变资本和可变资本。不变资本转化为生产资料，转变为原料、辅助材料和劳动工具，并且在生产过程中不改变自己的价值。可变资本转化为劳动力，并且在生产过程中改变自己的价值；它再生产出它自己本身的价值，此外还再生产出一部分超过其自身价值的价值——即剩余价值，剩余价值本身是可以变化的，数量可能多一些，也可能少一些。马克思就这样为自己的剩余价值的研究开辟了一条明确的道路，他发现了剩余价值的两种形式，即绝对剩余价值和相对剩余价值，这两种形式在资本主义生产方式的历史上各自起了一种不同的然而却都是决定性的作用。

绝对剩余价值的产生，是资本家通过强迫工人延长劳动时间，使其超过了劳动力的再生产所必需的时间而实现的。如果完全按照资本家的愿望行事，那么工作日甚至会延长到二十四小时，因为工作日的时间拖得越长，那么所能够产生的剩余价值量也就越大。而工人的想法却恰恰相反，工人所持有的真正的感受则是，资本家从他身上所榨取的、超过其为补偿工资所付出的劳动以外被迫进行的每一个小时的劳动，都是非法的，是不正当的；工人不得不用自己的身体来忍受所说的超长的劳动时间。围绕着工作日的长度而进行的斗争，从自由工人第一次登上历史舞台，一直延续到今天。资本家力争为自己获取高额利润，激烈的竞争促使资本家——不管他本人是一个高尚的人，还是一个坏家伙——不得不把工作日的劳动时间持续延长到人体机能所能够忍受的最大极限。而工人进行斗争则是为了维护自己的身体健康，为了争取每天拥有几个钟头的休息时间，以除了工作、吃饭和睡觉之外，也能够有时间从事一些常人所进行的其他活动。马克思以给人留下最为深刻印象的方式，描述了英国资本家阶级和工人阶级之间斗争了半个世纪之久的内战，这场内战从大工业生产的诞生开始，直到颁布十小时工作日法案才告结束，大工业生产驱使资本家打破了自然和习俗、年龄和性别，白天和黑夜为剥削无产阶级造成的每一个障碍。工人阶级通过斗争赢得了十小时工作日法案，作为一个极其强大的社会阻碍，阻止了工人阶级本身通过与资本家签订的自愿契约，将自己和自己的家族出卖给资本家，从而陷入死亡和被奴役的境地。

相对剩余价值的产生，是通过缩短用于劳动力再生产所必需的劳动时间来实现的，以有利于剩余价值的增加。而劳动力价值的降低，则是由于在那些其产品决定劳动力价值的工业部门里，提高劳动生产率造成的。为此，对生产方式、对劳动过程的技术条件和社会条件，势必要进行一场不间断的变革。关于这方面，马克思在论述分工、手工业工场、机器和大工业的一系列的章节中，所做的那些历史、经济、技术和社会心理的详细解释，甚至也已经被资产阶级学者公认为是一座丰富的知识宝库。

马克思不仅指出，机器和大工业制造了在这之前的任何生产方式都不曾带来过的如此可怕的苦难，而且他也指明，机器和大工业在其不断地促使资本主义社会革命化的过程中，也在为一个更高级的社会形式做着准备。工厂法是社会对其生产过程违反自然法则的形式所产生的第一个自觉的并且是有计划的反作用。工厂法在调节工厂和手工作坊的劳动时，最初也仅仅表现为对资本家的剥削权利进行干涉。

但是，事实的力量随即便迫使立法进而深入到对家务劳动的整治，并且对亲权进行干涉；从而立法被迫承认，大工业在破坏旧家族制度以及与之相适应的家庭劳动的经济基础的同时，也在破坏旧的家族关系本身。“不论旧家庭制度在资本主义制度内部的解体表现得多么可怕和可厌，但是由于大工业使妇女、男女少年和儿童在家庭范围以外，在社会地组织起来的生产过程中起着决定性的作用，它也就为家庭和两性关系的更高级的形式创造了新的经济基础。当然，把基督教日耳曼家庭形式看成绝对的东西，就像把古罗马家庭形式、古希腊家庭形式和东方家庭形式看成绝对的东西一样，都是荒谬的。这些形式依次构成一个历史的发展序列。同样很明白，由各种年龄的男女个人组成的结合劳动人员这一事实，尽管在其自发的、野蛮的、资本主义的形式中，也就是在工人为生产过程而存在的，不是生产过程为工人而存在的那种形式中，是造成毁灭和奴役的祸根，但在适当的条件下，必然会反过来转变成人道的发展的源泉。”[①] 机器把工人贬低为仅仅是自己的附属物，但同时它也为把社会生产力提高一个档次创造了可能性，从而使社会的全体成员都有可能得到同样具有人类尊严的发展，而就这一点来说，以前的所有的社会形态都太贫乏了。

马克思在深入研究了绝对剩余价值和相对剩余价值的生产之后，提出了在政治经济学史上的第一个合理的工资理论。一种商品的价格，是该商品价值的货币表现形式，而工资，则是劳动力的价格。出现在商品市场上的并不是劳动本身，而是出卖自己的劳动力的工人，劳动则是通过劳动力这个商品的消费而产生的。劳动是价值的实体和价值固有的尺度，但是劳动本身并没有价值。然而从表面看上去，劳动却似乎以工资的形式偿付了，因为工人总是在工作完成之后才得到自己的工资的。工资这个形式抹去了工作日分为有偿劳动和无偿劳动的一切痕迹。

---

① 参阅《资本论》第 1 卷，人民出版社 2004 年版，第 563 页。

这就发生了与奴隶制下相反的情况。奴隶似乎只为他的主人劳动，即使是在工作日里的一部分劳动只是用来补偿奴隶自己的生活资料的价值的；奴隶的全部劳动似乎都被当成了无偿劳动。雇佣劳动情况正好相反，甚至连无偿劳动也被当成了有偿劳动。前者是财产关系掩盖了奴隶为自己本人的劳动，后者则是货币关系掩盖了雇佣工人白白付出的那部分劳动。由此便可以领悟到——马克思如是说——劳动力的价值和价格转化为工资的形式，或者说转化为劳动本身的价值和价格，具有至关重要的意义。这种表现形式使人看不清真实的关系，造成了截然相反的关系的假象，然而不论是工人还是资本家的一切法律观念，资本主义生产方式的一切故弄玄虚，以及它所造成的一切关于自由的错觉，庸俗经济学的一切粉饰诡辩，却都是建立在这种表现形式的基础上的。

工资的两种基本形式是计时工资和计件工资。马克思根据计时工资的规律尤其是证明了所谓的限制工作日会导致工资降低这种别有私图的论调的空泛。事实恰恰相反：暂时性地缩短工作日会降低工资，但长期地缩短工作日则会提高工资；工作日越长，工资也就越低。

计件工资无非是计时工资的转化形式；它是最适合于资本主义生产方式的工资形式。计件工资在工场手工业全盛时期赢得过更大的活动空间，而在英国大工业的“狂飙”时代，则充当了延长工时和缩减工资的操纵杆。计件工资对于资本家来说是非常有利可图的，因为它在很大程度上使劳动监督变得多余了，而且为克扣工人工资和玩弄惯用的欺骗手法提供了甚为多种多样的机会。与此相反的是，计件工资给工人则带来很大的害处，例如：由于加班加点超量工作——这看似应该可以提高工资，而实际上却趋向于降低工资——造成的劳累不堪，工人之间的竞争加剧，工人的团结意识削弱，靠寄生生存的人即中间人插手到资本家和工人中间，从支付的工资中为自己捞取了相当可观的一部分，等等。

剩余价值和工资之间的关系决定了资本主义生产方式不仅不断地重新为资本家再生产出资本，而且它也一再不断地制造着工人的贫困：一方面是资本家，是一切生活资料、一切中间产品和一切劳动工具的占有者，而另一方面则是广大的工人群众，是为了赚取一定数量的生活资料而被迫向这些资本家出卖自己的劳动力的人，这一定数量的生活资料在最好的情况下也只能刚刚够维持他们的劳动能力状况和养活有劳动能力的无产者的新的一代。但是，资本不仅仅是简单地再生产它自己本身，它还经常不断地扩大和增殖；马克思把第一卷的最后一个章节专门用来探讨资本的这个“积累过程”。

不仅是剩余价值产生于资本，而且资本也产生于剩余价值。每年生产出的剩余价值的一部分在有产阶级中间进行分配，被他们作为收入消耗光了，而另一部分则作为资本积累起来。从工人阶级那里榨取的无偿劳动，此时又被用来作为继续榨取越来越多的无偿劳动的手段。在生产流程中，原先预付的所有的资本同直接积累起来的资本相比，即同已经重新转化为资本的剩余价值或者剩余产品相比——不管它此刻是仍然掌握在资本积累者的手中进行运转，还是在别人手中——总是一个趋于消失的量。建立在商品生产和商品流通基础上的私有财产的规律，通过它本身的、内在的、必然的辩证法，转化为它自己的直接对立面。商品生产的规律似乎把所有权建立在自己的劳动的基础上。具有同等权利的商品所有者，其关系曾经是相互对等的；获取他人商品的唯一办法只能是出让自己的商品，而自己的商品则只能通过自己的劳动生产出来。现在，所有权在资本家方面则表现为侵占他人的无偿劳动或者侵占其产品的权利，而在工人方面却表现为不能占有自己本身的产品。

当现代无产阶级开始探索出这种相互关系后面的真相时，当里昂的城市无产阶级开始敲起警钟，而英国的乡村无产阶级开始纵火的时候，庸俗经济学家们发明了一种“节欲说”。按照这种学说，资本似乎是由于资本家的“自愿节欲”而产生的。正如拉萨尔在马克思之前就曾经对该学说进行过抨击一样，马克思也无情抨击了这一学说。而实际上为资本的积累做出贡献的，是工人的被迫“节欲”，即把他们的工资强行往下压至低于劳动力的价值，其目的就是把工人必要的消费基金，部分地转化为资本积累基金。这里的对工人的“奢侈”生活所发出的慨叹，对泥瓦工们偶尔一次在早餐时喝了那么一瓶香槟酒便没完没了地抱怨，基督教社会改革者为工人拟定的廉价的食谱，以及其他属于资本家非难攻击范围的等等，这一切都有其真正的根源。

资本主义积累的一般规律就是这样的。资本的增长包含了资本的可变部分的增长，或者说包含了资本转化为劳动力的那一部分的增长。如果资本的构成保持不变，如果一定量的生产资料随时需要同等数量的劳动力使之运转，那么显然，对劳动力的需求以及工人的生活资料基金也会相应地随着资本的增加而不断增加，而且资本增加得越迅速，它也增加得越迅速。正像简单的再生产不断地再生产着资本主义关系本身一样，资本积累也在扩大再生产资本主义关系的阶梯上攀升，也就是说：在一个极端上再生产着更多的资本家或者更大的资本家，在另一个极端上则再生产着更多的雇佣劳动者。因此，资本的积累就是在促进无产阶级队伍的扩大，而且在以此为前提的情况下，这种扩大是在对工人最有利的条件下发生的。在工人自己的日益增大的并以日益增长的规模转化为新的资本的剩余产品中，绝大部分都以支付手段的形式回流到他们自己的手中，使他们有可能扩大自己的消费范围，并更充裕地筹措衣服、家具等的消费基金。然而这一切丝毫不会触动工人所处的从属地位，正像一个丰衣足食的奴隶仍然是奴隶一样。在任何情况下，工人都必须提供一定数量的无偿劳动，即使无偿劳动的数量可以减少，但永远也不能减少到越过这样一个基点，即让生产过程的资本主义性质受到严重威胁。如果工资的提高超越了这个基点，那么获取利润的刺激便会减弱，资本的积累便会弛缓，直到工资重新降低到与资本增殖的需求相符合的水准为止。

然而，在资本积累的情况下，只有当资本的不变部分和可变部分之间的比例不变的时候，雇佣工人为自己铸造的黄金锁链才会松弛和减轻。实际上，随着资本积累的发展，在被马克思称之为资本的有机构成中，也会同时发生伟大的革命。不变资本的增长是以减少可变资本为代价的；劳动生产率的不断提高导致的结果就是，生产资料总量的增长要远远快于并入它其中的劳动力总量的增长；对劳动的需求并不是有规律地随着资本的积累而增加的，而是相对地降低了。资本的集中则以另外一种形式产生同样的结果；资本集中是独立进行的，与资本积累没有依赖关系，它是通过资本主义竞争的规律所导致的大资本吞并小资本来完成。一方面，在资金积累的过程中形成的追加资本与追加资本的总量相对比而言，受到它吸引的工人越来越少了；而另一方面，周期性地以新的构成再生产出来的旧资本，却越来越多地把它以前所雇佣的工人一脚踢开。这样就形成了相对过剩的劳动人口，也就是超过资本价值增殖需要的劳动人口，即产业后备军。在行业不景气或者产业平平的时候，支付给产业后备军的工资一概低于其劳动力的价值，而且，产业后备军即使被雇佣其工作也是不固定的，或者这些人员只能沦为依靠公共贫困救助过活。但无论在任何情况下，产业后备军的存在均有助于削弱在业工人的抵抗力，从而使他们的工资保持在低水平上。

但是，无偿劳动本身并不是现代资产阶级社会所独有的特点。自从存在有产阶级和一无所有的阶级以来，一无所有的阶级总是必须提供无偿劳动。只要社会的一部分人垄断着生产资料，工人——不管是自由的或者不自由的——就必须得在维持他们的生存所必要的劳动时间之外，增加超额的劳动时间，以为生产资料的所有者生产生活资料。雇佣劳动只不过是自从社会划分为阶级以来就存在的那种无偿劳动制度的一种特殊的、历史的形式，为了能够正确地理解这种历史的形式，就必须按照它的本来面目来研究它。

如果说产业后备军是积累的必然产物，或者说，是财富在资本主义的基础上发展的必然产物，那么它反过来又成了资本主义生产方式的杠杆。随着积累以及伴随它的劳动生产力的发展，资本的突然膨胀力也在不断增大，这种膨胀力需要大量的人力，以便在不缩减其他部门的生产规模的条件下，可将他们一下子投入到新的市场或者新的生产部门中去。现代工业特有的生存轨迹——即复苏、生产高涨、危机和停滞这样一种或间有小幅波动的十年周期循环的形式——就是建立在产业后备军的不断形成、较大或较小数量地被吸收，以及重新形成的基础上的。社会财富、正在运行的资本，以及资本增长的规模和力量越大，从而劳动人口的绝对数量和它的劳动生产力就越大，那么相对的过剩人口或产业后备军的数量也就越庞大。产业后备军的相对数量是随着财富的增长幅度而增长的。但是跟现役的劳动力大军相比，产业后备军越庞大，那些其贫困与劳动的痛苦成反比的工人阶层的人数也就越多。最后，工人阶级中的贫困者阶层和产业后备军越庞大，经官方证实的贫困化也就越日益扩大。这是资本主义积累的绝对的、普遍的规律。

从这一规律中，也得出了资本主义积累的历史趋势。随着资本积累和资本集中的发展，跟它们密切相关并不断扩大规模的劳动过程的协作形式、科学在技术上有意识的应用、土地依照计划共同开发利用、劳动资料转化为只供集体使用的劳动资料、一切生产资料通过作为联合起来的社会劳动的共同生产资料使用而实现的节约化，也都得到进一步的发展。随着强占并垄断这一转化过程中一切利益的资本巨头的人数在不断减少，贫困、压迫、奴役、退化和剥削的程度却在日益加剧，不过，人数在不断增加，况且是通过资本主义生产过程本身的运行机制训练出来的、已经联合和组织起来的工人阶级，所表达出的愤怒和不满也在日益高涨。资本的垄断成了随其一起发展，同时也在其控制之下发展起来的生产方式的桎梏。生产资料的集中和劳动的社会化，已经达到了一种与它们的资本主义外壳互不相容的地步。资本主义私有制的丧钟已经敲响，剥夺者的财产将被剥夺。

到那时，以本人劳动为基础的个人所有制将会重新恢复起来，但这种恢复却是在资本主义时代业已取得的成就的基础上进行的，这个基础就是：自由工人的协作，以及他们对土地和由劳动本身所生产出的生产资料的共有制。当然，将事实上已经建立在社会生产运行模式基础上的资本主义所有制转化为社会所有制，其过程远不像将建立在个人自己劳动基础上的分散的所有制转化为资本主义所有制那么漫长、辛苦和艰难。后者所涉及的是少数强取豪夺者剥夺人民群众的财产，而前者将关系到人民群众剥夺少数强取豪夺者的财产。

3. 第二卷和第三卷

《资本论》的第二卷和第三卷遭到了与第一卷同样的命运；马克思曾经希望，在第一卷出版之后紧接着就能够很快地出版第二卷和第三卷，但是漫长的岁月一年一年地过去了，马克思却再也没能成功地将它们付印出版。

总在进行新的且越来越深入的研究、慢性疾病的折磨乃至最终的死亡，使马克思无法将整个著作全部完成，所以，只能由恩格斯从他的朋友遗留下来的未完成的手稿中整理编排出了这二三两卷。这些手稿是一些笔记、草稿、摘记，时而是理路连贯的大段大段的篇章，时而是匆匆写就的好像只有研究者自己才能够看得懂的简短的注释——总之，这一巨大的脑力劳动从 1861 一直持续到 1878 年，时间跨度很大，虽然其间有过几次较长时间的中断。

这些情况说明，我们绝对不要到《资本论》这后两卷中去寻求对于政治经济学一切最重要的问题所做出的一个完备的现成的答案，而是只应该去寻找一部分这类问题的提法，以及对此所给予的提示，即应该按照什么方向去探求这些问题的答案。正如马克思的整个世界观一样，他的这部主要著作也不是一部包含着众多通过终审的、完善的、一劳永逸永远通用的真理的圣经，而是一种取之不尽用之不竭的源泉，激发人们去进一步思考、进一步研究、进一步为真理而战。

同样这些情况也说明，为什么第二卷和第三卷在外观上，即在写作形式上不如第一卷那样完美、那样闪烁着智慧的火花。然而它们也正是以其毫不在意任何写作形式的简单的思维方式为颇多读者提供了甚至比第一卷更高的享受。就其内容而言，这两卷是对第一卷的重要的补充和进一步发展，这对于整个体系的理解是必不可少的，尽管遗憾的是，它们直到现在都仍然不曾被考虑到进行普及和推广，也就是说，它们至今仍然不为广大受过启蒙教育的工人群众所知。

在《资本论》的第一卷里，马克思研究了政治经济学的一个基本问题：财富是从哪里产生的，利润的泉源是什么？在马克思之前，这个问题是根据两个不同的方向来解答的。

那些认为我们生活于其中的世界是最好的世界的“科学的”卫道士们，他们之中甚至有一部分人——比如舒尔策－德利奇——在工人那里也获得了尊敬和信任，是通过一系列或多或少有些说服力的辩解理由和狡猾骗术来解释资本主义的财富的，他们说，财富是作为系统地提高商品价格的果实，用来“赔偿”企业主慷慨“出让”的生产资本的，是对企业主所冒的“风险”的补偿，是对企业的“精神领导”的报酬，等等。这一切解释都不外想把一些人的富有和另一些人的贫穷说成是“应得的”，从而也是不可改变的。

与此相反的是，资产阶级社会的批评家，特别是在马克思之前出现的各种社会主义者流派，绝大多数都把资本家的致富解释成完全是骗取来的，甚至说成是对工人进行盗窃得来的，这种盗窃是通过货币的干预或者是由于生产过程缺乏组织性得以实施的。以此为出发点，那些社会主义者打造出了各种乌托邦计划，比如提出可以通过废除货币、通过“组织劳动”等诸如此类的措施来消灭剥削现象。

马克思正是在《资本论》的第一卷中揭示了资本家阶级发财致富的真正根源。他所致力的既不是为资本家的财富辩护，也不是指控他们的非正义行为，而是第一次指出了利润是如何产生的，又是怎样落入到资本家的钱袋里的。他通过两个十分重要的经济事实说明了这一点：第一，工人群众都是被迫把自己的劳动力当成商品出卖的无产者；第二，劳动力这个商品现在具有如此高度的生产率，以至于它在一定的时间内能够生产出远远大于在这段时间内维持劳动力本身的存在所必要的那个数量的产品。这两个由于客观历史的发展而产生的纯粹的经济事实随身所带来的结果就是，无产者通过劳动所创造的果实就自然而然地落入到资本家的手中，而且会自动地随着工资制度的延续不断积累成为数额越来越巨大的资本财产。

因此，马克思没有把资本家的发财致富解释成是对资本家想象出来的牺牲和善行的某种酬报，也没有解释成通常意义下的欺骗和盗窃，而是解释成资本家和工人之间从刑法的意义来看完全合法的互换交易，这种交易是严格依照其他所有商品买卖所遵守的那些法律有序进行的。为了透彻地解释清楚这种给资本家带来黄金果实的“无可非难的”交易，马克思必须把由伟大的英国古典经济学家亚当·斯密和大卫·李嘉图在18世纪末和19世纪初提出的价值规律——也就是对商品交换内在规律的解释——的研究发展进行到底，并且把它应用到劳动力这种商品上。价值规律以及马克思由这一规律推导得出的工资和剩余价值的规律，也就是说，对在没有任何暴力欺骗的情况下雇佣劳动的产品是如何自动地划分为工人微薄的生活费和资本家不劳而获的财富这一事实所做的说明——这就是《资本论》第一卷的主要内容。而这一卷的伟大历史意义就在于，它阐明了只有废除劳动力的出卖，即废除雇佣劳动制度，才能够消灭剥削。

我们置身于《资本论》第一卷的整个时间里，就犹如是处在一个劳动场所中：

在一个单独的工厂，在矿山，或者是在一家现代农业企业中。马克思在这里给予详尽解释的东西对于每一个资本主义企业都是适用的。他所涉及的仅仅是我们与此有关的、作为整个生产方式典型的个别资本。当我们读完了这一卷，我们就可以弄清楚每天所产生的利润是怎么回事，并彻底识透剥削机制，直至其最深层的本质。摆在我们面前的是堆积如山的形形色色的商品，它们就像是直接从车间里出来的，还湿淋淋地浸透着工人的汗水，从它们身上我们可以清楚地分辨出由无产者的无偿劳动所创造出的那部分价值，但这部分价值却也同所有的商品一样，合法地转化为资本家的财产。我们在这里可以用手抓到剥削的根。

但是，资本家的收获这时候还远远没有运到仓库里去。剥削的果实就摆在那里，不过还停留在对企业主来说不适合享用的形式。只要资本家以商品堆积的形式占有这些果实，他就不会感到剥削的乐趣。他不是古希腊－罗马世界的奴隶主，也不是中世纪的封建统治者，这些人榨取劳动人民的血汗仅仅是为了维持自己本身的奢华生活和宫廷事务的巨大开支。而资本家则需要把他的财富变为叮当作响的钱币，这除了是为了维持“符合自己身份的体面的生活状况”以外，还要把钱用来不断扩大自己的资本。为此，必须把雇佣工人生产出的商品连同包含在其中的剩余价值一起卖掉。商品必须从工厂仓库和农业仓库运销市场；资本家则跟随着商品从办公处走向交易所，走向店铺，而我们在《资本论》的第二卷里也跟着他走向这些地方。

资本家生活的第二个篇章，发生在商品交换领域，资本家在这里遇到了一些困难。在他自己的工厂里、自己的堡垒里，他是主人。那里存在着极其严格的组织性、纪律性和计划性。而在商品市场上情况却截然相反，这里完全处于无政府状态，亦即所谓的自由竞争在支配一切。在这里没有人会关心其他的人，也没有人关心整体。然而，资本家正是在这种无政府状态之中，并通过这种无政府状态感觉到自己对其他人、对社会在各个方面的依赖。

他必须得跟上他的所有的竞争者的步伐。如果他直到最后卖掉自己的商品超过了绝对必要的时间，如果他没有为自己准备好足够的货币来及时地购买原料和一切必需的物品，以使企业在此期间不至于中断生产，如果他不设法使出售商品后重新回到自己手中的货币不被闲置起来，而是投到有利润可赚的方面去，那么他就必然会以这种或者那种方式陷于不利的境地。走在最后的人挨狗咬，一个企业主如果不注意使他在作坊和商品市场之间不断往来的业务也像在自己的作坊本身中一样顺畅高效地运转，那么不管他怎样认真地榨取他的雇佣工人，他也不会获得通常的利润。他理应“合法取得的”利润中会有一部分被丢失到某个地方，只是不在他自己的钱袋中。

然而这还不够。资本家只有生产商品，也就是日常用品，才能够积累财富。不过他必须根据社会所需要的那些物种和品种来生产商品，而且只能生产社会所需要的那么多。否则商品就会卖不出去，而隐藏在商品中的剩余价值也便随之化为泡影。但是一个单个的资本家又怎么可能知道这一切呢？没有人会告诉他，社会每次需要什么样的日常用品，需要多少日常用品，因为也没有人知道这一点。要知道，我们可是生活在一个没有计划性的、处于无政府状态的社会里面啊！每一个单个的企业主也处于同样的境地。但是，必须要从这种混乱中、从这种杂乱无序的状态中走出来形成一个整体，它不仅能够保证资本家们的单个业务和他们的致富，而且也能够保证整个社会的需求得到满足以及它的生存得到延续。

更加确切地说，必须要从杂乱无序的市场的一片混乱中实现两种可能性：第一，个人资本的不断循环运动，即生产、销售、购买和重新进行生产的可能性，在这个过程中资本要不断地从其货币形态迅速转化为商品形态，反过来又从商品形态迅速转化为货币形态。这些阶段必须要顺利地互相衔接，必须要留有充裕的货币储备，以便随时利用市场行情进行购买和弥补企业的经常性支出；另一方面，随着商品的出售而逐渐回流的货币必须能够立即重新投入使用。那些表面上看起来各自完全独立的单个资本家在这里却实际上已经结成一种伟大的兄弟情谊，他们互相之间经常不断地通过信用、银行制度贷放所需要的款项，同时借用储存的货币，从而使个人和社会的商品生产及销售都有可能不间断地进行下去。资产阶级政治经济学只能够把借贷解释成是“便于商品流通”的巧妙制度，而马克思在他的《资本论》第二卷中则完全附带地指出：借贷不过是资本的简单存在形式，是资本的两个存在阶段，即生产阶段和商品市场阶段之间的联系纽带，同时也是各个单个资本[1]表面上看似独自掌控的运动之间的联系纽带。

第二，必须要在单个资本的这种错综混乱中保持整个社会的生产和消费的不断循环运动，同样要始终保障资本主义生产的各种条件，包括：生产资料的生产，工人阶级的供养，资本家阶级的财富逐步递增——总之，要始终保障社会总资本的积累和运动不断增加。单个资本是怎样从其无数次分崩离析的运动中联结成一个整体的，这个整体的运动是怎样时而进入高度的景气，时而陷入崩溃危机的，在经过这种不断的摇摆之后它又是怎样总能重新恢复正常的关系，而下一刻又再次脱离这种关系的，只被当成现代社会一种手段的社会本身的供养和经济进步，以及当作目的的不断递进的资本积累是怎样以越来越巨大的规模从这一切中摆脱出来的，对于这一系列的问题虽然马克思在他的著作《资本论》的第二卷中并没有最终地给以解决，但是自亚当·斯密算起的一百年以来，马克思第一次把这些问题放到了规律性的坚实基础上。

但是，资本家的困难重重的任务尚没有随着这一切而告终。因为当利润以日益上升的尺度已经转化为货币以后和正在转化为货币的时候，出现了一个大问题，即该如何分配战利品。毕竟有各种不同的群体这时都对此提出了他们自己的要求：除了企业主之外还有商人、借贷资本家和土地所有者。他们每个人都曾经在自己那部分领域帮助过对雇佣工人的剥削以及工人所制造的商品的销售，因此都要求得到他们自己那部分利润。但是，利润的分配是一个比乍一看上去可能显现出来的错综复杂还要棘手得多的课题。因为即使是在各个企业主之间，根据企业种类的不同，在所获得的利润方面也有很大的差异，在某种程度上可以这样说，利润刚刚从劳动车间被创造出来时，这种差异就存在了。

在一个生产部门中，商品的生产和销售完成得非常迅速，因而资本在最短的

① 单个资本又称个别资本，指资本主义社会各自独立发挥资本职能的资本，即每个企业的资本在生产和再生产过程中都能够独立地进行循环和周转，并实现价值增值。同时，单个资本间又是相互联系、相互依存的。这种互相联系和互相依存又独立发挥作用的单个资本的有机总和就是社会资本，是社会总资本的一个组成部分。

时间内便连同增值额一起收了回来；它迅速地重新发挥机能并提供新的利润。而在另一个部门中，资本年复一年地被套牢在生产中，因而要在很长的时期以后才能带来利润。在某些生产部门中，企业主不得不把自己的绝大部分资本投入到死的生产资料，比如：建筑物、昂贵的机器等等，这些东西本身不能带来任何效益，产生不了利润，不管它们对于赚取利润有多么必要。在另外一些部门里，企业主可以花极少的费用把自己的资本主要用于招聘工人，而每个工人都是给企业主生产金蛋的勤劳的母鸡。

这样一来，在赚取利润本身，在各个资本家之间就产生了很大的差别，而在资产阶级社会眼中，这些差别是一种比资本家和工人之间特有的收入“分配”还要令人不能容忍的极端“不公正”。那么，怎样才能在这里确立战利品分配的一种平衡、进行“公正”分配，以使每个资本家都能够得到“自己的一份”呢？其实，所有这些问题并不是通过有意识的和有计划的调控就可以解决的。在现今的社会，分配也和生产一样处于无政府状态。在这里，根本谈不到可以称之为某种社会措施的任何真正的“分配”；有的只是交换、只是商品流通、只是买卖。但是，各个层次的剥削者和他们之中的每一个剥削者，是怎样仅仅通过盲目的商品交换方式，便可以从无产阶级劳动力所创造出来的财富中获得自己的、以资本统治的立场来看是“公正的”那一份呢？

马克思在《资本论》第三卷里回答了这些问题。如果说马克思在第一卷中分析了资本的生产和在这个过程中赚取利润的秘密，在第二卷中讲述了资本在工厂和商品市场之间、在生产和社会消费之间的运动，那么在第三卷里，他则探究了利润的分配。而且，他在进行这种研究时，所一再遵守的仍然是同样的三个基本条件：（1）资本主义社会中所发生的一切都不是偶然的，也就是说，这一切都是遵循某些确定的、经常发挥作用的、尽管参与其中的当事者还完全没有意识到的规律进行的；（2）经济关系不是建立在掠夺和盗窃这些暴力方法的基础上的；（3）没有任何一种社会理性可以对整体有计划地产生影响作用。马克思以透彻的逻辑性和明晰性仅仅从交换机制，也就是从价值规律和由此而推演出来的剩余价值规律，渐渐地引申出来了资本主义经济的一切现象和关系。

通观马克思的这部巨著的整体，我们可以这样说：第一卷是以其中所阐明的关于价值规律、工资和剩余价值的学说揭示了现代社会的基础；第二卷和第三卷则展示了在这一基础之上的各层建筑。或者，我们可以用另一种完全不同的比喻来说：第一卷让我们看到了社会机体用于制造生命浆液的心脏，而第二卷、第三卷则向我们展示了整个机体的血液循环和直至最外层的皮肤细胞的营养供给。

在后两卷中，我们随着内容来到了与第一卷完全不同的场所。在第一卷里，我们是在作坊中、在劳动这个社会的深层矿井中探寻资本主义致富的泉源。在第二和第三卷中，我们转移到了地面上，是在社会的正式舞台上活动。在这里，占据前台显著位置的是商品仓库、银行、交易所、现金交易、受灾的地主和他们的后顾之忧。工人是没有机会参与这里的一切的。实际上，工人也不关心在自己背后发生的这些事情，特别是在遭受到一顿毒打之后。只有当工人在晨光熹微中成群结队没精打采地慢慢走向工厂的时候，和在暮色黄昏中他们的长长的行列再次被工厂吐出来的时候，我们才能够在现实中、在嘈杂纷乱的忙着做生意的人群当中遇见他们。

有一点也许初看起来还觉得十分不可理解，即资本家在赚取利润时的各种私人忧虑，和为瓜分战利品相互之间发生的争吵，对于工人来说又有什么利害关系。实际上，《资本论》的第二卷和第三卷都属于对现代经济结构的认识所做的详尽阐述，而且在这方面做得和第一卷一样好。当然，对于现代的工人运动来说，这两卷在所具有的决定性的和根本的历史意义方面不如第一卷。但是，它们仍然包含了大量丰富的真知灼见，这些真知灼见对于无产阶级进行实际斗争的精神武装来说，也具有不可估量的意义。为此仅举两个例子。

在第二卷中，马克思在探索怎样才能从众多单个资本混乱的存在状态中获得社会的正常营养这个问题时，自然也涉及了危机的问题。我们不要期望这里会有关于危机的系统的和教科书式的论述文章，这里只有一些附带的说明。但是，善于应用这些说明对于先进的有思想的工人来说是会有很大益处的。社会民主党的鼓动家，特别是工会的鼓动家总是断言，危机的产生首先是资本家的目光短浅造成的，因为资本家简直就不可理喻，根本不愿意把工人群众看作是他们的最好的主顾，而只需要付给这些工人高一些的工资，就足以获得有购买力的主顾和预防爆发危机的危险。几乎可以这样说，进行这样的宣传鼓动已经属于他们的一件铁打不变的事情。

不管这种见解是如何流行，然而它毕竟是完全错误的，马克思曾经用下面的话语驳斥了这种见解："认为危机是由于缺少有支付能力的消费或缺少有支付能力的消费者引起的，这纯粹是同义反复。除了需要救济的贫民的消费或'强贼'的消费以外，资本主义制度只知道进行支付的消费。商品卖不出去，无非是找不到有支付能力的买者，也就是找不到消费者……但是，如果有人想使这个同义反复具有更深刻的论据的假象，说什么工人阶级从他们自己的产品中得到的那一部分太小了，只要他们从中得到较大的部分，即提高他们的工资，弊端就可以消除，那么，我们只须指出，危机每一次都恰好有这样一个时期做准备，在这个时期，工资会普遍提高，工人阶级实际上也会从供消费用的那部分年产品中得到较大的一份。按照这些具有健全而'简单'（！）的人类常识的骑士们的观点，这个时期反而把危机消除了。因此，看起来，资本主义生产包含着各种和善意或恶意无关的条件，这些条件只不过让工人阶级暂时享受一下相对的繁荣，而这种繁荣往往只是危机风暴的预兆。"①

实际上，第二卷和第三卷的论述引导我们深刻地洞察危机的本质，危机的产生无非就是资本的运动的不可避免的结果，这个运动在追求积累、追求增殖的发狂般的、贪而无厌的冲动的驱使下，通常总是很快地突破消费的一切界限，不管这种消费是由于个别的社会阶层购买力的提高还是由于获得了全新的销售市场才如此迅速地扩大的。因此，必须要清除潜藏在那种流行的工会宣传背后的、认为资本和劳动之间存在着利益协调的思想——这种错误的判断只是企业主的短见造成的，同时也必须放弃试图对资本主义经济的无政府状态进行缓解性修补的一切希望。依靠雇佣工资为生的无产者在争取提高物质水平的斗争中，在自己的思想武库中拥有上千种无比精良的武器，因此不需要借助那种理论上站不住、实际上

① 参阅《资本论》第2卷，人民出版社2004年版，第456—457页。

模棱两可的论据。

另外一个例子。马克思在《资本论》的第三卷中，第一次科学地解释了政治经济学自产生以来一直困惑和惊奇地注视着的现象，即所有生产部门的资本，不管它们是在怎样千差万别的条件下投入使用的，却经常都能获取所谓的“全国通行的”利润。初看上去，这个现象似乎同马克思本人所做的解释——即资本主义财富只是来自于依靠雇佣工资为生的无产者的无偿劳动——是相矛盾的。实际上，一个不得不把比较大的一部分资本投入到死的生产资料的资本家，又怎样可能跟投入这方面的资金很少，因而能够使尽更多的活的劳动的同行获得同样多的利润呢?

现在，马克思以惊人的简单的阐述解开了这个谜。他指出了利润的差别是怎样通过一些类别的商品按照高于其价值的价格出售、另一些类别的商品则按照低于价值的价格出售从而得到平衡的，以及一切生产部门共同的“平均利润”又是怎样形成的。资本家对此完全一无所知，而且他们之间也没有进行过任何有意识的沟通以取得一致，但是他们通过自己的商品的交换，把由工人创造的剩余价值几乎全部汇集在一起，然后再将这笔总收益互相像兄弟似的友好地进行分配，使每个资本家都能按照他的资本的数量得到相应的一份。因此，单个资本家所得到的根本就不是他本人亲自获取的利润，而只是从他的所有的同行获得的利润中分摊给他的一份。“就利润来说，不同的资本家在这里彼此只是作为一个股份公司的股东发生关系，在这个公司中，按每 100 资本均衡地分配一份利润。因此，对不同的资本家来说，他们的各份利润之所以有差别，只是因为每个人投在总企业中的资本量不等，因为每个人在总企业中的入股比例不等，因为每个人持有的股票数不等。”①

这个看似完全枯燥乏味的“平均利润率”规律，让我们对资本家的阶级团结的坚固物质基础有了何等深刻的认识啊！这些资本家虽然在日常活动中是敌对的兄弟，然而面对工人阶级他们则形成一个共济会式的团体，这个团体所感

① 参阅《资本论》第 3 卷，人民出版社 2004 年版，第 178 页。

兴趣的就是最大限度地、最个人化地对工人进行全盘剥削。资本家当然丝毫也没有意识到这些客观经济规律，但却对自己的阶级利益、对这些利益同无产阶级利益的对立，都表现出具有某种理解力，只不过这完全是出自于统治阶级的万无一失的直觉罢了。令人遗憾的是，这种自发的理解力通过历史上历次暴风雨的考验，被证明比马克思和恩格斯的著作中科学地阐明和论证过的工人的阶级意识要可靠得多。

这两个信手拈来的简短的例证表明，在《资本论》的后两卷中包含了多少丰富的宝藏，它们足以激励有文化的工人去思考和加深认识，并期待人们去加以普及。尽管这两卷没有完成，但是它们却提供了远比任何现成的真理都更为有价值的东西：它们激励人们去思考，鼓励人们进行批评和自我批评，而自我批评正是马克思遗留给后世的学说的最基本的要素。

4.《资本论》的遭遇

在《资本论》的第一卷完成之后，恩格斯曾经表达过一个愿望，他希望马克思在“摆脱了这个心中的梦魇”之后，能够以一个完全不同的人出现，然而这个希望当初只有一部分成了现实。

马克思的健康状况并没有得到持久的改善，而他的经济状况也依然处于风雨飘摇之中。当时他曾经认真地考虑过移居日内瓦的计划，因为在那里居住生活将会便宜很多，但是命运却暂时将他绑在了伦敦，绑在大英博物馆的宝藏旁边；他希望能够为自己的著作的英译本找到一个出版人，而且，作为国际工人协会的精神领导，在运动步入健全的轨道之前，他不能够也不愿意放手对它的领导。

他的第二个女儿劳拉同他的那个“学医的克里奥耳人”，即同保罗·拉法格的结婚，给这个家庭增添了一种喜庆。这一对年轻人在1866年8月就已经订了婚，然而未婚夫首先应该完成他的医学教育，然后才考虑结婚的事。由于拉法格参加了列日的学生代表大会，在毕业的前两年他的名字被从巴黎大学的学生名册上删除。他是因为“国际”方面的事务来到伦敦的，作为蒲鲁东的追随者，他原本跟马克思的关系并不密切，只是出于礼貌的关系才拿着亨利·托兰的介绍信来到马克思的家里。然而惯常发生的事情也在这里发生了。“起初这个青年对我有些依恋”，马克思在二人订婚后写信给恩格斯说道，“但是很快就把自己的依恋从老头子移到女儿身上。他的经济状况中等，因为他是从前一个种植场主家庭的独生子。”[①] 马克思在向他的朋友描述拉法格的时候，把他说成是一个漂亮、有才智、精力充沛和体格健壮的小伙子，是个诚实正派的人，只是有些娇生惯养，并且过于“天真”了。

拉法格出生在古巴岛的圣地亚哥，不过当他还是一个九岁的孩童时，便已经来到了法国。他从他的祖母、一个黑白混血女人身上所继承的，是他的血管里流动着的黑人的血液。他自己很喜欢谈到这一点，而他那黯淡无光的肤色和五官端正的脸上的那双白眼珠比较大的眼睛，也证明了这一点。他在某种程度上的顽固的个性，也许就是由于这种混血导致的，这使得马克思有时候半恼怒半打趣地嘲笑他为“黑人脑壳”。不过，在他们相互交往时，这种善意的嘲弄的语气只能表明他们彼此相知之深罢了。马克思发现，拉法格不仅是一个能够给他的女儿创造生活幸福的佳婿，而且也是一个有才智的机敏的助手，是他的精神遗产的忠实的守护者。

在这期间，马克思主要关心的依然是他的书是否成功。1867 年 11 月 2 日他在给恩格斯的信中写道：“对我的书的沉默，很使我不安。我没有得到任何消息。德国人是非常奇怪的家伙。他们作为英国人、法国人甚至意大利人在这方面的奴仆所做出的功绩，的确使他们有权对我的书置之不理。我们的人在那里又不善于宣传。那就只好象俄国人那样——等待。忍耐是俄国外交和成功的基础。但是咱们大伙都只有一条命，等到头来会等死的。”[②] 从这段话的字里行间里流露出来的焦急情绪，虽然是完全可以理解的，但却并不是完全合理。

马克思在给恩格斯写这封信的时候，他的书出版还不过两个月，而在这样

① 参阅《马克思恩格斯全集》第 31 卷，人民出版社 1972 年版，第 250 页。
② 参阅《马克思恩格斯全集》第 31 卷，人民出版社 1972 年版，第 378 页。

短的期限内，是不可能写出什么内容全面的评论的。如果说重要的不是评论的内容，而是“造声势”——由于英国所起的反作用，马克思把开头“造声势”视为最急需的事情，那么恩格斯和库格曼在这方面已经花费了一个人可能具有的最大的气力，因此不应该指责他们，使他们太过于为难，毕竟他们已经取得了颇为可观的成绩。他们已经争取到相当大的数量的报纸，甚至也包括资产阶级报纸，安插刊登书籍出版的简讯，或者转载序言。他们甚至按照当时的观念，为这本书准备了一个爆炸性的广告，即要在《凉亭》杂志上发表关于马克思的传记性文章和刊登马克思的肖像，这时候马克思不得不亲自恳请他们彻底放弃这样的“玩笑”。“我认为这种事弊多利少，并且有损于科学家的品德。例如，迈耶尔百科词典的出版者早就写信来要我的传记。我不仅没有给，而且连信都没有回。人各有所好。”[①] 恩格斯原本确定为《凉亭》写的文章[②]——作者自己称它是一篇“极其仓促地胡乱写下的非常粗糙的东西”——后来刊登在约翰·雅各比的机关刊物《未来报》上，该报是自1867年起由吉多·魏斯在柏林出版的。这篇文章后来还有一段奇特的遭遇，它被李卜克内西在《民主周刊》上进行了转载，只是文章的内容被压缩了。针对这件事，恩格斯在给马克思的信中愤愤不平地这样写道：“小威廉现在堕落不堪，他甚至不敢指出拉萨尔抄袭了你的著作并作了歪曲。整个传记因此被阉割了，为什么阉割之后还要转载，只有他自己知道。”[③] 大家知道，传记中被删去的那些话正是李卜克内西本人完全赞同的看法，但是他不想去顶头冲撞一些拉萨尔分子，这些拉萨尔分子刚刚脱离了施韦泽，当时正在帮助李卜克内西建立爱森纳赫派。可见，不仅是书籍，而且连文章也有它自己的命运。

然而，尽管不是马上在最初几个月，那么也是在此后不久，马克思终于盼到了几篇对他这部书的好评。例如恩格斯发表在《民主周刊》上的书评，然后还有

① 参阅《马克思恩格斯全集》第32卷，人民出版社1974年版，第561页。

② 这篇评论后来发表在1867年10月30日的《未来报》第254号副刊上，没有署名。见《马克思恩格斯全集》第21卷，人民出版社2003年版，第304—307页；弗·恩格斯:《卡·马克思〈资本论〉第一卷书评——为〈未来报〉作》，写于1867年10月12日。

③ 参阅《马克思恩格斯全集》第32卷，人民出版社1974年版，第350页。

施韦泽在《社会民主党人报》，以及约瑟夫・狄慈根也是在《民主周刊》上发表的评论。姑且不谈恩格斯的书评，他为马克思写评论完全是不言而喻的事；至于说到施韦泽的评论，就连马克思自己也承认，虽然施韦泽有时候会犯个别的错误，但是他的确钻研过这部书，并且知道重点在哪里[①]；而关于狄慈根，马克思只是在自己的著书出版之后才第一次听说此人，马克思称赞他是一个具有哲学天赋的人，除此以外没有对他做过高的评价。

1867年终于还是可以听到第一个“专家”站出来发声了。这个人就是欧根・杜林。他写了一篇评论马克思著作的书评，刊载在迈尔的《附录》里。但是马克思认为，这篇书评并没有抓住《资本论》中的那些新的基本要素。不过大体上马克思并没有对这篇评论感到不满。他甚至说它是“很像样的”，虽然他也推测到，杜林写这篇文章与其说是出于对这本书的兴趣和欣赏，倒不如说是出于对威廉・罗舍尔和其他大学权威们的敌意。恩格斯则从一开始就对杜林的文章评价不怎么好，而事实也很快便证明，恩格斯的目光比马克思更为敏锐，因为不久杜林的态度就发生了骤变，并且竭尽贬低之能事来攻击马克思的这部书了。

马克思在其他“专家”那里也体验了极其令人沮丧的结果；甚至在八年以后，这些伪君子其中的一员，在小心翼翼地隐瞒了自己的名字同时，煞有介事地暗示，马克思作为一个“自学者”在科学方面昏昏庸庸地睡过了整整一个时代（约30年）。历经了诸如此类的评论之后，马克思在谈到这班人时经常使用那种尖刻的嘲讽是完全有理由的。不过，他或许把太多的东西都算到了他们人心险恶的账上，而较少算到他们无知的账上。他的辨证方法的确是他们所不能理解的。这一点尤其是从下面的情况就可以看出，即：那些既不缺少善意又不缺少经济学常识的人，也对马克思的书感到很难领悟，而反倒是那些在经济学方面修养很差并且对共产主义或多或少持敌视态度的人，只要曾经很好地掌握了黑格尔的辩证法，便都在以极大的热情讨论这部书。

例如，马克思就曾经以不适当的严厉言辞评价过弗・阿・朗格的一本关于工

① 参阅《马克思恩格斯全集》第32卷，人民出版社1974年版，第50页。

人问题的书[①]，因为作者在这本书的第二版中曾经详论了《资本论的》的第一卷。马克思写道："朗格先生（在《论工人问题……》这一著作的第二版中）对我大加赞扬，但目的只是为了抬高他自己。"[②]然而这肯定不是朗格的目的，他对工人问题的真诚关注，丝毫没有值得怀疑之处。但是马克思的如下说法却是完全正确的，他说：第一，朗格对黑格尔的方法完全一窍不通；第二，他更加不懂得马克思在运用这个方法时所采取的批判方式。朗格的确把事情弄得头足颠倒了，因为他认为，在思辨的基础方面，拉萨尔对黑格尔学说的认知要比马克思更加随意和更具有独立性，而马克思的思辨形式则是同他的哲学典范的方式密切地联系在一起的，在这部著述中的某些部分——也就是朗格不怎么愿意予以永久重视的价值理论方面，思辨形式是被十分勉强地硬插入到所论述的主题中去的。

弗莱里格拉特对于马克思赠送给他的《资本论》第一卷所做的评论听起来还要异乎寻常。这两个人之间的亲切交往自1859年以来一直持续不断，尽管由于第三方某些人的责任，他们之间的友情偶尔也会变得冷淡。弗莱里格拉特打算返回德国，这个已经年近六旬的男人由于他所主管的银行分行解散而失业没了收入，而在德国他有一笔大家都知道的社会赠款[③]，可以保障他无忧无虑地度过余生。他给自己的老朋友写的最后一封信——此后他们彼此之间再也没有通过信——是一封亲切的祝贺信，他对年轻的拉法格夫妇的婚事表示衷心的祝福，并且也对赠送给他的《资本论》第一卷表达了同样的衷心的感谢。弗莱里格拉特坦诚地写道，他在认真地阅读完这本书以后，从中获得了最为丰富多样的教益，也

① 指弗里德里希·阿尔贝特·朗格（1828—1875）在1865年发表的《工人问题》一书，该书的观点曾经对青年时代的弗兰茨·梅林产生过影响。1910年梅林在柏林前进出版社再次出版此书，并亲自写了导言并加了注释。——德文原书出版者注

② 参阅《马克思恩格斯全集》第32卷，人民出版社1974年版，第671页。

③ 1857年弗莱里格拉特的朋友们和仰慕者在德国的资产阶级的圈子里为他举办过一次募捐活动，并筹集到一笔数目可观的捐款，这笔钱使弗莱里格拉特自1868年起能够在德国过上了舒适的生活，但从此这位诗人与社会主义运动的距离却越来越远了。这次筹款活动的主要的组织者们——比如其中的作家古斯塔夫·拉施（1825—1878）——都是一些直言反对马克思的敌人。——德文原书出版者注

得到了最大的精神享受。他认为，成功也许不会来得太快和被传得沸沸扬扬，也许正因为如此，这种无声的影响才会更加深远和更具有可持续性。“我知道，在莱茵河畔有许多商人和工厂主对这本书赞赏不已。在这些人的圈子里，它也许会实现自己预期的目的——此外它还可以兼作学者必备的原始资料大全。”的确，弗莱里格拉特称自己仅仅是一个“富有情感的国民经济学家”，而且不管是对于“黑格尔还是黑歇尔”，他终生都抱有反感。但是他毕竟在伦敦这个世界贸易中心住了大约二十年，因此他只把《资本论》第一卷看成是青年商人的一种指南，最多也只把它看成是科学资料大全，于是，它的这种令人惊异的功能便一直保持了下来。

阿尔诺德·卢格的评论却完全不同。虽然他极端仇视共产主义，并且没有任何经济知识，但是他曾经作为一名青年黑格尔派经受过考验。他写道：“这是一部划时代的著作，它给各个历史时代的发展和衰亡、阵痛和可怕的苦难岁月投射了灿烂的、有时常常是令人目眩的光辉。它对有关创造剩余价值的无偿劳动的论证、关于征购那些为自己干活的工人的财产的论证，以及关于迫在眉睫的剥夺剥削者财产的论证，句句都是经典。马克思学识渊博，具有卓越的辩证法的才能。这部著作超出了许多人和许多报刊作家的理解力，但完全可以肯定的是，它必将会深入人心，并且尽管它的布局结构宏大，而恰恰是通过这种宏大的布局，使它定将会产生强大的影响力。”路德维希·费尔巴哈也做了类似的评论，只不过根据他自身的思想发展情况，他认为重要的并不是作者的辩证法，而是“书中所富有的大量的极其有趣的、无可争辩的不过也是骇人听闻的事实”。他认为，它们印证了他的道德哲学观点，即：哪里缺少生活上的必需品，那里也就缺少讲道德的必要条件。

《资本论》第一卷的译本最先是出现在俄国。尚在 1868 年 10 月 12 日，马克思便写信告诉了库格曼[①]，一个彼得堡的书籍出版商出其不意地给他带来了一个令他吃惊的消息，他的《资本论》的俄文译本已经在印刷，此人想要他寄去一张

① 参阅《马克思恩格斯全集》第 32 卷，人民出版社 1974 年版，第 554 页。

自己的签字照片作为书籍扉页的插图。马克思不愿意在这件小事上拒绝他的那些“亲爱的朋友”即俄国人；他觉得这是一种命运的嘲弄，因为二十五年以来他不仅用德语，而且用法语和英语连续不断地同俄国人进行过不懈的斗争，而反倒是他们一直是他的“支持者”；就连他写的反对蒲鲁东的著作和他的《政治经济学批判》一书——用马克思自己的话来说——其销售量没有一个地方大于在俄国的销售量。然而他并不想过高地估计这一切；他认为这是一种不折不扣的“贪食症”，因为他们一向热衷于追逐西方提供的最极端的事物。

然而实际情况并不是这样。虽然译本直到 1872 年才出版，但它是一件十分严肃的科学性工作，在译本完成之后甚至连马克思本人也承认，译本很成功，“很出色”。俄译本的译者是丹尼尔逊，他是以笔名“尼古拉 – 翁”而闻名；除了他以外，最重要的几章是由洛帕廷翻译的。

洛帕廷是一个年轻的、勇敢的革命者，他“他头脑很清醒，有批判力，性格开朗，坚毅，象一个俄国农民一样知足。”[①]——1870 年夏天洛帕廷拜访过马克思之后，马克思就是这样描写他的。俄国的书报审查机关根据以下理由给予了《资本论》俄译本的出版许可：“虽然作者就其信仰来说是一个彻头彻尾的社会主义者，而且整本书都带有完全肯定的社会主义性质；然而考虑到该书的阐述据称并非任何人都能够理解，另一方面，这种阐述又具备严格的数学科学的论证形式，因此本委员会宣布，法庭不适于对该书进行法律追究。”1872 年 3 月 27 日，《资本论》的俄译本终于出现在公众中，到 5 月 25 日就已经销售了一千册，占这一个版次全部印数的三分之一。

与此同时，《资本论》的法译本也开始出版，确切地说，它与同时出版的德文原版著作第二版一样，是分册出版的。法译本是由约·鲁瓦在马克思本人的大力帮助下完成的，这对马克思说来简直就是一件“魔鬼的工作”，他有时会抱怨说，这比他倘若自己独自承担翻译的话所花费的气力还要多。也许正因为这个缘故，他认为除了原著以外法译本具有一种特殊的科学价值。

---

① 参阅《马克思恩格斯全集》第 32 卷，人民出版社 1974 年版，第 505—506 页。

跟在德国、俄国和法国的成功相比，《资本论》第一卷在英国所取得的成功率要低了许多。好像只在《星期六评论》杂志上找到过一篇关于它的短评，赞扬它的阐述方式，说最枯燥乏味的政治经济学问题被马克思的这种表现手法赋予了一种特别的魅力。恩格斯曾经为《双周评论》写过一篇篇幅比较大的文章[①]，但是编辑部以“过于枯燥”为理由拒绝了这篇文章，尽管与这个刊物有着密切关系的比斯利为争取编辑部采纳恩格斯的文章尽了最大的努力。马克思对英译本给予了很大的期望，但是他在生前却始终未能亲眼见到《资本论》第一卷英译本的出版。

---

① 指《卡・马克思〈资本论〉第一卷书评——为〈双周评论〉作》，见《马克思恩格斯全集》第16卷，人民出版社1964年版，第326—350页。这篇评论是弗・恩格斯于1868年5月22日—7月1日左右写的，准备在“双周评论”杂志上发表，但遭到编辑部拒绝。它的第一次发表是在1926年，以俄文版登载于“马克思主义年鉴”杂志第1期。

第十三章　国际工人协会的巅峰时期

1. 英国、法国、比利时

在《资本论》的第一卷问世前不久，国际工人协会第二次代表大会从1867年9月2日至8日在洛桑召开。但是这次代表大会没有出现日内瓦代表大会的那种盛况。

总委员会在7月份发布了呼吁书[①]，旨在于要求各地派遣更多的代表参加大会。呼吁书概述了国际工人协会成立以后第三年的活动进展情况，因其内容单一实在、语言严肃而显得更加瞩目。只有来自瑞士的报告说，活动取得了不断的发展。除此此外，比利时也通报了运动的进展，那里发生的对马尔希延的罢工工人的血腥大屠杀[②]强烈地激起了无产阶级的斗志。

另外，呼吁书对于在其他各国所存在的各种对宣传工作造成诸多阻碍的情况表达了不满。其中谈到，1848年以前对研究社会问题表现出如此深厚的兴趣的德国，现在已经完全埋头于统一运动。在法国，由于工人阶级只享有很少的自由，协会的扩展工作并没有像预期的那样日益增强，尽管法国工人的罢工曾经获得过国际工人协会的大力支持。这里暗指的是1867年春季巴黎铜业工人的大规模罢工，这次罢工后来发展成为一场争取结社自由的原则性斗争，并最终以工人的胜

① 见《马克思恩格斯全集》第16卷，人民出版社1964年版，第606—609页；卡·马克思：《总委员会关于洛桑代表大会的呼吁书》。

② 指1867年2月在马尔希延枪杀比利时的矿工和冶金工人的事件。

利而结束。

英国也遭到了轻微的责难，呼吁书指责它只顾忙于选举改革，却致使经济运动暂时从人们的眼界中消失了。不过好在选举改革现在已经完成。在群众的压力下，迪斯累里被迫同意了以一种比格莱斯顿原本计划的要更加广泛一些的形式进行选举改革，也就是说，给予城市房屋所有的承租人以选举权，而不管他们所支付的房租是多少。因此，总委员会希望，英国的一切工人团体都能懂得“国际”这个组织的有益之处的时刻已经到来。

最后，总委员会把话题指向了美国，说在那里有几个州已经实现了工人所坚持要求的八小时工作制。然后呼吁书还特别强调指出，每个分部，无论大小，都有权派遣一名参加代表大会；拥有 500 名会员以上的分部，每超出 500 名会员便可以增派一名代表。被列入大会议程的问题有：（1）通过哪些实际手段可以使国际工人协会为工人阶级创建一个争取自身解放斗争的共同的中心？[①]（2）工人阶级怎样才能够利用原本是他们提供给资产阶级和政府的贷款来促进自身的解放？

如果说这个议程还算进入到了一些带普遍性的问题的话，那么至少还是缺少了一个用来说明这一议程的各个细节的备忘录。作为总委员会的代表现身洛桑的主要是埃卡留斯和乐器制造工杜邦。杜邦是负责法国事务方面的通信书记，他是一个非常有能力的工人，由于赫尔曼·荣克的缺席，而由他担任了会议的主席。出席大会的一共有 71 名代表，在德国代表当中有库格曼、弗·阿·朗格、《物质和力量》一书的作者路德维希·毕希纳，以及奥古斯特·拉登多夫，拉登多夫是一个勇敢的资产阶级民主主义者，但却是共产主义的激烈的反对者。操罗曼语族语言的代表占了压倒性多数，除了少数比利时人和意大利人以外，出席大会的都是一些法国人和讲法语的瑞士人。

蒲鲁东主义者这一次比总委员会准备得要更加周密和迅速；还是在三个月以前他们就拟定好了大会的议程，他们认为应该讨论下列议题，即：互惠作为社会

① 此处在《总委员会关于洛桑代表大会的呼吁书》中的原话为：“用什么实际手段把国际协会变成工人阶级（女工和男工）摆脱资本压迫的斗争的总的中心？”见《马克思恩格斯全集》第 16 卷，人民出版社 1964 年版，第 608 页。

交往的基础，服务的价值补偿，信贷与人民银行，互助保险公司，男女的社会地位，集体利益和个人利益，国家作为法律的监护人和保护者，惩罚的权利，还有十几个类似的问题。结果是由此产生了极大的混乱，关于这一点这里就无须详细地加以叙述了，因为马克思和这一切毫无关系，而他们通过的那些有一部分甚至是自相矛盾的决议也始终不过是一纸空文罢了。

跟理论问题相比，这次代表大会在实践性的问题上却意外地获得了更多的成功。代表大会批准了总委员会把会址所在地定位于伦敦，规定每个会员的年度会费为十生丁或者一格罗申，而且还把每年选派代表出席大会的权利直接跟是否准时缴纳这笔费用挂起钩来。除此之外，代表大会还通过决议说，工人的社会解放同他们的政治行动是密不可分的，而通过斗争获得政治上的自由则是头等必要和绝对必要的事情。代表大会给予了这项说明如此高度的重视，甚至决定，每年都要把它重申一遍。最后，大会也找到了对待资产阶级的“和平与自由同盟”的正确立场，该同盟是不久前从资产阶级激进派内部产生的，并且在“国际”洛桑代表大会刚刚结束后，它便马上在日内瓦举行了自己的第一次代表大会。针对该同盟企图骗取信任的种种手段，“国际”代表大会用一个简单的纲领性声明答复道：我们将乐于支持你们，只要这样做对我们自己的目的有利。

说奇怪或者也不算奇怪的是，这一次开得并不怎么成功的代表大会在资产阶级世界中所引起的轰动竟居然比前一次代表大会要大得多，当然，那次代表大会是在德国战争余波未息的情况下召开的。特别是英国的报界，首先是埃卡留斯为之写通讯的《泰晤士报》，对洛桑代表大会表现出了强烈的兴趣，而它们对上一届的代表大会根本未加理会。当然，也少不了资产阶级报刊的嘲笑，然而总的来说“国际”已经开始受到越来越严肃认真的对待了。“如果拿这个代表大会同它的异母兄弟和平代表大会进行一下比较”，马克思夫人在《先驱报》上这样写道，“那么比较的结果总是对长兄有利；人们把这个代表大会看作是一场带有威胁性的命运的悲剧，而把另一个只不过是看作一出闹剧和粗俗的滑稽表演。”马克思也为此颇感欣慰，虽然洛桑的争论不可能让他感到高兴。“事情在向前发展着。……而且我们没有经费！此外，在巴黎有蒲鲁东主义者的阴谋，在意大利有马志尼的阴谋，在伦敦有怀着嫉妒心的奥哲尔、克里默和波特尔的阴谋，在德国有舒尔采－德里奇和拉萨尔分子！我们可以十分满意了！"[①] 但恩格斯则认为，如果总委员会还是继续留在伦敦的话，那么在洛桑所做出的一切决议全都是白费劲儿。的确，问题的本质正在这里，因为从"国际"成立第三年起，它的平静发展的时期就结束了，而接着到来的是火热的斗争时期。

洛桑代表大会结束后才几天，就发生了一件导致了极其重大后果的冲突。1867 年 9 月 18 日在曼彻斯特，一辆运送两名被捕的"芬尼亚社"社员 [②] 的警车在大白天遭到了"芬尼亚社"武装人员的突然袭击，他们用武力打开了警车，解救了两名被捕者，并且开枪打死了押送的警官。没有发现真正的肇事者，然而却从大批被捕的"芬尼亚社"社员中挑选出几个人来并给他们加上谋杀的罪名，其中的三个人被执行绞刑，尽管在极不公正的法庭审判中并没有举出任何不利于被告的确凿罪证。这一事件在整个英国引起了极大的轰动，并且发展到"芬尼亚社骚动"的地步，12 月份"芬尼亚社"社员在克勒肯维尔区的监狱墙外实施了一次炸弹爆炸行动，克勒肯维尔是伦敦的一个城区，居住在这里的几乎全是小资产者和无产者，结果炸死了十二人，一百多人被炸伤。

国际工人协会本身同"芬尼亚社"的阴谋没有丝毫关系。克勒肯维尔区的爆炸事件遭到了马克思和恩格斯的谴责，他们说它是一件大蠢事，最终受到最大损害的是"芬尼亚社"社员本身，因为这次爆炸事件会使英国工人对爱尔兰事业的同情变得冷淡，甚至会完全扼杀了他们的同情心。但是，"芬尼亚社"社员只因为奋起反抗几百年来对他们的祖国爱尔兰进行的无耻压迫，英国政府便把他们当作刑事罪犯进行迫害，这种处理方式必然会煽起每一个人的革命的激愤。还是在 1867 年 6 月，马克思就曾经在给恩格斯的信中写道："这些猪猡把对待政治犯不比对待杀人犯、路劫犯、伪造货币犯和鸡奸犯更坏这种情况誉为英国的人道！"[③] 恩格斯则更加激动，因为莉齐·白恩士就是一位热忱的爱尔兰爱国者，在她的姐

① 参阅《马克思恩格斯全集》第 31 卷，人民出版社 1972 年版，第 348 页。
② 芬尼亚社社员是爱尔兰革命的民族主义者组织的成员。——德文原书出版者注
③ 参阅《马克思恩格斯全集》第 31 卷，人民出版社 1972 年版，第 322—323 页。

姐玛丽死后，恩格斯把对她的姐姐的爱转移到了她身上。

然而马克思对爱尔兰问题表现出深切的关注，还有着比同情一个被压迫的民族更深一层的关系。他的研究使他得出一个信念，即英国工人阶级的解放，必须以爱尔兰人的解放为必不可少的前提，而欧洲无产阶级的解放，又取决于英国工人阶级的解放。只要英国地主寡头保住爱尔兰这个坚不可摧的防御前哨，要推翻它是不可能的。一旦爱尔兰人民掌握了自己的命运，一旦他们成为自己本身的立法者和统治者，一旦他们获得独立自治，那么消灭土地贵族——其中大部分是来自英国的大地主——就远比在英国容易得多，因为这在爱尔兰不仅是一个简单的经济问题，而且也是爱尔兰的民族事务，爱尔兰的大地主不像英国大地主那样是民族的传统官方代表，相反的，他们是民族极端痛恨的压迫者。只要英国军队和英国警察从爱尔兰消失，那里立即就会爆发土地革命。

至于涉及英国的资产阶级，马克思认为它和英国贵族有着共同的利益，即把爱尔兰完全变成一个单纯的牧场，使其以尽可能低廉的价格向英国市场供应肉类和羊毛。但是，资产阶级对爱尔兰目前的经济制度感兴趣，还有另外一些更为重要的原因。由于租赁土地的集中呈日益增长趋势，爱尔兰不断把过剩人口投向了英国劳工市场，导致英国工人阶级的工资以及物质和道德状况的不断下滑。英国所有的工业和商业中心的工人，都分裂成为两个敌对的阵营，即英国无产阶级阵营和爱尔兰无产阶级阵营。普通的英国工人都把爱尔兰工人当作自己的竞争者而加以仇视，对他们摆出一副统治民族一员的架势，正因为这个原因，他们使自己成了贵族和资本家反对爱尔兰的工具，并由此加强了贵族和资本家对自己本身的统治。英国的无产者对爱尔兰的无产者抱有宗教、社会和民族偏见；英国无产者对待爱尔兰无产者的态度，大致就像过去美国奴隶制诸州的白种工人对待黑人的态度。爱尔兰人也以其人之道，还治其人之身。爱尔兰人把英国工人看成是英国统治爱尔兰的帮凶和愚蠢的工具。这种敌对关系又通过报章杂志、布道坛、滑稽小报——总之，通过一切随时可供统治阶级使用的手段——蓄意煽动，人为地让人们对此念念不忘，而英国工人阶级软弱无能的根源也正在于此，尽管他们具有组织性。

用马克思的话来说，这种祸患也慢慢地横越了大洋。英国人和爱尔兰人之间的敌对关系妨碍了英国和美国无产阶级之间的一切真挚和认真的合作。如果说，“国际”的最重要的任务是加速英国这个世界资本中心的社会革命，那么争取爱尔兰的独立就是加速这一革命进程的唯一手段。“国际”必须在任何地方都要公开地站在爱尔兰一边，而总委员会的一项特殊任务就是要唤醒英国工人阶级的觉悟，要使他们认识到，爱尔兰的民族解放对他们说来绝不是一个抽象的正义和人道的问题，而是他们自身的社会解放的首要条件。

在往后的几年中，马克思也为完成这项任务花费了全部精力；正像他把自日内瓦代表大会起便从“国际”的日程上消失了的波兰问题的解决看成是推翻俄国霸权的杠杆一样，他把爱尔兰问题也看作是推翻英国世界霸权的杠杆。当工人中的那些想进入下一届议会当议员的“阴谋家”——马克思甚至把总委员会前任主席奥哲尔也算作“阴谋家”之列——利用爱尔兰问题作为联合资产阶级自由派的借口时，马克思在这个问题上的立场也没有动摇过。因为当时爱尔兰问题已经到了火烧眉睫的地步，格莱斯顿于是想利用爱尔兰问题作为竞选口号，以达到他重新掌握政权的目的。总委员会给英国政府写了一封——自然是不会有任何结果的——请愿书，对三名在曼彻斯特被定罪的“芬尼亚社”社员处以死刑提出抗议，指责这是一起法庭谋杀事件，同时在伦敦举行了一系列公众集会，以维护爱尔兰的权利。

总委员会的这些活动引起了英国政府的不满，同时也招来了法国政府对“国际”的打击。波拿巴一连三年袖手观望“国际”的发展，为的是用它来恫吓不服管束的资产阶级；当“国际”的法国会员在巴黎成立理事会时，他们曾就此事向巴黎警察局长和内务大臣递了呈文，但是却没有得到其中一方或者另外一方的答复。当然，法国当局从来不乏玩弄一些弄虚作假要花招欺骗的雕虫小技。由于信不过波拿巴邮政机关的“暗检室”[①]，日内瓦代表大会的文件是委托一位加入了英国国籍的瑞士人携带给总委员会的，但是法国边境的警察从这位信使那里窃走了

---

① 暗检室是法国、普鲁士、奥地利和许多其他国家邮政部门所属的秘密机构，从事暗中检查信件的活动。暗检室从欧洲君主专制时代起就已存在。

这些文件，而法国政府却对总委员会的申诉置若罔闻。但是伦敦外交部迫使法国政府受理了申诉，于是法国警察不得不交出窃走的文件。而“副皇帝”鲁埃尔则以另外一种方式碰了一个钉子，当时他表示，只要法国的会员在日内瓦大会上宣读的宣言中“插入几句对皇帝感激的词语，以感谢他为工人做了如此之多的事情”，他就准许宣言在报纸上发表。但是这一点遭到了拒绝，尽管法国会员一直都非常谨慎地避免刺激这个伺机而动的野兽，他们甚至因此而引起了资产阶级激进派的怀疑，把他们当成了乔装打扮的波拿巴分子。

有一个问题似乎仍然悬而未决，即他们是否在一定程度上受到了迷惑，以至于他们竟然参加了资产阶级激进派所举行的反对帝国的一些无关痛痒的示威活动，就像某些法国作家所说的那样。不管怎样说，促使波拿巴同工人阶级决裂有其更为深层的原因。1866 年的毁灭性的危机[①]所引起的罢工运动，其规模之大已经达到了令波拿巴感到惶恐不安的程度；这之后，巴黎的工人在“国际”的影响下同柏林的工人交换了和平宣言，因为当时在 1867 年的春季，法国和北德意志联邦之间由于卢森堡交易[②]而面临着一场战争爆发的危险。最后，法国资产阶级发出了要“为萨多瓦复仇”的震耳欲聋的叫嚣声，迫使杜伊勒里宫产生了用“自由主义的”让步来封住资产阶级嘴巴的恶毒想法。

在这样一些情况下波拿巴认为，必须采取决定性的步骤给予“国际”巴黎理事会致命的打击，于是借口发现巴黎理事会是“芬尼亚社”的阴谋中心，以达到一箭双雕的目的。尽管他让手下趁着夜晚挨家挨户搜查理事会成员的住所，对他们进行突袭，但是没有找到任何密谋的蛛丝马迹。为了使这次捕风捉影的打击行动不至于因为徒劳无功而大出洋相，他别无他法，只好向法院对巴黎理事会提出

① 1866 年 5 月在西欧国家爆发了一场经济危机，这次危机主要表现为信贷危机，它造成了众多人的破产，并引发了工人阶级的工资斗争。——德文原书出版者注

② 1815 年卢森堡升为大公国并同时加入了德意志邦联，直到 1866 脱离德意志邦联独立。1867 年拿破仑三世向尼德兰国王兼卢森堡大公提出购买卢森堡的建议，并要求普鲁士同意这个建议，因为自德意志邦联时期起卢森堡一直由普鲁士军队驻防。这个建议遭到了普鲁士的反对，并由此险而酿成普法之间的战争。1867 年 5 月 11 日《伦敦条约》确定卢森堡为独立的中立国，这一冲突才得以解决。——德文原书出版者注

控告，罪名是因为这个已经超过二十名会员的团体没有经过任何授权和批准手续。对“国际”的十五名会员的指控于3月6日和20日进行了审理；法庭判处他们每个被告罚款一百法郎，同时决定解散巴黎理事会。上级法院批准了这一判决。

但是在这一时刻到来之前，一起新的诉讼程序又已经在进行了。起诉人和会审法官原本对被告已经采取了宽容的处置，亨利－路易·托兰也用十分温和的语气以全体被告的名义进行了辩护。然而在首次开庭后的两天，即在3月8日，新的理事会成立了，这种公然的嘲弄彻底葬送了波拿巴的最后的幻想。5月22日，新理事会的九名理事在法院受审，经过领袖瓦尔兰的出色而又措辞尖锐的辩护之后，他们各被判处三个月监禁。这样一来，帝国同“国际”之间便恩怨相抵，账目两清了，而“国际”的法国支部则从这次跟“十二月的屠夫”的最后的公然决裂中汲取了新的活力。

“国际”同比利时政府也陷入了激烈的冲突。沙勒罗瓦矿区的煤矿主对工资微薄的工人的不断虐待激起了工人的暴动，然后矿主又动用武力来镇压手无寸铁的群众。在一片惊慌恐怖之中，“国际”比利时支部挺身出来维护遭到迫害的无产者，在报刊和公众集会上揭露他们的惨况，救援死伤的工人家属，确保被捕的工人在法庭上有法律顾问为他们辩护，以使他们能够被陪审员宣告无罪。

比利时的司法大臣德·巴拉对此进行了报复，他在比利时议会会议上用粗野的脏话对“国际”展开了大肆谩骂，并且威胁要用暴力手段对付“国际”，特别是要禁止“国际”不久将在布鲁塞尔举行的代表大会。但是被他攻击的“国际”会员并没有对此感到惊愕，他们在一封信里答复说，就像一桶杜松子酒不能对他们发号施令一样，这个男人也无权对他们发号施令，下一届代表大会一定会在布鲁塞尔召开，不管司法大臣乐意还是不乐意。

2. 瑞士和德国

这几年来促进“国际”蓬勃发展的一个最为有效的杠杆，就是1866年经济的突然崩溃在所有或多或少取得一定发展的资本主义国家里引起的普遍的罢工运动。

总委员会从来都没有在任何地方号召过罢工运动，但是只要在什么地方自发地爆发了罢工运动，总委员会总是会以实际言行大力支持，并调动起无产阶级的国际团结精神，确保工人取得胜利。它打落资本家手中的得力武器，使资本家不能靠从外国输入劳动力来打击罢工的工人；不仅如此，它还从共同敌人的不自觉的援军中，争取到了勇于自我牺牲的盟友；它善于向它影响所及的每个国家的工人说明，支援外国的阶级兄弟争取提高工资的斗争，也符合于他们自己的切身利益。

事实表明，“国际”的这项活动产生的影响是非常久远的，而且它在整个欧洲所获得的声誉甚至远远超出了它实际拥有的实力。由于资产阶级世界不愿意理解，或者也确实不能够理解，罢工浪潮迅速蔓延的根源在于工人阶级的异常贫困，所以他们把罢工看成是“国际”搞秘密阴谋活动的结果。资产阶级把“国际”看成是毒蛇猛兽，每当发生罢工便企图置“国际”于死地。每一次大罢工都开始发展成了一场维护“国际”生存的斗争，而在经历每一次这样的斗争之后，“国际”的力量总是得到新的锻炼。

这类罢工的典型例子有 1868 年春天在日内瓦爆发的建筑工人罢工，以及同一年秋天在巴塞尔爆发的一直延续到次年春天的织带厂工人和丝绸印染厂工人的罢工。日内瓦的建筑工人为了要求提高工资和缩短工作时间而开始了斗争，但是厂主把要求工人退出“国际”作为达成协议的条件。罢工工人立刻顶回了这个蛮横无理的要求，并且依靠总委员会从英国、法国和其他国家所得到的援助，终于贯彻了原来的要求。巴塞尔的那些狂妄傲慢的资本家其所作所为更加愚蠢，他们毫无理由地拒绝了一个织带厂的工人按照古老的习俗完全有权提出的在秋季集市的最后一天休假几小时的要求，并且威胁工人说：“谁不听话就滚蛋。”有一部分工人没有服从，结果第二天就被警察逐出了工厂的大门，尽管解雇通知期限规定为两周。这种粗暴的挑衅激怒了巴塞尔的工人，于是接连爆发了持续几个月之久的斗争，最后，在瑞士州政府企图通过军事手段和实行某种戒严来恫吓工人时，斗争达到了高潮。

进行卑鄙煽动的目的很快便昭然若揭了，激怒巴塞尔工人就是为了要摧毁

"国际"。为了达到这个目的，资本家们不屑使用任何残忍的手段，他们宣布终止已经失业的工人的住房契约，禁止失业工人在面包商、肉商和杂货商那里赊购物品，他们甚至还做出这样滑稽可笑的蠢事来，比如派出一个密使前往伦敦，让他去打探总委员会的经费状况。"假如这些正统的基督徒生活在基督教的萌芽时代，他们必定首先会紧跟在使徒保罗后面去窥探他在罗马的银行贷款情况。"这是马克思在嘲笑《泰晤士报》把"国际"的分会比作早期基督教教团时说的话。但是巴塞尔工人始终毫不动摇地坚守在"国际"一边，并且在资本家终于屈服时在市场广场举行盛大游行来庆祝自己的胜利。巴塞尔工人也得到了其他国家工人组织的大量的支援。这次罢工掀起的浪潮也冲击着"国际"刚刚开始在那里站稳脚跟的美国；1848年流亡到美国并从那时起便当起了音乐教师的弗·阿·左尔格在纽约赢得了类似于贝克尔在日内瓦的那种地位。

"国际"所领导的罢工运动也首先为自己开拓了一条通往德国的道路，在此以前，在德国只有一些分散的支部。全德工人联合会在经过艰难的斗争和动乱之后，已经成长为一个相当可观的组织，而且仍然在以极其可喜的方式继续顺利发展，特别是在它的会员决定选举施韦泽做他们自己公认的领袖之后。施韦泽还是北德意志联邦议会埃尔伯费尔德－巴门选区的议员，他的老对头李卜克内西也是北德意志联邦议会的议员，他是由萨克森的施托尔贝格－施内贝格选区派出的。他们二人不久便由于民族问题上的截然相反的立场而发生了激烈的冲突；施韦泽追随着马克思和恩格斯，站到克尼格雷茨战役所造成的基础之上，而李卜克内西则反对北德意志联邦，认为它是无法无天且丧尽天良的暴行的产物，必须首先加以摧毁，为此甚至可以把社会目标暂时放到次要地位。

李卜克内西在1866年秋帮助建立了萨克森人民党，当时提出了一个激进民主纲领，但还不是社会主义纲领，并且从1868年年初开始把《民主周刊》作为它的机关刊物在莱比锡出版。萨克森人民党的成员主要是由萨克森的工人阶级代表组成，这一点有利于把它同德意志人民党区别开来，因为在后者中，除了少数像约翰·雅各比那种类型的正直的思想家以外，还有法兰克福的交易所民主主义者、士瓦本的主张分立的共和主义者，以及认为俾斯麦驱逐几个中小诸侯是对法律的罪恶蹂躏并因此而感到义愤填膺的战士。萨克森人民党跟德国工人协会联合会保持着远为良好的睦邻关系；工人协会联合会是进步的资产阶级在拉萨尔首次亮相的时候为了对抗他的宣传鼓动而成立的，但正是在同拉萨尔派的斗争中，特别是在被李卜克内西视为自己的忠实战友的奥古斯特·倍倍尔当选为这个联合会的主席之后，这个联合会开始向左发展了。

《民主周刊》在它的第一期里就把矛头指向了施韦泽，说他是一个遭到所有争取社会民主事业的先锋战士所鄙弃的人。这在当时已经成为一种老生常谈，因为自从三年前马克思和恩格斯拒绝同施韦泽合作以来，施韦泽就力图按照拉萨尔的精神来领导德国的工人运动，在这方面他一刻也没有动摇过，但是也正因为这个缘故，他并没有由于盲目地死守拉萨尔的宗派主义言论而使德国的工人运动停滞不前。例如，他比李卜克内西更早地，也更加全面地把《资本论》的第一卷介绍给了德国工人，而且在 1868 年 4 月，他还亲自向马克思请教，就当时普鲁士政府计划降低铁类关税一事征求马克思的意见。[①]

而作为总委员会负责德国方面事务的通信书记，马克思也不可能拒绝回答一个工业发达的选区的议会工人代表向他提出的问题。而且，马克思对于施韦泽的活动的看法也发生了根本性的改变。虽然他只是从远处观察着施韦泽，但是他也绝对肯定了施韦泽在领导工人运动方面具有怎样的“无可訾议的智慧和能力”；马克思在总委员会的一些会议上总是把他作为自己党内的人来谈论，而且关于他们之间的分歧点马克思向来都只字不提。

这样一些分歧点即使是现在也依然存在着。马克思和恩格斯甚至没有消除他们对施韦泽的不信任；即使他们已经不再怀疑他同俾斯麦暗中有勾搭，但是他们仍然怀疑他同马克思接近的目的就是要排挤李卜克内西。他们无法摆脱这样一个想法，即全德工人联合会是一个“宗派”组织，而施韦泽首先想要的，是有一个“他自己的工人运动”。不过他们始终承认，施韦泽的政策要远远地优越于李卜克

① 马克思的原话是：“今天早晨我从施韦泽那里收到附上的这封信和剪报。既然他是作为工业最发达地区之一的工人代表向我提出要求，我自然应当回答。”参阅《马克思恩格斯全集》第 32 卷，人民出版社 1974 版，第 76 页；马克思致恩格斯，1868 年 5 月 4 日于伦敦。

内西的政策。

马克思认为，施韦泽绝对是德国当时的所有的工人领袖中最有才智和最有活力的一个，并且认为只是由于他的提醒，才迫使李卜克内西注意到，摆脱了小资产阶级民主运动的独立的工人运动的存在。恩格斯也持有同样的看法，他说，总的说来这个"家伙"对整个政治形势的看法和对其他党派的态度，比所有其他的人都要明确得多，在阐述问题方面也比他们更加得体一些。"他声称'对我们说来，一切旧政党只是反动的一帮，它们的差别对我们几乎没有任何意义'。虽然他也承认1866年及其后果摧毁了小王国，破坏了正统原则，动摇了反动势力，推动了人民参加运动，但他现在仍然在猛烈抨击其他后果、赋税压迫等等，并且对俾斯麦所持的态度，象柏林人所说的，例如比李卜克内西对前国王的态度要'有分寸'得多。"[①] 关于李卜克内西的策略，恩格斯在另外一个场合表明，他十分讨厌李卜克内西每周都要重复这样一个训诫："只要联邦议会、瞎子韦耳夫和宽厚的黑森选帝侯不恢复原位，只要离经叛道的俾斯麦不受到符合王朝正统性原则的严厉惩罚，我们就不能进行革命。"当然，恩格斯在激动之中是有些夸大的，但是这番话也道出了许多真理。

马克思后来有一次曾经说过，人们迄今为止都相信，基督教神话所以只可能在罗马帝国时代产生，是因为那时还没有发明印刷术。实际上恰恰相反。当天出版的报纸和电讯，可以在转眼之间就把它们所杜撰的东西传遍全世界，它们在一天之内所制造出来的神话（而资产阶级蠢材都相信这些神话并加以传播）比过去一百年间能够制造出来的还要多得多。有一个特别令人信服的证明可以说明这种观点的正确性，这就是几十年来——而且不仅是"资产阶级蠢材"——人们一直相信的一个传说，即施韦泽想把工人运动出卖给俾斯麦，后来是李卜克内西和倍倍尔使工人运动重新走上了正路。

事实刚好相反。施韦泽坚持社会主义的原则立场，而《民主周刊》却向"前王侯"的那些分立主义的支持者和维也纳的自由主义腐败经济学的追随者眉来眼

① 参阅《马克思恩格斯全集》第32卷，人民出版社1974年版，第175页。

去频送秋波。从社会主义的立场来看，这种策路是完全不能容许的。倍倍尔后来在他的回忆录里解释说，一个内部虚弱的国家——如奥地利——的革命，要比在内部强大的普鲁士的革命更容易获得成功，所以当时奥地利有望战胜普鲁士。但是这种解释是事后编造的，而且不管对这种解释做何评价，在当时的文献中没有找到这种解释的任何踪迹。

尽管马克思跟李卜克内西保持着私人的友谊，尽管他个人不信任施韦泽，但是他并没有认不清事情的真实情况。他在回答施韦泽就降低铁类关税问题向他提出的询问时，虽然在形式上极为小心审慎，但他还是从实际情况出发进行了详尽透彻的阐述。后来施韦泽实施了他三年前就已经考虑成熟的一个计划，即在1868年8月末在汉堡召开的全德工人联合会代表大会上提议参加“国际”，当然，考虑到当时存在着关于结社的联邦法律，不能严格地按照规定正式参加，而是只能够以发表一个关于团结和同情的声明的形式表示参加。马克思曾被邀请以贵宾的身份出席大会，以便向他表达德国工人对他的科学著作的感谢。马克思虽然对施韦泽的事先函询给予了热情的答复，但是却没有亲自前往汉堡，尽管施韦泽一再迫切地恳请他赴会。

马克思对“盛情邀请”所回复的感谢信里说明，由于总委员会在筹备布鲁塞尔代表大会，阻碍了他前往赴会，不过他“高兴地”获悉，代表大会的议程包含了几个要点，这几个要点实际上是构成一切严肃的工人运动的真正出发点：为争取完全的政治自由所必需的宣传鼓动工作，工作日的调控，以及工人阶级的有计划的“国际”合作。如果说，马克思在给恩格斯的信里写道，他要用这封信庆贺拉萨尔派放弃了拉萨尔的纲领，那么实际上尚难以预料，拉萨尔对于这三个要点会提出什么非难。

而施韦泽本人则在汉堡的联合会大会上同拉萨尔的传统发生了真正的决裂，由于他遭到了强烈的反对，最后他只好通过提出内阁信任案迫使大会准许他和他在议会的同事弗里切于9月末在柏林召开全德工人代表大会，以便建立一个以罢工为目的的基本的广泛的工人组织。施韦泽从欧洲的罢工运动吸取了很好的教训；他没有对它做过高的估价，而是清楚地认识到，愿意完成自己使命的工人政党不应当听任自发的罢工无秩序地进行。因此他并不畏惧建立工会，不过他对它们的生存条件却做出了错误的判断：他想把这些工会建成像全德工人联合会那样的纪律严格的组织，从某种程度来说他只不过是想把这些组织当作全德工人联合会下属的后备军。

马克思曾经警告过他要避免犯这种严重的错误，但是没有收到任何成效。在他们二人之间的书信往来中，施韦泽的全部信件都被保存了下来，但是马克思给他的信件却只保存下来1868年10月13日的这一封，也许是最重要的一封。[①]马克思的这封信从形式上看来，他对待施韦泽的态度是客气和诚恳的，完全无可指摘，但是对施韦泽计划成立工会组织一事，则极其郑重地提出了异议。由于马克思在信中表明，拉萨尔所创立的联合会带有“宗派”性质，并认为它必须下决心合并到无产阶级运动中去，这使得马克思的批评力度给人的印象有些削弱。施韦泽在写给马克思的最后一封回信中公道地指出，他一直在努力跟上欧洲工人运动的步伐，并力求保持同步。

在汉堡大会开过几天以后，德国工人协会联合会在纽伦堡召开了大会。这个大会也对时代的特征有了理解；它由多数票通过了以“国际”章程的基本条款主题；主要规律，主句，主要定律、基本原理作为自己的政治纲领，并且选择《民主周刊》作为联合会的机关刊物，从此少数派永远地消失了。然后，多数代表否决了创立国家监督下的工人老年保险储金会的提案，主张成立工会，因为经验证明，工会懂得最妥善地照管用于年老、疾病和流浪工人的救济基金。设立这种工会不如诉诸在罢工中突然爆发的劳资斗争来解决问题那样有力，在汉堡大会上也说明了参加“国际”的理由是一切工人的党派都具有共同的利益，而在纽伦堡大会上则对于这个问题解释得不那样明确。几周以后，《民主周刊》用黑体字报道说，德意志人民党在斯图加特的一次代表会议上决定同意纽伦堡纲领。

至少，全德工人联合会和德国工人协会联合会之间的相互接近已经有了进

① 参阅《马克思恩格斯全集》第32卷，人民出版社1974年版，第556—560页；马克思致约翰·巴普蒂斯特·施韦泽，1868年10月13日于伦敦。

展，而马克思当时做出了最大的努力要把德国的工人运动统一起来，为此他极力在李卜克内西和施韦泽之间进行公正的调解。然而他却没有成功。纽伦堡联合会以一种不成理由的借口拒绝派遣代表出席施韦泽和弗里切在柏林召开的工会代表大会。虽然如此，这次代表大会出席的人数却很多，并且导致了一批“工人团体”的建立，这些团体又联合成为一个实际上是以施韦泽为领导的总的“工会联合会”。

纽伦堡联合会那方面也在采取行动，它根据倍倍尔所拟定的甚至比施韦泽的章程更为符合工会运动生存条件的章程，创立了一个起的名字过于堂皇的“国际工会联合会”。从那时起，他们一再自动提出同其他派系进行联合甚至合并谈判，但是每次都遭到严词拒绝。对方驳斥他们说，是他们首先破坏了统一，因此他们不必再用关于协调一致的建议来企图恢复已经被他们破坏的这种统一；如果他们确实关心统一这件事，他们可以参加现有的“工会联合会”，并在这个组织范围内争取你们认为好的那些变革。

马克思虽然尽了最大的努力却未能阻止德国工人运动的四分五裂，但是他至少可以断定，有两个派系准备参加“国际”，于是他产生这样一个想法，即在当前的条件下把总委员会的会址在下一个年度迁移到日内瓦，因为工人组织虽然人数不多，但各处都已初步划定了自己的主要活动范围。对伦敦的法国人支部的气恼，也对于他产生这个想法起了一定的作用，法国人支部的人数虽然少，但是却吵嚷得很厉害，并且由于对伪君子皮亚宣传暗杀波拿巴一事报以掌声而给“国际”增添了不少麻烦。尤其是它大吵大闹地反对总委员会的“独裁”，只因为总委员会极力制止它的胡闹，而且它还准备要向布鲁塞尔大会控告总委员会。

幸亏恩格斯紧急劝阻了马克思，没有让他采取这个冒险的步骤。恩格斯说，不应该为了少数几个蠢驴的缘故，就把事业交给一些虽然有许多良好的意愿和可靠的直觉，但是却没有能力领导运动的人。运动的影响越是巨大并日益波及德国，马克思便越必须把它掌握在自己手中。的确，不久后正是在日内瓦得到了证明，仅凭良好的意愿和单纯的直觉是远远不够的。

3. 巴枯宁的鼓动

国际工人协会第三次代表大会从1868年9月6日至13日在布鲁塞尔召开。

出席这一次代表大会的人数之多超过了以往或者以后的任何一届代表大会，然而这一次却带有浓烈的地方特征；有一半以上的会员代表来自比利时。法国人占了大约五分之一。在11位英国代表中，有6位是总委员会的代表，除了埃卡留斯、荣克、列斯纳以外，尤其是还有英国工联成员卢克拉夫特。瑞士人只有8名代表出席，德国代表甚至只有3人，他们之中的莫泽尔·赫斯来自科隆支部。施韦泽收到了一份正式邀请，但由于他有多个审判案件待处理而未能亲自出席代表大会，不过他通过一份书面声明表示，全德工人联合会与“国际”的奋斗目标完全是相一致的；联合会正式参加“国际”一事只是由于德国的结社法令而受到阻碍。意大利和西班牙都各自只派出一名代表。

在这次代表大会的讨论中，可以很明显地感觉到“国际”的勃勃生机，在它生命的第四个年头它变得更加有活力了。日内瓦和洛桑的蒲鲁东主义者曾经表示反对工会和罢工，现在却突然转向了几乎是自己的反面。虽然他们仍然在贯彻一项纯学院式的决议以保住“交换银行”和“无偿贷款”的声誉，尽管埃卡留斯引证英国的经验指出，蒲鲁东主义的这些补救手段在实践上是不可能实现的，而赫斯则根据马克思在二十年前所写的驳斥蒲鲁东的论战文章指出，它们在理论上是站不住脚的。

由此蒲鲁东主义者在“所有权问题”上全盘皆输。根据德·帕普的提议，通过了一项附有详细论证的冗长的决议，这个决议要求：在一个良好有序的社会里，采石场、煤矿和其他的矿产以及铁路都应该属于整个社会，也就是说属于按照正义的原则重新组建的国家；到那个时候，应该把矿场、铁路的经营移交给工人团队，但必须保证遵守公共的利益。同样，农业用地还有森林也应该转换为整个国家所有，并且在遵守同样的保证的条件下交给农民协会去经营。最后，运河、公路、电报通讯设施——总之，所有的交通工具均应继续保持社会公有。虽然法国人强烈地反对这种“粗陋的共产主义”，但是他们所得到的却只是，这个问题将由下一届代表大会再次进行讨论，而巴塞尔则被确定为下一届代表大会的会址。

极力促进结盟之事的首先是米哈伊尔·巴枯宁，他曾经出席过和平与自由同盟在日内瓦举行的第一次代表大会，并且在“国际”召开布鲁塞尔代表大会的前几个月也已经加入了“国际”。在盟约遭到拒绝以后，巴枯宁企图怂恿和平与自由同盟伯尔尼代表大会转而通过一个旨在于摧毁一切国家，并在它们的废墟上建立一个由各国的自由生产协会组成的联盟的纲领。然而他依然是少数派，在这个少数派当中另外还有约翰·菲利普·贝克尔。巴枯宁依靠这个少数派成立了一个新的国际社会主义民主同盟，该同盟虽然将整个合并到“国际”中去，但是它却给自己提出了一个特殊的任务，就是以人世间所有人的普遍平等和道义平等这个大原则为基础，研究各种政治问题和哲学问题。

早在《先驱》的9月号上，贝克尔就宣布要组建这个同盟，说它的目的是要在意大利、法国、西班牙和它影响所及的其他一切地方建立“国际”的支部。然而才仅仅三个月过后，即在1868年12月15日，贝克尔便请求总委员会接受该同盟加入“国际”，这是在同样的请求遭到比利时和法国的联合委员会拒绝之后提出的。一周之后，即12月22日，巴枯宁从日内瓦写信给马克思说：“我的老朋友！我现在比以往任何时候都能更好地理解你是多么正确，因为你选定了一条经济革命的阳关大道，并且邀请我们也踏上这条大道，你蔑视我们当中的那些人，他们有的是在民族事业的羊肠小道上、有的是在纯政治事业的羊肠小道上迷失了方向。而我现在做的，正是你已经做了二十多年的同样的事情。自从我在伯尔尼的代表大会上同资产阶级分子郑重和公开地诀别以来，我就除了工人的世界以外再也不知道有其他社会、其他环境。现在‘国际’就是我的祖国，而你则是‘国际’的杰出创始人之一。所以你看，亲爱的朋友，我是你的学生，而且我为当你的学生感到自豪。关于我的立场和我个人的看法就讲这么多吧。”对于这一段信誓旦旦的陈述的真诚，我们是没有理由进行怀疑的。

要想最迅速最深刻地说明这两个人之间的关系，可以引用几年以后巴枯宁在同马克思进行激烈斗争时对马克思和蒲鲁东之间所进行的一个比较。他是这样说的：“马克思是一位非常严肃、非常深刻的经济思想家。他比蒲鲁东更具有成为一个真正的唯物主义者的巨大优势。蒲鲁东尽管做出了一切努力想摆脱古典唯心主义的传统，然而在他的一生中他始终是一个不可救药的唯心主义者，而正如在他死前的两个月我曾经对他说过的，他时而受到圣经的左右，时而受到罗马法的左右，总之是一个彻头彻尾的形而上学者。他的最大的不幸就是他从来没有研究过自然科学，从来没有掌握过自然科学的方法。他拥有某种急速给自己指出正确道路的本能，但是他却任凭思想上的那些坏习惯，或者说那些唯心主义的习惯所驱使，总是一再回落到旧的错误中去。于是蒲鲁东成了一个持久的矛盾体，他是一个强有力的天才，一个革命的思想家，却不得不经常同唯心主义的主观想象做斗争，但从来就从来没有击败过它们。”这就是巴枯宁对蒲鲁东的评价。

紧接着，巴枯宁描述了他眼里的马克思的性格。“马克思作为一个思想家是站在正确的道路上的。他提出了一个基本原理，即历史上的一切宗教、政治和法律的发展都不是原因，而是经济发展的结果。这是一个伟大和富有成果的思想，但它并不是完全由马克思发明创造的；在他之前已经有许多其他的人预感到了，甚至还曾经部分地表述过这种思想，但最终荣誉应给予他一个人，因为马克思科学地阐明了这一思想，并且把它确定为他的整个经济学说的基础。另一方面，蒲鲁东对自由的理解和感受要比马克思深刻许多；蒲鲁东具有革命家的真正本能，如果他不醉心于教条和想象的话；他崇拜撒旦，并且宣布了无政府状态。马克思很有可能在理论上创立一种比蒲鲁东更为合理的自由学说，但是他却缺少蒲鲁东的那种本能。作为德国人和犹太人，他是一个彻头彻尾的权威论者。”巴枯宁对马克思的评价就是如此。

至于谈到他自己，巴枯宁从这种比较中得出结论说，正是他把这两种学说集中起来形成了高度的统一，他发展了蒲鲁东的无政府主义学说，使它摆脱了一切教条主义、唯心主义和形而上学的旁门左道，并以科学唯物主义和历史中的政治经济学作为它的基础。然而这不过是巴枯宁的一种彻头彻尾的自欺欺人罢了。他的确已经远远地超越了蒲鲁东，在欧洲文化教养方面他超过蒲鲁东好大一截，而且他对马克思的理解也比蒲鲁东对马克思理解要好很多。但是他既不像马克思那样精通德国哲学，也不像马克思那样深入地研究过西欧各国人民的阶级斗争。特别是他对政治经济学的无知，这对于他来说比蒲鲁东对自然科学的无知还要更加致命。巴枯宁在理论修养上的缺陷所以不少，是因为——他无比光荣地解释说——由于他的革命行为，他的最好的年华的大部分时间都是在萨克森的监狱、在奥地利和俄国的监狱，以及在西伯利亚的冰雪覆盖的不毛之地受苦受难造成的。

“撒旦的化身”——这既是他的力量的表现，也是他的弱点的表现。巴枯宁又是如何理解这个他最喜爱的称谓呢？关于这一点俄国著名的批评家别林斯基用了一段既美好又中肯的语言进行了解释：“米哈伊尔在很多方面有过错和有罪责，但是他身上有一种东西却胜过了所有他的缺点——这就是在他的精神深处永远在进行思考的原则。”巴枯宁是个完全彻底的革命家，他同马克思和拉萨尔一样，具有一种使人肯倾听自己的意见的才能。对于一个除了自己的思想和意志以外一无所有的贫穷流亡者来说，能够在西班牙、在意大利和俄国这样一些欧洲国家建立起第一批国际工人运动关系网，这的确是功不可没。但是只需要看一看这些国家的名字，就立刻可以发现巴枯宁和马克思之间的深刻区别了。他们两个人都预见到了革命的时代正疾步而来，不过马克思在英国、法国和德国曾经对大工业无产阶级进行过研究，因此他把大工业无产阶级看作是革命的核心队伍；而巴枯宁却把期望寄托在一大群失去了社会地位的青年身上，寄托在农民群众甚至是流氓无产阶级身上。虽然他一直清楚地认识到，马克思作为一位科学思想家比他站得更高，但是他在自己的行动中却经常犯“老一辈革命家”所特有的那些错误。不过他能够安于自己的命运，他认为科学尽管是人生的指南针，但毕竟还不是生活本身，而只有生活才能创造真正的物和人。

仅仅根据致使他们二人关系结束的无法补救的意见不合来判断他们之间的相互关系，这是愚蠢的，而且无论对巴枯宁来说还是对马克思来说都同样是不公平的。从政治上，特别是从心理方面去追寻一下他们两个人在三十年的历程中是怎样不断地相互吸引，又是怎样一再互相排斥的，是非常富有吸引力的一件事。马克思和巴枯宁两个人一开始都是青年黑格尔派信徒；巴枯宁是《德法年鉴》的发起人之一。他以前的庇护者卢格同马克思决裂的时候，他决定站在马克思一边。

但是当他后来在布鲁塞尔看到马克思是如何理解共产主义宣传的时候，他感到非常震惊，并且在几个月后热情地支持格奥尔格·海尔维格的义勇军向德国冒险进军。不过他后来再次认识到这种热狂是愚蠢的，并且公开地承认了这一点。

这之后不久，即在 1848 年的夏天，《新莱茵报》指责巴枯宁充当了俄国政府的工具。《新莱茵报》出现这样的错误，是由于两个完全没有联系的通讯来源[①]提供的消息造成的。后来《新莱茵报》以一种让巴枯宁完全感到满意的坦率态度，公开地承认了这个错误。通过在柏林的一次会见，马克思和巴枯宁又重新恢复了他们旧日建立起来的亲密友谊，而当巴枯宁被从普鲁士驱逐出境时，《新莱茵报》曾经积极地为巴枯宁进行辩解。然后，该报又对他的泛斯拉夫主义宣传鼓动进行了严厉地批判，不过在批判的一开始，特别加了这样的说明："巴枯宁是我们的朋友，但这并不妨碍我们批评他的小册子"，而且明确地承认，巴枯宁所从事的活动是出于民主的动机，他在斯拉夫问题上的真诚的自我欺骗也是完全可以原谅的。此外，这篇文章[②]的作者恩格斯在对巴枯宁提出反对意见时，在主要论点上也犯了错误；奥地利的各斯拉夫民族是有它们的历史的未来的，而恩格斯却认为它们没有历史的未来。[③]马克思和恩格斯比任何人都更早并且也更热烈地赞扬过巴枯宁参加德累斯顿五月起义的革命行动。[④]

巴枯宁在从德累斯顿撤退时被逮捕，并且先被萨克森的军事法庭，然后又被奥地利的军事法庭判处死刑；后来这两处的死刑都被"从宽"减判为终身监禁；

① 指 1848 年 7 月 5 日《新莱茵报》收到的两封巴黎来信：一封是哈瓦斯通讯社的通讯原稿，另一封则是与这个通讯社完全没有联系的一位波兰流亡者的私人通讯。参阅《马克思恩格斯全集》第 9 卷，人民出版社 1961 年版，第 321 页；卡·马克思：《米哈伊尔·巴枯宁》。

② 指《民主的泛斯拉夫主义》，弗·恩格斯写于 1849 年 2 月 14—15 日。见《马克思恩格斯全集》第 6 卷，人民出版社 1961 年版，第 322—342 页。

③ 梅林这里说得不对，恩格斯对巴枯宁提出的主要指摘，是巴枯宁等人倡导的泛斯拉夫主义关系到了沙皇统治的利益，所以必然遭到革命者的反对。只有在沙皇制度和泛斯拉夫主义灭亡之后，奥地利的各斯拉夫民族的历史未来才能够变为现实。——德文原书出版者注

④ 见弗·恩格斯写于 1852 年 9 月的《德国的革命和反革命》第十八篇，载《马克思恩格斯全集》第 8 卷，人民出版社 1961 年版，第 107—108 页，以及卡·马克思写于 1853 年 8 月的《米哈伊尔·巴枯宁》，《马克思恩格斯全集》第 9 卷，人民出版社 1961 年版，第 322 页。

最后，他被引渡到俄国，在那里的彼得保罗要塞度过了可怕的苦难岁月。这期间，有一个疯狂的乌尔卡尔特分子在《晨报》上再一次指控巴枯宁是俄国政府的一个间谍，并且硬说他根本就没有被关押在监狱里。而在这同一家报纸上，除了赫尔岑、马志尼和卢格以外，马克思也载文对此提出抗议。然而这真是一个不幸的巧合，那个诽谤巴枯宁的人也姓马克思，而且只有小范围的人知道这一点，虽然有人要求他在报刊上公开自己的名字，但是这个伪君子顽强地拒绝这个要求。这种姓氏发音相同的巧合后来被赫尔岑这个冒牌的革命家利用来策划了一个有失体面的阴谋。1857 年巴枯宁被从彼得保罗要塞流放到西伯利亚，但是他在 1861 年从西伯利亚幸运地逃脱，然后途经日本和美洲抵达伦敦。这时候赫尔岑欺骗巴枯宁说，马克思曾经在英国报刊上公开谴责他充当了俄国的间谍。在造成巴枯宁和马克思之间后来多次反目的一系列的搬弄是非和挑拨离间中，这尚属第一次。

巴枯宁被迫与欧洲生活隔绝了十几年之久，因此他到达伦敦后，首先结交的是那些与赫尔岑同一类型的俄国流亡者——尽管他跟他们其实很少有共同之处，这是完全可以理解的。即使他倡导泛斯拉夫主义，如果可以这样说的话，巴枯宁也仍然始终是个革命者；而赫尔岑却利用对“腐朽的西方”的谩骂和对俄国农民村社的神秘崇拜实际上只是以一种温和的自由主义作为幌子在为沙皇制度效劳。如果想到巴枯宁在饱受苦难的青年时代曾经得到过赫尔岑给予的帮助的话，那么巴枯宁同赫尔岑的私人友谊关系一直延续到赫尔岑去世这一点也就无可非议了。不过早在 1866 年巴枯宁就曾经给赫尔岑写过一封政治绝交信，巴枯宁在信中指责他只希望进行社会变革而不想进行政治变革，批评他准备原谅国家所做的一切，只要国家不去触动大俄罗斯的村社，还说赫尔岑甚至期望俄国的村社不仅成为俄国和所有斯拉夫国家的救星，而且也成为欧洲乃至全世界的救星。巴枯宁对于这种幻想进行了全盘否定的批判。

但是，巴枯宁在逃离西伯利亚之后，他首先是住在赫尔岑家里，因此和马克思没有往来。尽管如此，他却把《共产党宣言》翻译成了俄文，并且发表在赫尔岑的《钟声》上，这就更加典型地显示出了他的性格特点。

巴枯宁第二次在伦敦逗留期间，正值“国际”创立之际，为了消除隔阂，马克思曾经首次打破坚冰去探访了巴枯宁。他可以用所有的事实向巴枯宁担保，他不仅没有诽谤过他，而且还曾毅然决然地同这种诽谤进行过斗争。他们两个人在告别的时候又成了朋友；巴枯宁非常赞赏“国际”的计划，而马克思则在 11 月 4 日给恩格斯写信说：“巴枯宁向你致意。他今天到意大利去了，将在那里（佛罗伦萨）住下来。……应当说，我很喜欢他，而且比过去更喜欢。……总之，他是十六年来我所见到的少数几个没有退步、反而有所进步的人当中的一个。”①

但是，巴枯宁欢迎“国际”成立时的那种喜悦并没有保持很久。旅居意大利期间，在他心底的那份“老一辈革命家”的情结再一次被唤醒。他之所以选中这个国家，不仅仅是因为那里的气候温和和生活费用低廉，尤其是因为德国和法国当时已经对他关闭了国门，而且也是出于政治上的原因。他把意大利人看作是斯拉夫人反对奥地利这个强制性的国家的天然盟友，而加里波第的英雄事迹则早在西伯利亚时期就已经激发起他的幻想。它们让他第一次认识到，革命的浪潮又一次在不断高涨。在意大利，他发现有大量的怀有政治目的秘密团体；他在那里发现了丧失了社会地位并随时准备参与各种密谋活动的知识分子、经常徘徊在饿死的深渊边缘的农民群众，以及永远漂泊不定的流氓无产阶级，特别是那不勒斯的那些以行乞和做杂工度日的流浪汉。巴枯宁在佛罗伦萨住下不久便迁居到了那不勒斯，并且在那里生活了好多年。在他的眼里，这些社会阶层才是革命的真正动力。但是，倘若他把意大利看作是下一个有可能爆发社会革命的国家，那么他很快就不得不承认自己的这种看法是错误的。那时候马志尼的宣传在意大利仍然处于强势地位，而马志尼却是反对社会主义的。他那些暧昧的宗教战斗口号和他的严格的集中倾向，只是为了争取建立一个统一的资产阶级共和国。

在旅居意大利的这些年里，巴枯宁的革命鼓动呈现出更为明确的形式。由于缺乏理论修养而却又拥有过分灵敏的头脑和过于狂热的活动能力，巴枯宁总是受到他所处于的生活环境的非常强烈的影响。马志尼的宗教和政治的教条主义，则更加显著地助长了巴枯宁的无神论和他的无政府主义思想，加剧了他对一切国家

---

① 参阅《马克思恩格斯全集》第 31 卷，人民出版社 1972 年版，第 17—18 页。

政权所持有的否定态度。同时，被他视为是争取全面变革的杰出战士的那些阶层，其革命传统也对他喜好搞秘密谋反和地方暴动的倾向产生了极其强烈的影响。于是巴枯宁创立了一个革命社会主义的秘密团体，该组织最初只是由意大利人组成，主要是为了反对“马志尼和加里波第的令人厌恶的资产阶级空谈”，但是不久以后这个团体就扩大为了国际性的组织。

为了这个秘密团体的利益，巴枯宁于1867年秋天移居到了日内瓦，他试图首先影响和平与自由同盟，而当这一步失败以后，他便开始竭力争取参加“国际”，尽管差不多有四年之久他都不曾再关心“国际”的事了。

4. 社会主义民主同盟

尽管如此，马克思对这位老革命家却仍然保持着友好的情谊，并且反对自己周围的人对巴枯宁曾经进行的攻击或者准备发动的各种攻击。

对巴枯宁的攻击是由西吉斯蒙德·波克军发起的。他是一个正直的民主主义者，曾经在马克思同福格特的斗争中，并且也在其他一些情况下对马克思有过很大的帮助。然而波克军有两个弱点：一是他自认为他是一个有才智的作家，虽然他实际上并不是；二是他对俄国人有一种莫名其妙的憎恶感，这种憎恶的强烈程度丝毫也不亚于赫尔岑对德国人的那种同样莫名其妙的憎恶。

而波克军对俄国人的这种憎恶首先是针对赫尔岑的，在1868年年初《民主周刊》刚刚出版后的最初几期所发表的波克军的一系列文章里，他对赫尔岑给予了无情的鞭挞。当时巴枯宁早就同赫尔岑断绝了关系，但是他却仍然被波克军抨击为是赫尔岑的“哥萨克兵”，除此以外还说要把他作为“顽固不化的否定的化身”钉在十字架上。这件事起因于波克军曾经在阅读赫尔岑的著作时得知，巴枯宁在许多年以前曾经发表过一个“古怪的名言”，说“积极的否定是一种创造力”；于是波克军义愤填膺地问道：这样的口号是否是这一边的俄国边防兵们大概在某个时候突发奇想提出来的，这是否会遭到成千上万的德国学童的哄笑呢。善良的波克军根本没有料想到，巴枯宁的那句在他那个时代经常被人引证的名言“破坏的欢乐就是一种创造的欢乐”，是出自于《德意志年鉴》的一篇文章，那时候巴枯宁还生活在德国青年黑格尔派的圈子里，并且正同马克思和卢格一起创办《德法年鉴》。

马克思对这一类习作内心深感厌恶是可以理解的，他竭尽全力反对波克军试图利用恩格斯曾经在《新莱茵报》上发表的一些驳斥巴枯宁的文章来论证自己的胡言乱语，因为这些文章“太符合波克军的企图”了。马克思绝对不允许波克军将恩格斯的文章跟侮辱巴枯宁联系在一起，因为恩格斯是巴枯宁个人的老朋友。同样，恩格斯也提出了抗议，因此波克军的计划未能实现。约翰·菲利普·贝克尔也请求波克军不要攻击巴枯宁，然而他得到的回复却是一封“措辞强烈的信”，波克军在信中——正如马克思在给恩格斯的信中所说的——以“他惯有的委婉语调”声称，他今后将一如既往地保持同贝克尔的友谊，并将继续给予他金钱上的（不过为数极少）的帮助，但是从此在他们的通信中必须要把政治排除在外。马克思尽管跟波克军是非常好的朋友，但是也认为他的“反俄情绪”已经达到了危险的程度。

甚至巴枯宁已经参加过和平与自由同盟的几次代表大会，但这也没能动摇马克思本人对巴枯宁的友好情谊。和平与自由同盟的第一次代表大会在日内瓦召开过后，马克思还给巴枯宁寄去了一本有作者亲笔题词的《资本论》赠送本；由于连一个字表示谢意的话语都没有收到，马克思在因为其他事宜而写给日内瓦的一位俄国流亡者[①]的信中，还询问过他的“老朋友巴枯宁”的情况，虽然是带着几分疑惑，不知道巴枯宁是否还仍然是他的朋友。对于这个间接的问询的回答，是巴枯宁在 12 月 22 日写给马克思的一封信，他在这封信中保证，他要遵循马克思的足迹，在马克思二十年来所走过的战斗大道上走下去。

然而就在巴枯宁写这封信的那一天，总委员会已经决定拒绝贝克尔送交的关

① 指马克思写给亚·亚·谢尔诺—索洛维也维奇的信。谢尔诺—索洛维也维奇曾经在筹建第一国际俄国支部的工作中起过重大的作用。他于 1869 年 8 月 16 日自杀身亡。见《马克思恩格斯全集》第 32 卷，人民出版社 1974 年版，第 361 页；马克思致恩格斯，1869 年 10 月 30 日于伦敦。

于接受社会主义民主同盟参加“国际”的提案。而马克思则是这一决定的推动者。他知道社会主义民主同盟的存在，因为《先驱》曾经公布过同盟成立的消息，但是直到那时为止，他一直认为该同盟不过是日内瓦的一个地方产物，是个死胎，对它无须多虑；他了解老贝克尔，知道他热衷于搞一些小集团活动，但在其他方面还是完全可靠的。现在贝克尔寄来了社会主义民主同盟的纲领和章程，并在附言里写道，同盟是想要弥补“国际”所缺少的“理想主义”。这种大言不惭的要求在总委员会中引起了“极大的愤怒”，马克思在给恩格斯的信中如是说，“特别是在法国人当中”，因此总委员会马上做出了拒绝同盟加入“国际”的决定。马克思接受委托负责草拟这个决议。马克思本人也有一些恼怒，他在 12 月 18 日[①]“后半夜”写给恩格斯的那封征求意见的信就证明了这一点。他还补充说：“这一次波克罕是正确的。”使他气愤的与其说是同盟的纲领，倒不如说是它的章程。纲领首先宣布，同盟是信奉无神论的；它要求消灭一切宗教迷信，用科学知识代替信仰，用人的公道代替神的公道。接着，纲领要求各个阶级和男女个人在政治上、经济上和社会上的平等，同时提出这应该从废除继承权开始；此外它还要求，所有的男女儿童从他们一出生开始就享有促进其发展的手段的平等，即享受抚育和教养以及接受科学、工业和艺术方面各个阶段的教育的平等。最后，纲领抵制不以工人战胜资本家为直接和间接目的的任何政治活动。

马克思对这个纲领的所做出的评价是一点也不讨人喜欢。不久以后他又称它是“一个老掉牙的陈词滥调的大杂烩”，是“毫无思想内容的空谈，故弄玄虚空泛的臆想集大成和只求当天产生某种影响的乏味无趣的即兴之作”。但是在理论问题上，“国际”根据自己的性质有必要在开始时表现较大的宽容，因为它的历史使命正是在于通过自己的实践活动制定出国际无产阶级的一个共同的纲领。

正是因为这个缘故，它的组织作为任何一次成功的实践活动的先决条件，对

① 此处作者所写的时间有误，马克思写这封信的时间不是1868年12月18日，而是1868年12月15日。见《马克思恩格斯全集》第32卷，人民出版社1974年版，第218页。马克思致恩格斯，1868年12月15日深夜于伦敦。

“国际”来说就更加重要了。而巴枯宁的同盟章程却企图以遗患无穷的方式干预这个组织。该同盟虽然宣布自己是“国际”的一个分支，并声称完全接受“国际”的总章程和各项规定，但是它要求建立一个自己的特殊组织。它的创立者们在日内瓦联合组建了临时的中央委员会。按照同盟的计划，将要在每个国家设立全国执行局，以便由它们筹建地方组织，并设法帮助这些组织参加“国际”。凡是“国际”召开年度大会期间，作为“国际”一个分支的同盟的代表们，要在一个专门的会场单独举行自己的公开会议。

恩格斯当即决定：这绝对不行。他说，那样的话就会形成两个总委员会和两个代表大会；而一遇到机会，设在伦敦的实际的总委员会和设在日内瓦的“理想主义的”总委员会之间就会发生冲突。另外，恩格斯建议要沉住气冷静行事；采取激烈的行为只会无益地激怒工人（特别是瑞士工人）当中的数量极多的思想庸人，并将给“国际”造成损失。他认为应该冷静而又坚决地拒绝这些人，并且告诉他们，既然他们已经为自己挑选了一个特殊的领域，那人们就不妨耐心地等一等，看看他们在这个领域到底能够搞出什么名堂来；何况暂时还没有任何东西能够阻挠一个协会的会员成为另一个团体的成员。关于同盟的理论纲领，恩格斯也觉得，他从来没有读过比这更差劲的东西了。他说，巴枯宁看来已经变成了一头“不折不扣的蠢牛”。这样一种表达方式在最初还不意味着他对巴枯宁充满了一种特别的敌意，或者说，跟马克思曾经在信中骂那位任何时候都是他的忠实朋友的贝克尔是一个“老糊涂”比起来，至少并非怀有更大的敌意；况且这类荣誉头衔在马克思和恩格斯两个人亲密无间的通信中也被大量地使用过。

在这期间马克思已经平静下来，并且拟就了总委员会拒绝同盟参加“国际”的决议草案[①]。无论就其形式还是内容而言，这个决议都是无懈可击的。它指出，问题是由同盟的几个创立者预先决定了的，因为他们作为“国际”的成员曾经在布鲁塞尔代表大会上共同决定拒绝“国际”同和平与自由同盟的合并。贝克尔只

① 见《马克思恩格斯全集》第16卷，人民出版社1964年版，第382—364页；卡·马克思：《国际工人协会和社会主义民主同盟》，1868年12月22日于伦敦。

是在这一点上间接地受到轻微的指责。实际上，做出拒绝决定的理由就是，允许既在国际工人协会之内，又在协会之外同时进行活动的第二个国际组织的存在，必定会成为破坏“国际”组织本身的最可靠的手段。

有人说贝克尔对总委员会的这个决议大为光火，这是非常不可信的。比较可信的是巴枯宁的这样一个说法，即贝克尔从一开始就反对建立同盟，但是他的意见却被他那个秘密团体的成员以多数票否决了；他虽然想要保住这个秘密团体，希望它的成员在“国际”内部按照“国际”的精神开展活动，但是为了排除一切对抗的发生，他又要求他们无条件地加入“国际”。不管怎样说，同盟设在的日内瓦的中央委员会用了一个新的建议来回答总委员会拒绝它加入的决议，即如果总委员会承认同盟的理论纲领，那么就可以把同盟的支部转变为国际工人协会的支部。

这期间，马克思收到了巴枯宁于12月22日写来的一封友好热情的信，但是马克思已经产生了如此强烈的猜疑，以至于他没有再多理会这封“多情的信”。同盟的新的提议也同样引起了他的怀疑，不过他没有让这种怀疑过于左右自己，而只是以就事论事的态度做了恰如其分的回答。根据马克思的提议，总委员会于1869年3月9日做出决定，不把审查它所属的各个工人政党的理论纲领列为自己的任务。由于不同国家的工人阶级各自处在不同的发展阶段，所以反映它们的实际运动的理论形式也必然是极不相同的。国际工人协会所确定的行动一致、各个全国性支部的机关刊物所促进的思想交流，以及在全协会代表大会上所进行的直接的讨论，可以逐步为整个工人运动制定出一个共同的理论纲领。而目前，总委员会只需要过问一下，各个工人政党的纲领的总体意向是否符合国际工人协会的总方针，也就是说，是否符合工人阶级彻底解放的总方针。

决定认为，在这方面同盟的纲领包含了足以引起危险的误解的词句。所谓各阶级在政治上、经济上和社会上的平等，如果按照字面来理解，可以归结为资产阶级社会主义者所鼓吹的资本和劳动的协调。而无产阶级运动的真正秘密和“国际”的伟大目标却是要消灭阶级。不过由于从上下文的意思来看，“各阶级平等”的字样出现在同盟纲领中，只是由于简单的疏忽造成的笔误，所以总委员会毫不怀疑，同盟一定会放弃这种令人产生疑问的词句；到那时，就不存在任何障碍可以阻挠同盟的各个支部转变为国际工人协会的支部了。如果这种转变最终能够完成，那么按照“国际”的章程，必须将每一个新支部的所在地及其会员人数通知总委员会。

于是，同盟按照总委员会所希望的意思修改了受到指摘的词句，并在6月22日通知总委员会说，同盟已经解散，并且已经在敦促它的那些支部转换成“国际”的支部。总委员会一致决定接受以巴枯宁为领导的日内瓦支部加入“国际”。巴枯宁的秘密团体虽然自己声称已经解散，实际上却依然以一种或多或少松散的形式继续存在着，而巴枯宁本人也仍然在继续按照同盟的纲领进行活动。从1867年秋天直至1869年秋天，巴枯宁生活在日内瓦湖畔，他有时就住在日内瓦，有时住在沃韦和克拉伦斯，并且力图在瑞士的罗曼语区工人中取得巨大影响。

而在这方面，巴枯宁则得益于罗曼语区这些工人所处的特殊的生活状况。要想正确地判断当时的发展形势，人们永远都不应该忘记，“国际”当时还不是一个有着一套明确的理论纲领的政党，而是正如总委员会在致同盟的函件中[①]也强调指出过的那样，“国际”容许在自己的队伍内部存在各种各样的极其不同的流派。甚至在今天仍然可以在《先驱》上追寻到，就连这个伟大的组织中的一个像贝克尔这样的如此热心并且做出过贡献的先锋战士，也都从来不为理论问题无谓地操心。所以在“国际”的日内瓦的几个支部里，也出现了两个非常不同的流派。一派是所谓的“厂工”，根据日内瓦的方言可以理解为珠宝工业和钟表工业中工资待遇优厚的熟练工人，他们几乎全都是由土生土长的当地人所组成；另一派则是所谓的“粗工”，主要是建筑工人，他们几乎全部是由外国人，特别是德国人组成的，这些人只有通过不断地罢工才能够争取到勉强可以忍受的劳动条件。前者拥有选举权，而后者则没有这种权利。但是鉴于“厂工”人数不多，他们无法指望在选举中独立取胜，因此在选举的问题上非常倾向于同资产阶级激进派达成

① 见《马克思恩格斯全集》第16卷，人民出版社1964年版，第218页；卡・马克思：《国际工人协会总委员会致社会主义民主同盟中央局》，1869年3月9日于伦敦。

妥协；而对“粗工”来说，这一类的任何诱惑从一开始就被排除了，确切地说，他们更倾心于巴枯宁所主张的那种直接的革命行动。

巴枯宁在汝拉的钟表工人中找到了更为广阔的宣传园地。他们不是制造奢侈品的熟练工人，他们大部分是家庭工业生产者，他们原本就很悲惨的生活已经在受到美国机器的竞争威胁。他们零零落落地散居山中，不大适合于带有政治目的的群众运动。即便是他们适合于这种运动，过去的惨痛经验也迫使他们对政治畏缩不前。最初有个医生库勒里曾经在他们当中替“国际”进行宣传，他是一个具有博爱思想的人，但是一遇政治问题就晕头转向。他不仅误导工人同激进派建立选举联盟，甚至劝诱工人也同纳沙泰尔的怀有君主制思想的自由主义者建立选举联盟，而工人经常因为这种事情上当受骗。库勒里的政策彻底失败以后，汝拉的工人在洛克的一所工业学校找到一位青年教师詹姆斯·纪尧姆作为他们的新的领导者。纪尧姆能够完全同工人打成一片，适应他们的思维方式，并且在洛克出版了一种地方小报《进步报》，通过它来宣扬关于人人自由平等的无政府主义社会的理想。当巴枯宁第一次来到汝拉的时候，他发现这里已经完全准备好了供他播种的土壤，而当地的穷人对他的影响可能比他对他们的影响更加强烈，因为从那时起，巴枯宁对一切政治活动的谴责显得比过去严厉得多了。

不过在这期间，瑞士的罗曼语区各支部之间暂时还是充满了一片和平景象。1869 年 1 月，主要是在巴枯宁的推动下，它们组成了一个联合委员会，并且开始出版大型周刊《平等》。巴枯宁、贝克尔、埃卡留斯、瓦尔兰以及国际工人协会的另外几个有名望的成员也参加了该刊物的出版工作。巴枯宁还促使罗曼语区联合委员会向伦敦的总委员会提议，把继承权问题列入巴塞尔代表大会的议程。这是巴枯宁的正当权利，因为讨论这类问题是国际工人协会代表大会的主要任务之一，总委员会接受了这个提议。

当然，马克思把这看成是巴枯宁的一种挑战，然而也正因为是挑战，所以他才持完全欢迎的态度。

5. 巴塞尔代表大会

1869 年 9 月 5 日至 6 日，国际工人协会年度代表大会在巴塞尔召开，在这次年度大会上，“国际”对自己成立以来第五年的活动进行了检阅。

这一年是“国际”自打成立起直到那时为止所经历过的最为动荡的一年，是在“资本和劳动之间频发的游击战”中，即在罢工运动的喧嚣声中度过的一年。频繁的罢工运动成了欧洲的有产阶级越来越多的谈论的话题，他们说这些罢工既不是起源于无产阶级的贫困，也不是由于资本的横行霸道引起的，而是源于“国际”的密谋。

于是，用武力镇压罢工运动的凶残阴谋便日益抬头。在英国，甚至发生了罢工的采矿工人和军方之间的流血冲突。在法国的卢瓦尔煤矿区，一个喝醉酒的兵痞在拉里卡马里耶市镇附近竟然引起了一场血腥的屠杀，有二十名工人遭到枪杀，其中包括两名妇女和一名儿童，还有许多工人受伤。但是，最骇人听闻的事件则是又一次发生在比利时的屠杀，即发生在“这个大陆上的典范的立宪国家，这个与世严密隔绝的地主、资本家和神甫的舒适小天堂。”①——马克思在为总委员会起草的极具冲击力的呼吁书中如是说。总委员会号召欧洲和美国的工人，支援在瑟兰和博里纳两地倒在杀戮中的成为贪得无厌的利润欲的牺牲品的遇害者。号召书指出：“比利时政府每年都要制造屠杀工人的惨案，其准确性并不比地球每年都要环绕太阳公转一次的准确性逊色。”②

血的种子使“国际”收获了成熟的成果。1868 年秋天，英国第一次根据改革后的选举法进行了选举，这次选举完全证实了马克思曾经对改革同盟所推行的片面性政策提出的警告。没有一个工人代表当选。“大财主们”胜利了，格莱斯顿重新掌握了政权。但是他并不想彻底改变在爱尔兰问题上的方针，或者迎合工联的正当要求。这就等于给新工联主义的扬帆起航注入了清风。英国工联

① 参阅《马克思恩格斯全集》第 16 卷，人民出版社 1964 年版，第 395 页。
② 参阅《马克思恩格斯全集》第 16 卷，人民出版社 1964 年版，第 395 页。

于1869年在伯明翰举行了年度代表大会，工联在会上以极其迫切的心情邀请王国的组织起来的工人团体参加“国际”。这不仅是因为工人阶级的利益在任何地方都是一致的，而且也是因为“国际”的原则有利于确保世界各国人民之间拥有持久的和平。1869年夏天，英国和北美联邦之间面临着爆发战争的危险，于是总委员会给美国全国工人联合会发去了一封由马克思起草的公开信，这封信里面写道：“现在轮到你们来阻止战争了，因为这个战争的直接结果将使大西洋两岸正在兴起的工人运动倒退若干年。”[①] 这封公开信得到了大洋彼岸的热烈响应。

在法国，工人事业也在顺利地向前发展着。警察对“国际”的迫害一般只能产生一种常见的结果，就是促使“国际”的拥护者的人数不断地增加。在许多次罢工当中，由于有总委员会的援助和有效参与，导致了许多工会的建立，而禁止这些工会是不可能的，尽管“国际”的精神在这些工会中是如何强烈。在1869年的选举中，工人虽然还没有通过提出自己的候选人参与选举，但是他们支持了提出极端激进的竞选纲领的资产阶级极左政党的候选人。他们的这种做法至少间接地为波拿巴特别是在那些大城市中遭遇惨败做出了贡献，虽然他们辛辛苦苦获得的成果在此期间又一次落到了资产阶级民主派的手中。此外，第二帝国这时候也已行将崩溃；西班牙革命使它从外部遭受到了沉重的打击，因为这场革命在1868年秋天把伊莎贝拉女王赶出了国门。

在德国，情况多少有些不同。在那里，波拿巴主义不仅没有日趋愈下，反而呈现出逐步上升的势头。民族问题造成了德国工人运动的分裂，而对于刚刚开展起来的工会运动来说，这种分裂成了一种严重的障碍。施韦泽由于通过错误的途径进行工会的宣传鼓动，从而使自己处于了不利的地位，他已经不可能再恢复他从前的地位。对他的诚实所不断进行的毫无根据的谴责，使他的一些拥护者现在也终于不再信任他了，而他做得也实在不够高明，他居然想要发动一次小规模的政变，这给他本来只受到少许影响的声望造成了严重的损害。

---

① 参阅《马克思恩格斯全集》第16卷，人民出版社1964年版，第401页。

所以，全德工人联合会的少数派退出了该组织，并同纽伦堡联合会一起组建了一个新的社会民主党，人们根据其建党的地名习惯地称该党成员为“爱森纳赫派”。两个派别之间一开始互相斗争得非常激烈，不过二者对国际采取了大体相同的立场，即：在实质问题上看法是一致的，但在形式上却有所不同，只要德国的结社法令还存在着，它们都就不得不考虑到这一点。当李卜克内西利用国际总委员会来反对施韦泽的时候，马克思和恩格斯对此表现出了高度不满，因为李卜克内西没有任何权利这样做。尽管他们欢迎“拉萨尔教会的解体过程”，但是他们尚不知道该拿另一个派别怎么办，这一派还没有完全毅然决然地将自己的组织同德意志人民党分开，至少同这些人仍然保持着松散的卡特尔关系。他们一如既往地认为，施韦泽作为一个论客要胜过他的一切对手。

自 1866 年奥地利战败之后才兴起的奥匈工人运动，却更加团结一致地发展起来。拉萨尔派在那里完全没有什么根基，而正是因为这个缘故——就如同总委员会在向巴塞尔代表大会所做的年度报告中所说的——广大群众都争先恐后地簇拥到“国际”的旗帜周围。

因此，本次代表大会是在非常有利的发展前景下召开的。虽然大会只有 78 名会员参加，但是它比以往历次代表大会都更具有“国际”的气派。总共有 9 个国家的代表出席了大会。来自总委员会的代表一如既往地是埃卡留斯和赫尔曼・荣克，此外还有两名最有名望的英国工联代表是阿普尔加思和卢克拉夫特。法国派出 26 名代表，比利时 5 名，德国 12 名，奥地利 2 人，瑞士 23 人，意大利 3 人，西班牙 4 人，以及北美 1 人。李卜克内西代表爱森纳赫派这个新组建的派别，莫泽尔・赫斯代表柏林支部。巴枯宁除了法国的代表委托书以外还有一份意大利的代表委托书，纪尧姆是洛克地区派出的代表。这一次代表大会仍然是由赫尔曼・荣克主持。

大会的讨论首先涉及的是组织问题。根据总委员会的提案，大会一致通过决议，劝告所有的支部和参加“国际”的团体——要像总委员会本身几年来曾经做过的那样——废除它们当中的主席职位；因为维持一种君主制的和权威的原则是跟一个工人的组织极不相称的；尽管在有些地方设立主席一职仅仅是一个单纯的名誉职位，但这其中也包含了违反民主原则的因素。相比之下，总委员会建议扩大它自身的权限；它希望授权给总委员会，使它有权在下一次代表大会做出决议之前开除任何一个违反“国际”精神的支部。这个提案得到了通过，但是加了一条限制，即凡是设有联合委员会的地方，在开除这样的支部之前，必须要征求联合委员会的意见。巴枯宁和李卜克内西都热烈地支持这个提案。这在李卜克内西那里来说当然完全可以理解，但是在巴枯宁那里这种支持则不好理解了。他这样做显然违反了他的无政府主义的原则，不管他是出于怎样的机会主义的动机。最有可能的就是，他想借助于魔王来战胜鬼怪，借助于总委员会的帮助，来反对一切在他看来纯属机会主义的议会政治活动。只有李卜克内西的一篇表示强烈地反对施韦泽和倍倍尔参加北德联邦议会工作的著名演说，可能是对巴枯宁的这种观点的支持。但是马克思不赞成李卜克内西的演说，所以巴枯宁完全打错了他的如意算盘；他应该足够快地认识到，违反原则总是要自食其果的。

在大会应该进行讨论的诸多理论问题中，排在第一位的是土地公有制问题和继承权问题。头一个问题实际上在布鲁塞尔代表大会上已经做出了决定；所以这一次代表大会以54票的多数迅速地——跟去年相比——通过了这一决定，确立了社会有权将土地转化为公有财产的原则，然后又以53票的多数规定了这种转化必须符合社会的利益。少数派大多在投票时选择弃权；总共只有8名代表投票反对第二个决议，而反对第一个决议的只有4名代表。关于这些决议的实际执行问题，在大会上产生了各种各样不同的看法，于是决定将这个问题推延到下一次在巴黎召开的代表大会上再进行详尽的讨论。

关于继承权问题，总委员会拟定了一份报告，这份报告以只有马克思才擅长的精练的笔触将“国际”的主要观点用几句话进行了归纳。[①] 报告认为，和其他任何资产阶级立法一样，继承法不是原因，而是结果，是一个建立在生产资料私有制基础上的社会的经济组织的法律后果。继承奴隶的权利并不是奴隶制度的原

① 卡·马克思：《总委员会关于继承权的报告》，1869年8月2—3日于伦敦。载《马克思恩格斯全集》第16卷，人民出版社1964年版，第414—416页。

因，而是正相反，奴隶制才是继承奴隶的原因。如果将生产资料变为共有财产，那么继承权——就其社会重要性而论——便会自行消失，因为一个人只能把他生前所占有的东西留给他的后人。所以，废除那些给予少数人终生的经济权力，使他们得以将其他多数人的劳动成果据为己有的制度，仍然是一个伟大的目的。把号召废除继承权作为社会革命的出发点，就像希望在继续保持当今的商品交换的情况下废除买家和卖家之间的契约法规一样，是一种愚蠢的行为；它在理论上是错误的，在实践上是反动的。继承权只有到了过渡时期才可以加以改变，因为那时候，一方面是当前社会的经济基础还尚未得到改造，而另一方面，工人阶级则已经集聚了足够的力量，能够强制执行彻底变革社会的准备措施了。作为这样的过渡措施，总委员会建议扩大遗产税和限制通过遗嘱确定的继承权，这种继承权跟家族继承权不同，它比私有制的原则更加迷信，也更为专断。

与此相反的是，小组委员会——这个问题已经事先转交给小组委员会进行讨论——却提议，将废除继承权作为对工人阶级的基本要求提出来，但它却只知道用一些理论方面的陈词滥调来阐明自己的提案，诸如“特权”“政治上和经济上的公平”“社会秩序”等等。在相当短暂的讨论过程中，发言赞成总委员会的报告的，除了埃卡留斯以外，还有比利时人德·帕普和法国人瓦尔兰，而巴枯宁则替小组委员会的提案辩护，因为这个提案的诞生就源于他的精神。他特别力推小组委员会的提案并自称是出于实际的理由，而实际上不少都是臆想出的理由；他说不废除继承权就无法实现公有制，但如果硬要剥夺劳动者的土地，那么他们定会进行反抗，然而要是废除继承权的话，他们不会直接感觉到自己的利益受到了侵犯，因而土地私有制也就会逐渐地衰亡。在对小组委员会的提案进行记名投票表决时，得出的票数比例如下：32 票赞成，23 票反对，13 票弃权，7 人缺席；而在对总委员会的提案进行投票时，有 19 票赞成，37 票反对，6 票弃权，13 人缺席。这就是说，两个报告没有一个获得了绝对多数，所以，在讨论没有得出明确的结果的情况下，这个问题被搁置下来。

巴塞尔代表大会唤起了比以往历次代表大会都更加热烈的反响，无论是在资产阶级世界还是在无产阶级世界。在资产阶级世界，那里最有学问的学者们怀着半恐惧和半幸灾乐祸的心情判明了“国际”终于显露出来的共产主义性质；而在无产阶级世界这里，人们对大会关于土地公有制的决议则报以令人欣喜的赞同。在日内瓦，德语区支部发表了一篇告农民的宣言，这篇宣言旋即就被译成了法文、意大利文、西班牙文、波兰文和俄文，并且迅速得到广泛的传播。在巴塞罗那和那不勒斯，成立了第一批农业工人的支部。在伦敦的一次大规模的集会上，建立了土地和劳动同盟[①]，总委员会有十名委员参加了这个同盟的委员会，该同盟提出的口号是：“土地属于人民”[②]！

在德国，德意志人民党的那些忠诚的追随者们疯狂地叫嚣反对巴塞尔代表大会的决议。李卜克内西一开始被这种架势给镇住了，惊慌失措之下不得不发表声明说，爱森纳赫派不受大会那些决议的约束。幸而人民党那些显然已经怒不可遏的伪君子们并不以此为满足，居然要求爱森纳赫派坚决拒绝大会的决议，于是李卜克内西终于公开宣布与这个党派脱离关系，而马克思和恩格斯早就希望他这样做了。但是他最初的犹豫动摇就犹如帮忙给施韦泽的磨盘里加水，正顺了其心意。施韦泽多年来一直就在全德工人联合会中“宣扬”土地公有制，而马克思却认为他只是现在才进行这种宣传的，其目的只是嘲弄自己的敌手，因而把他视作“无耻之徒”。而恩格斯则克制着自己对这个“无赖”的愤怒，这至少是因为恩格斯认为，施韦泽行事“非常机警”，他在理论方面一直使自己保持着让人无可指摘的地步，他大概清楚地知道，只要问题涉及理论观点，他的对手就会被打得体无完肤。

在此期间，拉萨尔派在德国众多的工人政党中不仅在组织方面是团结得最紧密的，而且在原则方面也是最先进的。

① 参阅《马克思恩格斯全集》第16卷，人民出版社1964年版，第662页，《土地和劳动同盟告大不列颠和爱尔兰男女工人书》，这篇文章是1869年10月成立的土地和劳动同盟的宣言，它是1869年11月14日左右由参加该文件起草委员会的埃卡留斯起草的，文件原文经马克思校阅过。

② 参阅《马克思恩格斯全集》第16卷，人民出版社1964年版，第662页，《土地和劳动同盟告大不列颠和爱尔兰男女工人书》，这篇文章是1869年10月成立的土地和劳动同盟的宣言，它是1869年11月14日左右由参加该文件起草委员会的埃卡留斯起草的，文件原文经马克思校阅过。

6. 日内瓦的纷争

巴塞尔代表大会上的关于继承权的争论，是巴枯宁和马克思之间的一种精神上的决斗。对于这场讨论虽然没有做出任何决定，然而它所采取的方向与其说是对马克思有利，倒不如说对马克思不利。但是如果由此便得出结论说，马克思受到了重创，并且正在准备采取强有力的步骤打击巴枯宁，那么这种说法也是不符合事实的。

马克思对巴塞尔代表大会的进程感到完全满意。那时候马克思刚好同他的女儿燕妮在德国进行休养旅行，9 月 25 日他从汉诺威写信给他的女儿劳拉说："我很高兴，巴塞尔代表大会闭幕了，而且会开得还比较好。每当党带着'自己的全部溃疡'出现在公众面前的时候，我总是感到不安。在登场人物当中谁也没有站在原则高度上，但同上等阶级的愚昧无知比较，工人阶级的过失是微不足道的。在我们沿途经过的德国城镇中，没有一个城镇的地方报纸不对'这个可怕的代表大会'的活动充满了恐惧。"①

正如马克思对巴塞尔代表大会的经过绝少感到失望一样，巴枯宁也是如此。有人说他曾经想利用他提出的关于继承权问题的提案打败马克思，并想通过这一理论上的胜利促使把总委员会从伦敦迁移到日内瓦；还说当他的计划失败以后，他便在《平等》周刊上更加猛烈地攻击总委员会。这种武断的说法如此频繁地被人们反复提起，而且添油加醋越传越离谱，以至于居然变成了真正的传说。其实，这种说法没有一句话是真实的，一切都是彻头彻尾的臆造。在巴塞尔代表大会开过**之后**，巴枯宁根本就没有为《平等》周刊写过一行字；在巴塞尔代表大会**之前**，即在 1869 年 7 月和 8 月，他虽然是《平等》周刊的主编，但是要想从他在该刊物上发表过的大量的文章中找出他敌视总委员会或者对马克思怀有敌意的蛛丝马迹，这只能是枉费心机。特别是他论述"国际的原则"的四篇文章，完全是按照这个伟大的协会创建时所遵循的精神实质撰写的。如果说巴枯宁在这些文章中对

---

① 参阅《马克思恩格斯全集》第 32 卷，人民出版社 1974 年版，第 620—621 页。

于马克思所说的“议会痴迷症”对无产阶级人民代表产生的致命影响表达了某种疑虑，那么第一，这些疑虑自那时以来已经多次得到充分的证实，第二，跟李卜克内西在同一时期针对工人阶级参加资产阶级议会所发起的猛烈攻击相比，这些疑虑完全是没有恶意的。

此外，即便是巴枯宁对继承权问题的见解是想入非非，那么他也毕竟有权要求对这个问题进行讨论，因为在“国际”的历次代表大会上，甚至讨论过比这还要过分得多的奇想提案，但是并没有人因此就硬说这些提案的拥护者怀有什么阴险的意图。当有人指责他计划将总委员会从伦敦迁往日内瓦，并且把对他的这种非议传得沸沸扬扬的时候，他用简短有力、掷地有声的一番话语表示对这种责难不屑置辩：“假如真有这样的提议，那么我会是第一个反对这个提议的人，而且还要尽一切可能的力量与其进行斗争；因为我认为这种提议对于国际工人协会的未来是极其有害的。诚然，日内瓦的各个支部在很短的时间内取得了巨大的进步。但是在日内瓦仍然笼罩着一种过于狭隘、过于特殊的日内瓦精神，所以，国际工人协会总委员会是不能够迁移到那里去的。而且，这是明摆着的事，只要欧洲现有的政治结构仍然继续存在下去，伦敦就永远是唯一适合总委员会的驻地，如果真有人企图要把总委员会迁移到其他什么地方，那么这个人就真真确确必定是一个傻瓜或者是国际工人协会的敌人。”

但是，有一些人认为巴枯宁从一开始就是一个骗子，并且宣称他的那番表白不过是事后编造的遁词。不过这种可能的非难也是站不住脚的，这是鉴于这样一个事实，即在巴塞尔代表大会召开之前巴枯宁就已经做出决定，在代表大会结束之后从日内瓦迁居到洛迦诺，他决定这样做是出于某些迫不得已的原因，而这些情况是他根本就无力改变的。他正处于经济极端困难的窘境，他的妻子马上就要面临分娩，而他想搬到洛迦诺去等候她的分娩。他自己则打算在那里把《资本论》的第一卷翻译成俄文。他有一个年轻的崇拜者名字叫柳巴温，此人促使一个俄国出版商答应为他的翻译支付一笔 1200 卢布的稿酬，而且巴枯宁可以事先得到其中的 300 卢布作为预付款。

尽管盛传的巴枯宁在布鲁塞尔代表大会前后策划的那些所谓的阴谋就此化为

乌有，可是他从这次代表大会所得到的毕竟是一种痛苦的回忆。在波克军反复挑拨煽动的影响下，李卜克内西当着一些第三者的面发表意见说，他有证据证明巴枯宁是俄国政府的间谍，而巴枯宁则在巴塞尔促使召开了一次名誉法庭的审判会，他要求李卜克内西在审判会上提出对他的指责的根据。李卜克内西根本提不出任何证据，于是名誉法庭对他进行了严厉的斥责。在经历了科隆共产党人案件和流亡生活之后，李卜克内西比较容易怀疑别人是间谍，不过这件事并没有妨碍他向他的对手伸出自己的和解之手，而巴枯宁也同样真诚地握住了他的手。

然而还有更加让巴枯宁感到非常恼火的事情，就在几个星期之后，即在10月2日，莫泽尔·赫斯在巴黎的《觉醒报》上著文又来进行老一套的恶意中伤。赫斯作为出席过巴塞尔代表大会的德国代表，曾经答应要向该报提供大会的秘闻，并因此谈到了与此有关联的巴枯宁的“阴谋”，说这些阴谋的目的就在于推翻“国际”的原则基础，并且迫使总委员会从伦敦迁移到日内瓦，可是这些阴谋在巴塞尔都遭到了失败。赫斯以毫无价值的怀疑作为文章的结尾，他说自己绝对不愿意质疑巴枯宁的革命信念，但是又认为这个俄国人是施韦泽在思想上的近亲，而施韦泽正是在巴塞尔被德国代表们指控为已经被证明有罪责的德国政府间谍。这种公开的谴责的阴险意图所以更加让人一目了然，是因为在巴枯宁的宣传鼓动和施韦泽的宣传鼓动之间根本没有可能发现任何“近亲”关系。而且就为人来说，这两个人从来就没有哪怕是一丝一毫的共同点。

当然，假如巴枯宁不再去继续理睬这篇荒唐透顶的文章，那他的做法就再聪明不过了。但是，人们也能够理解他为什么终于被没完没了的怀疑他在政治上的忠诚给激怒了，而更为不堪的是，对他的诚信的攻击越来越阴险地转为秘密进行了。于是他坐下来写了一篇反驳的文章；但是在一时的无比激愤之下，答辩写得过于长了，甚至连他自己都明白，《觉醒报》不会刊登他的这篇文章。他在文章中对“德国的犹太人”进行了特别猛烈的攻击，不过他把像拉萨尔和马克思这样的“巨人”从诸如波克军和赫斯之流的小人中区分了出来。巴枯宁决定把这篇长篇论战文章用来作为阐述自己革命信念的一部巨著的序言，并且把它寄给了巴黎的赫尔岑，要他代为物色一个出版商；他还为《觉醒报》写了一个较为简短的说明，附在这篇文章里面。但是赫尔岑也担心这个说明，怕它会遭到《觉醒报》的拒绝；因此他亲自动笔写了一篇替巴枯宁辩护的文章来反驳赫斯，这篇文章《觉醒报》不仅刊登了，而且附上了一段令巴枯宁感到完全满意的编辑按语。

但是，赫尔岑对巴枯宁的这部篇幅较大的手稿却完全不满意。他不赞成对“德国的犹太人”进行人身攻击，而且让他尤为感到惊讶的是，巴枯宁不是去与马克思唇枪舌剑决一雌雄，而是攻击像波克罕和赫斯这样的没有多大名气的人。关于这一点，巴枯宁在 10 月 28 日回复道，他虽然也认为马克思是这些论争的发起人，但是由于两个原因他要宽容他，甚至称其为“巨人”。这其中的第一个原因就是正义。“抛开他为我们设下的一切拙劣的圈套不谈，我们，或者至少是我，不应该不承认他为社会主义事业所做出的巨大功绩，因为他以自己的明智、精力和心底的高尚纯洁为社会主义事业已经效力了将近二十五年，而在这方面他毋庸置疑地已经超过了我们所有的人。他是国际工人协会的第一批创始人之一，而且无疑是主要的创始人，这在我看来是一个巨大的功绩，我将会永远承认这个功绩，不管他为反对我们做过什么。”

接着，巴枯宁写道，政治上和策略上的原因对于他对马克思的态度也有着决定性的影响，“他不喜欢我，除了他自己或许还有他最亲近的人以外，他也不爱任何人。不可否认，马克思在国际工人协会中起着非常有益的作用。他的英明见解直到今天仍然对他的政党发挥着影响力，他是社会主义的最牢固的支柱，是抵制资产阶级意图和思想侵袭的最坚固的壁垒。如果仅仅为了向他进行报复这个单一的目的而试图彻底消除他的有益影响，或者哪怕只是削弱他的影响，那么我都永远不会原谅我自己。然而有一件事可能会发生，而且甚至可能就在短时期内会发生，那就是我将要开始同他进行一场论战，需要正确理解的是，这不是为了对他个人进行攻击，而是为了一个原则性的问题，为了国家共产主义，而他和他领导的英国人和德国人都是它的最热烈的拥护者。这将是一场你死我活的斗争。但是万事万物都有它的时间，而现在这场斗争的时刻还没有到来。”

在最后一行，巴枯宁道出了一个策略上的动机，是这个动机阻止了他，使他没有攻击马克思。他说，如果他公开采取行动反对马克思，那么就会有四分之三的“国际”会员成为他的敌人。反之，如果他对付的是簇拥在马克思周围的那一群穷极无聊的家伙，就会有大多数人站在他这一边支持他，而马克思本人也会对此感到高兴，或者说会“幸灾乐祸”，正如巴枯宁用这个德文词语在他的法文信中所表达的那样。

写过这封信之后，紧接着巴枯宁便迁移到了洛迦诺。由于忙于他个人的一些事务，在巴塞尔代表大会之后仍然留住在日内瓦的那几个星期当中，他几乎没有再参加过当地的工人运动，尤其是没有再为《平等》周刊写过一行字的文章。他在编辑部的接替者是罗班，一名比利时教师，他是在一年前才迁居到日内瓦的，除了这一位之外还有佩龙，就是那个珐琅彩绘工，他在巴枯宁之前曾经负责过《平等》周刊的编辑出版工作。他们两个人都是巴枯宁在政治上的志同道合者，但是无论文章还是作风方面，他们都跟巴枯宁截然不同。巴枯宁曾经一直致力于启发和鼓励粗工主动采取行动，他认为在他们当中所蕴藏的无产阶级革命思想远比厂工活跃得多，他的做法甚至跟他们自己的委员会都是背道而驰的，更不用说跟“厂工”反其道而行之了；“厂工”虽然曾经支持过“粗工”的罢工，但是却从自己的这种无可争辩的功绩中得出了一条不合理的结论，认为“粗工”无论在任何情况下都应该跟着他们走。巴枯宁对于这样一种我们今天所说的“分等政策”的诸多客观危险所做的解释，甚至直到今天也仍然非常值得一读。巴枯宁同这些倾向进行过斗争，特别是因为考虑到“厂工”具有跟资产阶级激进派结为联盟的根深蒂固的倾向；反之，罗班和佩龙则认为，“厂工”和“粗工”之间的矛盾是可以粉饰和掩盖的，因为这种矛盾不是巴枯宁制造出来的，而是扎根于社会的对立。因此，他们陷入了摇摆不定的状态之中，而这既不能让“厂工”感到满意，也不能使“粗工”感到满意，但是却为一切可能发生的阴谋大开了方便之门。

有一个俄国流亡者就是玩弄这些阴谋的高手，这个人当时住在日内瓦，名字叫尼古拉·吴亭。他曾经参加过六十年代初俄国大学生闹起的学潮，不过后来当情况变得危险的时候他逃到了国外，并在这里靠着他从他那做烧酒生意的父亲那里得来的一笔可观的年金——据说年金有一万二千到一万五千法郎——过起了舒适的生活。这个自负又爱夸夸其谈的家伙靠着这笔钱获得了以他的才智永远也不可能获得的地位。但是，他也只是在是非场中取得了这种成就，而在这种场所，正如恩格斯有一次所说的，“那些有正事要做的人，是永远也对付不了那些整天都在拉帮结派的人”。吴亭最初投奔到巴枯宁的门下，不过在巴枯宁那里他却显得大为逊色，所以巴枯宁离开日内瓦给他提供了一个更加有利的机会，使他能够以造谣中伤的方式打击他非常憎恨的这个人。为了这一崇高目标他也毕竟没有让自己的汗水白流。接着，他便扑倒在沙皇的脚下，恭顺地哀求恩赦。沙皇他那方面也不是得理不饶人的主儿。在1877年俄国与奥斯曼帝国的战争中，吴亭成了沙皇的军需品供应人，他通过这种途径赚的钱，大概比他从他父亲的烧酒生意中获取的钱还要多，但是这笔钱肯定不会比他从他父亲那里得到的钱更干净。

戏弄像罗班和佩龙这样的人，吴亭所以更容易达到目的，实际上是因为他们平时表现出一种令人难以置信的笨拙，尽管他们为人诚实。更糟糕的是，他们开始跟国际工人协会总委员会发生了争吵，而且还是因为一些确实没有让瑞士法语地区的工人感到心急如焚迫切要求解决的问题。《平等》周刊抱怨说，总委员会对爱尔兰问题关心得太多了，以至于没有为英国建立联合委员会，也没有对李卜克内西和施韦泽之间的争端做出裁决，等等。巴枯宁跟这一切完全没有任何关系。所以产生这样一种假象，就好像这些攻击都是经过巴枯宁同意的，或者干脆是由他促成的，那只可能是由于罗班和佩龙都属于巴枯宁的追随者，而詹姆斯·纪尧姆的小报也持同样的论调引起的。

在一篇内部通告[①]中——通告所注明的日期是1870年1月1日，除了发给日内瓦以外只还发给了法语地区的各个联合委员会——总委员会驳回了罗班的种种攻击。这份措辞尖锐的通告紧紧抓住了问题的实质。总委员会拒绝把建立英国联

① 指卡·马克思受总委员会的委托于1870年1月1日左右写成的通告信《总委员会致瑞士罗曼语区联合会委员会》，以反击巴枯宁和他的追随者在1869年11月挑起的反对总委员会的运动。见《马克思恩格斯全集》第16卷，人民出版社1964年版，第435—443页。

合委员会列入计划所依据的那些论据，直到今天仍然是值得重视的。总委员会解释说，尽管革命的创举可能首先是从法国发起的，但是只有英国才能够充当重大经济革命的杠杆；英国是已经没有农民，而且是土地所有权全部集中在少数人手中的唯一国家，是资本主义生产形式几乎占据了国内全部生产，而且大量的人口都是由雇佣工人组成的唯一国家，是阶级斗争和工人阶级的组织通过工联获得了一定程度的普遍性和成熟的唯一国家。最后总委员会指出，由于英国在世界市场上占据统治地位，英国在经济方面的每一次革命都会直接影响到整个世界。

如果说英国人因此便具备了进行社会革命的一切必要的物质前提，那么他们尚缺乏总结的精神和革命的热情。给他们灌输这种精神和这种热情是总委员会的任务，而总委员会也恰如其分地完成了这项任务，这一点从伦敦那些最具有影响力的资产阶级报纸的抱怨声中便可以得到印证。这些报纸抱怨说，总委员会毒害了而且几乎灭绝了工人阶级中的英国精神，把工人阶级推向了革命的社会主义。如果在英国再成立一个联合委员会，那么它夹在国际工人协会总委员会和工联总委员会之间，是不会享有任何威望的，而总委员会也将会因此而失去对无产阶级革命的这个伟大杠杆的影响力。总委员会拒绝将这个杠杆完全交到英国人手中，并且反对用大张旗鼓地自吹自擂取代进行严肃的默默无闻的工作，因为它认为这些做法是愚蠢的，甚至可以说是多么严重的犯罪行为。

但是这部内部通告还没有发送到送达地址，在日内瓦本身便突然爆发了一场灾难。在《平等》周刊的编辑委员会里，原本有七名成员是巴枯宁的拥护者，而只有两名是他的反对者；但是由于一件完全是旁枝末节的，在政治上也是无足轻重的意外事件，多数派提出了信任问题，而这时候却有事实表明，罗班和佩龙以其骑墙政策在这两者之间来回摇摆。少数派得到了联合委员会的支持，多数派的七名成员则退出了编辑部，在他们当中也有老贝克尔。巴枯宁在日内瓦生活期间，贝克尔一直同他保持着良好的友谊关系，但是对罗班和佩龙的所作所为却非常不齿。这之后，《平等》周刊的领导权便落到了吴亭的手中。

7.《机密通知》[①]

在这期间，波克罕仍然在继续煽动反对巴枯宁。

他在2月18日向马克思抱怨说，约翰·雅各比出版的机关报《未来报》拒绝刊登他写的一封信，这封信正如马克思在给恩格斯的信中所言，是一封“关于俄国情况的长信，一种翻来复去、无法形容的大杂烩……”[②]。同时，波克罕听信卡特科夫这个他心目中的权威的话，怀疑“巴枯宁过去在钱的事情上有些问题”，卡特科夫在他的青年时代曾经是巴枯宁在政治上的志同道合者，后来却站到了反动阵营一方。但是马克思对于这种怀疑并没有加以重视，恩格斯也同样没有重视这件事，他甚至以哲人的冷静和沉着说道：“靠借钱过日子对俄国人来说太常见了，他们谁也不能因此而谴责谁。”[③] 马克思在向恩格斯通报关于波克罕煽风点火搞阴谋的那封信里紧接着又写道，总委员会必须对此做出决定，即是否有正当的理由把里昂的一个叫作里夏尔的人——此人后来真相毕露，他确实是一个口是心非的两面派——从国际工人协会开除出去。马克思在信中还补充说，里夏尔除了盲目地屈从于巴枯宁和因此而过分卖弄聪明以外，他不知道里夏尔还有什么可以指责的。“看来，我们最近的通告信引起了强烈的反应，瑞士和法国都在驱逐巴枯宁分子。但一切总归有个限度，对此我将予以注意，以免发生不当。”[④]

同这种良好的愿望形成鲜明对比的，是马克思在几个星期以后——即在8月28日——通过库格曼转交的发给爱森纳赫派不伦瑞克委员会的一份《机密通知》。《机密通知》的核心内容就是总委员会在1月1日发布的那个通告，该通告原定于只是发给日内瓦和瑞士操法语地区的各个联合委员会的，而且在这期间通告早就已经达到了它的实际目的，除此之外，它甚至还引发了马克思所不赞成的“驱

① 《机密通知》是卡·马克思在1870年3月28日为德国社会民主工党的委员会而写的，这个文件包括了1870年1月1日总委员会的通告信全文。见《马克思恩格斯全集》第16卷，人民出版社1964年版，第465—479页。

② 参阅《马克思恩格斯全集》第32卷，人民出版社1974年版，第433页。

③ 参阅《马克思恩格斯全集》第32卷，人民出版社1974年版，第437页。

④ 参阅《马克思恩格斯全集》第32卷，人民出版社1974年版，第434页。

逐”巴枯宁分子的行动。为什么马克思竟然置这种令人不快的经历于不顾，执意要把这个通告发到德国去，这一点是很难让人理解的，何况在德国根本就没有什么巴枯宁的拥护者。

更加难以理解的还有，马克思中途又在他的《机密通知》中给通告增添了序言和结束语，而这些东西远比通告本身还要宜于给“驱逐”巴枯宁的行动火上加油。序言一开头就严厉地谴责巴枯宁，说他最初企图混入和平与自由同盟，但是他在该同盟的执行委员会里一直被人当作“可疑的俄国人”而受到严密的监视。自从他那些荒谬的纲领在和平与自由同盟碰了钉子以后，他参加了国际工人协会，并妄图把“国际”变成他个人的工具。为达到这个目的，他创立了社会主义民主同盟。而当总委员会拒绝承认这个同盟时，该同盟虽然名义上已经解散，但实际上它却依然在巴枯宁的领导下继续存在着，而且他又在千方百计想通过其他的途径达到自己的目的。他力图把继承权问题列入巴塞尔代表大会的议程，想借此在理论上打败总委员会，从而为把总委员会迁往日内瓦铺平道路。用马克思的话来说，巴枯宁开始策划了一个“真正的政治阴谋”，其用意就是为了保证他自己在巴塞尔代表大会上取得多数。然而他既没有能够强行通过自己的提案，总委员会也仍然继续留在伦敦。“巴枯宁在心灵深处大概以为他自己的各种阴谋诡计的成功是会导致胜利的，”因此他对于这次失败感到无比气恼。为发泄心中的不快，这之后他在《平等》周刊上对总委员会进行了一连串的攻击，而总委员会则在 1 月 1 日的通告里对此做出了回应。

现在，马克思把这封通告的原文一字不差地插入到《机密通知》里来，然后他继续写道：尚在通告抵达日内瓦之前，那里就已经爆发了危机；罗曼语区的联合委员会不赞同《平等》周刊对总委员会进行攻击，并拟将该刊物置于严格的监督之下，这之后巴枯宁便离开日内瓦回到了泰桑（Tessin，即提契诺）。“不久赫尔岑去世了。巴枯宁自从打算宣布自己是欧洲工人运动的领导人的时候起，就背弃了他的老朋友和导师赫尔岑，而在赫尔岑去世以后，却立即对他大肆赞扬起来。为什么？尽管赫尔岑自己是一个很富的人，他每年还从同情他的俄国假社会主义的泛斯拉夫主义派那里得到 25000 法郎的宣传费。巴枯宁由于自己的赞歌而获得了这笔钱财，于是——malgré sa haine de l'héritage〔尽管他憎恶继承制度〕——却 sine beneficio inventarii〔毫无限制地〕开始占有了'赫尔岑的遗产'……"[①]。在此期间，有一个由年轻的俄国流亡者组成的侨民团体移居到日内瓦，他们都是一些真正忠于自己的信仰的大学生，他们把同泛斯拉夫主义做斗争作为要点写进了自己的纲领，以此证明自己的忠诚。他们已经申报作为一个支部加入国际工人协会，并且提议请马克思临时作为他们在总委员会中的代表。这两件事情都获得了批准。同时他们宣布，他们不久就会公开撕下巴枯宁的假面具，因为这个人采取两面派政策。因此，这个极端危险的阴谋家的手法，至少在国际的范围内，很快就要完蛋了。[②]《机密通知》以这样一句话结束了全文。

在这个《机密通知》中，还包含有许多涉及巴枯宁的谬误之处，这里就没有必要一一列举了。《机密通知》对巴枯宁进行的谴责所提供的证据看上去越是有分量，这些谴责一般也就越是没有根据。这首先是指对巴枯宁私吞赫尔岑遗产一事的指责。在俄国，从来就不曾有过一个假社会主义的泛斯拉夫主义政党每年付给赫尔岑 25 000 法郎的宣传费；这个无稽之谈所谓的一个微不足道的事实根据就是，有一个年轻的社会主义者巴赫梅季耶夫曾经在五十年代捐赠了一笔 20 000 瑞士法郎的革命基金，这笔基金由赫尔岑负责管理。但是说巴枯宁曾经流露过要将这笔基金塞进自己的腰包的欲望，这是没有任何证据足以证明的，至少是不能根据巴枯宁在罗什福尔负责编辑出版的《马赛曲报》上刊登的、为纪念他青年时代的朋友亦即后来政治上的对手所写的一篇真诚的悼词来证实这一点。根据这篇悼词来看，人们顶多可以责备他的多情善感，而这种多情善感也跟巴枯宁的其他所有的缺点和弱点一样，恰恰和"极端危险的阴谋家"一般所固有的那些特性几乎是格格不入的。

是什么东西使马克思陷入了这些迷误，这一点由《机密通知》的结束语中便可以得知。一切虚假的消息都是日内瓦的俄国流亡者委员会传给他的。也就是说，

① 参阅《马克思恩格斯全集》第 16 卷，人民出版社 1964 年版，第 478 页。
② 参阅《马克思恩格斯全集》第 16 卷，人民出版社 1964 年版，第 479 页。

是吴亭或者假手于吴亭的贝克尔报告给他的。至少从马克思给恩格斯的一封信中似乎可以推断出，对巴枯宁的最恶劣的猜疑，即认为他私吞赫尔岑的遗产一事，就是从贝克尔那里得到的消息后所引起的。但是这一点无论如何都与下列情况有些不符，这就是贝克尔在同时期写给赫尔曼·荣克的一封被保存下来的信中虽然大肆抱怨日内瓦的状况的混乱不堪，抱怨“厂工”和“粗工”之间的矛盾，以及抱怨“罗班之流的神经质的虚假热情和巴枯宁之流的顽固的头脑”，但是最后也正是贝克尔赞扬了巴枯宁，说他“比从前的他变得更好并且更有用了”。贝克尔和俄国流亡者团体写给马克思本人的那些信件没有保存下来。马克思给“国际”的这个新支部做了正式的答复[①]，同时附有一封私人信件。他认为，最好只字不提巴枯宁，这样会较为妥当一些；他建议俄国支部把为波兰人工作当成自己的主要任务，也就是说，他建议俄国人将欧洲从自己的邻邦手中解放出来。他不无幽默地说，他同意担任青年俄国的代表，这种地位对他来说很滑稽！他还说，一个人可能永远都不知道，他会陷入一种怎样奇怪的伙伴关系。[②]

尽管马克思使用了这种风趣的说法，但是显而易见，他对于“国际”已经开始将它的铁锚深入不移地抛到俄国革命者中间感到很大的满足。否则就很难理解，他怎么会听信那个对他来说完全素昧平生的吴亭对巴枯宁的种种类似的猜疑，因为在这之前，当他的老朋友波克罕向他说出这些怀疑时，他是拒绝相信的。由于一种奇妙的巧合，就在那时，巴枯宁受了一个俄国流亡者的欺骗，因为他把这个流亡者看成了预报即将到来的俄国革命的海燕，而且，他甚至被卷入到一场冒险之中，这场冒险比他的动荡的一生中其他任何一个事件都更加使他的声名濒于危殆。

在写过《机密通知》之后的几天，即4月4日，在拉绍德封召开了罗曼语区联合委员会的第二次年度大会。在这次年度大会上事情闹到了公开决裂的地步。已经被总委员会批准加入“国际”的社会主义民主同盟日内瓦支部，要求参加罗

① 指卡·马克思于1870年3月24日写于伦敦的《国际工人协会总委员会致日内瓦的俄国支部委员会委员》。参阅《马克思恩格斯全集》第16卷，人民出版社1964年版，第463—464页。

② 参阅《马克思恩格斯全集》第32卷，人民出版社1974年版，第452页。

曼语区的联合委员会，而且还请求准许它的两名代表参加大会的审议工作。吴亭反对这个请求，并且猛烈地攻击巴枯宁。他公开谴责同盟的日内瓦支部是巴枯宁的阴谋工具，但是他受到了纪尧姆的极其坚决的反对。纪尧姆是一个胸襟狭隘的狂热分子，特别是在后来的几年里，他对马克思所犯下的罪过，并不少于吴亭此时对巴枯宁所犯下的罪过；但是就教养和才能来说，他毕竟跟他的可怜的对手有着天渊之别。他以 21 票对 18 票的多数获得了胜利。然而少数派拒绝承认多数派的意志，从而引起了代表大会的分裂。于是出现了两个代表大会并排召开的局面；多数派的代表大会决定把联合委员会的会址从日内瓦迁移到拉绍德封，同时把《团结报》提升为联合委员会的机关报，该报由纪尧姆负责在诺恩堡出版。

少数派为自己阻碍大会议事进程辩解说，他们这样做是有依据的，即多数派的胜出纯属偶然，因为出席拉绍德封大会的只有十五个支部，而仅仅日内瓦一地就有三十个支部，并且所有的支部，或者说几乎所有这些支部，都不愿意同盟支部参加罗曼语区的联合委员会。反之，多数派则坚持认为，联合委员会不能拒绝接纳总委员会已经接纳的支部。老贝克尔在他的《先驱》上说，这种恼人的争吵简直是毫无用处的白白耗费气力，而且，这完全是双方缺乏兄弟意识而造成的。社会主义民主同盟支部主要是以原则宣传为目的的，不需要参加一国的联合会，尤其是因为这个支部被视为巴枯宁的阴谋工具，在日内瓦早就不得人心了。不过，如果它仍然希望被接受加入联合委员会，那么拒绝接纳它，或者把是否接纳它的问题变成分裂的诱因，便是一种气量狭小的幼稚的表现。

但是事情并不像贝克尔所认为的那样简单。虽然分裂后的两个大会所通过的那些决议仍然有着各种各样的相似之处，但正是在曾经引起日内瓦纷争的那个关键的问题上，亦即导致双方产生矛盾的问题上，却存在着分歧。多数派的代表大会维护“粗工”的立场，它拒绝一切只打算通过国家改革来实行社会改造的政策，因为每一个从政治上组织起来的国家，都不过是根据资产阶级法律进行资本主义剥削的工具。因此，无产阶级无论以任何形式参与资产阶级的政治，都只能加强现存的制度，并使无产阶级的革命行动陷于瘫痪。与此相反，少数派的代表大会则维护“厂工”的立场；它反对放弃参与政治，认为这有害于工人运动，并且主张参加选举，说这并不是因为通过这种途径就可以达到解放工人阶级的目的，而是因为工人代表参加议会是进行宣传鼓动的良好手段，从策略上考虑是绝对不可以忽视的。

拉绍德封的新的联合委员会要求总委员会承认它担任罗曼语区联合委员会的领导者。然而总委员会没有满足这一要求，而是在 6 月 28 日宣布决定说，得到日内瓦众多支部支持的日内瓦联合委员会将仍然保持它现有的职能，而新的联合委员会只可以采用某种地方性的名称。这一决定是相当公平合理的，何况这也是由它自己挑起来的。然而新的联合委员会却拒绝服从，并且大肆攻击总委员会的权势欲和“权威主义”。结果，除了不参与政治的口号以外，又加上了关于国际内部反对派的第二个口号。

从那时候起，总委员会便断绝了同拉绍德封的联合委员会的一切联系。

8. 爱尔兰大赦和法国全民投票

对于马克思来说，1869 年年末到 1870 年年初的那个冬天又是经受各种各样身体上的病痛折磨的时节，但是至少他已经摆脱了长久以来被钱的问题弄得忧心忡忡的困难局面。1869 年 6 月 30 日，恩格斯摆脱了“可恶的商务”[①]，他在半年以前就曾经问过马克思，每年 350 英镑是否足够用于他的生活开支；然后恩格斯想同他的合伙人签订这样一个协议，即在五年至六年内，他每年按照这个数目分出一笔款项给马克思。至于最后究竟是怎么达成的协议，从两个人之间的通信中尚无法得知；不过不管怎么说，恩格斯最终使马克思的经济状况完全得到了保障，而且不仅仅是五年或者六年，而是直到他的这个朋友逝世为止。

在政治方面，他们两个人在这一个时期把很多精力和时间都用在研究爱尔兰问题上。恩格斯对跟爱尔兰问题相关的历史进行了深入的研究，但遗憾的是他的

---

① 参阅《马克思恩格斯全集》第 32 卷，人民出版社 1974 年版，第 309 页。

研究成果没有公开发表。马克思则极力敦促国际工人协会总委员会支持爱尔兰运动，该运动要求对那些非正式定罪而被判刑，并在狱中备受虐待的芬尼亚社社员实行大赦。总委员会对爱尔兰人民所从事的这场运动中表现出的坚定精神、高尚品格和英勇气概表示钦佩，同时对格莱斯顿的政策进行了严厉的谴责，因为尽管他在选举中做出了种种承诺，然而实际上他却置一切诺言于不顾而拒绝实行大赦，或者将大赦同一些附加条件捆绑在一起，借此侮辱弊政的受害者和爱尔兰人民。总委员会以最猛烈的方式抨击这位首相，斥责他虽然身居要职，却公然对美国奴隶主的叛乱报以热烈的掌声，而现在他又向英国人民进行服从的说教；他在爱尔兰大赦问题上的整个所言所行，正是他为把他的保守党对手排挤出政府而曾经义愤填膺地抨击过的那种“侵略政策”的典型与真实的产物。马克思在给库格曼的信中说，他现在对格莱斯顿展开的攻击，就像他以前攻击帕麦斯顿时一样猛烈；“在这里进行煽动的流亡者喜欢从安全的远方攻击大陆上的专制君主。对我来说，这类事只有当着暴君的面做才觉得有意思。”[①]

对于马克思来说有一个特别大的喜悦就是他的大女儿在这次爱尔兰运动中取得了巨大的成就。由于英国报界对被关押在狱中的芬尼亚社社员所受到的虐待顽固地保持缄默，于是燕妮·马克思便以她的父亲在五十年代惯用的威廉这个笔名投寄了几篇文章给亨利·罗什福尔的《马赛曲报》，她在这些文章中利用色彩强烈的笔触生动地描述了政治犯在自由英国受到了怎样的对待。这些发表在当时也许是欧洲大陆最为广泛阅读的报纸上的揭露性文章，终于让格莱斯顿忍受不住了；几个星期之后，大多数被关押的芬尼亚社社员重新获得了自由，并且踏上了前往美国的路途。

《马赛曲报》由于极其大胆地对行将分崩离析的帝国发起攻击而蜚声欧洲。随着1870年的开始，波拿巴进行了最后一次绝望的尝试，他妄图通过对资产阶级做出某些让步来挽救他那沾满血污的统治，为此他把资产阶级自由派的空谈家埃米尔·奥利维耶提升为首相。奥利维耶试图进行所谓的“改革”，但是猫即使

① 参阅《马克思恩格斯全集》第32卷，人民出版社1974年版，第625页。

是在濒临死亡的痛苦中也是绝不会放弃捉老鼠的，所以波拿巴要求，这次“改革”要举行一个真正的波拿巴式的全民投票仪式。奥利维耶懦弱到足以为波拿巴低首下心的地步，他不但言听计从，甚至还劝说各省省长，要为全民投票的成功“竭尽心力”地开展活动。然而波拿巴的警察比这位爱慕虚荣的空谈家更懂得如何使全民投票获得成功；在这个重大的主要行动和国家行动的前夜，警察扬言发现了一起所谓的爆炸阴谋，并且指名道姓地说这起阴谋是由“国际”的会员策划的，目的是要用炸弹夺取波拿巴的性命。奥利维耶被吓得够呛，以至于缩头缩脑地躲到了警察的羽翼下，特别是在对付工人的时候。于是在法国，到处都对国际工人协会的“领导者”——只要他们是以诸如此类的身份为人所知的——展开了一连串的突袭，他们的住所被搜查，人纷纷遭到逮捕。

总委员会赶紧在5月3日对这种欺诈行径发出了抗议，并且声明说：“章程也责成本会所有支部公开进行活动。即使本会章程中没有这项特别规定，同工人阶级合为一体的协会，其性质本身也是与任何形式的秘密团体不相容的。如果说工人阶级，即构成各个民族的大多数、创造各个民族的一切财富、甚至篡夺者的政权也总是力图用它的名义来掩饰自己的统治的阶级，也在进行阴谋活动的话，那末它的阴谋活动也是在公开进行，有如太阳之冲破黑暗，——它充分意识到：除了它以外不可能存在任何合法的政权。……为对付本会法国各支部而掀起的叫嚣和采取的暴力措施，只是追求一个目的——玩弄全民投票的骗局。”[①] 事实也正是如此，然而这种卑鄙的手段还是再一次达到了其卑鄙的目的：“自由帝国”最终以700万票对150万票的多数得到了确认。

在这之后，关于爆炸阴谋的骗局便不准人们再重提。虽然警察自称，曾经在国际工人协会会员那里找到了密码簿，但是在这个密码簿中除了个别姓名如拿破仑，和个别化学名称如硝化甘油之外，根本没有查出任何东西，而把这种东西提供给波拿巴的法庭毕竟是太荒唐了，因此它没有被拿到法庭上。指控被缩减成同一个所谓的罪名，由于这个罪名国际工人协会的法国会员曾经两次被起诉并且被

① 参阅《马克思恩格斯全集》第16卷，人民出版社1964年版，第483—484页。

判刑，这个罪名就是：参加秘密或者非法团体。

经过一场出色的辩护——这一次是由铜匠路易·沙兰进行的辩护，他后来成了巴黎公社社员——之后，在7月9日对一部分人进行了判决，其中最高的刑罚是一年监禁，并依法剥夺公民权一年，然而就在这同时，一场暴风雨席卷了法兰西，第二帝国被彻底铲除。

第十四章　国际工人协会的衰亡

1. 色当战役[①]之前

关于马克思和恩格斯对待战争的态度，人们已经写过很多，尽管对于这个问题其实可谈的东西基本上很少。他们不像毛奇那样，把战争看成是上帝的法则，而是看成魔鬼的法则，看成是阶级社会特别是资本主义社会的一种不可分割的伴随现象。

作为最卓越的历史学家，马克思和恩格斯当然不会站在完全非历史的立场来看待这个问题，认为战争就是战争，对每一场战争都应该用同一个框框来衡量。在他们看来，任何一场战争都有它特定的诸多前提和后果，而工人阶级对于战争应该采取怎样的态度，则取决于这场战争的前提和后果。拉萨尔的观点也正是如此。1859年，马克思和恩格斯曾经就当时的战争的实际条件问题同拉萨尔发生过争论；不过在一个关键性的问题上，他们三个人的观点却如出一辙，这就是应该如何充分地利用这场战争最彻底地谋求无产阶级的解放。

他们所持有的同样的观点，也决定了他们对待1866年的那场战争[②]的态度。

① 色当战役于1870年9月1日和2日发生在法国国防要塞色当，是普法战争时期的一场战役，结果是普鲁士军队及其盟军胜利，法国皇帝拿破仑三世投降。

② 指普奥战争，又名德意志战争，发生于1866年6月14日至8月23日，是普鲁士王国和奥地利帝国为争夺德意志领导权而进行的一场战争，最终奥地利帝国战败，并被迫放弃在德意志的领导权。

1848 年的德国革命的失败，使它所设定的实现国家统一的目的也随之破灭。在这之后，普鲁士政府竭力利用由于德国经济的发展而一再引发的德国统一运动为自己谋利，旨在于建立一个如同老威廉皇帝所说的加长版的普鲁士，而不是建立一个统一的德国。马克思和恩格斯、拉萨尔和施韦泽，以及李卜克内西和倍倍尔，都完全一致地认为，德国的统一只有通过民族革命才可能得以实现，而德国的无产阶级则需要把德国的统一作为它争取自身解放的斗争的一个预备阶段。据此，他们极其强烈地反对大普鲁士政策的一切主张王朝割据的企图。但是在柯尼希格雷茨战役[①]取得决定性的胜利之后，他们各自——依照他们对“实际的先决条件”的理解程度的不同而或早或晚地——都尝到了这个酸苹果的滋味，因为不久事实便表明，由于资产阶级的怯懦和无产阶级的软弱，民族革命是不可能实现的；而依靠“铁血政策”重新结合在一起的大普鲁士，则可以为无产阶级的阶级斗争提供更为有利的前景，在这方面它要远远胜过倘若德意志邦联议会恢复之后以它那可怜的边角经济所能够提供的前景，何况恢复德意志邦联议会是根本不可能的。马克思和恩格斯即刻得出了这样的结论，施韦泽作为拉萨尔的后继者也得出了同样的结论。他们把北德意志邦联这个畸形的缺少活力的国家形态作为虽然绝对不是一个值得欢迎或者甚至鼓舞人心的事实，但却作为一个既成的事实接受下来，因为它比邦联议会那种可怕的经济更能为德国工人阶级的斗争创造坚实的基础。与此相反的是，李卜克内西和倍倍尔却仍然坚持大德意志的革命观点，并且在 1866 年以后的年代里，坚持不懈地致力于摧毁北德意志联邦的斗争。

根据马克思和恩格斯在 1866 年所做出的决定，也就在一定程度上得知了他们对于 1870 年那场战争[②]的态度。关于引起这次战争的直接诱因，他们从来也不曾谈起过，无论是关于俾斯麦为对付波拿巴而提出的由霍亨索伦亲王作为继承西

① 指柯尼希格雷茨战役，是普奥战争期间的一场决战和重要转折点，发生在 1866 年 7 月 3 日，奥地利遭到惨败，此战役决定了普鲁士在普奥战争的最终胜利。

② 指普法战争，发生在 1870 年 7 月 19 日至 1871 年 5 月 10 日，是普鲁士王国（德意志帝国）同法兰西第二帝国之间的战争，最终普鲁士获胜，并统一德意志。

班牙王位的候选人，还是关于波拿巴为对付俾斯麦而筹划的法意奥军事同盟，无论是关于前者还是关于后者，他们从来都没有直接发表过看法，而根据当时事态发展的已知情况，做出一个准确的判断也是不可能的。但是，由于波拿巴的军事政策是针对德国的国家统一的，所以他们认定德国是处于防御地位。

马克思在由他所起草的，并由国际工人协会总委员会于7月23日发布的宣言中详细地论证了这一观点。他在宣言中把1870年的军事阴谋称作为“1851年12月政变的修正版”[①]。但是他说，不管路易·波拿巴[②]同普鲁士的战争的结局如何，第二帝国的丧钟已经在巴黎敲响了，第二帝国的结局也会像它的开端一样，不过是一场滑稽剧的拙劣模仿。他提醒人们说，但是不应该忘记，正是欧洲各国政府和统治阶级，让路易·波拿巴复辟帝国的残酷闹剧竟然能够表演了长达十八年之久。他写道，从德国方面来说，这次战争是一场防御性的战争。但是，究竟是谁把德国带入了不得不进行一场防御战这种迫不得已的困境呢？究竟是谁促使路易·波拿巴有可能对德国发动战争呢？正是普鲁士！早在柯尼希格雷茨战役之前，俾斯麦就已经在和这个波拿巴暗中勾结策划阴谋活动了；在柯尼希格雷茨战役之后，他不但没有建立一个自由的德国去和一个被奴役的法国相对抗，反而在细心地保留了自己的旧制度所固有的一切妙处之外，还硬是不合时宜地引用了第二帝国的一切狡猾的伎俩，致使波拿巴的制度在莱茵河的两岸都盛行起来。在这种情形下，除了战争，还可能导致其他什么结果吗？“如果德国工人阶级容许目前这场战争失去纯粹防御性质而变为反对法国人民的战争，那末无论胜利或失败，都同样要产生灾难深重的后果。德国在它的所谓解放战争之后所遭到的那一切不幸，又将更残酷地压到它头上来。”[③]宣言指出，德国工人和法国工人声势浩大的反对战争的示威活动，使人们不必担心会发生这样一种悲惨的结局。然后宣

① 参阅《马克思恩格斯全集》第17卷，人民出版社1963年版，第4页。

② 指路易·拿破仑·波拿巴（1808—1873），拿破仑的侄子，史称拿破仑三世，1848年法国革命失败后，窃取法兰西第二共和国的总统大权，于1851年12月发动政变恢复帝制，建立了法兰西第二帝国。

③ 参阅《马克思恩格斯全集》第17卷，人民出版社1963年版，第6页。

言还强调，在这场自杀性斗争的幕后，俄国的阴险的身影正潜伏在那里不怀好意地暗中窥伺。虽然德国人在抵制波拿巴入侵的防御战争中理应得到一切同情，但是只要他们容许普鲁士政府祈求哥萨克的援助或者接受他们的援助，他们便会立刻失去一切同情。

在这篇宣言发布的前两天，即在7月21日，北德意志联邦议会批准了一笔一亿两千万塔勒的战时公债。拉萨尔派的议会代表们根据他们自1866年起所采取的政策对此投了赞成票。相反的是，爱森纳赫派的议会代表李卜克内西和倍倍尔在投票时弃权，因为他们认为，如果他们投票赞成拨款，那就等于给通过1866年所采取的行动准备了目前这次战争的普鲁士政府投信任票，但是如果他们投票反对拨款，又可能会被认为是赞同波拿巴的卑鄙罪恶的政策，这就是爱森纳赫派采取上述做法的理由。李卜克内西和倍倍尔主要是从道义的观点来看待战争的，这和李卜克内西后来在他撰写的关于埃姆斯急电的文章[①]中，以及倍倍尔在他的回忆录中所表明的信念是完全一致的。

但是，他们的这种做法却遭到了他们自己的这一派，特别是遭到了这一派的领导机关不伦瑞克委员会的坚决反对。实际上，李卜克内西和倍倍尔的弃权并不是一种实实在在的政治策略，而只是一种道义上的表白；然而不管这种表白本身是如何正当，它却不符合当时形势的政治要求。就如同在私生活中有可能行得通的事情，或者是视情况而定就足可以对付的事情——比如对争论的双方说，你们两方面都不对，但我不会干涉你们的争吵——在国家的政治生活中却是绝对行不通的，因为国王之间发生争端，其后果必须得由有关国家的人民来承担。保持中立是不可能的，它的实际的后果就表现在爱森纳赫派的机关报，即莱比锡的《人民国家报》在战争爆发后的最初几个星期所采取的既不明确也不坚定的态度上。这种情况进一步加剧了编辑部即李卜克内西和不伦瑞克委员会之间的冲突，于是

① 指威廉·李卜克内西（1826—1900）在1891年发表的《埃姆斯急电或如何制造战争》一文。在这篇文章中，李卜克内西对德国首相俾斯麦传出的，威廉一世就同法国大使的谈判结果从埃姆斯发出的电文内容是否确实提出质疑。“埃姆斯急电”曾经被俾斯麦利用，借以激起德、法人民的民族仇恨，激怒法国宣战，从而发动普法战争。

不伦瑞克委员会向马克思请求帮助并征求他的意见。

在普法战争刚刚爆发之后，即在 7 月 20 日，也就是尚在李卜克内西和倍倍尔投弃权票以前，马克思就在给恩格斯信中对法国的“共和派沙文主义者”进行了尖锐的批评，然后他接着写道：“法国人是该受鞭打的。如果普鲁士人取胜，那末国家权力的集中将有利于德国工人阶级的集中。此外，如果德国人占优势，那末，西欧工人运动的重心将从法国移到德国。只要把 1866 年以来两国的运动加以比较，就可以看出，德国工人阶级在理论上和组织上都超过法国工人阶级。它在世界舞台上对于法国工人阶级的优势，同时也就会是我们的理论对于蒲鲁东等人的理论的优势。”① 不过，当马克思收到不伦瑞克委员会征求意见的信件时，他和往常遇见重要的问题时一样，先写信给恩格斯询问他的意见。恩格斯也和 1866 年时一样，详细地拟定了他们这两个朋友的共同策略。

恩格斯在 8 月 15 日的回信里写道：“我看情况是这样：德国已被巴登格卷入争取民族生存的战争。如果它被巴登格打败了，那末，波拿巴主义就会有若干年的巩固，而德国会有若干年、也许是若干世代的破产。到那时，就再也谈不上什么独立的德国工人运动了，到那时，恢复民族生存的斗争就将占去一切，在最好的场合下，德国工人也只能跟在法国工人后面跑。如果德国胜利了，那末，法国的波拿巴主义就无论如何都要遭到破产，因恢复德国统一而发生的无穷无尽的争论就将最终平息，德国工人就能按照与过去截然不同的全国规模组织起来，同时，不管法国出现什么样的政府，法国工人无疑将获得比在波拿巴主义统治下要自由一些的活动场所。包括各个阶级在内的德国全体人民群众已经了解到，问题首先正是在于争取民族生存，因此，他们立即表示了投入这场斗争的决心。在这种情况下，一个德国的政党要按照威廉的那一套去宣传全面抵制，并把形形色色的次要的考虑置于主要的考虑之上，我认为是不行的。”②

恩格斯也跟马克思一样，对在法国社会得到广泛蔓延，直至深入到具有共和

① 参阅《马克思恩格斯全集》第 33 卷，人民出版社 1973 年版，第 5—6 页。

② 参阅《马克思恩格斯全集》第 33 卷，人民出版社 1973 年版，第 41 页。

思想倾向的人士当中的法国沙文主义进行了猛烈的谴责。“如果没有大批法国人的沙文主义，即资产者、小资产者、农民以及由波拿巴在大城市中所创造出来的、怀有帝国主义情绪的、欧斯曼[①]的、出身于农民的建筑业无产阶级的沙文主义，巴登格是无法进行这场战争的。这种沙文主义不遭到打击，而且是彻底的打击，德国和法国之间的和平就不可能。本来可以指望这一工作由无产阶级革命担负起来；但是战争既已开始，那末德国人就只好自己来做这一工作，并且立即做这一工作。”[②]

恩格斯也谈到了“次要的考虑”。他说，这场战争是在俾斯麦及其同伙的指挥下进行的，如果他们有幸打赢了这场战争，那么他们必然会赢得暂时的荣誉，而这一点则要归功于德国资产阶级的软弱无力。他认为这种情况确实非常令人讨厌，然而却是无法改变的。“但是，因此就把反俾斯麦主义提高为唯一的指导原则，那是荒谬的。首先，现在俾斯麦同 1866 年一样，在按照他自己的方式给我们做一部分工作，虽然他并不愿意做，然而还是在做着。他在给我们创造比过去更宽阔的活动场地。此外，现在已经不是 1815 年了。现在，南德意志人必然要参加国会，从而就将产生一种普鲁士主义的对立物。……总之，象李卜克内西那样，由于他不喜欢 1866 年以来的全部历史，就想使这段历史退回去，那是愚蠢的。但是我们了解我们的典型的南德意志人。”[③]

随后，恩格斯在他的信中又返回来再一次谈到了李卜克内西的政策。“威廉的下列说法是很有趣的：因为俾斯麦过去是巴登格的同谋者，所以正确的立场是保持中立。如果这是德国人的普遍意见，那末马上又会出现莱茵联邦，而高贵的威廉总有一天会看到，他在这个联邦中会扮演什么角色，工人运动会变成什么样子。一贯受到拳打脚踢的人民，才正是能够实现社会革命，而且是在威廉所喜爱的无数小邦里实现社会革命的人民！……威廉显然指望波拿巴获胜，只想这样一

① 乔治－欧仁·欧斯曼（1809—1891），法国城市规划师，拿破仑三世时期的重要官员，因主持巴黎重建而闻名，当今巴黎的辐射状街道网络的形态是他的代表作。

② 参阅《马克思恩格斯全集》第 33 卷，人民出版社 1973 年版，第 41—42 页。

③ 参阅《马克思恩格斯全集》第 33 卷，人民出版社 1973 年版，第 42 页。

来他的俾斯麦就会彻底完蛋。你记得他总是用法国人去威胁他。当然，你也是站在威廉一边的！”[①] 最后这句话是带有讽刺意味的，因为马克思曾经同意李卜克内西和倍倍尔在战时公债问题上投弃权票的做法，而李卜克内西也正是以这一点为依据的。

马克思承认，他是曾经赞同过李卜克内西和倍倍尔在议会上所发表的“声明”，因为那时正是把死守原则当成一种勇敢行为的“时机”。但是绝对不能由此便得出结论说，这种“时机”会永远地继续存在下去，更不可以得出结论说，德国的无产阶级在这样一场已经变为民族性战争的战争中的态度，可以用李卜克内西对普鲁士人的仇视来概括。马克思以充分的论据谈到了“声明”，但却没有谈到表决时弃权这件事。拉萨尔派在没有通过任何方式来表明自己的社会主义立场的情况下，就跟资产阶级的多数派异口同声地表示赞成发行战时公债，而李卜克内西和倍倍尔则对于他们的“投票动机”进行过了说明。他们不但说明了他们在表决时投弃权票的理由，以此证明他们的做法是正当的，而且他们“作为具有社会主义思想的共和主义者、作为不分国籍不分民族与一切压迫者进行斗争，并力求使一切被压迫者结成共同的兄弟同盟的国际工人协会会员”，还对这场战争以及一切王朝战争提出了原则性的抗议。他们表示，希望欧洲各国人民会从目前的这些灾难性的事件中记取教训，并能竭尽一切努力取得自决权，消灭当前的武力统治和阶级统治，因为它们是一切国家灾难和社会灾难产生的根源。这篇“声明”第一次在一个欧洲国家的议会中，而且还是在一个具有世界历史意义的问题上，堂堂正正地打出了国际工人协会的旗帜，对于这样一个声明马克思自然而然会感到非常满意。

从马克思所选用的词语当中便已经可以得知，他的“赞同”恰恰是包含了这样的意思。在表决时弃权根本不是什么“死守原则”的行为，倒不如说那是一种妥协。实际上李卜克内西本来是想直接投票反对发行战时公债的，只是后来由于听从了倍倍尔的劝说，才在投票时弃权。此外，正如《人民国家报》每一期的政

① 参阅《马克思恩格斯全集》第 33 卷，人民出版社 1973 年版，第 43、44 页。

治策略所表明的那样，弃权本身并不能确定那些弃权的倡议者们只是出于一种“权宜”之计。最后，这种弃权也不是其辩解的理由中所提到的那种含有褒美之意的“勇敢行为”。如果马克思所指的就是这种意义上的勇敢行为，那么他应该在更大的程度上把这种赞美给予那个勇敢的梯也尔，因为他在法国议会中激烈地反对战争，尽管帝国的卫士们对他大吼大叫进行疯狂的谩骂；或者也可以把赞美给予法夫尔和格雷维这种类型的资产阶级民主主义者，在对战时公债一事进行表决的时候，他们不是弃权，而是干脆投了反对票，尽管巴黎的爱国主义的喧嚣至少跟柏林一样危险。

恩格斯根据他对形势的研究和看法得出的有关德国工人政策方面的结论可以概括为如下几点，即：参加到的民族运动中去，只要这一运动还只限于是保卫德国（但这并不排斥在缔结和约之前基于情况所做的必要的进攻）；同时，应当强调德意志的民族利益和普鲁士王朝的利益之间是有区别的；必须抵制兼并阿尔萨斯和洛林的一切企图；一旦在巴黎掌权的是一个共和主义政府，而不是沙文主义政府，就要力争同它缔结光荣的和约；应当持续不断地强调德国工人和法国工人的利益是一致的，他们都不赞成进行这次战争，他们也不愿意互相厮杀。

马克思表示完全同意恩格斯所做出的这些结论，并且把根据这些意见最后拟定的答复寄给了不伦瑞克委员会。

2. 色当战役之后

然而在不伦瑞克委员会按照来自伦敦给予它的旨意采取实际行动之前，事态已经发生了彻底的逆转。色当战役已经打响，波拿巴被俘，帝国崩溃，而在巴黎，一个资产阶级共和国已经出现。领导这个共和国的，是法国首都的一些前议员们，他们宣布自己已经成立了“国防政府”。

从德国方面来说，这场防御性的战争现在已经结束。普鲁士国王作为北德意志联邦的最高领导者则以最庄严的方式一再宣布，他不是在同法国人民作战，而只是同法国皇帝的政府作战；另一方面，巴黎的新当权者们也表示，他们准备尽其所能支付任何一笔款项作为战争赔偿。只有俾斯麦要求割让领土；为了占领阿尔萨斯和洛林，他将要把这场战争继续进行下去，从而也把德国的防御性战争变成了儿戏般的嘲弄。

如果说俾斯麦在这方面是在步波拿巴的后尘，那么他举行一种全民性投票来解除普鲁士国王的庄严承诺，也是在追随波拿巴的足迹。还是在色当战役的前夕，各种各样的“名流”就已经向国王呈递了“群众请愿书”，提出了“保护边界”的要求。而“德国人民的一致愿望”也确实给柏林的这位老国王留下了如此深刻的印象，以至于他在9月6日写信给王室说：“如果王公们想要违逆这种民情，那无非是在拿自己的宝座冒险。”9月14日，半官方的报纸《外省通讯》宣称，如果以为北德意志联邦的最高领导者会始终如一地用他自己明确且自愿许下的诺言来约束自己，那只不过是一种“愚蠢的”奢望罢了。

为了能够把“德国人民的一致愿望”以最纯粹的方式展现出来，于是任何一种反对意见都受到了暴力压制。9月5日，不伦瑞克委员会发表了关于战争的宣言，宣言号召工人阶级行动起来，举行群众大会和抗议集会，支持同法兰西共和国缔结光荣的和约，反对并吞阿尔萨斯和洛林。在这篇宣言里，有几处地方是逐字逐句地引用了马克思向布伦瑞克委员会提供建议的那封信中的内容。[①] 但是到了9月9日，凡是在宣言上签了名的人都遭到了军事当局的逮捕，他们被带上镣铐强行押往勒岑要塞。约翰·雅各比也同样被作为政治犯押送到那里，因为他曾经在柯尼斯堡的一次集会上发言，反对对法国领土的任何一种暴力兼并，并且敢于发表一些异端言论。他说：“就在几天之前，我们所进行的还是一场防御性的战争，是在为我们亲爱的祖国所进行的神圣的斗争；而今天，我们所进行的却是一场侵略战争，是在为日耳曼民族取得在欧洲的霸权而战斗。”大规模的查封、禁绝、抄家和逮捕，成了军事恐怖统治的补充手段，而实行恐怖统治的目的，就是保证“德国人民的一致愿望”不会受到任何质疑。

就在不伦瑞克委员会的委员们被捕的同一天，国际工人协会总委员会发布

---

① 参阅《马克思恩格斯全集》第17卷，人民出版社1963年版，第282—284页。

了由马克思起草、在恩格斯的部分参加下拟定的关于普法战争的第二篇宣言[①]，其目的是阐明局势的最新事态发展。总委员会依据事实指出，它所做出的关于这场战争必将敲响第二帝国的丧钟的预言已经迅速地实现了。但同时，它的怀疑也同样迅速地已经得到证实，那就是从德国一方面来说，这场战争是否会始终保持是一场纯粹的防御战。普鲁士掌权的军人奸党阴谋集团已经决心要进行掠夺了。但是，普鲁士国王曾经亲自做出过承诺，保证他所进行的是一场防御性质的战争，他们又如何才能使普鲁士国王摆脱这一庄严保证的约束呢？于是，“导演这出戏的人们便不得不把事情弄成这样，仿佛威廉是心不由主地顺从了德意志民族的不可抗拒的要求。他们立刻给了德国自由资产阶级连同它那帮教授和资本家、市议员和新闻记者们一个暗示。这个在1846—1870年间争取公民自由的斗争中曾表现过空前犹豫、无能和怯懦的资产阶级，看到要在欧洲舞台上扮演凶猛吼叫的德国爱国主义狮子的角色，当然是欢欣若狂。它戴上公民独立的假面具，装出一副样子，仿佛它在逼使普鲁士政府执行这个政府自己的秘密计划。它深自忏悔不该那样长久地和近乎虔诚地相信路易·波拿巴毫无罪过，因此它大声疾呼要求把法兰西共和国撕成碎块。”[②]

接着，宣言分析了“这些爱国勇士们”为了吞并阿尔萨斯和洛林所提出的那些“漂亮论据”。他们当然不敢武断地声称，阿尔萨斯和洛林的居民渴望投入德国的怀抱。但是他们却硬是敢说，这两个省份的领土在很久以前曾经隶属于早已寿终正寝的德意志帝国！“如果依照古玩爱好家的想法恢复昔日欧洲的地图，那就千万不要忘记，先前勃兰登堡选帝侯曾以普鲁士领主身分做过波兰共和国的藩臣[③]。”[④]

① 参阅《马克思恩格斯全集》第17卷，人民出版社1963年版，第285—294页；卡·马克思：《国际工人协会总委员会关于普法战争的第二篇宣言》，写于1870年9月6—9日。

② 参阅《马克思恩格斯全集》第17卷，人民出版社1963年版，第286—287页。

③ 1618年勃兰登堡选帝侯国与十六世纪初由条顿骑士团领地组成的、并臣属于波兰贵族共和国的普鲁士公国（东普鲁士）合并。勃兰登堡选帝侯作为普鲁士的领主也就成为波兰的藩臣，这种关系一直维持到1657年。

④ 参阅《马克思恩格斯全集》第17卷，人民出版社1963年版，第287页。

但是最能把“许多头脑愚钝的人”弄迷惑的，是那些“颇有心机的爱国志士”要求把阿尔萨斯和洛林作为防止法国入侵的“物质保证”。宣言用恩格斯所撰写的一篇军事科学评论来证明，德国根本不需要加强它的边界来抵御法国，而正是这次战争的经验证实了这一点。“如果最近这次战役有所证明的话，那就是证明了从德国向法国进攻较为容易。”[①] 但是，如果把军事上的考虑提升为决定国界的原则，那岂不是荒唐透顶和悖逆时代精神吗？“如果按照这条规则行事，那末奥地利还可以要求取得威尼斯，要求取得明乔河一线；而法国为了保护巴黎就可以要求取得莱茵河一线，因为巴黎从东北受到进攻的危险，无疑比柏林从西南受到进攻的危险大得多。如果国界应当根据军事利益决定，那末要求就会毫无止境，因为任何一条战线都必然有其缺点，可能用兼并邻近新地区的办法加以改进；并且这种国界永远也无法最终和公允地划定，因为每一次总是战胜者强迫战败者接受自己的条件，从而播下新战争的种子。”[②]

宣言回顾了拿破仑在《提尔西特和约》里所索取的那些“物质保证”。然而就在几年以后，他那赫赫威势就犹如一根腐烂的芦苇似的在德国人民面前倒塌了。“但是，普鲁士现在在它最狂妄的幻想中能够或者敢于向法国索取的‘物质保证’，难道能够和拿破仑第一当日向德国本身索取过的相比吗？这一次，结果也会是同样悲惨的。”[③]

于是，那些德意志的爱国主义代言人们就会说，你们不应该把德国人同法国人混为一谈呀，德国人想要的不是荣誉，而是安全；德国人本质上是爱好和平的民族。“当然不是德国人在 1792 年为了用刺刀击溃十八世纪革命的崇高目的而侵入法国呀！也不是德国人在奴役意大利、镇压匈牙利以及瓜分波兰的时候染污了双手呀！在德国现行军事制度下，所有成年男子都被分成现役常备军和归休常备军两部分，并且这两部分都必须绝对服从自己的天赐长上，——这样的制度当然是维护和平的‘物质保证’，并且是文明的最高目的！在德国，也如在任何其他

① 参阅《马克思恩格斯全集》第 17 卷，人民出版社 1963 年版，第 288 页。
② 参阅《马克思恩格斯全集》第 17 卷，人民出版社 1963 年版，第 288 页。
③ 参阅《马克思恩格斯全集》第 17 卷，人民出版社 1963 年版，第 289 页。

地方一样，有权势者的走卒总是用虚伪的自我吹嘘毒化社会舆论。这帮德国爱国志士看到法国的麦茨和斯特拉斯堡这两个要塞就装出气愤的样子，但是对于俄国在华沙、莫德林、伊万城等处布设的庞大筑垒体系，他们却不认为有什么不好。他们在受波拿巴侵犯的惨象面前周身发抖，而他们对于受俄皇监护的奇耻大辱却置若罔闻。”①

宣言以此为出发点，进一步解释说，吞并阿尔萨斯和洛林会驱使法兰西共和国投入到沙皇统治的怀抱。难道条顿族的爱国志士们真的相信，这样就可以保证德国获得自由与和平吗？“如果军事上的侥幸、胜利后的骄横以及王朝的阴谋把德国推到宰割法国的道路上去，那末德国就只有两条路可走。它必须不顾一切成为俄国掠夺政策的公开的工具，或者是经过短暂的喘息之后重新开始准备进行另一次‘防御’战争，但不是进行那种新发明的‘局部’战争，而是进行种族战争，即反对斯拉夫种族和罗曼语种族联合势力的战争。”②

德国的工人阶级坚决支持了它原本也无力阻止的这场战争，把它当作是一场争取德国独立、争取把德国和欧洲从第二帝国这个令人窒息的梦魇的羁绊下解放出来的战争。“正是德国的产业工人，和农村的劳动者一起，撇下了半饥半饱的家庭而组成了英勇的军队的骨干。”③他们在国外的战场上历尽艰辛之后，回到家里还要再一次遭受贫困的折磨。所以从他们这方面来说，现在也要求得到“保证”，保证使他们做出的巨大牺牲没有白白地付出，使他们真正获得自由，使他们在抗击波拿巴的军队时所赢得的胜利不要像在1815年那样变成德国人民的失败。而作为这些诸多保证中的第一条，他们所要求的则是“使法国获得体面的和平”和“承认法兰西共和国”。宣言提到了不伦瑞克委员会所发表的宣言，并且表示，不幸的是我们不能指望德国工人马上获得成功；但是历史终究会证明，德国工人决不是像德国的中产阶级那样的软骨头，他们一定会尽到自己的责任。

① 参阅《马克思恩格斯全集》第17卷，人民出版社1963年版，第289页。
② 参阅《马克思恩格斯全集》第17卷，人民出版社1963年版，第290页。
③ 参阅《马克思恩格斯全集》第17卷，人民出版社1963年版，第291页。

接着，宣言转向了对法国方面最新形势的分析。宣言指出，这个共和国并没有推翻王位，而只是占据了皇帝所留下的空位子。它的宣告成立也并不是被当作一种社会成就，而只是被作为一种国防措施。它掌握在一个临时政府的手中；组成这个政府的一部分是声名狼藉的奥尔良党人[①]，一部分是资产阶级的共和党人，而在这些共和党人当中，有一些人的身上又在1848年的六月起义期间留下了无法消除的耻辱标记。这个政府的成员之间的分工情况似乎预示了不祥的前景。奥尔良党人强占了最有权势的岗位——军队和警察，而冒牌的共和党人则只是分到了一些专事空谈的部门。从这个政府最初所采取的几项行动中就已经可以相当明显地看出，它从帝国那里承袭下来的不只是一堆残砖断瓦的废墟，而且还承袭了对工人阶级的那种恐惧。

“由此可见，法国工人阶级正处于极困难的境地。在目前的危机中，当敌人几乎已经在敲巴黎城门的时候，一切推翻新政府的企图都将是绝望的蠢举。法国工人应该执行自己的公民职责，但同时他们不应当为1792年的民族回忆所迷惑，就像法国农民曾经为第一帝国的民族回忆所欺骗那样。他们不是应该重复过去，而是应该建设将来。唯愿他们镇静而且坚决地利用共和国的自由所提供的机会，去加强他们自己阶级的组织。这将赋予他们以海格立斯般的新力量，去为法国的复兴和我们的共同事业即劳动解放的事业而斗争。共和国的命运要靠他们的力量和智慧来决定。”[②]

这篇宣言受到了法国工人的热烈欢迎。他们放弃了反对临时政府的斗争，并且履行了自己作为公民应尽的职责。尤其是巴黎的无产阶级，他们武装起来组建了国民自卫军，积极地参加了保卫法国首都的英勇斗争，并且起到了极其突出的作用。同时，他们也没有被1792年的民族记忆所迷惑，而是奋发致力于本阶级的组织工作。

德国工人也同样不辱使命。拉萨尔派和爱森纳赫派尽管遭到各种威胁和迫

---

① 奥尔良党人是指主张在法国恢复波旁王室辈分较晚的一个分支奥尔良家族的王权的人。

② 参阅《马克思恩格斯全集》第17卷，人民出版社1963年版，第292—293页。

害，但他们却置这一切于不顾，一致要求同法国缔结光荣的和约。当北德意志联邦议会于 12 月份再度开会核准新的战时公债时，这两派的议会代表在表决时都毅然决然地投了反对票。特别是李卜克内西和倍倍尔，他们以烈火一般的热情和敢于挑战强权的勇气和魄力进行了这一斗争。正是因为这个缘故，这些日子的荣耀才首先同他们的名字联结在一起，而不是像一个被广泛传播的谣言所说的那样，只是因为他们在 7 月投了弃权票。议会闭会以后，他们因被指控犯有叛国罪而遭到逮捕。

马克思在这一个冬天又被经常性的超负荷工作累垮了。8 月，医生们劝导他去海滨浴场休养，但是在那里他又被重感冒折磨得“焦头烂额”。直到 8 月的最后几天，他才返回到伦敦，尽管他的身体还没有完全复原。但是，他必须得把总委员会的全部国际通信工作担当起来，因为总委员会的绝大部分负责外国通信的人员都被吸引到巴黎去了。1870 年 9 月 14 日，他向朋友库格曼诉苦说，他的时间全部被“国际的事务”占去了，以至于他从来都不可能在夜里三点钟以前就寝。他期待至少在将来恩格斯能够减轻他的工作负担，因为到那时候恩格斯就长期迁居伦敦了。

毫无疑问，马克思这时候希望法兰西共和国在抵抗普鲁士侵略战争的斗争中获得胜利。德国当时的情况使马克思深感痛心。这种情况甚至促使宣扬教皇极权主义的圭尔夫教皇党的领袖温特霍斯特极其辛辣地挖苦说，如果俾斯麦一定想要进行武力吞并的话，那就最好去侵占卡宴[①]；这是最适合于发挥他的治国本领的地方。12 月 13 日马克思写信给库格曼说：“看来，不但波拿巴、他的将军们和他的军队已经成了德国的俘虏，而且千疮百孔的整个帝国制度也同他们一起适应于橡树和菩提树之国的气候了。”[②] 他在这封信中显然十分满意地指出，在战争刚一爆发的时候，英国的公众舆论是极其同情普鲁士的，可是现在他们的态度却突然翻

① 卡宴，位于南美洲卡宴河口的卡宴岛西北岸，1604 年法国开始侵入，建立居民点，1816 年最终归属法国，成为法属圭亚那首府和最大的城市。法国为减少监狱的费用，将受刑人送至圭亚那关押。

② 参阅《马克思恩格斯全集》第 33 卷，人民出版社 1973 年版，第 167 页。

转过来，变成了截然相反的一面。除了人民群众对共和国的坚决同情以及其他一些情况以外，"进行战争的方式——征集制度、焚毁村庄、枪杀自由射手、扣留人质，以及令人想起三十年战争的种种暴行，在这里已经激起了公愤。当然，英国人在印度、牙买加等地也这样干过，可是法国人既不是印度人，也不是中国人，更不是黑人，而普鲁士人也不是'天生的'英国人！一个国家的人民，如果他们的常备军一旦被彻底消灭，而他们还要继续保卫自己的话，那简直就是犯罪，这是一种真正的霍亨索伦的观念。"[①] 实际上，在抗击拿破仑一世的普鲁士人民战争中，平庸的弗里德里希－威廉三世正是由于抱有这种观念而曾经吃了苦头。

马克思把俾斯麦炮轰巴黎的威吓称作"只不过是一种阴谋诡计"。"根据概率论的一切规则，炮轰是根本不可能对巴黎这个城市本身发生严重影响的。即使毁坏了几处外国防御工事，打开了一个缺口，可是在被围的人数超过了包围的人数的情况下，那又有什么用呢？"[②]

在这里可以顺便画出怎样的一幅图景啊！马克思这个"没有祖国的人"，这个本来认为自己对于军事科学问题不具备做出任何独立判断的资格的人，在他把俾斯麦所要求的重炮轰击法国首都称作为"只是一种纯粹的阴谋诡计"的时候，他所持有的那些论据，却同德国军队所有著名将领所持有的论据不谋而合，这些将领——只有阿尔布雷希特·冯·罗恩是唯一的一个例外——在德军大本营幕后所进行的狂吼了几个星期之久的激烈争论中，认为炮轰巴黎纯粹是"军官学校学生的胡闹"而予以摒弃；而整个一群爱国教授和报刊作家们则由于受到俾斯麦的半官方刊物的煽动，从而激起了对普鲁士王后和普鲁士太子妃的极大义愤，因为据称，是这两个女人——不管是出于悲天悯人，甚至还是出于背叛国家的考虑——阻止了她们的怕老婆的丈夫炮轰巴黎！

当俾斯麦还在夸夸其谈无休无止地谴责法国政府使人们不能在报刊上和通过议员自由发表意见的时候，马克思则在 1871 年 1 月 16 日的《每日新闻》上用尖

---

① 参阅《马克思恩格斯全集》第 33 卷，人民出版社 1973 年版，第 167—168 页。

② 参阅《马克思恩格斯全集》第 33 卷，人民出版社 1973 年版，第 168 页。

刻辛辣的语言描述了同一时期在德国肆虐的警探的猖獗，以此嘲弄这种“柏林式的玩笑”。他在结束这番描写时写道：“法国目前不仅是为它自身的民族独立，而且是为德国和欧洲的自由而战斗，幸而它的事业决不是没有希望。”[①] 这句话高度概括了马克思和恩格斯在色当战役以后对德法之间的战争所采取的态度。

3. 法兰西内战

1 月 28 日巴黎投降。在俾斯麦和朱尔·法夫尔之间所缔结的投降条约里，明确地规定了巴黎的国民自卫军可以继续保留自己的武器。

国民议会选举的结果表明，反动的保皇派取得了多数，他们选举老奸巨猾的阴谋家梯也尔担任共和国的总统。在国民议会接受了俾斯麦所提出的作为初步和约的先决条件——即把阿尔萨斯和洛林割让给德国，以及战争赔款五十亿法郎——之后，他所关心的第一件事就是解除巴黎的武装。因为对于这位货真价实的资产者来说，也同样对于国民议会里的那些容克地主来说，武装起来的巴黎不是别的，而正是革命。

3 月 18 日，梯也尔首先企图夺取巴黎国民自卫军的大炮，他以厚颜无耻的谎言为借口，说什么巴黎国民自卫军的大炮是国家的财产，所以应当归还给国家。而实际上，这些大炮是国民自卫军在围城时期自己筹款置备的，何况在 1 月 28 日的投降书中也已经正式承认，这些大炮是国民自卫军的财产。在这期间，国民革命军进行了顽强的抵抗，而且受命前去试图抢夺大炮的军队，也转入到国民自卫军一方。由此内战爆发了。3 月 26 日，巴黎选出了自己的公社，公社的历史既满载着巴黎工人的英勇斗争和他们所经受的苦难，也充斥着凡尔赛秩序党[②] 的卑劣的暴行和阴谋诡计。

---

① 参阅《马克思恩格斯全集》第 17 卷，人民出版社 1963 年版，第 301 页。

② 秩序党，是由奥尔良王朝派和正统王朝派联合组成的保守的大资产阶级的政党，由于他们以“秩序”作为其政治主张的核心，故名秩序党。秩序党成立于 1848 年，从 1849 年到 1851 年 12 月 2 日政变，该党在第二共和国的立法议会中一直占据领导地位。

毋庸赘言，马克思是怀着何等强烈的同情感在密切地注视着这些事态的发展。4 月 12 日，他写信给库格曼说："这些巴黎人，具有何等的灵活性，何等的历史主动性，何等的自我牺牲精神！在忍受了六个月与其说是外部敌人不如说是内部叛变所造成的饥饿和破坏之后，他们起义了，在普军的刺刀下起义了，好像法国和德国之间不曾发生战争似的，好像敌人并没有站在巴黎的大门前似的！历史上还没有过这种英勇奋斗的范例！"①

马克思接着写道，如果巴黎人将来战败了，那么错就错在于他们太"仁慈"了。在军队和国民自卫军中的反动派被迫撤离战场以后，他们本来是应该立刻向凡尔赛进军的。但是巴黎人出于良心上的考虑而放过了时机。他们不愿意开始这场内战，就好像是那个邪恶的怪胎梯也尔在企图解除国民自卫军的武装时还没有开始打内战似的。但是，即便是巴黎的这次起义遭到了失败，它仍然是我们的党自从巴黎六月起义以来最光荣的业绩。"就让人们把这些冲天的巴黎人同那个戴着陈腐面具，散发着兵营、教堂、土容克的气味，特别是市侩气味的德意志普鲁士神圣罗马帝国的天国奴隶们比较一下吧"。②

马克思在谈到巴黎起义时，把这件事说成是"我们的党"的一项事业，这不仅可以按照一般的意义理解为，他认为巴黎的工人阶级是运动的骨干力量，而且也可以从特殊意义上来理解为，国际工人协会中的巴黎会员都属于公社最明智和最英勇的战士，尽管他们在公社委员会里只占了少数。由于当时"国际"已经被普遍当成是到处滋事的魔鬼，以至于不得不为所有让统治阶级所不喜欢的事件充当替罪羊，甚至连巴黎的起义也被归罪于是"国际"的邪恶煽动所引发的。然而让人颇为奇怪的是，巴黎警方新闻界的一家机关报竟然莫名其妙地愿意出来替"国际"的"伟大领袖"免除参加起义的罪责；这家报纸在 3 月 19 日发表了一封伪造的马克思的信件，信中对巴黎的各个支部进行了指责，说它们太过多地关心政治问题，而对社会问题则重视不够。马克思旋即在《泰晤士报》上发表声明说，

① 参阅《马克思恩格斯文集》第 10 卷，人民出版社 2009 年版，第 352—353 页。

② 参阅《马克思恩格斯文集》第 10 卷，人民出版社 2009 年版，第 353 页。

这封信“彻头彻尾是无耻的捏造”[①]。

没有人比马克思更加清楚地知道，巴黎公社不是由国际工人协会一手打造的。但是他却始终承认，巴黎公社与“国际”有着血肉相连不可分离的密切关系。当然，这只是限于“国际”的纲领和章程所划定的框架内的行动，因为按照纲领和章程的规定，一切以争取无产阶级自身解放为宗旨的工人运动，都属于“国际”的组成部分。但在公社委员会中占多数的布朗基派，和虽然属于“国际”却主要是按照蒲鲁东的思路进行活动的少数派，马克思无论如何都不可能把他们算作是他在政治上的较为亲密的志同道合者。尽管如此，在当时的情况所能够容许的范围内，马克思在公社时期还是同这个少数派保持着密切的思想接触，然而可惜的是，有关他们之间往来的文献保存下来的却极少。

例如，对于马克思所写的后来已经被遗失了的一封信，社会工作部代表莱奥·弗兰克尔在4月25日回复道：“如果您愿意以某种方式帮助我并给我提供一些建议，那我是非常欢迎的，因为目前我可以说是在孤军作战，而且也是单独一个人在负责我打算在社会工作部所进行的全部改革。您这次的来信虽然只有短短的几行字，但从中就已经可以推断出，您将会竭尽全力让各国的人民、让所有的工人——尤其是让德国的工人——都能理解到，巴黎公社同旧日的德国公社是根本没有任何关系的。不管怎么说，您这样做一定会为我们的事业做出重大的贡献。”[②] 马克思对这封信可能给予的答复，或者甚至可能是提供的一个建议，却未能保存下来。

另一方面，弗兰克尔和瓦尔兰写给马克思的一封信也遗失了，而马克思在5月13日所写的回信则保存了下来。马克思在这封信中写道：

---

① 1871年3月21恩格斯受马克思的委托草拟了一封《致〈泰晤士报〉编辑》的信函，因为该报转载了法国警察报纸《巴黎报》发表的一封“硬说是”马克思写的信件，企图以此证明国际工人协会中的法国会员和德国会员之间存在着矛盾，对“国际”和巴黎公社进行诽谤。马克思对于捏造他的信件和《巴黎报》的挑拨性的谎言进行了驳斥。见《马克思恩格斯全集》第17卷，人民出版社1963年版，第311页。

② 参阅由［苏］伊·阿·巴赫主编的《第一国际和巴黎公社文件资料》，生活·读书·新知三联书店1978年版，第592页。

“我已经同送信人见过面。把那些能使凡尔赛的恶棍们声名狼藉的案卷放到安全的地方去，是不是更好一些？这类预防措施是决不会有什么害处的。有人从波尔多写信告诉我，在最近的市镇选举中，有四个国际会员当选。外省已经开始闹风潮。可惜那里的行动只是地方性的和‘和平’的。为了维护你们的事业，我已经写了几百封信，寄给世界各地凡有我们支部的地方。何况工人阶级从公社成立那天起就是拥护公社的。甚至英国的资产阶级报纸也放弃了它们最初那种凶狠的态度。有时，我还能在这些报纸上发表一些对你们有利的文章。我觉得，公社浪费在琐碎事务和私人争执上的时间太多了。大家知道，除了工人的影响之外，还有其他各种影响存在。如果你们来得及弥补已失去的时间，那末这一切就不会造成什么损害。”①

马克思在这封信的最后还指出，必须尽最大的可能迅速行动起来，这是因为在三天前法国和德国之间已经在美因河畔法兰克福签订了最终的和约，而俾斯麦现在急需要做的事情也和梯也尔一样，那就是镇压公社，这尤其是因为，偿还的五十亿法郎的战争赔款要从这一时刻起才开始支付。

马克思在这封信中所给出的建议可以让人感觉到某种审慎持重的态度，而且毫无疑问的是，凡是他给公社社员写的东西，全部都被定调为同一种口吻。这倒不是说，好像他害怕为公社的所作所为承担必要的责任——因为他曾经在公社失败以后立即公开地而且全面地承担起了自己的责任——而是因为他完全不想表现出那种专横独断的作风，尤其是他认为，在一个地方人们做什么或者不做什么，只有在当地才能够把情况看得最清楚，他丝毫不想从外部来发号施令地做一些规定。

5 月 28 日，公社的最后一批捍卫者也倒下了，就在两天之后，马克思便向总委员会提交了关于“法兰西内战”的宣言。②这是曾经在他的笔下写出的最辉煌的文件之一，总而言之，就是直到今天，在自那时起所出版的论述巴黎公社的

① 参阅《马克思恩格斯全集》第 33 卷，人民出版社 1973 年版，第 226 页。

② 见《马克思恩格斯全集》第 17 卷，人民出版社 1963 年版，第 331—389 页；卡·马克思：《法兰西内战。国际工人协会总委员会宣言》，1871 年 5 月 30 日于伦敦。

全部浩瀚的文献当中，它仍然占据着不可逾越的顶点地位。马克思在这里又一次证明了他在处理一个极端困难和错综复杂的问题上的惊人才能，他善于透过一种看上去一团混乱难以理清头绪的极具欺骗性的表面现象，透过千百种自相矛盾的传闻的纷扰，准确地识别出事情的历史内核。凡是涉及事实——《宣言》的前两个部分以及第四和最后一部分都是客观叙述事实的发展的——的地方，《宣言》处处都能够做出正确的判断，并且自那时以来，一直还没有一个要点曾经被驳倒过。

当然，《宣言》里没有提到有关公社的批判历史，不过这也不是宣言的任务。《宣言》的任务是要反驳公社敌人的诽谤和诬蔑，使公社的荣誉和正义发扬光大；《宣言》应该是一部政治论战性檄文，而不应该是一篇叙述历史的文章。公社的一切谬误和过错自那时以来就经常受到社会主义者的激烈的，有时甚至是过于激烈的批判。而马克思则只限于指出：“在任何一次革命中，除了真正代表革命的人物，总还要挤进来另外一种人。这种人当中有些是以前各次革命的忠诚的幸存者，他们对当前的运动并没有深刻的了解，但他们由于具有人人皆知的忠诚和勇敢精神或者纯粹是由于传统力量，还保留有对人民的影响；另外有些人则不过是空喊家，他们年复一年地用老一套的刻板语言大骂现政府，从而骗取了第一流革命家的名声。在3月18日以后，确实也出现了上面说的那样一些人，他们有时甚至扮演了显要的角色。他们极力阻碍工人阶级的真正运动，同以前这种人阻碍各次革命充分发展的情况完全一样。”[①]《宣言》认为，他们是一种无法避免的祸害，要想摆脱掉他们是需要一段时间的，然而公社却恰恰是没有这样一段时间。

《宣言》的第三部分由于论述的是巴黎公社的历史本质，因而需要给予特别的关注。在这一部分里，宣言以经过深思熟虑的清晰方式，将巴黎公社的本质同从中世纪的公社，直到普鲁士的城市制度这些从表面上看可能与它有些相类似的早期历史产物的本质区分开来。宣言指出：“只有俾斯麦这个除了策划铁血阴谋之外，总是喜欢重操最适合于他的智力的旧业即给《喧声》杂志（柏林的《笨拙》

① 参阅《马克思恩格斯文集》第3卷，人民出版社2009年版，第164—165页。

杂志）撰稿的人，才会异想天开，以为巴黎公社要仿效普鲁士的市政体制。普鲁士的体制不过是 1791 年法国旧的市政组织的拙劣仿制品，它把城市管理机构降低为普鲁士国家警察机器上的辅助轮子。”① 从人们对公社的多种多样的解释中，以及从公社所代表的各种不同的利益中，《宣言》认清了这样一个事实，即公社是一个高度灵活的政治形式，而一切旧有的政府形式，在本质上都是具有压迫性的。“公社的真正秘密就在于：它实质上是工人阶级的政府，是生产者阶级同占有者阶级斗争的产物，是终于发现的可以使劳动在经济上获得解放的政治形式。”②

《宣言》没有能够拿出一个明确的公社施政纲领来为这个论点提供论据，这是由于公社没有提出施政纲领，而且也不可能提出这样的纲领，因为从公社存在的第一天起直到最后一天，它一直处在一场关系到公社生死存亡的斗争之中。不过，《宣言》借助于公社所推行的实际政策对其论点进行了证明。《宣言》把消灭国家看作是这种政策的最核心的本质，而国家的最淫贱的形式如第二帝国，只不过是社会躯体上一个消耗着它的精力却阻碍它自由发展的“寄生赘瘤”。公社的第一道法令就是宣布废除常备军并用武装的人民来代替它。一向充当政府的工具的警察被公社剥夺了一切政治职能，而变为公社随时可以撤换的负责机构。公社在废除了常备军和警察这两种旧政府物质权力的工具以后，又立刻着手摧毁旧政府用来进行精神压迫的工具，即“僧侣势力”。公社宣布解散所有的已经成为有产宗教组织的教会，并没收这些教会的全部财产。公社决定将一切教育设施全部免费向人民开放，同时，它清除了国家以及教会对教育事业的一切干预。公社下令规定，一切公职人员，其中包括法官，都必须通过选举产生，而且可以随时宣布免除他们的职务，他们的薪俸的最高限度被限定在六千法郎以内，从而彻底根除了国家的官僚制度。

不管这些详细的论述是多么有见地，然而它们却与马克思和恩格斯自四分之一世纪以来所坚持维护的，并且已经在《共产党宣言》中正式宣布过的那些

① 参阅《马克思恩格斯文集》第 3 卷，人民出版社 2009 年版，第 157 页。

② 参阅《马克思恩格斯文集》第 3 卷，人民出版社 2009 年版，第 158 页。

观点存在着某种矛盾。按照马克思和恩格斯的观点，未来的无产阶级革命的最终结果，必然是被称之为国家的这一政治组织形式的消亡，但却只是逐渐地消亡。这个组织的主要目的历来就是通过武力确保极少数占有社会生产资料的有钱人对绝大多数劳动者进行经济上的压迫。随着独霸社会财富的少数人的消失，武力压迫或者国家统治权力存在的必要性也将会随之消失。不过，马克思和恩格斯同时也强调指出，为了达到这一目的以及未来社会革命的其他一些远为更加重要的目的，工人阶级必须要首先掌握有组织的国家政权，并借助于国家权力来镇压资本家阶级的反抗和重新组织社会。然而，总委员会宣言因为巴黎公社一开始就主张要完全彻底地消灭寄生虫国家而对其大加赞许，这与《共产党宣言》的观点是不相符合的。

当然，马克思和恩格斯对于这一点是完全清楚的；在 1872 年 6 月尚对巴黎公社的印象仍然记忆犹新的情况下出版的《共产党宣言》新版序言中，他们明确地援引了总委员会宣言中的一句话对此进行了修正，即“工人阶级不能简单地掌握现成的国家机器，并运用它来达到自己的目的”①。但是后来，在马克思逝世之后，恩格斯在同无政府主义倾向做斗争时，又再次放弃了保留这一修正，而完全重复了《共产党宣言》的旧观点。巴枯宁的追随者们以他们自己的方式利用了总委员会宣言，这是完全可以理解的。巴枯宁本人则嘲笑说，马克思的思想已经被公社所抛弃，这迫使马克思不得不违反一切逻辑在公社面前脱帽敬意，并且不得不接受公社的纲领和目的。实际上，如果说事先根本没有做过任何准备，而只是由于受到一次野蛮攻击才突然引发的一场起义仅用几道简单的法令就能够消灭国家这个阶级压迫的机构的话，那岂不是证实了巴枯宁所不厌其烦地反复宣扬过的东西吗？这毕竟是不管带着某种善意还是心怀某种恶意都可以从总委员会的宣言中读到的东西，因《宣言》过于把只是可能潜藏在公社本质中的东西描绘成了实际上已经存在的东西。不管怎样，巴枯宁的宣传鼓动工作所以能够在 1871 年得到比以往任何时候更加蓬勃的发展，这要归因于巴黎公社给整个欧洲的工人阶级

① 参阅《马克思恩格斯全集》第 18 卷，人民出版社 1964 年版，第 105 页。

造成的强烈印象。

《宣言》最后的结束语是这样说的："工人的巴黎及其公社将永远作为新社会的光辉先驱而为人所称颂。它的英烈们已永远铭记在工人阶级的伟大心坎里。那些扼杀它的刽子手们已经被历史永远钉在耻辱柱上，不论他们的教士们怎样祷告也不能把他们解脱。"[①]

《宣言》在发表以后立刻引起了最大的轰动。"它引发了一片魔鬼般的疯狂叫嚣，而我则荣幸地成了此时此刻在伦敦受诽谤最多、受威胁最大的人物"，马克思写信给库格曼如是说，"在度过二十年单调的沼泽地的田园生活之后，这的确是很不错的。政府的报纸《观察家报》以向法庭起诉来威胁我。看他们敢！对这帮恶棍我一点也不在乎！"[②] 在这场喧闹刚刚开始之后，马克思便立即声明，他就是《宣言》的作者。

在以后的几年里，马克思也遭到了社会民主主义者的发声指责，至少是零星发出的指责声一直未断。他们说，由于他让"国际"为公社承担起了完全不应该由它担负的责任，从而使"国际"陷于危险的境地。他们认为，马克思是可以保卫公社抵御那些不公正的攻击，但对于公社本身的错误和失策必须要退避三舍；这就是那些自由派的"政治家们"曾经奉行过的策略。可是马克思绝对不可能遵循这种策略，而这恰恰是因为他是马克思。他从来都不曾想过要牺牲自己的事业的未来，也从不自欺欺人地希望用这种办法来减少当前正在向他逼近的危险。

4. 国际工人协会和巴黎公社

由于对公社的遗产没有经过筛选而不加思考地全部承接下来，"国际"陷入了四面为敌的境地。

各国的资产阶级报刊对"国际"所进行的铺天盖地的诽谤攻击倒是最不值得

① 参阅《马克思恩格斯文集》第 3 卷，人民出版社 2009 年版，第 181 页。

② 参阅《马克思恩格斯全集》第 33 卷，人民出版社 1973 年版，第 236—237 页。

重视的。相反地，“国际”甚至还因此在某种意义和某种程度上赢得了一种宣传手段，因为总委员会可以借此公开地发表声明驳回这些攻击，而且至少可以得到英国的各大报刊的一些支持。

总委员会不得不担当起了照料大量的公社逃亡者的重担，这些逃亡者有一部分到了比利时，一部分到了瑞士，但是大部分首先选择逃往伦敦。在总委员会的经济状况一向都十分拮据的情况下，它费了九牛二虎之力才只弄到一笔必要的资金，而且由于总委员会不得不一连好几个月之久都把精力和时间花费在这上面，以至于忽略了它的正常任务的完成，而这些任务之所以需要刻不容缓地解决，是因为几乎所有国家的政府都在大肆动员对“国际”展开攻击。

但是各国政府所发动的这场进攻还不算是“国际”的一个最大的忧患。这场进攻首先是在欧洲大陆的个别国家开始进行的，不管投入的力量是大一些还是小一些，反正各国政府联合起来共同追击有阶级觉悟的无产阶级的企图还是暂时宣布失败了。法国政府早在1871年6月6日就在朱尔·法夫尔的一篇通告中第一个发起了这一类的进攻；但是这一纸公文是如此荒谬和虚伪，以至于没有得到其他各国政府的响应，甚至也没有得到俾斯麦的响应，虽说此人一向很容易接受任何反动倡议，特别是以工人为敌的倡议；而且，由于德国社会民主派——不管是拉萨尔派还是爱森纳赫派——旗帜鲜明地对公社表示支持，俾斯麦已经从自己的妄自尊大的意识中惊醒过来。

过了一段时间以后，西班牙政府进行了第二次尝试，它企图再次通过它的外交事务大臣的一篇通告将欧洲各国政府联结在一起，共同对付“国际”。这篇通告中说，一国政府单独采取哪怕是最严厉的措施来对付“国际”和镇压“国际”在其管辖范围内的支部活动，也还是不够的，各国政府必须要联合起来，同心协力地铲除这个祸端。如果不是英国政府立即将这一企图扼杀于萌芽状态，这个具有诱惑力的号召一定会很快得到回应。格兰威尔勋爵反驳说，“在英国这里”，国际工人协会把它的行动主要限制在就罢工事宜提供建议，而且它可支配的用于支持罢工的款项也只是很小的数目。至于那些构成它的纲领一部分的革命计划，与其说反映的是英国工人的观点，倒不如说是反映了国际工人协会中那些外国会员的观点，因为英国工人把他们的注意力主要都放在工资问题上。但是外国人也和英国臣民一样受到法律的保护。如果他们违反这些法律，参加反对某一个与英国友好相处的国家的军事行动，那么他们就将因此而受到惩罚。但是没有任何理由采取特别的预防措施来反对目前居住英国境内的外国人。对于不合理的过分要求所给予的这种合理的抵拒，自然引发了俾斯麦的半官方报纸的粗言暴语的评论，说什么抵御“国际”的那些预防措施实质上是没有任何作用的，只要英国本土形成一个避难所，其余的欧洲国家势必会受到来自那里的，但在英国法律的保护下又不会受到惩罚的骚扰活动的威胁。

如果说各国政府对付“国际”的联合十字军的征讨因此而没能组织成功，那么从另一个方面来说，“国际”本身也未能摆出一个严密的封闭的方阵，以对抗在欧洲大陆各个国家对“国际”支部所施加的迫害。这种担忧使“国际”感到极其沉重，这不仅是因为，恰恰是在其工人阶级已经被“国际”视为它的最牢靠的支柱的那几个国家里，它感觉到脚下在摇晃根基已经不牢靠，这几个国家就是英国、法国和德国。在英国、法国和德国，大工业的发展或多或少都取得了长足的进展，而且工人又享有一种或多或少受到限制的立法机关选举权。对于“国际”来说，这几个国家的重要性已经表现得非常明显，这一点可以通过如下事实说明：在国际工人协会总委员会里，英国委员有二十人、法国委员十五人、德国委员人七人，相比之下，瑞士人和匈牙利人只各有二人，波兰人、比利时人、爱尔兰人、丹麦人和意大利人才各有一人。

在德国，拉萨尔从一开始就把对工人的宣传鼓动活动建立在本国的基础上，这曾经被马克思看成是对他的尖刻的指责，但是，正如旋即便被证实的那样，拉萨尔的做法帮助德国工人党避开了社会主义发展在欧洲大陆所有其余的国家中势必要经历的一场危机。然而在此期间，战争已经招致了德国工人运动的暂时停滞；它的两个派别光做自己的事就已经够忙的了，因此不可能再过多地关心“国际”。此外，这两派虽然都曾经表示反对并吞阿尔萨斯和洛林和支持巴黎公社，但是只被总委员会承认是“国际”在德国的分支的爱森纳赫派由于更加引人注意，必然首当其冲地成了叛国罪和其他类似罪名指控的对象，因此比拉萨尔派受到更多的威胁。据俾斯麦本人承认，正是由于倍倍尔在火热激昂的国会演讲中宣布德国社会民主党人誓与法国巴黎公社社员保持团结一致，才第一次引起了他的怀疑，而这种怀疑一旦爆发出来就变成了对德国工人运动的日益增长的暴力打击。然而更加关键的是爱森纳赫派对待“国际”的态度，自从它开创为本国疆界内的独立政党以后，它跟“国际”的关系便越来越疏远了。

在法国，梯也尔和法夫尔在小土地贵族的国民议会上通过了一项对付“国际”的严酷的特别法。这项法律使本来已经被凡尔赛大屠杀的血腥恐怖弄得精疲力竭的工人阶级完全陷入了瘫痪状态。那些捍卫“秩序”的英雄们的疯狂复仇欲已经到了无以复加的地步，他们居然要求瑞士，而且甚至要求英国引渡公社的逃亡者，硬说他们是刑事罪犯。这件事他们在瑞士那里还真差一点就办成了！就这样总委员同法国的一切联系突然中断。为了在自己的组织内部能够见到法国的代表，总委员会特地增聘一部分公社逃亡者，其中一些人过去就已经是“国际”的成员了，还有一部分人则是由于他们的革命毅力而出名的。总委员会这样做也是为了向巴黎公社表示敬意。尽管这种考虑总体来说是很好的，然而这一措施所导致的结果却是非但没有加强总委员会，反而只是削弱了总委员会。因为公社流亡者也遭到了所有的流亡者都曾经遭受过的那种无法回避的命运，也就是他们由于内部不断地发生争执而耗尽了他们的精力，从而使自己陷入了绝望的境地。马克思这时不得不从法国流亡者那里再一次吃到了他二十年前曾经从德国流亡者那里吃到过的苦头。马克思从来没有要求过别人对他自认为是尽自己的本分而做的事情给予肯定。但是，那些法国流亡者没完没了地拉帮结派纷争不断，终于使他在1871年11月发出一声深沉的叹息而吐出心中的无奈：“我花了将近五个月时间为流亡者奔波，并用关于内战的宣言[①]挽救了他们的声誉，而他们对我的报答就是这样。”[②]

最后，“国际”失去了在这之前一直被它所看重的英国工人这个支柱。破裂最初是由此浮出水面的：工联的两位著名领袖卢克拉夫特和奥哲尔，从总委员会

① 即卡·马克思的《法兰西内战。国际工人协会总委员会宣言》。

② 参阅《马克思恩格斯全集》第33卷，人民出版社1973年版，第321页。

成立时起就属于总委员会的成员，在主席这个职位尚存期间，奥哲尔甚至担任过总委员会的主席，但是因为关于《法兰西内战》的宣言，他们声明退出总委员会。由此产生了这样的传言，说工联由于从道义上厌恶"国际"支持巴黎公社而愤然脱离了"国际"。这种说法虽然含有一点点真实性，但却绝对不是主要的着眼点。"国际"同工联分裂这件事有其更深层的关联。

"国际"和工联之间的联盟从一开始就是一桩理性婚姻。它们彼此都需要对方，但是它们双方之间谁也都不曾想过，自己要与另一方融为一体，并且共同承担忧喜祸福。马克思独具匠心地在"国际"的成立宣言和章程中为双方拟定了一个共同的纲领，但是，即使工联愿意在这个纲领上签字，那么它实际上也只是从中攫取合乎自己意图的那部分。格兰维尔勋爵在他答复西班牙政府的电文中十分准确地描述了工联和"国际"的这种关系。工联的目标是改善建立在资本主义社会基础上的劳动条件。为了达到和保证这个目的，工联也不拒绝政治斗争，但是在选择战友和斗争手段方面，只要不牵涉它的实际目的，它是完全不受任何原则性考虑的约束的。

马克思很快就不得不认识到，工联的这种无情的特质是深深地扎根于英国无产阶级的历史和性质，并不是那么容易被打破的。工联需要"国际"是为了贯彻实施选举改革，而当这种改革已经得以实现，它就开始同自由党人眉来眼去地勾搭起来，因为没有自由党人的帮助，它就不可能指望在议会中取得席位。早在 1868 年马克思就曾经痛斥过这些"阴谋家"，在这些人当中他也提到了奥哲尔的名字，此人已经反复参加过议会的竞选了。另有一次，马克思为这样一个事实——即在总委员会内有宗派领袖勃朗泰尔·奥勃莱恩的几名支持者坐镇——用典型的几句话辩白说："这些奥勃莱恩派尽管很愚蠢，但是在总委员会中形成一种常常是十分必要的、与工联主义者相对抗的力量。他们比较革命，在土地问题上比较坚定，较少民族主义，不易为资产阶级用各种方式所收买。否则他们早就被驱逐出去了。"[①] 对于反复冒出的为英国成立一个单独的联合委员会的建议，马

① 参阅《马克思恩格斯全集》第 33 卷，人民出版社 1973 年版，第 332 页。

克思则一概表示反对。正如他在 1870 年 1 月 1 日的总委员会通告中所解释的，这主要是出于这样一个原因，即英国人缺乏“总结的精神和革命的热情”①，所以这样的联合委员会很可能会成为激进派议员的傀儡。

在英国的工人领袖背离了总委员会以后，马克思以最严厉的方式对他们提出了谴责，说他们把自己出卖给了自由派内阁。这种谴责对于他们当中的个别人来说也许是适合的，但即便如此，它并不适用于其他人，尤其是如果把“其他形式”的贿赂理解为现金交易更是如此。罗伯特·阿普尔加思作为工联领袖至少享有不下于奥哲尔和卢克拉夫特的威望，而且甚至被议会两院看作是工联主义的正式代表。早在巴塞尔代表大会之后，他就曾经受到过他在议会的支持者们的质问，他们问他对这次代表大会做出的有关公有制的各项决议抱什么态度。但是阿普尔加思并没有被这种几乎是丝毫不加以掩饰的威胁所吓倒。1870 年，他被选为性病防治法案皇家咨询委员会的委员，并且由此成了获得被君王称之为“我忠实可爱之臣民”资格的第一个工人。尽管如此，阿普尔加思还是在关于《法兰西内战》的宣言上签了名，并且一直保持着对总委员会的忠诚，直至他走到生命的终点。

这个在人品上无可訾议的人后来还拒绝了商务局的委任，仅以这个人为例证，我们便可以看出英国工人领袖突然变卦退出“国际”的原因。工联的下一个目标就是争取对它的各个工会和资金的法律保护。它的这一目标似乎是可以达到的，因为在 1871 年春天政府提出了一项法案，根据这项法案，每一个工会都应该享有合法注册的权利，并在资金方面受到法律保护，只要它们的章程不违反刑法。但是，政府用这一只手所给予的东西，却立刻又用另外一只手将它给索取了回去。

在这项法案的第二部分，结社自由被取消了，因为为了对付罢工而设计出来的各种极具伸缩性的法律规定不仅重新得到确认，而且甚至变本加厉了，如禁止“使用暴力”，禁止“威胁”“恫吓”“要挟”“妨害”，等等。这是一个道地的特别法：工联所采取的种种行动，或者是能够促进工联实现目的的一切行为，都

① 参阅《马克思恩格斯全集》第 16 卷，人民出版社 1964 年版，第 438 页。

遭到严禁，违者则予以惩罚，而如果是其他的联合会采取同样的行动，却仍然可以完全不受惩罚。英国工会运动历史学家们以他们那种总还算客气的方式说道："如果刑法可以如此随意地延伸，甚至扩展到涵盖了这些工会为达到自己的目的所惯用的那些日常和平手段，那么只是在法律上承认工会的存在，这似乎没有多大的用处。"工会第一次成为受法律承认和保护的团体，但在同时，那些将打击的矛头直接对准工会活动的法律规定也进一步得到明确的确认，甚至还得到了加强。

当然，工联以及它的领袖们拒绝了这种危险的赠礼。然而他们以及他们进行反抗所达到的结果，只不过是促使政府将法案原稿分解成了两个部分：一个是承认工会合法化的法律，一个是以严重惩罚威胁一切工会活动的刑法修正案。这样的结果当然不是真正的成功，而是诱骗工会运动领袖进入的圈套，而这些领袖也还真的就落进了圈套。在他们的心中，资金的地位被看得比工会的原则还要高；他们所有的人都根据新的法律为自己的工会进行了登记，而阿普尔加思甚至还比其他人先行了一步。1871 年 9 月，由新工联主义运动的代表们——这些人过去曾经促成了国际和工联之间的联系——组成的联合工会协商会议正式宣布自行解散。它提出的一个极其敷衍搪塞的理由就是，因为"它的任务已经完成，协商会议当初就是为了解决这些任务而成立的"。

工联领袖们也许想以此来安慰自己的良心，即在他们逐步变为资产者的过程中，已经习惯把罢工只还看成是工会运动的一种粗陋的形式。早在 1867 年，他们之中的一个人就在皇家委员会上宣称，无论是对于工人来说还是对于企业主来说，罢工绝对就是一种金钱上的浪费。所以，当 1871 年英国无产阶级争取九小时工作日的大规模运动兴起时，他们竭尽一切力量进行阻挠。英国无产阶级群众没有同他们的领导者一起致力于"国家的"发展，而且新的刑法修正案激起了他们的极大的愤怒。这场运动以 4 月 1 日的桑德机器制造工人的罢工开始，迅速蔓延到机械制造业的各个区域，并在纽卡斯罢工活动中达到了最高峰。纽卡斯尔罢工在五个月之后以工人的完全胜利而告终。但是，机械制造业工人的大联合会，却对这场群众运动抱着极端否定的态度。直到十四个星期以后，那些属于这个联合会会员的罢工工人，才得到除了普通的失业救济金之外的每周五先令的罢工补助金。这场迅速波及很多其他行业的运动，几乎无一例外地全部是由九小时工作日同盟承担起来的，而这个同盟也是为了这次斗争组建的，并且赢得了约翰·伯内特这样一个非常有能力的领导者。

九小时工作日同盟得到了“国际”总委员会的极其热烈的支持。总委员会派遣其委员科恩和埃卡留斯前往丹麦和比利时，为的是设法阻挠英国厂家的代理人在当地招聘外国工人。他们的这一工作取得了广泛的成功。马克思在同伯内特谈判时抑制不住苦涩的心情评论道，这真是其自身的不幸，那些有组织的工人团体一直置身事外与“国际”保持着距离，直到它们陷入了困境；假如它们能够及时地来求助“国际”，那就可以及早地地采取一些必要的预防措施。可是，人们得到的印象却好像是“国际”由于工联领袖的退出而失去的东西已从群众那里获得充分的补偿；经常不断地有新的支部在成立，现有的支部也赢得了数量越来越多的新成员。然而在这同时，英国必须成立自己单独的联合委员会的要求也越来越急迫地向“国际”提了出来。

马克思此时终于对这个要求做出了让步，尽管他长期以来一直对这件事持反对态度；因为自从巴黎公社失败以后，在可预见的近期不可能再有任何新的革命发生，所以他似乎也不再认为总委员会直接掌控最强有力的革命杠杆具有什么特别重大的意义了。不过他原来的疑虑已被证实是有道理的。随着联合委员会的成立，一个显而易见的结果就是，“国际”在英国的踪迹比在其他任何一个国家都要消失得更早一些。

5. 巴枯宁主义反对派

如果说在巴黎公社失败以后，“国际”甚至在德国、法国和英国都不得不同巨大的困难做斗争，那么在“国际”还没有完全站稳脚跟的其他一些国家，它所面临的困难显然就更大了。早在德法战争爆发之前，就已经在瑞士的罗曼语区形成的那一小片危机地区，已经扩展到意大利、西班牙、比利时和其他的国家；这就给人一种印象，好像巴枯宁派的路线一时大有压倒总委员会的路线之势。

所以造成这种印象，似乎既不能归因于是巴枯宁的宣传鼓动活动发挥的作用，也不是像总委员会所设想的那样，是巴枯宁玩弄阴谋所导致的。虽然巴枯宁在1871年的最初几天就已经中断了《资本论》的翻译工作，以便将自己的时间和精力完全投入到新的政治活动中去，不过这项活动同"国际"却没有任何关系，并且还最终使巴枯宁的政治声誉受到了严重的损害。这件事所涉及的就是臭名昭著的涅恰耶夫事件，关于这一事件，人们是不可能那么轻易忘却的，但是巴枯宁的那些狂热的崇拜者们却试图将此事一笔带过，他们甚至把巴枯宁的过错只归因于他"由于太善良，以致过分信任了涅恰耶夫"。

谢尔盖·涅恰耶夫是个二十多岁的青年人，他是农奴的后代，但是由于获得了一些自由派人士的好感而在他们的帮助之下得以进入初等师范学校学习。他参加过当时的俄国大学生运动，并且在这个运动中赢得了一定的地位，这既不是他那浅薄的学识，也不是他的平平常常的智力所能够带给他的，而是靠他的狂热的干劲和对沙皇专制压迫的难以遏制的仇恨得来的。他最突出的性格特征就是做事不择手段，只要他认定自己的行为能够促进他的事业发展，他可以摆脱一切道义上的顾虑。他没有任何个人的欲望，即便是有所需求他也极力克制自己。但是，他不惧怕采取任何应该受到谴责的卑鄙的行动方式，只要他自认为这可以使他达到革命的目的。

1869年春天，涅恰耶夫出现在日内瓦，并且是以双重的光荣身份——从彼得保罗要塞逃脱的政治犯，以及由一个全权委员会派遣的代表。据说这个委员会正在秘密筹划在整个俄国发动一场革命。其实，他的这两种身份都是编造的，既没有一个这样的委员会，涅恰耶夫本人也从来都没有在彼得保罗要塞坐过牢。当他的几个比较亲密的同志被逮捕以后，他跑到了国外，按照他本人的说法是为了对老一辈的流亡者施加影响，以使他们利用自己的名声和著作来激励俄国青年的士气。他的这个目的在巴枯宁那里以一种几乎是令人费解的程度达到了。涅恰耶夫这个"年轻的狂人"、这个"小老虎"——巴枯宁习惯这样称呼涅恰耶夫——赢得了巴枯宁的敬佩，并被他看成是将以自己的革命毅力推翻旧俄国的新一代的代表。巴枯宁对那个“委员会”的存在深信不疑，甚至没有任何异议地承诺，自己绝对服从由涅恰耶夫传达的这个“委员会”的命令；同时，他立即准备同涅恰耶夫一起出版一系列具有最强烈的革命思想的著作，并且将它们输入俄国。

毫无疑问，对于这些著作来说，巴枯宁是应该和涅恰耶夫共同负责的。因此，调查那些最糟糕的小册子中哪一些是来源于巴枯宁、哪一些则来源于涅恰耶夫，是没有任何决定性的利害关系的。而且，无论是那个旨在于要求俄国军官无条件地服从“委员会”——巴枯宁本人已经承诺这样做了——的呼吁书，还是那个美化俄国盗匪行径的小册子，或者是那个有关革命的问答手册——在这个手册里，巴枯宁恣意宣泄对那些令人恐怖的概念和那些令人生厌的词语的偏爱已经到了无以复加的地步——其作者的身份已经毫无争议，它们全是出于巴枯宁的手笔。然而并没有证据证明，巴枯宁参加过涅恰耶夫的蛊惑人心的实际活动；相反，他自己倒成了这种蛊惑活动的牺牲品。直到很久以后，他才看清了这个“小老虎”，并且把他给撵走了。巴枯宁和涅恰耶夫曾经受到过“国际”总委员会的指责，说他们毁掉了俄国的许多无辜者，他们给这些人发送书信、印刷品和电报，而且采用的是一种势必会引起俄国警察注意的方式，由此使这些人平白无故地丧失了性命。公平地说，像巴枯宁这样的人本来是不该受到这种指责的。在涅恰耶夫被彻底揭穿以后，他亲口供出了事实真相；他厚颜无耻地承认，对于所有不完全同他保持团结一致的人，他崇尚使用卑劣的方法败坏他们的名声，其目的就是要么毁灭他们，要么把他们完全彻底地拖入到运动中来。按照这种办法，他迫使那些相信他的人由于一时兴奋而在那些有损于他们声誉的声明上签名，或者偷走他们的秘密书信，以便日后利用这些信件向他们施加压力或者对他们进行讹诈。

当涅恰耶夫在 1869 年秋天返回俄国的时候，巴枯宁仍然未能识破他的伎俩。涅恰耶夫随身带去了一份巴枯宁所开具的书面证明，在这份证明里，巴枯宁确认他是“全权代表”。当然，这里所指的既不是“国际”的全权代表，甚至也不是社会主义民主同盟的全权代表，而是一个欧洲革命同盟的代表，这个同盟在一定程度上是作为俄国事务同盟的分支机构而由巴枯宁这个富有发明才能的人物创立的。这个组织想必只在纸上才存在，但是，光是巴枯宁这个名字就足以有效地给涅恰耶夫在青年大学生中所进行的宣传鼓动助威长势。不过，涅恰耶夫这时主要还是使用“委员会”这套骗术在开展工作。当他新赢得的追随者之一的大学生伊万诺夫开始怀疑这个秘密的上级机构是否真的存在时，他竟然通过阴险的暗杀手段除掉了这个给他制造麻烦的怀疑者，伊万诺夫尸体的被发现导致了许多人的被捕，然而涅恰耶夫却越过边境逃到国外躲藏起来。

1870 年 1 月的最初几天，涅恰耶夫再次出现在日内瓦，并且又重新开始玩弄起他那套老把戏。巴枯宁却怀着火一般的热情站出来为他辩护，说杀害伊万诺夫的行为只是一种政治犯罪，而不是常见的刑事犯罪，因为这一点，瑞士有权利不同意俄国政府提出的引渡涅恰耶夫的要求。在此期间，涅恰耶夫本人也一直隐藏得非常好，以至于警察根本无法捕获到他。但是，涅恰耶夫却跟他自己的保护人开了一个恶毒的玩笑。他说服巴枯宁放弃其正在进行的《资本论》的翻译，以便把自己的全部精力都贡献给革命的宣传鼓动工作，并且承诺，由他出面跟出版商协调解决已经支付的翻译稿费预付款事宜。当时巴枯宁的生活正处于最艰难困苦的窘况，他只可能把这个承诺理解成为是由涅恰耶夫，或者由他的那个秘密的“委员会”替他向出版商偿还预付给他的那三百卢布的稿费。涅恰耶夫寄出了一份“委员会”的“正式决议”，在“决议书”的纸张顶端，印有委员会信笺的抬头，并配有极具代表性的斧头、匕首和左轮手枪的图饰。可是这封信并不是寄给出版商本人的，而是寄给了给巴枯宁介绍出版商的柳巴温。信中恐吓柳巴温，如果他现在还不想找死的话，就不准要求巴枯宁偿还预支的款项。巴枯宁只是从柳巴温的一封辱骂他的信中才得知这一切。他赶紧又开出一张新的收据承认下了这笔债务，并保证只要能力所及就立即偿还这笔预支款；与此同时，他果断地与涅恰耶夫断绝了关系，因为在这期间他也得知了涅恰耶夫的其他一些罪恶勾当，例如他计划袭击辛普朗邮局并对对这个邮局进行抢劫。

对于巴枯宁来说，他人生中的这段最为冒险的插曲所暴露出来的令人难以理解的，而且对一个政治活动家而言也是不可原谅的轻信，给他造成了极其不利的后果。马克思在 1870 年 7 月就已经知道了这件事，而且是通过一个可靠的来源：

也就是通过正直的洛帕廷而得知的。洛帕廷5月份在日内瓦逗留期间，曾经白白地花费心思去竭力说服巴枯宁相信，在俄国根本就不存在这样一个“委员会”，涅恰耶夫也从来都不曾在彼得保罗要塞坐过牢，而扼死伊万诺夫则是一种完全没有意义的谋杀，如果说有那么一个人了解这些情况的话，那么这个人无疑就是洛帕廷。通过这件事必然更大大地加深了马克思早已形成的对巴枯宁的不良看法。而俄国政府也充分地利用起了这个有利的时机，因为通过伊万诺夫被杀后的许多人逮捕，政府识破了涅恰耶夫的所作所为。为了让俄国革命者当众出丑，俄国政府第一次准许在有陪审团的参与下公开地进行一桩政治案件的审判。1871年7月，所谓的涅恰耶夫案件诉讼在彼得堡开庭审理。这一次对八十多名被告提起了诉讼，主要都是一些大学生。他们之中的大多数人都被定重罪而被判入狱长期监禁，或者被押送到西伯利亚矿山进行强制性的劳动。

涅恰耶夫本人当时却仍然逍遥法外，他辗转流徙于瑞士、伦敦和巴黎之间，并在巴黎度过了围城和公社时期。直到1872年的秋天，他才在苏黎世被一个密探给出卖了。为了阻止瑞士政府以刑事谋杀罪将被捕的涅恰耶夫引渡给俄国，巴枯宁当时还和他的朋友们一起在苏黎世的出版商雅各布·沙贝利茨那里出版过一个小册子，当然，他这样做并没有给自己招致什么耻辱。在涅恰耶夫终于还是被引渡之后，巴枯宁写信给奥加廖夫——他也曾经受到过涅恰耶夫的迷惑，甚至还把赫尔岑死后由他掌管的巴赫美齐也夫基金全部或者部分交付给了涅恰耶夫——所说的那一番话也同样没有给他带来什么耻辱。巴枯宁是这样写的：“一种内心的声音告诉我，涅恰耶夫是无可挽救了，而且他无疑也知道自己已经彻底完蛋了，不过这一次他一定会从自己那已经混乱、堕落，然而绝非卑贱的本性深处重新唤起他的全部原有的活力和坚忍不拔的精神。他会像英雄一样地死去，而且这一次他绝对不会背叛任何人和泄露任何机密。”涅恰耶夫满足了巴枯宁的这种期望，他度过了十年可怕的监禁，直至死亡；他尽其所能寻找可能的途径弥补自己以往的罪过，并且表现出了一种钢铁般的毅力，甚至连那些看守他的狱警也慑服于他的意志。

就在巴枯宁和涅恰耶夫之间发生决裂的同一时间，德法战争爆发了。这次战争立即把巴枯宁的思想引向了另一个方向。这位老革命家现在希望，德国军队的入侵将会成为向法国社会革命发出的信号。面对着贵族、君主和军阀的侵略，如果法国工人不想背叛自己切身的事业，而且也不想背叛社会主义事业的话，那么他们就绝不会不采取行动；这是因为德国的胜利将成为欧洲反动势力的胜利。巴枯宁据理力争地驳斥了所谓的国内革命会削弱人民对外敌的抵抗能力这样一种论调，并且正是引用了法国历史来证明的这一点。但是他那些旨在于煽动具有波拿巴主义和反动思想倾向的农民阶级去同城市工人共同采取革命行动的建议，却无论如何只是在不切实际的幻想之中打转转。他说，不应该跟农民老提一些什么法令或者共产主义建议或者组织形式这一套，这只会导致农民对城市的反叛；应该更多地把他们灵魂深处的革命精神给诱导出来。接下来说的也都是这一类不着边际的空话。

帝国崩溃以后，詹姆斯·纪尧姆在《团结报》上发出一项号召，他呼吁从速组织武装义勇军，以赶去援助法兰西共和国。这是一种不折不扣的愚蠢的举动，特别是因为它是出自于一个曾经真正狂热地鼓吹“国际”要放弃一切政治活动的人之口。实际上，纪尧姆的号召除了遭到人们的嘲笑以外，并没有产生其他的作用。但是，不应该把巴枯宁试图于9月26日宣布在里昂成立一个革命公社的做法与此置于同一个角度来看待。巴枯宁是被一帮革命分子邀请到那里去的。他们占据了市政厅，废除了“国家的行政和管理机构”，并宣布成立“公社革命联盟”来代替它。但是，克吕瑟雷将军的叛变和其他一些人的怯懦，使国民军得以轻而易举地战胜了这个运动。巴枯宁曾经敦促采取有力的措施，首先是要求逮捕政府的代表，但是徒劳无果。他本人也被抓获，不过又被志愿步兵队给释放了。他仍然在马赛逗留了几个星期，希望运动能够再次兴起。当他发现自己满怀的希望已经无法实现的时候，便于10月底返回了洛迦诺。

这次尝试的失败将只能听凭反动派去嘲笑了。巴枯宁的一个反对者虽然对无政府主义的行为极其反感，但这还没有使他丧失公正的判断能力。他非常中肯地写道：“遗憾的是，甚至在社会民主党的报刊上，也听到了嘲讽的声音。按理说，巴枯宁的尝试确实不应该受到这样的对待。当然，那些不同意巴枯宁以及他的支持者们所坚持的无政府主义观点的人，可以而且应该对他的毫无根据的希望采取批判的态度。但除此之外应该承认，他当时的行动是一种大胆的尝试。他试图唤醒蕴藏在法国无产阶级心中的沉睡的力量，并且在调动起这种力量反抗外来的敌人的同时，也把矛头指向了资本主义的社会制度。后来巴黎公社所尝试做的，大体上也是同样的事情；而众所周知的是，马克思对巴黎公社是抱着热情的欢迎态度的。”这一番话至少是说得更加客观和更加合理一些，而莱比锡的《人民国家报》对巴枯宁在里昂发表的宣言却大加责骂，《人民国家报》曾经趁机针对巴枯宁的宣言老调重弹地说，就连柏林的新闻局恐怕都想不出比这更投合俾斯麦口味的宣言。

巴枯宁在里昂的失败使他感到深深的沮丧。他看到，他自认为伸手即可以触及到的革命却重新消失在遥远的远方，特别是曾经一度唤醒了他心中新的希望的巴黎公社起义也遭到了镇压。他对像马克思所从事的那种革命宣传的憎恨正在日益增长，他把造成无产阶级在他看来萎靡不振的主要责任都归于了这种宣传。此外，他的物质生活状况也极度悲惨，他的弟兄们已经不再帮助他；在有些日子里，他口袋里的钱经常不超过五生丁，甚至连喝一杯寻常的清茶都不可能。他的妻子十分担心他的精力会耗尽、精神会彻底崩溃。但是他本人这时却决心利用自由的时刻逐步完成一部著作，他要在这部著作中写下自己对人类的发展过程，对哲学、宗教、国家和对无政府主义的见解。据说这部著作将会成为他的遗作。

然而他的这部著作并没有完成；像巴枯宁这样的精神不安定的人注定不可能安于长期的休息：吴亭仍然在日内瓦继续进行他的搬弄是非、挑拨离间的活动，并且在 1870 年 8 月成功地使巴枯宁和他的几个朋友被从日内瓦中央支部开除出去，因为他们是属于社会主义民主同盟支部的。随后，吴亭又散布谣言说，同盟支部从来都不曾被总委员会接受加入“国际”；同盟支部所说的从埃卡留斯和容那里得到的那些有关接受其加入“国际”的文件完全是伪造的。在这期间，罗班已经迁居到伦敦，并且被接受成为总委员会的委员，尽管此人曾经在《平等》周刊上猛烈地攻击过总委员会。总委员会以此证明了自己的公正无私，因为罗班并没有终止其同盟的坚定支持者的身份。他在 1871 年 3 月 14 日就已经提议召开一次“国际”的非公开会议，以对日内瓦的纷争做出一个决断。虽然总委员会认为在公社前夜应该拒绝这项提议，但是它在7月25日还是决定把日内瓦问题提交给将在9月份召开的代表会议讨论。就在这次会议上，根据罗班的要求，总委员会确认，埃卡留斯和荣克通知接受社会主义民主同盟日内瓦支部加入“国际”的信函是真实的。

这封信刚一到达日内瓦，同盟支部就在8月6日决定自动解散了，并且立即将这一决定通知了总委员会。这件事看上去应该是得到了非常好的解决；支部在得到总委员会反驳吴亭谎言的满意的处理以后，为了有利于融洽与和解，同盟支部牺牲了自己。但实际上，起决定性作用的却是另外一些原因，这一点纪尧姆后来也公开承认过。当时支部已经沉沦，它的存在已经完全没有任何实际意义了，特别是在日内瓦的公社流亡者的眼中，它只不过是被当成个人争吵的一具遗骸罢了。而纪尧姆为了能够在更加广泛的基础上开展对日内瓦的联合委员会的斗争，则把这些流亡者看成是正好可以利用的合适人选。同盟支部就是因为这个缘故而解散的。确实，在几个星期以后，同盟的残部就伙同流亡的巴黎公社社员联合成立了一个新的“革命的社会主义宣传和行动支部”；该支部在成立时虽然也表示赞同“国际”的一般原则，但是却为自己保留了充分的行动自由，而“国际”的章程和历次代表大会也同意给予它完全自由的活动空间。

巴枯宁最初跟所发生的这一切根本就没有任何关系。而且，日内瓦支部在自行解散之前，它甚至认为完全没有必要去询问已定居洛迦诺的巴枯宁的意见，这表明了他作为同盟的领导人所拥有的所谓绝对权力已经空有其名。巴枯宁在一份措辞尖锐的信件中坚决抗议解散同盟支部，不过这并不是由于他感到自尊心受到了伤害，而是因为他认为在这种情况下解散支部完全是一种怯懦和卑鄙的荒唐举动。他写道：“我们不应该在挽救‘国际’的团结的借口下犯下怯懦的错误。”同时，他开始着手全面地介绍日内瓦的纷争，借此来阐明在他看来争论所涉及的那些原则，以作为他的追随者们出席伦敦代表会议时的指南。

这部著作有相当多的零星片段被保存了下来；从好的方面来看，它跟巴枯宁一年前和涅恰耶夫共同撰写的那些俄文小册子有了很大的区别。这些片段除了偶尔有些地方措辞激烈以外，可以说写得既冷静又客观；不管人们通常是怎样看待巴枯宁的独特的观点的，至少他在这部著作中令人信服地证明了，日内瓦的纷争所埋下的根基，远比流亡者个人之间无休止的争吵要深得多；即使个人间的争吵也同时起了一定的作用，但主要的责任还是应该落在吴亭及其他的同伙头上。

巴枯宁从未有一刻否认过，造成他同马克思以及其“国家共产主义”分道扬镳的，是他们在观点上的深刻对立，而且对待自己的对手也不够温和。但是，他至少没有把马克思说成是一个眼中只有自己那些应该遭到谴责的卑鄙目的、其他则一切皆无的无耻之徒。他指出，“国际”兴起于群众之中，然后是由那些有判断能力，并且献身于人民事业的有识之士创立的。接着他还补充说：“我们借此机会向德国共产党的著名领袖表示敬意，首先要向公民马克思和恩格斯致敬，同样也向公民菲利普·贝克尔——他以前曾经是我们的朋友，现在则是我们的势不两立的对手——致敬。他们是‘国际’的真正的创造者，一般说来，他们各个都善于有所创造。我们之所以尤其愿意向他们表示敬意，是因为我们不久就要被迫同他们展开一场斗争。我们对他们的尊敬是纯洁的和深挚的，但是这种尊敬不会流于盲目的偶像崇拜，也绝对不可能驱使我们去接受充当他们的奴隶的角色。对于他们过去曾经和现在甚至仍然在为‘国际’所做的非同寻常的大量的工作，我们一向都是完全公平公正地对待的，尽管如此，我们依然会同他们进行一场刀尖上的生死搏斗，同他们的错误的权威理论，同他们的独断专行和狂妄自负，同他们不择手段地进行暗中勾结图谋不轨、枉费心机地搞阴谋活动，同他们的卑鄙的人身攻击、肮脏的侮辱和极其恶劣的诽谤进行一场你死我活的斗争；这些手段也标明了几乎所有的德国人通常进行政治斗争的特点，现在则不幸地被他们搬入到‘国际’中来了。”当然，这些话说得非常难听，也言过其实，但是巴枯宁却从来也不曾只听任自己的感情驱使而由此否定过马克思作为“国际”的创立者和领导者所取得的那些不朽的功绩。

然而巴枯宁的这部著作始终也没有完成。当马志尼在由他在卢加诺出版的周刊上对公社和“国际”发起猛烈攻击的时候，巴枯宁还正在写这部著作。但巴枯宁立即发表了《一个国际主义者对马志尼的答复》作为回应，而当马志尼以及其支持者们开始同他进行论战的时候，他接下来又连续发表了另外一些具有同样意义的小册子。在经历了近期的一连串的失败以后，巴枯宁这一回终于取得了一个圆满的成果：之前在意大利的发展势头还是越来越惨淡的“国际”，从这时起它的影响迅速地在这个国家里得到了广泛的传播。这要归功于巴枯宁，当然，不是归功于他的那些“阴谋”，而是归功于他那些充满热情而且极具说服力的言辞，他懂得如何利用震撼人心的话语在特别向往巴黎公社的意大利青年中间点燃起革命的激情。

在意大利，大工业才刚刚得到少许发展；尚处于萌芽状态的无产阶级的阶级意识只能慢慢地觉醒，而且他们缺少自我保护和进行抵御的一切法律武器。但半个世纪以来，为争取民族统一而进行的前仆后继的斗争在市民的各个阶层中培育出了一种革命的传统，而且这种传统得到了良好的保持。无数次的起义和谋反全都是为了争取实现民族统一这一目标而进行的斗争，直到最后这一目标虽然在形式上得以实现，但却是一个必定让一切革命人士都感到巨大失望的结果：这个亚平宁半岛上的最反动的一个邦，最初是在法国武装部队的庇护下，然后又在德国武装部队的庇护下，建立起了一个意大利君主国。是巴黎公社的英勇斗争促使意大利的革命青年摆脱了这种意志消沉的状态。面对着那激起他对社会主义者的旧日仇恨的新的曙光，风烛残年生命将尽的马志尼鄙视地背转身去；而曾经是意大利影响更加深远的伟大的民族英雄的加里波第，则真诚地向“未来的太阳”——国际工人协会——表示敬意。

巴枯宁相当清楚地知道，他的支持者是从国家的哪些阶层涌现出来的。他在1872年4月写道，“在此以前，意大利所不足的，不是本能，而是组织和思想。现在这两者都在形成，这样一来，意大利在西班牙之后并且和西班牙一起，也许是现在最革命的国家。意大利有其他国家所不足的东西：朝气勃勃、坚毅奋发的青年，他们完全脱离了常轨，毫无升官发财的前途，看不到出路，虽然出身于资产阶级，但是在道德和智力上还没有磨灭到像其他各国资产阶级青年那样的程度。现在他们不加思索地投到革命的社会主义中来，接受了我们的全部纲领，即同盟的纲领。”[①]巴枯宁的这几句话是写给他的一位西班牙的同志[②]的，据说是用来给他鼓舞士气。巴枯宁从来没有亲自到西班牙开展过活动，他只能通过他的几个朋友发挥作用。但是，如果说巴枯宁对于他在西班牙所取得的成就所做的评价同样高的话——尽管还没有高过他在意大利的成就，这完全不是振奋人心的炫示，而是一个无可争辩的事实。

即使在西班牙，工业方面的发展水平仍然处于严重滞后的境地。甚至在已经拥有了现代无产阶级的地方，无产阶级也被束缚住了手脚，没有任何权利，而且备遭压抑，以至于处于困境的无产阶级已经没有其他的出路，只能将进行武装起义作为其最后的唯一自救手段。巴塞罗那，这个西班牙的最大的工业城市，在它的历史上曾经发生过的街垒巷战比世界上其他任何一个城市都要多。而且，再加上长年累月的内战把国家搞得四分五裂，一切革命分子都已经陷入巨大的悲观失望之中，因为他们在 1868 年秋天只是赶走了波旁王朝，结果这之后还是落入到一个外国君主的统治之下，尽管这种统治是极不稳固的。因此，革命的巴黎点燃起的熊熊烈火所迸发出来的火花，也会溅落在西班牙的已经高高地堆积起的、一触即发的火药堆上。

比利时的情况则与意大利和西班牙有所不同，当时在比利时已经存在着无产阶级群众运动。但是这个运动几乎完全局限于这个国家的瓦龙人居住地区；它的骨干是由博里纳日的最具革命性思想倾向的矿工组成的。他们想通过合法的途径来实现提高自己的阶级地位的愿望，然而这个想法却由于他们的罢工运动年年遭到血腥的镇压而已经被扼杀于萌芽状态。他们的领导者都是一些蒲鲁东主义者，因此他们倾向于巴枯宁的观点。

只要人们密切注意一下，巴枯宁主义反对派在巴黎公社失败以后是怎样在“国际”内部发展起来的，那么就会发现，这个反对派只是冠上了巴枯宁的名号，

① 参阅《马克思恩格斯全集》第 18 卷，人民出版社 1964 年版，第 515 页。

② 指马德里的弗朗西斯科·莫拉。巴枯宁在 1872 年 4 月 5 日写给他的这封信，被作为文件三收入到卡·马克思和弗·恩格斯的《社会主义民主同盟和国际工人协会》一文中，见《马克思恩格斯全集》第 18 卷，人民出版社 1964 年版，第 514—515 页。

因为他们相信，可以在巴枯宁的观点中找到解决社会矛盾和社会关系紧张的办法，而这实际上正是这个反对派产生的源头。

6. 伦敦第二次代表会议

国际工人协会总委员会决定9月份在伦敦召开代表会议，并确定以这次会议代替早就本该举行的年度代表大会。

1869年在巴塞尔曾经决定下一届代表大会在巴黎召开。但是，可尊敬的埃米尔·奥利维耶为了庆祝全民投票而对法国的各个支部实施了大追捕行动，这迫使总委员会不得不在1870年7月根据赋予他的权力变更了开会的地点，把这次代表大会改为在美因茨召开。同时，总委员会向各国的联合委员会提议，把总委员会的会址从伦敦迁移到其他的国家，可是这项提议却遭到了一致的拒绝。而后由于战争的爆发，使美因茨代表大会也未能如期召开，于是各联合委员会授权给总委员会，由它根据情况确定下次代表大会召开的时间。

然而诸多事件的发展使得代表大会似乎已经不适于在1871年秋天召开。可以预料到的是，“国际”的会员在各个国家所受到的压制可能只允许他们派遣极小一部分代表赴会，而这极少数能够出席代表大会的“国际”会员，一定会遭到他们本国政府的非难和报复。“国际”绝对没有任何理由再增加自己会员牺牲的人数，因为当时为了照顾巴黎公社的受难者，对人力和物力所提出的要求已经达到了极限。

于是总委员会决定，不再举行公开的代表大会，取而代之的是像在1865年那样，先在伦敦召开一次封闭式会议。出席这次会议的代表寥寥无几，这证实了总委员会原先的担心。这次会议从9月17日开到9月23日，被派遣赴会的代表只有23人，其中比利时6人、瑞士2人、西班牙1人，还有13人是总委员会的委员，不过他们当中的六名委员仅有咨询权而没有表决权。

在这次代表会议上做出了大量的范围广泛种类繁多的决议，比如其中一些决议涉及了对工人阶级进行普遍统计、工会的国际关系和农业无产阶级的情况，这些决议在当时的情况下只具有一种纯理论性的意义。而最重要的任务则是首先把“国际”武装起来，以对付外部敌人的凶猛进攻，同时要加强内部团结，以打击从内部瓦解“国际”的分子；这两项任务基本上是同时进行的。

这次代表会议最重要的决议，是跟“国际”的政治行动有关。这项决议首先引用了“国际”的成立宣言、章程、洛桑代表大会决议和协会的其他正式声明，并通过这些引证来说明，工人阶级的政治解放是同它的社会解放密不可分的。然后决议指出，“国际”所对抗的是一种肆无忌惮的反动势力，它正在残酷地镇压工人阶级追求解放的一切尝试，企图通过野蛮的暴力手段来确保阶级差别以及建立在这种差别基础上的有产阶级统治永远延续下去。决议认为，工人阶级只能作为一个阶级采取行动来反抗有产阶级的所有暴行，为此工人阶级要单独地建立一个自己的政党，这个政党应该不同于有产阶级的一切旧政党的形成；建立一个作为政治党派的工人党，对于取得社会主义革命的胜利和实现它的终极目标——消灭阶级——是不可或缺的前提条件；最后，把处于分散状态的反抗力量联合起来，工人阶级通过他们的经济力量已经在某种程度上建立起的这类联合体，也应该用来作为它在反抗它的剥削者的政治统治的斗争中的杠杆。出于所有这些理由，代表会议提醒“国际”的全体会员注意，在工人阶级当前正在处于斗争的状况下，工人阶级的经济运动是和它的政治活动密不可分地联系在一起的。在组织关系方面，代表会议请求总委员会限制增聘新委员的人数，并且在增添委员时不应过分地仅仅惠及同一个民族。会议还规定，总委员会这个名称仍然只限于总委员会独自使用；各个国家的联合委员会应该冠以该国的国名，而地方支部应该一律冠以所在地的地名。除此以外，代表会议要求所有的支部今后不得再用宗派名称，如实证论派、互助主义派、集体主义派、共产主义派等等。会议还决定，“国际”的每个会员一如既往地每年向总委员会缴纳一便士的会费。

对于法国来说，代表会议建议加强在工厂中的宣传鼓动工作和“国际”出版物的传播推广。对于英国，代表会议则建议单独成立一个自己的联合委员会，这个委员会一旦得到各个地方的支部和工会的认可，总委员会就会立刻批准。此外，代表会议声明，德国工人在德法战争期间尽到了自己的职责。与此相反的是，代表会议否认对所谓的涅恰耶夫的阴谋负有任何责任，同时它委托吴亭，根据俄国的原始资料起草一篇关于涅恰耶夫诉讼案的简单扼要的报道，并在日内瓦的《平等》周刊上发表，不过该报道在发表之前必须先要呈送给总委员会。

代表会议宣布，关于社会主义民主同盟的问题已经获得解决，同盟的日内瓦支部自动解散，采用宗派名称已经遭到禁止，因为使用宗派名称就意味着有权要求执行与“国际”的共同目标完全不符的分立主义的特殊任务。关于汝拉各支部，代表会议批准了总委员会 1870 年 6 月 29 日的决议，而该决议承认日内瓦联合委员会为瑞士罗曼语区的唯一具有全权的委员会。但代表会议同时也呼吁发扬团结一致的精神，鉴于“国际”正在遭受种种迫害的情况下，此刻比过去任何时候更需要用这种精神武装工人。因此，代表会议建议汝拉各支部正直的工人，重新加入日内瓦联合委员会的各个支部。如果这一点不可能实现，那么代表会议则决定允许分离出去的各个支部定名为汝拉联合会。然后会议还声明说，总委员会今后有义务公开揭露和拒绝承认一切自称的“国际”机关报，因为这些报纸效仿汝拉的《进步报》和《团结报》，居然在资产阶级读者面前讨论“国际”的内部问题。

最后，代表会议委托总委员会决定下次代表大会召开的地点和时间，或者视情况确定有可能替代它的代表会议的地点和时间。

总的说来，代表会议的各项决议所体现出的有理有据和实事求是的精神是不容置疑的；代表会议向汝拉各个支部所提议的解决办法是让它们给自己定名为汝拉联合会，而这个办法也是这些支部本身已经考虑过的。只有关于涅恰耶夫案件的决议由于含有个人挖苦的因素，因而缺乏实事求是的观点。如果资产阶级报刊利用涅恰耶夫案件所暴露出的秘密来攻击“国际”，那也不过就是一种诽谤，而这种当面诽谤的事情当时每天都一打一打地落到“国际”头上。“国际”向来不认为自己有义务对这些诽谤提出反证，它觉得在类似的情况下只需要把这种垃圾轻蔑地一脚踢入污水沟就足够了。但是，即使说“国际”想要在这件事上打破一次惯例，那也不应该委任一个恶毒的阴谋家作为自己的发言人，并且还像期待资产阶级报刊爱说真话一样，也指望这个发言人在巴枯宁的问题上说实话。

吴亭开始进行这项委托给他的工作时，编造了一篇他所拿手的关于谋杀案的骇人听闻的故事。他打算在苏黎世完成这项工作。他声称，他在那里除了巴枯宁指挥下的同盟的几个斯拉夫人以外没有其他敌人，然而据他说他有一天却在苏黎世遭到了袭击，有八个操着斯拉夫方言的人在运河附近一个僻静的地方打伤了他，他们把他摔倒在地上，如果不是四个大学生刚巧路过那里、并且救了他这个未来将为沙皇效劳的人的宝贵生命，那么那八个人定会彻底要了他的命，并把他的尸体沉入到运河里。

如果撇开这个例外不谈，那么此次代表会议的各项决议都无疑为增进相互了解提供了一个必要的基础，特别是在这样一个时刻，在整个工人运动都处于四面受敌的窘迫境地之时。但是早在10月20日，由巴枯宁的社会主义民主同盟残存党羽和一些公社逃亡者在日内瓦组成的革命社会主义宣传和行动支部，就向总委员会提出过申请，表达了要求加入“国际”的愿望。总委员会在征求了日内瓦联合委员会的意见之后，拒绝了这个支部的申请。于是该支部立即开始在代替已经寿终正寝的《团结报》而出版的《社会革命报》上，对“由一个俾斯麦式的大脑领导的德国人委员会”展开了猛烈的开火，因为依照这家优秀的报纸的看法，“国际”的总委员会就是这路货色。这个出色的暗指得到了迅速的应和。马克思在给他的一位美国朋友的信中谈到了这件事，他写道：“这是指下述不可饶恕的事实而言，即我是德国人，实际上在总委员会中具有决定性的精神影响。（请注意：在总委员会中，德国人在数量上比英国人和法国人都少三分之二。可见，罪孽在于英国人和法国人在理论方面受着德国人的统治（！），而他们把这种统治即德国的科学认为是十分有益的，甚至是必要的。）”①

后来，汝拉各支部于11月12日在松维利耶举行的代表大会上发动了一次总攻击。当然，在汝拉的22个支部当中只有9个支部派出的16名代表出席了这次代表大会，而且即使是在这为数不多的代表当中，大部分人还患有奔马性肺结核病。也正因为如此，他们的发言就更加口无遮拦地吹牛皮、说大话。他们觉得伦

① 参阅《马克思恩格斯全集》第33卷，人民出版社1973年版，第334页。

敦代表会议把一个名称强加给他们的做法让他们受到了很深的侮辱，虽然这个名称是他们自己早就已经考虑过要采用的。尽管如此，他们还是决定听从伦敦代表会议的建议，并且从此以后就改称为汝拉联合会。

为了报复这种“屈辱”，他们宣布解散罗曼语区的联合委员会，这当然没有任何意义。不过，这次代表大会的主要成果就是起草了并向“国际”的各联合委员会散发了一篇通告，他们在通告中对伦敦代表会议的合法性提出了异议，并且呼吁应该在最短的期限内召开一次全体代表大会。

由纪尧姆所起草的这篇通告认为，“国际”正处在一条危机重重的下坡路上。“国际”创立的初衷本该是“对一切权威的巨大的抗议”；在“国际”的章程里规定了要确保每一个支部或者支部的每一个小组的独立性，而作为执行机构的总委员会则只被赋予极其有限的权力。然而人们却渐渐地习惯了给予它一种盲目的信任，这在巴塞尔甚至导致了代表大会本身自愿地放弃权利，同时授予总委员会一种特权，即在下一届代表大会做出决定之前，它有权接受、拒绝或者解散个别支部。应该指出的是，巴塞尔代表大会的这一决议，实际上是根据巴枯宁的极力倡导，并在纪尧姆的赞同下做出的。

通告声称，从此以后总委员会便把自己当成是国际工人协会的“合法首脑”了，而且五年来总委员会的组成人员一直是同一拨人，开会也总是定在同一个地点。由于在“国际”自己的眼睛里，它已经成了政府一类的机构，因此它自然会把它那些与众不同的思想当成是国际内部唯一合法的官方理论。只要在其他团体中出现不一致的观点，都被总委员会的委员们不假思索地看成是异端邪说。就这样渐渐地形成了一种正统观念，这种正统观念的领导总部在伦敦，而它的代表人物就是总委员会的委员。通报认为，人们无须对他们的意图加以指责，因为他们是按照他们的特殊学派的观点行事的，但是大家必须要最坚决地跟这些观点的代表人物进行斗争，因为他们拥有的绝对权力不可避免地会起腐蚀作用；对自己的同一类人使用这种权力的人，完全不可能仍然是一个有道德的人。

通告接着说，伦敦代表会议继续完成了巴塞尔代表大会的工作，并且通过了若干决议，这些决议把“国际”从一个由各个独立的支部组成的自由联盟，变成了总委员会手中的一个权力主义的等级森严的组织机构。为了圆满地完成这个建筑物，代表会议甚至做出决定，让总委员会确定下次代表大会或者代替它的代表会议举行的时间和地点；这使总委员会能够独断专行地用秘密的代表会议来取代"国际"的公开的代表大会。因此，通告提出，必须根据最初的规定对总委员会的权限加以限制，也就是说，它只不过是一个负责书信往来和统计的简单的办事处，而他们想通过独裁和中央集权来达到的统一，可以通过独立的团体的自由结合来实现。通告认为在这一方面"国际"应该成为未来社会的范型。

尽管这样刻意渲染描黑总委员会，或者说正是因为这种刻意地渲染描黑，汝拉各支部的通告并没有达到它预期的真实目的；它要求尽可能迅速地召开一次代表大会，然而这一要求甚至在比利时、意大利和西班牙都没有得到赞同。在西班牙，人们怀疑在对总委员会进行的频繁激烈攻击的幕后是巴枯宁和马克思之间的争风吃醋；在意大利，人们既不愿意让伦敦对自己发号施令，也用样不愿意听从汝拉的指挥。只有在比利时人们选择了赞同修改章程，即明确地宣布"国际"是由各个完全独立的联合会组成的一个协会，而总委员会则是"函件处理和情报提供中心"。

正是因为这个缘故，巴枯宁派汝拉联合会的松维利耶代表大会通告博得了欧洲资产阶级报刊的一片热烈的喝彩，它们就好像遇到了珍馐美味一样，纷纷地猛扑过来。资产阶级报刊所散布的关于总委员会——尤其是自从巴黎公社失败以后——使用恐怖暴力统治的谎言，现在得到了来自"国际"自己内部文件的证实。代替这期间已经迅速停刊的《社会革命报》而出版的《汝拉公报》，由于能够连连不断地转载资产阶级报纸热情支持的文章而至少获得了一种满足感。

松维利耶通告所引起的一片嘈杂的反响促使总委员会决定对此作出回应，它同样也采用了一篇通告的形式，通告的标题是：《所谓国际内部的分裂》①

①《所谓国际内部的分裂》，完整标题为《所谓国际内部的分裂。国际工人协会总委员会内部通告》，卡·马克思和弗·恩格斯写于1872年1月中—3月5日。见《马克思恩格斯全集》第18卷，人民出版社1964年版，第3—55页。

7. 国际工人协会分裂的根源

总委员会的这篇通告反驳了在松维利耶和其他地方对总委员会所进行的各种严厉指责，而这些指责的由头则是逾越职权或者甚至是伪造《章程》，以及偏激、不容许存在相反的言论等等诸如此类的东西。就通告所致力的批驳而言，它进行的是一场绝对胜券在握的论战，但是有一点只能让人感到遗憾，那就是这场论战不得不将大部分笔墨浪费在几乎完全是无足轻重的事情上了。

实际上，今天要想弄清楚这类琐碎的事情，毕竟还是要花费一定气力的。例如，在国际工人协会成立时，出于对波拿巴警察的戒惧心理，巴黎的"国际"会员在《章程》的法文译本中，把"一切政治运动必须作为手段服从于工人阶级的经济解放"这句话做了删节，去掉了其中的"作为手段"这几个字。这件事本来是十分简单明了的，但是有人却喋喋不休地，直至已经令人厌倦地散布谎言说，"作为手段"这几个字是总委员会后来弄虚作假加进《章程》里去的。或者，当在伦敦代表会议上宣布承认德国工人在战争中尽了自己的职责时，有人便硬是把这一点与"泛日耳曼主义"联系在一起，并且告密说，"泛日耳曼主义"已经在总委员会里占据支配地位。

总委员会的通告彻底地清除了在这些毫无价值的琐事上的诬妄之谈。如果人们能够考虑到，这些琐碎之事之所以被提出来，就是为了暗中破坏基础已经开始发生动摇的国际工人协会的集中制，而国际工人协会独自面对各种反动势力的频繁进攻之所以还能够有幸保存下来，靠的就是它的集中制，这样人们就可以理解了，在通告的结束语中为什么用那么愤恨的语气来指责社会主义民主同盟帮了国际警察的大忙。"它宣布在无产阶级队伍中实行无政府状态，是摧毁集中在剥削者手中的强大的社会力量和政治力量的最可靠的手段。它以此为借口，竟要求国际在旧世界正力图置国际于死地的时候，用无政府状态来代替自己的组织。"[①]"国际"受到外部敌人的逼迫越是严重时，来自内部的攻击就越发显得无耻，尤其是

① 参阅《马克思恩格斯全集》第18卷，人民出版社1964年版，第53页。

这些攻击比以往任何时候都更加毫无根据。

但是，通告把尖锐的目光投向了事物的这一个方面，却模糊了它对另一个方面的注意力。通告的标题本身就已经表明，它只承认“国际”内部有“所谓”的分裂。它把全部的争执和冲突——就像马克思在《机密通知》中所做的那样——都归因于“几个阴谋家”的颠覆活动，尤其是归因于巴枯宁的阴谋。通告再一次强调了过去曾经对巴枯宁提出过的指控，因为他的“各阶级平等”[①]的荒谬提法，因为巴塞尔代表大会等，通告指责他伙同涅恰耶夫一起把一些无辜的人出卖给了俄国警察，通告还特别用了一段话来专门阐述这样一个事实，即巴枯宁的两个拥护者已经原形毕露，他们居然是波拿巴的密探，这件事自然让巴枯宁感到非常尴尬，但是并未能败坏他的名声，正如几个月以后总委员会也摊上了同样倒霉的事，它有两个拥护者也是奸细，这一事实也未能损害总委员会本身。如果说通告指责“年轻的纪尧姆”诋毁日内瓦的“厂工”是可恨的“资产者”，那么它就是丝毫没有注意到，在日内瓦人们对于“厂工”这个词的理解是指工资优厚的奢侈品制造工人阶层，这个阶层由于在选举期间曾经同一些资产阶级政党达成妥协而备受争议。

然而通告的最薄弱的一面还是在于它对“正统性”的指责所进行的辩解，虽然这种指责实际上是针对总委员会的。通告所引用的论据是，伦敦代表会议曾经直截了当地禁止所有的支部使用宗派名称。这样做当然在一定程度上是完全合理的，因为“国际”本身就是一个集工会联合会、合作社、教育和宣传协会为一体的相当混杂的组织。但是总委员会在通告中对于总委员会的这一决议所做的解释却是极度具有争议的。

通告的原话是这样说的：“无产阶级反对资产阶级斗争的第一阶段，带有宗派运动的性质。这在无产阶级还没有发展到作为一个阶级来行动的时期是有其理由的。有些思想家在批判社会矛盾的时候，提出了一些解决这些矛盾的幻想的办

---

① 原话为“它首先力求实现各阶级在政治、经济和社会方面的平等”。见《马克思恩格斯全集》第18卷，人民出版社1964年版，第15页。

法，而工人群众则只有接受、宣传和实现这些办法。这些倡导者建立的宗派，按本质来说是弃权论的，即厌弃任何实际活动、政治、罢工、结社——总而言之，厌弃任何集体的运动。无产阶级绝大多数对它们的宣传始终是漠不关心的，甚至是敌视的。巴黎和里昂的工人不愿意理睬圣西门派、傅立叶派和伊加利亚派，就像英国的宪章派和工联派不承认欧文派一样。宗派在开始出现时曾经是运动的杠杆，而当它们一旦被这个运动所超过，就会变成一种障碍；那时宗派就成为反动的了。法国和英国的宗派，以及目前德国的拉萨尔派都证明了这一点。拉萨尔派多年来一直是组织无产阶级的绊脚石，而最终成了警察手中的简单工具。”[①]

在通告在另一处地方，还把拉萨尔派称作为“俾斯麦派的社会主义者”，说除了他们的警察机关报，即《新社会民主党人报》以外，他们还扮演着普鲁士德意志帝国的走狗的角色。

在这篇通告里，没有一处地方可以明确地证明，这个文件是马克思撰写的。根据通告的内容和文笔来看，很可能是恩格斯或多或少地直接参与了大部分的起草工作。但是有关宗派的论述则无论如何是出自于马克思的手笔。从他同一个时期和党内一些朋友的通信中可以找到完全相同的思想，而早在他对蒲鲁东的论战著作中，他就已经第一次阐述了这一思想。这种思想本身正确地说明了社会主义宗派的历史意义，但是马克思也有搞错的地方，他把巴枯宁派，甚至是拉萨尔派同傅立叶派和欧文派混为一谈了。

我们看待无政府主义可能总是想怎么蔑视就怎么蔑视，并且干脆把它看成是工人运动的一种疾病，也不管它在什么地方出现。但是我们的确不可以认为——至少是在现在，在取得了半个世纪的经验之后——这种疾病是由外部传染给工人运动的，倒不如说，工人运动与生俱有和遗传了罹患这种疾病的体质，并且在有利的条件下，或者更确切地说是在不利的条件下得到了发展。即使是已经到了1872年，也是很难理解这种错误的想法是怎样产生的。巴枯宁绝不是一个胸有定见的人，他也没有一套成熟的体系，而工人只需要简单地接受这种体系，并且

① 参阅《马克思恩格斯全集》第18卷，人民出版社1964年版，第35—36页。

将它付诸实行就可以了。马克思本人不是也不厌其烦地反复说过，巴枯宁在理论方面完全是个废物，他只有充当阴谋家时才会感到如鱼得水、得心应手，他提出的纲领就是一个东拼西凑剽窃来的肤浅的大杂烩！

宗派创始人都有一个决定性的特征，那就是他们对一切无产阶级的群众运动都采取敌对的态度：由于敌视，因此他们根本不愿意同这样一种运动打交道，而另一方面，这样的群众运动也根本不愿意跟他们打交道。即使巴枯宁曾经仅仅为了他个人的目的而企图强行占有“国际”这件事是真的，那么他也只是一如既往地想以此证明，他作为一个革命家只把希望寄托在群众身上。尽管巴枯宁同马克思之间的斗争变得异常激烈，他却几乎始终把这看作是马克思的不朽功绩，认为“国际”的创立为群众性的无产阶级运动开辟了广阔的天地。巴枯宁和马克思的分歧之处就在于他们对这种群众运动为达到自己的目标所必须遵循的策略持有不同的见解；不管巴枯宁对这个问题的看法有多大的错误，然而他的这些看法的确同玩弄宗派把戏没有任何关系。

对拉萨尔派更可以这样说。诚然，拉萨尔派在1872年时肯定还没有达到社会主义原则的高度，但是他们毕竟在理论认识和组织力量方面超过了欧洲同时代的其他一切工人政党，甚至也超越了一直仍然以拉萨尔的鼓动著作为自己的主要精神食粮的爱森纳赫派。拉萨尔把他的宣传鼓动建立在无产阶级阶级斗争的广泛基础上，由此便堵死了所有宗派活动的方便之门。他的继任者施韦泽心中如此坚信政治斗争和社会斗争的不可分割性，以至于他因此被李卜克内西指责为“议会痴迷症”。如果说施韦泽在工会运动问题上不幸的是没有听从马克思的警告，那么他现在脱离运动也已经很久了，而且拉萨尔派也已经在开始纠正这个错误，尤其是在柏林建筑工人取得罢工胜利以后。他们克服了战争给他们的宣传鼓动工作所造成的干扰，而且群众也正在络绎不绝地涌入他们的越来越密集的队伍。

由于马克思一向对拉萨尔以及与拉萨尔的名字有关的一切都怀有一种无法克服的厌恶感，所以我们不需要特别强调他对拉萨尔派的攻击。不过既然总委员会的通告再次把这些攻击提到了桌面上，那么与此相关联来看，它们便具有了一种特别的意义。这些攻击揭示了国际分裂的真正根源，揭示了这个伟大的国际工人协会由于巴黎公社的失败而陷入的那种无法解决的矛盾。从那时起，全世界的反动势力一致行动起来对“国际”展开了猖狂的进攻，而面对蜂拥而来的冲击，“国际”只能通过紧密地团结自己的一切力量进行自卫。但是公社的失败也证明了政治斗争的必要性，而如果不尽可能地削弱“国际”的联系，进行政治斗争是不可能的，因为这种斗争只能在各国的疆界内进行。

放弃政治这种要求，不管它有多么过火，归根结底是出于对资产阶级议会制的诱惑的合理质疑和厌憎而产生的；李卜克内西早在1869发表的著名演说中就已经最清晰不过地表达过这种质疑。对总委员会专制的不满也是这样产生的，自从巴黎公社失败以后，几乎在所有的国家里都表现出了这种不满情绪，不管这种不满有多么过火，它却是出自于这样一种或多或少清醒的意识，即每一个国家的工人政党，都首先会受到它在自己国家内部的生存条件的约束，它是构成这个国家的一部分，因此极少能够摆脱这种生存条件，这就如同一个人不能摆脱掉自己的影子一样；换句话说就是，它不可能接受来自外国的领导。尽管马克思在国际工人协会的《章程》中就已经强调指出过，政治斗争和社会斗争是不可分割的，但是他在实践中却处处把一切具备资本主义生产方式的国家的工人阶级的共同社会需求作为考虑问题的出发点。即使他提及政治问题，也只是因为这些政治问题——例如要求通过立法程序缩短工作日——是由于这种社会需求而产生的。那些按照词的本义和直接意思来理解的政治问题，尤其是那些涉及国家宪法的问题和在不同的国家所产生的完全不同的问题，马克思则一直保持缄默，直到无产阶级通过“国际”的教育才有了比较清晰的认识。怪不得他那么猛烈地指责拉萨尔，说他的宣传鼓动运动都是按照各个国家的尺寸量身定制的！

有人曾经表达过这样一种猜测，说如果没有巴黎公社的失败和巴枯宁的鼓动和逼迫，马克思可能还会长时期地对政治问题保持缄默。这是非常有可能的，甚至是有极大的可能性。但是马克思照例接受了向他提出的挑战。他只是没有认清，他所需要解决的任务在“国际”当时的状况下是不可能得到解决的；“国际”当时是怎样紧密地团结一致对抗它的外部敌人的，它也可以用样的程度向其内部施压，而如果连“国际”总委员会的领导人竟然错误到把一个依照他的看法是最发达的，而且还是建立在他的祖国的一个工人政党，看成是卖身投靠的一支警察部队，那么这就为此提供了一个强有力的证明，即“国际”的历史性的一刻已经到了。

然而这还不是唯一的证明。凡是开始形成全国性的工人政党的地方，“国际”无处不在解体。施韦泽因为对“国际”的所谓的冷淡态度曾经受到过李卜克内西怎样铺天盖地的指责啊！现在，当李卜克内西自己身居爱森纳赫派的领导地位的时候，他也不得不忍受恩格斯的完全同样的指责，而他则效仿施韦泽的榜样，并引用德国的结社法来回答这种指责：“我不想因为这个问题在现在拿我们自己的组织的生存去冒险。”假如那个倒霉的施韦泽也竟敢说出如此放肆和笃信的话——他从来没有这样做过——那么这个无论如何都想要拥有一个“自己的政党”的“裁缝大王”，一定将会受到更加严厉的谴责。爱森纳赫派的成立给了日内瓦的“德语系支部”第一个打击。而发生在1871年的瑞士工人党的成立，又给了“国际”在欧洲大陆的这个最老最强的组织以最后的打击。就在这一年的年末，贝克尔不得不让《先驱》停刊。

马克思和恩格斯在1872年时还没有把这种相互关系看清楚。但是如果他们声称，“国际”是毁于一个蛊惑民心者的阴谋活动，那么他们也太使自己的权力暗淡无光了；“国际”本可以在完成自己的伟大使命之后无比光荣地退出历史舞台，可是这项使命却超越了它本身所能胜任的程度。实际上，要是人们听到当今的无政府主义者对此事的说法，想必一定会站到他们这一边，他们是这样说的：如果以为一个异常阴险的家伙、一个“极度危险的阴谋家”居然能够破坏掉像“国际”这样一个无产阶级组织，那么就再也没有什么东西会比这种想法更加非马克思主义化了。没有人会站到笃信马克思和恩格斯一贯正确的那些虔诚的信徒一边，这些人认为马克思和恩格斯的工作完美到连最后一个步骤都算无遗策，只要有人对此表示怀疑，甚至会让他们感到诚惶诚恐、不寒而栗。假如马克思和恩格斯今天自己还能够讲话的话，这两个人肯定只会尖刻地嘲讽这样一种要求，即一向作为他们手中的锐利武器的无情批判，不应该触及他们自己本身。

他们的真正伟大之处并不在于他们从来都不曾犯过错误，而是更在于他们一旦认识到自己的错误之后，从来都不曾继续坚持自己的错误。尚在 1874 年恩格斯就已经承认，“国际”已经过时了。“要创立一个象旧国际那样的新国际，即世界各国无产阶级政党的联盟，需要有对工人运动的普遍镇压，即象 1849—1864 年那样的情形。可是现在的无产阶级世界太大、太广了。”① 他引以自慰的是，十年来“国际”一直支配着欧洲历史的发展方向，使它朝着一个蕴藏着未来的方向发展，所以“国际”可以自豪地回顾自己的工作。

1878 年，马克思在一家英国杂志上驳斥了所谓“国际”已经失败并且从现在开始已经寿终正寝的断言，他这段话是这样写的：“事实上，在德国、瑞士、丹麦、葡萄牙、意大利、比利时、荷兰和美国或多或少是在全国范围内成立的社会民主工党都是国际性的团体，这些团体已经不是少数分散在各国以及由独立存在的总委员会联合起来的一些支部，而是在经常的、积极的、直接的交往中，由思想交流、相互帮助和共同意愿团结起来的工人群众自己组成的团体。……由此可见，国际并没有过时，而只是从诞生的初期转入了更高的时期，在这一时期，它的初步希望已经部分地实现了。在可以写出国际历史的最后一章以前，国际一定还会在它向前发展的过程中经历许多变化。”②

在这寥寥几行字中，马克思再一次证明了他的真正的先见之明。在那个时候，各国的工人党只是刚刚处在萌芽状态，在新的“国际”组建之前的十多年，马克思就预见到了它的历史存在。但是，他并没有预言“国际”的第二种形态会持久不变直到永远，他只是确信这样一点，即总会有新的生命在“国际”的废墟中开花结果，只等时机成熟使它成为事实。

8. 海牙代表大会

在 3 月 5 日的总委员会通告中，曾经宣布要在 9 月初召开年度代表大会。在此期间，马克思和恩格斯已经决定提议将总委员会的会址由伦敦迁移到纽约。

---

① 参阅《马克思恩格斯全集》第 33 卷，人民出版社 1973 年版，第 644 页。

② 参阅《马克思恩格斯全集》第 19 卷，人民出版社 1963 年版，第 168—169 页。

关于这项建议的必要性和实用性曾经有过许多争论，与此同时，对于提出此建议的动机也一直备受争议。有人把这理解成是一种用于埋葬“国际”的头等葬礼，认为马克思是想以此来掩盖“国际”已经到了无可挽救的地步了。但是马克思和恩格斯却用事实反驳了这种看法，在总委员会迁移到纽约之后，他们也一直竭尽全力来支持它，并且想方设法使它能够继续存在下去。于是又有人说，马克思已经厌倦了“国际”的工作，他想不受干扰地重新致力于他的科学著作，而这种说法在某种意义上得到了恩格斯的证实。在 1872 年 5 月 27 日写给李卜克内西的一封信中，恩格斯提到了比利时人提出的关于完全撤销总委员会的议案，并且补充说道：“这对我个人倒是合适的，因为我也好，马克思也好，反正都不再参加总委员会了；在目前的情况下，我们几乎没有时间进行工作，这种状况应该结束了。”[①] 不过，这可能是不经意间的一种表态，是带着一丝恼怒随口说出的话。

即使马克思和恩格斯拒绝在任职期满后把他们重新选进总委员会，这也不足以成为总委员会必须迁出伦敦的理由。其次，马克思曾经一再表示过，在“国际”站稳脚跟并走上正轨之前，他决不为了自己的科学著作而忽视国际的工作。特别是现在，在“国际”还处于最严重的危机之中时，马克思肯定不曾想到过仅仅由于这样一个原因而离开“国际”。

倒是马克思本人在 7 月 29 日写给库格曼的一封信中道出了真实的原因：“这次国际代表大会（9 月 2 日在海牙开幕）将关系到国际的存亡，在我退出以前，我至少要使国际不被腐败分子所占据。”[②]

这种防止“分裂分子”破坏的保护措施之一就是将总委员会迁出伦敦，因为在那里总委员会由于陷入日益加剧的意见纷争而濒于崩溃。当然，在总委员会里面尚没有巴枯宁主义倾向的代表，即或有实力也很薄弱、所以对于他们根本没有什么可担心的。但是在总委员会里的德国、英国和法国委员中间，却吵得沸沸扬扬、一片嘈杂，以至于总委员会不得不指定它的一个下属委员会对这种没完没了

① 参阅《马克思恩格斯全集》第 33 卷，人民出版社 1973 年版，第 477 页。
② 参阅《马克思恩格斯全集》第 33 卷，人民出版社 1973 年版，第 503 页。

的争论做出裁决。

甚至马克思同总委员会中的另外两名委员埃卡留斯和容之间的关系也变得疏远了，多年来他们曾经一直是他的最得力的和最忠实的助手，这种疏远在1872年5月甚至发展成同埃卡留斯的公开决裂。埃卡留斯的生活极其贫困，但他却决定辞去他在“国际”的总书记的职务，因为他自以为“国际”缺了他不行，想以此要求把他那15先令微薄的周薪提高一倍。然而英国人约翰·黑尔斯通过选举接替了他的职位，埃卡留斯不公正地把这件事的责任归到了马克思的身上，马克思反而总是在英国人面前为他辩护。但是，马克思也曾经多次训斥过他，因为埃卡留斯把一些有关“国际”内部事件的消息、特别是关于伦敦代表会议上秘密商谈的消息，兜售给了新闻界。另一方面，容则把马克思对自己的疏远归责于恩格斯和他的妄自尊大的作风。这可能还是有一定的道理。自从马克思每天都能够与恩格斯来往以来，他就不再像以前那样频繁地跟埃卡留斯和容来往了，虽然他并没有任何恶意。而“将军”——知友们给恩格斯起的一个亲密绰号——则喜欢使用一种简短强硬的军人口吻发号施令，这一点甚至就连他的那些好朋友都可以做证。每当轮到他担任总委员会的轮值主席的时候，人们经常要做好出现暴风雨般的场面的准备。

从黑尔斯被任命为总书记开始，他和埃卡留斯相互之间就产生了一种极端的仇恨，而埃卡留斯总是能争取到“国际”的一部分英国会员站在他的一边。相比之下，马克思却没有得到新的总书记的支持。相反地，当根据伦敦代表会议的决议成立了英国联合委员会，并且该联合委员会于7月21日和22日在诺丁汉举行了它有22名代表参加的第一次代表大会的时候，忠于巴枯宁主义的“联合委员会的自主权受到威胁”这一口号的黑尔斯却提议，不通过总委员会的从中斡旋，而是直接同其他的联合委员会进行交往。此外，他还在全体代表大会上提议修改《章程》，打算以此来限制总委员会的权力。黑尔斯撤回了他的第二个提案，但是第一个提案被通过了。在纲领方面，这次代表大会虽然没有表露出支持巴枯宁主义的倾向，但是却倾向于英国的激进主义；例如大会虽然主张让土地公有化，但是却绝对不赞成让所有的生产资料都实行公有化，而黑尔斯也对此表示赞同。黑尔斯完全公开地搞阴谋诡计反对总委员会，迫使总委员会不得不在 8 月份撤销了他的总书记的职务。

在总委员会的法国委员当中，占据优势的是布朗基派，这个派别在引起争论的两个主要问题上，即在政治活动问题和严格执行集中制的问题上，是完全可以值得信赖的。但是，由于布朗基派原则上偏好采取一些猝不及防的革命的突然袭击行动，在当时欧洲的反动势力一直窥伺时机，企图以其巨大的优势力量采用强硬手段进行干涉的情况下，该派可能会比其他任何派别对"国际"更加具有危险性。实际上，对布朗基主义分子有可能会夺取领导权的担心，大概才是促使马克思决心把总委员会的会址迁出伦敦的最强有力的推动，为此他选择了迁往纽约。在纽约可以建立总委员会的国际性组织，并且能够确实保证总委员会的卷宗的安全，这在欧洲大陆的任何地方都是不可能做到的。

在从 9 月 2 日开到 9 月 7 日的海牙代表大会上，马克思能够掌握可靠的多数这多亏了德国人和法国人在 61 名代表中占了较大的比重。马克思的反对者指责他人为地制造了这个多数，这是一种完全站不住脚的指责，如果这种指责是源于怀疑代表的授权委托书的真实性的话。这次代表大会几乎把一半的时间都花费到了代表委托书的审查上。除了一个例外，所有的委托书都通过了审查。当然，马克思早在 6 月时就往美国写信，请求把委托书发给德国人和法国人。有些代表不是代表本国的支部，而是代表某一个外国的支部；另有一些代表由于顾虑警察迫害而以假名出现，或者出于同样的原因而隐瞒了委托他们为代表的支部的名称。因此，在关于这次代表大会的各种报告中，所列举的有关各个国家参会代表的人数相去甚远。

严格地说，代表德国各个组织出席大会的只有八个人：伯恩哈德·贝克尔（不伦瑞克）、库诺（斯图加特）、狄慈根（德累斯顿）、库格曼（策勒）、米尔克（柏林）、里廷豪森（慕尼黑）、朔伊（符腾堡）和舒马赫尔（左林根）。此外，马克思作为总委员会的代表，除了收到了纽约的委托书以外，还分别得到了莱比锡和美因茨的委托书，而恩格斯则分别得到了布雷斯劳和纽约的委托书。莱比锡的黑普纳的委托书是来自纽约的，柏林的胡戈·弗里德伦德尔得到的那份委托书则是来自苏黎世的。另有两名代表瓦尔特和斯瓦姆的名字看上去是德国姓氏，实际上却是法国人；他们的真实姓名是埃德盖姆和当特莱格。两个人都是十分靠不住的危险人物，埃德盖姆还在海牙时就已经是波拿巴的密探了。法国的代表都是巴黎公社的流亡者，其中的弗兰克尔和龙格是站在马克思一边的，朗维埃、瓦扬以及另外几个算得上是布朗基主义分子，他们都是以自己的名字出现的，但是他们的委托书的来源或多或少却一直弄不大清楚。代表总委员会的除了马克思以外还有两个英国人（罗奇和塞克斯顿）、一个波兰人（弗罗勃列夫斯基）和三个法国人（赛拉叶、库尔内和杜邦）。列斯纳代表伦敦的共产主义工人联合会。英国的联合委员会派出了四名代表，其中有埃卡留斯和黑尔斯，他们这两个人在海牙时就已经同巴枯宁派勾搭在一起了。

至于巴枯宁派，意大利人根本没有派遣代表参加这次代表大会；他们尚在8月召开的里米尼代表会议上就已经拒绝了同总委员会的任何联系。五名西班牙代表中除了拉法格一人以外都支持巴枯宁派，八位比利时代表和四位荷兰代表也是如此。汝拉联合会派遣的是纪尧姆和施维茨盖贝尔，而日内瓦则仍然派老贝克尔为代表。从美国来了四位代表：左尔格，他和贝克尔一样属于马克思的最忠实的支持者；布朗基主义者德勒尔，他曾经是巴黎公社的一名成员；第三位拿到代表委托书的人归属巴枯宁派，而第四位就是其委托书唯一被代表大会宣布无效的人。丹麦、奥地利、匈牙利和澳大利亚各派了一名代表。

在审查委托书的三天期间里就爆发了激烈的争吵。拉法格的西班牙代表委托书引起了激烈的争论，但是终于在少数人放弃投票权的情况下得到承认。由于芝加哥一个支部的委托书发给了一个住在伦敦的会员，这份委托书也引起了争议。在争论的过程中，英国联合委员会的一位代表提出，这个会员不是公认的工人运动领袖；而马克思却对此反驳说，不是英国的工人领袖这反倒是一种莫大的光荣，因为这些领袖大多数都卖身投靠了自由派。尽管委托书最终得到了认可，但是对此所发表的这种意见却引起了与会者十分强烈的不满，而且在代表大会结束之后还被黑尔斯及其同伙利用来反对马克思。马克思一向是一个敢作敢当的人，他本人当然从来也没有为自己的这种表态感到后悔过，也从未想过要把自己说过的话收回来。在代表委托书的审查结束以后，为了预先审核跟巴枯宁以及他的同盟有关的几件声明，成立了一个由五名成员组成的特别委员会；被选进委员会的成员都是那些较少参加过有关巴枯宁同盟的争论的会员。他们是德国人库诺，并担任主席，法国人吕坎、维沙尔、瓦尔特即赫德盖姆，最后还有比利时人斯普林加尔。

直到第四天才进入实际的议程，代表大会是以宣读总委员会提交给大会的报告开始的。报告是由马克思起草的，并且由他本人用德语宣读，塞克斯顿用英语宣读，龙格用法语宣读，阿贝勒用佛兰德语宣读。报告严厉地谴责了自波拿巴的全民投票以来对"国际"所实施的一切暴力行为，痛斥了对巴黎公社的血腥屠杀、梯也尔和法夫尔的卑鄙行径、法国的小土地贵族议会的丑行，以及德国的叛国案的审判；英国政府也受到了猛烈的抨击，因为它肆意使用恐怖手段对爱尔兰的支部进行干涉，并且命令它的外交使馆官员对"国际"的分支机构进行调查。报告说，随着各国政府合力策划的追捕行动，文明世界的造谣势力也发动了一场谎言和诽谤中伤运动，通过强加于国际的无中生有的各种事件，通过报警电报和厚颜无耻地伪造官方文件，特别是通过那个耸人听闻的造谣诽谤的杰作，即把芝加哥发生大火的责任硬是归罪给"国际"，并且通过电讯向全世界进行传播。报告说，令人感到奇怪的是，他们怎么没有把当时摧毁了西印度群岛的飓风归罪于"国际"的恶魔般的影响。面对这种狂暴的粗野的围剿，总委员会强调说明了"国际"所取得的不断进步予以回击，它指出："国际"已经进入了荷兰、丹麦、葡萄牙、苏格兰和爱尔兰，并且正进一步扩展到美国、澳大利亚、新西兰和布宜诺斯艾利斯。代表大会用阵阵掌声通过了这一报告，并且根据一位比利时代表的提议，向无产阶级解放斗争的全体牺牲者表示由衷的钦佩和同情。

然后代表大会进入了关于总委员会的讨论。拉法格和左尔格以阶级斗争的需要为理由说明了总委员会存在的必要性；他们认为，工人阶级反对资本的日常斗争没有一个中央领导机构是无法进行的；如果现在还没有总委员会，那么也必须创立一个总委员会。持反对意见的主要是纪尧姆，他否认了保存总委员会的必要性，认为最多也只能准许它作为一个主管通信和统计的中央办事处存在，但是要剥夺它的一切决定权。他声称，“国际”绝不是哪一个聪明人凭着一种不容置疑的政治和社会理论而发明的，而是根据汝拉支部的意见，从工人阶级生存的经济条件中产生的，旨在于能够足以保证工人阶级所致力的目标的一致性。

辩论一直延续到第五个讨论日才结束，而且是在一次秘密的会议上结束的，顺便说一句，关于委托书是否有效的讨论也是关起门来进行的。马克思发表了长篇演说，他主张总委员会现有的权力不仅应当保留，而且还必须增强；在下一次代表大会召开之前，并在一定的条件下，总委员会不仅应当有权中止个别支部的活动，而且有权中止整个联合委员会的活动。他还说道，总委员会虽然没有掌握警察，也没有兵权，但是它在道义上的权威不应受到限制；与其轻视地把它贬低成一个邮筒，还不如干脆把它撤销掉。如马克思所愿，代表大会以 36 票对 6 票、15 票弃权的情况下通过了马克思的报告。

然后，恩格斯提议把总委员会的会址由伦敦迁往纽约。他所提出的依据是，关于总委员会由伦敦迁往布鲁塞尔的问题已经进行过多次讨论，只是布鲁塞尔方面始终对此加以拒绝；在目前的情况下，落实这项决定已经是刻不容缓，因此由纽约代替伦敦会址的问题必须急迫地做出决定，至少应该在一年内下决心解决这个问题。恩格斯的提议引起了普遍的惊愕，但主要是令人感到极其不快的意外。法国代表提出了特别激烈的抗议，经过他们的力争，决定进行分段投票，先表决到底要不要迁会址，然后再对具体的地点即前往何处进行表决。迁会址的问题以 26 票对 23 票和 9 票弃权的勉强多数通过了决定；然后有 30 票选择赞成迁往纽约。接着选出了新的总委员会的十二名委员；他们被授权再增选七名新委员作为补充。

在这同一次会议上也开始讨论政治措施。瓦扬按照伦敦代表会议就这个问题所通过的决议的精神提出了一个决议草案。该草案认为，工人阶级必须作为一个政党组织起来，这个政党要同所有的资产阶级政党严格地划清界限，并且要对它们采取敌对的态度。瓦扬以及龙格特别援引了巴黎公社的经验作为依据，说巴黎公社正是由于缺少一个政治纲领而走向了毁灭。有一位德国代表说，施韦泽就是因为放弃政治活动而变成了警察的密探，但是这种解释不怎么令人信服，因为就是这同一个施韦泽，早在三年前的巴塞尔代表大会上，就由于他的“议会痴迷症”被德国代表当作密探而遭到过公开的谴责。纪尧姆也根据自己的观点列举了瑞士的经验，说那里的工人在选举时可以跟形形色色的人结成选举联盟，有时候跟激进派，有时候跟反动派；而汝拉支部成员对于这类狼狈为奸的勾当根本不感兴趣；他们好歹也是政治家，不过却是持反对态度的政治家，因为他们不是要夺取政权，而是要摧毁政权。

这项讨论也延续到了次日，即第六天，也就是代表大会的最后一天。这一天是以一件意想不到的事件开始的，朗维埃、瓦扬和其他一些布朗基主义者因为总委员会迁往纽约的决议而退出了大会。他们在不久后印发的一个传单上写道：“正当人们要求‘国际’履行自己的职责的时候，它却放弃了自己的职责。它逃避革命，逃到大西洋彼岸去了。”左尔格接替了朗维埃的主席职位。然后，瓦扬的提案以35票对6票和8票弃权通过。有一部分代表已经动身离开了，但是他们当中的大多数人都留下了一个书面声明，表示赞成这项提案。

最后一天的最后几个小时被五人委员会的关于巴枯宁及其同盟问题的报告占用了。该委员会宣布，报告以四票对比利时委员的一票通过：第一，已经证明，确实曾经存在过一个秘密同盟，其章程与《国际工人协会章程》完全是背道而驰的，但是尚不能足够准确地判定，这个组织是否仍然存在。第二，通过巴枯宁的一个章程草案和一些信件已经证明，巴枯宁曾经企图，而且他甚至可能已经成功地做到了在“国际”的内部建立一个秘密的协会，这个协会的章程无论是在政治方面还是在社会方面都与《国际工人协会章程》截然不同。第三，巴枯宁曾经使用欺骗的手法企图强占别人的财产；为了摆脱所负的责任，他本人或者他的代理人曾经使用过恐吓的手段。出于这些考虑，委员会的多数人要求把巴枯宁、纪尧姆以及他们的好几个拥护者开除出“国际”。委员会的报告人库诺没有提出物证，他只是声明，委员会的多数委员在这个问题上达到了道义上的确信，并且请求代表大会投信任票。

主席委员会曾经要纪尧姆为自己进行辩护，然而已经拒绝在委员会前露面的纪尧姆声明说，他放弃任何辩护发言，因为他不想参加演戏了。他声称，这一打击不是针对某些个人的，而是针对整个联合主义目标的。这个目标的代表者们还在出席代表大会期间就已经对此做好了准备，而且已经缔结了一项团结公约。接着由一位荷兰代表宣读了这个公约；公约有四名西班牙代表、五名比利时代表、两名汝拉支部代表、一名荷兰代表和一名美国代表签名。签名者们表示，为了避免“国际”的任何分裂，他们同意与总委员会保持所有的行政关系，但是拒绝总委员会对各联合委员会的内部事务进行干涉，只要这些联合委员会没有违犯《国际工人协会共同章程》；同时应该要求所有的联合委员会和支部，为下一次代表大会做好准备，以便促使自由联合的原则胜利实现。大会甚至不愿将这个问题纳入讨论议程，而是以27票对7票（8票弃权）开除了巴枯宁，并且以25票对9票（9票弃权）开除了纪尧姆。委员会提出的有关开除的其余建议都遭到了否决，但是代表大会委托委员会公布有关同盟的文件。

海牙代表大会的这场压轴戏无疑是和大会本身极不相称的。以委员会的多数通过的诸多决议，因为有一个密探也参加了起草而被宣布无效，当然这些情况一般人是不可能知道的。另外，如果开除巴枯宁是出于政治上的原因，甚至仅仅由于在道义上确信他是一个不可救药的拨弄是非者，那么纵然没有白纸黑字的书面证据来证明他的一切阴谋诡计，至少也是完全可以解释和理解的。但是，如果在财产关系问题上硬说巴枯宁不分你我，以此败坏他的诚实的名声，则是完全不可宽恕的。遗憾的是，马克思对于这件事是负有一定的责任的。

马克思设法弄到了那个莫须有的“革命委员会”的所谓决议，这项决议给柳巴温造成很大的威胁，倘若他坚持要求巴枯宁偿还那300卢布的稿费预付款的话，这笔钱是一个俄国出版商为了巴枯宁翻译《资本论》之事通过他转交给巴枯宁的。这个文件的文字内容不得而知，但是当柳巴温成为巴枯宁的死敌之后，他把这个文件寄发给了马克思，同时在信中写道：“当时我认为巴枯宁无可否认地参与了这封信的策划。但是今天，当我把整个事情经过冷静地重新思考过之后，我看清了，完全不能证明巴枯宁曾经参与过这件事，因为这封信很可能是涅恰耶夫在没有得到巴枯宁的支持的情况下寄出的。”实际情况也正是如此，然而人们却仅仅根据这样一封信，就在海牙代表大会上指责巴枯宁的诈骗行为，何况连收信人都不相信这封信具有刑事犯罪的性质。

尽管巴枯宁多次承认过预支稿费的事，并且承诺过会通过这种或者那种方式偿还清这笔费用，但是由于他长期处于没有钱的困境，所以他似乎始终不曾做到这一点。另一方面，在这个不幸的事件中，我们尚没有听到过任何有关那个唯一的受害者即出版商本人的情况；他想必以一种哲人的泰然态度接受了他的职业足以使他习惯的那样一种命运。又有多少作家——其中还包括一些极负盛名的作家——预支了出版商的稿费却始终还不起啊！这自然不是什么值得称道的事，但是这种事也还远远没有到非得要把犯事者送上绞架不可。

9. 余痛

随着海牙代表大会的结束，国际工人协会的历史也结束了，不管马克思和恩格斯是怎样想方设法地试图使“国际”按照老样子继续维持下去。为了便利新的总委员会完成它的使命，凡是可以做的，他们两个人都做了。

但是，新的总委员会本身却始终未能成功地在美国的土地上牢牢地扎下根基。在那里，在各个支部之间，也充满着多种多样的意见不合，而且也同样缺乏经验和联系，缺少精神力量和物质手段。新总委员会的振兴之魂是左尔格。他熟悉美国的情况，并且曾经反对过把总委员会迁往纽约。但是，在经过最初的拒绝之后，他还是接受了当选为总书记的职务；因为他思考问题太认真、太忠诚，以至于这个男人在临危受命之时根本不可能拒绝。

在处理无产阶级的事业中，使用外交手腕总是不会有好结果的。马克思和恩格斯曾不无理由地担心过，把总委员会迁往纽约的计划会在德国、法国和英国工人当中引起强烈的反抗。因此，他们曾想要尽可能长久地拖延此事，以免过早地增加本来就已经存在的引起争端的口实。但是他们在海牙代表大会上的意外成功同样造成了痛心的结果。原来担心的反抗并没有因此而减弱，反而变得更加倔强和激烈了。

相比较而言，德国人的反抗表现得最为缓和。李卜克内西是反对总委员会迁移的，他后来也始终表示，总委员会迁址是一个错误。但是当时他正和倍倍尔一起被羁押在胡贝图斯堡的监狱里。如果说他对“国际”的关注已经多少有些消退，那么爱森纳赫派的大多数人则更是如此，这恰恰是由于爱森纳赫派的代表们在海牙代表大会上所获得的印象造成的。1873 年 5 月 3 日恩格斯在给左尔格的信中谈到了此事，他写道，“德国人，虽然他们自己有同拉萨尔派的纠纷，但是对海牙代表大会感到非常失望和沮丧，因为他们本来希望在那次代表大会上看到与国内争吵相反的局面，取得完全的友谊与和谐……”[①]。正是出于这个本身就非常令人不快的原因，国际工人协会的德国会员对于总委员会的迁址不那么过于热心大概就可以得到解释了。

布朗基派的退出要更加危险得多。在一些真正的关键问题上，除了德国人以外，马克思和恩格斯最倚重的就是布朗基派，这一派曾经是他们最早依靠过的、此时同样能够依靠的派别，特别是跟法国的另一个派别蒲鲁东派相比，蒲鲁东派从整体观念来看更倾向于巴枯宁派。布朗基派的怨恨之所以如此之大，是因为他们完全准确地察觉到了，总委员会的搬迁的首位目的之一就是想要剥夺他们实现密谋策划的这个杠杆。当然，布朗基派的退出最后也只能自取其咎。由于他们不可能在自己的祖国开展宣传鼓动运动，他们在脱离“国际”之后就陷入了流亡者的不幸命运。1874 年 9 月 12 日恩格斯在给左尔格的信中写道：“法国流亡者彻底垮台了，他们彼此争吵不休，而且是由于纯粹的私事，大部分是由于钱的问题，我们几乎完全不同他们来往了。……在战争、公社和流亡期间过的那种浪荡生活，使这些人极端地腐化了，只有贫困才能使懒散惯了的法国人重新变得聪明起来。”[②] 然而这只不过又是一种于事无补的非常糟糕的慰藉罢了。

总委员会的迁移对英国的运动产生了极其明显的反作用。尚在 9 月 16 日，黑尔斯就在英国联合委员会里提议对谴责马克思一事进行投票表决，因为马克思公然说英国工人领袖已经出卖了工人运动；这个提议被通过了，只有一段补充文

① 参阅《马克思恩格斯全集》第 33 卷，人民出版社 1973 年版，第 584 页。
② 参阅《马克思恩格斯全集》第 33 卷，人民出版社 1973 年版，第 646、647 页。

字由于表决结果赞否票数相等而被否决了，这段文字说：马克思本人并不相信这种责难，他只是为了个人目的才提出这种责难的。接着黑尔斯宣布了一项把马克思开除出“国际”的提案，而另一名会员则提议拒绝采纳海牙代表大会的决议。这时候黑尔斯已经完全公开地继续保持同汝拉各个支部的联系了，这种联系还是他在海牙时就秘密建立起来的；他在 11 月 6 日以联合委员会的名义写信告诉他们说，现在旧总委员会的虚伪面目已经被揭穿，它曾经试图在“国际”内部组织一个秘密团体，而且还借口说这样做是为了消灭另外一个秘密团体，实际上旧总委员会所谓的另外一个秘密团体的存在完全是它为了达到自己的目而凭空捏造的说法。不过黑尔斯同时强调指出，在政治行动问题方面英国人的看法同汝拉各支部并不一致；英国人确信积极进行政治活动是有作用的，不过他们也承认其他的联合委员会应该拥有最完善的自主权，由于各个国家的情况不同，这使得拥有自主权尤为显得必要。

黑尔斯找到了埃卡留斯以及荣克这两个热心的同盟者，荣克在最初采取观望态度，之后便开始对马克思和恩格斯展开了几乎是最为猛烈的攻击。埃卡留斯以及荣克两个人当时都曾经犯下过严重的罪过，他们被个人的动机搅乱了自己的客观判断能力：先是由于妒忌和过于敏感，因为马克思更愿意地听信恩格斯而不怎么愿意倾听他们的意见，至少表面看上去是如此，后来则是因为失去了他们作为总委员会的老委员而占据的受人尊敬和富有影响力的地位。不幸的是，正是他们的这种地位而加大了他们所造成的损害。他们在一系列的代表大会上都是作为马克思所主张的观点的最热心和最透彻的宣讲者而闻名于世的。现在，当他们以汝拉各支部对这些观点的宽容来证明海牙决议的偏狭的时候，他们也就把所谓马克思和恩格斯有独裁欲望的流言变成似乎是不容置疑了。

即使他们采取破釜沉舟的做法，也不过是一种拙劣的自我安慰罢了。在英国，特别是在爱尔兰的各个支部，他们都遇到了强有力的抵制，甚至在英国联合委员会内部也是如此。于是，他们就玩弄了一场类似政变的把戏，向“国际”所有的支部和全体会员发出了一项呼吁，他们在呼吁书中宣布，英国联合委员会由于内讧已严重分裂，共同工作已经全无可能；他们要求召开一次代表大会，并让代表大会来决定海牙的各项决议是否有效。呼吁书对这些决议做出了自己的解释：政治行动并不是强制进行的——因为这也是多数人的观点——而是埃卡留斯和荣克不反对海牙代表大会承认政治活动的必要性这一点，因为这是多数人所同意的。他们反对的是，总委员会认为自己有权决定各联合委员会应在本国执行的政策。联合委员会的少数派立刻在一篇似乎由恩格斯起草的呼吁书中反驳了他们的谰言，并且反对建议召开的代表大会，认为它是非法的。但是这个代表大会还是在1873年1月26日召开了。大多数支部决定支持代表大会的召开，而且也只有这些支部派代表出席了大会。

黑尔斯在宣布大会开幕的同时便对前总委员会和海牙代表大会展开了强烈的谴责，而且他还获得了埃卡留斯和荣克的热烈支持。大会一致表示反对海牙代表大会的决议，并且拒绝承认设在纽约的总委员会，大会主张，在"国际"的各个联合委员会多数认为必要的时候，召开一次新的"国际"代表大会。英国联合委员会的分裂就这样完成了，它的残存的两派已经表示无力再有效地参加1874年的选举，这次选举就是要推翻格莱斯顿的内阁，在很大程度上由于工联的行动。工联曾经提出了很多候选人，并且第一次把它的两名会员选入议会。

可以说，老"国际"的第六次代表大会为自己签发了一张死亡证书，这次代表大会是根据纽约总委员会的决议于9月8日在日内瓦召开的。而已经于9月1日同样是在日内瓦召开的与"国际"相抗衡的巴枯宁主义分子的代表大会，其参加者至少还有两名英国的代表（黑尔斯和埃卡留斯），比利时、法国和西班牙的代表各5人，意大利代表4人，荷兰代表1人，以及由汝拉各支部派出的代表6人。而出席马克思这一派代表大会的代表，绝大多数都是由瑞士人组成的，甚至大部分是住在日内瓦的当地人。连总委员会都未能派出一名代表赴会。英国人、法国人、比利时人、西班牙人和意大利人同样少有代表出席大会；德国只有一人、奥地利也只有一人到场。老贝克尔自吹自擂地说，在还不到三十人的大会代表中，有十三名代表仿佛是他急得跺脚从地底下呼唤出来的，这是为了利用与会者的人数来给代表大会赢得更多的声望，同时确保多数人坚持正确的方向。马克思当然不愿参与这种自欺欺人的行径；他老老实实地承认，"日内瓦代表大会的惨败是不可避免的”，他建议总委员会，暂时让“国际”这一形式的组织退居到次要地位，并认为这样做是绝对有利的。但是，只要有可能，就绝对不能放弃组约的中心点，不能任凭它脱离“国际”的掌控，不能让任何白痴和冒险家有机会篡夺“国际”的领导权和败坏整个事业的声誉；这些事件和事态的不可避免的发展以及情况的错综复杂性，将会自然而然地促使“国际”以更加完善的形式复活起来。[①]

这是在当时的情况下所能做出的最明智和最有价值的决定。但遗憾的是，这一决定本该产生的影响却由于马克思和恩格斯自认为应该给予巴枯宁的最后一次打击而被大大地削弱了。海牙代表大会委托曾经建议开除巴枯宁的五人委员会公布它的调查结果，然而这个委员会并没有按照要求去做；这或许是因为“它的委员们散居在不同的国家”，因而妨碍了委托的执行，也可能是因为五人委员会的权威性已经极度减弱，因为它的其中一个委员竟然宣称巴枯宁无罪，还有另外一名委员在这期间甚至被揭穿是警察的密探。于是，海牙代表大会的文书委员会（杜邦、恩格斯、弗兰克尔、勒穆叙、马克思和赛拉叶）取代了原来的五人委员会，承担起了这项任务，并且在日内瓦代表大会召开的前几个星期发表了一个纪要，标题为《社会主义民主同盟和国际工人协会》[②]。这个纪要是由恩格斯和拉法格起草的；马克思仅仅参与了最后几页的编辑工作。然而毫无疑问的是，马克思所担负的责任丝毫也不少于两位真正的起草人。

要想批判性地研究这个经常为了简短起见而被称为关于同盟的小册子的文件，探讨它的各个细节正确与否，至少需要跟这个小册子同样篇幅的十个印张。然而即便是这种研究本身是不可能的，也不会造成很多损失。在这样的斗争中，双方总是要你来我往地互相猛烈攻击的，巴枯宁派在谴责马克思主义者时，也确确实实是不择手段的。所以，即使巴枯宁派有时候遭到有些苛刻的甚至是不公平的对待，他们也没有权利试图抱怨。

① 参阅《马克思恩格斯全集》第33卷，人民出版社1973年版，第607、608页。
② 参阅《马克思恩格斯全集》第18卷，人民出版社1964年版，第365—515页。

其实从另一个角度来看，在马克思和恩格斯所发表的所有的著作中，这篇论述应该说是处于最低的水平。这个小册子完全缺少在他们的其他论战著作中的那种独特的魅力和不朽的价值，也就是说，通过否定的批判而产生的那种新的认识的积极的一面没有表现出来。对于造成“国际”衰亡的内在原因，小册子也只字未提。它只是《机密通知》和《关于所谓国际的分裂的通告》的继续。它断言，正是巴枯宁和他的秘密同盟用阴谋诡计破坏了“国际”。这个小册子不是一个历史性的文件，而是一个单方面的起诉书，它的倾向性每一页都一望而知。尽管如此，小册子的德文译者认为自己还应该另外做点什么，于是他用检察官的笔法把小册子的标题加以润色，并把它题名为《一个反对国际工人协会的阴谋》[①]。

“国际”的衰亡完全是其他的原因造成的，根本不是由于秘密的同盟的存在，这本小册子里也并没有证实同盟的存在造成了哪些实际的影响。海牙代表大会的调查委员会在这方面也不得不使用“可能”和“大概”这类含混的字眼来搪塞应付。尽管巴枯宁的所作所为应该遭到严厉谴责，特别是处在他这种地位的人，居然醉心于想入非非的章程草案和虚张声势的公告声明，但是，既然没有不利于他的任何确凿的罪证，那么就应该相信，他的做法有极大成分是由于他那一向活跃的想象力在作怪。但是，小册子的一半篇幅充满了叙述“高尚的”吴亭所揭露的有关涅恰耶夫案件以及巴枯宁在西伯利亚流放时期的种种材料，说什么巴枯宁还是在流放时期就已经充分地显示出卑鄙的敲诈勒索者和剪径贼的伎俩了。但是对于这一点，小册子却根本没有拿出任何证据，而它能够提供的有限的证据，其实全都是涅恰耶夫所说过的话和所做过的事情，只不过是不加区分地统统记到巴枯宁的账上罢了。

特别是关于西伯利亚的那一章，纯粹就是一篇低级趣味的小说。据说巴枯宁

① 卡·马克思和弗·恩格斯的著作《社会主义民主同盟和国际工人协会》是在保·拉法格的参与下用法文撰写的，1874年，它以《一个反对国际工人协会的阴谋》为题在德国的不伦瑞克（Braunschweig）用德文出版，恩格斯直接参加了德译本的审订工作。

在西伯利亚流放时期，那里的总督[①]是他的一个什么亲戚。由于这种亲戚关系和他已经表示要为沙皇政府效劳，流放中的巴枯宁成了西伯利亚的秘密代治者，他滥用权力，“为了几个酒钱”居然为资本主义企业主争取优待。当然，这种贪欲有时候也会由于“巴枯宁对科学的仇视”而受到抑制。因此，他曾经破坏过西伯利亚商人想在当地建立一所大学的计划，而建立大学是必须要经过沙皇恩准的。

吴亭特别“天才地”渲染了巴枯宁向卡特柯夫敲诈大笔钱财的故事。这件事波克罕在几年前就曾经向马克思和恩格斯说明是捏造的，但是没有得到这两个人的认可。据波克罕说，巴枯宁是从西伯利亚写信给卡特柯夫的，希望能够从他那里得到几千卢布用于自己逃跑。然而按照吴亭的说法却是，巴枯宁是在成功地逃离之后才从伦敦写信向卡特柯夫借钱的，因为他受到良心的苛责，急于要退还他在西伯利亚流亡时期从一个烧酒总包销商那里接受的贿金。这毕竟还算是一种悔过的行动吧，但是让吴亭特别感到惊愕的是，甚至连这样一种几乎可以说是人类的情感，在巴枯宁那里也只能表现为向一个他明知是“由俄国政府豢养的告密者和文化界大盗”的人乞讨金钱。吴亭的想象力竟然达到了这样令人目眩的高度，但他却仍然乐此不疲，他的想象力还远没有衰竭。他和他的同盟完全靠招摇撞骗过日子已经有好多年了。

1873 年 10 月末吴亭来到伦敦，此行的目的是向马克思和恩格斯报告有关巴枯宁的“另外一些更加令人吃惊的事情”。恩格斯在 11 月 25 日写给左尔格的信中说道：“这个家伙在实践中真是认真地运用了自己的教义问答；他和他的同盟完全靠招摇撞骗过日子已经有好多年了，他们认为，这方面的情况丝毫不能透露出去，不然会使某些必须加以重视的人名誉扫地。你根本想象不到，这是一个什么样的骗子集团。”[②]幸亏在吴亭来到伦敦以前，关于巴枯宁的同盟的小册子已经在几个星期之前就发表了；因此，至少“另外一些更加令人吃惊的事情”就只能永

---

① 指穆拉维约夫－阿穆尔斯基伯爵，全名尼古拉·尼古拉耶维奇·穆拉维约夫－阿穆尔斯基（1809—1881），1847 至 1861 年任伊尔库茨克和东西伯利亚总督。此人曾强迫清政府（1858 年 5 月 28 日）签订《瑷珲条约》，割走中国 100 万平方公里的土地。

② 参阅《马克思恩格斯全集》第 33 卷，人民出版社 1973 年版，第 612 页。

远留藏在吴亭那热爱真理的胸怀中了。此后不久，吴亭就痛悔前非地投入到沙皇慈父的怀抱，靠贩卖烧酒和供应军需品大发战争横财。

正是这本关于同盟的小册子中的雄辩而详尽地论述同盟在俄国的那一部分，最有力地摧毁了该著作的政治影响。甚至连那些同巴枯宁关系紧张的俄国革命家，都对这个小册子感到反感。巴枯宁对七十年代的俄国运动的影响始终没有减少，而马克思则失去了他在俄国已经赢得的很多的同情。事实证明，恰恰是由于小册子所取得的这唯一的成果，使它在其余方面全都打了水漂。这个小册子迫使巴枯宁本人退出了斗争，但是它却丝毫也损害不了以巴枯宁的名字冠名的运动。

巴枯宁最初是用一则声明做了回答，他把声明投寄给了《日内瓦报》。这个声明证实了小册子的攻击所引起的沉痛的心情。巴枯宁以海牙调查委员会里有两名坐探——实际上只有一名——作为依据来说明，这些攻击是站不住脚的。然后他提醒人们注意，他的年龄已经到了六十岁，并且随着年龄的增长他的心脏病也在日益恶化。“让那些更年轻的人去干吧！至于我自己，我已经再也没有必需的力量了，或许也没有必不可少的信心再去继续滚动西西弗斯的石头来对付到处都在庆祝胜利的得意扬扬的反动势力了。所以我要退出战场，并且只要求我的亲爱的同时代人一件事，即忘记我。从今以后，我不会再打扰任何人的安宁，也希望别人不要搅扰我的安宁。”他指责马克思把国际工人协会变成了他个人的报复工具，但他同时也仍然承认，马克思是这个“伟大而卓越的协会”的主要创始人之一。

巴枯宁在写给汝拉支部会员们的告别信中虽然比较激烈地攻击了马克思，但实际上却是以一种比较平和的笔调写的。他在信中不仅把俾斯麦的外交，而且同样也把马克思的社会主义说成是工人必须与之进行最严酷的斗争的反动中心。他这一次也用年龄和疾病来解释他退出宣传鼓动工作的原因，他说在他这种情况下参加斗争，与其说是对斗争有帮助，倒不如说会成为一种障碍。但是，他所以有理由隐退，无非是出于这样一个事实，即日内瓦的两个代表大会已经证明了他的事业的胜利和他的对手的事业的失败。

当然，巴枯宁用“出于健康状况的考虑”为理由曾经被人嘲笑是无聊的借口。但是他后来不得不生活在极端贫困之中并饱受身体病痛煎熬的那几年，证明他的体力确实已经衰竭。他对革命迅速取得胜利的“可能性”也已经丧失了信心，这一点从他写给他那些最亲密的朋友的一些密信中可以看出。1876 年 7 月 1 日，巴枯宁死于伯尔尼。他理应死得更为快乐一些，他死后即使不能在全体工人阶级当中，至少也理应在工人阶级的许多团体中赢得更好的名声，因为他曾经为了工人阶级的利益如此英勇地战斗过，并且忍受了那么多的苦难。

尽管巴枯宁曾经犯过各种各样的错误，也有过诸多的缺点，但是历史一定会确保他在国际无产阶级先锋战士的行列中获得光荣的一席之地——虽然，只要在这个地球上还有庸人存在，赋予他这种光荣的地位总是要引起争议的，而不管他们是用警察的夜帽遮住自己的长耳朵，还是用马克思的狮子皮来极力掩盖他们发抖的脚爪。

第十五章　最后的十年

1. 马克思在家里

1853 年年末，在共产主义者同盟的最后一次抽搐之后，马克思曾经回到了自己的书房；1873 年年末，在国际工人协会的临终抽搐之后，马克思同样又回到了他自己的书房。不过这一次他在自己的书房里度完了他的整个余生。

马克思曾经把他生命中的最后十年称作为“慢性死亡”，然而这有些过分夸张了。巴黎公社失败以后的频繁斗争再次严重地损害了他的健康。1873 年秋天，他害了很厉害的头痛病，并且时刻都处在中风的极大危险之中；这种慢性的大脑长期处于压抑的状态，使他丧失了工作能力和写作的乐趣；如果这种病长期地拖延下去，可能会产生十分严重的后果。不过经过他和恩格斯的共同的朋友、他完全信赖的曼彻斯特医生爱德华·龚佩尔特的数周悉心治疗和护理之下，他终于痊愈了。

遵照龚佩尔特医生的劝告，马克思决定在 1874 年前往卡尔斯巴德①。在接下来的两年当中，他又到那里去过。1877 年，他为了改换疗养环境，又去了诺伊那尔。不过到了下一年，即 1878 年，他就不能再到那里去了。因为两次谋刺德皇的事件，以及紧接着对社会主义者的大肆追捕，使他不能再进入大陆。但不管怎么说，在卡尔斯巴德的三次疗养，对于马克思来说还是产生了“神奇的”功效，

① 卡尔斯巴德（Karlsbad）是捷克西端城市卡罗维发利（Karlovy Vary）的旧称。

使他差不多完全从多年的肝病中解脱出来。现在只还剩下慢性胃病和神经过度疲劳，后者所表现的症状是头痛，尤其是顽固性的失眠。然而经过夏天在海滨浴场或者疗养胜地的休养以后，这些病症也都或多或少地消失了。可是过了新年之后，它们却又恼人地重新发作起来。

完全恢复健康当然也是有可能的，只要是马克思能够让自己多多地休息。在大量地辛勤工作和大量地奉献了自己的一生之后，按理说年龄已经逼近六十岁的马克思是有充分的权利休息的，但是他却根本没有考虑过这件事。为了完成自己的主要科学著作，他带着火一般的热情重新投身到自己的科学研究工作中去，而且在这一期间，他的研究范围也已经大大地扩展了。恩格斯在谈到这一点时说："马克思研究任何事物时都考查它的历史起源和它的前提，因此，在他那里，每一单个问题都自然要产生一系列的新问题。他研究原始时代的历史，研究农学、俄国的和美国的土地关系、地质学等等，主要是为了在'资本论'第三卷中最完善地写出关于地租的章节，而在他以前没有人试图这样做过。马克思除了能以所有的日耳曼语和罗曼语自由阅读以外，还学习了古斯拉夫语、俄语和塞尔维亚语。"① 而这些才只是他每日完成的工作量的一半。虽然马克思退出了公开的宣传鼓动工作，但是他并没有因此而减少涉及欧洲和美洲的工人运动的有关工作。他同各个国家的几乎所有的工人运动领导人都保持着书信来往，每当他们遇到重大的事件，只要是有可能，都总是亲自向马克思本人请教。因此，他越来越成为战斗的无产阶级的备受欢迎和总是有求必应的顾问了。

正如李卜克内西曾经引人入胜地描写过五十年代的马克思一样，拉法格也同样动人地描写了七十年代的马克思。② 他说，他的岳父的身体必须要有非常强健的体质，这样才能经受得住那样一种异乎寻常的生活方式和那种耗费精力的脑力劳动。他写道："他的身体其实还是很强壮的，他的身高属于中等偏上的水平，

---

① 参阅《马克思恩格斯全集》第22卷，人民出版社1965年版，第399—400页。

② 参阅威廉·李卜克内西《纪念卡尔·马克思——生平与回忆》和保罗·拉法格《忆马克思》，载于《回忆马克思》，人民出版社2005年版，第16-126、186-205页。

他双肩宽厚，胸肌发达，四肢匀称，尽管他的躯干跟两条腿比起来显得有些过长，但是这种情况在犹太民族中是很常见的。”[①] 在这里我们可以加上一句：不仅仅是犹太人如此；歌德也具有相类似的体型；他也属于“坐着的巨人”，民间经常这样称呼具有这种体型的人，他们由于脊椎比较长，在坐着的时候他们的身材显得比实际情况要高一些。

假如马克思在年轻的时候能够更多地从事体育活动，那么按照拉法格的看法，他必定会成为一个极其强健的人。然而他经常从事过的唯一的身体锻炼就是散步。他可以连续几个小时之久地一边谈话一边行走，或者是攀登小山，却丝毫也不感觉疲乏。不过他训练出这样一种能力一般也是为了能够在书房里更好地整理自己的思想；从他的书房门口到窗前，地毯上明显地出现了一道完全由于来回踱步而磨损出的长痕，就犹如草地上踏出的一条小径一样。

尽管马克思总是到了将近午夜时分才去就寝，然而他每天早晨总是在八九点钟之间就起床忙开了，喝过他的清咖啡和阅读完报纸之后，就来到他自己的书房里，一直工作到半夜甚至更晚一些时候才离开书房。除此以外，只有在吃饭的时候，或者如果傍晚的天气好，可以到汉普斯特德荒野去散步的时候，他的工作才暂时中断一下。白天，他会在他的沙发上睡上一两个钟头。工作已经成了马克思的一种癖好，以至于他为此常常可能忘记吃饭。他的胃不得不为了他的大脑的极度繁重的工作而付出代价。他是一个饭量很小的人，常常感到食欲不振，为了设法克服这个问题并增进食欲，他时常吃一些口味重的腌制食品，像火腿、熏鱼、鱼子酱、泡菜等。他不但饭量不大，他的酒量也不大，尽管他从来都不是一个节制饮酒运动的倡导者，而且作为莱茵省的儿子，他知道如何品评鉴赏美酒佳酿。然而另一方面，他却是一个酷爱吸烟的人，并且为此挥霍了大量的火柴。他曾经说过，《资本论》给他带来的收益，甚至连支付他在写这部著作时抽雪茄所花费的钱都不够。由于在漫长的贫困岁月里他不得不抽一些劣等的烟草，因此吸烟这种嗜好对他的健康非常不利，以至于医生不得不一再禁止他吸烟。

---

① 参阅《回忆马克思恩格斯》，人民出版社 1957 年版，第 74 页。

马克思把欣赏文学作品当作放松身心和恢复精神的手段。在他的整个一生当中，文学始终是他的一种有效的慰藉品。他在这方面拥有极其广博的知识，但是他却从来都不以此加以炫耀。他的著作也很少显露出他在文学方面博学多闻的迹象。唯一的一次例外是他为了反驳福格特而写的论战性著作，在这部著作中，他为了他的艺术目的而运用了大量的摘自于所有欧洲文学名著的引文。正如马克思本人的主要科学著作是整个时代的反映一样，他所喜爱的文学家的著作也同样是反映了整个时代的作品，他们都是伟大的世界诗人：从埃斯库罗斯和荷马，到但丁、莎士比亚、塞万提斯，直到歌德。据拉法格说，马克思每年都要把埃斯库罗斯的原著重读一遍。他始终是古希腊作家的忠实读者，而且他恨不得把当时那些使工人丧失对古典文化的兴趣的卑鄙小人挥鞭赶出学术的殿堂。

马克思精通上至中世纪的德国文学。在近代作家当中，除了歌德以外，他最欣赏的是海涅。在他年轻的时候，他对席勒似乎没有多大的兴趣，而在当时，德国的庸人们正陶醉于或多或少遭到他们错误理解的席勒的“理想主义”，这种情况在他看来“归根到底只不过是以夸张的庸俗气来代替平凡的鄙俗气”[①]罢了。自从马克思最终告别德国以后，他对德国文学的关心就再也没有那么多了。甚至少数几个理应受到他重视的德国作家，比如黑贝尔或者叔本华，他从来也没有提及过。不过里夏德·瓦格纳曲解德国的神话叙事诗[②]却曾经遭到过他的尖刻的嘲讽。

在法国作家当中，马克思对德尼·狄德罗的评价很高；他称狄德罗的《拉摩的侄儿》是一部独一无二的杰作。马克思对法国文学的喜爱涵盖了18世纪启蒙运动时期的全部文学作品。恩格斯对此也曾经说过，在启蒙运动时期的文学作品

① 这句话出自于恩格斯写于1846年年底—1847年年初的文章《诗歌和散文中的德国社会主义》“歌德过于博学，天性过于活跃，过于富有血肉，因此不能像席勒那样逃向康德的理想来摆脱鄙俗气；他过于敏锐，因此不能不看到这种逃跑归根到底只不过是以夸张的庸俗气来代替平凡的鄙俗气。”见《马克思恩格斯全集》第4卷，第232页。不过，马克思和恩格斯对席勒的看法始终是一致的。——德文原书出版者注

② 指德国作曲家里夏德·瓦格纳（1813—1883）根据民间史诗改编的歌剧《尼伯龙根的指环》。

中，法兰西精神无论是在形式上还是在内容上，都达到了迄今为止的最高境界；就其内容来说，如果考虑到当时的科学状况，那么这种文学的意义就是在现在来看也是高得没有止境，而就形式的优美来说，更是后来者永远不可能再达到的。与此相对照的是，马克思对法国浪漫主义作家却持否定态度，尤其是不喜欢夏多布里昂，他的虚伪的深奥、他的拜占庭式的夸张、他的形形色色的感情卖弄——总之，他那前所未有的谎言大杂烩一向都让马克思感到厌恶。马克思非常赞赏巴尔扎克的《人间喜剧》，认为它用诗情画意的镜子从不同的角度折射出整整一个时代的缩影。马克思曾经希望在完成自己的巨著之后写一部评论《人间喜剧》的书，但是这个计划也像其他许多计划一样，始终停留在萌芽状态。

自从马克思长期定居伦敦以后，英国文学在他的文学爱好中跨入到了显著的地位，而莎士比亚的巨大身影在他心目中一直高高地耸立于其他所有的作家之上，成了他全家人真正狂热崇拜的对象。令人遗憾的是，马克思从来不曾就莎士比亚对于他那个时代种种决定命运的重大问题所持的态度发表过评论。然而他却评论过拜伦和雪莱，他说，凡是喜爱和了解这两位诗人的人，一定会认为，拜伦死于他生命的第三十六个年头是一件幸事，因为假如他的寿命再延长得更久一些，他无疑就会变成一个反动的资产者；相反，他们也必定会为雪莱尚在二十九岁时便失去了性命而感到惋惜，因为他是一个完全彻底的革命者，并将永远属于社会主义的先锋队之列。马克思非常喜欢 18 世纪的英国小说，特别是亨利・菲尔丁的《汤姆・琼斯》。他认为这部小说是以其所特有的方式反映世界和时代变迁的一幅画卷。不过，马克思也赞赏过沃尔特・司各特的作品，承认他的个别几部小说是它们这一类作品中的典范。

马克思在他的文学评判中不带有任何政治和社会偏见，比如他对莎士比亚和沃尔特・司各特的偏爱就表明了这一点。但是他也同样极少崇尚那种“纯粹美学”，因为“纯粹美学”过于喜欢同政治上的冷漠或者甚至同政治上的奴颜婢膝联姻。在这方面，马克思也同样是一个完人，是一个具有独立的见解和原创精神的人，是不能刻板地用任何条条框框来衡量的。他在选择文学食粮方面绝对不是一个挑剔的人，甚至那些让学院派美学家连画三次十字表示厌恶的通俗小说，他也从不鄙弃。马克思是一个伟大的长篇小说读者，这一点很像达尔文和俾斯麦；他对惊险小说和幽默故事有着一种特别殊的偏好：从塞万提斯、巴尔扎克和菲尔丁，下至保罗·德·科克和对《基督山伯爵》的不幸负有责任的大仲马。

除了阅读文学作品以外，马克思还时常会到另一个完全不同的领域去寻求精神压力的缓解，尤其是在精神痛苦和遭遇到重大不幸的日子里，他习惯到数学领域去寻求庇护，因为数学能够对他起到一种镇定的效果。他在数学方面是否像恩格斯和拉法格所声称的那样有一些自己的独到的发现，我们在这里先暂且不谈；那些看过他的遗稿的数学家们，据说却持有另外的看法。

但尽管如此，马克思却既不是困守在自己的博物馆里，几乎只有在节日里才远远地遥望一下世界的瓦格纳，也不只是在其胸中住着两个灵魂的浮士德。"为世界工作"，这是他最爱说的其中一句。他认为，凡是如此有幸地能够献身于科学事业的人，也应该将自己的知识用来为人类服务。这种志向使马克思的身心经常保持着青春的活力。在他的家人和朋友们中间，他向来都是一个最随和、最快活和最有风趣的谈伴，从他那宽阔的胸膛里时常爆发出纵情的欢笑声。虽然从巴黎公社时期起，马克思就被称为"红色恐怖博士"，然而凡是寻访他的人就会发现，他实际上既不是一个阴沉的狂热分子，也不是一个书斋里的幻想家，而是一个谈笑自若的俗世的人。

凡是拜读过马克思的书信的人，有一点常常会让他们感到无比惊叹，而且似乎也给倾听过他谈话的人留下了同样强烈的印象，那就是这位天赋极高的伟人怎么可能在不知不觉之中便从极度紧张的暴怒状态，轻而易举地转到冷静而深刻的哲学思考上来。例如，海德门是这样描写他同马克思的谈话的："当他怒不可遏地谈到自由党的政策时，特别是在谈到它的爱尔兰政策的时候，这位老战士的那双深深凹陷的小眼睛突然像火一样地燃烧起来，他的两道浓眉紧锁着，宽大而坚挺的鼻子以及整个面孔都由于激动而明显地在抽动，他滔滔不绝地倾吐着最严厉的谴责，而这恰恰同时把他那种火爆的性子和他对我们的语言异乎寻常的驾驭能力都展现得一览无余。他在盛怒时的疯狂举止，同他在转而阐述自己对当代经济事件时的平静态度，这之间形成了十分鲜明的对照。他明显地毫不费力地便从一个预言家和猛烈的谴责者的角色转换成为一个冷静的哲学家的角色。而我从一开始就意识到了，在这一方面，我要想不再以一个学生的身份面对老师，恐怕是要过许多年以后才可能做到。”

马克思始终远离所谓的社交生活，尽管这时他在资产阶级的圈子里已经比二十年前名气大了许多；例如，海德门就是一个保守党议员促使他注意到马克思的。但是马克思自己的家却早在七十年代初期就已经成了一个极其活跃的交往中心，成了公社流亡者的另一个“正义避难所”，在这里他们随时都能够获得建议和帮助。这群躁动不安的人自然也随身带来了许多的烦恼和麻烦。当他们陆陆续续地离开之后，就连殷勤好客的马克思夫人都有一种如释重负的感觉，她抑制不住地叹了一口气说：他们可真够我们受的。

但是在他们当中也有例外。1872 年，曾经是公社委员和公社机关报编辑的夏尔·龙格娶了马克思的女儿燕妮。但无论是在私人关系上还是在政治上，他从来都不像拉法格那样，能够同他妻子的家庭完全融为一体。不过他也是一个能干的人。

关于他，马克思夫人有一次曾经这样写道：“他还是跟过去一样，容易激动，喜欢大声讲话和辩论。不过出于对他的尊重有些话我得背着他说，比如他按时在国王学院授课，而且他教授的课程让他的上司很满意。”龙格的幸福婚姻曾经因为第一个孩子的夭折而一度蒙上阴影，但是后来他们的第二个孩子——“一个胖胖的、结实的、漂亮的小子”——茁壮地成长起来，这给全家人，特别是给外祖父带来了欢乐。

拉法格夫妇也是公社的流亡者，他们就住在马克思家的附近。这对夫妇非常不幸，他们曾经失去过两个年幼的孩子；在这种命运的冲击压力下，拉法格放弃了行医，因为他认为，干这一行没有某种程度的招摇撞骗是不行的。“太可惜了，他背弃了医神阿斯克勒庇俄斯！”马克思夫人惋惜道。幸亏，拉法格一向对任何事情都抱着种种乐观的态度，因为拉法格所经营的那家影印石印社的生意只能慢慢地改善，虽然他“像一个真正的黑奴一样地工作，以解决家庭经济缺口”，虽然他还有一个勇气十足且不知疲倦的妻子作为他的帮手。然而他却很难跟大资本家的竞争抗衡。

马克思的第三个女儿在这段时间也遇到了一个追求者——法国人利沙加勒；此人后来写过公社史，他曾经加入到公社的行列中亲身参加过战斗。爱琳娜·马克思似乎对他怀有好感，但是她的父亲对这位追求者的可靠性存有疑虑。经过长时间的反复考虑之后，这件事最终没能成。

1875 年的春天，马克思一家又再一次搬家，尽管房子所在的城区并没有变；他们搬迁到了哈佛斯托克岗的梅特兰公园路 41 号。马克思在这所房子里度过了他一生中的最后的岁月，并且在这里去世。

2. 德国社会民主党

德国社会民主党幸免了老“国际”的所有其他分支机构在转向发展各国的工人政党时所陷入的危机，这多亏了它从一开始就是在本国的范围内发展起来的。日内瓦代表大会失败了几个月之后，德国社会民主党在 1874 年 1 月 10 日庆祝自己在国会选举中的第一次竞选获胜。它赢得了 350 000 张选票，获得了九个议席，其中的三个议席归拉萨尔派所有，另外六个议席属于爱森纳赫派。

造成老“国际”衰亡的最后一个最显而易见的原因则是：马克思和恩格斯作为“国际”总委员会的领导人，却同这样一个日益兴盛的工人政党难以达到互相沟通，甚至根据他们的出生地而言，这还是他们本该最熟悉的，而且跟他们的理论观点也是最接近的一个工人政党。他们的脱离实际并不是毫无恶果的。他们是站在国际的瞭望台上居高临下地观察事物，这就妨碍了他们全面透彻地看清各个国家的实际情况。就连在法国和英国涌现出的他们的那些最热心的崇拜者也都承认，他们从没有追根究底地深入了解过英国和法国的情况。即使是德国各邦的情况，自从他们离开祖国以后，他们就再也没有能够重新同它进行过一种全面、密切的接触；甚至在直接涉及党的问题方面，他们的判断也经常被他们对拉萨尔以及与拉萨尔的名字有关的一切的无法消除的不信任所蒙蔽。

当新选举出的帝国议会第一次开会的时候，这一点就以相当突出的方式显露出来。在爱森纳赫派的六名议员中，有两个人——倍倍尔和李卜克内西——尚在监狱里；而其余四位议员——盖布、莫斯特、莫特勒和瓦尔泰希——已经在他们自己的拥护者当中引起很大的失望。倍倍尔在他的回忆录中写道，各个方面的人都纷纷不快地向他抱怨说，三名拉萨尔分子——哈森克莱维尔、哈赛尔曼和赖默尔——在帝国议会中的成就大大地超过了这四名爱森纳赫派议员。恩格斯对实际情况的看法却完全有所不同。他写信给左尔格说："拉萨尔派被自己在帝国国会的议员弄得威信扫地，以致政府不得不开始对他们进行迫害，以便重新制造一种假象，似乎它在认真地对付这个运动。不过，拉萨尔派从选举时起，迫于需要不得不追随我们。真正值得庆幸的是，哈赛尔曼和哈森克莱维尔被选进了帝国国会。他们在那里使自己当众出丑；他们将被迫或者同我们的人站在一起，或者自担风险地去干蠢事。不管是这样还是那样，结果都会使他们完蛋。"[①] 不能想象还有比这更加不正确的看法了。

这两个派别的党团代表本身却彼此相处得很融洽，他们根本不会为在帝国议会的论坛上是否一个党团表现得稍微好一些，而另一个则表现得略微差一些这等事情做无谓的操心。两派都是以这样的方式进行竞选的，即让人既不可能指责爱森纳赫派的半社会主义，也不可能指责拉萨尔派同政府勾勾搭搭。两派获得了几乎是相同的票数；两派在帝国议会中所面对的是同样的对手和同样的要求；两派在它们选举获胜后都遭到了政府的同样凶猛的迫害。实际上它们只是在组织问题上还存在着分歧，不过就连这个最后的障碍也被那个热衷于追求功名的检察官赫尔曼·泰森多夫给彻底清除了，他知道怎样从唯命是从的法庭那里弄到判决书，通过这些判决书既摧毁了爱森纳赫派的较为散漫的组织，也摧毁了拉萨尔派的较为严密的组织。

所以，这两个派别的联合便自然而然地有了进展。尚在1874年10月，特尔克就向此间已经获释出狱的李卜克内西转交了拉萨尔派的和解建议，李卜克内西当即迅速果断地采取行动，或许这样做有些武断，但他却是热心至诚地接受了这

① 参阅《马克思恩格斯全集》第33卷，人民出版社1973年版，第645—646页。

个建议。他的做法虽然让伦敦方面非常反感，然而却仍不失为是他的一个功绩。对于马克思和恩格斯来说，拉萨尔派在当时依然是一个垂死的宗派，是迟早要无条件投降的。在完全平等的基础上与拉萨尔派进行谈判，在他们看来是违反了德国工人阶级利益的轻举妄动。1875 年春天，当两派代表达成一致的共同纲领草案公布出来的时候，马克思和恩格斯极为愤怒，甚至大发雷霆。

恩格斯事先已经给倍倍尔写过一封详尽的抗议信，在这之后，马克思又于 5 月 5 日给爱森纳赫派的领袖们写了一封通常所说的关于纲领的信[①]。他在信中空前猛烈地痛斥了拉萨尔。马克思说，拉萨尔尽管能够背出《共产党宣言》，但他却粗暴地对它进行了歪曲，其目的就是美化他同专制及封建敌人建立联盟反对资产阶级的做法。为此他还宣称，其他一切阶级都是与工人阶级为敌的一帮反动群体。然而这其中的“反动群体”的提法，根本不是拉萨尔创造的，而是由施韦泽创造出来的，况且是在拉萨尔死后才提出的。另外，当施韦泽在传播这个提法时，恩格斯还曾经明确地为此对他表示过称赞。[②]拉萨尔确实是从《共产党宣言》中借用过由它命名的工资铁律；为此他必然被痛斥为马尔萨斯人口论的拥护者，但这种理论曾经是他强烈抵制过的，正如马克思和恩格斯也强烈抵制这个理论一样。

如果撇开评论纲领的信中这种极其令人不快的一面不谈，那么这封信本身则是一篇非常富有教育意义的关于科学社会主义基本原理的论文，而对于合并纲领，它当然是批判得体无完肤。尽管大家知道，这封非常重要的信件除了促使收件人对自己的方案做了几处相当无关紧要的小的修改以外，并没有起到其他的作用。李卜克内西在几十年后曾经这样说过，虽然绝大多数人——即使不是全

---

① 指德国的两个工人政党爱森纳赫派和拉萨尔派的合并纲领，原定于 1875 年年初实行合并。见《马克思恩格斯全集》第 34 卷，人民出版社 1972 版，第 119—126 页；恩格斯致倍倍尔，1875 年 3 月 18—28 日。第 129—133 页，马克思致威廉·白拉克，1875 年 5 月 5 日，这是随着马克思的《对德国工人党纲领的几点意见》这一著作寄去的附信。这些书信由恩格斯在 1891 年以《哥达纲领批判》为题发表，参阅《马克思恩格斯全集》第 19 卷，人民出版社 1963 年版，第 11—35 页。

② 出版者曾尽一切努力试图找到这种说法的出处佐证，但徒劳无功。因此认为这样的佐证不大可能存在。——德文原书出版者注

体——都赞同马克思的意见，而且他的建议在联合代表大会上或许也能够得到多数票通过，但是少数派的不满情绪依然会继续存在，这种情况必须要避免，因为这里所涉及的不是科学原理的表述问题，而是两个派别的实际合并。

关于这封论纲领的信为什么被隐而未提，有一个不那么堂皇但却是比较有说服力的解释：这封信超越了爱森纳赫派的思想境界，甚至更甚于超越拉萨尔派的思想境界。虽然马克思在几个月以前曾经抱怨过，说爱森纳赫派的机关刊物上时不时地发表的一些末学浅见者的庸人空论正在产生影响；这类胡说八道来自于教员、医生和大学生，所以必须要把那个李卜克内西狠狠地斥责一顿。但是马克思仍然认为，曾经如此煞费苦心地灌输到党内，并且也已经在党内扎下根基的现实主义观点，将会被拉萨尔派从民主党人和法国社会主义者那里借来的唯心主义的法律空谈和其他虚言谎语冲刷得一干二净。

然而在这一点上马克思却完全错了。在理论问题方面，两派差不多是处在同一个水平上，或者说，如果它们之间存在着某种差别的话，那么拉萨尔派还算是略占一些优势。在爱森纳赫派方面，合并纲领草案没有遭到任何的反对；而几乎全部是由拉萨尔派派出代表参加的西德工人代表大会，却对合并纲领草案进行了批评，这个批评在许多方面都与马克思在几个星期之后对它提出的批评极为相似。不过对于这一点没有必要特别加以强调。两派离马克思和恩格斯所创立的那种科学社会主义都还相距甚远。对于历史唯物主义的思维方式，他们也几乎是一无所知，而对于资本主义生产方式的奥秘，他们更是一窍不通。当时爱森纳赫派的最著名的理论家卡・奥・施拉姆为了弄懂得价值论而大伤脑筋的样子，便为此提供了最具有说服力的证明。

事实上，两派的合并是有利的，就这点而言，马克思和恩格斯提不出任何反对合并的理由，除非是他们认为，爱森纳赫派是被拉萨尔派给欺骗了。要知道，马克思本人在他那封论纲领的信中也说过："一步实际运动比一打纲领更重要。"[①]但是因为在这个新联合起来的政党里，理论的混乱与其说是减少了，倒不如说是

① 参阅《马克思恩格斯全集》第 34 卷，人民出版社 1972 版，第 130 页。

增加了，所以他们把这种情况看成是非正常的合并所造成的后果，由此他们的不满情绪非但没有缓解，反而随之大大地增强了。

当然，有一点可能会使他们感到诧异，那就是许多令他们感到恼火的事情与其说是起因于原来的拉萨尔派，倒不如说是起因于原来的爱森纳赫派。有一次恩格斯附带着谈到拉萨尔主义分子时说，他们很快就会成为头脑最清晰的人，因为在两派合并后还继续存在了大约一年当中，在他们的报纸上所采用的那些胡说八道的东西最少。恩格斯还说："在德国，一批受雇佣的煽动家和浅薄之徒大肆咒骂我们党。"① 特别让他恼怒的是莫斯特，因为这个人"竟然能够既给整部《资本论》写出概述②，却又丝毫也没有弄懂其中的内容"。而且他还卖力地为杜林的社会主义进行辩护。"有一点是清楚的"，恩格斯在 1876 年 5 月 24 日致马克思的信中写道，"这些人以为，杜林对你进行了卑鄙的攻击，就使我们对他无可奈何，因为倘若我们讥笑他在理论上的无稽之谈，那就会显得是对他的人身攻击进行报复！"③ 就连李卜克内西也不免受到了他应得的一番训斥："威廉切望填补我们的理论空白，对庸人的一切异议给以回答，并且描绘出未来社会的图景，因为庸人毕竟也会在这方面向他们提出问题；同时，他想在理论方面尽量离开我们而独立，由于他在理论上一窍不通，所以他在这方面总是走得比他自己意料的远得多。"④ 但是这一切都和拉萨尔及其传统没有任何关系。

新联合起来的党作为一个整体在实践成果方面获得了快速增长，这使得它开始对理论漠不关心起来，不过即使是这样说也还是有些过分了。这个党并不是轻视理论本身，在它刚激发起前行的热情正要奋发猛进的时候，它所轻视的只是在理论上一味地咬文嚼字和过分地拘泥于细节。在它这颗迅速升起的新星

① 参阅《马克思恩格斯全集》第 34 卷，人民出版社 1972 年版，第 13 页。

② 指约翰·莫斯特（1846—1906）的小册子《资本和劳动。卡尔·马克思〈资本论〉浅说》，开姆尼茨，1876。

③ 参阅《马克思恩格斯全集》第 34 卷，人民出版社 1972 年版，第 13 页。

④ 参阅《马克思恩格斯全集》第 34 卷，人民出版社 1972 年版，第 19 页。

周围，聚集了那些得不到社会承认的发明家和改革家、疫苗接种反对论者、自然医疗法行家，以及诸如此类的稀奇古怪的天才。这些人希望，能够在已经发展得如此强大的工人阶级当中获得人们以往拒绝给以他们的肯定。任何一个人，只要他怀有良好的愿望，并且懂得任何一种用于医治社会主体的沉疴宿疾的有效手段，就都应该受到欢迎，尤其是那些从学术界潮涌而来的人才，更应该受到欢迎，因为这些人的大量涌入预兆着无产阶级和科学之间的联盟将会得到大大地加强。一位大学老师，只要他接受社会主义，或者看上去有接受社会主义的意愿，不管他对于“社会主义”这个非常错综复杂的多概念词汇的理解是否有这样的或者那样的差异，他就不需要担心他拥有的精神财富会受到过分严厉的批评。

特别是杜林，可以确保免受这样的批评，因为这个人在为人方面和事业方面都有许多过人之处会吸引住柏林社会民主党人中的那些思想活跃分子。毫无疑问，他具有巨大的才能和天赋。他贫穷，没有资产，早年双目完全失明，常年来一直坚守在一个大学编外讲师的困难地位上，却对统治阶级毫不让步。他在讲台上公开宣扬自己的政治激进主义，毫不畏惧地赞颂马拉、巴贝夫和巴黎公社的勇士们，所以能够获得工人们的好感。杜林也表现出了他的阴暗的一面，这就是他的妄自尊大和愈演愈烈的自我标榜，他大言不惭地声称自己已经把握十足地掌握了六大科学领域的学问。其实，由于他身体上的缺陷，他在这些领域里没有一门学科是精通的。他还向他的那些前辈们挥刀问斩，不管是哲学领域的费希特和黑格尔，还是经济学领域的马克思和拉萨尔，他都痛下针砭。他的这种不断膨胀的自大狂却一直没能足够地引起人们的注意，要么就可能是被作为某种失礼的表现而得到了人们的谅解，对于一个长期处于精神孤独和为维持生活需要不断奋战苦斗的人来说，他的这种失礼或许是可以得到别人的理解的。

马克思根本没有重视杜林的“极其卑劣的”攻击，何况就其内容方面而言，这些攻击也不足以对他构成重大挑战。他长时期无动于衷地漠视杜林在党内同志中的威信开始日益攀升，尽管杜林以他自己的一贯正确意识和他创立的“终极真理”体系而具备了一个天生的宗派创始人的一切素质。甚至当李卜克内西——他在这种情况下倒还是完全具有警觉性的——通过给马克思和恩格斯转寄一些工人的来信，以提醒他们注意到党的宣传已经陷入平庸化的危险时，马克思和恩格斯仍然拒绝批判杜林，认为这只是一件“处于绝对从属地位的工作”。直到1876年5月，当莫斯特给恩格斯寄来一封骄横跋扈的信时，似乎就像导致水桶满至溢出的一滴水一样，这才使他意识到不能再容忍下去了。

从这时候起，恩格斯才把精力和时间用于被杜林称之为“创造体系真理”的详尽研究，并且一连写下了几篇文章进行批判，这些文章自1877年的元旦开始，在联合政党此时的中央机关报《前进报》上连续发表。这些文章后来发展成为除了《资本论》之外的最重要的和最成功的论述科学社会主义的文献[①]。然而当时党对这些文献所做出的反应却清楚地表明，危险事实上已经迫在眉睫。许多这样的实例并不罕见，1877年5月在哥达召开的年度党代表大会上，几乎要对恩格斯举行一场反异端邪说的审判，正如御用的大学学阀同一时期对杜林所进行的审判一样。莫斯特当时在大会上还提出一项动议，要求把反对杜林的文章从党的中央机关报上彻底清除，理由是这些文章“对于《前进报》的最绝大多数的读者来说是完全没有趣味的，或者说是简直激起了他们的极大愤慨”。瓦尔泰希往常是与莫斯特水火不相容的死对头，但是这一次却同他一唱一和地说，恩格斯的文章中那种说话的腔调势必会导致读者的胃口大减，并且使《前进报》所提供的精神食粮变得不堪享用。幸亏在大会上通过了一个折中的提案，才防止了爆出最可怕的丑闻。这项提案说，出于宣传鼓动和实际的理由，学术争论应该继续进行下去，但是这种争论不要再出现在《前进报》的正刊上，而是应该刊登在该报的学术附刊上。

同时，这次代表大会还做出决定，从1877年10月份起出版一种学术性的半月刊，这是根据卡尔·赫希柏格的建议，并且将由他进行资助出版的。赫希

① 指恩格斯的经典著作《欧根·杜林先生在科学中实行的变革》或简称《反杜林论》。收入《马克思恩格斯全集》第26卷，人民出版社2014年版，第7—344页。

柏格是当时德国许许多多资产阶级社会主义信徒中的一个。他是法兰克福的一个彩票经销商的儿子，还很年轻，但是非常富有，是一个具有极高度的自我牺牲精神和从不谋取私利的人。所有认识他的人都对他的个人品质倍加赞赏，并且也都是他的优秀人格的最权威的见证人。但是人们对于他的文学和政治素养的评价却并不是那么有利，他的这一缺陷明显地反映在他的出版物里。从这方面看上去，赫希柏格显然是一个平淡无奇而又枯燥无味的人物，他对社会主义的历史和理论一无所知，特别是对于马克思和恩格斯所阐明的科学观点，他完全是陌生的。他没有把无产阶级的阶级斗争看成是解放工人阶级的杠杆，而是希望通过和平和合法的发展途径，把有产阶级，特别是他们当中的知识分子为了工人阶级的事业争取过来。

马克思和恩格斯由于对于赫希柏格这个人还缺乏任何更进一步的了解，他们曾经拒绝给新命名《未来》的杂志撰稿；此外，他们也和其他许多人一样，曾经接到过一份未具名的向他们约稿的通函。恩格斯认为，代表大会的各项决议无论在实际宣传鼓动方面如何值得尊重，但在科学方面却一钱不值，不足以确立一种杂志的科学特性，因为科学性是根本不可能靠颁布法令来建立的。一个没有完全确定科学方向的社会主义科学杂志是极其不合情理的。而且，由于当时在德国流行的诸多思潮存在着极大的差异，并且其发展趋势具有很大的不确定性，谁也不能担保这个杂志选择的方向是适合他们的。

马克思和恩格斯对《未来》杂志持保留态度是何等正确啊，这一点从该杂志出版的第一期就能够立即看出。可以这样说，赫希柏格的发刊词只不过是他们在四十年代的社会主义运动中曾经极力反对过的那一切的一种新的翻版而已，因为他们认为，那些东西对社会主义运动只起着削弱和麻痹的作用。由此一来便使他们免除了每次都要进行一番解释的尴尬局面。一位德国党内的同志问他们，是否会因为哥达代表大会上的争论而生气，马克思回答说："我'不生气'（正如海涅所说的），恩格斯也一样。我们两人都把声望看得一钱不值。举一个例子就可证明：由于厌恶一切个人迷信，在国际存在的时候，我从来都不让公布那许许多多来自各国的、使我厌烦的歌功颂德的东西；我甚至从来也不予答复，偶尔答复，也只是加以斥责。”[1] 他还补充道：“但是，最近一次党的代表大会上所发生的那类事件，——它们一定会被党在国外的敌人充分利用——毕竟使我们要小心对待‘德国的党内同志’。”[2] 不过这番话并不意味着情况变得糟糕了，因为恩格斯仍然能够在《前进报》的学术附刊上继续安然无事地发表他的那些反对杜林的文章。

然而在务实方面，当时流行的一种“腐败的风气”使马克思甚为震惊，这种风气在群众当中还不像在领导者当中表现得那么严重。10 月 19 日，马克思在给左尔格的信中写道：“同拉萨尔分子的妥协已经导致同其他不彻底分子的妥协：在柏林（通过莫斯特）同杜林及其‘崇拜者’妥协，此外，也同一帮不成熟的大学生和过分聪明的博士妥协，这些人想使社会主义有一个‘更高的、理想的’转变，就是说，想用关于正义、自由、平等和博爱的女神的现代神话来代替它的唯物主义的基础（这种基础要求一个人在运用它以前认真地、客观地研究它）。《未来》杂志的出版人赫希柏格博士先生是这种倾向的一个代表者，他已经‘捐资’入党，——就算他怀有‘最高贵的’意图，但是，我不理会任何‘意图’。世界上很难找到一种比他的《未来》杂志的纲领更可悲、更‘谦逊地自负’的东西了。”[3]

实际上不管在任何时候，只要马克思和恩格斯同这种“倾向”进行妥协，那就意味着他们必须得否定他们过去的一切。

3. 无政府主义和东方战争

在 1877 年召开的哥达代表大会上，也决定派遣代表参加将于同年 9 月在根特举行的世界社会主义者代表大会。李卜克内西当选为德国党的代表。这次代表大会是由比利时人倡议召开的。他们当时已经发现了无政府主义学说的诸多弊端，而且他们希望能够把在海牙代表大会上分道扬镳的两派重新联合在一起。巴

① 参阅《马克思恩格斯全集》第 34 卷，人民出版社 1972 年版，第 286、289 页。
② 参阅《马克思恩格斯全集》第 34 卷，人民出版社 1972 年版，第 289 页。
③ 参阅《马克思恩格斯全集》第 34 卷，人民出版社 1972 年版，第 281 页。

枯宁派已经召开过几次代表大会，如：1873年在日内瓦、1874年在布鲁塞尔以及1876在伯尔尼举行的代表大会，但是他们的人员却一直在不断地减少；这一派别由于无产阶级解放斗争的实际需要而正在走向瓦解，正如它当初也是出由于无产阶级解放斗争的实际需要而产生的一样。

在日内瓦“厂工”和“粗工”之间发生的争执中，其矛盾的真正根源从一开始就暴露出来了。这里一方面是工资优厚的工人，他们享有诸多的政治权利，这使他们有能力开展议会斗争，但是也会诱使他们同资产阶级政党结成各种各样暧昧不清的联盟。而另一方面则是工资低微而且又被剥夺了政治权利的工人阶层，他们所能够依赖的唯一武器就是他们自己的体力。两派之间的纷争所涉及的就是这些实际的矛盾，而不是像通常流传的那些奇谈怪论里所说的那样，问题在于他们之间的理论分歧，其意就是：一方是理性，而另一方则是非理性的！

然而事情并不是如此简单，过去不是，如今也不是，无政府主义总是一再重新复活就说明了这一点，尽管人们曾经有过多少次都认为，无政府主义已经成为僵尸。理解无政府主义并不等于承认无政府主义。同样地，在承认参与政治和议会活动的必要性的同时，不能认不清这种参与——虽然可以带来一些改良，甚至是完全可以接受的改良——也能够把工人运动引到一条将耗尽它的革命气息的死路上去。巴枯宁列举出的许多自己的拥护者都是曾经为无产阶级的解放斗争立下过丰功伟绩的人，所以这绝不是一种巧合。当然，李卜克内西从来都不曾属于巴枯宁的朋友之列，但是至少在巴塞尔代表大会期间，他竭力要求不参与政治这一点却跟巴枯宁如出一辙。而其他的人在海牙代表大会期间以及在其后的很长一个时期，都曾经是最狂热的巴枯宁主义者，例如法国的茹尔·盖得，意大利的卡尔洛·卡菲埃罗、塞扎尔·德·巴普，俄国的帕维尔·阿克雪里罗得；如果他们后来都变成了同样热忱的马克思主义者的话，那么发生这种情况——正如他们当中有些人自己已经明确地指出的——绝不是因为他们简单地抛弃了自己先前的信念，而只是因为他们开始继承巴枯宁和马克思之间的具有共性的东西。

马克思和巴枯宁这两个人都想要开展无产阶级的群众运动，他们两个人之间争论的焦点只是这样一个运动所应该采取的主要途径。但是现在，巴枯宁派所召集的国际工人协会的几次代表大会已经表明，无政府主义者所主张的途径是行不通的。

如果要说明无政府主义在它召开的几次代表大会的过程中迅速衰落的详情，那就会离题太远了。无政府主义的瓦解不仅来势迅猛，而且非常彻底。总委员会以及为维持总委员会而征收会费的制度都被取消了，以后，又禁止代表大会对原则性问题进行表决，而且还花费了不少力气才制止住了不让脑力劳动者参加“国际”的企图。但是在组织建设、在制定新纲领和新策略方面，情况看上去却更加不妙了。在日内瓦代表大会上，特别就总罢工是否是社会变革的唯一的和可靠的手段这问一题进行了争论，但是没有取得一致的意见。在布鲁塞尔举行的下一届代表大会上，对于公共事业问题这一主要议题所进行的讨论取得的成果还要少之又少。德·帕普曾就这个议题做了一个报告，但是他做报告的方式却给他招来了并非是没有道理的指责。人们批评他说，他完全背离了无政府主义的基本的立足点。这是明摆着的事，如果德·帕普想要把这个问题解释清楚，他就势必要脱离无政府主义的轨道。经过激烈的辩论之后，这个问题被推迟到下一次代表大会去解决，然而在下一次的代表大会上，对于这个问题仍然未能做出决断。意大利人甚至宣称，“召开代表大会的时代已经结束了”，他们要求“用行动进行宣传”；他们在两年当中利用国内的饥荒确实发动了六十次骚动，但是他们在事业上的成功却等于零。

无政府主义之所以畸形发展成一个僵死的宗派，不仅仅是由于它在理论观点方面的不可救药的一团混乱，在更大的程度上则是由于它对于所有涉及现代无产阶级最直接的利益的实际问题一概抱着否定的态度。为了争取法定的十小时工作制，当时在瑞士发动了一场群众运动，而无政府主义者却拒绝参加；同样，当佛兰德的社会主义者们采取请愿运动以要求强行通过法律禁止工厂使用童工时，无政府主义者也依旧拒绝参加。当然，无政府主义者也抵制任何争取普选权的斗争，而在已经取得了普选权的地方，他们便号召抵制使用普选权。同无政府主义者的这种成果寥寥无几又毫无希望的政策比起来，德国社会民主党所取得的那些成就便越发显得更加光辉灿烂，于是各地的群众都纷纷疏远了无政府主义者的宣传。

1876年在伯尔尼举行的无政府主义者代表大会做出决定，将在下一个年度到根特召集一次世界社会主义者代表大会，而之所以决定召开这次代表大会，在很大程度上是由于无政府主义者已经开始意识到，无政府主义已经不能再成功地为自己争取到人民群众了。根特代表大会从1877年9月9日开到15日。一共有42名代表被派遣来参加大会，在这些代表当中，无政府主义者只还有11名成员是属于纪尧姆和克鲁泡特金所领导的坚定的核心分子。许多以前的无政府主义信仰者——其中包括大多数比利时的代表和英国人约翰·黑尔斯——都转身投向了由李卜克内西、格罗伊利希和弗兰克尔所领导的社会主义一翼方面来。在李卜克内西和纪尧姆之间曾经发生过尖锐的冲突，因为纪尧姆谴责德国社会民主党在帝国议会选举期间把自己的纲领藏到了口袋里。不过总的看来，大会的诸多讨论进行得还算风平浪静；无政府主义者已经失去了说大话唱高调的兴致，他们将自己的发言调整为一种温和的调子，这使得他们的对手能够对他们采取宽容的态度。然而计划中的“团结公约”却未能签订下来，因为各方的意见分歧实在是太大了。

马克思几乎也没有期待这次代表大会能有什么其他的结果。他现在正紧张地注视着世界的另一个“风暴角”，他期待着从那里会掀起一场革命的风暴，即俄土战争。他曾经给李卜克内西写过两封信提出了自己的看法，其中的第一封信是在1878年2月4日写的，这封信是这样开头的：“我们最坚决地站在土耳其人方面，这有两个理由：（1）因为我们研究了土耳其农民——也就是研究了土耳其的人民群众——并且认识到他们无疑是欧洲农民的最能干和最有道德的代表之一。（2）因为俄国人的失败会大大加速俄国的社会变革（它的因素大量存在），从而会加速整个欧洲的急剧转变。”[①] 就在三个月之前，马克思也曾经给左尔格（Friedrich Sorge）写过一封信，他说：“这次危机是欧洲历史的一个新的转折点。俄国——我曾经根据非官方的和官方的俄文原始材料（官方材料只有少数人能看到，而我是由彼得堡的朋友们给弄到的）研究过它的情况——早已站在变革的门前，为此所必需的一切因素都已成熟了。由于土耳其好汉不仅打击了俄国军队和

① 参阅《马克思恩格斯全集》第34卷，人民出版社1972年版，第294页。

俄国财政，而且打击了统率军队的王朝本身（沙皇、王位继承者和其他六个罗曼诺夫），变革的爆发将提前许多年。……俄国大学生的愚蠢行为仅仅是一个预兆，本身毫无意义。但是，它毕竟是一个预兆。俄国社会的一切阶层目前在经济上、道德上和智力上都处于土崩瓦解的状态。”① 事实已经证明，马克思的这些观察是完全正确的。但是，正如马克思在急切地期待革命发生时经常出现的情况一样，他能够看清楚事态的发展过程，却往往低估了发展过程的长期性。

俄国人从最初的失败骤然转变为胜利；马克思认为，俄国人的胜利由于受到了俾斯麦的暗中支持，是由于英国和奥地利的叛卖，尤其是要归结于土耳其人本身的过失。他们错过了在君士坦丁堡发动革命的机会，未能及时推翻古老王朝的统治，因为这个王朝是沙皇的最得力的护卫队。在这种极度严重的危机时刻，一个国家的人民如果不知道奋起革命，那是无可挽救的。

因此，俄土战争不是以一场欧洲革命而告终，而是以一次外交官会议宣告结束。而恰好是在举行这次会议的同一个时间和同一个地点，德国社会民主党似乎被一个灾难性的打击所击溃。

4. 曙光

尽管如此，在世界的地平线上还是开始露出了一缕新的曙光。俾斯麦妄图用来摧毁德国社会民主党而推行的《反社会党人非常法》，实际上却开启了德国社会民主党在历史上的英雄时代，同时它也消除了德国社会民主党同伦敦的两位老人之间所产生的那些误会和摩擦。

当然，这是在进行了最后一场斗争之后才出现的局面。足以值得夸耀的是，德国社会民主党光荣地经受住了谋杀追捕和 1878 年夏天行刺德皇事件之后所进行的选举的考验。但是，它在准备对付即将发生的打击时，却没有充分地考虑到，它将面临的会是怎样一种刻骨的仇恨，而这是它本该估计到的。政府代表为了平

① 参阅《马克思恩格斯全集》第 34 卷，人民出版社 1972 年版，第 275 页。

息议会的疑虑曾经做出过“公正实施”这个法令的承诺，然而该法令刚一生效，一切诺言就全部被抛之脑后了。而且，社会民主党的所有设施也都遭到了肆无忌惮的捣毁，以至于数以百计的人被抛到街头，生计无着。甚至在几个星期之后，还对整个柏林及其周边地区实行了所谓的小规模的戒严，这明显地违反了法令的条文。随即有六十几个作为家庭支柱的父亲随被送达了驱逐出境令，驱逐出境令使他们失去的不仅仅是面包，而且也使他们失去了祖国。

仅仅由于这一点，就造成了一种完全可以理解而且也是几乎无法避免的混乱。如果说，国际工人协会总委员会在巴黎公社失败以后曾经抱怨过，由于照料公社的流亡者，它的正常工作的完成已经有好几个月受到阻碍了，那么德国社会民主党的领导人在当时的情况下不管完成任何一项任务都要比这艰难得多，因为他们无论走到哪里都会受到警察的迫害，更何况他们已经陷入了可怕的经济危机。不可否认，这场风暴，就像吹散了谷物中的糠秕杂物一样，使党的队伍得到了筛选；而事实已经证明，近几年来流入党内的许多资产阶级分子往往是不可靠的；有一些领导人没有经受住考验，另有一些人，而且甚至还是比较能干的领导人，在经历了反对派的多次沉重打击后感到灰心丧气，不敢再进行强有力的反抗去激怒敌人。

所有这一切都让马克思和恩格斯感到不快，这无疑是因为他们低估了必须克服的种种困难。不过，即便是对于社会民主党议会党团的行为，他们也是有权利加以责难的；在 1878 年谋刺德皇事件后进行的选举中，社会民主党议会党团还保存有九名成员。这些议员当中的一个——即马克斯·凯泽尔——竟然认为在讨论新的关税税则时发言支持提高铁类关税并对此投赞成票是完全正确的，而这一点必然会给人留下非常坏的印象。因为人人都知道，推行新的关税税则是有其目的的，这就是要使每年为帝国国库提供的岁入增加几亿，为了保护农业地产的地租收入以抵抗美国的竞争，以及使大工业能够治愈它在开创年代由于陶醉于德国经济的繁荣给自己造成的损伤。而且，任何人都知道，所以颁布《反社会党人非常法》，在很大程度上也是为了要摧毁群众对威胁着他们的不断被赤贫化的抵抗。

倍倍尔曾经试图为凯泽尔投票赞成提高铁类关税一事进行辩护，他说凯泽尔曾经努力研究过铁类关税问题。这时候恩格斯则言简意赅地回答他说："如果他的研究哪怕还有一点价值的话，那他就应该知道：在德国有两个冶金工厂，多特蒙特联合公司和克尼格斯和劳拉冶金工厂，两者中任何一个都能够满足全部国内市场的需要，而此外还有很多较小的工厂；因而在这种情况下保护关税简直是荒谬的；在这里只有占领国外市场才能解救，因此就要实行彻底的自由贸易，不然就是破产；而炼铁工厂主本身，只有当他们组成一个瑞恩时，才会希望实行保护关税，瑞恩就是一种秘密协议，它在国内市场强制实行垄断价格，以便把剩余产品用倾销价格向国外推销，他们现在实际上已这样做了。既然凯泽尔投票赞成铁的关税，那他就是为维护这个瑞恩的利益，为维护这个垄断资本家的秘密协议的利益而说话和投票的，而多特蒙特联合公司的汉泽曼和克尼格斯和劳拉冶金工厂的布莱希勒德一定会暗中嘲笑这个愚蠢的，并且还是下功夫研究过这个问题的社会民主党人！"① 当卡尔·希尔施也在《灯笼报》上载文足够严厉地谴责凯泽尔的策略时，社会民主党党团竟然产生这样一种不幸的想法，认为自己是受了委屈，因为凯泽尔是在它的授权之下发言的。就这样在马克思和恩格斯的眼中，这个党团把一切都搞糟了。马克思说："不管怎样，他们已患了议会迷病症，竟认为他们自己是超乎批评之上的，并且把任何批评斥为大逆不道！"②

卡尔·希尔施是一名青年作家，在李卜克内西被多年囚禁期间，他作为《人民国家报》的代理主编而初露头角。自那时起，他便在巴黎居住下来，但是在德国非常法颁布以后，他被驱逐出巴黎。于是他做了德国社会民主党中央委员会从一开始就本应该做的事情：从 1878 年 12 月中旬开始，他在比利时的布雷达市出版了一种叫《灯笼报》的小报，这是一种周报，是按照罗什弗尔的《灯笼报》的幅面规格大小和风格出版的，这样就可以把它装进普通的信封里寄往德国，而一旦到了德国，它便成了社会民主主义运动的凝聚点和支点。希尔施的用意是非常

① 参阅《马克思恩格斯全集》第 34 卷，人民出版社 1972 版，第 401—402 页。

② 参阅《马克思恩格斯全集》第 34 卷，人民出版社 1972 版，第 391 页。

好的，他在原则问题上也是一个头脑完全清醒的人。但是他所选择的那种简洁而机智犀利的警句形式却不大适合一个工人刊物的要求。在这方面做得比较成功的是《自由》周报，这是几星期之后由约翰·莫斯特在伦敦的德意志工人共产主义教育协会的协助下开始出版的；这个刊物在起始阶段还算是有一个理性的开端，只是随后它便沉迷在毫无目的的革命儿戏中去了。

对于德国的党的领导来说，随着这两种不受它领导，而且在某种程度上是属于野生的党报的出版，党在国外出版自己的机关刊物就成了一个急迫需要解决的问题。倍倍尔和李卜克内西也都极力强调和主张这一点，而且，他们也终于成功地克服了那些主张坚持审慎的保守政策的极具影响力的党内人士一如既往的异常顽强的抵制。同莫斯特已经没有可能取得一致的意见，不过希尔施已经停止出版《灯笼报》，并且表示自己愿意承担新的机关刊物的编辑工作。马克思和恩格斯对希尔施深信不疑，因此表示愿意给予合作。新刊物将以周报的形式在苏黎世出版。出版的筹备工作委托给了生活在苏黎世的三个党内同志，他们是被从柏林驱逐出境后在瑞士担任保险公司经纪人职务的施拉姆，卡尔·赫希柏格，和被赫希柏格请来做文字顾问的爱德华·伯恩施坦。

但是他们显然并不十分急于完成委托给他们的任务。当他们在 1879 年 7 月因出版了自己的刊物《社会科学与社会政治年鉴》而一下子出了名的时候，他们拖延的原因才昭然若揭。《社会科学与社会政治年鉴》预定一年出版两期。编辑本期刊的宗旨在《德国社会主义运动的回顾》一文中已经明显地揭示出。这篇匿名发表的文章上面标有三颗星作为署名。然而它的真正的作者却是赫希柏格和施拉姆；伯恩施坦只是为这篇文章写了少许几行字而已。

而从内容上来看，这篇文章就是一种平庸枯燥得令人难以置信且毫不知趣的嘉布遣会修士的说教，它以训斥的口吻列数了党的诸多罪过，说什么党缺乏“良好的氛围”，责骂人成瘾，对群众甜言蜜语而轻视有教养的阶级——总之，就是无产阶级运动中过去和现在都招惹庸人生气的其他一切东西。文章的最后得出了一个务实的明智的结论，即要求党利用《反社会党人非常法》所强加给它的空闲时间进行闭门思过。马克思和恩格斯被这种拙劣的文章激怒了；他们给党内的领导成员分发了一封仅限于在他们个人内部传阅的通告信[1]，他们在信中直截了当地要求：对于具有这种思想的人——如果以后由于实际的原因而不得不继续容许他们留在党内的话——至少不应该给予他们在负责的机关里发表言论的权利。当然，赫希柏格也没有被授予这种权利，他只不过是恣意僭取了这种权利罢了，他正是这样完全专断地要求苏黎世的“三颗星”有权监督希尔施所领导的编辑部，并且坚决不允许按照《灯笼报》的风格来编报。于是，希尔施和伦敦的两位老人宣布与这个新刊物脱离关系，不再参与它的任何事情。

关于这件事的来来往往的繁多的通信，只有一些零星的片段保存下来。然而从这些片段当中也无疑可以得知，倍倍尔和李卜克内西完全没有同意“三颗星”的那些无理要求。但是让人无法做出正确的判断的是，他们为什么没有及时加以制止。当时赫希柏格还曾亲自来到伦敦，然而他在那里却只见到了恩格斯。他的那些杂乱无章的观点给恩格斯留下了极其恶劣的印象，虽然不管是恩格斯还是马克思，都很少怀疑他这个人的意图是良好的。而且，由于双方互相怨恨，彼此之间的意见在当时很难取得一致。1879 年 9 月 9 日，马克思写信给左尔格说，如果新的“周报”按照赫希柏格的风格来编辑，那么他们将不得不站出来公开反对这种“糟蹋”党和党的理论的行为。“这样，这些先生们就预先得到了警告，而且他们也充分了解我们，他们应当懂得，这就意味着：服从或决裂！如果他们想让自己丢脸，那就活该他们倒霉！但是我们无论如何不允许他们给我们丢脸。”[2]

幸运的是，情况还没有发展到最坏的地步。福尔马尔接手了苏黎世的《社会民主党人》报编辑部的工作，他领导的编辑部虽然把该报编得够“蹩脚”的——马克思和恩格斯如是说，然而却还没有达到让他们有足够的理由进行公开抗议的程度。只是关于这一点，马克思和恩格斯“经常在书信来往中同莱比锡人进行争论，而且往往争论得很激烈。”[3] 事实证明，那“三颗星”也并非是什么危险人物。

---

① 参阅《马克思恩格斯全集》第 34 卷，人民出版社 1972 年版，第 368—384 页。
② 参阅《马克思恩格斯全集》第 34 卷，人民出版社 1972 年版，第 390 页。
③ 参阅《马克思恩格斯全集》第 34 卷，人民出版社 1972 年版，第 449 页。

施拉姆深居简出完全不与人来往，赫希柏格时常外出旅行，而伯恩施坦则迫于形势的压力已经完全摆脱掉沮丧的情绪，这也正如当时许多党内同志的情况一样，他们过去在困难处境的影响下情绪低落，而这时候也同样振作起来。马克思和恩格斯渐渐地能够恰当地评价德国党的领导人所必须要战胜的那些巨大的困难了，并且终于看清了这些困难的程度要比他们开始预想的高出许多，而这一点尤其是对缓和人们的情绪起了促进作用。1880 年 11 月 5 日，马克思写信给左尔格说："比较安稳地住在国外的人，不应当使那些在国内极其艰苦的条件下工作并作出巨大牺牲的人处境更加困难，而使资产阶级和政府高兴。"[①] 几个星期以后，双方甚至达成了正式的和解。

1880 年 12 月 31 日，福尔马尔辞去了他的主编职务。为了迎合伦敦的两位老人的心意，德国党的领导方面决定聘请卡尔·希尔施担任主编。由于希尔施当时已经在伦敦生活，因此倍倍尔决定亲自前往伦敦和他谈判。同时，他也想借此机会跟马克思和恩格斯彻底地交换一下意见，这是他早就已经计划好的。他此行也带上了伯恩施坦，这是为了消除伦敦方面仍然存在着的对伯恩施坦的成见，虽然后者在这期间已经证明自己完全经受住了考验。这次亲赴伦敦的忍辱之行——党内是这样称呼这次伦敦之行——完全达到了它的种种目的。只是希尔施最初表示同意担任主编，事后却又补加了一个条件，他说他希望在伦敦编辑出版《社会民主党人》报。希尔施的要求遭到了拒绝，而这件事的结局就是伯恩施坦接受委托担任了编辑部的主编，起初还只是临时性的，不过后来就定了下来。伯恩施坦光荣地完成了自己的任务，这让伦敦方面的人尤为感到满意。一年以后，在《反社会党人非常法》颁布之后举行第一次议会选举时，恩格斯欢欣鼓舞地指出："无产阶级在任何地方也没有表现得如此出色。"[②]

在法国，幸运之星也在开始闪烁。在 1871 年的"五月流血周"过后，梯也尔向依然胆战心惊的凡尔赛的资产者们宣布说，社会主义在法国已经死亡了。他

① 参阅《马克思恩格斯全集》第 34 卷，人民出版社 1972 年版，第 449 页。
② 参阅《马克思恩格斯全集》第 35 卷，人民出版社 1971 年版，第 228 页。

说这话时丝毫也不在意他曾经是个失败的预言家。1848 年六月革命起义遭到镇压以后，他也曾经信誓旦旦地下过同样的断言，然而事实却已经证明，他当时的预言是错误的。也许他相信，血流得越多，效果也就会越大吧。人们曾经估算过 1871 巴黎工人阶级的损失，通过巷战、处决、放逐、被判处在橹舰上做苦役以及流亡，所损失的人数达十万之多。然而梯也尔这一次错得更加彻底了。1848 年以后，至少经过了两个十年，社会主义才从其昏迷状态和沉寂中苏醒过来。而 1871 年以后，却只经过五年，社会主义就重新宣告了自己的存在。1876 年，军事法庭还在进行血腥的镇压，公社的捍卫者们也仍然继续被按军法枪决，然而就在此时，第一次工人代表大会在巴黎召开了。

当然，这首先只是宣告自己的存在。这次代表大会是在资产阶级共和党人的资助下召开的，因为这些人希望在反对小土地贵族拥护君主制度的斗争中寻求到工人的支持。大会的决议所涉及的内容都是类似于舒尔策 – 德利奇在德国所主张的合作制这类无关紧要的问题。但是可以预见得到，事情是不会到此为止的。自 1803 年同英国签订贸易协定以后才慢慢地发展起来的机器大工业，在 1870 年以后得到了更加迅速的发展。它必须要胜任所面临的一些高标准的要求：医治战争在整整三分之一的法国土地上所造成的创伤，为建立新军国主义的庞大建筑积累资金，最后是弥补上由于割让阿尔萨斯这个 1870 年以前法国工业最发达的省份而产生的巨大缺口。大工业知道如何做才能够满足对它提出的这些要求。于是，众多的工厂如雨后春笋般地在全国各地涌现出来，并由此创造出一支工业无产阶级的队伍。在旧“国际”的全盛时期，最初只是在法国东北部的一些城市里才存在工业无产阶级。

在这个前提之下，朱尔·盖得能够迅速获得成功就可以得到解释了，当时盖得凭借他那鼓动性很强的口才投入到随着 1876 年巴黎代表大会的召开而兴起的工人运动中。盖得最初是一个无政府主义者，不久前才转变信仰脱离了无政府主义。他的观点缺乏理论上的明确性，这一点至今仍然可以从他在 1877 年创办的《平等报》上看出一二。尽管《资本论》已经被译成法文并且已经出版，但盖得对于马克思却一无所知，他只是通过卡尔·希尔施的介绍才第一次获悉马克思的理论。然而他却非常明确而且坚定地掌握了关于地产和生产出来的生产资料公有制的思想。由于他是一个第一流的演说天才和机敏的论战家，他善于用无产阶级解放斗争的这个最新的口号激发起法国工人的热情，而这个口号在旧“国际”的历次代表大会上通常总是遭到那些法国代表们的最激烈的反对。

1878 年 2 月，第二次工人代表大会在里昂召开，按照大会组织者的意图，这次代表大只是成为一个新的版本的巴黎代表大会。在这次大会上盖得所取得的成就就是已经将一个由二十个代表组成的少数派集聚到了自己的旗帜之下。这样，在资产阶级和政府看来，事情就变得危险了。于是它们又开始对工人运动大肆进行追究和迫害，并且通过对《平等报》的编辑人员进行罚款和监禁有效地将这家报纸打压下去。但是盖得和他的同志们并没有因此而灰心丧气；他们继续以不挠不屈的顽强精神开展工作，在 1879 年 10 月于马赛召开的第三次工人代表大会上，他们为自己争取到了代表的大多数，并组织起来准备进行政治斗争，很快这个多数派便以一个社会主义政党的身份显露头角。《平等报》重新兴起，并且赢得了拉法格这样一个勤奋的撰稿人的支持，这个报刊的几乎所有的理论文章都是出于他的笔下。没过多久，马隆——他过去也曾经是一个巴枯宁主义者——开始出版《社会主义评论》，马克思和恩格斯陆续给这个刊物寄去了几篇文章，以表示对它的支持。

1880 年春盖得前往伦敦，此行是为了同马克思、恩格斯和拉法格一道为这个年轻的政党起草一个竞选纲领。他们就所谓的最低纲领达成了一致的意见。这个纲领的开头是一个简短的引言，它只用了简单的几行字说明了共产主义的目标，在其后的经济部分，纲领只提出了几个要求，这些要求都直接脱胎于工人运动。当然，他们并不是在每一点上都取得了一致；盖得竭力坚持，把法定最低工资标准的要求列入纲领中，这时候马克思则认为，如果法国的无产阶级尚且幼稚到需要这样一些诱饵的话，那么就不值得花费力气去拟定什么纲领了。

然而这并不意味着这个纲领很糟糕。总的说来，马克思把这个纲领看成是强行把法国工人从云里雾里的大话空谈拖回到现实的基础上的一个重要步骤。马克思根据这个纲领所得到的反对和赞同的意见得出结论说，在法国终于第一次产生了真正的工人运动。他认为，在这之前那里只有宗派，而宗派自然会坚持由它们的宗派创立者所提出的口号，当时的无产阶级群众则跟着激进派或者冒充激进派的资产阶级分子走，他们在关键的时刻为这些资产者战斗，而到了第二天，他们便遭到被他们全力以赴送上执政地位的人的大规模屠杀和放逐等等。因此，当法国政府被迫大赦公社社员而使他们有可能回国的时候，马克思便欣然同意他的两个女婿返回到法国。拉法格到法国是为了同盖得合作，而夏尔·龙格则是为了在乔治·克列孟梭创办的《正义报》接任一个很有影响的编辑职位，克列孟梭是极左翼组织的领导人。

俄国的情况则有所不同，不过按照马克思的观点来看，这里的情况却更加令人欣喜一些。在这里，人们比其他任何地方都更为热切地阅读马克思的主要著作，而且他的著作在这里也得到了更加强烈而广泛的认可；特别是在年轻的俄国学者当中，马克思赢得了许多支持者，甚至有一部分人还成了他的私人朋友。但是当时的俄国群众运动——如果说这能算得上是群众运动的话——的两大主要流派，即民意党和黑分党，对于马克思的观点和学说却还相当陌生。这两个派别都认为，农民阶级高于一切，而至少在这一点上它们是完全站在巴枯宁的立场上的。对于被它们摆在第一位的重要问题，马克思和恩格斯是这样阐述的：俄国的农民村社这样一种在当时已经遭到严重破坏的原始土地所有制形式，是可以直接过渡到一种更为高级的共产主义的土地所有制形式呢，还是它必须要首先经历在西欧历史发展中所经历过的那种瓦解过程呢？

关于这个问题，马克思和恩格斯在给由维拉·查苏利奇翻译的《共产党宣言》新版俄译本所写的序言中用了这样一段话作为目前唯一可能的答复是：“假如俄国革命将成为西方无产阶级革命的信号而双方互相补充的话，那末现今的俄国土地公有制便能成为共产主义发展的起点。”[①] 马克思的这一观点说明了他所以热情支持民意党的原因，这个党所实行的恐怖政策已经使沙皇成为被革命禁锢

① 参阅《马克思恩格斯文集》第2卷，人民出版社2009年版，第8页。

在加特契纳的囚徒[①]。而对于拒绝一切政治和革命行动、只局限于进行宣传的黑分党[②]，马克思则做出了某种严厉的评价。可是，为了把马克思主义精神灌输到俄国工人运动中去而做出过如此众多贡献的诸如阿克雪里罗得和普列汉诺夫等人，却恰恰是属于这个党派的成员。

最后，在英国也开始透出一线亮光。1881年6月，一本题为《大家的英国》的民主教科书出版了；它是由亨利·迈耶斯·海德门撰写的，算作是民主联盟的纲领。民主联盟是由英格兰和苏格兰的各种激进派团体组成的、具有半资产阶级半无产阶级性质的联合组织。小册子中的关于劳动和资本的两个章节，几乎可以说是一字不差地从马克思的《资本论》中摘录的，或者是改写的。然而海德门却既没有提及《资本论》这部著作本身，也没有提到它的作者；而只是在序言的结尾处顺便说明，他这本书的思想内容以及大部分实际资料，都深深受到一位伟大的思想家和具有创见性的作家的著作的影响。海德门引用马克思的著作的这种奇特的方式已经够使人不愉快了，可是他还给马克思写信，强词夺理地试图为自己的行为进行种种辩解，这就更加使人受辱了。他说什么马克思的名字令人憎恨，说英国人不喜欢让外国人来教训他们，等等诸如此类的东西。从此马克思和海德门断绝了关系，而且他认为这个家伙是一个“脆弱的生灵”。

然而就在这同一年，有一篇关于马克思的文章[③]却给他带来了极大的满足感，这篇文章是欧内斯特·贝尔福特·巴克斯所写，发表在英国的一家月刊的十二月号上。虽然马克思发现，这篇文章里所引用的传记资料大部分都不够准确，而且

① 指1881年3月1日民意党人刺杀皇帝亚历山大二世后，亚历山大三世害怕“民意党”的秘密执行委员会可能采取新的恐怖行动，只好躲到了位于圣彼得堡以南45公里处的加特契纳（俄语：Гатчина）的皇宫里。

② 黑分党，是1879年俄国国内民粹主义组织“土地与自由社”分裂成两派后产生的，它主张按照原有的策略开展革命斗争，即主要在农民中间进行革命的宣传鼓动工作。与它相反的另一派是民意党，它是民粹派的一个秘密组织，主张密谋和个人谋杀的恐怖活动，认为宣传鼓动毫无出路。——德文原书出版者注

③ 指巴斯克为《现代思想》月刊撰写的系列文章《现代思想的领袖》，其中一篇是写马克思的，题目为《现代思想的领袖：第二十三篇——卡尔·马克思》，载于1881年12月号。

在阐述他的经济原理方面也存在着许多错误和混乱的地方，但它却是当时在英国发表的第一篇对新思想充满真正的热情，并且勇敢地站出来反对大不列颠的市侩作风的文章。这篇文章的发表，加之通过在伦敦西区的墙面上张贴用大号字体印制的广告进行宣传，引起了很大的轰动。

马克思在给左尔格写信时把这件事如此这般地告诉了他，看来这个一向对褒贬毁誉无动于衷的有着钢铁般意志的男人这一次也情不自禁地有一些沾沾自喜了，但是没有什么比这种情况更可以得到谅解了。马克思是怀着一种深切激动的心情写的这封信，这一点从信中最后几句结束语就可以得知："对我最重要的是，还在 11 月 30 日我就收到了上述的一期《现代思想》，使我亲爱的妻子在她生命的最后几天里得到了愉快。你知道，她是多么热情地关怀所有这类事情。"①1881 年 12 月 2 日，马克思的夫人辞世。

5. 暮色

正当政治和社会的地平线四周都豁然明亮起来的时候——这一点对于马克思来说自然永远是最重要的事，暮色的降临却越来越逼近马克思本人和他的家庭。自从欧洲大陆拒他于门外、百般阻挠他到有疗效的浴场去进行疗养以后，他身患的多种疾病再次加重了，这使得他或多或少地丧失了工作的能力。自从 1878 年起，他就没有再继续为完成他的主要著作而工作了，而差不多就在同一个时期，或者还稍晚一些时候，他又开始为他夫人的健康揪心地担忧起来。

马克思夫人由于一向具有和谐心灵的幸福的宁静，因而得以在晚年享受着比较无忧无虑的日子。这一点在马克思夫人给左尔格夫妇写的一封慰问信中有所描述，当时他们刚刚失去了正值青春年华时期的两个孩子："我非常清楚地知道这种事情会有多么沉重，知道在经历了这些痛心的损失之后又需要多么长的时间才能够重新恢复自己内心的平静。但是过后，生活终究会来帮助我们，用它的小小

① 参阅《马克思恩格斯全集》第 35 卷，人民出版社 1971 年版，第 241 页。

的乐趣和深深的忧虑，用它所有的日常琐碎的操心事和微小的烦恼。于是，更大的悲痛也会逐渐被随时随刻出现的小的痛苦所掩盖，我们的剧烈的悲痛就会在不知不觉之中减轻了。当然，伤口在任何时候都不可能彻底愈合，尤其是一个母亲心中的创伤，那是很难痊愈的。但是渐渐地，对于新的痛苦和新的快乐的新的感受能力，甚至是新的敏感性又会在心灵中重新苏醒，于是你就会怀着一颗破碎的心，但同时又是始终充满着希望的心继续生活下去，直到最后这颗心停止跳动而永恒的宁静终于来临为止。”又有谁比这位饱受苦难却奋斗不息的女性更配这样轻松地死去、这样从容地辞别人世呢？然而她却注定没有这样从容安息的福分：在她咽下最后一口气之前，她依然不得不忍受极大的痛苦。

1878 年秋天，马克思先是写信告诉左尔格说，他的妻子“身体很不好……”[①]。一年以后，他又写道：“我的妻子仍然病得很厉害，我自己也始终没有完全恢复健康。”[②] 在长时间无法确定病因之后，就像看上去的那样，马克思夫人所患的疾病终于被证实是癌症，这种病必然会导致她在极度折磨人的痛苦之中慢慢地然而却是不可阻挡地走向死亡。从马克思强忍着的内心的痛苦就可以推断出，这位妇女在漫长的一生中对于他具有怎样的意义。她本人则始终表现得比她的丈夫以及身边所有的人都更为镇定；她以无可比拟的勇气压制住所有的痛苦，在家人面前她的脸上总是显出一副欢快的样子。1881 年夏天，当她的病情已经严重恶化的时候，她还有勇气要做一次前往巴黎的旅行，为的是再去看看自己的两个已婚的女儿。由于病情已经发展到了无可挽救的地步，因此医生们也就顺从了她的意愿，同意她去做这次冒险的旅行。马克思在 1881 年 7 月 22 日写给燕妮·龙格夫人的一封信中预先通知她说，他们两个人要一起去探望她：“望立即回信，因为在你没有告诉妈妈要从这里给你带些什么以前，她是不会离开伦敦的。你知道，她喜欢张罗这类事。”[③] 就马克思夫人的病情所允许的情况来说，这次旅行进行得还算顺利，但是在旅行归来之后，马克思自己却害了严重的胸膜炎，而且还并发了支

① 参阅《马克思恩格斯全集》第 34 卷，人民出版社 1972 年版，第 317 页。

② 参阅《马克思恩格斯全集》第 34 卷，人民出版社 1972 年版，第 400 页。

③ 参阅《马克思恩格斯全集》第 35 卷，人民出版社 1971 年版，第 198 页。

气管炎和早期肺炎。这种疾病是非常危险的，但是多亏了爱琳娜和海伦·德穆特的自我牺牲的悉心看护，终于使他战胜了疾病。那是一段令人伤心的日子，关于这些日子爱琳娜写道："在前面的大房间里躺着我们的慈母，在隔壁的小房间里躺着摩尔。这两个难舍难分、相依为命的人竟然不能再同居一室。……摩尔又一次战胜了病魔。我将永远也忘不了那天的早晨，他觉得自己已经有了足够的力气，于是走到慈母的房间里。他们在一起时又变得年轻起来，她犹如一个正在热恋的少女，而他则是一个处在恋爱中的少年，两个人正准备一起走向生活，而完全不像是一个被疾病摧毁了的老翁和一个濒临死亡的老妇正在彼此作永远的诀别。"①

1881 年 12 月 2 日，马克思的夫人逝世，这时候马克思的身体仍然非常虚弱，因此医生绝对禁止他给他心爱的妻子送葬。我之所以服从，还因为亲爱的亡人在她去世的前夕对护士说过轻视任何仪式的话：'我们不是那种重表面形式的人！'……她及时咽气，这对我是一个安慰。……如唐金医生预先告诉我的，病势带有逐渐衰亡的性质，同年老衰竭一样。甚至在最后的几小时，也不用同死亡进行任何斗争，而是慢慢地沉入睡乡；她的眼睛比平时更加富于表情，更加美丽，更加明亮！"②

恩格斯在燕妮·马克思的墓前发表了演说。他称赞她是她的丈夫的最忠实的伴侣，用并这样一段话结束了他的演说："我用不着说她的个人品德了。这是她的朋友们都知道而且永远不会忘记的。如果有一位女性把使别人幸福视为自己的幸福，那末这位女性就是她。"③

6. 最后一年

马克思只比他的夫人大约多活了十五个月。但是这一段时期的生活实际上只不过是一种"慢性死亡"。恩格斯的感觉是对的，在马克思夫人逝世的那天他就

① 参阅《回忆马克思恩格斯》，人民出版社 1957 年版，第 138 页。
② 参阅《马克思恩格斯全集》第 35 卷，人民出版社 1971 年版，第 232、233 页。
③ 参阅《马克思恩格斯全集》第 19 卷，人民出版社 1963 年版，第 323—324 页。

说过："摩尔也已经死了。"[①]

由于两个朋友在这短短的一段时间里多半是分隔两地，这促使他们之间的通信又最后一次地频繁起来，而伴随着两人之间一封封书信的来来往往，马克思的人生的最后一年也阴郁而庄严地悄然掠过。频频发作的多个部位的病痛破坏了他的安宁，人类的无情命运就这样摧毁了这位具有强大影响力的思想和行动的伟人。

仍然在维系着他的生命的，是一种不可遏止的强烈愿望，他想为他毕生所献身的伟大事业奉献出自己的最后一份力量。1881 年 12 月 15 日他在给左尔格的信中写道："最近这场病之后，我已是双重残废了：精神上是由于失去了我的妻子，生理上是由于病后胸膜硬结和支气管应激性增强。遗憾的是，我不得不花一些时间来专门恢复自己的健康。"[②] 这段时间一直持续到了他去世的那一天，因为所有力图恢复他的健康状况的尝试都失败了。

医生们最初把他送往怀特岛南部的文特诺，然后又将他送到阿尔及尔。1882 年 2 月 20 日他抵达阿尔及尔，但是由于一路上天气寒冷，到达阿尔及尔时，他的胸膜炎又重新发作。更令人忧虑的是，阿尔及尔的这个冬天和春天比以往任何时候雨水都多而且阴冷。于是马克思在 5 月 2 日转移到了蒙特卡洛，他在这里的经历也并没有好到哪里去；由于渡海旅行途中气候寒冷潮湿，他到达蒙特卡洛的时候正身患胸膜炎，而他在这里所遭遇的仍然是持续的恶劣天气。

直到 6 月初，当他来到阿让特伊住进龙格夫妇家里的时候，他的健康状况才有所好转。也许是这里的家庭生活对此起了不少帮助；随后，马克思通过在附近的昂吉安洗硫磺矿泉浴成功地治愈了他的根深蒂固的支气管炎。接着，他同他的女儿劳拉一同来到日内瓦湖畔的沃韦，在这里居住了六个星期，这对他的健康状况得到进一步改善也起了显著的作用。当他在 9 月份返回到伦敦的时候，他看上去精力充沛，而且他还时常同恩格斯一道登上汉普斯特德荒野的山丘，山丘高出

---

① 威廉·李卜克内西：《纪念马克思》，收入《回忆马克思》（德文），第 144 页。——德文原书出版者注

② 参阅《马克思恩格斯全集》第 35 卷，人民出版社 1971 年版，第 239 页。

他的住宅大约有三百英尺，他攀登起来居然毫不费力。

这时候马克思打算重新开始工作，因为医生们虽然不准许他冬天留在伦敦，不过却允许他到英国南部海滨地区过冬。当11月的雾季即将来临的时候，他便动身去了文特诺，然而到了那里他却发现，那里的气候就跟阿尔及尔和蒙特卡洛的春季一样：浓雾弥漫、天气潮湿。结果他又得了重感冒，他不能到户外活动以增强体质，而是被迫整日蛰居在室内，以致身体越来越衰弱。到这时，他的科学研究工作根本连想都不可能想了，尽管马克思对于科学领域的一切新发现都表现出了极其浓厚的兴趣，即便是对于那些与他的狭义的工作范围并无密切关系的科学发现，例如德普雷在慕尼黑电力电工展览会上所进行的各种试验。他的书信一般都流露出一种沮丧和忧郁的情绪。当年轻的法国工人党在发展的过程中暴露出一些难免产生的幼稚病时，他对他的女婿们代言他的思想所采用的方式也颇为感到不满："龙格是最后一个蒲鲁东主义者，而拉法格是最后一个巴枯宁主义者！让他们见鬼去吧！"[①]也就是在这个时候，他脱口说出了一句后来被飞快传播的话，正象马克思关于七十年代末的法国"马克思主义者"所曾经说过的："我只知道我自己不是马克思主义者。"[②]

1883年1月11日，他的女儿燕妮的突然死亡给了他最后的致命一击。就在第二天，马克思便回到了伦敦，当时他正身患严重的支气管炎，不久又并发了喉头炎，这使得他几乎什么东西都不能吞咽。但"他以坚忍精神忍受着极大的痛苦，宁愿喝一升牛奶（这是他生平最厌恶的东西）而不吃某些硬的食物。"[③]到了2月间，他的肺部又发现了脓肿。由于十五个月以来他一直在不断服用各种药物，以至于任何药品对于他那几乎被药物填满的身体都已经不起任何作用了；这些药物最多只能使他的食欲大大减退和造成他的消化功能紊乱。病人明显地在一天比一天地消瘦下去。但是医生们仍然并没有放弃希望，因为他的支气管炎已经差不多痊愈，而且吞咽食物也变得比较容易了。因此，死亡是意外来临的。3月14日

① 参阅《马克思恩格斯全集》第35卷，人民出版社1971年版，第107页。
② 参阅《马克思恩格斯全集》第37卷，人民出版社1971年版，第432页。
③ 参阅《马克思恩格斯全集》第19卷，人民出版社1963年版，第382—383页。

中午十二点钟左右，卡尔·马克思坐在自己的安乐椅上，安详地毫无痛苦地与世长辞了。

恩格斯对于这个无法弥补的损失感到万分悲痛，但是这悲痛本身却也包含着对马克思的突然离世而感到的一丝慰藉。“医术或许还能保证他勉强拖几年，无能为力地活着，不是很快地死去，而是慢慢地死去，以此来证明医术的胜利。但是，这是我们的马克思绝不能忍受的。眼前摆着许多未完成的工作，受着想要完成它们而又不能做到的唐达鲁士式的痛苦，这样活着，对他来说，比安然地死去还要痛苦一千倍。他常常喜欢引用伊壁鸠鲁的话：‘死不是死者的不幸，而是生者的不幸。’不能眼看着这个伟大的天才象废人一样勉强活着，去给医学增光，去受他健壮时经常予以痛击的庸人们嘲笑，——不能那样，现在的情况要比那样好一千倍，我们后天把他送到他夫人安息的墓地去，这要比那样好一千倍。”①

3 月 17 日，星期六，马克思被安葬在他的夫人的同一个墓穴里。他的家人十分得体地拒绝了“一切仪式”，因为那会显得和马克思的一生格格不入。只有少数几个忠实的朋友站在敞开的墓穴周围：恩格斯，列斯纳和罗赫纳——他们是马克思的从共产主义者同盟时期起的老同志，从法国来的拉法格和龙格，从德国来的李卜克内西；科学界则由两位第一流的科学家作为代表，即化学家卡尔·肖莱马和生物学家雷·朗凯斯特。

恩格斯用英语向逝去的朋友表达了最后的致意，他简短、诚恳而又真实地表述了马克思对于人类曾经具有并且将永远具有的意义。我们就用恩格斯的这些话作为本书的结束：

“3 月 14 日下午两点三刻，当代最伟大的思想家停止思想了。让他一个人留在房里还不到两分钟，当我们进去的时候，便发现他在安乐椅上安静地睡着了——但已经永远地睡着了。

“这个人的逝世，对于欧美战斗的无产阶级，对于历史科学，都是不可估量的损失。这位巨人逝世以后所形成的空白，不久就会使人感觉到。

---

① 参阅《马克思恩格斯全集》第 35 卷，人民出版社 1971 年版，第 459—460 页。

“正像达尔文发现有机界的发展规律一样，马克思发现了人类历史的发展规律，即历来为繁芜丛杂的意识形态所掩盖着的一个简单事实：人们首先必须吃、喝、住、穿，然后才能从事政治、科学、艺术、宗教等等；所以，直接的物质的生活资料的生产，从而一个民族或一个时代的一定的经济发展阶段，便构成基础，人们的国家设施、法的观点，艺术以至宗教观念，就是从这个基础上发展起来的，因而，也必须由这个基础来解释，而不是像过去那样做得相反。

“不仅如此。马克思还发现了现代资本主义生产方式和它所产生的资产阶级社会的特殊的运动规律。由于剩余价值的发现，这里就豁然开朗了，而先前无论资产阶级经济学家或者社会主义批评家所做的一切研究都只是在黑暗中摸索。一生中能有这样两个发现，该是很够了。即使只能作出一个这样的发现，也已经是幸福的了。但是马克思在他所研究的每一个领域，甚至在数学领域，都有独到的发现，这样的领域是很多的，而且其中任何一个领域他都不是浅尝辄止。

“他作为科学家就是这样。但是这在他身上远不是主要的。在马克思看来，科学是一种在历史上起推动作用的、革命的力量。任何一门理论科学中的每一个新发现——它的实际应用也许还根本无法预见——都使马克思感到衷心喜悦，而当他看到那种对工业、对一般历史发展立即产生革命性影响的发现的时候，他的喜悦就非同寻常了。例如，他曾经密切注视电学方面各种发现的进展情况，不久以前，他还密切注视马塞尔·德普勒的发现。

“因为马克思首先是一个革命家。他毕生的真正使命，就是以这种或那种方式参加推翻资本主义社会及其所建立的国家设施的事业，参加现代无产阶级的解放事业，正是他第一次使现代无产阶级意识到自身的地位和需要，意识到自身解放的条件。斗争是他的生命要素。很少有人像他那样满腔热情、坚韧不拔和卓有成效地进行斗争。最早的《莱茵报》(1842年)，巴黎的《前进报》(1844年)，《德意志—布鲁塞尔报》(1847年)，《新莱茵报》(1848—1849年)，《纽约每日论坛报》(1852—1861年)，以及许多富有战斗性的小册子，在巴黎、布鲁塞尔和伦敦各组织中的工作，最后，作为全部活动的顶峰，创立伟大的国际工人协会，——老实说，协会的这位创始人即使没有别的什么建树，单凭这一成果也可以自豪。

“正因为这样，所以马克思是当代最遭嫉恨和最受诬蔑的人。各国政府——无论专制政府或共和政府，都驱逐他；资产者——无论保守派或极端民主派，都竞相诽谤他，诅咒他。他对这一切毫不在意，把它们当做蛛丝一样轻轻拂去，只是在万不得已时才给以回敬。现在他逝世了，在整个欧洲和美洲，从西伯利亚矿井到加利福尼亚，千百万革命战友无不对他表示尊敬、爱戴和悼念，而我可以大胆地说：他可能有过许多敌人，但未必有一个私敌。

“他的英名和事业将永垂不朽！”[①]

① 参阅《马克思恩格斯文集》第 3 卷，人民出版社 2009 年版，第 601—603 页。

著者关于参考文献的说明

如果我给这部书附上一个科学研究性质的参考书目，那么这既不符合本书的性质，也不符合这部书的目的。所以，我只限于略做几点指导说明，以给那些想要更详尽地了解情况的读者指出一些主要途径，并使他们能够根据这些主要的途径更加容易地找到分支途径。

在不断增加的有关马克思的大量的文献资料当中，传记性的作品还是相当稀缺的。虽然质量比较差的介绍马克思的生平事略的作品从来都没有完全缺少过，但是这些作品往往是错误百出，而且随着这些作品的内容越来越频繁地被从一本书里转抄到另一本书里，它们也就变得越来越浅薄无聊了。只有恩格斯才在这方面整理出了一些头绪，特别是通过他发表在由威廉·白拉克[①]主编的 1878 年的《人民历书》[②]丛刊上的一篇马克思的传略[③]。再后来，他曾经写过的一篇有关马克思的文章[④]又被收入了《政治学辞典》[⑤]（第 5 卷，第 1130 页及以下几页），这篇文章尽管从总体来说十分可靠，却也不免存在着个别错误。

在其他的传记作品当中，还有一部作品是值得注意的，那就是威廉·李卜

---

① 威廉·白拉克（1842—1880），德国社会民主党人，出版家和政治评论家。

②《人民历书》是由威廉·布拉克主编的社会民主党的年鉴，1875 年至 1878 年在不伦瑞克出版。

③ 参阅《马克思恩格斯全集》第 19 卷，人民出版社 1963 年版，第 115—125 页；弗·恩格斯：《卡尔·马克思》。这篇文章是恩格斯根据布拉克的请求在 1877 年 6 月完成的。

④ 参阅《马克思恩格斯全集》第 16 卷，人民出版社 1964 年版，第 407—413 页；弗·恩格斯：《卡尔·马克思》，写于 1869 年 7 月 28 日左右。

⑤《政治学辞典》由耶拿 G. 菲舍尔出版社在 1890 年至 1897 年间出版，彼时该辞典有六卷和两卷增补版。

克内西撰写的《纪念马克思。传略与回忆》[1]，这篇文章于1896年在纽伦堡出版；它所叙述的内容主要局限于五十年代的事情，尽管在细节方面尚有许多不确切的地方，但是如果抛开这些，这篇文章对这一时期的马克思则做了出色的描写。同样，克拉拉·蔡特金的一篇为发表而加以扩充的报告，即《卡尔·马克思和他毕生的事业》，1913年在埃伯费尔德出版，也以其热情的笔调而著称，尽管它采用的是另外一种形式。这一著作是建立在对情况具有最透彻的了解的基础上的，而且由于它的附录就犹如一个指南，把读者一步一步地引入到马克思在他的著作中所开拓的思想世界中去，从而使这一著作具有了一种特殊的价值。与此相反的是，约翰·斯帕戈（1876—1966）撰写的《卡尔·马克思，他的生平和事业》，1910年在纽约出版，则是一个没有什么价值的拼凑起来的作品。

1850年以前，马克思传记的主要史料均来源于四卷版的被习惯地称之为《遗著》的出版物，尽管它早就已经不再是马克思的遗著中唯一的发行版本了，(《卡尔·马克思、弗里德里希·恩格斯和费迪南·拉萨尔的遗著，弗·梅林编辑出版》，斯图加特，1902年)。这部作品现在总算已经安然地历经了十五年的风风雨雨；在1913年出版的第二版的后记中，一些小的细节得到了更正。它的第一卷通过古斯塔夫·迈尔[2]所写的有关《莱茵报》《德法年鉴》以及有关弗里德里希·恩格斯的著作而明显地得到了补充，它的第四卷则通过拉萨尔致马克思的五封信也大大地得了补充，这些书信是被伯恩施坦发现的，并被他刊登在《新时代》杂志上，第33卷上卷，第19页及以下。在这一个版本的引言和注释中，我根据流传的手稿资料和已经出版的原始资料记载下了许多传记性的材料，所以在某种程度上，本书的前几章仅仅是这些材料的一个摘录而已。

第二个主要史料是从1850年到1870年这二十年间的同样是四卷版的《马克思恩格斯通信集》(全名为《马克思和恩格斯在1844年至1883年的通信集》，

---

① 参阅《回忆马克思恩格斯》，人民出版社1957年版，第97—150页。

② 古斯塔夫·迈尔（1871—1948），德国新闻工作者和工人运动历史学家。

奥·倍倍尔和爱·伯恩施坦主编，斯图加特，1913 年）。这一部宏伟的作品甚至也得到了敌对方的充分尊敬与欢迎。据记载，对这一科学巨作进行过比较详细的论述的有：爱·伯恩施坦的论著，发表在《社会科学和社会政治文库》[①]，第 38 卷；古·迈尔的论著，发表于《政治杂志》[②] 第 7 卷；弗·梅林的论著，发表在《社会主义和工人运动历史文库》[③] 第 5 卷；赫·翁肯[④] 的论著，发表在《普鲁士年鉴》[⑤] 第 155 卷；古·冯·施莫勒[⑥] 的论著，发表在《立法、行政和国民经济年鉴》第 39 卷。

第三个主要史料，即有关 1870 年到 1883 年的原始资料，是左尔格的书信集（全名为《约·菲·贝克尔、约瑟夫·狄慈根、弗里德里希·恩格斯、卡尔·马克思致弗·阿·左尔格等人的书信集和信件摘录》，斯图加特，1906 年）。这些书信的原件连同其余的手稿资料，都被左尔格转交给了美国最大的纽约公共图书馆。还有一些篇幅较小的通信集（同库格曼、魏德迈、弗莱里格拉特等人的通信），我将会在书中涉及这些人的地方再一一谈到。在这里我只想怀着强烈的感激之情提一提卡尔·格林贝格[⑦] 编辑出版的《社会主义和工人运动历史文库》在我的整个写作期间所给予我的帮助。这一杂志尽管创办的时间不是很久，但却由于它的主编的高超的编辑才能，而成了一切社会主义研究的中心。

①《社会科学和社会政治文库》，1904 年至 1933 年出版的德国社会科学和社会政治杂志。

②《政治杂志》是德国最古老的政治学专业期刊，1907 年开始出版。

③《社会主义和工人运动历史文库》是刊登有关社会主义和工人运动历史的专题论文和文献资料的丛刊，1910 年至 1930 年在莱比锡出版，共十五卷。

④ 赫尔曼·翁肯（1869—1945），德国历史学家和政治评论家，写过多部传记。

⑤《普鲁士年鉴》是 1858 年至 1935 年出版的具有民族自由主义色彩的文化政治月刊。

⑥ 古斯塔夫·冯·施莫勒（1838—1917），德国经济学家和社会科学家，德国国民经济学新历史学派创始人，1881 年创办《德意志帝国立法、行政和国民经济学年鉴》，又称《施莫勒年鉴》。

⑦ 卡尔·格林贝格（1861—1940），德裔奥地利社会学家和国家法科学家，1910—1930 年出版的《社会主义和工人运动历史文库》的创办者。

1. 青年时代

我所引用的有关马克思家谱记载的诉讼文件，是我得到允许后在维也纳的毛特纳和帕彭海姆二氏的极为完善的图书馆里查阅到的。再参阅梅林的：《有关卡尔·马克思传记的零星资料》，载《新时代》，第29卷，上卷，第4页，附有有关中学毕业考试的比较详尽的若干细节材料。梅林：《冯·威斯特华伦一家》，载《新时代》，第10卷，下卷，第481页。

2. 黑格尔的弟子

《给父母的信》是由爱琳娜·马克思全文发表的，载于《新时代》，第16卷，上卷，第4页。青年黑格尔派的著作有：科本的《弗里德里希大帝和他的敌人》，莱比锡，1840年；布鲁诺·鲍威尔的《对观福音书[①]作者批判史》，莱比锡，1841年；卢格的《通信和日记》，柏林，1886年。《博士论文》，[②]载《遗著》第1卷，第63页。《德国现代哲学和政论界轶文集》，苏黎世，1843年。1842年1月1日至1843年3月31日的《莱茵报》，柏林皇家图书馆保存有完整的存档样本。提供了从档案中搜集来的有关这一报纸历史的文献资料，以及有关青年黑格尔派在政治方面的演变情况的丰富资料的，是古斯塔夫·迈尔的《三月革命前时期普鲁士政治激进主义的开始》，载《政治杂志》第6卷。伯恩施坦于1902年在他主编的《社会主义文献》[③]杂志上发表的马克思写给卢格的八封信，对于阐明该报的内部危机具有重要的意义。马克思曾经在这一报纸上发表过的最重要的论

① 对观福音书在宗教史的著述中是指文笔、风格、内容、顺序、时态、结构、用词都极为相似的《马可福音》、《马太福音》和《路加福音》。

② 这篇博士论文在马克思生前没有发表，它的第一次发表是在弗·梅林编辑的《卡尔·马克思、弗里德里希·恩格斯和费迪南德·拉萨尔的遗著》里，1902年斯图加特版第1卷；《博士论文》中译本参阅人民出版社1961年版、1973年版。

③《社会主义文献》是伯恩施坦在1901年至1905年间自己主编出版的杂志。

文，现在均已经被收集到一起（载《遗著》第1卷，第171页）[①]。路德维希·费尔巴哈的《通信与遗著》，海德堡，1874年。

3. 流亡巴黎

《德法年鉴》。这唯一的一部包括两期的双期合刊号是1844年3月在巴黎出版的。作为引言的通信，以及发表在《德法年鉴》上的马克思的两篇论文和恩格斯的两篇论文现在都已经被编入了《遗著》，第1卷，第360页。[②]古斯塔夫·迈尔撰写的《〈德法年鉴〉和巴黎的〈前进报〉的消亡》，载《格林贝格文库》，第3卷，提供了许多有关该杂志的历史的档案资料。卢格的《回忆录》，柏林，1866。马克思认为阶级斗争理论中属于他自己的精神财产的那部分内容，他在1852年3月5日写给魏德迈的一封信中有所阐述。[③]参阅梅林的《有关马克思恩格斯传记的新资料》，载《新时代》，第25卷，下卷，第163页。再参阅普列汉诺夫的《论阶级斗争学说的最初阶段》[④]载《新时代》，第21卷，上卷，第275页；罗特施泰因的《在马克思之前的阶级斗争的宣告者》，载《新时代》，第26卷，上卷，第836页。维也纳市立图书馆拥有一份完整的《前进报》[⑤]存档样本；马克思在这一报纸上发表过的唯一的一篇论文被收入《遗著》的第2卷，第41页。

---

① 参阅《马克思恩格斯全集》第1卷，人民出版社1956年版，第35页以下。

② 参阅《马克思恩格斯全集》第1卷，人民出版社1960年版，第407—418页《摘自〈德法年鉴〉的书信》，第419—451页《论犹太人问题》，第452—467页《黑格尔法哲学批判导言》，第596—625页《政治经济学批判大纲》，第626—655页《英国状况》。

③ 参阅《马克思恩格斯全集》第28卷，人民出版社1973年版，第509页："我的新贡献就是证明了下列几点：（1）阶级的存在仅仅同生产发展的一定历史阶段相联系；（2）阶级斗争必然要导致无产阶级专政；（3）这个专政不过是达到消灭一切阶级和进入无阶级社会的过渡。"

④ 参阅生活·读书·新知三联书店1965年版《阶级斗争学说的最初阶段》单行本。

⑤ 1844年至1845年在巴黎出版的德文报纸名称，从1844年7月开始，卡尔·马克思对该报的编辑有着重要的影响。

4. 弗里德里希・恩格斯

年轻的恩格斯可以说是通过古斯塔夫・迈尔的一篇文章被重新发现的，即：《弗里德里希・恩格斯的笔名》，载于《格林贝格文库》，第 4 卷。恩格斯给几个青年时代的朋友的信件引起了高度的关注，这些信件被迈尔发表在 1913 年的《新观察》的 9 月号和 10 月号上。迈尔准备出版一部全面阐述恩格斯的早期文学活动和政治活动的论著，但愿这一著述能够早日问世。恩格斯和马克思合著的《神圣家族》[①]，载入《遗著》的第 2 卷上，并附有详细的注释。恩格斯：《英国工人阶级状况》[②]，莱比锡，1845。

5. 流亡布鲁塞尔

马克思和恩格斯对垄施蒂纳的论战著作，被伯恩施坦在他的《社会主义文献》中转载了一些较大的片段。关于马克思和恩格斯同“真正的社会主义”派的相互关系，参阅《遗著》第 2 卷。魏特林：《和谐与自由的保证》[③]，柏林，1908 年；附有梅林所撰写的传记性引言和注释。蒲鲁东：《通信集》，第 2 卷，第 198 页。马克思：《哲学的贫困》[④]，斯图加特，1885 年。《德意志—布鲁塞尔报》，在党的档案库里保存有几乎是完整的一份样本；马克思和恩格斯在该报上发表过的最重要的论文都收入了《遗著》的第 2 卷。有关共产主义者同盟的资料保存下来的比较少，现在这些资料被编入到马克思的《揭露科隆共产党人案件》[⑤]；附恩格斯的引言和有关文件[⑥]；第四版附有梅林的引言和注释，柏林，1914 年。贝特兰德：

---

① 参阅《马克思恩格斯全集》第 2 卷，人民出版社 1957 年版，第 3—268 页。

② 参阅《马克思恩格斯全集》第 2 卷，人民出版社 1957 年版，第 269—587 页。

③《和谐与自由的保证》中译本 1960 年由商务印书馆出版。

④ 参阅《马克思恩格斯全集》，人民出版社 1958 年版，第 4 卷，第 71—198 页。

⑤ 参阅《马克思恩格斯全集》，人民出版社 1961 年版，第 8 卷，第 457—536 页。

⑥ 1885 年恩格斯为《揭露科隆共产党人案件》的第三版写了一篇引言“关于共产主义者同盟的历史”，并且加入了中央委员会于 1850 年 3 月和 6 月写的两个告共产主义者同盟书。

《1848年前比利时的社会民主运动》，载《新时代》，第23卷，下卷，第277页。罗特施泰因：《国际前史》，载《新时代》，增刊第17号。威·沃尔夫：《威廉·沃尔夫全集》；梅林编，柏林，1909年。马克思：《雇佣劳动和资本》[①]，附恩格斯的导言，柏林，1891年。马克思和恩格斯：《共产党宣言》[②]；经过其中一位作者重新审订的最近一版，是1890年在柏林出版的。

6. 革命和反革命

《新莱茵报》，该报刊的一系列社论，载《遗著》第3卷。梅林：《弗莱里格拉特和马克思通信集》，载《新时代》，增刊第12号。拉萨尔和马克思——参阅《遗著》第4卷和《马克思恩格斯通信集》[③]第2卷和第3卷。

7. 流亡伦敦

《新莱茵报评论》。其中的马克思的连载文章以单行本的形式重新出版，即：《1848年至1850年的法兰西阶级斗争》[④]，书中载有恩格斯撰写的导言，柏林，1895年；其他的作品——比如具名的——除了许多每月概述和书评以外，就是恩格斯的《德国维护帝国宪法的运动》[⑤]，收入《遗著》第3卷。关于金克尔的案件，最初是通过从原始档案资料中获取了若干依据的几篇文章得以澄清的，这些文章都刊登在1914年的《普鲁士年鉴》上。关于伦敦的流亡者的生活，参阅梅林的《新文献》；这些资料是从马克思同魏德迈的通信中得来的。马克思：《路易·波拿巴的雾月十八日》[⑥]，斯图加特，1914年。马克思：《揭露科隆共产

① 参阅《马克思恩格斯全集》第6卷，人民出版社1961年版，第473—506页。
② 参阅《马克思恩格斯全集》第4卷，人民出版社1958年版，第461—504页。
③ 参阅《马克思恩格斯通信集》第2卷，三联书店1957—1958年版，第3卷。
④ 参阅《马克思恩格斯全集》第7卷，人民出版社1959年版，第9—125页。
⑤ 参阅《马克思恩格斯全集》第7卷，人民出版社1959年版，第127—235页。
⑥ 参阅《马克思恩格斯全集》第8卷，人民出版社1961年版，第117—227页。

党人案件》[①]。

8. 恩格斯—马克思

在这一章里所阐述的内容主要是以马克思和恩格斯的通信为依据的，对于个别细节的资料来源就没有必要再进一步提及了。

9. 克里木战争和危机

由于这一章已经付印，所以这一章我就无法再利用上马克思和恩格斯的《著作集：1852 年—1862 年》[②]，N. 梁赞诺夫编辑出版，斯图加特，1917 年。直到 1855 年年底，这两卷著作印刷的纸张已经超过一千页了；接下来据说还有两卷要出版。但是从已经出版的两卷来看，其作为传记资料的价值可以说是微乎其微，所以我完全没有必要再重新修订或者是补充我的文本。一般说来，只是加深了这样一种印象，即：为《纽约每日论坛报》所做的工作并不是马克思不得不忍受的苦难中最轻的那一部分；而且达纳不是这一报刊的真正所有者，而只是该报的真正持有人——格里利和麦克埃克拉特——的代理人；另外，也不可能促使每一个读者都得出同编纂者一样的结论，认为达纳对马克思的态度不管怎么样还是正确的。马克思在同他的十年的交往当中从来没有料到，达纳只不过是在患难之中对他表示同情的一位朋友。由梁赞诺夫收集到这两卷中的马克思和恩格斯的文章及论文，具有十分不同的价值：它们的一部分作为附带的作品，是对马克思和恩格斯的伟大科学著作的一种补充，使它们能够更加喜闻乐见、见解也更加完善；而另一部分，特别是收入到第二卷的那部分文章，则只能归于"实实在在的报刊通讯稿"之列；把这类东西拿出来重新发表，恐怕会引起马克思和恩格斯的极大

① 参阅《马克思恩格斯全集》第 8 卷，人民出版社 1961 年版，第 457—536 页。

② 原标题为:《卡尔・马克思和弗里德里希・恩格斯著作集：1852 年—1862 年》。

不满。关于在这一章中所提到的厄克特、哈尼、琼斯以及其他的人际往来，参阅马克思和恩格斯的通信集——古·迈尔的《马克思给拉萨尔的两封未知信件》（1855年）；载于1913年8月10日的《法兰克福报》。马克思：《政治经济学批判》[①]，柏林，1859年。

10. 王朝的更迭

恩格斯：《波河与莱茵河》[②]，《萨瓦、尼斯与莱茵》[③]；这两篇论文均由伯恩施坦编辑出版，斯图加特，1915年。拉萨尔：《意大利战争和普鲁士的任务》，柏林，1892年。福格特：《我对〈总汇报〉的控告》，日内瓦，1859年。马克思：《福格特先生》[④]。马克思同拉萨尔、弗莱里格拉特、魏德迈的通信，尤其是马克思和恩格斯之间的通信。

11. 国际工人协会的创始阶段

有关国际工人协会的比较老的文献（泰斯蒂、维尔塔等人的著作）已经完全过时了；在保持必要的谨慎的情况下，偶尔可以利用的是鲁道夫·迈尔的著书：《第四等级的解放斗争》，柏林，1874年。第一次尝试对这个伟大的协会进行科学的阐述的，则是耶克的《国际》，莱比锡，1904年。这原本只是一个即兴之作，当初是为了纪念国际工人协会成立四十周年而写的，这册小书今天读起来仍然富有启发性，不过这指的仅仅是一个方面，当然，它的一些基本的要点显然是陈旧了，这就是它对于所有具有非马克思主义思想的人都进行了片面的粗暴的指摘，

① 参阅《马克思恩格斯全集》第13卷，人民出版社1962年版，第3—177页。
② 参阅《马克思恩格斯全集》第13卷，人民出版社1962年版，第247—299页。
③ 参阅《马克思恩格斯全集》第13卷，人民出版社1962年版，第633—680页。
④ 参阅《马克思恩格斯全集》第14卷，人民出版社1964年版，第397—754页。

特别是对巴枯宁。耶克没有充分地识破吴亭的阴谋和波克军的闹剧，而且他过分地相信马克思所写的那本针对巴枯宁的同盟的小册子。除了耶克的著述之外，约翰·菲利普·贝克尔在日内瓦编辑出版的六个年度（从 1866 年到 1871 年）的《先驱》[①]月刊依然是研究国际工人协会历史的最好的指南。关于施韦泽的所谓的背叛，我在正文中当然没有再吐露一个字，关于这一点参阅施韦泽的《政治论文与演讲》，梅林编辑出版，柏林，1912 年。古·迈尔：《约·巴·冯·施韦泽和社会民主党》，耶拿，1909 年。

海·劳芬伯格[②]对施韦泽的为人和他的政策也做过精彩的描述：《汉堡、阿尔托纳及其近郊的工人运动史》，汉堡，1911 年。倍倍尔的《我的一生》中的第 2 卷，第 1—137 页：《冯·施韦泽先生时期》。倍倍尔只是重复旧的、此间早就已经遭到驳斥的指责，却没有对这种驳斥进行批判性的深入的分析研究。关于“国际”在 1865 年召开的伦敦会议，参阅麦·巴赫在《新时代》上的文章，第 20 卷，上卷，第 549 页。《卡尔·马克思致库格曼书信集》[③]，载《新时代》，第 20 卷，下卷，第 26 页。

12.《资本论》

本应用于论述学说史的《资本论》第四卷的那些断简残篇，凡是被保存下来的，都被考茨基搜集到一起编辑成册，并且以《剩余价值学说史》[④]为书名，于 1904 年在斯图加特出版。《资本论》的普及本均已经全部过时，因为它的普及本只是局限于《资本论》第一卷的内容。第一卷的“大众版”是考茨基于 1914 年在斯图加特出版的。有关这一经典著作的大量的文献的突出特色，与

① 《先驱》为政治和社会经济月刊，国际工人协会德语支部的中央机关刊物。

② 海因里希·劳芬伯格（1872—1932），德国历史学家、记者和政治家。

③ 参阅《马克思致库格曼书信集》，人民出版社 1957 年版。

④ 卡尔·考茨基整理出版的《剩余价值学说史》的第一个中译本由郭大力翻译，于 1949 年分三卷由读书生活出版社以实践出版社的名义正式出版。

其说是它们的内容，倒不如说是它们的篇幅，而这种说法不仅仅适用于反对者。如果就知识的丰富、语言的光彩、探讨问题时逻辑的清晰以及思维的独立性而论，同时就超越其界限、进一步拓宽科学知识而言，最接近于这部典范著作的，当属罗莎·卢森堡的著述：《资本积累论。关于从经济上解释帝国主义的问题》，柏林，1913 年。对这部著作进行诋毁，尤其是像所谓的奥地利马克思主义者（埃克施泰因、希法亭等人）[①] 的那种吹毛求疵的做法，乃是马克思主义僧侣们的拿手好戏。

13. 国际工人协会的巅峰时期

对于这一章和接下来的一章来说，除了必须要考虑到《马克思恩格斯通信集》和《先驱》月刊以外，还应该特别注意到有关巴枯宁的文献资料。米哈伊尔·巴枯宁：《巴枯宁全集》第 1—6 卷，巴黎，1907—1913 年出版。詹姆斯·纪尧姆：《国际。文件与回忆》第 1—4 卷，巴黎，1905—1910 年出版。马克斯·内特劳[②]：《巴枯宁和 1872 年秋天以前的意大利的国际》，载《格林贝格文库》，第 2 卷，第 275 页；马克斯·内特劳：《巴枯宁和 1868—1873 年间西班牙的国际》，载《格林贝格文库》，第 4 卷，第 243 页）；马克斯·内特劳：《巴枯宁和 1868—1873 年间的俄国革命运动》，载《格林贝格文库》，第 5 卷，第 357 页。弗里茨·布鲁普巴赫尔[③]：《马克思和巴枯宁》[④]，慕尼黑，1913。如果我着重强调这批文献对于研究国际的历史来说是不可缺少的，那么这并不意味着，就好像它们本身包含着真正的智慧和不折不扣的真理似的；恰恰相反的是，我不得不深感遗憾地说，这些

---

① 马克思主义奥地利派是 20 世纪上半叶由奥地利社会民主工人党副主席奥托·鲍威尔（1881—1938）于 1904 创立的一个马克思主义学派。古斯塔夫·埃克施泰因（1875—1916）和鲁道夫·希法亭（1877—1941）均为该学派的理论家和重要的代表人物。

② 马克斯·内特劳（1865—1944），德国语言学家和著名的无政府主义历史学家。

③ 弗里茨·布鲁普巴赫尔（1874—1945），瑞士医生，自由主义社会主义者，作家；瑞士社会民主党成员（1900—1904）。

④ 原书名为《马克思和巴枯宁：关于国际工人协会的历史》。

著述的作者虽然完全有权利要求公正地对待巴枯宁，但是他们却不懂得，也应该要以同样公正的态度对待马克思。然而，有一句老话对于历史编纂学也是适用的，即不可偏听一面之词，兼听则明。有一部值得赞扬的书籍是由斯捷克洛夫[①]撰写的，即:《米哈伊尔·巴枯宁》[②]，斯图加特，1913年；该书的作者是一位真正的马克思主义者，但是正因为如此，他才要求德国社会民主党公正地评价巴枯宁，并最终正确地对待对他的纪念活动。《机密通知》全文刊载于《致库格曼书信集》[③]，载《新时代》，第20卷，下卷，第472页。

14. 国际工人协会的衰亡

马克思:《法兰西内战》[④]，附有恩格斯的导言，柏林，1891年出版；这一著作包括了国际关于战争和公社的三篇宣言。马克思在信件中所发表的有关公社的意见，参阅《新时代》，第20卷，上卷，第708页。马克思在起义期间也一直保持着自己与公社委员会委员的通信联系，残存的少量的信函收入到《新时代》，第29卷，上卷，第734页。《国际工人协会汝拉联合会致国际各联合委员会的备忘录》，松维利耶，1873年。卡·马克思和弗·恩格斯:《所谓国际内部的分裂。国际工人协会总委员会内部通告》[⑤]，日内瓦，1872年。麦·巴赫:《英国国际的分裂》，载《新时代》，第21卷，下卷，第21页。《一个反对国际工人协会的阴谋》，不伦瑞克，1874年出版，即所谓的《同盟小册子》。

****

说到这里，该是用几句话来谈谈考茨基和梁赞诺夫的企图了，因为他们极力

① 尤里·米哈伊洛维奇·斯捷克洛夫（1873—1941），俄国革命家，记者和历史学家。
② 原书名为《米哈伊尔·巴枯宁。传记》。
③ 参阅马克思《致库格曼书信集》，人民出版社1957年版，第92—96页。
④ 参阅《马克思恩格斯全集》第17卷，人民出版社1963年版，第331—389页。
⑤ 参阅《马克思恩格斯全集》第18卷，人民出版社1964年版，第7—55页。

要把这本书扼杀于胚胎状态。

尽管我关于拉萨尔所说的一些异端的言论已经引起了考茨基对我的公开警告，说我“敌视马克思”，还说我对拉法格夫人“背信弃义”，但是我依然公开地坚持实施我自己的撰写传记的计划；不仅如此，我甚至敢于在《新时代》杂志上的一个当时由我主编的《杂感》栏目里——参阅《新时代》，第31卷，下卷，第985页——对布鲁普巴赫尔的《马克思和巴枯宁》一书进行评论时没有把这部书骂得狗血喷头。虽然我曾经指责过这部著作对马克思进行了某些人身攻击，并指责它对待马克思有不公正之处，但我仍然宣称它是一部“有益的和值得赞扬的著述”，因为它消除了马克思和马克思主义者对巴枯宁所提出的一系列不公正的指责，而在这些马克思主义者当中，我绝对没有把我自己排除在外。我的评论的实质和核心内容就是阐述：国际是在完成了它自己的伟大历史使命之后才衰亡的，因此，国际的死亡是死得其所，这远比死于那些丧尽天良的蛊惑家的卑鄙阴谋要光荣得多。

不过这样一来，我的过错也就够多的了，因为N.梁赞诺夫针对我那少得可怜的六页文章居然推出了他那个篇幅在十倍以上的抨击性小册子，而考茨基则甘愿在《新时代》上为他开辟专栏，以供他刊登他的长篇大论。参阅N.梁赞诺夫的《社会民主主义的旗帜和无政府主义的货品》，载《新时代》，第32卷，上卷，第5、7、8、9、10期和第13期。当然，对于我所做的实事求是的论述，梁赞诺夫却只字不提；更有甚者，他为了歪曲我的话，或者是为了不着边际地夸大我由于疏忽而造成的一些实际上完全无关紧要的失误，而试图从我的文章中指出两三个错误来，但这两三个错误同我认为本质上是最重要的东西根本毫无关系。他的真正的目的就在于要把我说成是一个既缺少相应的知识，又缺少判断能力，尤其是缺乏善意的人，以致使我在马克思的问题上根本没有发言权。经过他这样一描述，我便成了挂在定期集市货摊上的那些被涂成朱红色的鬼脸，而那个叫卖的摊贩则站在鬼脸前面吆喝着：“来瞧瞧这个面目可憎的怪物吧！”

扮演这种摊贩的角色，梁赞诺夫当然是再适合不过了。他在这方面是语言表达方式的高手，而他的这种本事则是从他所钦佩的波克罕那里看会的，对于此人，马克思有一次曾经做过恰如其分的描述：“只要他一拿起笔来，那可就糟了！

他既缺乏机智，又缺少品味。另外，他也缺少所有必需的知识修养。他就像那些野人，他们以为，用各种可能的刺眼的颜色将脸上的皮肤刺上花纹就可以使自己的容貌变得美丽了。他总喜欢玩弄陈词滥调和风言风语。几乎他的每一句空话都本能地为他戴上一顶系着小铃的丑角尖帽。”但是梁赞诺夫这样做却不仅仅是出于本能。如果他能够按照自己的喜好而摆出一副严峻的面孔的话，那么这个“严肃的研究者”——他喜欢这样称呼自己和他那一类人物——就变成了一个拙劣的伪造者。为了在自己的小册子里面跟我开几个卑劣的玩笑，他必定会把波克罕1869年夏天在吉多·魏斯所出版的《未来报》上发表的那几篇反对巴枯宁的文章的责任推到我的身上。在这里梁赞诺夫引用了我的一段话，我在这段话中说，我在年轻的时候曾经是《未来报》编辑部的成员，但同时他又注明，我参加编辑部的日期是1870年1月。梁赞诺夫把这个日子满不在乎地抛到了字纸篓里，并对此凭空捏造出来一个说法，即1869年6月25日——而且正好是在这一天——我在《未来报》上发表过一篇文章。如此一来，他就通过小小的隐瞒和小小的伪造给自己赢得了一块自由的阵地，从此，他便开始振振有词地嘲笑起所谓的我在《未来报》编辑部所扮演的那个“青涩的毛头小伙子”的角色，虽然在1869年夏天，我同该报的编辑部还没有任何关系，甚至不存在最疏远的关系。这样一些恶作剧，就连任何一种资产阶级报刊都不屑于用来当作反对社会民主主义作家的武器，却居然被考茨基毫不迟疑地拿到《新时代》编辑部来，作为针对我的武器，尽管这二十年来我一直是《新时代》杂志的最勤奋的撰稿人。

然而现在，还是让我们来看看这些西塞罗[①]对卡提利纳[②]的指控吧！他们在第一页就马上把矛头对准了我，指责我在评论布鲁普巴赫尔的著作的文章中兜售“最腐朽的货物”，并且说我引发了这样一种危险，即“在社会民主主义的旗帜下，把无政府主义者之前单方面提出的对恩格斯和马克思、倍倍尔以及李卜克内西的

① 马库斯·图利乌斯·西塞罗（前106—前43），罗马共和国晚期的哲学家、政治家、律师、作家、雄辩家。

② 路奇乌斯·塞尔吉乌斯·卡提利纳（约前108—前62），古罗马政治活动家，反对贵族共和国的密谋策划者。

全部指责都偷偷塞进党的文献里，如所谓的诽谤狂，厚颜无耻的说谎、伪造、隐瞒蒙混，以及在道德观方面闻所未闻的离经叛道等”。如果说在小册子的第一页里，这种危险还只是一种“凶兆”的话，那么它在第二页里则已经开始出现，说我“对伟大的逝者进行了用道德来粉饰和用伪善来掩盖的大肆谩骂”。我被指责的最为严重的一条罪名就是，我想搞掉现代工人运动最伟大的思想家马克思，并想把巴枯宁作为真正的救世主推出来取代他的位置，或者用梁赞诺夫本人那种插科打诨的调子来说，我想把“马克思说成是克劳迪厄斯[①]，把巴枯宁说成是哈姆雷特的父亲，把德国社会民主党说成是王后[②]，而把梅林说成是哈姆雷特[③]。这个哈姆雷特现在想要再一次规劝王后，要她抛弃比较坏的那一半，而同另一半更加贞洁地继续生活下去[④]”。然后，梁赞诺夫又从这悲剧的高潮回落到他更为熟悉的小丑滑稽表演方面，他指责我说，我对布鲁普巴赫尔和纪尧姆的过于深信不疑致使我落入了他们那“令人作呕”的圈套，因为根据这两个人的说法，马克思的“国际”只不过是一个徒有虚表的门面，“其背后隐藏的却是一个由一些没有良心和道德上麻木不仁的狡猾虚伪之徒结成的邪恶帮派”。

当然，梁赞诺夫也同意酌情减轻我的罪名，他曾经举出了两种情况：第一，是我的极大的无知，“对于对象只有肤浅的认识，而对于其有关的文献，但凡不是用德语发表的，我则全然不知”；第二，是深感受到良心的谴责，因为据他说，我中伤巴枯宁的行为甚至比之中伤吴亭及其同伙还要恶劣。对于这样一种说法，梁赞诺夫也只能以他伪造的引证为依据，因为梁赞诺夫在引用我撰写的《德国社会民主党史》的一段话时，他隐瞒了其中的一个事实，即我反对把巴枯宁跟马克

① 均为威廉·莎士比亚（1564—1616）的悲剧作品《哈姆雷特》中的人物。克劳迪厄斯又译克劳狄斯，是哈姆雷特的叔叔，他谋害王兄，篡取王位，并骗娶了王嫂、即哈姆雷特的母亲。

② 均为威廉·莎士比亚（1564—1616）的悲剧作品《哈姆雷特》中的人物。克劳迪厄斯又译克劳狄斯，是哈姆雷特的叔叔，他谋害王兄，篡取王位，并骗娶了王嫂、即哈姆雷特的母亲。

③ 均为威廉·莎士比亚（1564—1616）的悲剧作品《哈姆雷特》中的人物。克劳迪厄斯又译克劳狄斯，是哈姆雷特的叔叔，他谋害王兄，篡取王位，并骗娶了王嫂、即哈姆雷特的母亲。

④ 原台词为：“王后：啊，哈姆雷特！你把我的心劈为两半了！——哈姆雷特：啊！把那坏的一半丢掉，保留那另外的一半，让您的灵魂清静一些”。见朱生豪译《哈姆雷特》第三幕第四场。

思发生争执说成是完全出自于纯粹的个人原因；而且，他还闭口不谈我认为巴枯宁的无政府主义理论可以从他的教育轨迹和生活轨迹中得到解释。不过，梁赞诺夫在引用我所补充的一段说明时，却采取了文字疏排印刷的方式以示强调，因为我是这样说的：当然，有一点也是可以肯定的，即在巴枯宁反对马克思的斗争中他的个人虚荣心和个人嫉妒心“也起了某种作用”。现在，根据已经公布出来的有关巴枯宁的所有的新的原始资料，我乐意放弃这样一种说法。梁赞诺夫一定会认为，我是由于看了这些新公布的材料以后为了安抚自己的良心才试图把巴枯宁打造成为第一位社会主义精神英雄的，他的看法虽然看似大有见地，却是完全错误的。而如果梁赞诺夫甚至以为，在对巴枯宁所进行的诽谤当中我的那段评论是最恶毒的，那么想必是梁赞诺夫要么就是还不甚了解自己心目中的红人波克罕和吴亭，但这种事情对于像他这样一位“严肃的研究者”来说是难以设想的，要么就是这个男人的头脑确实是有些不正常了。

这本小册子已经足以证明，要说我适合写马克思的传记，这就犹如说毛驴也适合弹奏琉特琴一样，如果这种比喻是正确的话。不过，这样的说法是否真的正确，读者只要看一下本书的第十三章和第十四章便可以立刻做出自己的判断。这两章深入和全面地阐述了我对布鲁普巴赫尔的著书的短评中所勾画的一个粗略的轮廓。在马克思主义僧侣们的眼中，我的不可救赎的罪责首先表现在我——正如每一个历史学家在尽自己的责任时该做的那样——在叙述巴枯宁和马克思之间的争端时，不仅听取了马克思派的证人的申述，而且听取了巴枯宁派的证人的申述。第二就在于我——正如至少是每一个马克思主义历史家在尽自己的责任时该做的那样——没有把国际的历史理解成是一场悲喜剧，在这场悲喜剧中一个卑鄙无耻的阴谋家推翻了一个完美无瑕的英雄，而是仅仅理解为一种伟大的历史现象，而这种现象的兴起和衰亡只可能从伟大的历史关联中得到解释。

关于马克思主义的僧侣们已经谈得够多的了，因为考茨基本人在这期间已经充分地表明了他们的特点，通过他在 1914 年 8 月 4 日所采取的机会主义政策，以及通过他那了不起的发现，即国际“本质上是和平时期的工具”，但“在战争时期则不是有效的工具”。

15. 最后十年

拉法格:《卡尔·马克思。个人的回忆》[①]，载《新时代》，第9卷，上卷，第10页。马克思:《关于纲领的信》[②]，载《新时代》，第9卷，上卷，第561页。恩格斯的一封同样的信件可见倍倍尔的回忆录《我的一生》，第2卷，第318页。斯捷克洛夫:《海牙代表大会后巴枯宁派的国际》，载《新时代》，增刊第18号。马克思关于东方战争的意见参阅同左尔格的通信的第156页和李卜克内西的《关于东方问题》一书的附录，莱比锡，1878年。关于反社会主义非常法实施最初几年间的争论，参阅同左尔格的通信和倍倍尔的《我的一生》。马克思夫人的最后一封信，参阅同左尔格的通信，第151页。关于马克思的最后的病患、去世和安葬，参阅恩格斯同左尔格的通信的第186页和1883年3月22日出版的苏黎世《社会民主党人》周报。

---

① 参阅《回忆马克思恩格斯》，人民出版社1957年版，第67—86页。

② 马克思1875年5月5日写给威廉·白拉克的信，是随着马克思的《对德国工人党纲领的几点意见》这一著作寄去的附信，这一著作以《哥达纲领批判》的名称载入史册。参阅《马克思恩格斯全集》第19卷，人民出版社1963年版，第11—35页。

人物注释

A

阿贝勒，亨利（Abeele，Henry）——见范－登－阿贝勒，亨利。

阿尔滕施泰因男爵，卡尔·冯·施泰因－楚（Altenstein，Karl Freiherr vom Stein zum；1770—1840）——普鲁士政治家，曾任普鲁士财政大臣（1808—1810），普鲁士宗教、教育、医务大臣（1817—1838）。

阿盖尔，阿奇博尔德伯爵（Argyll /Argyle，Earl Archibald；1598—1661）——苏格兰贵族，由于参加反对查理一世的起义而被处死。

阿盖尔，阿奇博尔德伯爵（Argyll /Argyle，Earl Archibald；1629—1685）——苏格兰贵族，由于参加反对雅各布二世的起义而被处死。

阿克雪里罗得，帕维尔·鲍里索维奇（Axelrod，Pawel Borissowitsch，俄文：Аксельрóд，Пáвел Бори́сович；1850—1928）——俄国社会民主党人，著名的孟什维克领袖，19世纪70年代曾是民粹派成员，俄国第一个马克思主义团体"劳动解放社"的创始人之一；自十月革命起成为共产主义和苏维埃政权的凶恶的敌人，鼓吹对苏维埃政权进行武装干涉，后流亡柏林。

阿尼姆，蓓蒂娜·冯（Arnim，Bettina von；1785—1859）——德国浪漫派女作家，四十年代自由主义思想的追随者。

阿普尔加思，罗伯特（Applegarth，Rober；1834—1924）——英国工联领导人之一。

1868—1871担任第一国际总委员会委员，后来退出国际工人协会。

阿什利，安东尼·库珀（Ashley，Anthony Cooper；自1851年起为沙夫茨伯里伯爵；1801—1885）——英国保守派议员，大地主，四十年代贵族慈善运动领袖，支持十小时工作日法案。

艾伦，威廉（Allan，William；1813—1874）——英国工人运动的领导人之一，机器制造工人联合会总书记。

埃斯库罗斯（Aischylos，公元前 525 年—公元前 456 年）——杰出的古希腊剧作家，古典悲剧作家。

爱尔维修，克劳德－阿德里安（Helvétius，Claude-Adrien；1715—1771）——法国启蒙思想家，唯物主义哲学家，机械唯物主义的代表人物；无神论者；法国革命的资产阶级思想家之一。

埃哈德，约翰·路德维希（Ehrhard，Johann Ludwig；生于 1820 年）——共产主义者同盟成员，科隆共产党人审判案的被告之一，被法院宣判无罪。

埃德盖姆（Heddeghem）——见范埃德盖姆。

埃卡留斯，约翰·格奥尔格（Eccarius，Johann Georg；1818—1889）——德国和国际工人运动活动家，政治评论家；图林根的裁缝出身，正义者同盟成员，之后成为共产主义者同盟成员，曾任第一国际总委员会的委员，后来参加过英国工联运动。

埃韦贝克，奥古斯特·赫尔曼（Ewerbeck，August Herrmann；1816—1860）——德国医生和作家，正义者同盟巴黎地区领导人，后来是共产主义者同盟成员，1850 年退出共产主义者同盟。

艾希霍恩，约翰·阿尔布雷希特·弗里德里希（Eichhorn，Johann Albrecht Friedrich；1779—1856）——普鲁士国务活动家，反动分子。曾任普鲁士宗教、教育、医务大臣（1840—1848）。

艾希曼，弗兰茨·奥古斯特（Eichmann，Franz August；1793—1879）——普鲁士反动贵族官僚政治的代表；莱茵省省长（1845—1850）；内务大臣（1848 年 9 月至 11 月）；1849 年任参议院议员。

埃希特迈尔，恩斯特·泰奥多尔（Echtermeyer,Ernst Theodor；1805—1844）——德国作家，文学史学家，美学家和哲学家。他与阿尔诺德·卢格在 1838 年共同创办了青年黑格尔派的重要刊物《哈勒年鉴》。

安贝尔，雅克（Imbert，Jacques；1793—1851）——法国革命民主主义者；是 1830 年巴黎七月革命的参加者；1833—1834 年任马赛《人民主权》报的编辑，四十年代流亡比利时，曾任布鲁塞尔民主协会副主席，和马克思和恩格斯有密切的联系。

安贝格尔（Amberger）——巴塞尔书商沙贝利茨（Jakob Lukas Schabelitz，1827—1899）的合伙人。

奥本海姆，达戈贝特（Oppenheim，Dagobert；1809—1889）——德国法学家和企业家，报纸出版人，青年黑格尔派成员，曾经在科隆地方法院担任候补法官；同格奥尔格·荣克（Georg Jung，1814—1886）共同负责出版《莱茵报》（1842—1843）；后来在政治上没有突出表现。

奥勃莱恩，詹姆斯·勃朗泰尔（O'Brien，James genannt Bronterre；1805—1864）——英国社会主义作家，爱尔兰宪章运动的领导者之一。

奥尔斯瓦尔德，汉斯·鲁道夫·埃德曼·冯（Auerswald，Hans Rudolf Erdmann von；1792—1848）——普鲁士将军，法兰克福国民议会议员（右派），于1848年9月18日在美因河畔法兰克福参加九月起义时与利希诺夫斯基侯爵（Felix von Lichnowsky，1814—1848）一起被杀害。

奥尔西尼，菲利斯（Orsini，Felice；1809—1858）——意大利律师，民族主义革命家，因对拿破仑三世进行暗杀而被处决。

奥哲尔，乔治（Odger，George；1820—1877）——英国工人，工联领袖之一，第一国际总委员会委员，1864—1867年任总委员会主席，1871被开除出第一国际。

奥加廖夫，尼古拉·普拉托诺维奇（Ogarew，Nikoloi Platonowitsch，俄文：Огарёв，Николай Платонович；1813—1877）——俄国社会主义者、诗人和政治评论家；亚历山大·赫尔岑的朋友和战友，同他一起负责编辑出版了《钟声》报。

奥利维耶，埃米尔（Olliver，émile；1825—1913）——法国资产阶级政治家和国务活动家，温和的共和主义者，后来成了波拿巴分子，曾出任过首相（1870年1月至8月）

奥斯曼，欧仁－乔治（Haussmann，Eugène-Georges；1809—1891）——第二帝国时期巴黎的行政长官，著名的城市建筑师，本着资产阶级的利益对首都进行了大规模的改造重建。

奥斯瓦尔德，弗里德里希（Oswald，Friedrich）——弗里德里希·恩格斯的笔名。

奥托，卡尔·乌尼巴尔德（Otto，Karl Wunibald；生于1810年）——德国化学家和药剂师，1848—1849为科隆工人联合会会员，共产主义者同盟成员；1852在科隆共产党人审判案中受到指控并被判处五年堡垒监禁。

奥维德（笔名），真名普布利乌斯·奥维修斯·纳索（Ovid，真名Publius Oviius Naso；公元前43年—约公元17年）——杰出的古罗马诗人。

B

巴贝夫，格拉屈斯，原名弗朗索瓦·诺埃尔（Babeuf，Gracchus；原名François-Noël；

1760—1797）——法国革命者，空想平均共产主义的代表人物，1796 年主持建立平等派密谋组织，密谋推翻资产阶级政权失败后被处死。

巴丹盖（Badinguet）——见拿破仑三世。

巴尔扎克，奥诺雷·德（Balzac，Honoré de；1799—1850）——19 世纪法国伟大的批判现实主义作家，欧洲批判现实主义文学的奠基人和杰出代表。

巴尔贝斯，阿尔芒（Barbès，Armand；1809—1870）——法国革命家，小资产阶级民主主义者，七月王朝时期组织秘密社团，1839 年由于参加起义被判终生监禁；1848 年当选为制宪国民议会议员，支持赖德律－洛兰（1807—1874）的政策，1848 年 5 月 15 日因领导巴黎人民反对资产阶级临时政府的示威游行而再度被判处终生监禁，1854 年获赦免后流亡国外。

巴赫梅季耶夫（Batmetjew，俄文：Бахметьев）——俄国民主主义者。

巴克斯，欧内斯特·贝尔福特（Bax，Ernst Belfort；1854—1926）——英国社会主义者，社会民主党人联盟（1881）和社会主义者联盟（1884）的创建者之一，后为英国社会主义政党的领导人之一。

巴枯宁，米哈伊尔·亚历山德罗维奇（Bakunin，Michail Alexandrowitsch，俄文：Бакунин，Михаил Александровйч；1814—1876）——在西欧流亡的俄国革命家，民主主义政治评论家；1848—1849 年德国革命的参加者，后来成为无政府主义和民粹派思想家之一，马克思主义的反对者；1872 年在海牙代表大会上因为进行破坏和分裂活动被开除出国际工人协会。

巴拉，朱尔·德（Bara，Jules de；1835—1900）——比利时国务活动家，教条主义自由党领袖，曾任司法大臣（1865—1870，1878—1884）。

拜伦，乔治·诺埃尔·戈登，勋爵（Byron，George Noël Gordon，Lord；1788—1824）——英国的杰出诗人，革命浪漫主义最重要的代表之一，曾参加过希腊民族解放运动，并成为领导人之一。

班贝格尔，路德维希（Bamberger，Ludwig；1823—1899）——德国政治评论家，资产阶级民主主义者。参加过 1849 年巴登－普法尔茨起义，革命失败后流亡国外。后来是民族自由党的国会议员。

班迪亚，亚诺什（约翰）[Bangya János（Johann）；1817—1868]——匈牙利军官和记者，1848—1849 年任匈牙利革命军的团长，在流亡期间成了奥地利、法国和德国警察局的密探。

鲍威尔，埃德加（Bauer, Edgar；1820—1886）——布鲁诺·鲍威尔之弟，德国政治评论家，青年黑格尔派成员。

鲍威尔，埃格伯特（Bauer, Egbert）——德国政治评论家，青年黑格尔派成员，布鲁诺·鲍威尔的兄弟。

鲍威尔，布鲁诺（Bauer，Bruno；1809—1882）——德国唯心主义哲学家，宗教历史学家和政治评论家，著名的青年黑格尔派成员，资产阶级激进主义者；1866 年后成为民族自由党人；写了许多关于基督教史的著作。

鲍威尔，安德烈亚斯·海因里希（Bauer，Andreas Heinrich）——法兰克鞋匠，德国工人运动卓有贡献的战士，正义者同盟和伦敦德国工人教育协会的领导人之一；共产主义者同盟中央委员会委员；从 1850 年 4 月至 5 月为该同盟派往德国的密使；1851 年流亡澳大利亚。

倍倍尔，奥古斯特（Bebel，August；1840—1913）——德国工人运动和国际工人运动的著名活动家，政治评论家，德国社会民主党的创建者和领袖之一，马克思和恩格斯的战友。

蓓蒂娜（Bettina）——见阿尼姆，蓓蒂娜·冯。

贝尔奈斯，F.C.（Bernays，F.C.）——德国记者，1843 年之前是《曼海姆晚报》的撰稿人，1844 年担任巴黎出版的《前进！》报主编，为《德法年鉴》写过文章。

倍克，卡尔·伊西多尔（Beck，Karl Isidor；1817—1879）—德国为小资产阶级诗人，四十年代中期“真正的社会主义”派的代表。

贝克尔，伯恩哈德（Becker，Bernhard；1826—1882）——德国政治评论家和历史学家，拉萨尔主义分子；全德工人联合会主席（1864—1865）；后来参加爱森纳赫派，在它的一个机关刊物《布伦瑞克人民之友》工作；第一国际海牙代表大会代表（1872）。

贝克尔，赫尔曼·海因里希（Becker，Hermann Heinrich；1820—1885）——德国政治评论家，曾作为高等法院候补法官在科隆地方法院工作；1848 年为科隆民主协会会员以及工人和雇主协会董事会成员，曾被选为民主主义者莱茵区域委员会委员和科隆安全委员会委员；《西德意志报》的主编（1849 年 5 月至 1850 年 7 月）；1850 起成为共产主义者同盟成员，是 1852 年科隆共产党人案件的主要被告之一；后来是民族自由党人，担任过多特蒙德和科隆的市长。

贝克尔，约翰·菲利普（Becker，Johann Philipp；1809—1886）——毛刷制造工，参加过德国和瑞士三十年代和四十年代的民主运动；作为瑞士军队的军官参加过打击分离主义同盟的战争（1847），1848—1849 年革命的积极参加者；在巴登－普法尔茨起义期间任巴登人民后备军的指挥官；在六十年代是第一国际的主要领导者之一，曾任《先驱》杂志的主编（1866—1871）；马克思和恩格斯的朋友和战友。

贝朗热，比埃尔－让·德（Béranger，Pierre-Jean de；1780—1857）——法国诗人，民主主义者，政治讽刺小说的作者。

贝纳多特，让·巴蒂斯特·朱尔（Bernadotte，Jean Baptiste Jules；1764—1844）——法国元帅，从1818年起为瑞典国王（卡尔十四世约翰）和挪威国王（卡尔三世约翰）。

贝内德克，路德维希·奥古斯特（Benedek，Ludwig August；1804—1881）——奥地利将军，在普奥战争中任奥地利军队的最高统帅。

贝塔（贝特齐希），海因里希［Beta（Bettziech），Heinrich；1813—1876］——德国经济学家和记者，小资产阶级民主主义者。

彼得一世，彼得大帝（Peter I.，Peter der Große，俄文：Пётр I，Пётр Великий；1672—1725）——自1682起为俄国沙皇，自1721起为俄国皇帝。

比格尔斯，海因里希（Bürgers，Heinrich；1820—1878）——德国科隆激进的政治评论家；1842—1843年《莱茵报》撰稿人；共产主义者同盟科隆盟区盟员；1848—1849年《新莱茵报》编辑委员会委员，1850年共产主义者同盟中央委员会委员，1852年作为科隆共产党人案件的主要被告之一被判处6年徒刑；后来成为民族自由主义者。

比雷，安东·欧仁（Buret，Antoine-Eugène；1810—1842）——法国经济学家和社会学家，西斯蒙第（1773—1842）的信徒，空想社会主义观点的代表人物，著有《论英法工人阶级的贫困》。

比斯康普，埃拉尔德（Biscamp，Elard）——德国民主主义者，记者，1848—1849年《大黄蜂》杂志的联合主编，曾参加过1848—1849年革命，后流亡伦敦，伦敦的德文报纸《人民报》的创始人。

比斯利，爱德华·斯宾塞（Beesly，Eduard Spencer；1831—1915）——英国伦敦大学历史学和政治经济学教授，小资产阶级激进派政治家，参加过60年代的民主运动，曾任第一国际成立大会主席。

俾斯麦，奥托（Bismarck，Otto；1815—1898）——德国政治家和国务活动家，从1862年起成为普鲁士王国首相，1871—1890年为德意志帝国的首任宰相。

毕希纳，路德维希（Büchner，Ludwig；1824—1899）——德国医生，自然科学家和哲学家，致力于普及推广自然科学，是庸俗唯物主义的代表人物之一。

比谢，菲利普－约瑟夫－邦雅曼（Buchez，Philippe-Joseph-Benjamin；1796—1865）——

法国政治活动家和历史学家，资产阶级共和党人；基督教社会主义思想家之一，1821 年起为圣西门的学生；1848 年为临时政府主席。

别林斯基，维萨里昂·格里戈里耶维奇（Belinsky，Wissarion Grigorewitsch，俄文：Белинский，Виссарион Григорьевич；1811—1848）——著名的俄国革命民主主义者，文学批评家和政治评论家，唯物主义哲学家。

波旁（Bourbonen）——法国历史上的波旁王朝；统治法国（1589—1792，1814—1815 和 1815—1830），统治西班牙（1701—1808，1814—1868 和 1874—1931）；统治那不勒斯和西西里岛（1735—1860）以及帕尔马（1748—1859）。

博恩，斯特凡；原名西蒙·布特米尔希（Born，Stephan/ 原名 Simon Buttermilch；1824—1898）——德国排字工人，德国共产主义者同盟成员，参加过德国 1848—1849 年革命，曾在《新莱茵报》当编辑并领导《工人兄弟报》，是德国工人运动中改良主义的早期代表人物之一；革命后流亡瑞士，后又流亡伦敦，并脱离了工人运动。

伯恩施坦，爱德华（Bernstein，Eduard；1850—1932）——德国社会民主党人，极端的机会主义者，1881—1890 为《社会民主党人》杂志主编；在恩格斯去世后曾企图修改马克思主义。

博恩施太特，阿达尔贝特·冯（Bornstedt，Adalbert von；1808—1851）——前普鲁士军官，德国政治评论家，小资产阶级民主主义者；1847—1848 年为《德意志 - 布鲁塞尔报》的出版者和主编；曾为共产主义者同盟成员，巴黎德意志民主协会领导人之一。1848 年 3 月被开除出共产主义者同盟；自四十年代起是普鲁士政府的暗探。

伯恩施泰因，海因里希（Börnstein，Heinrich；1805—1892）——德国政论家，小资产阶级民主主义者，巴黎《前进！》报创始人；1848 年后流亡美国，参加过美国内战（1861—1865）。

白恩士，莉希（Burns，Lizzy /Lizzie；死于 1878 年）——爱尔兰女工，恩格斯的第二任妻子，玛丽·白恩士的妹妹。

白恩士，玛丽（Burns，Mary；死于 1863 年）——爱尔兰女工，恩格斯的第一任妻子。

伯尔内，卡尔·路德维希（Börne，Karl Ludwig；1786—1837）——德国政治评论家和文学批评家，激进的小资产阶级反对派的代表。

波克罕，西吉斯蒙德·路德维希（Borkheim，Sigismund Ludwig；1825—1885）——德国作家和政论家，民主主义者，参加过 1849 年巴登起义，曾在瑞士流亡生活，后来流亡伦敦。

柏拉图（Platon，Plato，Πλάτεων；约公元前427—约公元前347）——古希腊唯心主义哲学家，奴隶主贵族思想家。

勃兰登堡，弗里德里希·威廉·冯，伯爵（Brandenburg，Friedrich Wilhelm，Graf von；1792—1850）——普鲁士将军和国务活动家，反革命内阁（1848年11月—1850年11月）的首相。

勃朗，让·约瑟夫·路易（Blanc，Joseph-Louis；1811—1882）——法国小资产阶级社会主义者，记者和历史学家；1848年临时政府成员和卢森堡委员会主席，坚持阶级调和论和向资产阶级妥协的立场，1848年流亡英国，成为那里的小资产阶级流亡者的领袖之一。

伯麦，雅各布（Böhme，Jakob；1575—1624）——职业是鞋匠，德国神秘主义者，哲学家，基督教通神论者。

博蒙特，弗朗西斯（Beaumont，Francis；1584—1616）——英国剧作家，莎士比亚同时代人。

波拿巴，路易（拿破仑三世）（Bonaparte，Louis；1808—1873）——拿破仑一世的侄子，共和国（1848—1852）总统，法国皇帝（1852—1870）。

波拿巴，热罗姆（Bonaparte，Jérôme；1784—1860）——拿破仑一世最小的弟弟，威斯特伐利亚王国国王（1807—1813）；从1850年起为法国元帅。

伯内特，约翰（Burnett，John）——英国九小时工作日同盟主席。

波森大主教（Erzbischof von Posen）——见杜宁，马丁·冯。

波特尔，乔治（Potter，George；1832—1893）——英国工联领袖之一，第一国际英国工联机关刊物《蜂房报》（1861—1878出版）的创始人和主编。

布赫尔，洛塔尔（Bucher，Lothar；1817—1892）——普鲁士司法官员，政治评论家和记者，普鲁士国民议会议员；1848年革命失败后流亡伦敦；后来是民族自由主义者，1864年开始在俾斯麦就任首相时的外交部工作，是拉萨尔的朋友。

布拉斯，奥古斯特（Braß，August；出生于1818年）——德国记者，40年代的民主主义者，俾斯麦的拥护者，《北德意志总汇报》的出版人。

布莱特，约翰（Bright，John；1811—1889）——英国工厂主，杰出的自由主义政治家，自由贸易的拥护者，反谷物法同盟的联合创始人之一；自六十年代起为自由党左翼的领导人，多次出任自由派内阁的大臣。

布兰肯堡，莫里茨·冯（Blankenburg，Moritz von；1815—1888）——德国大地主，普鲁士州议会的议员，俾斯麦的拥护者。

布林德，卡尔（Blind，Karl；1826—1907）——德国作家和记者，小资产阶级民主主义者，

1848—1849 年巴登革命运动的参加者；1848 年巴登临时政府成员；是五十年代伦敦的德国小资产阶级流亡者的领袖之一，后来成为民族自由党人。

布里斯班，艾伯特（Brisbane，Albert；1809—1890）——美国记者，《纽约每日论坛报》的主编，傅立叶学说的信徒。

布卢姆，罗伯特（Blum，Robert；1807—1848）——德国资产阶级革命家，法兰克福国民议会左派领袖，参加过维也纳的街垒战，被捕获并根据紧急状态法被枪杀。

布伦瑞克公爵（Braunschweiger，Herzog von）——见卡尔·威廉·费迪南德。

布吕歇尔，格布哈特·莱贝雷希特（Blücher，Gebhardt Leberecht；1742—1819）——普鲁士元帅，指挥过反对拿破仑一世的战争。

C

蔡特金－聪德尔，克拉拉，娘家姓艾斯纳（Zetkin-Zundel，Clara，娘家姓：Eißner；1857—1933）——德国和国际工人运动著名的活动家，德国女政治家，和平运动和妇女权利活动家，德国共产党的创始人之一。

策德利茨－诺伊基希·冯，男爵（Zedlitz-Neukirch，Freiherr von）——德国行政法学家，1856—1861 年任柏林警察局局长。

D

达尔文，查尔斯（Darwin，Charles；1809—1882）——英国自然科学家，进化论的奠基人。

达拉什，阿尔伯特（Darasz，Albert；1808—1852）——波兰民族解放运动的领导者之一，1830—1831 年起义的参加者，后来流亡法国和英国；民主波兰流亡组织的领导成员，欧洲民主主义者中央委员会委员。

德纳，查尔斯·安德森（Dana，Charles Anderson；1819—1897）——美国记者，共和党议员，《纽约每日论坛报》和《新美国百科全书》的主编。

丹尼尔逊，尼古拉·弗兰策维奇，笔名尼古拉－逊（Danielson，Nikolai Franzewitsch，笔名 Nikolai-on，俄文：Даниельсон Николай Францевич，笔名 Николай-он；1844—1918）——俄国经济学家，自由主义民粹派思想家，第一个把马克思的《资本论》译成俄文的翻译家。

达武，路易－尼古拉，奥尔施泰特公爵（Davoust，Louis-Nicolas，duc de Auerstaedt；1770—1823）——法国元帅。

大仲马，亚历山大（Dumas，Alexandre，der Ältere；1803—1870）——法国作家。

但丁，阿利吉耶里（Dante，Alighieri；1265—1321）——意大利中世纪诗人，现代意大利语的奠基者，欧洲文艺复兴时代的开拓者。

丹尼尔斯，罗兰（Daniels，Dr. Roland；1819—1855）——德国医生，自 1850 年起为科隆共产主义者同盟中央委员会委员，1852 年科隆共产党人审判案的被告之一，后被陪审法庭宣告无罪释放。

道默尔，格奥尔格·弗里德里希（Daumer，Georg Friedrich；1800—1875）——德国作家和宗教哲学家，著有多部宗教史方面的著作。

德·帕普，塞扎尔（De Paepe，César；1842—1890）——比利时医生，律师，工人运动活动家，第一国际成员，比利时工人党的创建者。

德埃斯特尔，卡尔·路德维希·约翰（d'Ester，Karl Ludwig Johann；1811—1859）——科隆医生，德国政治评论家，激进民主主义者，共产主义者同盟科隆地区盟员；1848 年预备议会议员，普鲁士国民议会左派领袖之一；参加过 1848 年 10 月在柏林举行的民主党第二届代表大会，被选入德国民主党中央委员会；1849 为众议院（极左派）议员；1849 年在巴登 - 普法尔茨起义中起过重要作用，后流亡瑞士。

德雷尔，路易 - 西蒙（Dereure，Louis-Simon；约 1838—1900）——法国工人运动领袖，布朗基主义者，第一国际成员，国际工人协会几次代表大会的代表，巴黎公社的积极参加者。

德龙克，恩斯特（Dronke，Ernst；1822—1891）——德国政治评论家和作家，开始是“真正的社会主义者”成员，后来成为共产主义者同盟盟员；1848—1849 年为《新莱茵报》编辑人员之一；1848—1849 年革命失败以后流亡瑞士，然后流亡英国；共产主义者同盟分裂时依然是马克思和恩格斯的拥护者；后来退出政治生活。

德罗斯特 - 菲舍林，克莱门斯·奥古斯特，男爵（Droste zu Vischering，Klemens August，Freiherr von；1773—1845）——科隆大主教。

德谟克利特（Demokrit，Δημόκριτος；公元前约 460—公元前约 370）——古希腊唯物主义哲学家，原子论的创始人之一。

德穆特，海伦，琳衡，尼姆（Demuth，Helene，Lenchen，Nim，1823—1890）——马克思家的女仆和忠实的朋友，从年轻起就在马克思家，马克思去世后到恩格斯家生活。

德普勒，马塞尔（Deprez，Marcel；1843—1918）——法国物理学家，工程师，以他在电气工程领域方面的研究而闻名于世。

德塔列朗－佩里戈尔，夏尔·莫里斯·德，贝内文托亲王（Talleyrand-Périgord，Charles-Maurice de，prince de Bénevent；1754—1838）——法国外交家，外交大臣（1797—1799，1799—1807，1814—1815），曾作为法国代表出席过维也纳会议（1814—1815）；以政治上极端没有原则性以及贪婪而出名。

蒂埃里，奥古斯丁（Thierry，Augustin；1795—1856）——法国自由主义历史学家。

蒂鲍特，安东·弗里德里希·尤斯图斯（Thibaut，Anton Friedrich Justus；1772—1840）——德国法律学家，基尔、耶拿和海德堡大学的教授，德国"法哲学"学派的代表人物。

迪茨，奥斯瓦尔德（Dietz，Oswald；1823—1898）——德国威斯巴登建筑师，参加过1848—1849年革命，曾任伦敦德国工人教育协会秘书；共产主义者同盟中央委员会委员；在1850年共产主义者同盟分裂时他属于维利希·沙佩尔的宗派主义集团，并成为该集团中央委员会委员；1852年移民美利坚合众国，参加过美国南北战争。

狄慈根，彼得·约瑟夫（Dietzgen，Peter Josef；1828—1888）——德国社会主义著作家和唯物主义哲学家，同时是一名制革工人，共产主义者同盟成员。

笛卡尔，勒内（Descartes，René；1596—1650）——杰出的法国二元论哲学家，数学家和自然科学家（物理学家）。

狄德罗，德尼（Diderot，Denis；1713—1784）——杰出的法国哲学家，机械唯物主义的代表人物，无神论者，法国革命资产阶级思想家之一，启蒙运动者，百科全书派领袖。

迪普莱，弗朗索瓦（Dupleix，François；死于1906）——法国工人，领导第一国际日内瓦法国支部，参加过多次第一国际代表大会的代表，蒲鲁东主义者。

迪斯累里，本杰明，自1867起为比肯斯菲尔德伯爵（Disraeli，Benjamin，seit 1867 Earl of Beaconsfield；1804—1881）——英国国务活动家和作家，19世纪40年代加入名为"青年英国"的团体，托利党的领袖之一，1848年当选为保守党的领袖；曾出任过财政大臣（1852，1858—1859和1866—1868）和首相（1868，1874—1880）。

敦克尔，弗兰茨·古斯塔夫（Duncker，Franz Gustav；1822—1888）——德国出版家，左派自由主义政治家和社会改革者；希尔施－敦克尔工会联合会创始人之一；拉萨尔的朋友。

德扎米，亚历山大·泰奥多尔（Dézamy，Alexandre Theodore；1803—1850）——法国政治评论家，空想共产主义革命派的代表人物。

杜邦，欧仁·克洛维斯（Dupont，Eugène Clovis）——法国工人运动活动家，第一国际总委员会委员，负责法国通信往来的书记。

杜林，欧根·卡尔（Dühring，Karl Eugen；1833—1921）——德国哲学家和作家，庸俗唯

物主义者，折中主义者，反动的小资产阶级社会主义思想家，马克思主义的敌人。

杜宁，马丁·冯（Dunin，Martin von；1774—1842）——天主教格涅兹诺－波森总教区大主教。

多勒沙尔，劳伦茨（Dolleschall，Laurenz；生于1790年）——19世纪40年代任科隆警察局的法律顾问，《莱茵报》的书报检查官。

E

厄克特，大卫（Urquhart，David；1805—1877）——英国外交官和政治评论家；反对帕麦斯顿（Palmerston）的外交政策。

恩格斯，弗里德里希（Engels，Friedrich；1820—1895）。

恩格斯，弗里德里希（Engels，Friedrich；1796—1860）——弗里德里希·恩格斯的父亲，工厂主。

恩斯特·奥古斯特（Ernst August；1771—1851）——汉诺威国王（1837—1851）。

F

法夫尔，朱尔（Favre，Jules；1809—1880）——法国政治活动家，律师，资产阶级共和主义者，曾任国防政府外交大臣（1870），参加了对巴黎公社的血腥镇压。

法齐，让·雅克（雅姆）[Fazy，Jean Jacques（James）；1794—1878]——瑞士国务活动家和政治评论家，极端主义者，日内瓦州政府首脑（1846—1853和1855—1861）。

范埃德盖姆，假名：瓦尔特（Van Heddeghem，假名Walter）——出席第一国际海牙代表大会的代表，调查社会主义民主同盟在第一国际内部进行分裂活动的调查委员会成员；1873年被揭穿是法国的间谍。

范－登－阿贝勒，亨利（Van den Abeele，Henry）——第一国际海牙代表大会的比利时代表，参加了反马克思主义的少数派。

费尔巴哈，路德维希（Feuerbach，Ludwig；1804—1872）——马克思之前的德国最杰出的唯物主义哲学家和人类学家。

菲尔丁，亨利（Fielding，Henry；1707—1754）——英国小说家，剧作家，英国社会风俗小说创始人。

弗格勒，A.（Vögele，A.）——在伦敦出版的德文周刊《人民报》的排字工人，马克思反击卡尔·福格特事件的见证人。

费里埃，弗朗索瓦（Ferrier，François；1777—1861）——法国经济学家和政治家。

费内代，雅各布（Venedey，Jakob；1805—1871）——德国激进的政治评论家和政治家，小资产阶级民主主义者；1848年为预备议会和法兰克福国民议会（左翼）的议员；后来成为自由主义者。

菲舍尔，爱德华（Fischel，Edouard；1826—1863）——德国政治评论家，厄克特的拥护者。

费希特，约翰·戈特利布（Fichte，Johann Gottlieb；1762—1814）——德国教育家和哲学家，德国理想主义最重要的代表之一。

芬克，格奥尔格·冯，男爵（Vincke，Georg，Freiherr von；1811—1875）——普鲁士自由派政治家；1848年为法兰克福国民议会的右翼领袖之一，1852年转向左翼。

弗莱里格拉特，赫尔曼·费迪南德（Freiligrath，Hermann Ferdinand；1810—1876）——德国革命诗人；1848—1849年《新莱茵报》的主编之一，共产主义者同盟盟员；五十年代退出革命斗争。

弗兰克尔，莱奥（Frankel，Leo；1844—1896）——金匠，匈牙利工人运动和国际工人运动著名的活动家，马克思主义政治家，后转左翼蒲鲁东派；第一国际成员，曾任巴黎公社（1871）劳动部长，1871—1875年在伦敦参加第一国际总委员会工作，任奥匈通信书记，匈牙利社会民主党的创始人之一。

弗莱彻，约翰（Fletcher，John；1579—1625）——英国剧作家，莎士比亚的同时代人。

弗勒贝尔，卡尔·费迪南·尤利乌斯（Fröbel，Carl Ferdinand Julius；1805—1893）——德国政治评论家和进步的文学出版人，小资产阶级民主主义者；1848年法兰克福国民议会（左翼）议员；德国民主党中央委员会委员；1849年流亡美国；后为自由党人。

弗勒里，查尔斯，也叫施密特，原名卡尔·弗里德里希·奥古斯特·克劳泽（Fleury，Charles，也叫Schmidt，原名Carl Friedrich August Krause；生于1824年）——伦敦商人，普鲁士的间谍和警察局侦探。

弗里堡（Fribourg）——法国雕刻工人，第一国际巴黎支部成员，蒲鲁东主义者。

弗里德里希二世（Friedrich II.；1712—1786）——或称“弗里德里希大帝”，民间也称“老弗里茨”，普鲁士国王（1740—1786）。

弗里德里希七世（Friedrich VII.；1808—1863）——丹麦国王（1848—1863）。

弗里德里希，卡尔·尼古劳斯（Friedrich，Karl Nikolaus；1828—1885）——普鲁士亲王，1864年出任普鲁士军队的总司令。

弗里德里希－威廉三世（Friedrich Wilhelm III.；1770—1840）——普鲁士国王（1797—

1840）。

弗里德里希－威廉四世（Friedrich Wilhclm IV.；1795—1861）——普鲁士国王（1840—1861）。

弗里德伦德尔，胡戈（Friedländer，Hugo；1847—1918）——德国记者和法庭记者，第一国际成员，海牙代表大会代表。

弗里德伦德尔，马克斯（Friedländer，Max；1829—1872）——德国－奥地利记者，政治评论家，《维也纳新闻报》创始人；拉萨尔的表兄弟。

菲利普斯，利翁（Philips，Lion；死于 1866）——卡尔・马克思的姨父，荷兰扎耳特博默耳（Zalt–Bommel）商人。

弗里切，弗里德里希・威廉（Fritzsche，Friedrich Wilhelm；1825—1905）——德国烟草工人，全德工人联合会的联合创始人，全德雪茄工人联合会的机关报的主编和出版人，1881 年流亡美国。

弗洛孔，费迪南（Flocon，Ferdinand；1800—1866）——法国政治活动家和政治评论家，小资产阶级民主主义者；《改革报》的编辑之一；1848 年为临时政府成员。

伏尔泰，弗朗索瓦－马里・阿鲁埃・德（Voltaire，François–Marie Arouet de；1694—1778）——法国自然神论哲学家，讽刺文学作家和历史学家；18 世纪资产阶级启蒙运动的著名代表人物，反对专制制度和天主教教义。

福尔马尔，格奥尔格・海因里希・冯（Vollmar，Georg Heinrich von；1850—1922）——德国社会民主党人，原为军官，自 1881 年起出任国会议员，90 年代初期成为改良主义思想家。

福格特，卡尔（Vogt，Karl；1817—1895）——吉森的教授，德国自然科学家，庸俗唯物主义者，小资产阶级民主主义政治家；1848 年预备议会和法兰克福国民议会（左翼）议员；1849 年的帝国临时摄政之一；后流亡瑞士，在日内瓦当教授；是无产阶级和共产主义运动的激烈的反对者；后来沦为拿破仑三世雇用的密探。

福赫，尤利乌斯（Faucher，Julius；1820—1878）——德国政治评论家，青年黑格尔派成员，德国自由贸易的拥护者，曾在 50 年代初期宣传过资产阶级个人主义、无政府主义的观点；1850—1861 年流亡英国；后来为进步党人。

弗兰格尔，弗里德里希・海因里希・恩斯特・冯，伯爵（Wrangel，Friedrich Heinrich Ernst，Graf von；1784—1877）——普鲁士将军，陆军元帅。反动军事阴谋集团的领导者之一；柏林第三军团司令（1849），参加过 1848 年 11 月柏林的反革命政变。

傅立叶，弗朗索瓦-马里-夏尔（Fourier，François-Marie-Charles；1772—1837）——法国空想社会主义者。

符卢勃列夫斯基，瓦列里·安东尼（Wróblewski，Walery Antoni；1836—1908）——波兰民兵指挥官，1863年波兰起义和巴黎公社的参加者；波兰流亡者民主派领袖；马克思和恩格斯在伦敦的朋友；第一国际总委员会委员，任波兰通信书记。

福伦兄弟：(Follen，Gebrüder)：奥古斯特·阿道夫·路德维希（August Adolf Ludwig，1794—1855）和卡尔（Karl，1795—1840）——德国诗人和政治活动家，参加过反抗拿破仑外国统治的解放战争；1815年后参加过大学生反政府的运动。

弗伦克尔（Fränckel）——在伦敦的德国工人，1847年为共产主义者同盟盟员和伦敦德国工人教育协会成员；共产主义者同盟中央委员会委员（1849—1850）；共产主义者同盟分裂后加入了维利希-沙佩尔的宗派主义集团。

G

甘斯，爱德华（Gans，Eduard；约1797—1839）——德国法律哲学家和历史学家；柏林大学法学教授，黑格尔信徒，出版了黑格尔的《法哲学原理》和《历史哲学讲演录》。

盖布，奥古斯特（Geib，August；1824—1879）——德国诗人，社会民主主义者，1875年前属于爱森纳赫派，1874—1876年为德意志帝国议会议员。

盖得，朱尔（Guesde，Jules；1845—1922）——法国政治家，法国工人党创始人之一，是法国马克思主义组织的第一批领导人之一，1877年创立《平等报》在法国宣传马克思主义思想；最初反对法国工人运动中的机会主义；在1914—1918年的帝国主义战争开始时成为社会沙文主义者，并出任法国资产阶级政府的国防部长。

盖格尔，威廉·阿尔诺德（Geiger，Wilhelm Arnold）——普鲁士警察局官员；1848年是预审法官，后来出任科隆警察局局长。

歌德，约翰·沃尔夫冈·冯（Goethe，Johann Wolfgang von；1749—1832）——伟大的德国作家和思想家。

格莱斯顿，威廉·尤尔特（Gladstone，William Ewart；1809—1898）——英国政治家和国务活动家，托利党人，在十九世纪下半叶为自由党领袖之一；曾任财政大臣（1852—1855和1859—1866），四次出任英国首相（1868—1874，1880—1885，1886和1892—1894）。

格拉赫，卡尔·海因里希·爱德华·弗里德里希·冯（Gerlach，Karl Heinrich Eduard

Friedrich von）——科隆行政专区主席（1839—1844），之前是柏林警察局长。

格赖夫（Greif）——普鲁士警探，19 世纪 50 年代初期为普鲁士驻伦敦办处的负责人之一；科隆共产党人案件的证人（1852）。

格兰维尔·乔治·莱韦森－高尔，伯爵（Granville，George Leveson–Gower，Earl of；1815—1891）——英国资产阶级国务活动家，英国自由党领袖，辉格党人；外交大臣（1851—1852，1870—1874 和 1880—1885）和殖民大臣（1868—1870 和 1886）。

格雷贝尔，弗里德里希·克里斯蒂安·路德维希（Graeber，Friedrich Christian Ludwig；1818—1895）——恩格斯的学友，神学家。

格雷贝尔，威廉（Graeber，Wilhelm；1820—约 1893）——恩格斯的学友，弗里德里希·格雷贝尔的弟弟，神学家。

格雷维，弗朗索瓦·保罗·朱尔（Grévy，François Paul Jules；1807—1891）——法国资产阶级国务活动家，右翼共和党人，共和国总统（1879—1887）。

格林，罗伯特（Greene，Robert；1558—1592）——英国小说家和剧作家。

格林，雅各布（Grimm，Jacob；1785—1863）——德国语文学创始人，柏林大学教授，温和的自由主义者；1848 年法兰克福国民议会议员（中间派）。

格林，威廉（Grimm，Wilhelm；1786—1859）——雅各布·格林之弟，德国语言学家和文学家，日耳曼学研究者，童话和传说的收集者，其兄著作的共同出版人。

格律恩，卡尔·泰奥多尔·费迪南德（Grün，Karl Theodor Ferdinand；1817—1887）——德国小资产阶级政治评论家，40 年代是“真正的社会主义”派的一个主要代表人物；1848 年为普鲁士国民议会议员（左翼），1849 年任巴登民事委员。

格罗伊利希，赫尔曼（Greulich，Hermann；1842—1925）——瑞士政治家，瑞士社会民主党的创建者之一，社会沙文主义者，工人运动的敌人。

格奈泽瑙，奥古斯特·威廉·安东，奈德哈特·冯，伯爵（Gneisenau，August Wilhelm Anton，Graf Neidhardt von；1760—1831）——普鲁士陆军元帅和军事政治家，在德国人民抗击拿破仑统治的民族解放斗争中起过重要作用；在普鲁士军队改革中也起过决定性的作用，作为“全民抵抗的理论家”（恩格斯）创造性地组织了战时后备军和战时人力总动员。

龚佩尔特，爱德华（Gumpert，Eduar；死于 1893）——曼彻斯特的德国医生；马克思和恩格斯的朋友。

古茨科，卡尔·费迪南德（Gutzkow，Karl Ferdinand；1811—1878）——德国作家、剧作

家和记者；青年德意志派运动的领导代表之一；1838—1843 年《德意志电讯》杂志的主编；德累斯顿宫廷剧院的戏剧顾问（1847—1850）；德国早期现实主义的重要代表。

H

哈布斯堡王朝（Habsburger）——欧洲历史上统治领域最广的王室，其家族成员曾出任德意志民族神圣罗马帝国皇帝（从 1273 年到 1806 年，中间有间断）、奥地利皇帝（从 1804 年起）和奥匈帝国皇帝（从 1867 年到 1918 年）。

哈登贝格，卡尔·奥古斯特·冯，公爵（Hardenberg，Karl August，Fürst von；1750—1822）——普鲁士国务活动家，自 1810 年起任普鲁士首相；为了巩固普鲁士国家，1810 年至 1813 年实施了一系列不完善的资产阶级改革；维也纳会议之后，支持神圣同盟的反动政策。

哈纳克，阿道夫·冯（Harnack，Adolf von；1831—1930）——德国反动的神学家，教会发展史编外讲师，普鲁士国家图书馆总馆长。

哈尼，乔治·朱利安（Harney，George Julian；1817—1897）——著名的英国工人运动领袖；宪章派左翼领导人之一；担任过《北极星报》《民主评论》《人民之友》《红色共和党人》以及其他宪章派出版物的主编；“民主派兄弟协会”委员，50 年代初同马克思和恩格斯建立了密切的联系。

哈茨费尔特，索菲·冯，伯爵夫人（Hatzfeldt，Sophie，Gräfin von；1805—1881）——德国社会主义者，拉萨尔的女友和拥护者。

哈赛尔曼，威廉（Hasselmann，Wilhelm；1844—1916）——德国社会民主党人，拉萨尔主义者，全德工人联合会的领导人之一；帝国国会议员（1874—1876，1878—1881）；1880 作为无政府主义者被开除出德国社会民主党。

哈森克莱维尔，威廉（Hasenclever，Wilhelm Hasenclever；1837—1889）——德国社会民主党人，1875 年之前为拉萨尔主义者，1871 年为全德工人联合会主席，帝国议会议员（1874—1877，1879—1888）；德国社会民主党中央机关报《前进报》的创办人之一。

海内克丘斯，约翰·戈特利布（Heineccius，Johann Gottlieb；1681—1741）——德国法学家，著有一些有关罗马法方面的著作。

海涅，海因里希（Heine，Heinrich；1797—1856）——19 世纪最杰出的德国诗人、作家和记者之一。

海德门，亨利·迈耶斯（Hyndmann，Henry Mayers；1842—1922）——英国作家和政治活动家，社会民主党人，社会党的创始人，宗派主义者，第一次世界大战时的社会沙文主义者，1915 年被开除出党，之后又建立一个了新的“社会民主联盟”。

海因岑，卡尔（Heinzen，Karl；1809—1880）——德国激进的政治评论家，小资产阶级民主主义者；反对马克思和恩格斯，短期参加过 1849 年的巴登 - 普法尔茨起义，之后流亡瑞士，后又流亡英国，最终在 1850 年秋天定居美国。

豪夫，威廉（Hauff，Wilhelm，1802—1827）——德国 19 世纪著名的小说家，晚期浪漫主义作家的代表之一。

汉泽曼，大卫·尤斯图斯（Hansemann，David Justus；1790—1864）——德国大资本家和银行家，政治活动家，莱茵地区自由资产阶级的领袖之一；1847 年普鲁士省联邦议会议员；1848 年入选普鲁士国民议会议员，同年 3 月至 9 月担任普鲁士财政大臣，推行同反革命势力妥协的叛变政策。

荷马（Homer，公元前约 9 世纪—公元前约 8 世纪）——古希腊传奇长篇叙事诗诗人，史诗《伊利亚特》和《奥德赛》被认为是他的作品。

赫尔德，约翰·戈特弗里德（Herder，Johann Gottfried；1744—1803）——德国诗人，翻译家和神学家，是启蒙时代最有影响力的德语作家和思想家之一。

赫德尔，埃米尔·海因里希·马克斯（Hödel，Emil Heinrich Max；1857—1878）——德国工人，由于 1878 年 5 月 11 日对德皇威廉一世行刺而被斩首。

赫希柏格，卡尔（Höchberg，Karl；1853—1885）——德国社会民主党人，记者，同情社会主义运动，试图把社会主义运动引导到改革的道路上，资助和出版了一系列社会民主党的报刊杂志。

赫尔梅斯，卡尔·海因里希（Hermes，Carl Heinrich；1800—1856）——德国反动的政治评论家，1842 年是《科隆日报》的编辑之一；普鲁士政府的密探。

海尔维格，格奥尔格·弗里德里希（Herwegh，Georg Friedrich；1817—1875）——德国社会主义革命诗人和翻译家，曾经为《莱茵报》撰稿人。

赫尔岑，亚历山大·伊万诺维奇（Герцен，Александр Иванович；1812—1870）——著名的俄国革命民主主义者、作家和政治评论家，唯物主义哲学家；1847 年开始流亡国外；《北极星》和《钟声》的出版人。

赫拉克利特，爱菲斯城的赫拉克利特（Heraklit，Herakleitos aus Ephesos Ἡράκλειτος ὁ Ἐφέσιος；公元前约 540 年—公元前约 480 年）——富有传奇色彩的古希腊哲学家，爱菲斯学派的代表人物，辩证法的创始人之一。

赫斯，莫泽斯（Heß，Moses；1812—1875）——德国小资产阶级政治评论家，哲学家和作家；

《莱茵报》的共同创始人和撰稿人；40年代中期是“真正的社会主义”派别的主要代表人物之一；后来成为拉萨尔主义分子。

黑贝尔，弗里德里希（Hebbel，Friedrich；1813—1863）——德国剧作家，诗人。

黑尔斯，约翰（Hales，John；生于1839）——英国工人，英国工联右翼领袖之一，第一国际总委员会委员（1866—1872）和书记（1871—1872），海牙代表大会后曾发起对马克思及其拥护者的诽谤性攻击，1873年被开除出第一国际。

黑格尔，格奥尔格·威廉·弗里德里希（Hegel，Georg Wilhelm Friedrich；1770—1831）——德国思想家和唯心主义哲学家，德国古典哲学最大的代表人物，建立了一套完整的客观唯心主义体系，最全面地阐述了唯心主义辩证法。

黑普纳，阿道夫（Hepner，Adolf Hepner；1846—1923）——德国社会民主党人，出版家，记者；1875年前属于爱森纳赫派，《人民国家报》编辑人员，是1872年莱比锡叛国罪审判案的被告之一，后来流亡美国。

亨策，A.（Hentze，A.）——德国少尉军官，共产主义者同盟盟员；1850年同盟分裂后属于维利希－沙佩尔派的成员；科隆共产党人案件的见证人。

亨斯滕贝格，恩斯特·威廉（Hengstenberg，Ernst Wilhelm；1802—1869）——德国神学家和旧约学者，柏林大学教授。

洪堡，亚历山大（Humboldt，Alexander；1769—1859）——德国自然科学家和地理学家，近代气候学、植物地理学、地球物理学的创始人之一。

胡滕，乌尔里希·冯（Hutten，Ulrich von；1488—1523）——德国人文主义者，诗人，宗教改革的拥护者，1522—1523年爆发帝国骑士起义时的理论代表人物。

霍布斯，托马斯（Hobbes，Thomas；1588—1679）——英国数学家、国家理论家和哲学家，创立了机械唯物主义的完整体系，是数学和机械唯物主义的代表人物。

霍尔巴赫，保罗·海因里希·迪特里希·冯，男爵（Holbach，Paul Heinrich Dietrich，Baron von；1723—1789）——法国启蒙运动时代哲学家，机械唯物主义者，无神论者；法国革命资产阶级思想家。

霍尔贝格，路德维希，男爵（Holberg，Ludwig，Freiherr von；1684—1754）——丹麦作家、历史学家和哲学家。

霍亨索伦王朝（Hohenzollern）——欧洲的三大王朝之一，勃兰登堡选帝侯（1415—1701）、普鲁士国王（1701—1918）和德国皇帝（1871—1918）均为该王室成员。

霍林格，菲德利奥（Hollinger，Fidelio）——伦敦一家德国印刷所的老板，德国流亡者出版的报纸多为其印刷所承印；马克思反击福格特事件中的见证人。

J

加布勒，格奥尔格·安德烈亚斯（Gabler，Georg Andreas；1786—1853）——柏林的哲学教授，黑格尔的学生和信徒。

加格恩，弗里德里希·冯，男爵（Gagern，Friedrich，Freiherr von；1794—1848）——德国将军，在1848年4月巴登起义时被杀。

伽利略，伽利莱（Galilei，Galileo；1564—1642）——意大利物理学家和天文学家；捍卫哥白尼的宇宙系学说，遭到宗教法庭的迫害。

加里波第，朱塞佩（Garibaldi，Giuseppe；1807—1882）——意大利革命家，民主主义者，意大利民族解放运动的领袖；1848年在抗击奥地利的战争中无私地战斗在皮埃蒙特军队一方的志愿兵团的最前列；1849年4月至6月罗马共和国保卫战的组织者，领导了50至60年代意大利人民争取民族解放和争取意大利重新统一的斗争。

加斯克尔，彼得（Gaskell,Peter）——曼彻斯特的医生，资产阶级政治评论家；自由主义者。

纪尧姆，雅姆（Guillaume，James，1844—1916）——瑞士无政府主义者和作家，巴枯宁分子的社会主义民主同盟的组织者和领导人之一，由于在海牙代表大会上进行分裂活动而被开除出第一国际；后来成为社会沙文主义者。

基佐，弗朗索瓦－比埃尔－纪尧姆（Guizot，François-Pierre-Guillaume；1787—1874）——法国资产阶级历史学家和国务活动家，奥尔良派成员，曾对法国1840—1848年的法国内证和外交政策起过主导作用，代表了大金融资产阶级的利益。

加富尔，卡米洛·奔索，伯爵（Cavour，Camillo，Graf Benso di；1810—1861）——著名的意大利政治家和国务活动家，大资产阶级和资产阶级大地主的领袖和思想家，从1852至1861年任皮埃蒙特政府的首相。

吉本，爱德华（Gibbon，Eduard；1737—1794）——英国资产阶级历史学家，18世纪欧洲启蒙时代史学的卓越代表。

金克尔，戈特弗里德（Kinkel，Gottfried；1815—1882）——德国诗人和政治评论家，小资产阶级民主主义者，1849年巴登－普法尔茨起义的参加者；被普鲁士法庭判处终身堡垒监禁，从监狱逃出后流亡英国，反对马克思和恩格斯。

金克尔，约翰娜，娘家姓莫克尔（Kinkel，Johanna，娘家姓Mockel；1810—1858）——德国女作家和作曲家，戈特弗里德·金克尔之妻。

金斯利，查尔斯（Kingsley，Charles；1819—1875）——英国作家和神学家，40年代同宪章运动有联系，后来宣扬基督教的屈从和取消革命的阶级斗争。

K

卡贝，艾蒂安（Cabet，étienne；1788—1856）——法国律师学家和政治评论家，空想共产主义者的著名代表人物；乌托邦小说《伊加利亚旅行记》的著作者，1841—1849年曾任《人民报》的编辑。

卡尔·阿尔贝特（Karl Albert；1798—1849）——意大利语为卡洛·阿尔贝托（Carlo Alberto），意大利萨丁尼亚－皮埃蒙特国王（1831—1849）。

卡尔一世（Karl I.；1600—1649）——英文为查理一世（Charles I.），英格兰、苏格兰和爱尔兰国王（1625—1649），在英国资产阶级革命期间被处死。

卡尔·威廉·费迪南德（Karl Wilhelm Ferdinand；1735—1806）——不伦瑞克公爵（1780—1806），1792—1794年曾经统率反革命的奥普军同革命的法兰西进行战争。

卡费洛，卡罗（Cafiero，Carlo；1846—1892）——意大利工人运动领袖，第一国际成员，后来成为无政府主义者。

卡莱尔，托马斯（Carlyle，Thomas；1795—1881）——英国作家、历史学家和理想主义哲学家，英雄崇拜论的鼓吹者；所代表的观点与40年代的封建社会主义相近；1848年革命后成为工人运动的公开敌人。

卡本特尔，威廉·本杰明（Carpenter，William Benjamin；1813—1885）——著名的英国学者，生理学家和哲学家。

卡特科夫，米哈伊尔·尼基福罗维奇（Michael Nikiforowitsch Katkow，俄文 Катков，Михаил Никифорович；1818—1887）——俄国批评家和政治评论家，激烈反对俄国文学界和社会运动中的先进派别。

凯泽尔，马克斯（Kayser，Max；1853—1888）——德国德累斯顿作家，政治家，社会民主党人，属于帝国议会中的社会民主党派的右翼（1878—1887）。

康普豪森，卢多尔夫（Camphausen，Ludolf；1803—1890）——科隆的银行家，莱茵地区自由资产阶级的领袖之一；1847联合州议会议员；1848年3月至7月普鲁士首相，推行与反革命势力妥协的背叛政策。

康德，伊曼纽尔（Kant，Immanuel；1724—1804）——德国哲学家，西方哲学最杰出的代表人物之一。

康拉迪，埃米莉（Conradi，Emilie；1822—1888）——卡尔·马克思的妹妹，约翰·雅各布·康拉迪的妻子。

康拉迪，约翰·雅各布（Conradi，Johann Jakob；1821—1892）——莱茵河畔鲁维水利工程监管人，1859 年同卡尔·马克思的妹妹埃米莉结婚。

康斯坦丁·尼古拉耶维奇（Konstantin Nikolajewitsch，俄文 Константин Николаевич；1827—1892）——大公爵，尼古拉一世沙皇的儿子。

考茨基，卡尔（Kautsky，Karl；1854—1938）——德国和国际工人运动理论家，社会民主主义政治家。

科堡公爵（Herzog von Coburg）——见利奥波德二世。

科布登，理查德（Cobden，Richard；1804—1865）——曼彻斯特工厂主，自由贸易运动的支持者，反谷物法同盟的联合创始人；参加过多次和平主义者代表大会，其中包括在美因河畔法兰克福举行的代表大会；议院议员。

科布尔克（Coburger）——见利奥波德一世。

柯恩，詹姆斯（Cohn，James）——英国工人，伦敦雪茄制作工人协会主席；第一国际总委员会委员，布鲁塞尔代表大会和伦敦会议的代表。

科克，保罗·德（Kock，Paul de；约 1794—1871）——法国资产阶级小说家和剧作家，无聊的消遣小说的作者。

科尔布，古斯塔夫·爱德华（Kolb，Gustav Eduard；1798—1865）——德国记者，反动的《奥格斯堡总汇报》的主编。

克拉普卡，格奥尔格（Klapka，György；1820—1892）——1848—1849 匈牙利革命时期革命军的将军，革命失败后流亡法国、瑞士和意大利。

克莱因，恩斯特·费迪南德（Klein，Ernst Ferdinand；1743—1810）——德国法学家，一部关于刑事法和民法的著作的作者。

克莱因，约翰·雅各布（Klein，Dr. Johann Jacob；约出生于 1818 年）——德国科隆的医生，共产主义者同盟盟员，1852 年科隆共产党人案件的被告之一；后被陪审法庭宣布无罪释放。

克劳塞维茨，卡尔·冯（Clausewitz，Karl von；1780—1831）——普鲁士将军，资产阶级军事理论家。

克利克尔，阿尔贝特（Köllicker，Albert；1817—1905）——德国教授，解剖学、动物学和组织学学者。

克里格，赫尔曼（Kriege，Hermann；1820—1850）——德国新闻工作者和革命家，参加过 1848—1849 年革命，“真正的社会主义”的代表人物，在 40 年代下半叶是纽约的德国“真正的社会主义者”集团的领导人，《人民论坛报》的编辑。

克里默，威廉·兰德尔（Cremer，William Randall；1838—1908）——英国工联领袖之一，1864—1866 年任第一国际总委员会书记，1867 年退出总委员会，后来成为自由党人，和平主义者。

克里斯蒂安八世（Christian VIII.；1786—1848）——丹麦国王（1839—1848）。

克列孟梭，乔治（Clémenceau，Georges；1841—1929）——法国政治家，极端主义者，第一次世界大战和反苏武装干涉的策划者。

克鲁马赫尔，弗里德里希·威廉（Krummacher，Friedrich Wilhelm；1796—1868）——神学家，德国加尔文教传教士，乌珀塔尔虔信派教徒的领袖。

克鲁泡特金，彼得·阿列克谢耶维奇（Kropotkin，Peter Alexejewitsch，俄文 Кропоткин，Пётр Алексеевич；1842—1921）——俄国地理学家，俄国和国际无政府主义领袖和理论家之一，在第一次世界大战期间是社会沙文主义者。

克吕瑟雷，古斯塔夫·保罗（Cluseret，Gustave-Paul；1823—1900）——法国军官，巴黎公社保卫指挥部领导者，由于怀疑有叛变行为被送交法庭，后来流亡国外，在第一国际内部同巴枯宁一起反对马克思。

科隆大主教（Erzbischof von Köln）——见德罗斯特 - 菲舍林，克莱门斯·奥古斯特，男爵。

科本，卡尔·弗里德里希（Köppen，Karl Friedrich；1808—1863）——德国学者和政治评论家，青年黑格尔派成员，1842 年为《莱茵报》的撰稿人。

科苏特，路德维希 / 拉约什（Kossuth，Ludwig，Lajos；1802—1894）——律师，政治家，匈牙利民族解放运动领袖，在 1848—1849 年革命中为资产阶级民主派的领导者；匈牙利革命政府的首脑，革命失败后流亡土耳其，后来作为流亡者在英国和美国生活；50 年代初曾寻求波拿巴圈内人的支持。

孔西代朗，维克多（Considérant，Victor；1808—1893）——法国政治评论家，空想社会主义者，傅立叶（1768—1830）的学生和追随者。

库尔内，弗雷德里克（Cournet，Frédéric，1839—1885）——法国布朗基主义者。

库格曼，路德维希（Kugelmann，Ludwig；1830—1902）——德国社会主义者，汉诺威医生，参加过 1848 年革命，第一国际成员，与马克思一直有通信往来。

库勒里，比埃尔（Coullery，Pierre；1819—1903）——瑞士医生，第一国际成员，右翼蒲鲁东主义者，反对马克思所领导的总委员会。

库诺，泰奥多尔・弗里德里希（Cuno，Theodor Friedrich；1847—1934）——德国社会主义者，第一国际成员，参加过 1872 年的海牙代表大会，贯彻执行马克思的路线；后来在美国参加工人运动。

库辛，维克多（Cousin，Victor；1792—1862）——法国理想主义哲学家，折中主义者。

L

拉德茨基，约瑟夫，伯爵（Radetzky，Joseph，Graf；1766—1858）——奥地利陆军元帅，波希米亚贵族，19 世纪上半叶奥地利最著名的军队指挥官，曾任驻北意大利奥军总司令；镇压过 1848 年意大利革命。

拉登贝格・阿达尔贝特・冯（Ladenberg，Adalbert von；1798—1855）——普鲁士反动官僚的代表，文化大臣（1848—1850）。

拉登多夫，奥古斯特（Ladendorf，August）——德国普伦茨劳一个政府委员的儿子，资产阶级民主主义者，在革命时期长期担任柏林一个人民协会的主席；1854 年被普鲁士柏林高等法院以“叛国罪”判处多年徒刑，后来是德意志人民党党员，第一国际洛桑代表大会（1867）的参加者。

拉法格，劳拉（Lafargue，Laura）——见马克思，劳拉。

拉法格，保罗（Lafargue，Paul；1842—1911）——法国社会主义者，杰出的马克思主义思想家和宣传家，第一国际成员，法国工人党的创建者之一；马克思的女婿，马克思和恩格斯的朋友。

拉马丁，阿尔方斯－马里－路易・德（Lamartine，Alphonse-Marie-Louis de；1790—1869）——法国诗人、历史学家和政治活动家，是 40 年代为温和的共和党人的领导人之一；1848 年出任临时政府的外交部长，是临时政府的实际首脑，曾任制宪国民议会议员和执行委员会委员。

拉梅内，费利西泰－罗贝尔・德（Lamennais，Félicité-Robert de；1782—1854）——法国神父，政治评论家，基督教社会主义思想家之一。

拉萨尔，费迪南（Lassalle，Ferdinand；1825—1864）——作家，社会主义政治家，德国早期工人运动的领导者之一，全德工人联合会的创建者之一。

拉图尔，特奥尔多・巴耶・冯，伯爵（Latour，Theodor，Graf Baillet von；1780—1848）——奥地利将军，君主专制制度的支持者；1848 年 4 月出任奥地利立宪政府的国防大臣，

1848年10月维也纳爆发武装起义时被处死。

拉希尔（Rachil）——见瓦恩哈根·冯·恩泽，拉埃尔。

莱奥，海因里希（Leo，Heinrich；1799—1878）——德国历史学家和政治评论家，反动政治和宗教观点的捍卫者，普鲁士容克地主阶级的思想家之一。

赖夫，威廉·约瑟夫（Reiff, Wilhelm Joseph；1822年–1860年4月以后）——共产主义者同盟和科隆工人联合会成员，后为工人教育协会秘书；1850年被开除出共产主义者同盟；是1852年科隆共产党人审判案的被告之一。

赖马鲁斯，赫尔曼·萨穆埃尔（Reimarus，Hermann Samuel；1694—1768）——德国启蒙运动时期的神学家和哲学家；“自然神论”的代表。

赖默尔，格奥尔格·奥托（Reimer，Georg Otto；1841—1892）——德国工人运动领袖，拉萨尔主义者，帝国国会议员。

赖因哈德，里夏德（Reinhard，Richard；1829—1898）——德国诗人，在巴黎流亡，海因里希·海涅的秘书。

兰克，利奥波德（Ranke，Leopold；1795—1886）——1865年被封为贵族，德国反动的历史学家，普鲁士历史编纂学者，大学讲师，普鲁士容克地主阶级思想家，兰克史学的创立者。

朗凯斯特，埃德温·雷（Lankester，Edwin Ray；1847—1929）——英国自然科学家，伦敦大学教授，后来出任牛津大学教授。

朗格，弗里德里希·阿尔贝特（Lange,Friedrich Albert；1828—1875）——德国政治评论家，哲学家，经济学家；撰写过跟工人问题有关的社会改革主义著作。

朗维埃，加布里埃尔（Ranvier，Gabriel；1828—1879）——法国小资产阶级革命家，布朗基主义者，巴黎公社的积极参加者，第一国际总委员会委员，第一国际海牙代表大会代表，后来退出第一国际。

莱布尼茨，戈特弗里德·威廉，男爵（Leibniz，Gottfried Wilhelm，Freiherr von；1646—1716）——德国数学家、历史学家、政治家和理想主义哲学家。

莱勒韦尔，约阿希姆（Lelewel，Joachim；1786—1861）——波兰历史学家和革命活动家；1830—1831年波兰起义的参加者；波兰流亡者中民主派的领袖之一；1847—1848年布鲁塞尔民主联盟主席团成员。

莱曼，阿贝尔特（Lehmann，Albert）——伦敦的德国工人，正义者同盟和伦敦德国工人教育协会的早期成员；共产主义者同盟中央委员会委员；1850年共产主义者同盟分裂时加入维利希－沙佩尔的宗派主义集团。

莱瑙，尼古劳斯（Lenau，Nikolaus；1802—1850）——原名是尼古劳斯·弗兰茨·尼姆布施·埃德勒·冯·施特雷勒瑙（Nikolaus Niembsch，Edler von Strehlenau），奥地利19世纪最伟大的抒情诗人，是德语文学中反映人间疾苦的典型代表。

列斯纳，弗里德里希（Leßner，Friedrich；1825—1910）——魏玛的裁缝工人，德国社会主义政治家，共产主义者同盟盟员；在1852年科隆共产党人审判案中被判处三年堡垒监禁；自1856年起以流亡者的身份在伦敦生活；第一国际总委员会委员；马克思和恩格斯的朋友。

莱维，古斯塔夫（Levy，Gustav）——杜塞尔多夫的商人，共产主义者同盟盟员，拉萨尔的朋友和拥护者。

莱辛，戈特霍尔德·埃弗拉伊姆（Lessing，Gotthold Ephraim；1729—1781）——德国启蒙运动的著名诗人、剧作家和文艺批评家。

劳贝，海因里希（Laube，Heinrich；1806—1884）——德国作家和剧作家，青年德意志派的代表之一；后来是维也纳剧院的剧院经理和戏剧导演。

劳默尔，弗里德里希·冯（Raumer，Friedrich von；1781—1873）——德国行政法学家，历史学家和政治家；柏林历史学教授，自由主义者；1848年法兰克福国民议会议员（中右派），德意志帝国驻巴黎特命全权公使。

勒德吕－罗兰，亚历山大·奥古斯特（Ledru-Rollin，Alexandre-Auguste；1807—1874）——法国政治评论家和政治家，小资产阶级民主派的领导人之一，《改革报》的编辑；1848年任第二共和国临时政府的内务部长和执行委员会委员，制宪议会和立法国民议会员，在议会中领导山岳派；1849年6月13日以后流亡英国。

勒鲁，比埃尔（Leroux，Pierre；1797—1871）——法国哲学家和政治评论家，空想社会主义者，圣西门学说的拥护者。

勒吕贝，维克托（Le Lubez，Victor；约出生于1830年）——伦敦的法国流亡者，第一国际总委员会委员，1866年由于阴谋反对和诽谤总委员会而被开除出第一国际。

勒穆叙（Le Moussu）——第一国际成员，英国联合委员会委员，1872起任美国法国支部通信干事。

雷纳德（Renard）——《莱茵报》的编辑。

勒泽，彼得·格哈德（Röser，Peter Gerhard；1814—1865）——德国雪茄制作工，共产主义者，全德工人联合会早期会员，1848—1849年科隆工人联合会副会长，《自由，友爱，劳动》报出版人；1850 年成为共产主义者同盟盟员，是 1852 年科隆共产党人审判案的主要被告之一；后来成为拉萨尔主义者。

利奥波德一世（Leopold I.；1790—1865）——比利时国王（1831—1865）。

利奥波德二世（Leopold II.；1835—1909）——比利时国王（1865—1909）。

李卜克内西，威廉（Liebknecht，Wilhelm；1826—1900）——德国社会民主党的创始人之一，激进的民主主义革命家，参加过 1848—1849 年革命，革命失败后流亡瑞士和英国，共产主义者同盟盟员，与马克思和恩格斯关系密切。

李嘉图，大卫（Ricardo，David；1772—1823）——英国经济学家，资产阶级古典政治经济学最著名的代表之一。

利穆赞，夏尔（Limousin，Charles）——法国工人运动活动家，印刷工人，后为新闻工作者，参加过《工人论坛》报编辑部的工作，第一国际伦敦代表会议代表（1865），巴黎联合委员会委员（1870），合作运动的参加者，许多杂志的发行人。第一国际的创始人之一。

利沙加勒，普鲁斯珀·奥利维耶（Lissagaray，Prosper Oliver，1839—1901）——法国记者，共和主义者，巴黎公社社员，自 1881 年起担任《战斗报》主编。

李斯特，弗里德里希（List，Friedrich；1789—1846）——德国经济学家，是 1948 年以前处在上升时期的资产阶级的理论代表，贸易保护主义的支持者。

里廷豪森，莫里茨（Rittinghausen，Moritz；1814—1890）——德国民主主义政治评论家和政治家；1848 年科隆民主协会和安全委员会成员；《新莱茵报》的撰稿人；1849 年《西德意志报》的出版者之一，后来是第一国际和社会民主党成员，多次参加过第一国际的代表大会。

利希诺夫斯基，费利克斯·玛丽亚·冯，公爵（Lichnowski，Felix Maria，Fürst von；1814—1848）——西里西亚的大地主，反动的普鲁士军官；1848 年法兰克福国民议会（右翼）议员，在法兰克福 1848 年 9 月起义时被杀。

里夏尔，阿尔贝（Richard，Albert；1846—1925）——法国记者，参加过里昂的革命运动；第一国际成员，巴枯宁的拥护者；曾经过反对马克思和第一国际总委员会。

梁赞诺夫，达维德·鲍里索维奇（Dawid Borissowitsch Rjasanow，俄文为 Рязанов，Давид Борисович；1870—1938）——原名达维德·鲍里索维奇·戈利金达赫（Dawid Borissowitsch Goldendach，俄文为 Давид Борисович Гольдендах），俄国革命家，曾主导过马克思和恩格斯许多未付印过的著作的编辑和出版工作。

林肯，亚伯拉罕（Lincoln，Abraham；1809—1865）——美国政治家、思想家，共和党人，美国总统（1861—1865），在美国内战期间领导北方联邦战胜了南方数州，他主张释放黑人奴隶。

柳巴温（Lubawin，N. N.，俄文为 Любавин，H. H.，）——俄国革命家，民粹党人，洛帕廷的朋友，马克思和丹尼尔逊之间建立通信联系的介绍人。

龙格，夏尔（Longuet，Charles；1833—1903）——法国社会主义者，蒲鲁东主义者，第一国际总委员会委员，巴黎公社成员和著名的活动家，卡尔·马克思的女婿，燕妮·马克思的丈夫。

鲁埃，欧仁（Rouher，Eugène；1814—1884）——法国国务活动家，波拿巴主义者，在第二共和国时期是制宪和立法国民议会议员；司法部长（1849—1852，中间有间断）；在第二帝国时期担任过多个国家职务。

卢格，阿尔诺德（Ruge，Arnold；1802—1880）——德国激进的政治评论家和作家，青年黑格尔派成员，小资产阶级民主主义者；1844 年同马克思一起出版了《德法年鉴》；1848 年法兰克福国民议会（左翼）议员，在 50 年代是伦敦的德国小资产阶级流亡者的领袖之一；1866 年以后是民族自由主义者。

路德，马丁（Luther，Martin；1483—1546）——16 世纪欧洲宗教改革倡导者，基督教新教路德宗创始人。

路德维希十四（Ludwig XIV.；1638—1715）——法语为路易十四（Louis XIV），法国国王（1643—1715）。

路德维希十五（Ludwig XV.；1770—1774）——法语为路易十五（Louis XV），法国国王（1715—1774）。

路德维希十六（Ludwig XVI.；1754—1793）——法语为路易十六（Louis XVI），法国国王（1774—1792），根据法国国民议会的决议被处死。

路德维希十八（Ludwig XVIII.；1755—1824）——法语为路易十八（Louis XVIII），法国国王（1814—1815 和 1815—1824）。

卢登，海因里希（Luden，Heinrich；1780—1847）——德国资产阶级历史学家。

卢克拉夫特，本杰明（Lucraft，Benjamin；1809—1897）——英国工联的领袖之一，联合主义者，第一国际总委员会委员，几次代表大会的代表，1871 年退出第一国际，后来成为自由主义者。

卢克莱修，全名是提图斯·卢克莱修·卡鲁斯（Lukrez，全名为 Titus Lucretius Carus；公元前约 95 年 – 公元前约 55 年）——罗马诗人，唯物主义哲学家。

卢森堡，罗莎（Luxemburg，Rosa；1871—1919）——欧洲工人运动具有影响力的代表人物之一，波兰和德国社会民主党人，德国共产党的创始人之一。

鲁瓦，约瑟夫（Roy，Joseph）——翻译，曾经把马克思的《资本论》第一卷译成法文。

鲁滕堡，阿道夫（Rutenberg，Adolf；1808—1869）——德国政治评论家，青年黑格尔派成员；1866 年后成为民族自由主义者。

路易 - 菲力浦（Louis-Philippe；1773—1850）——奥尔良公爵，法国人的国王（1830—1848）。

伦佩尔，鲁道夫（Rempel，Rudolf；约 1815—约 1869）——德国实业家和政治家，四十年代中期的“真正的社会主义”派成员。

吕坎（Lucain）——参加海牙代表大会（1872）的一位法国代表使用的假名字，调查社会主义民主同盟在第一国际内部搞分裂活动的调查委员会成员。

吕宁，奥托（Lüning，Otto；1818—1868）——德国医生和政治评论家，自 1844 年起成为“真正的社会主义”思想的代表人物，《威悉河汽船》（1844）、《威斯特伐利亚汽船》（1845—1848）和《新德意志报》（1848—1850）的出版人；1866 年以后是民族自由主义者。

吕斯托，弗里德里希 · 威廉（Rüstow，Friedrich Wilhelm；1821—1878）——德国军事作家，激进的民主主义者，1860 年作为参谋长参加过加里波第的远征。

洛德，珀西瓦尔 · 巴顿（Lord，Percival Barton；1808—1840）——英国生理学家。

罗恩，阿尔布雷希特 · 泰奥多尔 · 埃米尔 · 冯，伯爵（Roon，Albrecht Theodor Emil，Graf von；1803—1879）——普鲁士陆军元帅和国防大臣（1859—1873）；对普鲁士军队实施了改革。

罗赫纳，格奥尔格（Lochner，Georg；约出生于 1824 年）——德国工人，共产主义者同盟盟员和第一国际总委员会委员，马克思和恩格斯的拥护者和朋友。

洛克，约翰（Locke，John；1632—1704）——著名的英国二元论哲学家，感觉主义者，资产阶级经济学家。

罗曼诺夫（Romanow，俄文为 Романовы）——俄国沙皇王朝（1613—1917）。

罗奇，约翰（Roach，John）——自 1871 年起任第一国际总委员会委员，海牙代表大会代表，从这时起转向无政府主义。

罗舍尔，格奥尔格 · 弗里德里希 · 威廉（Roscher，Georg Friedrich Wilhelm；1817—1894）——德国历史学家和庸俗经济学家，1843 年发表《历史学派的经济学宣言》，被视为政治经济学历史学派的创始人。

罗伊特，弗里茨（Reuter，Fritz；1810—1874）——德国诗人，被视为低地德语最杰出的诗人和作家之一。

洛帕廷，格尔曼·亚历山德罗维奇（Lopatin，German Alexandrowitsch，俄文为 Лопáтин，Гéрман Алексáндрович；1845—1918）——俄国革命者，民粹党人，第一国际总委员会委员，《资本论》俄文本的第一个译者，马克思一家和恩格斯的朋友，多次遭到沙皇政府的迫害与逮捕，1884—1905 年曾被囚禁于施吕瑟尔堡（Шлиссельбург）要塞监狱。

洛伊波德，海因里希（Leupold，Heinrich；死于 1865 年）——萨克森王国领事，不来梅洛伊波德进出口公司的老板，恩格斯在不来梅学徒期间的师傅。

M

马丁，亨利（Martin，Henry；1810—1883）——法国历史学家和政治家，右翼共和党人，凡尔赛国民议会议员。

马尔萨斯，托马斯·罗伯特（Malthus，Thomas Robert；1766—1834）——英国牧师和经济学家，资产阶级化的地主贵族的思想家，宣扬仇视人类的反动的人口论，认为是人口过剩不可避免地导致了资本主义社会劳动人民的贫困。

马克思，埃德加（穆希）[Marx，Edgar（Musch）；1847—1855]——卡尔·马克思的儿子。

马克思，爱琳娜（杜西）[Marx，Eleanor（Tussy）；1855—1898]——卡尔·马克思最小的女儿，英国社会主义者爱德华·艾威林之妻，积极参与英国和国际工人运动，组织伦敦燃气工人工会和女工运动，将大量的社会主义著作翻译成了英文。

马克思，埃娃，娘家姓莫泽斯（Marx，Eva，娘家姓 Moses；死于 1823 年）——卡尔·马克思的祖母。

马克思，弗兰齐斯卡（Marx，Franziska；1851—1852）——卡尔·马克思的女儿。

马克思，亨利希（Marx，Heinrich；1782—1838）——卡尔·马克思的父亲。

马克思，亨利希·吉多（Marx，Heinrich Guido；1849—1850）——卡尔·马克思的儿子。

马克思，卡尔（Marx，Karl：1818—1883）。

马克思，劳拉（Marx，Laura；1846—1911）——卡尔·马克思的次女，法国和国际工人运动著名活动家，保罗·拉法格之妻。马克思的秘书和得力助手。

马克思，莱维（Marx，Lewi；约死于 1798 年）——卡尔·马克思的祖父。

马克思，莫泽斯（Marx，Moses）——卡尔·马克思的堂兄弟。

马克思，萨穆埃尔（Marx，Samuel；约 1778—1827）——卡尔·马克思的伯父。

马克思，燕妮，娘家姓冯·威斯特华伦（Marx，Jenny，娘家姓 von Westphalen；1814—1881）——卡尔·马克思的妻子，他的忠实的朋友和助手。

马克思，燕妮（Marx，Jenny；1814—1881）——卡尔·马克思的长女，夏尔·龙格之妻，法国工人运动活动家，政论家。

马拉，让-保罗（Marat，Jean-Paul；1744—1793）——法国革命家和政治评论家，在 18 世纪末的法国资产阶级革命中是雅各宾派最坚定的领袖之一；《人民之友》报的出版人。

马隆，贝诺（Malon，Benôt；1841—1893）——法国工人运动活动家，巴枯宁的《同盟》的创建者之一，可能派的代表人物，参加过巴黎公社，第一国际成员。

马斯曼，汉斯·费迪南德（Maßmann，Hans Ferdinand；1797—1874）——德国日耳曼学学者，体操运动的联合创始人。

马志尼，朱塞佩（Mazzini，Giuseppe；1805—1872）——意大利资产阶级民主主义革命家，意大利民族解放运动的领导者之一；1849 年罗马共和国临时政府首脑，1850 年在伦敦建立的“欧洲民主派中央委员会”的组织者之一；50 年代初期曾寻求过波拿巴圈内人的支持。

迈尔，赫尔曼·尤利乌斯（Meyer，Hermann Julius；1826—1909）——德国出版家，民主主义者；德国《文献学研究所》出版社创办人之子。主要出版词典、百科全书等出版物。

迈尔，尤利乌斯（Meyer，Julius；死于 1867 年）——德国威斯特华伦的企业家和政治评论家，40 年代中期是“真正的社会主义者”派成员。

迈尔，西格弗里德（Meyer，Siegfried；1840—1872）——美籍德国社会主义者，第一国际成员，纽约的全德工人联合会的创始人之一。

迈尔贝尔，贾科莫（Meyerbeer，Giacomo；1791—1864）——德国作曲家和指挥家，是 19 世纪最有成就的歌剧作曲家之一，被视为法国歌剧派大师。

梅因，爱德华（Meyen，Eduard；1822—1870）——德国政治评论家，青年黑格尔派成员；小资产阶级民主主义者，1848—1849 年革命失败以后流亡英国；后来成为民族自由主义者。

麦克库洛赫，约翰·雷姆赛（MacCulloch，John Ramsay：1789—1864）——英国资产阶级经济学家，资产阶级秩序的辩护士，大卫·李嘉图经济学说的推广者，曾任伦敦大学政治经济学教授。

迈斯纳，奥托·卡尔（Meißner，Otto Carl；1819—1902）——德国汉堡的出版商，奥托·迈斯纳出版社的创始人，1867 年出版了卡尔·马克思的《资本论》。

曼陀菲尔，奥托·泰奥多尔·冯，男爵（Manteuffel，Otto Theodor，Freiherr von；1805—

1882）——普鲁士国务活动家；反动贵族官僚主义的代表；普鲁士内务大臣（1848 年 11 月—1850 年 12 月），下议院议员（1849 年）；普鲁士首相和外交大臣（1850—1858）。

毛奇，赫尔穆特·卡尔·伯恩哈德·冯，伯爵（Moltke，Helmuth Karl Bernhard，Graf von；1800—1891）——普鲁士元帅，总参谋长（1837—1888），军旅作家，保守主义者。

梅兰希通，菲利普（Melanchthon，Philipp；1497—1560）——德国哲学家和神学家，德国和欧洲教会政治改革的推动者，马丁·路德最密切的合作者，在宗教改革后期同路德一起力图使新教适应王公贵族的利益，对平民宗教改革家托马斯·闵采尔持敌对态度。

梅利奈，弗朗索瓦（Mellinet，François；1768—1852）——法国血统的比利时将军；1830 年资产阶级革命和比利时民主主义运动的积极参与者和领导人之一；布鲁塞尔民主联合会名誉会长；1848 年被判处死刑，然后改为 30 年监禁，1849 年被释放。

梅罗斯瓦夫斯基，路德维克（Mierosławski，Ludwik；1814—1878）——波兰革命家、历史学家和军事专家，1830—1831 年和 1846 年波兰起义的参加者；1848 年波森起义的军事领导人，后来是西西里起义的领袖；1849 年巴登—普法尔茨革命军的指挥官。

梅特涅，克莱门斯·文采尔·洛塔尔，侯爵（Metternich，Clemens Wenzel Lothar，Fürst von；1773—1859）——奥地利国务活动家和外交家；曾任外交大臣（1809—1821）和首相（1821—1848）；神圣同盟的组织者之一。

门策尔，沃尔夫冈（Menzel，Wolfgang；1798—1873）——德国反动的作家和文学评论家。

门德尔松，莫泽尔（Mendelssohn，Moses；1729—1786）——德国小资产阶级哲学家，理想主义者；被视为哈斯卡拉运动的先驱之一。

蒙特，泰奥多尔（Mundt，Theodor；1808—1861）——德国作家，自由派作家团体“青年德意志”的成员之一；自 1848 年起在布雷斯劳和从 1850 起在柏林担任文学教授和历史学教授。

穆勒，约翰·斯图尔特（Mill，John Stuart；1806—1873）——英国哲学家，自由主义政治家，经济学家，政治经济学资产阶级古典学派的追随者。

米尔克（Milke）——德国工人，排字工，全德工人联合会成员，第一国际海牙代表大会的代表（1872）。

米克尔，约翰内斯（Miquel，Johannes；1828—1901）——普鲁士银行家，民族自由主义者；青年时代曾经是共产主义者同盟盟员；国会成员（1867—1877 和 1887—1890），财政大臣（1890—1901）。

米勒，弗里德里希（Müller，Friedrich）——普鲁士官员和政治家，自由主义者，曾任科伦警察局局长（1847—1848），普鲁士司法部副大臣（1848—1866），普鲁士国民议会议员（中间偏右派）。

莫尔，约瑟夫（Moll，Joseph；1812—1849）——德国革命家，德国和国际工人运动的著名活动家，波恩的钟表制作工，正义者同盟和伦敦德国工人教育协会的领导人之一，共产主义者同盟中央委员会委员；1848 年 7 月至 9 月科隆工人联合会主席；民主党莱茵专区委员会和科隆安全委员会委员，1849 年巴登 – 普法尔茨起义的参加者，在穆尔格河畔的战斗中阵亡。

莫尔 / 莫鲁斯，托马斯爵士（More /Morus，Sir Thomas；1478—1535）——英国政治家（大法官），人文主义作家，欧洲空想共产主义学说的早期代表人物之一。

莫里斯，威廉（Morris，William；1834—1896）——英国空想社会主义者，19 世纪英国著名的设计师、诗人，早期社会主义活动家，社会主义同盟的创始人之一，《协会》杂志的主编。

莫斯特，约翰（Most，Johann；1846—1906）——德国社会民主党人，1874—1878 德意志帝国国会议员，后来成为无政府主义者；1880 年因破坏工人运动在瑞士奥辛根附近的维登城堡召开的一次秘密代表大会上被开除出党，1879 至 1906 先在伦敦、后来在纽约出版无政府主义杂志《自由》周刊。

莫特勒，尤利乌斯（Motteler，Julius；1838—1907）——德国社会民主党人，爱森纳赫派的创始人之一，在反社会主义者非常法实施期间负责组织由瑞士向德国传送社会民主党的秘密文献，为此获得过“红色邮政局长”的别号，曾任帝国议会社会民主党的议员（1874—1878 和 1903—1907）。

N

拿破仑一世（拿破仑 · 波拿巴）（Napoleon I.，Napoléon Bonaparte；1769—1821）——法国人的皇帝（1804—1814 和 1815）。

拿破仑二世（弗朗索瓦 · 约瑟夫 · 夏尔 · 波拿巴）（Napoleon II.，François Joseph Charles Bonaparte；1811—1832）——拿破仑一世的儿子，1811 年被封作罗马王，1815 年被波拿巴分子宣布为皇帝，尊称波拿巴二世，1818 年被封为赖希斯塔特公爵，1832 年因肺结核去世。

内皮尔，威廉 · 弗朗索瓦 · 帕特里克，爵士（Napier，Sir William François Patrick；1785—1860）——英国将军和军史学家，《半岛战争史》的著作者。

涅恰耶夫，谢尔盖·根纳季耶维奇（Netschajew，Sergej Gennadijewitsch，俄文：Нечáев，Сергéй Геннáдьевич；1847—1882）——俄国无政府主义革命家，大学生运动的参与者，曾流亡瑞士，后被引渡给俄国，1872 年被判二十年苦役；编写过小册子《革命者教义问答》。

诺比林，卡尔·爱德华（Nobiling，Karl Eduard；1848—1878）——德国无政府主义者；曾于 1878 年 6 月 2 日在柏林对德皇威廉一世进行暗杀未遂，9 月死于狱中。

诺特容，彼得（Nothjung，Peter；1821—1880）——德国裁缝工人和早期工人运动的活动家；1847 年成为共产主义者同盟科隆地区盟员，1848 年起为科隆工人联合会领导成员之一；参加过 1849 年埃尔伯费尔德的五月起义；1851 作为共产主义者同盟的密使被捕，在科隆的共产党人审判案中被判处六年监禁；后来是拉萨尔主义分子。

O

欧门，戈特弗里德（Ermen，Gottfried）——曼彻斯特欧门－恩格斯棉纺厂合伙人。

欧文，罗伯特（Owen，Robert；1771—1858）——英国伟大的空想社会主义者，企业家。

P

帕麦斯顿，亨利·约翰·坦普尔，勋爵（Palmerston. Henry John Temple，Lord；1784—1865）——英国国务活动家，最初是托利党人，自 1830 年起为辉格党右派领导人之一；曾任外交大臣（1852—1855），两次出任首相（1855—1858 和 1859—1863）。

培根，弗朗西斯，圣奥尔本斯子爵和维鲁拉姆男爵（Bacon，Francis，Viscount of Saint Albans und Baron of Verulam；1561—1626（Baco 巴科 von Verulam）——英国哲学家，自然科学家和历史学家。马克思称他是“英国唯物主义和整个现代实验科学的真正始祖”。

佩克尔，康斯坦丁（Pecqueur，Constantin；1801—1887）——法国经济学家、社会主义理论家和政治家，空想社会主义者。

佩龙，夏尔（Perron，Charles；1837—1909）——瑞士无政府主义者，第一国际日内瓦支部的领导人之一，巴枯宁的社会主义民主同盟的领导成员，《平等》杂志的编辑之一。

蓬帕杜，让娜－安托瓦妮特·普瓦松，侯爵夫人（Pompadour，Jeanne-Antoinette Poisson，Marquis de；1721—1764）——简称蓬帕杜夫人，法国国王路易十五的著名情妇，社交名媛，影响过路易十五的统治和法国的艺术。

皮珀，威廉（Pieper，Wilhelm；1826—1898）——德国革命家、语言学家和记者，共产主义者同盟盟员，在伦敦流亡；1850—1853 年同马克思和恩格斯很接近。

皮特曼，赫尔曼（Püttmann，Hermann；1811—1894）——德国激进派诗人和新闻工作者，民主主义和社会主义政治评论家；40 年代中期是“真正的社会主义”的代表人物之一。

皮亚，费利克斯（Pyat，Felix；1810—1889）——法国政治家、记者和文学家，小资产阶级激进分子，参加过 1848 年革命和巴黎公社。

普尔斯基，弗兰茨（Pulszky，Franz；1814—1897）——匈牙利作家、考古学家和政治家；自 1849 年起流亡美国，科苏特的战友，《纽约每日论坛报》的常任通讯员。

普菲尔，恩斯特·海因里希·阿道夫·冯（Pfuel，Ernst Heinrich Adolf von；1779—1866）——普鲁士将军，反动军事阴谋集团的代表，镇压过纳沙泰尔起义，纳沙泰尔州长（1832—1848），1848 年 3 月任柏林司令，1848 年 4 月和 5 月领导了对波森起义的镇压；普鲁士首相和国防大臣（1848 年 9 月 -11 月）。

普芬德，卡尔（Pfänder，Carl；约 1818—1876）——德国画家，正义者同盟盟员；伦敦德国工人教育协会的积极会员，共产主义者同盟中央委员会委员，后来是第一国际总委员会委员，马克思和恩格斯的拥护者和朋友。

普拉滕 - 哈勒明德，奥古斯特，伯爵（Platen-Hallermünde，August，Graf von；1796—1835）——德国新古典主义诗人，自由主义者。

普列汉诺夫，格奥尔吉·瓦连京诺维奇（Plechanow，Georgi Walentinowitsch，俄文为 Плеханов，Георгий Валентинович；1856—1918）——俄国和国际工人运动著名活动家，俄国第一个马克思主义团体“劳动解放社”的组创者，19 世纪 80 年代俄国杰出的马克思主义宣传者和先驱；俄国社会民主工党第二次代表大会之后转向孟什维克派，第一次世界大战期间成为社会沙文主义者。

蒲鲁东，比埃尔 - 约瑟夫（Proudhon，Pierre-Joseph；1809—1865）——法国政治评论家、社会学家和经济学家，小资产阶级思想家；无政府主义理论的创始人之一；1848 年为制宪国民议会议员。

普鲁塔克（Plutarch，希腊文 Πλούταρχος；约 46 年 - 约 125 年）——古希腊作家、道德学家和唯心主义哲学家。

普特卡默，伊丽莎白·冯（Puttkamer，Elisabeth von）——俾斯麦的内侄女。

Q

齐茨，弗兰茨·海因里希（Zitz，Franz Heinrich；1803—1877）——德国民主主义政治家，美因茨的律师；1848 年预备议会和法兰克福国民议会（左翼）议员；1849 年巴登 – 普法尔茨起义的参加者，之后流亡美国。

齐格勒，特奥巴尔德（Ziegler，Theobald；1846—1918）——德国哲学家和教育家。

乔治・桑（George Sand）——见桑，乔治。

切希，海因里希・路德维希（Tschech，Heinrich Ludwig；1789—1844）——德国施托尔科市市长（1837—1841），曾在 1844 年 7 月暗杀普鲁士国王弗里德里希 – 威廉四世。

琼森，本；原名本杰明・琼森（Ben，Jonson；原名 Benjamin Jonson；约 1573—1637）——英国文艺复兴时期的剧作家、诗人和演员，莎士比亚的同时代人，其作品力求以现实主义的表现手法真实地反映现实生活。

琼斯，欧内斯特・查尔斯（Jones，Ernest Charles；1819—1869）——杰出的英国工人运动活动家，无产阶级诗人和政治评论家；英国宪章运动（左翼）领袖之一，民主派兄弟协会成员；《北极星报》的主编之一，宪章运动报刊《寄语人民》和《人民报》的出版人；直到 50 年代一直与马克思和恩格斯保持着密切的联系。

屈尔韦特，弗里德里希・克里斯蒂安・胡贝特・冯（Kühlwetter，Friedrich Christian Hubert von；1809—1882）——普鲁士国务活动家，内务大臣（1848 年 6 月至 9 月）。

R

热罗姆・拿破仑（Jerôme Napoleon）——见波拿巴，热罗姆。

荣克，格奥尔格・戈特洛布（Jung，Georg Gottlob；1814—1886）——科隆的陪审官，德国政治评论家；小资产阶级民主主义者，青年黑格尔派成员；1842 年《莱茵报》的共同创始人和出版人；1848 年普鲁士国民议会左派领导人之一；后成为普鲁士民族自由主义政治家。

荣克，赫尔曼（Jung，Hermann；1830—1901）———瑞士制表工人，参加过德国 1848—1849 年革命，革命失败后流亡英国；1864—1872 年任第一国际总委员会委员，瑞士支部书记；1972 年开始反对海牙代表大会决议和总委员会，后成为民族自由党人。

容尼茨，恩斯特（Jungnitz，Ernst；死于 1848 年）——德国政治评论家，青年黑格尔派成员，《文学总汇报》撰稿人。

若米尼，亨利（Jomini，Henri；1779—1869）——法国将领，最有影响力的军事理论家之一，原为瑞士军官，后来又在俄国军队服务；杰出的军事作家。

若特朗，吕西安・利奥波德（Jottrand，Lucien-Léopold；1804—1877）——比利时和政治

评论家，激进民主主义者，1830年革命的参加者；1847年任布鲁塞尔民主主义者协会主席；《社会辩论》报的主编。

S

塞克斯顿，乔治（Sexton，George）——英国医生，第一国际成员，1872年成为总委员会委员，海牙代表大会代表。

赛拉叶，奥古斯特（Serraillier，Auguste；生于1840年）——法国工人，第一国际总委员会和巴黎公社成员；马克思和恩格斯的朋友。

塞万提斯·萨维德拉，米格尔·德（Cervantes Saavedra，Miguel de；1547—1616）——西班牙现实主义作家。

桑，乔治（Sand，George，1804—1876）——原名阿曼蒂娜-露西-奥萝尔·杜班（Amantine-Lucile-Aurore Dupin），法国女作家，撰写过多部以社会问题为主题的小说，人文主义浪漫派作家的代表人物。

莎士比亚，威廉（Shakespeare，William；1564—1616）——伟大的英国剧作家、诗人和演员。

沙贝利茨，雅各布（Schabelitz，Jakob；1827—1899）——瑞士出版商和书商；资产阶级激进派，“民主派兄弟协会”成员，曾在40年代末至50年代初与马克思和恩格斯保持着联系。

沙佩尔，爱德华·冯（Schaper，Eduard von；1792—1868）——普鲁士反动官僚的代表之一；特里尔行政专区主席（1837—1842），莱茵省省长（1842—1845）。

沙佩尔，卡尔（Schapper，Karl；约1812—1870）——德国和国际工人运动的著名领袖，德国正义者同盟的领导人之一，“民主派兄弟协会”成员和共产主义者同盟中央委员会委员，1848—1849年革命的参加者，1850年和维利希（Willich）共同结成宗派主义集团，反对以马克思为代表的革命路线，导致了共产主义者同盟的分裂；不久认识到自己的错误，1856年重新靠拢马克思；1865年成为第一国际总委员会委员。

沙伊布勒，卡尔·海因里希（Schaible，Karl Heinrich；1824—1899）——德国医生，巴登-普法尔茨起义的参加者，后流亡英国伦敦，语言学家和作家。

圣-保罗，威廉（Saint-Paul，Wilhelm；约1815—1852）——普鲁士军官，后为内政部官员和《莱茵报》的专职书报检查官。

圣西门，克洛德-亨利·德·鲁弗鲁瓦，伯爵（Saint-Simon，Claude-Henri de Rouvroy，comte；1760—1825）——法国哲学家和经济学家，空想社会主义者。

沙兰，路易（Chalain，Louis；生于 1845 年）——法国工人，第一国际成员，曾在巴黎针对第一国际的第三次审判案中出庭受审。巴黎公社的参加者，后来退出第一国际。

施蒂贝尔，威廉（Stieber，Wilhelm；1818—1882）——普鲁士的政治警察头目；1852 年科隆共产党人审判案的组织者之一和主要的证人；与汉诺威王国警察总监韦穆特（Wermuth）共同撰写了《19 世纪共产党人的阴谋》这本书。

施蒂格利茨，夏洛特·索菲（Stieglitz，Charlotte Sophie；1806—1834）——德国诗人海因里希·施蒂格利茨（Heinrich Stieglitz，1801—1849）的夫人。她的书信和日记被泰奥多尔·蒙特（Theodor Mundt，1808—1861）于 1835 在柏林出版。

施蒂纳，马克斯；真名约翰·卡斯帕·施密特（Stirner，Max，真名 Johann Caspar Schmidt；1806—1856）——德国哲学家和作家，青年黑格尔派成员，资产阶级个人主义和无政府主义思想家之一；著有《唯一者及其所有物》等。

施拉姆，卡尔·奥古斯特（Schramm，Carl August；1830—1905）——德国经济学家，自由主义作家，后来成为社会民主主义作家；苏黎世《社会民主党人报》和社会改良主义的《社会科学年鉴》的编委；后来离开了社会民主党。

施拉姆，康拉德（Schramm，Konrad；约 1822—1858）——德国革命家，共产主义者同盟成员，自 1849 年起在伦敦流亡，《新莱茵报。政治经济评论》负责发行人；共产主义者同盟分裂后仍然是马克思和恩格斯支持者。

施莱登，马蒂亚斯·雅各布（Schleiden，Matthias Jakob；1804—1881）——德国植物学家，是细胞学说的建立者之一。

施莱尔马赫，弗里德里希·恩斯特·丹尼尔（Schleiermacher，Friedrich Ernst Daniel；1768—1834）——德国唯心主义哲学家，神学家和传教士。

施里加，真名弗兰茨·施里加·齐赫林·冯·齐赫林斯基（Szeliga，真名 Franz Szeliga Zychlin von Zychlinski；1816—1900）——普鲁士军官，青年黑格尔派成员；《文学总汇报》和《北德意志报》的撰稿人。

施洛瑟，弗里德里希·克里斯托夫（Schlosser，Friedrich Christoph；1776—1861）——德国资产阶级历史学家，自由主义者。

施马尔豪森，索菲娅（Schmalhausen，Sophie；出生于 1816 年，死于 1883 年以后）——卡尔·马克思的姐姐。

施马尔豪森，威廉·罗伯特（Schmalhausen，Wilhelm Robert；1817—约 1862）——荷兰马斯特里赫特省法院检察官，卡尔·马克思的姐夫。

施奈德第二，卡尔（Schneider II，Karl）——德国科隆的律师，小资产阶级民主主义者；1848 年任科隆民主主义者协会主席，1849 年在《新莱茵报》审判案中担任马克思和恩格斯的辩护律师；1852 年科隆共产党人审判案中的辩护人。

施努赫尔（Schnuchel）——瑙格拉德的监狱长。

施普尔茨海姆，约翰·克里斯托夫（Spurzheim，Johann Christoph；1776—1832）——德国颅相学家。

施泰因，夏洛特·冯（Stein，Charlotte von；1742—1827）——沃尔夫冈·冯·歌德的女友。

施特劳斯，大卫·弗里德里希（Strauß，David Friedrich；1808—1874）——德国哲学家、政治评论家和神学家，青年黑格尔派主要成员；1866 年以后成为民族自由主义者。

施旺，特奥尔多（Schwann，Theodor；1810—1882）——德国自然科学家，细胞学说的创始人之一。

施韦泽，约翰·巴普蒂斯特·冯（Schweitzer，Johann Baptist von；1834—1875）——来自德国美因河畔法兰克福的律师；1867—1871 年全德工人联合会的领导人，《社会民主党人报》的主编和出版人，支持俾斯麦的政策，1871 年后退出政治生活。

施维茨盖贝尔，阿代马尔（Schwitzguébel，Adhémar；1844—1895）——瑞士巴枯宁主义者，社会主义民主同盟委员会成员，汝拉联合会的领导人之一。

什未林—普查尔，马克西米利安·卡尔·冯，伯爵（Schwerin–Putzar，Maximilian Heinrich Karl，Graf von；1804—1872）——普鲁士国务活动家，自由派贵族的代表；1848 年法兰克福国民议会议员（右翼）；康普豪森内阁的文化大臣（1848 年 3 月 –6 月）；后来是民族自由党人。

舒尔策 – 德利奇，弗兰茨 – 赫尔曼（Schulze–Delitzsch，Franz–Hermann；1808—1883）——德国小资产阶级经济学家和政治活动家；1843 年普鲁士国民议会议员；德国合作制的创始人，宣传创建生产合作社；在 60 年代是资产阶级进步党的领袖之一。

舒尔策，约翰内斯（Schulze，Johannes；1786—1869）——普鲁士神学家，语文学家，教育家和文化官员，在阿尔滕施泰因 1817—1838 年领导的文化部里任枢密官。

舒尔茨，卡尔（Schurz，Karl；1829—1906）——小资产阶级民主主义者，1849 年巴登 – 普法尔茨起义参加者，1850 年把金克尔解救出监狱，在瑞士流亡，1852 年流亡美国，参加过美国内战，后为派驻西班牙公使，参议员和内务大臣。

叔本华，阿图尔（Schopenhauer，Arthur；1788—1860）——德国唯心主义庸俗哲学家。

舒马赫尔，古斯塔夫（Schuhmacher，Gustav）——德国工人，第一国际成员。

肖莱马，卡尔（Schorlemmer，Karl；1834—1892）——德国著名的化学家，共产主义者，马克思和恩格斯的朋友；在曼彻斯特生活和工作。

朔伊，海因里希（Scheu，Heinrich；1845—1926）——木雕艺人，奥地利工人运动的积极参加者，社会民主党人，第一国际成员。

斯宾诺莎，别涅狄克特·德（巴鲁赫）[Spinoza，Benedictus de（Baruch）]；1632—1677）——荷兰唯物主义哲学家，无神论者。

司各特，沃尔特（Scott，Walter；1771—1832）——英国著名的历史小说家和诗人。

斯密，亚当（Smith，Adam；1723—1790）——英国经济学家，资产阶级古典政治经济学最著名的代表人物之一。

斯普兰加尔，罗什（Splingard，Roche）——比利时的巴枯宁主义分子，第一国际成员，海牙代表大会代表，曾参加过调查社会主义民主同盟在第一国际内部搞分裂活动的委员会。

斯瓦尔姆（Swarm）——见丹特莱格，埃米尔（Dentraygues，Emile）。

T

塔利奥尼，玛丽亚（Taglioni，Maria；1804—1884）——著名的法国女舞蹈家。

塔西佗，普布里乌斯·克奈里乌斯（Tacitus，Publius Cornelius，约 55—120）——著名的罗马历史学家，著述《日耳曼尼亚志》的作者。

泰勒，贝亚德（Taylor，Bayard；1825—1878）——北美外交家和作家；《纽约每日论坛报》的通讯记者。

泰列基，亚历山大，伯爵（Teleki，Alexander，Graf；1821—1892）——匈牙利政治活动家；匈牙利革命的参加者；1859 年成为加里波第的信徒。

特尔克，卡尔·威廉（Tölcke，Karl Wilhelm；1817—1893）——拉萨尔主义者，短时间担任过全德工人联合会主席（1865）。

特赖奇克，海因里希·戈特哈德·冯（Treitschke，Heinrich Gotthard von；1834—1884）——德国资产阶级历史学家和民族自由党议员，《普鲁士年鉴》主编；德国工人运动的凶恶敌人和许多反动的煽动性文章的作者。

特森多夫，赫尔曼（Tessendorf，Hermann；1831—1895）——德国柏林的检察官，在推行《反社会主义者非常法令》期间，充当了迫害社会民主党人行动的组织者。

特肖夫，古斯塔夫·阿道夫（Techow，Gustav Adolf；1813—1893）——普鲁士军官，1848 年柏林革命事件的参加者，法尔茨革命军总参谋长；1849 年巴登 - 法尔茨起义失败以后流亡瑞士，1852 年移居到澳大利亚。

梯也尔，路易－阿道夫（Thiers，Louis-Adolphe；1797—1877）——法国历史学家和国务活动家，奥尔良党人；担任过首相（1836—1840）；1848 年制宪议会和 1849 年立法议会的议员；共和国总统（1871—1873），镇压巴黎公社的刽子手。

托尔斯泰，伯爵（Tolstoi，Graf）——俄国警方密探。

托兰，亨利－路易（Tolain，Henri-Louis；1828—1897）——法国工人，第一国际法国支部的创建者，蒲鲁东主义者；巴黎公社时期转向了凡尔赛统治者一边；以后成为参议员。

W

瓦尔兰，路易・欧仁（Varlin，Louis Eugène；1839—1871）——法国装订工人，60 年代法国工人运动的杰出代表之一；左翼蒲鲁东主义者；第一国际巴黎支部联合委员会委员，巴黎公社的积极参加者，1871 年 5 月被凡尔赛分子枪杀。

瓦尔泰希，卡尔・尤利乌斯（Vahlteich，Karl Julius；1839—1915）——德国政治家，社会民主党人，全德工人联合会创建人之一并担任过书记，1869 年参加爱森纳赫派，帝国国会议员（1874—1876，1878—1881）；1881 年流亡美国。

瓦恩哈根・冯・恩泽，卡尔・奥古斯特（Varnhagen von Ense，Karl August；1785—1858）——德国作家和文学史家，支持年轻的德国的运动。

瓦恩哈根・冯・恩泽，拉埃尔，娘家姓莱温（Varnhagen von Ense，Rahel，娘家姓 Levin；1771—1833）——卡尔・奥古斯特・瓦恩哈根・冯・恩泽之妻，德国女作家，妇女运动的先驱。

瓦尔特（Walter）——见范埃德盖姆。

瓦格纳，赫尔曼（Wagener，Hermann；1815—1889）——德国政治评论家和法学家，《新普鲁士报》编辑，俾斯麦的拥护者。

瓦格纳，里夏德（Wagner，Richard；1813—1883）——德国作曲家、剧作家、诗人、作家、戏剧导演和指挥家。

瓦劳，卡尔（Wallau，Karl；1823—1877）——布鲁塞尔的德国流亡者，《德意志—布鲁塞尔报》的排字工人，共产主义者同盟成员；1848 年任美因茨工人教育协会主席；后来担任过美因茨市市长。

瓦勒斯罗德，路德维希・赖因霍尔德（Walesrode，Ludwig Reinhold；1810—1889）——德国作家、记者和政治评论家，与约翰・雅各比是朋友；1843 年由于发表他的著作《恭顺的演讲》被判一年的堡垒监禁；1849 年后再次被投入监狱。

瓦内博尔德（Warnebold）——汉诺威的律师，俾斯麦的追随者。

瓦扬，爱德华（Vaillant，édouard；1840—1915）——法国工程师和医生，布朗基主义分子，第一国际总委员会委员，巴黎公社成员，后来为法国社会主义党的领导人之一。

韦伯（Weber）——柏林司法顾问，马克思对《国民报》诉讼案的全权代表。

维厄，约翰·弗里德里希（Wiehe，Johann Friedrich）——伦敦霍林格印刷所的排字工人；马克思反击福格特事件的见证人。

维登布鲁赫，路德维希·冯（Wildenbruch，Ludwig von；1803—1874）——普鲁士外交官；1848 年驻哥本哈根公使。

韦尔特，格奥尔格（Weerth，Georg 1822—1856）——无产阶级诗人和政治评论家；共产主义者同盟成员，马克思和恩格斯的朋友；1848—1948 年任《新莱茵报》文艺评论专栏编辑；革命后从事旅行推销员的工作。

维甘德，奥托（Wigand，Otto；1795—1870）——德国莱比锡的出版家和书商；出版过一些激进派作家的著作。

维利希，奥古斯特（Willich，August；1810—1878）——原本是普鲁士一名陆军少尉，由于其政治信念而退出军队；后来是共产主义者同盟成员，1849 年在巴登 – 普法尔茨起义中担任一个志愿兵团的领导人；1850 年共产主义者同盟分裂时与沙佩尔共同成为对抗马克思的宗派主义集团领袖；1853 年流亡美国，在美国内战中任北方联邦军的将军。

威廉一世（Wilhelm I.；1797—1888）——普鲁士国王（1861—1888）和德国皇帝（1871—1888）。

威灵顿，阿瑟·韦尔斯利，公爵（Wellington，Arthur Wellesley，Duke；1769—1852）——英国陆军统帅和国务活动家，托利党党员；曾任英国首相（1828—1830），外交大臣（1834—1835）。

韦斯顿，约翰（Weston，John）——英国工人，罗伯特·欧文的拥护者，第一国际总委员会委员。

威斯特华伦，克里斯蒂安·海因里希·菲利普·冯（Westphalen，Christian Heinrich Philipp von；1724—1792）——不伦瑞克公爵的朋友和秘书。他的孙女燕妮·威斯特华伦成了卡尔·马克思的妻子。

威斯特华伦，埃德加·冯（Westphalen,Edgar von；1819—1890）——德国共产主义政治家，1846 年为布鲁塞尔共产主义通讯委员会委员；燕妮·马克思之弟。

威斯特华伦，费迪南德·奥托·威廉·冯（Westphalen，Ferdinand Otto Wilhelm von；1799—1876）——普鲁士反动的国务活动家，曾任内务大臣（1850—1858）；马克思夫人燕妮的同父异母兄弟。

威斯特华伦，燕妮（Westphalen，Jenny）——见马克思，燕妮。

威斯特华伦，卡罗利妮·冯，娘家姓霍伊贝尔（Westphalen，Karoline von，geb. Heubel；死于1856年）——卡尔·马克思的岳母，路德维希·冯·威斯特华伦的第二任妻子。

威斯特华伦，路德维希·冯（Westphalen，Ludwig von；1770—1842）——特里尔的枢密顾问官，卡尔·马克思的岳父和良师益友。

魏德迈，约瑟夫（Weydemeyer，Joseph；1818—1866）——马克思主义革命家，共产主义者同盟成员，德国1848—1849年革命的参加者；《新德意志报》的主编（1849—1850）；1851年流亡美国，参加过美国内战，站在北方联邦一边；为马克思主义在美国的传播奠定了基础；是马克思和恩格斯的密友。

魏德迈，路易丝，娘家姓吕宁（Weydemeyer，Louise，geb. Lüning）——约瑟夫·魏德迈之妻，奥托·吕宁的姐妹。

魏特林，克里斯蒂安·威廉（Weitling，Christian Wilhelm；1808—1871）——裁缝工人出身；德国工人运动初期著名活动家，空想平均共产主义理论家。

魏斯，吉多（Weiß，Guido；1822—1899）——德国民主主义者，政治评论家，曾任《柏林改革》报和《天平》周报的主编。

维特豪斯（Wiethaus，Julius，1806—1863）——《莱茵报》的书报检查官。

温克尔曼，约翰·约阿希姆（Winckelmann，Johann Joachim；1717—1768）——德国考古学家和艺术史家。

温特霍斯特，路德维希（Windthorst，Ludwig；1812—1891）——德国保守派政治家，曾任汉诺威的司法大臣（1851—1853和1862—1865）。天主教中央党的领袖；国会议员；反对德国的统一，并为此同俾斯麦做斗争。

翁鲁，汉斯·维克托·冯（Unruh，Hans Victor von；1806—1886）——普鲁士工程师和政治家，温和的自由主义者；1848年成为普鲁士国民议会中间派右翼领领导人之一，从10月起担任普鲁士国民议会议长；是进步党的共建者，后来成为民族自由党人。

沃邦，塞巴斯蒂安·勒普雷特尔，侯爵（Vauban，Sebastien le Prestre，marquis de；1633—1707）——法国元帅，著名的军事工程师，要塞攻防体系专家，有《论要塞的攻击和防御》等著作传世。

沃尔夫，费迪南德［Wolf（f），Ferdinand；1812—1895］——德国记者和政治评论家，1846—1847年为布鲁塞尔共产主义通讯委员会委员，共产主义者同盟成员；1848—1849年任《新莱茵报》的编辑之一；之后流亡巴黎和伦敦，共产主义者同盟分裂时站在马克思一边，后来退出政治生活。

沃尔夫，威廉（卢普斯）［Wolff，Wilhelm（Lupus）；1809—1864］——教师和记者，西里西亚一个农奴的儿子，参加过德国大学生协会运动，共产主义者同盟中央委员会委员；1848—1849年任《新莱茵报》的编辑之一，之后流亡瑞士，自1851年起流亡英国，是马克思和恩格斯的最亲密的朋友。

乌尔菲拉（Ulfilas；约311—383）——哥特主教，《圣经》的译者，哥特字母的创造者，由于对哥特语言的贡献而一举成名。

吴亭，尼古拉·伊萨科维奇（Utin，Nikolaus，俄文为 Утин，Николай Исаакович；1845—1883）——俄国革命者，1863年流亡瑞士，第一国际俄国支部的组织者之一，对巴枯宁及其追随者进行过斗争，后来退出政治活动，并于1883年返回俄国。

乌兰，路德维希（Uhland，Ludwig；1787—1862）——德国浪漫派诗人、剧作家和文学史家。

X

希尔施，卡尔（Hirsch，Karl；1841—1900）——德国社会民主党人，有社会主义倾向的新闻工作者，爱森纳赫派的共同创始人之一，任社会民主党各种报刊的编辑直到1871年，后来是社会民主党报刊驻巴黎记者，1878—1879年在伦敦和布鲁塞尔出版了《灯笼》周刊。

西贝尔，卡尔（Siebel，Karl；1836—1868）——德国莱茵诗人，恩格斯的亲戚，为《资本论》的传播做出了很多贡献。

希尔施，威廉（Hirsch，Wilhelm）——汉堡的商店职员，50年代初是普鲁士警察局在伦敦的密探。

西金根，弗兰茨·冯（Sickingen，Franz von；1481—1523）——德国骑士，贵族起义的军事和政治领袖。

西姆松，马丁·爱德华·西吉斯蒙德·冯（Simson，Martin Eduard Sigismund von；1810—1899）——德国政治活动家和法学家；1848年至1849年为法兰克福国民议会（中右翼）议员，1848年12月至1949年5月当选为议长；1848年11月作为帝国专员被派往柏林；1849年第二期内阁（左翼）议员；1871—1874年德意志帝国议会议长。

西塞罗，马库斯·图留斯（Cicero，Marcus Tullius；公元前 106—公元前 43）——罗马演说家，作家和国务活动家；折中主义哲学家。

西斯蒙第，让·夏尔·莱昂纳尔·西蒙德·德（Sismondi，Jean-Charles-Leonard-Simonde de；1773—1842）——瑞士经济学家和历史学家，批评“从小资产阶级立场出发”（列宁）的资本主义，把小规模生产加以理想化。

席尔——见沙佩尔，卡尔。

席勒，弗里德里希·冯（Schiller，Friedrich von；1759—1805）——德国最杰出的剧作家、诗人和散文家之一。

席利，维克多（Schily，Victor；1810—1875）——德国特里尔和巴门的律师，参加过 1849 年的巴登－普法尔茨起义，然后流亡瑞士和巴黎，第一国际是积极成员。

夏多布里昂，弗朗索瓦－勒内，子爵（Chateaubriand，François René，vicomte de；1768—1848）——法国 18 至 19 世纪的作家，政治家，外交家，法国早期浪漫主义的代表作家。

谢林，弗里德里希·威廉·约瑟夫·冯（Schelling，Friedrich Wilhelm Joseph von；1775—1854）——德国哲学家，德国唯心主义的代表人物。

欣克尔代，卡尔·路德维希·弗里德里希·冯（Hinckeldey，Karl Ludwig Friedrich von；1805—1856）——普鲁士政府官员，自 1848 年起出任柏林警察局局长。

休，欧仁（Sue，Eugène；1804—1857）——法国自由派政治家和作家，其主要作品皆为触及社会问题的小资产阶级的感伤小说；曾被选为立法议会议员。

雪莱，珀西·比希（Shelley，Percy Bysshe；1792—1822）——杰出的英国诗人，革命浪漫主义的代表，无神论者。

Y

雅各比，亚伯拉罕（Jacobi，Dr. Abraham；1830—1919）——德国柏林的医生，共产主义者同盟成员，1852 年科隆共产党人审判案的被告人之一，由刑事陪审法庭宣判无罪；后流亡美国。

雅各比，约翰（Jacoby，Johann，1805—1877）——德国柯尼希堡的医生，政治评论家和政治家，坚定的资产阶级民主主义者；1848 年为预备国民议会议员和普鲁士国民议会左翼领袖之一；1849 年法兰克福国民议会和众议院（极左）议员；后来反对俾斯麦的政策，从 1872 年起加入社会民主党。

雅各布二世，斯图亚特（Jakob II. Stuart；1633—1701）——英文为 James II（詹姆斯二世），

英国和爱尔兰国王（1685—1688）。

亚里士多德（Aristoteles；公元前 384—公元前 322）——马克思称其为“古代最伟大的思想家”，恩格斯称他是“古希腊哲学家中……最博学的人物”，他“也已经在研究辩证思维的最重要的形式”。他在哲学方面摇摆于唯物主义和唯心主义之间；奴隶主阶级的思想家。

亚历山大二世·尼古拉耶维奇（Alexander II. Nikolajewitsch，俄文为 Алекса́ндр II Никола́евич；1818—1881）——俄国沙皇（1855—1881）。

亚历山大三世（Alexander III.，俄文为 Александр III；1845—1894）——俄国沙皇（1881—1894）。

伊壁鸠鲁（Epikur，Ἐπίκουρος，公元前约 341—公元前约 270）——古希腊唯物主义哲学家，伊壁鸠鲁学派的创始人。

伊莎贝拉二世，玛丽·路易丝（Isabella II.，Marie Luise；1830—1904）——西班牙女王（1833—1868），被 1868 年的西班牙资产阶级革命所推翻。

伊曼特，彼得（Imandt，Peter；1823—1897）——德国民主党人，克雷费尔德的教师，克雷费尔德工人联合会主席；1848—1849 年革命的参加者，在科隆和特里尔进行活动；后流亡英国，共产主义者同盟成员，与马克思和恩格斯保持着联系。

伊默曼，卡尔·莱贝雷希特（Immermann，Karl Leberecht；1796—1840）——德国作家、诗人和剧作家。

伊万诺夫（Iwanow，俄文为 Иванов）——俄国大学生，民主主义者。

耶泽利希（Jeserich）——柏林施潘道监狱长。

约翰（Johann；1782—1859）——奥地利大公爵，1848 年 6 月至 1849 年 12 月被法兰克福国民会议推举为德意志帝国摄政；后来站到反动的诸侯势力一边。

尤塔，路易丝（Juta，Louise；1821—1893）——扬·卡雷尔·尤塔之妻，卡尔·马克思的妹妹。

尤塔，扬·卡雷尔（Juta，Jan Carel；1824—1886）—— 德国出版人和书商，卡尔·马克思的妹夫。

雨果，维克多（Hugo，Victor；1802—1885）——法国作家，19 世纪前期积极浪漫主义文学的代表人物之一；1848—1851 年是制宪议会和立法议会议员。

Z

查苏利奇，薇拉·伊万诺芙娜（Sassulitsch，Vera Iwanowna，俄文为 Засулич，Вера Ивановна；

1851—1919）——俄国女革命家，开始属于民粹派，1883 年参与创建了“劳动解放社”，曾经把马克思的几部重要著作翻译成俄文，同马克思和恩格斯保持着书信往来。1900 年成为《火星报》的编辑人员，1903 后加入孟什维克；1917 后成为苏维埃政权的敌对者。

左尔格，卡尔·威廉·费迪南德（Solger，Karl Wilhelm Ferdinand；1780—1819）——德国神秘主义哲学家，艺术理论家。

左尔格，弗里德里希·阿尔贝特（Sorge，Friedrich Albert；1828—1906）——德国社会主义者，参加过 1848 年革命，第一国际和美国工人运动的领导成员，马克思和恩格斯的朋友。